CW00456753

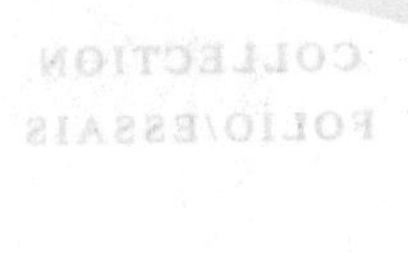

Denys Riout

Qu'est-ce que l'art moderne ?

Gallimard

Crédits photographiques :

1, 20 : Photothèque des collections du Centre Georges Pompidou/MNAM, Paris. 2, 7, 9, 11, 14, 19, 21, 23, 24 : D.R. 3 : Gemeentemuseum, La Haye. 4 : Trustees of Princeton University. 5 : François Morellet. 6 : Marion Koogler McNay Art Museum, San Antonio. 8 : Philadelphia Museum of Art, Philadelphie. 10 : Van Abbemuseum, Eindhoven. 12 : Fondation Dubuffet, Paris. 13 : Michael Tropea, Highland Park, Illinois. 15 : Whitney Museum of American Art, New York. 16 : Jean-Baptiste Rodde. 17 : Stedelijk Museum ; Amsterdam. 18 : Prudence Cuming Associates, Londres. 22 : Bridgeman Art Library, Paris. 25 : Dhome/Sipa Press, Paris. 26 : Markus Lemberger, Joachim Werkmeister, Graphische Gruppe Ludwigshafen.

Denys Riout est professeur d'histoire de l'art moderne et contemporain à l'université de Paris I - Panthéon-Sorbonne. Ses travaux, relatifs à la peinture et à la critique d'art, portent sur la modernité et les avant-gardes. Il est également l'auteur de *La Peinture monochrome* (Folio essais n° 475).

Avant-propos

La loi en vigueur aux États-Unis prévoyait de taxer l'importation des objets manufacturés mais de permettre la libre circulation des œuvres d'art, quand une vingtaine de sculptures conçues et réalisées par Constantin Brancusi débarquèrent dans le port de New York. Elles furent examinées par les douaniers le 21 octobre 1926. Déroutés, ils ne reconnurent pas dans ces « objets » les caractéristiques habituellement admises pour qu'ils puissent être considérés comme des œuvres d'art : les agents de l'État appliquèrent donc le règlement qui prévoyait une taxation s'élevant à 40 pour cent de leur valeur déclarée. Un arrangement provisoire fut néanmoins trouvé. Les objets au statut litigieux entrèrent librement sur le sol américain pour être exposés à la Brummer Gallery. En cas de vente, la taxe devrait être réglée ; sinon, ils retourneraient dans l'atelier parisien de Brancusi. Un collectionneur, le peintre et photographe Edward Steichen, acquit l'*Oiseau dans l'espace* (1925). Aussi aurait-il dû payer les droits de douane. Dans son esprit, il s'agissait évidemment d'une œuvre d'art à laquelle devait s'appliquer le régime de la libre circulation. L'affaire fut portée devant les tribunaux.

Le procès qui s'ouvrit le 21 octobre 1927 reste à plus d'un titre exemplaire de la situation des arts devant l'opinion. La législation américaine donnait alors une définition restrictive des œuvres sculptées : taillées ou modelées « à l'imitation de modèles naturels », elles devaient en outre être « originales » — c'est-à-dire ne pas avoir été produites en série —, avoir été réalisées par un « artiste professionnel » et, enfin, rester dépourvues de fonctions utilitaires. L'audition de témoins permit d'établir que Brancusi pouvait être considéré comme un sculpteur professionnel et que l'*Oiseau dans l'espace* n'était pas un objet utilitaire. En revanche, il fut plus difficile, en raison de la technique employée, de prouver que le tirage en bronze poli était bien « original ». Mais reconnaître dans la forme épurée un oiseau, cela n'allait pas de soi. À l'issue de débats contradictoires parfois cocasses, le juge Waite rendit son jugement (26 novembre 1928). Pour l'essentiel, il considéra que la définition de l'œuvre d'art, soumise à la mimèsis, définition qui datait d'une jurisprudence établie en 1916, ne pouvait plus être retenue en l'état. Son arrêt stipule :

> Nous pensons que les décisions de justice les plus anciennes auraient exclu l'objet importé de la catégorie des œuvres d'art [...]. Entre-temps, une école d'art dite moderne s'est développée dont les tenants tentent de représenter des idées abstraites plutôt que d'imiter des objets naturels. Que nous soyons ou non en sympathie avec ces idées d'avant-garde et les écoles qui les incarnent, nous estimons que leur existence comme leur influence sur le monde de l'art sont des

faits que les tribunaux reconnaissent et doivent prendre en compte[1].

En effet, que cela plaise ou non, l'« école moderne » ne s'est pas contentée de bouleverser les critères esthétiques. Il ne s'agit plus seulement de disputer des qualités d'une œuvre, réussie ou ratée, mais de savoir si tel objet, agencement ou proposition est ou n'est pas une œuvre d'art. Devant l'*Olympia* (1863) de Manet exposée au Salon de 1865, bien des observateurs navrés regimbaient, mais aucun ne prétendait qu'il ne s'agissait pas d'un *tableau*. À l'époque de Brancusi, la situation avait considérablement évolué. Quand l'artiste et ses admirateurs incluaient l'*Oiseau dans l'espace* dans la catégorie des sculptures, les douaniers ne pouvaient s'y résoudre. Le jugement du tribunal fédéral reste circonspect puisqu'il invoque à la fois la sculpture et l'art.

La crise n'est pas récente. Des dissentiments fondamentaux accompagnent l'ensemble de la modernité. Ils ne cessent de diviser les artistes, les critiques, les amateurs. Néanmoins, le procès Brancusi montre qu'il est possible de respecter des convictions étrangères aux siennes, après avoir pris l'avis circonstancié de personnes réputées compétentes et s'être assuré de leur sincérité, de la solidité de leur conviction. Le juge américain avait adopté une sage stratégie en insufflant une dose de sociologisme — la consultation du « monde de l'art » — au sein de l'esthétique, trop souvent tentée par la quête d'une introuvable essence de l'art : l'un des traits dominants de la modernité, c'est précisément d'avoir sans relâche mis en échec les définitions les

1. Ce jugement ainsi que les minutes du procès sont traduits par Jocelyne de Pass dans *Brancusi contre États-Unis. Un procès historique*, Paris, Adam Biro, 1995 (cit. p. 117).

plus assurées, toujours dégagées à partir d'œuvres du passé, fût-il récent.

Avant-gardes et grands récits

La notion d'avant-garde, évoquée par le juge Waite, est issue du domaine militaire : elle ne tend guère à l'apaisement des conflits. Elle fut utilisée par les idéologues politiques avant de devenir l'un des concepts majeurs de la modernité artistique. Au cours du XIXe siècle, alors que le Salon permettait à chacun de porter un jugement sur les œuvres nouvelles, se mit en place un système de valeurs qui s'opposait à une tradition conservatrice, soucieuse de continuité. Ce système réserve une place centrale au couple dialectique rupture/innovation. Des discussions passionnées, des rejets violents, des exclusions, des scandales à répétition ont transformé l'arène artistique en champ de bataille esthétique et idéologique.

Le titre emblématique — *Critique d'avant-garde* — choisi en 1885 par Théodore Duret pour réunir ses écrits sur la peinture — notamment sur les œuvres de Whistler, de Manet et des impressionnistes — indique à quel point la notion d'avant-garde était présente sur la scène artistique au cours de la seconde moitié du XIXe siècle. L'art et la critique du XXe siècle en firent un signe de ralliement. Le succès tardif de Manet et des impressionnistes, joint au discrédit de l'art pompier, semblait donner raison à la prophétie évangélique : « Les premiers seront les derniers. » Si le jugement de l'avenir entérine celui de petits groupes, insultés en leur temps, l'art et l'avant-garde ne font qu'un. Progressivement s'imposa l'idée que, pour devenir un classique, il fallait avoir été d'avant-garde : la gloire véritable récompense les audacieux auxquels la puissance de leur conviction donnait la force morale de construire une œuvre en dépit des difficultés, des épreuves et des humiliations dues à l'incompréhension de leurs contemporains. La figure de l'artiste maudit auquel l'avenir doit réparation commençait à triompher.

Véritable structure d'exclusion, l'avant-gardisme entérinait l'existence d'une rupture. Tant qu'il fut vivant, il s'accompagnait de manifestes. Textes dus à un auteur ou à un groupe, ils affichent et défendent des visions hardies. Actes d'opposition, ils ne se contentent pas de vilipender : ils s'appuient sur une analyse du présent pour proposer des solutions d'avenir, prescrire des valeurs de substitution. Textes programmatiques, ils stimulent les prises de conscience et ils sollicitent les regroupements. En d'autres termes, les manifestes artistiques, toujours militants, se veulent à la fois armes et bannières. Tranchants, volontiers péremptoires, ils retournent contre les diatribes conservatrices la violence de leur ton. Un manifeste futuriste russe, par exemple, s'intitule « Gifle au goût public » (1912), et Kazimir Malévitch s'adressait un peu plus tard en ces termes à ses auditeurs :

> Nous avons rejeté le futurisme et nous, qui sommes les plus audacieux, *nous avons craché sur l'hôtel de son art.* Est-ce que les couards pourront cracher sur leurs idoles. Comme nous hier ! ! ! Je vous dis que vous ne verrez pas de nouvelles beautés et une nouvelle vérité tant que vous n'oserez pas cracher[1].

1. Kazimir Malévitch, « Du cubisme et du futurisme au suprématisme. Le nouveau réalisme pictural » (1916), repris dans *Écrits*,

Si les manifestes proclament les positions des artistes, ils expliquent également, peu ou prou, leurs intentions. Les critiques d'art, eux aussi militants, font office d'intercesseurs entre les « artistes chercheurs[1] » et un public désireux d'y voir plus clair. Relais indispensables, les critiques empruntent aux manifestes, ils sollicitent ou recueillent les déclarations des créateurs et ils puisent parfois dans les sciences humaines ou dans la philosophie pour valoriser les vertus des œuvres qu'ils commentent. Ces gloses, volontiers intimidantes, ménagent des voies d'accès dans l'opacité du visible.

L'avant-gardisme prend acte des clivages du présent quand il escompte leur retournement. Tributaire d'une structure temporelle, il postule, au moins implicitement, une foi indéfectible dans le progrès. Si les bannis du jour sont promis à devenir les triomphateurs de demain, c'est parce que les yeux de la foule se dessilleront, et cela ne manquera pas de survenir car les « oseurs », les « apporteurs de neuf » mettent au jour des problèmes plus intéressants, inventent des solutions meilleures. Ainsi leur œuvre s'imposera, certes avec retard, mais à tous, même aux plus rétifs. Cette conception du développement des arts implique l'existence de grands récits unificateurs, capables d'inscrire les innovations dans une perspective téléologique. Le modèle hégélien demeure la pierre de touche de cette

t. 1, *De Cézanne au suprématisme*, trad. par Jean-Claude et Valentine Marcadé, Lausanne, L'Âge d'Homme, 1974, p. 57.

1. Cette locution inventée dans la seconde moitié du XIXe siècle est notamment utilisée par Théodore Duret dans *Critique d'avant-garde* (1885), rééd. Paris, École nationale supérieure des beaux-arts, 1998, p. 53.

« histoire sainte[1] ». Tendu vers une vérité ultime, l'art est promis à disparaître, ou à devenir superfétatoire, lorsqu'il aura enfin atteint son but.

Chacun de ces « grands récits » — il en existe évidemment plusieurs, et ils ne sont pas tous compatibles — fournissait une grille d'évaluation qui permettait de rejeter dans le passé, la frivolité ou l'inconvenance idéologique tout ce qui ne contribuait pas au déploiement de leurs dogmes. Les conflits esthétiques faisaient rage. Sur de multiples fronts, arguments et plaidoyers se mêlaient aux invectives. Ces débats contribuèrent au foisonnement de notions et de concepts qui caractérise le temps des avant-gardes, aujourd'hui révolu. Une part importante du public *a priori* intéressé se trouvait fort désappointé devant la diversité des œuvres et des options antagonistes.

Un champ élargi

À partir des années soixante, l'usage de la notion d'avant-garde s'estompa, puis disparut de l'actualité. Corrélativement, les beaux-arts, qui réunissaient notamment la peinture et la sculpture, s'ouvraient si largement à d'autres médiums et à d'autres formes artistiques, qu'ils cédèrent la place à une nouvelle catégorie conceptuelle, les arts plastiques, infiniment plus accueillante — elle inclut d'ailleurs en son sein les disciplines des beaux-arts. Cette évolution avait

1. J'emprunte cette formulation à Thomas McEviley, « Histoire de l'art ou histoire sainte ? », *Art, contenu et mécontentement* (1991), trad. par Christian Bounay, Nîmes, Jacqueline Chambon, 1994, p. 121 *sq.*

commencé son cours avec les papiers collés cubistes, puis les readymades duchampiens et les objets dadaïstes ou les projets constructivistes, mais elle prit des proportions sans précédent quand des arts ou des techniques jusque-là étrangers aux beaux-arts s'immiscèrent dans son univers. Les happenings, proches du théâtre, la dématérialisation de l'objet d'art, l'utilisation de la vidéo puis de la photographie, une présence massive du langage ou l'usage du corps de l'artiste comme support de l'œuvre, et bien d'autres manifestations encore de cette expansion potentiellement sans limite qui caractérise l'univers des arts plastiques, ont permis l'avènement d'une nouvelle période. L'*art contemporain* — cette dénomination s'est substituée à l'*art moderne*, c'est-à-dire d'*avant-garde* — est, pour l'essentiel, inscrit sous l'égide de la postmodernité, notion floue mais dont tous les commentateurs s'accordent à constater qu'elle entérine la mort des « grands récits ». Il va de soi que cette évolution n'est pas sans rapport avec ce qu'on a appelé la « fin des idéologies ».

Immergés dans ce présent, nous constatons que le passé récent avec ses camps retranchés et ses citadelles théoriques avait bien des inconvénients, mais qu'il facilitait la tâche des divers protagonistes intéressés aux débats. Contraints de prendre position, ils pouvaient excommunier des pans entiers de la création de leurs contemporains sans états d'âme, car ils étaient munis de certitudes et dotés d'argumentaires taillés sur mesure, quand bien même la langue de bois faisait des ravages — elle était précisément conçue pour cela. De plus, après la fin des avant-gardes et la disparition des repères techniques, les repères stylistiques se brouillaient. Lors d'un entretien publié en 1963, Andy Warhol déclarait :

> Comment peut-on dire qu'un style vaut mieux qu'un autre ? La semaine prochaine on devrait pouvoir être un expressionniste abstrait, ou un artiste pop, ou un réaliste, sans avoir le sentiment d'avoir renoncé à quoi que ce soit[1].

Bien entendu, il ne faut pas s'alarmer de cette liberté revendiquée, assortie d'une tolérance retrouvée, bien qu'elle puisse conduire tout droit à un relativisme sans attrait. Tout paraît donc aller sinon pour le mieux, du moins vers le mieux dans le meilleur des mondes de l'art possible, le nôtre.

Depuis les années dix, il existe des œuvres d'art qui ne sont ni des peintures ni des sculptures, mais le problème devint patent quand se multiplièrent les réalisations qui échappaient sciemment aux catégories admises, ou qui transgressaient leurs limites. L'existence des *arts plastiques* — nouveau paradigme — ne fait aujourd'hui aucun doute. Aucun cadre préalable ne vient en borner les contours. Tout peut devenir art, mais pas à n'importe quelle condition. En 1966, bien des artistes auraient pu souscrire à cette déclaration de Donald Judd : « Si quelqu'un affirme que son travail participe de l'art, c'est de l'art[2]. »

La conviction de l'artiste reste déterminante, mais le corps social exige à bon droit des arguments autre-

1. G. R. Swenson, « What is Pop Art ? : Answers from 8 painters » (1963), cité par Arthur Danto dans *L'Art contemporain et la clôture de l'histoire* (1997), trad. par Claude Hary-Schaeffer, Paris, Édition du Seuil, 2000, p. 72.

2. Donald Judd, conclusion d'un court texte publié en 1966, repris dans l'édition de ses *Écrits 1963-1990*, trad. par Annie Perez, Paris, Galerie Lelong, 1991, p. 22.

ment convaincants. Tous ceux qui ont aujourd'hui la charge de décider au nom du public ce qui est de l'art et ce qui n'en est pas le savent bien. Quant au public lui-même, lorsqu'il ne se désintéresse pas des affaires de l'art contemporain, il reste souvent démuni, et plus d'un historien de l'art moderne partage ses sentiments dubitatifs. Je fais partie de ceux-là. Contrairement à des spécialistes qui ferraillent, je préfère adopter l'attitude du juge Waite, non pour prononcer un verdict qui n'intéresserait que moi, mais pour écouter les arguments des uns et des autres. J'ai entrepris de synthétiser les résultats de mon enquête et je m'apprête à les communiquer ici.

Voir et lire les arts du XXe siècle

Les beaux-arts relèvent des arts visuels, et beaucoup estiment qu'ils s'offrent, ou devraient s'offrir directement à ceux qui savent regarder. Avec les arts plastiques, il en va autrement. Certaines œuvres demeurent invisibles, d'autres présentent des énoncés verbaux, lisibles, et plus généralement des textes de toute nature s'interposent entre le regard et l'objet ou la manifestation considérés. Les plus irrités vitupèrent contre cette invasion, voire cette substitution quand l'œuvre se dérobe entièrement, ou presque, à l'impératif traditionnel de visibilité. Jean Clair, l'un de leurs chefs de file, ironise :

> Pour tromper cette pénurie de sensible, la glose s'enflera en proportion inverse de son objet ; plus l'œuvre se fera mince, plus savante son exégèse. Une pliure de la toile, un trait, un simple point deviennent prétexte à

un extraordinaire amphigouri où se répondent les différents jargons des sciences humaines[1].

D'autres regrettent aussi que l'on perçoive les œuvres d'art « par les oreilles » mais ils ont la sagesse d'admettre, avec Harold Rosenberg, une réalité que chacun peut vérifier :

> Une peinture ou une sculpture contemporaine est une espèce de centaure — moitié matériaux artistiques, moitié mots[2].

La création artistique s'inscrit toujours dans le cadre d'une culture qui n'est pas seulement visuelle. Il n'est pas possible d'exposer ici les relations fluctuantes et souvent complexes qui furent tissées, au fil du temps, entre l'art et les textes. En revanche, il faut souligner que les théories complémentaires de l'« œil innocent » et de la « pure visibilité » sont récentes. Élaborées dans la seconde moitié du XIXe siècle, elles n'ont en outre jamais bénéficié de l'assentiment général. Ernst Gombrich a montré pourquoi l'innocence de la vision est un « mythe[3] », et les conceptions formalistes de l'art auxquelles conduit tout droit l'apologie d'une pure visibilité n'ont pas cessé d'être critiquées. Les débats esthétiques, les interprétations divergentes d'une même œuvre, les déclarations d'intention des artistes ou encore les jugements incisifs, lorsqu'ils s'appuient sur des raisonnements solides, enrichissent à l'évidence nos approches perceptives des œuvres, muettes mais toujours entourées de discours. C'est

1. Jean Clair, *Considérations sur l'état des beaux-arts*, Paris, Gallimard, 1983, p. 12.
2. Harold Rosenberg, *La Dé-définition de l'art* (1972), trad. par Christian Bounay, Nîmes, Jacqueline Chambon, 1992, p. 58.
3. Ernst H. Gombrich, *L'Art et l'illusion* (1959), trad. par Guy Durand, Paris, Gallimard, 1971, p. 368 *sq*.

pourquoi il est indispensable de restituer ce bruissement qui, lorsqu'il ne se contente pas d'un babillage convenu et parfois amphigourique, éclaire toujours le jugement de l'œil. Car il s'agit, après et grâce à maints détours, de mieux comprendre pour percevoir plus justement, plus intensément.

Picasso avait fait à cet égard des déclarations qui peuvent paraître contradictoires. Il s'étonnait que les gens désireux de comprendre le chinois admettent la nécessité de l'étudier et « ne pensent jamais qu'il faut qu'ils apprennent la peinture[1] ». Mais il disait aussi :

> Comprendre ! Il s'agit bien de comprendre !... Depuis quand le tableau est-il une démonstration mathématique ? Il est destiné non pas à expliquer (à expliquer quoi, je me le demande) mais à faire naître des émotions dans l'âme de celui qui le regarde[2].

Les émotions artistiques ne naissent pas sur fond d'incompréhension. Leur émergence requiert au moins une empathie avec l'œuvre, et cette disposition accueillante n'a aucune chance de se développer si un sentiment de rejet intervient trop hâtivement. Les explications sont destinées à retarder le moment du jugement. Pour commencer à voir, à savoir quoi regarder et comment il convient de l'appréhender, il faut accepter d'apprendre, même s'il n'y a rien à « comprendre ». Il s'agit d'un paradoxe — ou d'un mystère, si l'on préfère ce terme à connotation religieuse — qui ne saurait être réduit. L'art ne commence pas où finit la rationalité ; il la prolonge dans l'indicible, afin de nous entraîner là où règne l'émotion. Pour le dire autrement,

1. Pablo Picasso, *Propos sur l'art*, éd. de Marie-Laure Bernadac et Androula Michael, Paris, Gallimard, 1998, p. 141.
2. *Ibid.*, p. 130.

les deux options de Picasso ne s'excluent pas. Elles sont complémentaires, solidaires. L'apprentissage permet de créer les conditions non d'une communication, mais d'une *compréhension*. Alors l'empathie peut se muer en sympathie, devenir enthousiasme, communion, fût-ce l'espace d'un instant.

On l'aura compris, je crois qu'il est indispensable de présenter non seulement les œuvres mais aussi, dans le même mouvement, le contexte artistique et conceptuel, l'effervescence des débats qui les accompagnent toujours. Pourtant, bien qu'elles soient pétries, traversées, informées par un substrat culturel spécifique, les créations artistiques ne sont pas des concrétions de spéculations, encore moins des illustrations de théories. C'est pourquoi les œuvres forment l'épicentre d'un monde de l'art qui n'existerait tout simplement pas sans elles, sans les artistes qui les créent.

Aussi, ce livre n'est pas à proprement parler une histoire de l'art, pas davantage un compendium d'esthétiques, de critiques ou de théories de l'art. Il se situe à la croisée de ces modes d'approche. Les citations, nombreuses, tendent à exposer les grilles d'interprétation proposées par les artistes et leurs commentateurs, mais aussi à restituer les implicites de leurs argumentaires. Ces savoirs préalables, évidences pour les spécialistes, forment une masse opaque pour les autres qui, de ce fait, se sentent exclus.

Construire un récit

Présenter la création artistique du XXe siècle de telle façon qu'elle puisse être compréhensible semble d'autant plus nécessaire — de nombreux ouvrages s'y essayent — qu'elle n'a pas cessé de vouer son énergie aux ruptures, de céder avec délectation aux sirènes de la provocation ou de brouiller les limites entre des disciplines autrefois clairement séparées. Devant l'impossibilité de tout dire sur tout, quels choix opérer ? Il m'a paru utile de trancher au profit des créations les plus radicalement novatrices. Une part de la tradition se prolonge, parallèlement à celles-ci. Des artistes continuent à peindre, à représenter le monde, et rien ne dit que les œuvres figuratives d'Edward Hopper, Giorgio De Chirico, Balthus ou Francis Bacon, par exemple, sont négligeables — je ne le pense nullement. Mais dans la mesure où elles restent inscrites dans le fil d'une histoire bien intégrée, elles demeurent plus aisément accessibles. Le public de bonne volonté le sait d'ailleurs parfaitement. Ce n'est évidemment pas le cas pour les peintures monochromes, les readymades, les happenings, les actions ou l'art conceptuel. Ce livre privilégie les œuvres qui, dans les musées d'art moderne ou les centres d'art contemporain, provoquent l'étonnement, la stupeur ou l'irritation.

Comment retracer l'évolution artistique en évitant les Charybde et Scylla qui menacent l'historien de l'art moderne ? Une exposition thématique trop bien articulée conforte l'illusion rassurante d'une logique inéluctable, négation de la création dont le mérite est d'inventer ses déterminismes pour déjouer les lois de l'évolution — illusion rétroactive. À l'inverse, un récit chronologique qui respecte l'effervescence des aventures créatives singulières confinerait rapidement au pointillisme d'une succession d'innovations où les lignes de force d'une époque se diluent dans la prolifération chaotique des propositions et des réactions. Espérant ne pas cumuler les désavantages de chacune des deux méthodes, mais au contraire corriger les handicaps de l'une par le recours à l'autre, j'ai entrelacé l'exposition thématique et l'organisation chronologique d'une histoire où les œuvres et les idées se répondent. Les index, placés en fin de volume, permettront de retrouver aisément les artistes, les mouvements ou les notions abordés au fil de cette narration parfois kaléidoscopique.

Les deux premières parties forment un diptyque dont les deux volets traitent d'une même question, l'abandon de la représentation. Spectaculaire rupture, l'abstraction, apparue dans toute sa radicalité au début des années dix, fut perçue à juste titre comme un bouleversement capital. La première partie de ce livre présente son apparition, elle explore les questions que celle-ci posa et elle retrace son évolution, au fil du siècle. Les conséquences de ce séisme furent d'autant plus considérables que l'ensemble des critères de jugement devait être adapté à une situation inédite.

Au moment même où Kazimir Malévitch peignait le *Carré noir* (1915), Marcel Duchamp inventait la notion de *readymade*. Ce *Carré noir* fait table rase du passé, et notamment de la mimèsis. Or, et bien que ceci demeurât longtemps inaperçu, le readymade parvient à un résultat similaire, par des voies diamétralement opposées. Si le *Carré noir* ne représente rien, le *Porte-bouteilles* (1914) ou encore *Fountain* (1917) ne recourent pas davantage à l'image. La présentation sans médiation des objets fut initiée par Picasso et Braque quand ils introduisirent des fragments du réel au sein de la représentation picturale. Cette histoire parallèle à celle de l'abstraction, parfois conjointe, elle aussi sujette à maints rebondissements tout au long du XXe siècle, tend à inscrire le rejet des images au centre d'une configuration artistique cohérente, en dépit de la disparate des moyens et des solutions adoptés par les créateurs.

Ce double récit ignore plusieurs facettes importantes de l'art et des idées surgies au cours de la première moitié du siècle. Aussi la troisième partie de ce livre contribue-t-elle à souligner le caractère rhizomatique du développement historique. Emportés par la spirale inflationniste d'une « tradition du nouveau », les artistes comme leurs commentateurs cherchaient un appui auprès de modèles inhabituels. Les uns relèvent d'une spéculation qui prône les mérites d'attitudes et de procédés créatifs jusque-là ignorés ou dévalorisés — le hasard, l'éphémère, le rire ou la dérision, par exemple. Les autres sont puisés dans un contexte culturel toujours plus ouvert, riche de références longtemps négligées, telles les diverses formes du *primitivisme* — art « nègre », mais aussi dessins d'enfant ou graffiti populaires. Le développement du « musée imaginaire » ou la promotion de l'« art brut » ne furent pas, eux aussi, sans conséquences sur la création.

Enfin, les deux dernières parties sont consacrées à la seconde grande mutation de l'art du XXe siècle, la constellation des arts plastiques. Elles décrivent les pratiques et les attitudes diverses d'artistes qui ne sont ni des peintres ni des sculpteurs. Les uns investissent des lieux inhabituels, d'autres s'emparent de techniques dévolues à des usages différents, tous créent entre l'œuvre et le public des relations nouvelles, inventent des réponses à la question : « Que faire, quand tout semble permis ? » Cette profusion d'idées et d'options en tout genre n'est pas aussi anarchique qu'elle le paraît. Là encore, l'historien peut retracer des généalogies, dégager des cohérences locales dans la diversité d'un art protéiforme.

Le XXe siècle a créé des musées d'art moderne et contemporain autonomes qui semblent entériner une séparation, voire un divorce, avec l'art des siècles passés. Aux mécanismes avant-gardistes de l'exclusion et de la réparation, s'est substitué le jeu des stratégies promotionnelles délibérées. La balkanisation du champ artistique à laquelle nous assistons offre la chance d'une liberté sans précédent, mais elle engendre aussi un désarroi qui se transforme parfois en détestation de l'art contemporain. Sans doute est-il moins urgent de choisir son camp que de se forger les moyens de comprendre comment on en est arrivé là.

L'ART ABSTRAIT

Des peintures préhistoriques aux tableaux fauves ou aux constructions cubistes, toutes les œuvres d'art de quelque importance demeuraient, d'une manière ou d'une autre, assujetties aux apparences du monde visible. Ce lien se confirmait en tout lieu et quelle que fût l'époque, tant et si bien qu'il parut découler d'une loi générale. Les philosophes en disputèrent, tantôt pour condamner, comme le fit Platon, l'art et notamment la peinture parce que, imitation d'une imitation, elle éloigne de la Vérité, tantôt pour exalter la mimèsis, à la suite d'Aristote qui en vanta les vertus et se réjouit des plaisirs qu'elle procure. Bien entendu, il y eut des imitations réputées bonnes, voire admirables, et d'autres considérées comme maladroites, fautives ou vulgaires. Que la qualité de l'œuvre ne se confonde pas avec l'illusionnisme de l'image, nul n'en a sérieusement jamais douté mais personne, durant des millénaires, n'imagina qu'une sculpture ou une peinture pût se dispenser de représenter un corps, un visage, des animaux vifs ou morts, des fruits, des fleurs, un paysage champêtre, des vues d'architecture, des navires ou des coquillages, qu'importe, pourvu qu'elle figure un fragment du monde, qu'elle en donne une image, fût-elle allusive seulement, ou sommaire, simplifiée, déformée.

L'imitation, si elle n'était pas un but en soi, paraissait indispensable : en récuser la nécessité constituait une rupture majeure, spectaculaire, accomplie tout d'abord par des peintres. Aussi, l'abstraction demeure-t-elle l'un des emblèmes de la modernité, souvent définie par opposition à l'art *figuratif*. Léon Degand, par exemple, écrivait :

> La peinture abstraite est celle qui ne représente pas les apparences visibles du monde extérieur, et qui n'est déterminée, ni dans ses fins, ni dans ses moyens, ni dans son esprit, par cette représentation. Ce qui caractérise donc, au départ, la peinture abstraite, c'est l'absence de la caractéristique fondamentale de la peinture figurative, l'absence du rapport de transposition, à un degré quelconque, entre les apparences visibles du monde extérieur et l'expression picturale[1].

Cette grande aventure artistique, l'une des plus spectaculaires du XXe siècle, a commencé au tout début des années dix, avec les peintures de Delaunay, Kupka, Kandinsky, Picabia, Malévitch, Mondrian et quelques autres. La plupart de ces artistes ont aussi écrit. Leurs textes exposent leurs ambitions, explicitent leurs intentions. Elles obéissent à deux logiques qui s'entremêlent autant qu'elles s'opposent. Pour les uns, l'abstraction se nourrit de spiritualité. Émancipée de la nature, elle entretient des liens privilégiés avec l'invisible. Pour d'autres, au contraire, elle déploie en

1. Léon Degand, *Langage et signification de la peinture en figuration et en abstraction* (1956), repris dans *Abstraction Figuration*, Paris, Éditions Cercle d'Art, coll. Diagonales, p. 179.

toute liberté les fastes du visible, enracinés dans une matérialité affichée. Quelles que soient leurs options, tous les artistes sont confrontés aux mêmes questions fondamentales, qui resurgissent périodiquement tout au long du siècle en des termes identiques : elles concernent le contenu et la finalité des œuvres.

I

La naissance de l'abstraction

Les années dix et vingt

Des querelles d'antériorité n'ont pas manqué de surgir et, comme il est de règle pour expliquer toute genèse, plusieurs récits aux allures de mythes fondateurs accompagnent le surgissement de cette tradition naissante. Kandinsky, dans un texte célèbre, décrit comment il découvrit les potentialités d'une œuvre pleinement autonome :

> J'arrivais chez moi avec ma boîte de peinture après une étude, encore perdu dans mon rêve et absorbé par le travail que je venais de terminer, lorsque je vis soudain un tableau d'une beauté indescriptible, imprégné d'une grande ardeur intérieure. Je restai d'abord interdit, puis je me dirigeai rapidement vers ce tableau mystérieux sur lequel je ne voyais que des formes et des couleurs et dont le sujet était incompréhensible. Je trouvai aussitôt le mot de l'énigme : c'était un de mes tableaux qui était appuyé au mur sur le côté. J'essayai le lendemain de retrouver à la lumière du jour l'impression éprouvée la veille devant ce tableau. Mais je n'y arrivai qu'à moitié : même sur le côté je reconnaissais constamment les objets et il manquait la fine lumière du cré-

puscule. Maintenant j'étais fixé, l'objet nuisait à mes tableaux[1].

Tout ici concourt à métamorphoser en une véritable révélation l'expérience accordée par un heureux concours de circonstances. L'artiste abîmé dans ses pensées, confronté à la beauté d'une œuvre qui échappe à toute description, est brutalement habité par une certitude proprement bouleversante. Non seulement s'ouvre devant lui la possibilité de disposer librement formes et couleurs, sans le support d'une représentation, mais — et c'est là le point décisif — Kandinsky constate que celle-ci *nuit* à ses tableaux. La conclusion logique s'impose d'elle-même : l'art non figuratif déploie dans toute leur intensité les virtualités que l'imitation des objets du monde empêchait d'éclore. Tributaire d'une vision téléologique, cette conception ouvrait la voie au conflit récurrent entre l'art abstrait, considéré comme un progrès, et l'art figuratif, du coup ravalé au rang des formules dépassées.

Restait à passer à l'acte. Kandinsky aurait franchi le Rubicon en 1910. Cette date figure sur l'une de ses aquarelles[2], indubitablement abstraite et considérée le plus souvent comme la toute première œuvre du genre. Les travaux des historiens ont montré qu'elle avait sans doute été antidatée. Elle ne correspond nullement à ce que l'artiste peignait alors. Quoi qu'il en soit, sa philosophie était faite en 1912, quand parut *Du*

1. Wassily Kandinsky, *Regards sur le passé, 1913-1918*, repris dans *Regards sur le passé et autres textes, 1912-1922*, éd. établie par Jean-Paul Bouillon, Paris, Hermann, 1974, p. 109.

2. Wassily Kandinsky, œuvre sans titre mais généralement dénommée *Première aquarelle abstraite*, aquarelle et encre de Chine sur papier, 49 × 64 cm, Paris, musée national d'Art moderne.

spirituel dans l'art, et dans la peinture en particulier. Depuis lors, Kandinsky demeura résolument fidèle à son choix, contribuant ainsi à entériner l'idée d'une rupture définitive entre l'art d'autrefois, placé sous le joug de la mimèsis, et l'art de l'avenir, émancipé. Mais l'antagonisme entre ces deux modalités est-il aussi violent ? Deux thèses contrastées furent proposées. Pour les uns, l'abstraction introduit une rupture radicale avec le passé. D'autres, au contraire, privilégient la continuité.

Une abstraction par décantation

Le récit donné par Kandinsky de sa conversion ne permet pas de trancher entre les deux camps. Le ton adopté pour décrire le choc qu'il éprouva devant l'énigme d'un tableau sans référents identifiables, et pourtant doué d'une « grande ardeur intérieure », plaide plutôt pour l'absence d'une solution de continuité entre l'art figuratif et l'art abstrait. Néanmoins, un élément essentiel contredit cette interprétation. C'est bien un tableau « à sujet », certes rendu incompréhensible par sa position inadéquate comme par la qualité particulière de la pénombre du soir, qui suggère à l'artiste de répudier toute représentation. De surcroît, le lien entre le sujet et l'arrangement des formes et des couleurs était devenu fort ténu dans ses peintures de 1910 ou 1911. Cela plaide pour un passage progressif vers l'abstraction, d'ailleurs renforcé par les trois catégories définies en 1912 par Kandinsky : les *impressions* sont librement inspirées par la nature ; les *improvisations* s'en dégagent nettement, même si elles restent nourries de l'expérience acquise grâce aux impressions ; les *compositions*, enfin, concrétisent les enseignements accumulés précédemment : ce sont des œuvres mûrement réfléchies, exemptes de toute allusion directe au spectacle du monde. Cette progression peut être considérée comme un processus de décantation au cours duquel la peinture se concentre et se replie sur ses propres forces, sans secours extérieur. Ainsi s'affirme une continuité logique entre figuration et abstraction.

Ce modèle a beaucoup servi. Il a le mérite, pédagogique mais aussi militant, d'effacer la rupture et d'éradiquer toute possibilité d'antagonisme fondamental entre les deux conceptions de l'art désormais en présence. Ainsi, le public qui aime la peinture de Titien, admire les œuvres des impressionnistes et consent à accepter les audaces des fauves ou des cubistes n'a aucune raison de rejeter, *a priori*, l'art abstrait. Van Doesburg, dans un texte publié par le Bauhaus en 1925, s'appuyait sur l'œuvre de Nicolas Poussin qui étudiait la nature avec attention mais en donnait dans ses peintures une version idéalisée, gouvernée par des lois plus esthétiques que réalistes. Il y aurait donc, au sein de telles œuvres, coexistence de deux entités : l'abstraction y est présente, en germe, perceptible dans les écarts entre la traduction naturaliste d'une réalité visuelle extrinsèque et la manifestation tangible d'ambitions purement plastiques. Jean Bazaine radicalisa ce raisonnement :

> L'immense erreur, c'est de continuer à parler de l'objet, de l'objet « réel » comme s'il avait été, en un temps quelconque, la « fin » de l'œuvre d'art et n'avait pas toujours été le moyen : l'art, à toutes les époques, a

toujours été non figuratif. Ce n'est pas là une nouveauté et il est étrange d'avoir à le rappeler[1].

Il est surtout « étrange », nous semble-t-il, de s'intéresser aux tableaux de Poussin sans considérer leurs sujets, traduits par des représentations. C'est pourquoi la démonstration, en peinture, d'un cheminement graduel vers des formes aniconiques paraît plus convaincante. Mondrian peignit en 1912 une série d'arbres dont la représentation devenait toujours plus allusive, au point que, devant l'un des tout derniers, il serait sans doute impossible d'identifier, en l'absence de titre, un *Pommier en fleurs*. L'artiste expliqua plus tard (1919) que sa conversion à l'abstraction était faite progressivement, au fil de la pratique picturale, et que la théorisation n'est intervenue qu'ensuite. *Abstraire* doit être ici entendu au sens littéral. Mais il précisait aussi : « L'abstraction *seule* ne suffit pas à exclure le naturel ; il y faut aussi une *autre composition* des lignes et des couleurs que la composition naturelle[2]. » Cette remarque est capitale. Tous les pionniers de l'abstraction ont commencé par peindre des œuvres figuratives et l'on peut repérer dans leurs tableaux un éloignement progressif des références naturalistes qui les conduit vers la composition pure. Mais il faut aussi qu'intervienne une prise de conscience de la richesse des virtualités apparues au cours de cette décantation pour qu'ils franchissent le pas. La naissance de l'abstrac-

1. Jean Bazaine, *Notes sur la peinture d'aujourd'hui* (1953), Paris, Éditions du Seuil, nouvelle éd. revue et augmentée, s. d., p. 47 et 48.

2. Piet Mondrian, « Dialogue sur la nouvelle plastique », *De Stijl*, février-mars 1919, extrait traduit dans l'anthologie de Charles Harrison et Paul Wood, *Art en théorie 1900-1990* (1992), Paris, Hazan, 1997, cit. p. 324.

tion, issue de l'art figuratif, suppose un saut qualitatif résolu, ainsi que le montre l'invocation du cubisme comme source de l'art abstrait.

Guillaume Apollinaire contribua grandement à accréditer l'idée — devenue depuis lors un poncif vivace — d'une filiation entre l'abstraction et le cubisme, dernière étape avant la « peinture pure ». Dans son essai consacré aux *Peintres cubistes*, publié en 1913, il notait en effet :

> Les jeunes artistes-peintres des écoles extrêmes ont pour but secret de faire de la peinture pure. C'est un art plastique entièrement nouveau. Il n'en est qu'à son commencement et n'est pas encore aussi abstrait qu'il voudrait l'être. La plupart des nouveaux peintres font bien de la mathématique sans le ou la savoir, mais ils n'ont pas encore abandonné la nature qu'ils interrogent patiemment à cette fin qu'elle leur enseigne la route de la vie[1].

En fait, s'il est vrai que certains artistes ont croisé le cubisme avant de réaliser des œuvres abstraites, ni Picasso ni Braque, les deux initiateurs de cette nouvelle « école », n'ont jamais rompu avec la mimèsis. Picasso a d'ailleurs toujours tenu à marquer ses distances avec l'abstraction : « L'art abstrait ce n'est que de la peinture. Et le drame ? », disait-il quand il n'ironisait pas : « Imagine par exemple un chasseur qui serait abstrait. Qu'est-ce qu'il peut faire, le chasseur abstrait ?... En tout cas, il ne tue rien[2]. »

Delaunay, qui avait un temps expérimenté à sa manière le système d'une représentation fragmentée

1. Guillaume Apollinaire, *Méditations esthétiques. Les Peintres cubistes* (1913), texte présenté et annoté par L. C. Breunig et J.-Cl. Chevalier, Paris, Hermann, 1980, p. 60.

2. Pablo Picasso, *Propos sur l'art*, *op. cit.*, respectivement p. 33 et 148.

en de multiples facettes, donna des explications parfois embrouillées mais, à diverses reprises, il affirma clairement sa rupture avec les cubistes qui, « malgré leur courage, [...] ont tourné autour du but, de l'objet[1] ». Retraçant son parcours, le peintre évoque la série des *Fenêtres* (1912), peintures dans lesquelles « on retrouve encore des suggestions rappelant la nature, mais dans un sens général et non analytique et descriptif comme dans l'époque antérieure, cubiste[2] ». Cette période de « réaction colorée » fut baptisée « cubisme orphique » par Apollinaire, ce qui entretint durablement la confusion. Elle préludait pourtant à tout autre chose, les *Formes circulaires*, exclusivement consacrées à « la composition, l'orchestration des couleurs[3] ». Ces toiles rondes aux formes concentriques qui organisent des contrastes dynamiques de couleurs sans recourir au prétexte d'une représentation, même allusive, ouvrent une ère nouvelle : « C'est la naissance, l'apparition en France des *premières peintures dites inobjectives*[4] ». Elles entérinent aussi une rupture, non seulement avec le cubisme, mais avec l'ensemble de la tradition transmise par l'enseignement qui transforme les enfants en « petits singes » auxquels on fait copier, « comme un Kodak, le côté extérieur du compotier[5] ». Soumis lui aussi à cet apprentissage, Delaunay est fier de sa révolte. Sa vitalité et sa patience, dit-il, « ont eu le dessus ».

1. Robert Delaunay, *Du cubisme à l'art abstrait*, documents inédits publiés par Pierre Francastel, Paris, SEVPEN, École pratique des hautes études, 1957, p. 219.
2. *Ibid.*, p. 66.
3. *Ibid.*
4. *Ibid.*, p. 67.
5. *Ibid.*, p. 218.

Ainsi, l'hypothèse d'une advenue de l'abstraction par décantation au fil d'étapes successives ne rend-elle compte que d'un aspect de la réalité. Certes, les artistes ne l'ont pas découverte toute constituée, au détour d'une rencontre heureuse. Ils s'en sont approchés progressivement sans savoir précisément jusqu'où cela les conduirait. Les constructions rétrospectives suggèrent pourtant l'existence d'une logique déterministe. Elle tend à minorer le rôle de la créativité des artistes, à faire oublier l'intelligence et l'audace dont ils durent faire preuve. C'est pourquoi certains d'entre eux ont insisté non sur la continuité, mais sur la rupture, la puissance disruptive introduite dans une tradition ancestrale par des œuvres qui revendiquaient l'absence résolue de toute représentation.

Apologie de la rupture

Parmi les chantres de la rupture, Malévitch occupe une place éminente. Comme pour tous les artistes de cette époque, nous pourrions suivre son évolution graduelle vers l'abstraction. Elle prend ici la forme de plans colorés sans fonction iconique, introduits dans des œuvres qui demeurent tributaires de la figuration. Imaginons *Femme devant une colonne d'affiches*[1] (1914) vidé de ses allusions réalistes : nous serions alors confrontés à une composition suprématiste, un espace vide et blanc dans lequel flottent librement les formes planes.

1. Huile et collages sur toile, 71 × 64 cm, Amsterdam, Stedelijk Museum.

La première présentation publique du suprématisme eut lieu à Pétrograd en décembre 1915, lors de l'exposition intitulée *Dernière exposition futuriste de tableaux 0,10 (Zéro-dix)*. Un climat de compétition, accompagnée de violences verbales, présida à son organisation. Tandis que Tatline et ses amis déployaient devant la porte de leur salle une banderole sur laquelle on pouvait lire : *Les Peintres professionnels*, Malévitch et Pougny en disposaient une autre, à l'entrée de leur propre salle, qui annonçait : *Les Suprématistes*. Le ton de la confrontation entre les deux camps était donné avant même que les manifestes ne fussent distribués. Malévitch écrivait notamment :

> L'art de la peinture, de la sculpture, l'art verbal ont été jusqu'ici un chameau bâté et tout un fatras d'odalisques, d'empereurs égyptiens et perses, de Salomons, de Salomés, de princes, de princesses avec leurs toutous chéris, de chasses et de la luxure des Vénus. Jusqu'ici il n'y a pas eu de tentatives picturales en tant que telles, sans toutes sortes d'attributs de la vie réelle. La peinture était une cravate sur la chemise amidonnée d'un gentleman et le corset rose compressant le ventre gonflé d'une dame adipeuse. La peinture, c'était le côté esthétique de l'objet, mais elle n'a jamais constitué son propre but. Les peintres étaient des juges d'instruction, des gradés de la police qui établissaient différents procès-verbaux à propos des produits avariés, des vols, des meurtres et des clochards[1].

Cette véhémence, coutumière aux futuristes, manifeste une volonté de combat, un refus de tout compromis avec les options des prédécesseurs immé-

1. Kazimir Malévitch, « Du cubisme au suprématisme. Le nouveau réalisme pictural » (1915), *Écrits*, t. 1, *op. cit.*, p. 37.

diats. Malévitch inscrit le suprématisme dans la logique avant-gardiste formaliste d'une progression de la peinture vers son essence, vérité qui se dévoile progressivement par renoncements successifs aux attributs inessentiels dont elle s'encombrait. S'il est nécessaire, ainsi que le pense le créateur du suprématisme, de faire des tableaux au lieu de reproduire des objets, une précipitation des potentialités latentes de la peinture est indispensable : « Considérant que le cubo-futurisme a rempli ses tâches, je passe au suprématisme, au nouveau réalisme pictural, à la création non figurative[1]. » Le dépassement par extrapolation des virtualités présentes ne peut pas s'opérer sans rupture.

L'emprunt à la nature, l'aspiration à reprendre et répéter la réalité, bref tout ce qui ressortit au mimétisme, ouvre, selon Malévitch, sur la mort : « Le vivant se transformait en un état d'immobilité morte. On prenait tout vivant, frémissant, et on le fixait à la toile comme on fixe des insectes dans une collection[2]. » C'est contre la réification d'un académisme mortifère que Malévitch élabore le suprématisme, révolte des forces de la vie, puissance régénératrice de la création. Pour Malévitch, un visage peint sur un tableau est une « parodie pitoyable de la vie », tandis que chaque forme suprématiste, indépendante, affiche sa liberté, sa vitalité. Chacune est un monde. Aussi chaque surface picturale demeure-t-elle « plus vivante que tout visage où sont fourrés une paire d'yeux et un

1. *Ibid.*, p. 43.
2. Kazimir Malévitch, « Du cubisme et du futurisme au suprématisme. Le nouveau réalisme pictural » (1916), *Écrits*, t. 1, *op. cit.*, p. 56.

sourire[1] ». Pour mieux assener sa vérité, Malévitch conspue le public désireux de « voir des morceaux de la nature vivante pendus aux crochets de [ses] murs » et il affirme, en 1915 :

> Il y a création seulement là où dans les tableaux apparaît la forme qui ne prend rien de ce qui a été créé dans la nature, mais qui découle des masses picturales, sans répéter et sans modifier les formes premières des objets de la nature[2].

L'artiste répudiait toute méthode d'abstraction qui viserait à dépasser le foisonnement des impressions puisées à même la diversité du réel. L'une des caractéristiques revendiquées par l'abstraction malévitchéenne est de poser les formes picturales *a priori* : « La forme intuitive doit sortir de rien[3]. »

Lors de l'exposition *0,10*, une œuvre occupait une place singulière. Accrochée dans l'angle formé par deux murs, près du plafond, elle dominait tous les autres tableaux. Le *Carré noir* (1915), qualifié par son auteur d'« enfant royal », pose les bases d'une abstraction radicale. Simple carré noir entouré d'une marge blanche, cette icône de la modernité supprime sans conteste tout lien avec la nature. Malévitch l'a métamorphosée en germe du suprématisme. Par déplacement, division, rotation du carré, apparaissent les rectangles, la croix et le cercle qui constituent son répertoire formel. Ainsi, à partir d'une figure conçue — et non pas imitée — s'élabore un art vraiment

1. *Ibid.*, respectivement p. 68, 69 et 67.
2. Kazimir Malévitch, « Du cubisme au suprématisme en art, au nouveau réalisme de la peinture en tant que création absolue » (1915), *Écrits*, t. 1, *op. cit.*, p. 38.
3. Kazimir Malévitch, « Du cubisme et du futurisme au suprématisme », *op. cit.*, p. 61.

neuf, qui ne doit rien au passé, à la tradition. Peu importe ici que l'artiste ait, ou non, procédé de cette manière — ce qui, nous l'avons suggéré, n'est guère probable. L'essentiel, c'est qu'il promeut un autre modèle explicatif du monde pictural « sans objet » où le *Carré noir*, « premier pas de la création pure en art[1] », surgi du rien, marque le « début d'une nouvelle culture[2] ».

Généalogie de l'abstraction

Les artistes, même quand ils privilégient la thèse de la rupture, n'ignorent pas que la naissance de l'abstraction fut rendue possible par l'évolution des pratiques et des idées. Outre le cubisme, plusieurs mouvements ont été proposés comme pivots essentiels. Dans un texte publié en 1913, Fernand Léger confiait ce rôle à l'impressionnisme. Ardent propagandiste de la modernité, Léger distingue la « qualité imitative » d'une œuvre et sa « valeur picturale ». Cette dernière lui paraît douée d'une importance esthétique déterminante car, si l'imitation de l'objet avait une valeur en soi, « tout tableau du premier venu ayant une qualité imitative aurait en plus une valeur picturale[3] ». L'argument semble imparable, car l'évolution de la peinture nous invite à l'accepter comme une évidence. Mais il fallait aussi que des artistes inversent l'ordre de préséance tradi-

1. *Ibid*, p. 67.
2. *Ibid*.
3. Fernand Léger, « Les origines de la peinture et sa valeur représentative » (*Montjoie*, 1913), repris dans *Fonctions de la peinture*, Paris, Gonthier, 1978, p. 11.

tionnel pour que nous prenions conscience d'une subordination de la qualité artistique aux formes plastiques employées. Aux impressionnistes donc revient le mérite d'avoir les premiers, selon Léger, « rejeté la valeur absolue du sujet pour ne plus en considérer que la valeur relative[1] ».

Le choix des impressionnistes comme pivot n'est pas sans avantages. Certes, nous identifions parfaitement les sujets qu'ils ont représentés, mais leurs contemporains, lorsqu'ils les virent pour la première fois, dans les années 1870, n'y découvrirent souvent qu'un salmigondis de couleurs informes. La couleur, rétive, indépendante, fut longtemps considérée dans la tradition occidentale comme éminemment dangereuse, corruptrice. Charles Blanc, dont la *Grammaire des arts du dessin* (1867) était fort lue par les peintres, à l'époque de Manet, opposait encore le dessin, « sexe masculin de l'art », à la couleur : « Elle joue dans l'art le rôle féminin ; soumise au dessin comme le sentiment doit être soumis à la raison, elle y ajoute du charme, de l'expression et de la grâce. » Si cet ordre réputé « naturel » devait être bouleversé, la peinture courrait à sa ruine ; elle serait « perdue par la couleur, comme l'humanité fut perdue par Ève ». Formulée ici avec une belle assurance misogyne, cette conviction s'enracine dans une tradition ancienne. Le « débat du coloris », qui opposa au XVIIe siècle les tenants du dessin et ceux de la couleur, avait mis en place un argumentaire sans cesse repris par la suite. Ainsi, pour Charles Le Brun, le dessin est la boussole qui permet de ne pas sombrer « dans l'océan de la couleur, où

1. *Ibid.*, p. 12.

beaucoup de gens se noient en voulant s'y sauver[1] ». Il reproche encore à la couleur de ne pas imiter la chose elle-même, mais l'accident, la vaine apparence, changeante et enfin, dernier opprobre, d'être entachée de matérialité, vile.

Le débat du coloris fut essentiellement théorique. Il visait à dégager l'essence de la peinture pour mieux en légiférer la pratique. Les apologistes de la couleur, tel Gabriel Blanchard, la promurent au rang de *différence spécifique*, celle qui au sein des beaux-arts, dévolus à l'imitation du visible, distingue et définit l'art pictural : « Le peintre a de commun avec tous ceux qui font profession des beaux-arts qu'il imite la nature, avec les sculpteurs et les graveurs qu'il dessine, et n'est peintre que par la couleur, de sorte que l'on peut raisonnablement dire que celui-là est plus savant peintre, lequel possède mieux cette partie de la peinture que nous appelons couleur et la sait mieux mettre en usage[2]. »

Ce privilège accordé à la couleur peut paraître, aujourd'hui, trivial. En fait, il préludait à un renversement complet des valeurs longtemps admises comme intangibles. Les arguments déployés par Le Brun, lors de sa conférence du 9 janvier 1672, réponse de l'autorité légitime à la sédition naissante, visaient à conforter une conception intellectuelle de la peinture, *cosa mentale*. Fidèle aux théories élaborées à la Renaissance, Le

1. Charles Le Brun, « Sentiments sur le discours du mérite de la couleur par M. Blanchard » (9 janvier 1672), conférence reprise dans *Les Conférences de l'Académie royale de peinture et de sculpture au XVIIe siècle*, édition établie par Alain Mérot, Paris, École nationale supérieure des beaux-arts, 1996, p. 221.

2. Louis-Gabriel Blanchard, « Sur le mérite de la couleur » (7 novembre 1671), *ibid.*, p. 212.

Brun distingue deux sortes de dessins, « l'un qui est intellectuel ou théorique, et l'autre pratique ». Le premier « dépend purement de l'imagination ». Aussi, « il s'exprime par des paroles et se répand dans toutes les productions de l'esprit », tandis que le « dessin pratique » dépend non seulement de l'imagination mais aussi de la main. La couleur n'est pas dénuée de fonction. Elle satisfait les yeux. Mais n'est-il pas plus estimable de satisfaire l'esprit ? Par trop tributaire de la matière — tare indélébile pour Le Brun — la couleur ne saurait y parvenir.

Cet édifice conceptuel reposait sur la doctrine de l'*ut pictura poesis* que Charles Du Fresnoy définissait ainsi, à la même époque : « La poésie sera comme la peinture ; et que la peinture soit semblable à la poésie ; à l'envi, chacune des deux reflète sa sœur, elles échangent leurs tâches et leurs noms ; on dit que la peinture est une poésie muette, on donne habituellement à la poésie le nom de peinture parlante ; les poètes chantent ce qui est agréable à l'ouïe, les peintres s'occupent de dépeindre ce qui est beau pour la vue ; et ce qui est indigne des vers des poètes ne mérite pas non plus que les peintres y consacrent leurs efforts[1]. » Cette doctrine impliquait une hiérarchie des genres, exposée et justifiée ainsi par Félibien : « La représentation qui se fait d'un corps en traçant simplement des lignes ou en mettant des couleurs est considérée comme un travail mécanique ; c'est pourquoi comme dans cet art il y a différents ouvriers qui s'appliquent à différents sujets,

1. Charles Du Fresnoy, *De arte graphica* (1667), cité par Rensselaer W. Lee, *Ut pictura poesis. Humanisme et théorie de la peinture : XVe-XVIIIe siècle* (1967), trad. par Maurice Brock, Paris, Macula, 1991, p. 8, note 5.

il est constant qu'à mesure qu'ils s'occupent aux choses les plus difficiles et les plus nobles, ils sortent de ce qu'il y a de plus bas et de plus commun et s'anoblissent par un travail plus illustre. Ainsi celui qui fait parfaitement les paysages est au-dessus d'un autre qui ne fait que des fruits, des fleurs ou des coquilles. Celui qui peint des animaux vivants est plus estimable que ceux qui ne représentent que des choses mortes et sans mouvement ; et comme la figure de l'homme est le plus parfait ouvrage de Dieu sur la terre, il est certain aussi que celui qui se rend l'imitateur de Dieu en peignant des figures humaines, est beaucoup plus excellent que tous les autres. Cependant, quoique ce ne soit pas peu de chose de faire paraître comme vivante la figure d'un homme et de donner l'apparence de mouvement à ce qui n'en a point, néanmoins un peintre qui ne fait que des portraits n'a pas encore atteint cette haute perfection de l'art et ne peut prétendre à l'honneur que reçoivent les plus savants. Il faut pour cela passer d'une seule figure à la représentation de plusieurs ensemble ; il faut traiter l'histoire et la fable ; il faut représenter de grandes actions comme les historiens, ou des sujets agréables comme les poètes ; et montant encore plus haut, il faut par des compositions allégoriques, savoir couvrir sous le voile de la fable les vertus des grands hommes et les mystères les plus relevés[1]. »

Un siècle plus tard, Diderot louait les mérites de Chardin, peintre de natures mortes. Progressivement se mit en place un double regard sur le tableau. Tradi-

1. André Félibien, préface aux *Conférences de l'Académie royale de peinture et de sculpture pendant l'année 1667* (1668), texte repris dans *Les Conférences de l'Académie royale*, *op. cit.*, p. 50 et 51.

tionnel, le premier décrypte l'intérêt de l'image, s'attarde sur la représentation afin d'en jauger l'ambition. Novateur, le second se repaît des charmes de la matière picturale. Cette évolution se poursuivit au XIXe siècle. La modernité, si elle ne songe pas alors à se débarrasser de la représentation, distingue néanmoins les qualités proprement plastiques de l'image et celles de ses composantes iconiques. Delacroix évoquait une « musique du tableau » qui résulte de « tel arrangement de couleurs, de lumières, d'ombres, etc. » Si vous vous trouvez placé à une distance trop grande de la peinture pour savoir ce qu'elle représente, dit-il, « vous êtes pris par cet accord magique[1] ».

La primauté accordée aux qualités plastiques du tableau triomphe au moment où les impressionnistes tentent de transcrire sur la toile le scintillement coloré de la nature. Théodore Duret, l'un de leurs premiers commentateurs, oppose les hommes de lettres et la foule, qui « ne voient dans les tableaux que le sujet, le motif, l'action représentée », aux véritables connaisseurs. Ceux-ci ont une autre approche : « À leurs yeux, la qualité intrinsèque de la peinture en soi domine tout, dans l'œuvre d'un peintre, et le sujet, qui décidait à peu près seul des préférences des autres, n'est plus qu'un accessoire[2]. » Duret a défendu jusqu'aux ultimes limites alors concevables l'absolue indépendance, en regard des caractéristiques du tableau, de ses qualités picturales. Son article, consacré à James Whistler et

1. Eugène Delacroix, « Réalisme et idéalisme » (s. d.), *Œuvres littéraires*, t. 1, *Études esthétiques*, Paris, Éditions G. Crès, 1923, p. 63.

2. Théodore Duret, « Édouard Manet » (1884), texte repris dans *Critique d'avant-garde*, *op. cit.*, rééd. 1998, p. 72.

publié en 1881 dans la très respectable *Gazette des Beaux-Arts*, retrace avec une logique implacable l'évolution de l'artiste américain. Dans un premier temps, les titres de ses œuvres en désignent le sujet. Plus tard, il ajoute un sous-titre, destiné à attirer l'attention sur la « combinaison du coloris[1] ». L'étape suivante le conduit à inverser cet ordre de préséance afin de « donner l'arrangement particulier des couleurs pour titre principal à certaines de ses œuvres, en mettant le sujet en sous-titre ». Enfin, il en viendra à « supprimer absolument toute espèce de titre, autre que celui tiré de l'arrangement des couleurs ». Lorsque la lumière tend à disparaître, le sujet lui-même s'éclipse. Aussi, les nombreux « nocturnes » du peintre permettent-ils de « saisir M. Whistler à l'extrême point qu'il devait parcourir[2] ». Ses effets de nuit atteignent l'« extrême limite de la peinture formulée » :

> Un pas de plus, il n'y aurait sur la toile qu'une tache uniforme, incapable de rien dire à l'œil et à l'esprit. Les nocturnes de M. Whistler font penser à ces morceaux de la musique wagnérienne où le son harmonique, séparé de tout dessin mélodique et de toute cadence accentuée, reste une sorte d'abstraction et ne donne qu'une impression musicale indéfinie[3].

Avec la peinture abstraite, les *taches* trouveront dans la musique à la fois un modèle et une alliée : à

1. Théodore Duret, « James Whistler » (1881), *ibid.*, p. 119.

2. *Ibid.*, p. 121. Quelques lignes plus loin, Duret pointe une innovation de Whistler appelée à un grand avenir, au XXe siècle, la numérotation : « Répétant ces mêmes effets avec variantes, il en est venu à peindre plusieurs nocturnes d'une même combinaison de couleurs et, pour les distinguer les uns des autres, à les désigner simplement par des numéros, disant : Nocturne en bleu et en or, nº 1 — Nocturne en bleu et en or, nº 2. »

3. *Ibid.*, p. 121 et 122.

l'antique *ut pictura poesis* se substitue le moderne *ut pictura musica*. Ce nouveau paradigme, inventé au XIXe siècle[1], quand il était encore impensable de se passer d'une représentation pour « porter la couleur », entérine une manière de dédoublement de la peinture. L'intérêt pour l'image doit composer avec l'organisation matérielle et formelle de l'œuvre, artefact aux caractéristiques propres, sinon encore indépendantes. Mais, si pour Delacroix et Baudelaire, l'importance de la représentation allait encore de soi, au fil des années la polarité s'inverse. Dans une phrase devenue célèbre, Maurice Denis notait, en 1890 :

> Se rappeler qu'un tableau — avant d'être un cheval de bataille, une femme nue, ou une quelconque anecdote — est essentiellement une surface plane recouverte de couleurs en un certain ordre assemblées[2].

Bien entendu, l'artiste n'envisageait alors nullement l'abstraction. Un tableau demeure « un cheval de bataille, une femme nue, ou une quelconque anecdote », mais *avant* cela, il est autre chose : une entité matérielle organisée. Ce retournement de la préséance mérite attention.

Amorcé, puis amplifié au fil du temps, le feuilletage du tableau ne tend pas seulement à dissocier l'image de la couleur. Il invite à relâcher les liens entre le tableau et son référent pour affirmer l'autonomie de

1. Nous devons cette formulation à Louis Viardot, qui signa en 1859 dans la *Gazette des Beaux-Arts* un texte intitulé : « Ut pictura musica ».

2. Maurice Denis (sous la signature de Pierre-Louis), « Définition du Néo-Traditionnisme », *Art et critique*, 23 août 1890, p. 540, repris dans *Théories, 1890-1910*, Paris, Rouart et Watelin, 1914, p. 1 (rééd. dans *Le Ciel et l'Arcadie*, textes réunis, présentés et annotés par Jean-Paul Bouillon, Paris, Hermann, 1993, p. 5).

la création. Les exemples susceptibles d'illustrer ce changement de cap seraient nombreux. Gauguin fut l'un des premiers à recourir au concept d'abstraction. Il écrivait à Schuffenecker en 1888 :

> Un conseil : ne peignez pas trop d'après nature. L'art est une abstraction, tirez-la de la nature en rêvant devant et pensez plus à la création qui en résultera, c'est le seul moyen de monter vers Dieu en faisant comme notre Divin Maître, créer[1].

Cependant, bien que l'idée d'abstraction apparaisse nettement en cette fin du XIXe siècle, ni Gauguin ni aucun de ses contemporains n'a rompu avec l'image, au moins allusive, d'éléments puisés dans le spectacle du monde. Kandinsky en fit la remarque :

> La musique, qui est extérieurement totalement émancipée de la nature, n'a pas besoin d'emprunter ailleurs des formes extérieures pour son langage. La peinture, à l'heure actuelle [1911], est encore presque totalement liée aux formes naturelles, aux formes empruntées à la nature[2].

C'est pourquoi le passage à l'acte, bien que préparé de longue date, progressivement, fut reçu comme une véritable révolution. Et c'en était bien une, en effet, car il y a une différence fondamentale entre la double nature d'une œuvre figurative qui met en jeu une part d'imitation, une part d'indépendance plastique, et l'autonomie hautaine de l'œuvre qui repose exclusivement sur des relations formelles : ici le plaisir pris à l'imitation, voire à la déformation, disparaît et l'on peut imaginer le trouble du public comme l'en-

1. Cf. la *Correspondance de Paul Gauguin*, éd. par V. Merlhès, Paris, Fondation Singer-Polignac, 1984, p. 210.
2. Wassily Kandinsky, *Du spirituel dans l'art et dans la peinture en particulier* (1912), trad. par Nicole Debrand et Bernadette du Crest, Paris, Denoël, 1989, p. 99 et 100.

thousiasme des artistes qui s'engageaient dans cette aventure.

Ces artistes devaient explorer les richesses que leur dévoilait l'abandon des derniers liens tissés avec la nature. À tous, se présentait un double programme, tracé en ces termes par Kandinsky, à propos de la peinture :

> Sa tâche, maintenant, est d'étudier ses forces et ses moyens, d'apprendre à les connaître, comme la musique l'a fait depuis longtemps, et d'essayer d'utiliser ces forces et ces moyens d'une manière qui ne doive rien qu'à elle-même en vue de la création[1].

Double programme en effet, puisqu'il implique une réflexion sur les moyens mais aussi sur leur finalité.

Les éléments plastiques

Sur le premier volet, les moyens, l'accord des artistes et des critiques ou des esthéticiens fut aisément obtenu. Abstraite ou figurative, la création plastique dispose des lignes, agence des formes et des couleurs, joue avec des textures. Il va de soi que nul ne l'a jamais ignoré, mais l'émergence de l'art abstrait attira irrésistiblement l'attention sur ces constituants de l'œuvre. Fernand Léger pointait, en 1913, « trois grandes quantités plastiques : les Lignes, les Formes et les Couleurs[2] ». Ces « quantités », éléments formels de l'œuvre, sont nommées depuis les années vingt *éléments plastiques*. La notion d'*élément* a l'avantage de

1. *Ibid.*, p. 100.
2. Fernand Léger, « Les origines de la peinture et sa valeur représentative », *op. cit.*, p. 11.

renvoyer implicitement à un tout organique — l'œuvre achevée — et de manifester ainsi son caractère analytique. De nombreuses études ont été consacrées à ces éléments, mais leur dénombrement comme leur classement n'ont jamais été définitivement fixés.

Lors d'une conférence donnée à Iéna en 1924, Paul Klee, ici tributaire des postulats fondamentaux de l'esthétique scientifique et de sa prédilection pour les mesures objectives, précisait la nature des éléments plastiques — il utilise cette locution —, données formelles fondamentales de toute œuvre. Il en distinguait, lui aussi, trois :

1. la ligne, « affaire de mesure seulement », puisque « ses modalités dépendent de segments (longs ou courts), d'angles (aigus ou obtus), de longueurs de rayon, de distances focales — toutes choses mesurables » ;
2. les tonalités ou valeurs du clair-obscur, que « concernent des questions de poids », car « tel degré présente une énergie blanche concentrée ou diffuse, tel autre est plus ou moins alourdi de noir » ;
3. les couleurs, enfin, « qui offrent encore d'autres caractéristiques », car « ni la règle ni la balance ne permettent d'en venir entièrement à bout ».

L'analyse de Klee met l'accent sur l'intrication de ces éléments plastiques qui ressortissent « à l'étendue, au poids et à la qualité[1] » : pas de couleur sans valeur et sans forme, pas de valeur sans limite, mais aussi pas de ligne sans valeur, et parfois elle est colorée.

1. Paul Klee, « De l'art moderne » (1924), repris dans *Théorie de l'art moderne*, trad. par Pierre-Henri Gonthier, Paris, Denoël/Gonthier, 1980, p. 19 et 20.

À ces trois éléments fondamentaux, il convient d'en ajouter au moins deux : la facture — au sens de *faktura* — étudiée notamment par les constructivistes russes et leurs théoriciens, et l'étendue — qui tient aux dimensions ou à l'échelle. La formule lapidaire de Matisse est connue : un centimètre carré de bleu n'est pas équivalent à un mètre carré du même bleu. Il a insisté à plusieurs reprises sur ce paramètre : la composition « se modifie avec la surface à couvrir[1] ». Cette référence à Matisse montre, s'il en était besoin, que l'abstraction permit de mettre en lumière le rôle et l'importance de maintes notions qui valent pour toutes les œuvres d'art, figuratives ou non.

Il en va de même pour la facture. Au sens traditionnel du terme — dérivé du latin *factura* (fabrication) — c'est l'ensemble des caractéristiques de l'œuvre liées à la manière dont les moyens techniques ont été utilisés par l'artiste. Dans le domaine des arts plastiques, elle constitue l'élément concret du style, tributaire de la main et des matériaux employés. Cependant, en Russie, au début des années dix, le terme *faktura*, que l'on traduit généralement par facture et parfois par texture, acquit un sens particulier. Vladimir Markov fut l'un des pionniers de cette attention accordée à la facture (*faktura*) référée au matériau. Dans son essai *Principes de la création dans les arts plastiques. La Facture* (1914), il affirmait :

> L'amour du matériau est pour l'homme une incitation. L'orner et le traiter donnent la possibilité d'obtenir

1. Henri Matisse, « Notes d'un peintre » (1908), repris dans *Écrits et propos sur l'art*, texte, notes et index établis par Dominique Fourcade, Paris, Hermann, 1972 ; nouvelle éd. revue et corrigée, Paris, Hermann, 1989, p. 43.

toutes les formes qui lui sont propres, les « résonances », que nous appelons factures[1].

Au début des années vingt, la réflexion sur la *faktura* fait l'objet d'une attention soutenue. Alexis Gan lui consacre un développement important dans son ouvrage *Le Constructivisme* (1922), et Nicolas Taraboukine affirme que la peinture récente l'a « détaché de l'ensemble des problèmes picturaux et transformé en un problème particulier, en créant ainsi toute une école de facturistes[2] ». Ce dernier relève en outre que la question se posait « à l'état potentiel » dans la peinture ancienne. Bien entendu, la facture se manifeste aussi dans la sculpture. Cependant, aucun des éléments plastiques ne vaut en et par lui-même. Si l'œuvre, voire l'image, naît de leur actualisation au sein d'un artefact, sa structuration générale demeure déterminante. Taraboukine l'exprime avec force et sa compréhension dialectique, moins datée qu'il n'y paraît, recèle une pertinence qui dépasse le seul domaine pictural, auquel il consacre son étude *Pour une théorie de la peinture* (1923) :

> La construction, opérant avec les éléments fondamentaux exclusivement matériels et réels de la peinture, couleur, facture et forme de représentativité plane, crée à partir d'eux l'objet pictural. La composition, en modifiant les rapports entre les éléments réels, leur donne, par la conformité de la logique externe et interne, le sens d'un organisme pictural clos sur lui-même[3].

1. Vladimir Markov, *Principes de la création dans les arts plastiques. La Facture* (1914), trad. dans Gérard Conio, *Le Constructivisme russe*, t. 1, *Les Arts plastiques, textes théoriques, manifestes, documents*, Lausanne, L'Âge d'Homme, 1987, p. 135.
2. Nicolas Taraboukine, *Pour une théorie de la peinture* (1923), *ibid.*, p. 189.
3. *Ibid.*, p. 193.

L'autonomie de l'œuvre, organisme indépendant, trouve ici une affirmation éclatante, stimulée par l'analyse de ses constituants matériels et formels, les éléments plastiques. Mais cette « clôture » comportait le risque d'un véritable autisme, danger qui fut bien vite repéré et dénoncé.

Le sens et la fonction

L'art abstrait, par définition privé de la représentation, serait-il aussi privé de sens ? Pour ses détracteurs, il proposerait des objets attrayants mais sans signification substantielle, tout juste capables, au mieux, de donner des satisfactions frivoles. Hugo Ball, pourtant lui-même inventeur d'une « poésie sans mots », s'interrogeait en 1919 :

> L'art abstrait — apportera-t-il plus qu'un renouveau de l'ornemental et un nouvel accès à ce domaine ? Les courbes décoratives de Kandinsky — ne seraient-elles peut-être que des tapis peints (sur lesquels il vaudrait mieux s'asseoir plutôt que de les accrocher au mur)[1] ?

Conscient d'un danger potentiel d'appauvrissement lié à l'abstraction, Kandinsky affirmait vouloir « vivre le Spirituel dans les choses matérielles et abstraites ». Afin d'éloigner le spectre d'une dégradation de la peinture en simple objet ornemental, il projetait de fixer dans la forme un contenu spirituel et émotionnel : « L'artiste doit avoir quelque chose à dire, car sa tâche ne consiste pas à maîtriser la forme, mais à adapter

1. Hugo Ball, *La Fuite hors du temps. Journal 1913-1921* (1946), trad. par Sabine Wolf, Monaco, Éditions du Rocher, 1993, p. 218.

cette forme au contenu[1]. » Dans une note, Kandinsky précise qu'il ne s'agit pas d'« introduire de force un contenu donné dans n'importe quelle œuvre ou d'habiller d'une forme artistique un contenu purement intellectuel », mais d'éduquer l'âme. Animé d'un « souffle spirituel », le tableau participe de l'art :

> La peinture est un art et *l'art* dans son ensemble *n'est pas une vaine création d'objets* qui se perdent dans le vide, mais une puissance qui a un but et doit servir à l'évolution et à l'affinement de l'âme humaine [...]. Il est le langage qui parle à l'âme, dans la forme qui lui est propre, de choses qui sont le *pain quotidien* de l'âme et qu'elle ne peut recevoir que sous cette forme[2].

L'héritage du symbolisme est ici patent. Ce mouvement, apparu en réaction contre toutes les formes de réalisme, considérait avec Redon que l'impressionnisme, réputé simple enregistrement des données visuelles, était par trop « bas de plafond », c'est-à-dire qu'il manquait d'idéal. L'évolution de Gauguin est exemplaire. Après avoir débuté sous l'égide de la peinture impressionniste, il s'en éloignait au point d'expliquer, lors d'un entretien, en 1895 :

> J'obtiens par des arrangements de lignes et de couleurs, avec le prétexte d'un sujet quelconque emprunté à la vie ou à la nature, des symphonies, des harmonies ne représentant rien d'absolument réel au sens vulgaire du mot, n'exprimant directement aucune idée, mais qui doivent faire penser comme la musique fait penser, sans le secours des idées ou des images, simplement par les affinités mystérieuses qui sont entre nos cerveaux et tels arrangements de couleurs et de lignes[3].

1. Wassily Kandinsky, *Du spirituel dans l'art*, *op. cit.*, p. 201.
2. *Ibid.*, p. 200.
3. Interview de Gauguin par E. Tardieu, *L'Écho de Paris*,

Le critique Albert Aurier, qui admirait Gauguin et consacra un essai aux peintres symbolistes, voyait dans l'art « la nécessaire expression matérialisée d'une combinaison spirituelle ». Comme Gauguin ou Maurice Denis, il minore l'importance de la mimèsis afin de mieux exalter celle des éléments formels, mais il en subordonne l'agencement à un contenu extrinsèque :

> Dans l'art ainsi compris, la fin n'étant plus la reproduction directe et immédiate de l'objet, tous les éléments de la langue picturale, lignes, plans, ombres, lumières, couleurs, deviennent, on le comprendra, les éléments abstraits qui peuvent être combinés, atténués, exagérés, déformés, selon leur mode expressif propre, pour arriver au but général de l'œuvre : l'expression de telle idée, de tel rêve, de telle pensée[1].

Peu ou prou, les principaux initiateurs de l'abstraction se situent dans une perspective spiritualiste, revendiquée par Kandinsky, désireux d'éviter que ses tableaux ne ressemblent « à des cravates ou à des tapis ». Cependant, l'« obsession du spirituel » sous-tend peut-être moins le travail des créateurs que ne le laissent supposer les gloses de très nombreux commentateurs. Ceux-ci appuient leurs démonstrations sur les textes des artistes et, plus encore, sur ce que nous savons de leurs convictions personnelles. Kupka manifestait un goût certain pour les sciences occultes et il réalisa des dessins médiumniques. Malévitch ne répugnait pas à user de modèles théologiques pour conforter sa propre conception de la création. Mon-

---

13 mai 1895, cité par Françoise Cachin, *Gauguin*, Paris, Hachette, coll. Pluriel, 1989, p. 188 et 189.

1. Albert Aurier, *Textes critiques 1889-1892. De l'impressionnisme au symbolisme* (1893), rééd. Paris, École nationale supérieure des beaux-arts, 1995, p. 103.

drian avait adhéré à la Société de théosophie en 1909. Pourtant, ce que ne nous disent ni les artistes ni leurs exégètes, c'est comment ces préoccupations se transforment en organisations plastiques, comment, confrontés à leurs œuvres, nous pourrions les repérer, sans le secours d'un savoir préalable, d'une information extrinsèque. Le contenu spirituel demeure, par essence, invisible.

À vrai dire, le tissage du visible et de l'invisible n'est nullement nouveau ou récent. Il hante toute la tradition et ne posa guère de problèmes tant que la réalité d'une transcendance n'était pas mise en doute. Religieux, philosophique ou moral, l'art du passé élaborait en image des récits qu'un interprète cultivé et perspicace pouvait « lire ». La reconnaissance des figures et l'identification des représentations, grâce aux codes iconographiques, donnait accès à l'*historia*, elle-même porteuse de significations, nobles ou triviales, mais généralement claires.

La dissociation des significations littéraires et des signifiances purement plastiques invitait les artistes qui avaient décidé de ne plus *reproduire le visible*, mais, selon la formule lapidaire de Klee, de *rendre visible*[1], à élaborer un « langage des formes et des couleurs ». Cette formulation est de Kandinsky qui propose une véritable sémantique intuitive des effets colorés. Il note par exemple :

> De même qu'un tableau peint en jaune dégage toujours une chaleur spirituelle, ou qu'un tableau bleu semble

1. « L'art ne reproduit pas le visible ; il rend visible. Et le domaine graphique, de par sa nature même, pousse à bon droit aisément à l'abstraction » (Paul Klee, « Credo du créateur » [1920], *Théorie de l'art moderne. op. cit.*, p. 34).

> trop froid (donc effet actif, car l'homme, élément de l'univers, a été créé pour le mouvement constant et peut-être, éternel), un tableau vert n'a qu'un effet d'ennui (effet passif). La passivité est la propriété la plus caractéristique du vert absolu, cette propriété se « parfumant » cependant d'une sorte d'onction, de contentement de soi. C'est pourquoi, dans le domaine des couleurs, le vert correspond à ce qu'est, dans la société des hommes, la bourgeoisie : c'est un élément immobile, content de soi, limité dans toutes les directions[1].

On imagine aisément que Kandinsky ne peignit guère de tableaux à dominante verte. Mais si caricatural que soit cet extrait — choisi non sans malice —, il laisse entrevoir l'essentiel, la quête d'un fondement objectif, et donc partagé, à l'action directe des éléments plastiques sur l'œil, et, à travers lui, sur l'âme du spectateur. Bien entendu, cette quête, ici explicitée, devient beaucoup plus tâtonnante lorsque l'artiste élabore ses œuvres. L'acte créateur se défie souvent des théories appliquées : Kandinsky, pour sa part, use davantage des fulgurances de l'intuition que des rationalisations qui accompagnent l'évolution de son art.

La recherche des éléments et des organisations les plus aptes à présenter une conception du monde conduisit Mondrian à choisir un « vocabulaire » ascétique. Mais peu importe, après tout, que la verticale et l'horizontale aient partie liée avec les principes masculin et féminin. L'art qu'il élabora sous la dénomination de néoplasticisme s'en tient exclusivement à l'angle droit, au noir, au blanc, et aux seules couleurs « primaires », jaune, rouge, bleu. Chacun des éléments de cet ensemble spartiate est d'abord choisi pour éra-

1. Wassily Kandinsky, *Du spirituel dans l'art*, *op. cit.*, p. 151.

diquer l'arbitraire et ainsi se situer d'emblée au plus près de l'universel. Une anecdote montre à quel point Mondrian ne pouvait transiger avec ses principes. Quand son ami Van Doesburg introduisit des obliques dans le système, il rompit toute relation, précisant dans une lettre : « Après ta correction arbitraire du néoplasticisme, toute collaboration, quelle qu'elle soit, m'est impossible. » On peut s'émerveiller de constater combien Mondrian sut varier ses *Compositions*, dont le principe directeur fut définitivement mis au point en 1921. Il recherchait un équilibre dynamique, à la fois vivant et antinaturaliste. Ainsi parvenait-il à faire de la « vraie peinture, celle qui n'a pas recours à la forme limitée, qui affaiblit l'expression purement plastique ». Fondée sur l'« expression des rapports par la ligne et la couleur », elle comble les attentes de l'esthète, qui peut même y reconnaître l'« expression de la beauté de la vie humaine — inchangeable, mais toujours mouvante — détachée des petites jouissances et des inconvénients passagers », sans pour autant adhérer aux présupposés ésotériques de l'artiste.

Malévitch, lui aussi, s'est intéressé aux éléments formels, à leurs combinaisons et au substrat philosophique dont sa création se nourrit assurément. Il professait d'ailleurs que le peintre doit savoir « ce qui se passe à présent dans ses tableaux, et pourquoi ». Le plus vif de son œuvre abstraite décrit un parcours qui le conduit, de 1915 à 1918, à subtiliser le visible, réponse cohérente à la tentation de l'invisibilité qui taraude tout l'art spiritualiste. À propos de son *Carré noir*, icône sans image, opposée aux madones et aux vénus impudiques, Alexandre Benois dénonçait le « culte du vide, des ténèbres, du "rien" » qui ne pouvait conduire qu'au « nirvana total, au froid total, au zéro total[1] ». Le critique réprouvait les intentions de l'artiste, mais il en avait perçu les caractéristiques majeures. Pour s'aventurer plus avant dans le vide, promesse d'une rencontre avec l'absolu, Malévitch, après les surfaces planes colorées de ses premières œuvres suprématistes (1915), peint une série de tableaux blanc sur blanc (1918) qu'il expose à Moscou en 1919. Les formes, encore perceptibles, tendent à s'évanouir dans la surface immaculée du support. Le *Carré blanc sur fond blanc*, écho illuminé du *Carré noir*, demeure emblématique de cette trajectoire fulgurante où la peinture s'épanouit et s'évanouit tout à la fois, suscitant l'enthousiasme de l'artiste qui écrit dans le catalogue de l'exposition :

> Je ne suis libre que lorsque ma volonté, à travers une argumentation critique et philosophique, pourra mettre au monde à partir de ce qui existe une argumentation des nouveaux phénomènes. J'ai troué l'abat-jour bleu des limitations colorées, je suis sorti dans le blanc, voguez à ma suite, camarades aviateurs, dans l'abîme, j'ai établi les sémaphores du Suprématisme. J'ai vaincu la doublure du ciel coloré après l'avoir arrachée, j'ai mis les couleurs dans le sac ainsi formé et j'y ai fait un nœud. Voguez ! L'abîme libre blanc, l'infini sont devant vous[2].

L'appel à une dimension spirituelle, évidemment invisible, mais que l'œuvre doit pourtant révéler, a toujours posé des problèmes, notamment à ceux pour

1. Alexandre Benois, « La dernière exposition futuriste », *La Parole*, Pétrograd, 9 janvier 1916, trad. par Valentine et Jean-Claude Marcadé, dans Kazimir Malévitch, *Écrits*, t. 2, *Le Miroir suprématiste*, Lausanne, L'Âge d'Homme, 1977, p. 157.

2. Kazimir Malévitch, « Le Suprématisme », cat. de l'exposition *Non-figuration et suprématisme*, Moscou, 1919, *ibid.*, p. 84.

lesquels l'*âme* relève de la fiction. En un mot, ils ont toujours craint que l'histoire de l'art ne dissimule un prosélytisme religieux de mauvais aloi. Les envolées spiritualistes n'aident guère les mécréants à discerner les vertus d'œuvres qu'ils peuvent cependant admirer, pour d'autres motifs.

En revanche, chacun admettra, même si ce n'est pas nécessairement une valeur en soi, que ces artistes ont bel et bien voulu, comme ils le proclament dans leurs écrits, changer le monde : la nouveauté de leurs créations l'atteste. Kandinsky, Malévitch ou Mondrian n'ont rien de turlupins avides de réclame quand ils élaborent leurs abstractions. Ces hommes mûrs, nantis déjà d'une réelle réputation, croient au progrès, non pas seulement au progrès matériel, mais à l'évolution de l'homme lui-même. Kandinsky a foi dans un « tournant spirituel ». Prophétique, il évoque un « nouveau Moïse » dont la parole, « inaudible des masses, est d'abord entendue par l'artiste ». Malévitch adopte, lui aussi, une attitude messianique. Face aux critiques dont son *Carré noir* est l'objet, il rassemble ses forces « pour aller de plus en plus loin dans le vide des déserts, car ce n'est qu'à cet endroit qu'est la transfiguration[1] ». À son *Carré blanc sur fond blanc*, il assigne la tâche de constituer « l'impulsion vers les fondements de la construction du monde comme action pure considérée comme étant connaissance de soi dans la perfection purement utilitaire de l'"homme universel"[2] ».

1. Kazimir Malévitch, lettre à Alexandre Benois (mai 1916), *ibid.*, p. 46.
2. Kazimir Malévitch, « Le Suprématisme, 34 dessins » (1920), *Écrits*, t. 1, *op. cit.*, p. 122.

Mondrian est sans doute l'artiste le plus lucide en cette période de bouleversements idéologiques et politiques. Contrairement à ce qu'un regard hâtif pourrait laisser penser, sa création, tendue vers la beauté, forme palpable de la « vérité universelle », ne relève nullement de l'art pour l'art. Elle annonce la possibilité d'un monde meilleur, libéré de l'assujettissement de la matière, de la nature. « Plaque à développer », elle nous aide à patienter autant qu'elle nous stimule à hâter l'avènement d'un « homme nouveau ». Ainsi l'art, artifice, n'est qu'un succédané nécessaire, « tant que la beauté de cette vie manque ». Il est condamné à disparaître, vain, « à mesure que cette vie gagne en beauté » :

> Dans l'avenir l'idée néoplasticienne se déplacera de plus en plus de l'œuvre d'art vers sa réalisation dans la réalité palpable : elle y sera vivante. Mais pour cela, il faut que la mentalité, au moins d'un groupe d'individus, s'oriente vers une conception universelle et se dégage de l'oppression de la nature. Et quel avenir joyeux, quand nous n'aurons plus besoin de l'artifice « tableau » ou « statue », quand nous vivrons dans l'art réalisé[1] !

Dans cette explication lumineuse, deux thèmes majeurs de l'art du XXe siècle s'entrecroisent. Après que la mort de Dieu fut proclamée, celle de l'art n'en finit pas d'agiter les esprits. Elle est ici envisagée avec allégresse — ce ne fut pas toujours le cas, loin de là — car, s'il disparaît en tant que tel, l'art cède la place à une vie irriguée par ses meilleures aspirations. L'art

1. Piet Mondrian, « La morphoplastique et la néoplastique », *Cercle et carré*, n° 2, 15 avril 1930 (repris dans *Cercle et carré*, textes des trois numéros de la revue présentés par Michel Seuphor, Paris, Pierre Belfond, 1971, p. 79).

et la vie enfin réconciliés, voilà une autre aspiration qui n'en finit pas de rebondir, sous les formes les plus diverses.

Construire les formes nouvelles de la vie

La tension vers la vie implique que tous les arts participent au mouvement. Les créateurs de l'abstraction ont trouvé, nous l'avons souligné, dans la musique une alliée privilégiée, mais ils se sont aussi intéressés aux autres arts. Kandinsky, par exemple, plaide pour la spécificité de chacun d'eux, doté de « ses propres forces », mais il se réjouit de leur possible convergence profonde, d'où naîtra ce qu'il nomme le « véritable art monumental ». Plus concrètement, des poètes avaient entrepris des expériences qui les rapprochaient des artistes élaborant des formes sans référent. Kroutchonykh et Khlebnikov inventèrent ainsi le « zaoum », composé à partir du matériel phonique de la langue. Ces suites de « mots », dont la signification n'était plus régie par un code, ont des structures, des fonctions qui les rapprochent des créations plastiques abstraites. Le procédé, redécouvert par les uns, adapté par d'autres, fit florès. En juin 1916, Hugo Ball déclamait sur la petite scène du cabaret Voltaire une « poésie sans mots », purement phonétique, qui se détourne de la « langue corrompue par le journalisme » afin de préserver la « région la plus sacrée de la poésie[1] ». Les poèmes-affiches de Raoul Hausmann ou l'*Ursonate* de Kurt Schwitters puis, dans les années cinquante

1. Hugo Ball, *La Fuite hors du temps*, *op. cit.*, p. 146.

et soixante, les nombreuses manifestations lettristes prouvent la fécondité d'une création poétique exclusivement visuelle ou sonore.

Le cinéma tenta plus d'un artiste abstrait. C'est, comme pour la poésie, un paradoxe, car le procédé semblait par sa nature même devoir rester tributaire de l'enregistrement d'une réalité visuelle. Mais l'expansionnisme des pionniers, allié à la conviction baudelairienne d'une substantielle correspondance entre les arts, alors fort répandue, invitait à l'annexion du mouvement cinématographique. Léopold Survage exécuta en 1912-1913 une suite de *Rythmes colorés* destinés à servir de matériaux pour un film. Dans un article paru en 1914, Apollinaire tentait d'en soutenir la réalisation cinématographique : « Nous aurons ainsi hors de la peinture statique, hors de la représentation cinématographique un art auquel on s'accoutumera vite et qui aura ses dilettantes infiniment sensibles au mouvement des couleurs, à leur compénétration, à leurs changements brusques ou lents, à leur rapprochement ou à leur fuite, etc.[1] » Le projet de Survage n'aboutit pas et c'est seulement après la guerre que se concrétisa l'abstraction au cinéma. Viking Eggeling, parti lui aussi de peintures, exécutées sur de longues feuilles de papier, puis des bandes de caoutchouc étirable qui permettaient de mettre littéralement les formes en mouvement, réalisa avec Hans Richter une *Symphonie diagonale* (1920), considérée comme le premier film abstrait. Cette brèche engendra une floraison de films

1. Guillaume Apollinaire, « Le rythme coloré » (1914), repris dans *Chroniques d'art 1902-1918*, textes réunis par L.-C. Breunig, Paris, Gallimard, 1960, p. 515.

ou de séquences abstraites, bien que ces expériences aient rarement été reprises dans les œuvres destinées au grand public : Stanley Kubrick reste un des rares réalisateurs de cinéma narratif a avoir intégré dans un film, *2001 : Odyssée de l'espace* (1968), quelques séquences absolument non figuratives.

Le cinéma fut, dès son origine, un art populaire. Contrairement à la peinture abstraite, il était susceptible d'atteindre un vaste public. Cette caractéristique explique, au moins en partie, l'intérêt que les peintres lui manifestèrent. Malévitch, par exemple, a publié plusieurs textes pour attaquer le « ciné-baisers » et prôner l'usage du modèle pictural novateur : « Ce n'est qu'à travers les arts nouveaux, à travers l'abstraction pure, vers une nouvelle forme que le film s'engagera dans sa construction dynamo-cinétique, comme d'ailleurs s'y est déjà engagé le peintre[1]. » Les autres arts ne sont pas laissés pour compte. Dans *Le Néoplasticisme*, brochure dédiée « Aux hommes futurs », Mondrian passe en revue, outre la peinture et la poésie, la musique, l'architecture, la sculpture, le théâtre, l'opéra, la danse, les arts décoratifs. En dépit de son enthousiasme — le texte s'achève sur cette assertion : « L'art nouveau est né » —, Mondrian ne croit pas aux vertus salvatrices d'un bouleversement de l'ordre social car, affirme-t-il, « tant que les hommes ne sont pas "nouveaux" il n'y a pas de place pour le "nouveau"[2] ». La question était alors au centre des débats dans la jeune République soviétique, emportée par

1. Kazimir Malévitch, « Le peintre et le cinéma » (1926), *Écrits*, t. 2, *op. cit.*, p. 110.
2. Piet Mondrian, *Le Néoplasticisme*, Paris, Éditions de l'Effort moderne, 1920, p. 11.

l'espoir révolutionnaire de parvenir à construire la société meilleure.

Dans ce contexte, deux positions antagonistes s'affrontaient au sein de l'avant-garde artistique. La ligne de partage, idéologique, s'établissait entre ceux qu'animait un fonds de spiritualité et ceux qui développaient une foi indéfectible dans le matérialisme. Ces derniers brûlaient de participer au grand chambardement qui secouait la société russe. Plusieurs commandes permirent à des artistes de sauter le pas, notamment l'aménagement du Café pittoresque (Moscou, 1917-1918) que réalisa, à la suite d'un concours, Yakoulov avec l'aide de Rodtchenko et Tatline. Mais la plus notable de ces sollicitations sociales fut sans conteste la commande que reçut Tatline, en 1919, pour un *Monument à la IIIe Internationale*, organisation révolutionnaire qui venait de voir le jour, sous l'impulsion de Lénine.

Tatline entreprit aussitôt l'élaboration d'un projet qui connut plusieurs versions. Trois maquettes ont été construites. La première fut exposée à Pétrograd, puis à Moscou, la deuxième était destinée au pavillon soviétique de l'Exposition internationale des Arts décoratifs industriels modernes (Paris, 1925) et la troisième, version simplifiée du projet, installée sur un camion, défila dans les rues de Leningrad, lors des fêtes du 1er mai 1925. À mi-chemin entre la sculpture monumentale, l'architecture utopique et le projet techniquement réalisable, ce *Monument* devait s'élever à plus de cinq cents mètres au-dessus de la Neva. Utilitaire, il devait accueillir les organes législatifs et exécutifs du Komintern, ainsi que les services administratifs et ceux de l'information ou de la propagande dans trois volumes inscrits à l'intérieur d'une immense spirale inclinée. Chacun de ces volumes aurait tourné sur lui-même : un cube, au rythme d'une rotation annuelle, puis une pyramide animée d'une rotation mensuelle, le tout surmonté d'un cylindre aux révolutions journalières. Le *Monument à la III*e *Internationale* est à la fois le signal grandiose de la Révolution et l'emblème d'une avant-garde réconciliée avec le mouvement social. Nicolas Pounine peut à bon droit se réjouir, dans un texte qu'il consacre à ce projet, en 1920 : « Sous nos yeux se résout le problème le plus complexe de la culture : la forme utilitaire apparaît comme une forme artistique pure[1]. » Si Pounine, zélateur de ce *Monument*, plaçait ses espoirs dans un « utilitarisme » qui voit l'audace artistique mise au service d'une « vie libérée », il constatait aussi :

> Bien sûr les gouvernements communistes vont utiliser pendant un certain temps les ouvrages sculptés du classicisme gréco-italien comme moyen de propagande monumentale, mais seulement parce que ces gouvernements sont obligés de les utiliser comme ils sont obligés de se servir des spécialistes d'avant la Révolution[2].

Le *Monument* de Tatline ne fut jamais réalisé. La révolution bolchevique ouvrait pourtant encore, au début des années vingt, des perspectives enthousiasmantes. Un immense espoir envahit tous les protagonistes de l'avant-garde, espoir qui décuple leur énergie.

1. Nicolas Pounine, commentaire sur le *Monument* de Tatline, cit. par Gérard Conio, « La genèse et le sens du constructivisme russe », *Le Constructivisme russe*, t. 1, *op. cit.*, p. 57.

2. Nicolas Pounine, « Le Monument pour la IIIe Internationale » (1920), trad. dans *Art et poésie russes 1900-1930. Textes choisis*, Paris, Centre Georges Pompidou, 1979, p. 130.

Des ateliers collectifs voient le jour. Malévitch fonde l'*Ounovis* (*Ou-Nov-Is* = Affirmation du Nouveau en Art) à Vitebsk en 1920. Le tract publié à cette occasion, intitulé « Nous voulons », stipule : « Nos ateliers ne peignent plus de tableaux, ils édifient les formes de la vie [...]. » Malévitch se heurte néanmoins rapidement à ceux qui veulent supprimer tout recours à une spiritualité, réunis par exemple au sein de l'*Obmokhou* (Société des jeunes artistes), créée à Moscou en 1919. Plus claire encore, une semblable bataille oppose Kandinsky, fondateur de l'*Inkhouk* (Institut de la culture artistique, Moscou, 1920), à Rodtchenko, qui l'emporte en 1921. Le projet fondamental — réconcilier l'art et la vie — substitue à la question du contenu de l'œuvre une autre interrogation, un autre enjeu : celui de sa finalité sociale.

Les constructivistes, que nous évoquerons dans la prochaine section, mais aussi les artistes du groupe De Stijl ou ceux qui travaillèrent au Bauhaus ont souhaité utiliser les compétences acquises dans le domaine de la création artistique pour façonner le cadre de la vie quotidienne. Fondée en 1917 par Théo Van Doesburg, la revue *De Stijl* (« Le Style ») « se donne pour but de contribuer au développement d'une nouvelle sensibilisation à la beauté ». L'éditorial du premier numéro (octobre 1917) précise encore :

> [Cette revue] voudrait rendre ses contemporains réceptifs à la nouveauté en art. Son dessein est de confronter la confusion archaïque — « baroque » moderne — avec les principes logiques d'un style en maturation fondé sur la relation pure de l'esprit de l'époque et des moyens d'expression. Elle veut réunir les idées actuelles sur le néoplasticisme qui, même si elles sont

au départ les mêmes, se sont développées de façon indépendante[1].

En effet, si la place des idées de Mondrian fut déterminante, d'autres artistes ont utilisé les formes géométriques et les couleurs primaires à des fins directement utilitaires. Gerrit Rietveld, par exemple, conçoit des meubles aux formes ascétiques mais aux couleurs éclatantes, des architectures d'intérieur ou encore la célèbre villa Schröder-Schräder (Utrecht, 1924). Animé de préoccupations similaires, Théo Van Doesburg imagine une maison d'artiste (1923) et, associé à Hans Arp et Sophie Taeuber-Arp, il réalise l'aménagement et la décoration du café-dancing-salle de spectacle L'Aubette (Strasbourg, 1928-1929).

Le Bauhaus, littéralement « Maison de la construction », naît à Weimar en 1919 lorsque l'architecte Walter Gropius est chargé de diriger une institution résultant de la fusion de deux écoles d'art de la ville. Le *Manifeste du Bauhaus* qu'il publie en avril 1919 commence par cette assertion : « Le but ultime de toute activité créative est l'architecture. » Gropius plaide pour une synthèse des arts sous l'égide des métiers qui, seuls, permettent de revenir à « un monde dans lequel on *construit* ». C'est pourquoi il veut en finir avec les hiérarchies en vigueur. Son manifeste s'achève sur cette proclamation et cet appel :

> Il n'y a pas de différence essentielle entre l'artiste et l'artisan. *L'artiste est un artisan exalté.* […] Créons donc une nouvelle guilde d'artisans sans les distinctions de classe qui dressent une barrière honteuse entre

1. Éditorial de la rédaction, *De Stijl*, nº 1, octobre 1917, trad. dans le cat. de l'exposition *La Beauté exacte*, Paris, musée d'Art moderne de la Ville de Paris, 1994, p. 274.

> l'artisan et l'artiste. Tous ensemble, désirons, concevons et réalisons une nouvelle construction de l'avenir, où peinture, sculpture et architecture ne feront qu'*un* et qui, née des mains de millions d'ouvriers, s'élèvera un jour vers le ciel, symbole cristallin d'une foi neuve à venir[1].

Le Bauhaus connut une vie tumultueuse. En 1925, sous la pression de cabales politiques, l'école dut quitter Weimar pour Dessau, où elle emménagea dans un bâtiment conçu par Gropius. Le climat politique contraignit encore le Bauhaus, alors dirigé par Ludwig Mies van der Rohe à changer de lieu, mais peu après qu'il eut rouvert à Berlin, les nazis, arrivés au pouvoir, firent définitivement fermer l'établissement (1933). Il dut son prestige à son programme et à ses méthodes d'enseignement, mais aussi aux personnalités de premier plan qui le dirigèrent ou y ont professé. Outre Klee et Kandinsky, l'école accueillit un temps Théo Van Doesburg — qui, à son grand dam, ne parvint pas à y être nommé officiellement — ou encore Lyonel Feininger, Johannes Itten, László Moholy-Nagy, Oscar Schlemmer. Moholy-Nagy, émigré aux États-Unis, fonda le New Bauhaus à Chicago (1937), et Joseph Albers, ancien élève de l'école devenu assistant, puis «jeune maître» à Dessau, enseigna par la suite au Black Mountain College où Robert Rauschenberg suivit ses cours.

1. Walter Gropius, «Manifeste du Bauhaus» (1919), reproduit dans l'ouvrage de Frank Whitford, *Le Bauhaus* (1984), trad. par Catherine Ter-Sarkissian, Paris, Thames & Hudson, 1989, p. 202.

Fin de la peinture, fin de l'art ?

Les rapports entre l'art et les arts appliqués, entre l'exaltation des recherches esthétiques formelles et le désir de participer, en tant qu'artiste, à l'élaboration d'un monde nouveau donnent lieu, en cette période d'ébullition politique et d'espoirs révolutionnaires, à d'intenses disputes théoriques. Alexis Gan publie en 1922 *Le Constructivisme*, apologie de ce mouvement en lutte pour la « production intellectuelle et matérielle de la culture communiste[1] » et qui, de ce fait, a déclaré « une guerre sans pitié » à l'art, « indissolublement lié à la théologie, à la métaphysique et au mysticisme[2] ». Saisi d'enthousiasme, Gan profère un : « Mort à l'art ! », véritable cri de ralliement qui ne cesse de résonner au cours du siècle.

Dans un essai remarquable, *Du chevalet à la machine* (1923), Nicolas Taraboukine analyse la situation, dès lors que le « dernier tableau » a été peint. L'évolution a été rapide, après que Manet et les impressionnistes eurent entrepris de libérer la peinture de ses composantes narratives, considérées comme des entraves. L'abstraction elle-même, et les idées qui la sous-tendent, connut un développement précipité, depuis ses premières affirmations picturales. Après avoir exposé ses œuvres blanches (1919), Malévitch déclare abandonner la peinture, qu'il juge périmée :

1. Alexis Gan, *Le Constructivisme* (1922), trad. dans Gérard Conio, *Le Constructivisme russe*, t. 1, *op. cit.*, p. 444.
2. *Ibid.*, p. 419.

> Il ne peut être question dans le suprématisme de peinture. La peinture a depuis longtemps fait son temps et le peintre lui-même est un préjugé du passé[1].

Malévitch souhaite délaisser le pinceau, inapte à « atteindre les sinuosités du cerveau », pour la plume, « plus aiguë » — autrement dit abandonner la pratique picturale au profit de la pure spéculation. L'année suivante, Rodtchenko présentait, lors de l'exposition 5×5 = 25 (Moscou, 1921), trois petits tableaux, recouverts chacun d'une seule couleur unie, jaune, rouge, bleue. Taraboukine a jeté son dévolu sur le rouge, comme les deux autres « privé de tout contenu », « mur absurde, muet et aveugle », et il le commenta en ces termes :

> Il ne représente pas une étape qui pourrait être suivie d'autres nouvelles étapes, mais le dernier pas sur une longue route, le dernier mot après lequel la parole du peintre doit se taire, le dernier « tableau » créé par un peintre. Ce tableau montre éloquemment que la peinture en tant qu'art de la représentativité, et c'est ce qu'elle fut toujours, s'est éliminée elle-même[2].

L'agonie du tableau de chevalet, devenu au fil des siècles l'objet muséal par excellence, signifie-t-elle la mort de l'art ? À cette question récurrente, Taraboukine propose une réponse négative. Il soumet pourtant le constructivisme à une critique acerbe. Les artistes réunis sous ce label refusent l'esthétisme au nom d'une création utilitaire. Les artistes manquent cruellement de compétences industrielles et ils construisent

1. Kazimir Malévitch, « Le Suprématisme, 34 dessins », *op. cit.*, p. 123.
2. Nicolas Taraboukine, *Du chevalet à la machine* (1923), trad. dans Gérard Conio, *Le Constructivisme russe*, t. 1, *op. cit.*, p. 459.

des « objets autonomes » auxquels seuls des critères esthétiques sont applicables. En dépit de leurs intentions, ces constructivistes demeurent donc, selon Taraboukine, « des "esthètes", des partisans de l'art "pur", quel que soit leur dégoût pour ces épithètes[1] ». Les autres créent bien des objets destinés à un usage réel, mais ils se contentent alors d'enjoliver les « formes extérieures du mode de vie » quand il faudrait parvenir à « changer la vie ». Ce mot d'ordre rimbaldien implique que « l'art continue à vivre, non comme forme déterminée, mais comme substance créatrice[2] ». C'est pourquoi Taraboukine appelle de ses vœux l'advenue de formes et de contenus nouveaux, auxquels il donne le nom de « maîtrise productiviste ». Il s'agit de « relier l'art au travail, le travail à la production et la production à la vie quotidienne[3] ». L'artiste est, par excellence, celui qui sait mettre en forme un matériau. Cette compétence, il peut et doit la partager afin de participer à la transformation du travail lui-même. Ainsi, l'art ne serait plus un simple supplément esthétique, mais un puissant levier, essentiel. Taraboukine, tout à son enthousiasme, croit à l'avènement de cet avenir radieux (son essai est d'ailleurs dédié « à tous les maîtres de l'avenir ») : « Un tel art est réellement capable de changer la vie, parce qu'il transforme le travail, cette base de la vie, en le rendant maîtrisé, créateur et joyeux[4]. »

Rien n'indique que cette visée prométhéenne trouva sa concrétisation. Mais le rejet de la figuration,

1. *Ibid.*, p. 458.
2. *Ibid.*, p. 462.
3. *Ibid.*, p. 465.
4. *Ibid.*

dans une vision téléologique du développement artistique, a sonné le glas du vieux monde. L'abstraction, lorsqu'elle ne fait pas appel à un fonds d'invisible où se nichent les aspirations métaphysiques, a ouvert une crise de l'art sans précédent, relevée par Taraboukine, et dont les échos résonnent encore aujourd'hui. Privée de contenu, l'œuvre abstraite se cherche des finalités. Certains artistes ont prôné le ralliement aux aspirations immédiates du corps social. D'autres suivirent, dès cette époque, une autre voie : ils proclamaient l'autonomie de l'œuvre à la recherche de sa propre essence.

Sculpture ouverte et tableau absolu

Renvoyant dos à dos les zélateurs d'une finalité extrinsèque à l'activité artistique et les apôtres d'une spiritualité pour lesquels la forme est d'abord le vecteur d'un sens caché, Wladyslaw Strzeminski, créateur de l'unisme, développa une conception strictement formaliste de l'art. Ami de Malévitch, il avait participé à des expositions organisées par l'*Ouvonis* avant de rejoindre sa patrie, la Pologne. Parfaitement informé des mutations de l'abstraction en Russie et des débats auxquels elles donnaient lieu, Strzeminski ancre sa réflexion, historiciste, dans l'analyse critique du suprématisme et dans le rejet de l'utilitarisme constructiviste. L'abstraction est pour lui un acquis définitif car la « reproduction des formes existantes du monde » ne procède nullement de l'art, qu'il définit, en 1923, comme « création de l'unité de formes dont l'organicité est parallèle à celle de la nature[1] ». Cette organicité, l'artiste doit en trouver les lois dans les caractéristiques spécifiques du médium. Ainsi s'imposent, comme des préalables intangibles issus de la réalité physique du tableau, la « planéité découlant de la toile plane sur le châssis », le « géométrisme de certaines parties du tableau découlant du géométrisme du châssis » et la « localisation de l'action picturale dans les limites du tableau ». Plus tard, dans le contexte américain, le critique Clement Greenberg parviendra à des conclusions similaires, proposant l'impératif de planéité comme une norme définitive.

Les solutions pour atteindre l'unité organique sont en germe dans l'analyse des fonctionnements dualistes de la peinture du passé, qui s'avère toujours « baroque », c'est-à-dire riche de tensions dramatiques. Strzeminski cherche à créer une surface unifiée où « chaque centimètre carré du tableau a la même valeur et participe à la construction au même titre que tous les autres ». Le rejet des oppositions de couleurs, le refus des contrastes entre l'ombre et la lumière, l'abandon de l'indépendance de la ligne et de la couleur permettent la « création d'un tableau homogène » qui magnifie l'ensemble de ses qualités intrinsèques, dans le strict respect de son « autosuffisance plastique ».

La pensée de Strzeminski s'inscrit dans le droit fil de celle de Lessing. Art purement spatial, la peinture se voit contrainte de rejeter le mouvement et tout dynamisme, toute tension directionnelle qui réintro-

1. Wladyslaw Strzeminski, « Je définis l'art… » (1923), trad. par A. Baudin et P.-M. Jedryka dans Wladyslaw Strzeminski, Katarzyna Kobro, *L'Espace uniste. Écrits du constructivisme polonais*, Lausanne, L'Âge d'Homme, 1977, p. 55.

duirait un phénomène temporel. Le principe d'autosuffisance conduit à séparer résolument la « sensibilité plastique » de toute autre et à la définir comme ce qui « ne peut être exprimé par aucun autre art et d'aucune autre manière, ce qui se perçoit uniquement dans les arts plastiques et nulle part ailleurs », sans le recours de justifications extrinsèques à l'œuvre qui « constitue son propre but[1] ».

S'il n'exprime rien, n'est pas le signe de quoi que ce soit, le tableau réussi n'est pas une œuvre à déchiffrer, mais il lui faut cependant demeurer captivant : il ne saurait demeurer vide. Strzeminski connaissait les tableaux unicolores de Rodtchenko et l'analyse qu'en avait faite Taraboukine. À la monochromie obtenue par élimination, et qui conduit la peinture à l'affirmation suicidaire de la couleur seule, l'unisme oppose l'intégration des éléments plastiques dans la totalité apaisée d'une unité sans pathos, exempte de psychologisme, indépendante de l'idiosyncrasie de l'artiste.

L'unisme, fondé sur une conception moniste de l'art, tentait ainsi de créer la « peinture absolue[2] », exclusivement destinée au regard. Strzeminski développa et affermit sa réflexion théorique avant de peindre ses *Compositions architectoniques*. Réalisées à la fin des années vingt, de petites dimensions, elles comportent deux ou trois surfaces distinctes, le plus souvent très nettement différenciées par les contrastes de couleurs et de valeurs, mais qui parviennent à s'articuler sans qu'il soit jamais possible d'ériger certaines d'entre elles en « formes » et d'autres en « fond ».

1. Wladyslaw Strzeminski, « B = 2 » (1924), *ibid.*, p. 60.
2. *Ibid.*, p. 67.

Après ces premières tentatives, l'artiste peignit, au début des années trente, une série de *Compositions unistes*. Les plus caractéristiques se distinguent des compositions précédentes par des effets de matière d'autant plus visibles que les contrastes de couleurs et de valeurs ont presque disparu. Aussi les formes sont-elles à peine discernables et certaines de ces *Compositions* n'échappent à la monochromie radicale que par la présence d'une texture picturale dans laquelle l'œil peut encore puiser les charmes haptiques d'une diversité minimale.

La logique de la réflexion uniste conduisait à l'affirmation de la toile monochrome, tandis que la conscience de son insertion historique lui imposait d'éviter absolument de peindre, une fois encore, le dernier tableau. Or, loin de vouloir mettre un terme à la peinture, Strzeminski en recherchait l'essence, dégageait ses paramètres spécifiques afin de fonder en raison l'objet pictural. L'unisme tentait de maintenir l'exigence d'une peinture non objective et autoréférentielle sans répudier pour autant la tradition de l'art de chevalet. Sans doute aporétique, cette conception participait d'un désir de changer le monde, à tout le moins le monde de l'art, en prenant appui sur un formalisme résolu car, comme le pensait Strzeminski, « la forme de l'existence engendre la forme de la conscience[1] ». Il plaidait pour une autonomie de l'art dans le champ social :

> L'art abstrait constitue un laboratoire de recherches dans le domaine formel. Les résultats de ces recherches entrent dans la vie à titre de composantes définitives

1. *Ibid.*, p. 61.

du quotidien. Il ne faut toutefois pas en déduire la nécessité d'une utilisation immédiate de l'œuvre d'art abstraite. Les effets de l'art ne suivent pas toujours le plus court chemin[1].

Lorsqu'ils se penchent sur les problèmes posés par la sculpture, Strzeminski et son épouse, Katarzyna Kobro, commencent par rechercher, là encore, les caractéristiques spécifiques de cet art. Contrairement au tableau dont les limites sont données au départ, la sculpture se déploie librement dans l'espace. Le tableau se rétracte, affiche son autonomie, tandis que la sculpture a pour vocation de « se développer dans l'espace, de s'unir avec le milieu dans lequel elle existe, dans lequel elle se situe[2] ». Un texte écrit de concert par les deux artistes en 1931 érige cette union de la sculpture et de l'espace en une « véritable exigence », d'où ils tirent une loi fondée sur son « essence fondamentale » : alors que les artistes du passé ont réduit le problème de l'espace à celui du volume, l'union « ne doit pas seulement se réaliser avec la partie de l'espace dans lequel se trouve la sculpture mais encore avec la totalité de l'espace illimité, sans qu'il y ait partage entre espace intérieur et espace extérieur, car l'espace est partout uniforme[3] ». La solution réside dans une sculpture ouverte dont l'homogénéité est conférée par un rythme spatio-temporel — la perception du volume implique le temps — obtenu avec des formes et des plans colorés. La

1. « a.r. 2 » (1932), deuxième manifeste du groupe a.r., *ibid.*, p. 130.

2. Wladyslaw Strzeminski et Katarzyna Kobro, « La composition de l'espace. Les calculs du rythme spatio-temporel » (1931), *ibid.*, p. 87.

3. *Ibid.*

couleur joue ici un rôle fondamental. Elle rayonne dans l'espace, elle « exerce sur lui une influence liée à son énergie », influence qui s'étend à l'infini. Les *Compositions spatiales* de Kobro, rigoureux agencements de plans colorés, actualisent ainsi une version sculpturale de l'unisme.

Le mouvement eut quelques adeptes. Commentant l'une de leurs expositions, en 1933, un critique polonais reprit le poncif qui consiste à rabaisser au rang de canular facile les recherches les plus stimulantes : « On pourrait croire en apparence que les artistes groupés sous l'étendard de l'unisme organisèrent une farce pour la période des vacances. Car un spectateur sur deux visitant l'exposition à l'IPS murmure à l'oreille de son voisin : "Je serais capable de faire de même !" Rien de plus faux[1] ! » L'abstraction peine à trouver une reconnaissance publique, malgré l'évident sérieux des ambitions d'artistes qui affichent des positions spiritualistes, poursuivent une recherche métaphysique, revendiquent de participer à la construction d'un monde meilleur, aspirent à la naissance d'un homme nouveau, ou encore mènent une quête ontologique. Les artistes, les amateurs, quelques institutions ne ménagent pas leurs efforts, en ces années pionnières, pour partager leurs enthousiasmes.

1. Witold Bunikiewicz, « Un art de robots philosophants », *Swiat*, nº 26, 1933, p. 12 et 13, cité par le catalogue de l'exposition Stazewski au musée Sztuki, Lodz, 1974, n. p.

II

Développements et mutations de l'abstraction

Des années trente aux années cinquante

Les artistes abstraits n'ont pas été avares, dans les années dix et vingt, d'explications. Des proclamations, des manifestes, des préfaces de catalogue, des brochures ou des ouvrages plus substantiels attestent leur volonté de faire connaître et comprendre leurs objectifs. Le vaste ensemble de cette production discursive n'est pas seulement militant ou didactique. Il témoigne d'un effort où se mêlent un désir d'élucidation et un besoin d'expérimentation conceptuelle qui accompagne — prolonge ou précède, c'est selon — la création plastique proprement dite. Ainsi, les artistes se regroupent et s'opposent. Ils ferraillent entre eux autant que contre les réticences ou l'hostilité du public.

Réalismes d'État

Un premier coup d'arrêt fut porté au développement de l'abstraction par l'État soviétique. La plupart des artistes d'avant-garde, abstraits ou non, considéraient la Révolution comme une promesse de liberté offrant l'opportunité de concrétiser dans la réalité sociale les utopies d'un monde radicalement neuf. Le but à atteindre et les moyens d'y parvenir pouvaient différer, qu'importe puisque tous croyaient trouver une place dans cette édification qu'ils appelaient de leurs vœux. La politique stalinienne en décida autrement. Dès la fin des années vingt, après la mort de Lénine (1924) et la défaite de Trotski (1928), le glas de l'art abstrait avait sonné en Russie. Kandinsky poursuivit son travail au Bauhaus de Weimar, où il fut nommé professeur en 1922. Malévitch revint à la figuration ; Rodtchenko se consacra aux arts appliqués. Toutes les figures marquantes de l'abstraction furent condamnées à l'exil intérieur ou au départ effectif. La doctrine officielle, le réalisme socialiste, affecta tous les arts, auxquels elle imposait l'usage de formes immédiatement compréhensibles par chacun, mises au service d'une idéologie révolutionnaire.

Andreï Jdanov, le principal idéologue de l'art du Parti communiste russe, avait défini en 1934 le rôle des écrivains, promus par Staline « ingénieurs des âmes ». Il revient aux plasticiens d'élaborer une iconographie capable de transmettre le même message. Les uns et les autres « doivent s'unir à la tâche de transformation idéologique et d'éducation des travailleurs dans l'esprit du socialisme ». Pour cela, il faut exalter les nouveaux héros, « les bâtisseurs actifs de la vie nouvelle : ouvriers et ouvrières, kolkhoziens et kolkhoziennes, membres du Parti, administrateurs, ingénieurs, jeunes communistes, pionniers », afin de servir « la cause nouvelle, la cause de la construction du socialisme[1] ». L'abstraction n'a plus droit de cité puisqu'il faut produire des *images* réalistes, populaires et édifiantes. À cette condamnation pragmatique s'agrège un autre motif d'exclusion, idéologique : l'art abstrait, jugé hermétique, est réputé bourgeois, sans doute parce qu'il fut longtemps apprécié par une minorité qui n'était pas, dans l'ensemble, c'est certain, issue des masses populaires.

Le développement d'un sentiment de haine envers toute modernité esthétique ne resta pas limité à la Russie soviétique. Hitler était depuis quatre ans au pouvoir quand fut organisée à Munich une double manifestation. La *Grande Exposition de l'art allemand* (1937) présentait dans un lieu valorisant[2] et avec tout le soin nécessaire les œuvres les plus significatives de l'esthétique conservatrice national-socialiste, dont le sculpteur Arno Breker fut la figure emblématique. Dans la perspective nazie, l'ensemble de la modernité artistique manifeste une dégénérescence. Le discours fleuve prononcé par Adolf Hitler lors de l'inauguration de cette exposition analyse la « déroute des anciennes formes sociales et culturelles » qui ne s'explique pas seulement par la défaite de 1918, mais plus profondément, par « la décomposition intérieure d'un corps déjà entièrement pourri ». Il cloue au pilori « les "œuvres d'art" qui ne sont pas en elles-mêmes explicites et qui, pour exister, ont avant

1. Extrait du discours prononcé par Andreï Jdanov au 1er Congrès des écrivains soviétiques, 17 août 1934, trad. dans Andreï Jdanov, *Sur la littérature, la philosophie et la musique*, recueil de textes, Paris, Éditions Norman Béthunc, 1970, p. 8 et 9.

2. Un véritable « temple » avait été construit à cette fin, sous la direction de l'architecte Paul Ludwig Troost, la Maison de l'art allemand.

tout besoin d'un mode d'emploi au style ampoulé». Bien entendu, la «juiverie» est accusée d'avoir largement participé à une destruction systématique de la «saine sensibilité». Mais le règne de ces «extravagances absurdes et impudentes» s'achève, se réjouit le Führer : «L'ouverture de cette exposition annonce la fin de l'abêtissement et de l'anéantissement en Allemagne de la culture de notre peuple. Nous mènerons désormais une guerre impitoyable pour nous débarrasser des derniers éléments de notre décomposition culturelle[1].»

Second volet de ce diptyque destiné à tarir définitivement la source des «flots de vase et de déchets» supposés déferler sur l'art allemand, l'exposition *Entartete Kunst* (*Art dégénéré*, 1937) jetait en pâture au public des œuvres pour l'essentiel expressionnistes, dadaïstes et abstraites, confisquées dans les musées allemands, et ici souvent accrochées de guingois, mal éclairées, accompagnées d'explications avilissantes inscrites sur les murs. Adolf Ziegler, responsable de son organisation, s'acquittait du «triste devoir» de la présenter : «Il nous faut montrer au peuple allemand qu'il y a peu de temps encore des forces, qui ne voyaient pas dans l'art une expression de la vie naturelle et pure, qui renonçaient consciemment à toute chose saine et cultivaient tout ce qui est malade et dégénéré en l'érigeant en valeur suprême, influaient de façon déterminante sur la création artistique.» L'exhibition de ces œuvres, «avortons de la folie, de la frivo-

1. Discours d'Adolf Hitler pour l'inauguration de la *Grande Exposition de l'art allemand*, Munich, 18 juillet 1937, partiellement trad. dans *Munich 1937, Art acclamé, Art diffamé*, cat. (ronéoté) de l'exposition organisée par le Goethe Institut, Paris, 1989, p. 31 *sq*.

lité, de l'incompétence» achetés par les musées avec les impôts versés par le peuple, soulignait Ziegler, devait engendrer un dégoût définitif, provoquer un réveil salutaire au moment où « la bassesse et la vulgarité constituaient la quintessence de l'art[1] ». L'exposition de *L'Art dégénéré* circula durant quatre années dans diverses villes allemandes. Gratuite, mais interdite aux enfants, elle fut visitée par trois millions de personnes : elle reste donc à ce jour, paradoxalement, l'exposition temporaire d'art moderne la plus visitée. Les thématiques mises en place dans l'exposition elle-même et dans le catalogue stigmatisaient *la dérision des idées religieuses*, *le stock inépuisable des immondices juifs*, la figure du crétin et de la prostituée élevée à la dignité d'un idéal, *l'insondable saleté* d'un art qui considère *le monde comme un vaste bordel*, *la folie comme méthode*, l'anarchisme artistique, incitation à l'anarchisme politique, ou encore *le sabotage systématique de la conscience raciale*, et plus généralement *les fondements politiques de la dégénérescence de l'art*. Environ cinq cents œuvres dues à cent vingt-trois artistes furent ainsi réunies. Parmi elles, on relève quatorze Kandinsky, seize Klee, deux Mondrian.

On a souvent noté, à juste titre, les rapprochements formels entre les productions placées sous le sceau du réalisme socialiste et celles du nazisme ou des régimes fascistes. L'art abstrait ne fut pas la seule victime de cette croisade antimoderniste, mais il en subit de plein fouet les assauts, portés à leur comble lors de la Seconde Guerre mondiale. Nombre d'artistes durent

1. Discours d'Adolf Ziegler pour l'inauguration de l'exposition *Art dégénéré*, Munich, 19 juillet 1937, *ibid.*, p. 27 *sq*.

alors quitter l'Europe. Ils s'exilèrent souvent en Amérique. Les États-Unis, et notamment New York, devinrent le centre d'une activité artistique qui bouleversa la géographie culturelle de l'Occident.

New York, nouveau départ

Depuis l'*Armory Show* (1913), première grande confrontation des modernités européennes et américaines, les artistes du Nouveau Monde n'échappaient guère au sentiment que leurs efforts demeuraient inféodés aux modèles européens, par ailleurs fermement rejetés par la majorité de leurs concitoyens. Une boutade désabusée, rapportée par Dore Ashton, traduit bien l'état d'esprit qui régnait dans les années trente. À des amis réunis dans son atelier, Arshile Gorky aurait déclaré : « Regardons les choses en face, pour nous, c'est la faillite[1]. » Cependant, l'intérêt d'une élite pour les innovations avant-gardistes contribua à créer les conditions d'un changement. Katherine S. Dreier, conseillée par Marcel Duchamp, avait fondé en 1920 la Société Anonyme, dont Kandinsky fut vice-président. Elle réunit une importante collection, organisa des expositions et des colloques. En 1929, le Museum of Modern Art ouvrit ses portes au public new-yorkais. Le Whitney Museum for American Art présenta en 1935 un panorama de l'art abstrait américain. Peu après, un groupe de peintres, pour la plupart adeptes d'une abstraction géométrique issue

1. Cité par Dore Ashton, *L'École de New York* (1972), trad. par Maud Sissung, Paris, Hazan, 1992, p. 72.

du néoplasticisme, fédéra ses forces au sein d'une association, l'AAA (American Abstract Artists, 1936), puis le collectionneur Solomon Guggenheim créa, en 1939, le Museum of Non-Objective Art. Ces quelques exemples indiquent que l'attention portée à l'art abstrait devenait progressivement plus vive, aux États-Unis, peu avant la guerre et l'arrivée massive d'artistes européens en exil.

Le nouvel élan donné à l'abstraction par des artistes américains trouve ses racines dans deux traditions alors souvent perçues comme antagonistes : l'art abstrait aux allures plus ou moins géométriques et le surréalisme. En 1936, Alfred H. Barr Junior les maintenait encore séparées. Il organisa au MoMA deux manifestations distinctes, *Cubism and Abstract Art*, puis *Fantastic Art : Dada and Surrealism*. Quelques années plus tard, Sydney Janis confrontait ces deux courants dans *Abstract and Surrealist Art in America* (1944), un livre suivi d'une exposition. Janis confortait la différence entre l'art surréaliste, « émotionnel, intuitif, spontané, subjectif », et le courant abstrait américain dominant, « discipliné, architectonique, objectif, lucide ». Mais il notait aussi qu'une manière de synthèse apparaissait dans le travail de divers artistes américains, tels Gorky, Gottlieb, Rothko, Motherwell ou Pollock. Bien entendu, cette synthèse était déjà en voie d'accomplissement dans le travail d'artistes surréalistes ou proches du surréalisme, mouvement clivé, en ce qui concerne les arts plastiques, en deux tendances. André Breton valorisait un art onirique qui recourait aux moyens traditionnels de la figuration pour élaborer des *images* du merveilleux. D'autres prônaient, contre les pratiques de ces « calqueurs de rêve », le recours au libre développement d'un « automatisme psychique pur par lequel on se propose d'exprimer, soit verbalement, soit par écrit, soit de toute autre manière, le fonctionnement réel de la pensée[1] ». Ce retour aux sources du surréalisme était défendu par Matta, qui vivait alors à New York. Masson, Miró et quelques autres avaient donné, depuis longtemps, à cette procédure ses lettres de noblesse picturales. La réconciliation entre le surréalisme et l'abstraction n'était donc nullement une innovation, mais elle prit, sous l'impulsion d'artistes américains, un tour étonnamment neuf avec la génération des « faiseurs de mythes ».

Mark Rothko indique dans son introduction au catalogue d'une exposition de Clyfford Still qu'un « petit groupe de *myth-makers* a émergé ici [en Amérique] pendant la guerre ». Still, l'un d'eux, exprime, selon son préfacier, « le drame tragique et religieux qui a engendré tous les mythes de tous les temps ». Mais, loin d'illustrer les mythologies constituées, il crée de « nouveaux substituts » destinés à remplacer les mythes ancestraux dont la pertinence s'est diluée au cours des siècles. La question du mythe, et son importance pour nombre d'artistes au début des années quarante, apparut sur la scène publique en 1943. Rothko avait exposé *Syrian Bull* et Gottlieb, *The Rape of Persephone* au Salon de la Federation of Modern Painters and Sculptors (galerie Wildenstein, New York), deux œuvres critiquées, dans les pages du *New York Times*, par Edward Alden Jewell. Les deux artistes répli-

1. André Breton, *Manifeste du surréalisme* (1924), repris dans *Manifestes du surréalisme*, Paris, Gallimard, Folio/Essais, p. 36. L'automatisme psychique est donné ici par A. Breton comme définition du surréalisme.

quèrent, avec la collaboration de Barnett Newman. Leur « Letter to the Editor », devenue fort célèbre, affirmait la nécessité de présenter l'« expression poétique de l'essence du mythe » et elle posait quelques principes d'une esthétique visible dans leurs tableaux, dont aucun commentaire ne saurait rendre compte, car « leur explication doit venir d'une rencontre pleinement aboutie entre l'œuvre et le spectateur[1] ».

Au titre des « convictions esthétiques » démontrées par leurs tableaux, les peintres revendiquaient l'aptitude à « prendre des risques » pour s'aventurer « dans un monde inconnu ». Cette position, éthique, les auteurs de la lettre à Jewell la prolongent sur le plan directement esthétique par une volonté de dépasser les clivages établis. Ils soulignent la nécessité pour l'art d'avoir un contenu ambitieux, afin de ne pas succomber aux charmes futiles des exercices de style :

> Selon une conception très répandue chez les peintres, peu importe ce que l'on peint pourvu qu'on le peigne bien. C'est le fondement même de l'académisme. Il n'existe pas de bonne peinture sans sujet. Nous affirmons que le sujet est essentiel et que les seuls thèmes valables sont ceux qui ont un caractère tragique et intemporel. C'est pourquoi nous déclarons notre parenté d'esprit avec l'art primitif et archaïque.

Parallèlement, l'importance décisive des considérations formelles est réaffirmée, au nom de l'efficacité et de la morale (l'art ne doit pas sacrifier aux illusions) :

> Nous sommes pour l'expression simple des pensées complexes. Nous privilégions la forme monumentale

1. Cette lettre est traduite notamment dans le cat. de l'exposition *Mark Rothko*, Paris, musée d'Art moderne de la Ville de Paris, 1999, p. 257 et 258.

> parce qu'elle a la force de l'indéniable. Nous voulons réaffirmer le plan du tableau. Nous privilégions les formes planes parce qu'elles détruisent l'illusion et révèlent la vérité[1].

En 1943, cependant, aucun artiste n'était encore parvenu à réaliser pleinement cet idéal postulé. Jackson Pollock fut le premier peintre salué par la critique pour être parvenu à donner corps aux idées développées sur la scène américaine. En 1947, il introduisit une importante modification dans les procédures picturales. La toile, de très grand format, au lieu d'être disposée sur un chevalet ou accrochée au mur, était posée à même le sol. Quant à la peinture, Pollock la projetait sur la toile grâce à une technique qui fit grand bruit : le *dripping*. Issu du verbe *to drip* (égoutter, couler), ce terme désigne une méthode utilisée par les surréalistes. Max Ernst évoqua le vol sinueux d'une mouche par le tracé de coulures colorées obtenues à partir d'une boîte de peinture percée et mise en mouvement au-dessus de la toile (*Homme intrigué par le vol d'une mouche non euclidienne*, 1942). Pollock lui-même a décrit sa manière de faire, popularisée par la diffusion de photographies du peintre au travail, prises par Hans Namuth en 1950 :

> Je ne travaille pas à partir de dessins ou d'esquisses en couleur. Je peins directement. Je peins d'habitude sur le sol. J'aime travailler sur une grande toile. Je me sens mieux, plus à l'aise dans un grand espace. Avec la toile sur le sol, je me sens plus proche d'un tableau, j'en fais davantage partie. De cette façon, je peux marcher tout autour, travailler à partir des quatre côtés, et être *dans* le tableau, comme les Indiens de l'Ouest qui travaillaient sur le sable. Parfois, j'utilise un pinceau,

1. *Ibid.*, p. 258.

> mais très souvent je préfère utiliser un bâton. Parfois, je verse la peinture directement de la boîte. J'aime employer une peinture fluide, que je fais dégoutter. J'utilise aussi du sable, du verre brisé, des galets, de la ficelle, des clous et bien d'autres éléments étrangers à la peinture. La méthode picturale s'élabore naturellement, à partir d'un besoin. Je veux exprimer mes sentiments plutôt que les illustrer. La technique est simplement un moyen d'y arriver. Quand je peins, c'est avec une idée d'ensemble de ce que je veux faire. Je *peux* contrôler la coulée de peinture, il n'y a pas d'accident, pas plus qu'il n'y a de commencement ni de fin. Parfois, je perds mon tableau. Mais je n'ai pas peur des changements, de détruire l'image, parce qu'un tableau a sa vie propre[1].

Les premiers commentateurs des *drip paintings* ont porté l'essentiel de leur attention soit sur la procédure, soit sur le résultat plastique. L'art de Pollock est emblématique de l'*Action Painting*, nouvelle catégorie élaborée par Harold Rosenberg qui met l'accent sur l'acte de peindre plus que sur le résultat formel obtenu :

> Pour chaque peintre américain il arriva un moment où la toile lui apparut comme une arène offerte à son action — plutôt qu'un espace où reproduire, recréer, analyser ou « exprimer » un objet réel ou imaginaire. Ce qui devait passer sur la toile n'était pas une image, mais un fait, une action. Ce n'est plus avec une image dans l'esprit que le peintre s'approchait de son cheva-

1. Commentaire du film en couleurs réalisé par Hans Namuth et Paul Falkenberg en 1950, lu en voix off par l'artiste, trad. dans : *L'Atelier de Jackson Pollock*, ouvrage collectif, Paris, Macula, 1978, n. p. Outre Max Ernst, source directe du *dripping* pollockien, d'autres artistes avaient utilisé la technique des projections de peinture, notamment Natalia Gontcharova. Cf. Michel Larionov, *Une avant-garde explosive*, textes réunis et annotés par Michel Hoog et Solina de Vigneral, Lausanne, L'Âge d'Homme, 1978, p. 103.

> let; il y venait, tenant en main le matériau qui allait servir à modifier cet autre matériau placé devant lui. L'image serait le résultat de cette rencontre[1].

La peinture d'action implique une parfaite disponibilité et un total engagement de l'artiste, qui travaille directement sur la toile, sans dessin préalable, sans idée préconçue. Dans ces conditions, vie et peinture entretiennent des liens serrés. C'est pourquoi il s'agit d'un expressionnisme, si l'on en croit le raisonnement de Rosenberg :

> Une peinture qui est un acte est inséparable de la biographie de l'artiste. Le tableau lui-même est un « moment » dans la complexité impure de la vie — qu'on entende sous « moment » les minutes réellement employées à colorer la toile ou la durée tout entière d'un drame conscient dont le langage des signes est la manifestation. La peinture-acte est de la même substance métaphysique que l'existence de l'artiste. Cette nouvelle peinture a effacé définitivement toute distinction entre l'art et la vie[2].

Clement Greenberg, au contraire, s'intéressa à la structure *all-over* des tableaux et au type particulier d'espace ainsi créé, plus visuel que tactile, où prévalait « l'illusion d'une profondeur indéfinie quoique nettement superficielle qui rappelait ce que Picasso et Braque avaient traité avec les plans-facettes du cubisme analytique[3] ». La danse gestuelle au-dessus du subjectile — danse dans laquelle tout le corps et

1. Harold Rosenberg, « Les peintres d'action américains » (1952), repris dans *La Tradition du nouveau* (1959), trad. par Anne Marchand, Paris, Éditions de Minuit, 1962, p. 25.
2. *Ibid.*, p. 27 et 28.
3. Clement Greenberg, « Peinture à l'américaine » (1955), repris dans *Art et culture* (1961), trad. par Ann Indry, Paris, Macula, 1988, p. 237.

non pas seulement la main du peintre est impliqué — engendre un labyrinthe de tracés. Cette grille ouverte d'entrelacs met un terme à l'opposition traditionnelle entre le fond et la forme — ici, les lignes ne délimitent aucune figure. C'est pourquoi cette profusion d'entrelacs superposés permet d'échapper, remarque le critique, au modèle hiérarchisé de la composition traditionnelle, dont tous les peintres avaient jusqu'alors été tributaires.

Intraduisible, la locution *all-over* désigne ce mode de composition picturale qui rompt avec le modèle occidental pour lequel chacune des zones du tableau n'a ni la même valeur ni la même importance. Pour comprendre ce que pointe le terme *all-over*, il faut les regarder et observer en quoi le mode d'occupation de l'espace plastique qui prévaut dans les *drip paintings* diffère de celui auquel nous étions habitués. Greenberg inventa la notion *all-over* pour définir ce « genre de tableau qui fait apparemment l'économie de tout commencement, milieu ou fin », dont la surface est « tissée d'éléments identiques ou presque semblables qui se répètent sans variation marquée d'un bord à l'autre ». Ainsi, « le peintre *all-over* rend tous les éléments et toutes les zones de son tableau équivalents en termes d'accentuation et d'importance ». Pollock introduit certes des variations, mais le spectateur reste saisi au premier abord, affirme Greenberg, par leur « uniformité hallucinatoire ». Il y a là un paradoxe, que le critique verse aussitôt au crédit de l'art américain :

> La notion même d'uniformité est anti-esthétique. Et pourtant, la réussite de maints tableaux *all-over* semble précisément tenir à leur uniformité, à leur pure mono-

> tonie. La dissolution du pictural dans la pure texture, dans la sensation apparemment pure, et dans une accumulation de répétitions, semble répondre et correspondre à quelque chose de profond dans la sensibilité contemporaine[1].

Un changement d'envergure est en effet en gestation, en cette fin des années quarante, à New York. Greenberg faisait remonter les origines de la composition *all-over* aux *Nymphéas* de Claude Monet, filiation significative d'une stratégie de décentrement, car elle rompt avec la *doxa* alors répandue d'une origine cézannienne, via les cubistes, de l'art abstrait européen. Doté d'une autre généalogie, l'art élaboré aux États-Unis commence à affirmer son identité, à revendiquer son autonomie. Greenberg proposa, en 1955, la locution « peinture à l'américaine » pour désigner les œuvres que les artistes, à présent en pleine possession de leurs moyens, dégagés des tutelles antérieures, pouvaient « signer de leur propre nom[2] ».

Nombre d'artistes répudiaient cependant tout nationalisme, au nom de l'universalité de l'art comme par opposition envers l'esthétique régionaliste qui s'était développée aux États-Unis, avant la guerre. Pollock, par exemple, déclara au cours d'un entretien, en 1944 : « L'idée d'une peinture américaine isolée, si populaire ici dans les années trente, me paraît absurde, de même que l'idée de créer une science mathématique ou physique purement américaine paraîtra absurde. » Si les « problèmes fondamentaux de la peinture » sont bien « indépendants de toute nationalité », il n'en reste pas

1. Clement Greenberg, « La crise du tableau de chevalet » (1948), *ibid.*, p. 174.
2. Clement Greenberg, « Peinture à l'américaine », *ibid.*, p. 227.

moins qu'une véritable bataille s'engagea pour ériger New York en capitale mondiale de l'art moderne. L'évolution d'un critique aussi réputé que l'était Greenberg est significative d'une conviction largement partagée outre-Atlantique. En 1946, il voyait encore couler depuis Paris la « source de tout l'art moderne[1] ». Deux ans plus tard, la guerre froide déclarée, le plan Marshall mis en place, les premiers *drip paintings* de Pollock peints, l'opinion évolue : « On a l'impression — mais ce n'est qu'une impression — que l'avenir immédiat de l'art occidental, s'il doit en avoir un, dépend de ce qui se fait dans ce pays. Si sombre que soit encore la situation pour nous, la peinture d'avant-garde américaine — c'est-à-dire la peinture abstraite américaine — a durant ces sept dernières années fait preuve, en différentes occasions, d'une capacité de renouvellement que ni la France ni la Grande-Bretagne ne semblent en mesure d'égaler[2]. » En 1953, enfin, à la question de savoir si « la nouvelle peinture abstraite américaine est, dans l'ensemble, supérieure à son homologue française », Greenberg répondait sans ambages : « Je pense que oui[3]. » La conquête par l'Amérique du leadership artistique, dont les conséquences furent considérables, était due à la puissance économique des USA, certes, mais bien davantage encore au caractère novateur des œuvres, comme à la qualité des commentaires critiques, à l'ébullition théorique qu'elles suscitaient.

1. Clement Greenberg, « L'École de Paris » (1946), *ibid.*, p. 133.
2. Cité par Serge Guilbaut, *Comment New York vola l'idée d'art moderne. Expressionnisme abstrait, liberté et guerre froide*, Nîmes, Jacqueline Chambon, 1988, p. 216.
3. Clement Greenberg, « Contribution à un symposium » (1953), repris dans *Art et culture, op. cit.*, p. 139.

L'expressionnisme abstrait

Un label désigne l'art abstrait qui s'affirme dans les années quarante et cinquante aux États-Unis : *Abstract Expressionism.* Il est étonnant que l'on puisse fédérer les artistes concernés au sein d'une même catégorie esthétique, car ils se sont toujours refusés à former une « école » et, plus encore, à accepter une étiquette. Willem de Kooning donna la formulation la plus tranchante de ce refus. Lors d'une discussion publique (1950) autour de la question du nom le mieux approprié, il déclara : « Nous nommer serait catastrophique. » Il considérait que ces appellations classificatoires sont bonnes « pour les manuels » d'histoire de l'art et il les rejetait en bloc, afin de préserver sa totale liberté de création.

De surcroît, les peintures rangées, malgré tout, à l'enseigne de l'expressionnisme abstrait peuvent être fort différentes d'aspect. Celles de Pollock ou de de Kooning soumettent la matière picturale à une gestualité vive, parfois violente, quand les tableaux de Rothko, Still ou Newman présentent de vastes plages colorées où la trace du geste, présente, paraît revêtir une importance moins décisive. Les premiers ressortissent à l'Action Painting. Pour les seconds, Greenberg forgea la notion de *color-field.* Leurs tableaux se fondent sur la couleur pour créer un espace purement optique, où toute illusion de profondeur a disparu. Cette conception du colorisme, le critique la fait remonter à Turner — le premier peintre qui « rompit de manière significative les conventions du clair et du sombre[1] » pour baigner l'ensemble du tableau dans un brouillard lumineux, sans contrastes de valeur. De larges plages, déchiquetées, occupent les toiles de Still. Rothko dispose frontalement quelques plans de couleur aux bords « flous », procédé qui contribue à faire irradier leur lumière, parfois sombre. Les « zips » de Newman redoublent les verticales du cadre : tels des fragments d'éclairs, ils traversent de part en part les vastes champs colorés. Ces « zips », étroites bandes qui divisent et structurent le tableau, sont réalisés à l'aide de *maskin-tape*. Certains apparaissent en négatif, lorsque le papier collant protecteur est retiré, d'autres sont peints en positif. L'esthétique du *color-field* fut portée à son acmé par les peintures de Barnett Newman, qui enthousiasmaient Greenberg :

> Ce qui est détruit ici, c'est la notion immémoriale, reprise par le cubisme, du bord du tableau comme limite : avec Newman, le bord du tableau est répété à l'intérieur, il *constitue* le tableau au lieu d'être simplement *redoublé* sur la surface. Les bords des plus grandes toiles fonctionnent exactement comme les lignes à l'intérieur : diviser mais non pas séparer, enfermer ou borner ; délimiter et non limiter. Les tableaux ne se fondent pas dans l'espace environnant ; ils gardent — lorsqu'ils sont réussis — leur intégrité et leur unité propre. Mais ils ne se dégagent pas non plus de l'espace comme autant d'objets isolés ; en bref, ce ne sont pratiquement pas des peintures de chevalet — et pour cette raison, ils échappent à la notion d'« objet » (et d'objet de luxe) qui s'attache de plus en plus au tableau de chevalet. En définitive, les tableaux de Newman doivent être vus comme « champs »[2].

1. Clement Greenberg, « Peinture à l'américaine » (1946), *op. cit.*, p. 241.
2. *Ibid.*, p. 246.

Greenberg inscrivait ainsi Newman dans une histoire générale des beaux-arts aimantée par le dévoilement progressif d'une essence propre à chacun des arts particuliers. Le processus d'« autopurification » auquel participent les œuvres importantes de la modernité stipule que les « conventions non essentielles à la viabilité d'un moyen d'expression », aussitôt aperçues, soient éliminées. L'art abstrait avait franchi une étape décisive sur la voie du « modernisme », qui engageait la peinture à mener, avec ses moyens propres, une analyse autocritique. La recherche d'un illusionnisme incitait les peintres à dissimuler la réalité matérielle du médium : Manet affiche les splendeurs de la pâte picturale ; les cubistes rompent avec la recherche d'une illusion de volume, sculptural, pour affirmer la planéité du support ; les entrelacs de Pollock créent un univers dont la profondeur est réduite à sa plus simple expression et le *color-field* de Newman élimine tout dessin extrinsèque aux constituants du tableau. Greenberg s'appuyait explicitement sur Kant pour étayer la logique de son raisonnement :

> J'assimile le modernisme à l'intensification, presque à l'exacerbation, de la tendance à l'autocritique dont l'origine remonte à Kant. Parce qu'il fut le premier à critiquer les moyens mêmes de la critique, je tiens ce philosophe pour le premier vrai moderniste [1].

L'intérêt pour les processus de réflexivité conduit à privilégier exclusivement les données formelles de l'œuvre. Cette approche possède des vertus indéniables. Elle permet d'enraciner la subjectivité du jugement de

1. Clement Greenberg, « La peinture moderniste » (1965), trad. notamment par Anne-Marie Lavagne dans *Peinture, Cahiers théoriques*, n° 8/9, 1974, p. 33 *sq*.

goût dans une réalité objective dont chacun peut vérifier la présence effective en considérant l'œuvre commentée. Cependant, la conception essentialiste de l'art a aussi un inconvénient, notoire, celui d'ignorer l'intention expressive, signifiante, des œuvres qui certes s'inscrivent au sein d'un débat strictement artistique, mais peuvent aussi avoir l'ambition de nous entretenir du monde, d'en dévoiler une part de vérité. Prendre en considération la question du *contenu* permet en outre de comprendre l'unité profonde des expressionnistes abstraits, par-delà une disparate formelle évidente.

Aux États-Unis, la locution *expressionnisme abstrait* apparut pour la première fois sous la plume d'Alfred A. Barr Jr., en 1929, dans un commentaire des peintures de Kandinsky. Cette appellation est parfaitement légitime, car l'artiste russe partageait avec les expressionnistes allemands un goût pour les oppositions de couleurs et pour une certaine véhémence du geste, dont ses abstractions ont conservé l'empreinte durant plusieurs années[1]. Par ailleurs, une réelle connivence unit, en profondeur, les aspirations de Kandinsky et celles des artistes américains. Les uns comme les autres voulaient réaliser des œuvres abstraites riches de sens.

Revendiquant la présence « du spirituel dans l'art », Kandinsky opposait le *quoi* au *comment* : la question

1. William C. Seitz, le premier historien de l'expressionnisme abstrait américain, signale l'emploi de ce terme par Alfred H. Barr Jr. en 1929, lors d'une conférence puis dans un catalogue d'exposition, mais Seitz note aussi qu'un article publié dans la revue *Der Sturm* (Berlin, 1919) par Oswald Herzog s'intitulait « Der abstrakte Expressionismus ». Cf. William C. Seitz, *Abstract Expressionist Painting in America*, Cambridge (Mass.) et Londres, Harvard University Press, 1983, p. 171, note 1.

« quoi » disparaît dans l'art aux époques de décadence spirituelle, et « seule subsiste la question "comment" l'objet corporel pourra être rendu par l'artiste ». Il décrit ainsi les risques encourus quand « l'art continue dans cette voie du "comment" » :

> Il se spécialise et n'est plus intelligible que pour les seuls artistes, qui commencent à se plaindre de l'indifférence du public pour leurs œuvres. En général, l'artiste, dans ces périodes, n'a pas besoin de dire grand-chose et un simple « autrement » le fait remarquer et apprécier de certains petits cercles de mécènes et de connaisseurs, qui le prônent (ce qui n'exclut pas des avantages matériels parfois fort importants), de sorte que l'on voit une foule de gens habiles se jeter, avec un talent apparent, sur cet art qui semble si facile à conquérir[1].

L'opposition du *quoi* et du *comment* resurgit aux États-Unis dans les années quarante. Elle agite les milieux de l'expressionnisme abstrait, et Wolfgang Paalen l'exprime très explicitement :

> L'analyse plastique du sujet (cubisme) a conduit, à travers des déformations arbitraires, à la dégénérescence du cubisme ; la révélation poétique du sujet par des juxtapositions insolites (surréalisme) a conduit à l'académisme littéraire ; enfin, la renonciation au sujet (abstraction puriste) a réduit la peinture à de simples jeux d'équilibre optique — voici les aspects principaux de la crise du sujet. Cela montre qu'il n'est maintenant plus question d'expérimenter en peinture sur le *comment*, mais sur le *quoi*. Le problème n'est plus d'inventer de nouvelles techniques, mais de trouver de nouveaux thèmes[2].

1. Wassily Kandinsky, *Du spirituel dans l'art*, *op. cit.*, p. 65.
2. Wolfgang Paalen, introduction de son exposition à la Art of This Century Gallery, New York, avril-mai 1945, cité par Irving Sandler, *Le Triomphe de l'art américain*, t. 1, *L'Expressionnisme*

Tous les expressionnistes abstraits souscrivaient à cette option qui place la volonté de signifier au cœur de toute création artistique substantielle. Pour Pollock, seul compte le résultat et « peu importe la manière dont la peinture est appliquée du moment que quelque chose a été dit ». La technique, si singulière soit-elle, « est seulement un moyen d'y parvenir[1] ».

Barnett Newman utilisait une formulation similaire quand il déclara : « C'est ce que j'essaye de dire [en peinture] qui est important[2] », même s'il précisait que la signification doit « provenir du voir, non du parler ». Il se référait aux mythes, mais il en appelait aussi à l'esthétique du sublime afin de réaffirmer le « désir naturel de l'homme pour ce qui est élevé », ses liens avec les « émotions de l'absolu[3] ». Les peintures qu'il réalise à partir de cette époque tentent de donner forme à l'expression fondamentale de l'homme, une « adresse à l'inconnaissable », un cri « de terreur et de colère » envers sa « condition tragique ». L'époque, en effet, ne se prêtait guère aux futilités distrayantes des jeux strictement esthétiques. Après la découverte des camps d'extermination, après l'explosion de la bombe atomique au-dessus d'Hiroshima, la parole biblique reprise par le Christ sur la croix — « Pourquoi m'as-tu

---

abstrait, trad. par Michèle Levy-Bram, Paris, Éditions Carré, 1990, p. 78, note 3.

1. Jackson Pollock, interview enregistrée par William Wright en 1951, trad. — ici légèrement modifiée — dans *L'Atelier de Jackson Pollock*, Paris, Macula, 1978, n. p.

2. Barnett Newman, « "Frontiers of Space" Interview with Dorothy Gees Seckler » (1962), repris dans B. Newman, *Selected Writings and Interviews*, édité par John P. O'Neill, New York, Alfred A. Knopf, 1990, p. 248.

3. Barnett Newman, « The sublime is now » (1948), *ibid.*, p. 173.

abandonné ? » — résonne avec une intensité toute particulière. Newman consacra aux Stations de la croix une suite de quatorze tableaux (1958-1966) emblématiques de son œuvre et de ses ambitions. Le problème de la limite, examiné par Greenberg sous les auspices de la « réduction moderniste », est posé par l'artiste en de tout autres termes : « Le cri, le cri sans réponse, est monde sans fin. Mais le tableau doit le contenir, ce monde sans fin, à l'intérieur de ses propres limites[1]. » Cette aporie trouve un équivalent plastique dans la tension entre la plénitude et la vacuité des champs de couleur, dans la violence inouïe du « zip » qui tranche, sépare autant qu'il unit. Bien entendu, pour pouvoir saisir ainsi ces peintures sans image, il faut se défaire des « lunettes nostalgiques de l'histoire » et sans doute aussi prendre au sérieux les explications de l'artiste, considérer ses intentions explicites, maintes fois réaffirmées :

> Le sujet est primordial pour la peinture ; l'histoire de ma génération commence avec le problème du quoi peindre[2].

Sur le fond, tous auraient pu contresigner cette affirmation. En 1948, William Baziotes, David Hare, Robert Motherwell, Mark Rothko et Clyfford Still fondaient une école. Lorsqu'il s'agit de lui trouver un nom, la suggestion de Newman fit l'unanimité. Elle s'appela « The Subjects of the Artist ».

Ainsi et en dépit de leurs brillantes inventions techniques comme de leurs réussites formelles saisis-

1. Barnett Newman, « The fourteen *Stations of the Cross*, 1958-1966 » (1966), *ibid.*, p. 190.

2. Barnett Newman, « A conversation : Barnett Newman and Thomas B. Hess » (1966), *ibid.*, p. 274.

santes, les expressionnistes abstraits, qu'ils exhibent une gestualité ou qu'ils élaborent avec retenue — mais sans géométrisme — de vastes champs colorés, partagent une même conviction — l'importance décisive du sujet. Ils ont aussi en commun, au-delà de leurs évidentes singularités, une attitude semblable face à la création. Individualistes et pragmatiques, ils se jettent à corps perdu dans un rapport direct avec les matériaux. Tous refusent la pratique de l'esquisse préalable. Guidés par leur intuition, ils cultivent le risque, pour mieux trouver, directement dans l'acte créateur, une tension, une intensité capable d'« opérer des miracles » afin que le tableau devienne, selon les termes de Rothko, « une révélation, la réponse inattendue et inédite à un besoin éternellement familier[1] ».

La dénomination *Abstract Expressionism* doit son succès à une ambiguïté. Certes, les œuvres qu'elle englobe sont abstraites et dotées d'une évidente expressivité, mais le public, aidé en cela par une part de la critique, a longtemps cru pouvoir réduire ce trait à une simple expression *de* l'artiste. L'intérêt serait alors bien mince, et l'on a vu que les expressionnistes abstraits cultivaient d'autres ambitions. D'autres formes d'expressivité dépassent largement la personne privée de l'artiste, pour atteindre, dans la droite ligne du surréalisme, les profondeurs de la psyché humaine, ou encore pour inscrire dans la matière les émotions et les angoisses d'une époque. Néanmoins, l'idée d'une expression de soi à travers l'œuvre demeure privilégiée : elle est gage d'une *authenticité* considérée

1. Mark Rothko, « The romantics were prompted » (1947), trad. partielle dans le cat. de l'exposition *Mark Rothko*, *op. cit.*, p. 261.

comme une valeur en soi. Au début du siècle, Benedetto Croce rappelait avec force la différence entre l'émotion éprouvée et l'expression esthétique, objectivée dans une forme. Il soulignait l'abîme qui existe « entre un homme *en proie à la colère* avec toutes les manifestations naturelles de ce sentiment, et un autre qui *exprime esthétiquement* la colère ; entre l'aspect, les cris et les contorsions de celui qui *est déchiré* par la douleur de la perte d'une personne chère, et le même qui dans un autre moment *retrace avec la parole ou le chant* son tourment ; entre la *grimace* de la commotion organique et le *geste* de l'acteur[1] ».

C'est pourquoi la volonté expressive des expressionnistes abstraits n'est nullement contradictoire avec un souci esthétique. En cela, ils s'inscrivent — paradoxalement — dans la filiation de Matisse, quand il professait une conception de l'expression, donnée centrale dans son œuvre, qui repose exclusivement sur l'expressivité formelle des éléments plastiques actualisés dans une composition singulière : « Ce que je poursuis par-dessus tout, c'est l'expression. Quelquefois, on m'a concédé une certaine science, tout en déclarant que mon ambition était bornée et n'allait pas au-delà de la satisfaction d'ordre purement visuel que peut procurer la vue d'un tableau. Mais la pensée d'un peintre ne doit pas être considérée en dehors de ses moyens, car elle ne vaut qu'autant qu'elle est servie par des moyens qui doivent être d'autant plus complets (et, par complets, je n'entends pas compliqués) que sa

1. Benedetto Croce, *Esthétique comme science de l'expression et linguistique générale*, trad. par Henry Bigot, Paris, V. Giard et E. Brière, 1904, p. 90 et 91.

pensée est plus profonde. Je ne puis pas distinguer entre le sentiment que j'ai de la vie et la façon dont je le traduis[1]. » Ainsi peut-on sans doute mieux comprendre que l'expressionnisme abstrait ait donné lieu à des interprétations opposées, les unes fort psychologisantes, les autres radicalement formalistes, toutes symétriquement réductrices.

En Europe : reconstruction et batailles

Après les traumatismes de la guerre, dans une Europe mutilée, divisée par un « rideau de fer », l'art abstrait renaît, notamment en France, sous des formes qui traduisent le besoin de rejeter tous les carcans afin d'affirmer et d'affermir une liberté retrouvée. À Paris, plusieurs membres du groupe Abstraction-Création, fondé en 1931, créent en 1946 un Salon exclusivement dévolu à l'exposition d'œuvres d'art « communément appelé : art concret, art non figuratif ou art abstrait, c'est-à-dire d'un art totalement dégagé de la vision directe et de l'interprétation de la nature[2] ». Ces hésitations langagières, récurrentes, trahissent un réel flou conceptuel dont il n'y a pas lieu de se plaindre : les artistes n'ont nul souci de satisfaire les besoins taxinomiques du public, mais l'invention de nouvelles catégories reste le symptôme d'une effervescence créatrice.

1. Henri Matisse, « Notes d'un peintre », *op. cit.*, p. 42.
2. Statuts du Salon des *Réalités nouvelles* (1946), cit. par Dominique Viéville, « Vous avez dit géométrique ? Le Salon des réalités nouvelles 1946-1957 », cat. de l'exposition *Paris/Paris 1937-1957*, Paris, Centre Georges Pompidou, 1981 ; nouvelle éd. Centre Georges Pompidou/Gallimard, 1992, p. 407.

Fin 1947, Camille Bryen et Georges Mathieu organisent une exposition où figurent des œuvres gestuelles de Hartung et des peintures de Wols, éruptives, aux couleurs ternes, tachées et griffées plus que peintes et dessinées. Leur abstraction fut qualifiée de « lyrique », terme qui a le mérite d'évoquer un état d'esprit plus que de désigner un registre formel. Le refus des formes clairement délimitées, aux couleurs franches, lisses et propres, réunit toute une génération d'artistes pour lesquels la création est moins affaire de conception mentale que de contact physique avec les matériaux, acte où s'engage un corps qui accepte de laisser la trace d'une singularité située aux antipodes des rêves de pureté. Le cousinage entre cette mouvance et la « peinture d'action » américaine fut mis en évidence par l'exposition *Véhémences confrontées* (1951). On pouvait y voir les œuvres de Bryen, Capogrossi, de Kooning, Hartung, Mathieu, Pollock, Riopelle, Russell et Wols. La « Querelle du chaud et du froid[1] » pointe l'antagonisme des forces en présence qui ressortissent, selon Michel Seuphor, au « style » et au « cri ». Face à un art tout de maîtrise et de retenue, l'explosion d'une expressivité débridée fait la part belle à la touche, à la matière et à la gestualité de l'artiste. L'abstraction « chaude » opposait à l'abstraction « froide » l'attrait d'une vitalité immédiatement saisissable.

Chacune des désignations inventées à l'époque pour tenter de circonscrire les nouveaux courants fit l'objet de polémiques. En novembre 1951, le critique Michel

1. Cette formulation reprend le titre d'un article que Léon Degand publia dans *Art d'aujourd'hui* (janvier 1953).

Tapié organisait une exposition intitulée *Signifiants de l'informel* (Paris, galerie Paul Facchetti). L'adjectif substantivé « informel » qualifiait ici les œuvres d'une nébuleuse d'artistes, tels Wols mais aussi Fautrier ou Dubuffet, dont l'art n'est nullement abstrait. La pertinence du terme donna lieu à des opinions divergentes mais, avec le recul du temps, Hubert Damisch pouvait lui rendre justice :

> Heureuse formule — quoi qu'il en soit des confusions auxquelles elle a donné lieu, à commencer par son auteur, et quoi qu'en aient dit ou pensé tous ceux qui, ne connaissant d'autre signifiance que celle du *signe*, n'y virent qu'un non-sens — que celle-là qui, loin d'ériger l'informel en catégorie, lui restitue, en deçà de toute articulation symbolique, et par-delà toute *information*, sa fonction d'aire sémiotique primordiale[1].

Cette tendance renouvelait les problématiques picturales. Elle a aujourd'hui pris place dans l'histoire de l'art. Récemment, une exposition, *L'Informe. Mode d'emploi* (Paris, 1996), a relancé le débat. Leurs initiateurs, Yve-Alain Bois et Rosalind Krauss, ont attiré l'attention sur une possible autre généalogie d'une part de la peinture européenne des années cinquante. Rétive aux classifications, elle paraît fascinée par l'*informe*, tel que le définissait Georges Bataille dans un article du « Dictionnaire critique » publié par sa revue, *Documents*, en 1929 :

> Un dictionnaire commencerait à partir du moment où il ne donnerait plus le sens mais les besognes des mots. Ainsi *informe* n'est pas seulement un adjectif ayant tel sens mais un terme servant à déclasser, exigeant géné-

1. Hubert Damisch, « Stratégies 1950-1960 », cat. de l'exposition *Paris/New York*, Paris, Centre Georges Pompidou, 1977 ; nouvelle éd., Centre Georges Pompidou/Gallimard, 1991, p. 222.

> ralement que chaque chose ait sa forme. Ce qu'il désigne n'a ses droits dans aucun sens et se fait écraser partout comme une araignée ou un ver de terre. Il faudrait en effet, pour que les hommes académiques soient contents, que l'univers prenne forme. La philosophie entière n'a pas d'autre but : il s'agit de donner une redingote à ce qui est, une redingote mathématique. Par contre affirmer que l'univers ne ressemble à rien et n'est qu'*informe* revient à dire que l'univers est quelque chose comme une araignée ou un crachat[1].

Peu d'artistes se sont vraiment aventurés dans la voie d'une déréliction, car la protestation du crachat — symbole même de l'*informe*, selon Michel Leiris, par « son inconsistance, ses contours indéfinis, l'imprécision relative de sa couleur » — conduit vers l'abîme. Bram Van Velde, bien que ses peintures ne ressemblent nullement à des crachats, fut l'un des rares à en soutenir la subversion. Comme Charles Juliet lui demandait, en 1965, s'il était satisfait de ses dernières toiles, il répondit : « Oh… oui… oui… Vous savez, c'est toujours aussi lamentable[2]. »

Le tachisme, lui, donne une vision conquérante qui se situe loin du crachat. Le terme, inventé en manière de raillerie par Pierre Guéguen (il critiquait une exposition de Degottex, Duvillier, Loubschansy et Messagier, organisée par la galerie À l'Étoile scellée, en 1953), fut repris en 1954 par Charles Estienne avec une visée tout autre. Il s'agissait de réconcilier l'abstraction gestuelle

1. Georges Bataille, « Informe », *Documents. Archéologie, Beaux-arts, Ethnographie, Variétés*, 1929, n° 7. Michel Ragon rapporte qu'en 1948, lorsqu'il fit la connaissance de Georges Mathieu, on disait qu'il « peignait des crachats, des fœtus, des vagins ». Cf. M. Ragon, *Vingt-cinq ans d'art vivant*, Paris, Casterman, 1969, p. 97.

2. Charles Juliet, *Rencontres avec Bram Van Velde*, Fata Morgana, 1978, p. 26.

et l'automatisme surréaliste. Georges Mathieu s'insurgea de cette « récupération », mais il reconnut que cette étiquette n'était pas plus mauvaise qu'une autre, avant de se poser en inventeur du genre : « En fait, je suis probablement le premier à avoir utilisé plus systématiquement que tout autre des taches à l'état pur dans mes toiles de 1951 et 1952[1] [...]. »

Mathieu, bretteur alerte, contribua grandement à la diffusion d'une nouvelle abstraction en France. Refusant d'accorder à l'homme « un affranchissement métaphysique total », car « la liberté, c'est le vide », il récusait la dilution des sensibilités dans l'« universalité cosmique » afin de mieux prôner leur exacerbation dans l'« étanchéité des consciences individuelles[2] ». L'exaltation du moi se conjuguait avec une volonté de signifier, mais Mathieu prétendit inverser les lois de la sémantique :

> Jusqu'alors, une chose étant donnée, un signe était inventé pour elle. Désormais, un signe étant donné, il sera viable et par là véritablement signe s'il trouve son incarnation[3].

La fulgurance du geste contribuait au surgissement de formes en quête de sens. En 1956, l'artiste porte sur la scène son « esthétique de la vitesse ». Il exécute en trente minutes une peinture de grand format (4 × 12 m) devant deux mille personnes réunies au théâtre Sarah-Bernhardt.

1. Georges Mathieu, « Triomphe de l'abstraction lyrique : 1951-1956 », *De la révolte à la renaissance. Au-delà du tachisme*, Paris, Gallimard, coll. Idées, 1973, p. 91.
2. Georges Mathieu, « La liberté, c'est le vide » (1948), *ibid.*, p. 162.
3. Georges Mathieu, « Note sur le poétique et le signifiant » (1951), *ibid.*, p. 172.

L'écho donné à ce type de spectacle fut considérable : l'art abstrait était devenu un « phénomène de société ». Des galeries se consacraient dans sa diffusion, des revues spécialisées en débattaient. Les premières histoires de l'art abstrait trouvaient des éditeurs et elles suscitaient l'intérêt du public. Indice parmi d'autres de cet engouement, Dewasne et Pillet avaient ouvert en 1950 un atelier dévolu à l'enseignement de l'abstraction. En Angleterre, en Italie, en Allemagne — où la première *Documenta* (1955) présentait les principales avant-gardes du xxe siècle — l'art abstrait se développait. Lors de l'Exposition universelle qui se tint à Bruxelles (1958), une vaste rétrospective proposait un panorama de « 50 ans d'art moderne » où Hartung, Poliakoff, Soulages, de Staël, Wols voisinaient avec Kandinsky, Malévitch, Mondrian et bien d'autres, figuratifs ou non.

Un tel succès entraîna des controverses et contribua à modifier les attitudes esthétiques comme les comportements artistiques. Les attaques des nostalgiques du métier, récurrentes, s'adressaient à l'art moderne tout entier, mais l'abstraction leur offrait une cible de choix. Robert Rey, par exemple, écrivait en 1957 : « L'art dit abstrait ouvre la voie à toutes les impérities techniques, à toutes les facilités, à toutes les présomptions, à toutes les impuissances puisqu'elles sont devenues les signes, que dis-je, le gage même du génie[1]. » L'auteur de cette diatribe avait sans doute négligé de lire Jean Cassou, conservateur du musée national d'Art moderne, qui lui répondait par avance :

1. Robert Rey, *Contre l'art abstrait*, Paris, Flammarion, 1957, p. 38 et 39.

> Chaque artiste moderne invente non seulement son esthétique, sa sensibilité, mais encore sa technique. Il ignore ce qu'est savoir peindre, savoir dessiner, savoir graver, savoir sculpter. Ses procédés sont purement empiriques[1].

La question de l'invention est cruciale. L'abstraction, rupture majeure, avait provoqué un émoi considérable et sa pratique demeura durant plusieurs décennies une aventure à haut risque. Puis, le succès venant, des adeptes de fraîche date qui n'avaient plus toujours la foi et l'énergie des pionniers se convertissaient. Bref, l'abstraction devenait la proie d'un processus inéluctable, l'académisation. Charles Estienne dénonçait la menace d'une sclérose dans un pamphlet qui fit grand bruit, *L'art abstrait est-il un académisme ?* (1950). Aux États-Unis, plusieurs colloques furent organisés pour débattre autour de la même question. À ce titre, les années cinquante marquent un tournant dans le développement de l'art abstrait : sa vitalité lui avait valu un début de reconnaissance mais ce succès le menaçait d'une dégénérescence. Privé de sens, il devenait une simple « manière », au mieux décorative, ce que jusqu'alors il avait toujours tenu à éviter. Cette académisation faisait évidemment le jeu de ses adversaires résolus, prêts à profiter de la situation pour répudier tout l'art abstrait, tel Claude Lévi-Strauss. Dans une note célèbre, il épinglait l'ensemble de la peinture non figurative. Coupable d'adopter des « "manières" en guise de "sujets" », elle ne crée pas « des œuvres aussi réelles — sinon plus — que les objets du monde physique, mais des imitations réa-

1. Jean Cassou, *Situation de l'art moderne*, Paris, Éditions de Minuit, 1950, p. 125.

listes de modèles non existants». La conclusion de l'auteur, sans appel, confond à plaisir les créateurs et leurs épigones, toutes tendances réunies : «C'est une école de peinture académique, où chaque artiste s'évertue à représenter la manière dont il exécuterait ses tableaux si d'aventure il en peignait[1].»

Abstraction et liberté

Le procès d'académisation eut un mérite plus considérable s'il contribua à réviser l'opinion, fort répandue, que l'évolution de l'art pouvait être assimilée à une progression linéaire. La foi dans le progrès poussait l'avant-gardisme à transformer chaque rupture en conquête définitive. Aussi, les militants de l'abstraction ont longtemps cru la création figurative périmée à jamais : après Kandinsky ou Mondrian, nul ne saurait être de son temps s'il recourait à la représentation. Tout *retour* à la figuration d'un artiste abstrait devenait alors une trahison au mieux inexplicable, au pis impardonnable. L'académisme abstrait a montré que la ligne de partage ne pouvait pas passer entre les œuvres figuratives et les autres, mais entre les créations fortes, réussies, et les réalisations molles, médiocres, qu'elles fussent abstraites ou non. Cette évidence, admise par tous aujourd'hui, permet aussi de mieux comprendre le parcours d'artistes soucieux de leur liberté. Kandinsky, Mondrian et bien d'autres ont cessé définitivement de recourir à la mimèsis.

1. Claude Lévi-Strauss, «La science du concret», *La Pensée sauvage*, Paris, Plon, 1962, p. 43.

Delaunay, Klee ou Picabia, par exemple, n'ont au contraire jamais tenu compte du clivage entre art abstrait et art figuratif pour œuvrer. Malévitch pose à ses exégètes un problème plus complexe. Il revient à la figuration à la fin des années vingt, alors que le stalinisme commence à sévir, mais si certaines de ses œuvres de cette période trahissent l'oppression d'une contrainte, d'autres en revanche traduisent la vitalité, la sauvagerie d'une allégresse.

Jackson Pollock jeta le trouble parmi les thuriféraires de l'art abstrait lorsqu'il exposa chez Betty Parsons, en 1951, des tableaux noirs et blancs, dont plusieurs nettement figuratifs. Interrogée près de vingt ans plus tard, son épouse, le peintre Lee Krasner, confiait combien son intimité avec la création de Pollock l'avait aidée à comprendre ces œuvres qui déroutèrent. Celle qui avait vu naître beaucoup de ses tableaux expliquait :

> Nombre d'entre eux, parmi les plus abstraits, commençaient par une imagerie plus ou moins reconnaissable — têtes, parties du corps, créatures fantastiques. Une fois, j'ai demandé à Jackson pourquoi il n'arrêtait pas ses tableaux lorsqu'une image donnée y était montrée. Il m'a répondu : « Je choisis de voiler l'imagerie. » Bien, ça valait pour ce tableau-là. Mais pour les noirs et blancs, il a choisi de laisser en grande partie l'imagerie à découvert. Je ne peux pas dire pourquoi. Et je me demande si lui-même aurait pu[1].

Willem de Kooning a offert des éclaircissements sur son parcours singulier qui nous permettent sans doute de mieux comprendre celui de Pollock. En 1953, de Kooning exposa une série de peintures sur le

1. B. H. Friedman, entretien avec Lee Krasner Pollock (1969), trad. dans *L'Atelier de Jackson Pollock*, *op. cit.*, n. p.

thème de la femme à la Sidney Janis Gallery. Janis se souvient que ces *Women* firent scandale, « car les peintres abstraits, dont bon nombre étaient des amis de De Kooning, lui en voulurent d'être, selon leurs propres termes, "revenu à la figure", comme s'il avait régressé[1] ». De Kooning considérait le style comme une « supercherie » dont il se défiait :

> Certains peintres, dont je fais partie, se moquent bien de savoir sur quelle chaise ils sont assis. Elle n'a même pas besoin d'être confortable. Ils sont trop nerveux pour chercher où ils devraient s'asseoir. Ils ne veulent pas « s'asseoir dans un style »[2].

L'art est pour lui comme une « grande soupière » dans laquelle il suffit de « plonger les mains pour trouver quelque chose pour soi ». Mais chacun doit y aller seul, et sans *a priori*. Ainsi, la série des *Women* survient au moment où l'art abstrait, qui avait représenté une exceptionnelle libération, se transformait, sous l'effet de la routine ou du dogmatisme, en une sourde contrainte à laquelle il fallait résister. De Kooning s'y employait, devant la toile, et il s'en expliqua aussi avec la lumineuse causticité qui caractérisait ses propos :

> D'une certaine façon, tremper son pinceau dans la peinture pour peindre le nez de quelqu'un, c'est assez ridicule, d'un point de vue théorique aussi bien que philosophique. C'est vraiment absurde aujourd'hui de vouloir reproduire une image, comme l'image de l'homme, avec de la peinture, puisqu'on a le choix

1. Témoignage de Sidney Janis, cité dans le cat. de l'exposition *Willem de Kooning*, Paris, Centre Georges Pompidou, 1984, p. 220.
2. Willem de Kooning, « Ce que l'art abstrait signifie pour moi » (1951), repris dans *Écrits et propos*, textes réunis par Marie-Anne Sichère, Paris, École nationale supérieure des beaux-arts, 1992, p. 32.

de le faire ou ne pas le faire. Mais tout à coup, il m'est apparu que c'était encore plus absurde de ne pas le faire. Alors je crains de devoir obéir à mes désirs[1].

La crise de l'art abstrait dans les années cinquante trouve une illustration exemplaire avec le refus d'un tableau monochrome présenté par Yves Klein au Salon des réalités nouvelles. L'artiste faisait là sa toute première tentative de faire reconnaître son travail par le monde de l'art, mais les membres du comité d'organisation ne purent se résoudre à considérer l'œuvre comme un tableau, ou du moins comme un tableau achevé, complet. Des tractations échouèrent, car Klein ne consentit pas à ajouter au « fond » orange une forme, point, ligne ou encore tache d'une autre couleur, comme il lui était demandé pour accepter son *Expression de l'univers de la couleur mine orange*. Cette anecdote traduit bien une conception largement admise de l'abstraction. Elle impliquait une continuité dans la définition de l'œuvre — peinture ou sculpture — composée d'éléments plastiques pluriels dispensés de fonctions iconiques. En d'autres termes, l'abstraction s'inscrit dans le cours naturel de l'histoire de l'art, la représentation en moins. Le monochrome ne répondait nullement à ces normes, issues de la fameuse définition donnée de la peinture par Maurice Denis. C'est du moins ce que pensaient les membres du comité du Salon des réalités nouvelles quand ils affirmaient qu'« une seule couleur unie, non, non, vraiment ce n'est pas assez, c'est impossible[2] ».

1. Willem de Kooning, « Entretien avec David Silvester » (1960), *ibid.*, p. 103.
2. Cité par Yves Klein, « L'Aventure monochrome », texte par-

Cependant, les monochromes de Klein étaient bien issus de la tradition non figurative, malgré les dénégations de l'artiste qui se démarquait de la génération précédente, incarnée notamment par Mathieu, quand il écrivait : « La peinture abstraite, c'est de la littérature pittoresque sur des états psychologiques. C'est pauvre. Je suis heureux de ne pas être un peintre abstrait[1]. » Ses « propositions monochromes » ignoraient résolument une autre tradition, marginale, celle qu'Alphonse Allais avait popularisée avec une suite facétieuse d'œuvres « monochroïdales ». L'une des plus célèbres, présentée au Salon des arts incohérents de 1883, avait été épinglée en son temps par Fénéon : « Sous ce titre suave : *Première communion de jeunes filles chlorotiques par un temps de neige*, M. Alphonse Allais a collé au mur une feuille de bristol absolument blanche[2]. » L'existence de l'abstraction permit à Klein de situer son travail dans une autre perspective, puis de le projeter « au-delà de la problématique de l'art[3] ».

---

tiellement reproduit dans le cat. de l'exposition *Yves Klein*, Paris, Centre Georges Pompidou, 1983, p. 171 ; tous les textes publiés par l'artiste ou après sa disparition sont repris dans : Yves Klein, *Le Dépassement de la problématique de l'art et autres écrits*, édition établie par Marie-Anne Sichère et Didier Semin, Paris, École nationale supérieure des beaux-arts, coll. Écrits d'artistes, 2003 (j'indiquerai dans mes notes la référence à cette édition qui rassemble des textes souvent difficiles d'accès — ici : *Écrits*, p. 226).

1. Yves Klein, extrait de son *Journal* (1957), *ibid.*, p. 178 (*Écrits*, p. 43).

2. Félix Fénéon, « Les arts incohérents » (1883), *Œuvres*, Paris, Gallimard, 1948, p. 98.

3. Cf. Yves Klein, *Le Dépassement de la problématique de l'art*, La Louvière, Éditions de Montbliart, 1959 (*Écrits*, p. 80 sq).

III

L'abstraction, après les temps héroïques

Les années soixante, et ensuite

Yves Klein avait plusieurs fois déclaré, à la fin des années cinquante : « Les tableaux ne sont que les cendres de mon art[1]. » Le discrédit du tableau, le thème de la mort de la peinture revenaient à ce moment hanter l'actualité. Plus généralement, l'édifice séculaire des beaux-arts commençait à imploser sous l'effet de pratiques qui ne relevaient ni de la peinture ni de la sculpture. Un autre séisme vint du *Pop Art* : au début des années soixante, il devint évident que la modernité artistique, voire l'avant-gardisme, n'était plus l'apanage exclusif de l'abstraction. Ses pionniers avaient disparu, et ses héritiers n'avaient pas d'autre choix, par définition, que de s'inscrire dans une tradition chancelante. L'innovation radicale leur était interdite. Ad Reinhardt tira, en peinture, les conclusions de ce constat. D'autres — Rothko, Newman, Soulages, par exemple — continuèrent à développer leur œuvre. Les plus jeunes adoptèrent une

1. Cette formulation figure notamment dans son opuscule, *Le Dépassement de la problématique de l'art*, *op. cit.*, p. 3 (*Écrits*, p. 83).

position analytique ou critique, parfois teintée d'une tonique ironie.

Les « ultimes peintures »

Reinhardt appartenait à la génération des expressionnistes abstraits. Auteur de dessins satiriques corrosifs, dialecticien redouté, un temps membre de l'AAA, il ne répudia jamais l'abstraction. Après ses *abstract paintings* des années trente, il adopta une facture plus libre. Ses tableaux sont absolument *all-over* à la fin des années quarante, puis leur structure s'épure, leur couleur évite la monochromie par le recours aux camaïeux de tons et aux nuances de valeurs. Cette évolution le conduisit à éliminer les charmes de la couleur : au cours des années cinquante, il ne peignit que des tableaux sombres, presque noirs. Leurs formats variaient encore, et ils étaient souvent rectangulaires. Reinhardt mit fin à cet arbitraire au début des années soixante et il consacra les dernières années de sa vie à peindre, toujours en noirs colorés, des tableaux qui semblaient identiques. Tous répondent à la description qu'il en donna, en 1961 :

> Peinture abstraite, 1960, 152 × 152 cm. Huile sur toile. Une toile carrée (neutre, sans forme), d'un mètre cinquante-deux de large, d'un mètre cinquante-deux de haut, de la taille d'un homme, de la largeur des bras ouverts d'un homme (ni grande, ni petite, sans taille), à triple section (pas de composition), à une forme horizontale niant une forme verticale (sans forme, sans haut et sans bas, sans direction), à trois couleurs (plus ou moins) sombres (sans lumière) et non contrastante (sans couleurs), à la touche de pinceau retouchée pour

effacer la touche de pinceau, à la surface mate, plane, peinte à main levée (sans vernis, sans texture, non linéaire, sans contour net, sans contour flou), ne réfléchissant pas l'entourage — une peinture pure, abstraite, non objective, atemporelle, sans espace, sans changement, sans référence à autre chose, désintéressée —, un objet conscient de lui-même (rien d'inconscient), idéal, transcendant, oublieux de tout ce qui n'est pas l'art (absolument pas anti-art)[1].

La logique qui préside à cette épuration drastique implique une foi sans faille en deux dogmes, l'autonomie de l'art et l'historicisme. Surnommé le Moine noir, Reinhardt professait la religion de l'« art-en-tant-qu'art », définitivement séparé de la vie, sans fonction, sans signification. Il revendiquait l'autosuffisance d'une peinture qui devait répondre à cette définition :

Un objet clairement défini, indépendant et séparé de tous les autres objets ou circonstances, dans lequel on ne peut rien voir qui soit notre choix ni faire de lui ce que nous voulons, dont la signification n'est pas détachable ni traduisible. Une icône libre, non manipulée et non manipulable, sans usage, invendable, irréductible, non photographiable ni reproductible, inexplicable. Un non-divertissement, fait ni pour l'art commercial ni pour l'art de masse, non expressionniste, ni pour soi-même[2].

La seule place possible pour un tel objet est le musée, où il est définitivement mis en quarantaine si, comme le pense Reinhardt, la présentation des œuvres au public n'est pas nécessaire. L'unique justification d'une telle institution serait alors la conservation de

1. Très célèbre, cette définition fut publiée pour la première fois en traduction française dans *Iris Time*, n° 7, à l'occasion de l'exposition organisée à Paris par Iris Clert dans sa galerie en 1963 (trad. ici légèrement modifiée).

2. Texte d'Ad Reinhardt publié dans *Iris Time*, *ibid.*

ce qui, déjà réalisé, n'a nul besoin d'être refait. La satisfaction esthétique cède la place à une quête ontologique.

Reinhardt, en cela tributaire de son époque, demeure un adepte du « modernisme », histoire ordonnée du processus d'autopurification des arts, tout entiers tendus vers l'épiphanie de leur essence, le dévoilement de leur vérité. La « réduction moderniste » s'auréolait des prestiges liés à toute entreprise réputée nécessaire, voire salutaire. Clement Greenberg avait grandement contribué à son élaboration. Quels que furent les rapports entre le critique et l'artiste, Reinhardt aurait pu souscrire à cette proposition :

> Il semble que ce soit une loi du modernisme — une loi qui s'applique quasiment à tout art qui reste vraiment vivant aujourd'hui — que les conventions non essentielles à la viabilité d'un moyen d'expression (*medium*) soient rejetées aussitôt reconnues[1].

Ses peintures noires ont éliminé tout ce qui pouvait l'être avant d'atteindre le monochrome, « mur absurde, muet et aveugle », naguère dénoncé en ces termes par Taraboukine. C'est pourquoi elles sont bien les « ultimes peintures » réalisables. Indépassables, elles impliquaient le silence ou la répétition. Mais Reinhardt n'était pas dupe, il n'ignorait pas être inscrit dans une histoire singulière, la sienne, celle de son époque, et il savait que le cours du temps réserve toujours des surprises. Ce qui fut, pour lui, le dernier mot de la peinture, pouvait bien devenir une formulation parmi d'autres[2]. La monochromie eut en effet des

1. Clement Greenberg, « Peinture à l'américaine », *op. cit.*, p. 226.

2. « Last word must always be secretly the first », disait Reinhardt. Cf. *Art as Art. The Selected Writings of Ad Reinhardt*, édités

adeptes, et la recherche d'une pureté essentialiste fut jetée aux orties.

Pure visualité

Tandis que les diverses formes d'abstraction expressionniste, dévitalisées par les maniérismes, s'acheminaient vers l'académisme, s'affirmait un regain d'intérêt pour les qualités strictement visuelles de l'œuvre. Une exposition présentée au MoMA en 1965, *The Responsive Eye*, s'efforçait de dresser le panorama de cette option. Le visiteur pouvait y voir des œuvres fort diverses. Les unes, dues par exemple à Yaacov Agam, Bridget Riley ou Victor Vasarely, relèvent d'une tendance dont le succès auprès du public fut considérable : l'*Op Art* (*Optical Art*). Les autres — signées notamment Kenneth Noland, Larry Poons, Frank Stella, Ellsworth Kelly — échappent aux tentatives de classification générique. Toutes, cependant, privilégient l'aspect visuel du résultat et affichent une réalisation « froide », voire impersonnelle.

L'appellation *Op Art* s'appliquait à des artistes aux préoccupations disparates et qui utilisaient des moyens variés afin d'introduire le mouvement dans l'œuvre, tels les illusions et autres jeux optiques. Ainsi, Agam renouait, peut-être sans le savoir, avec des « distractions » du XIXe siècle. Le « tableau magique à trois faces » décrit par Gaston Tissandier[1] recourt à une

---

par Barbara Rose, Berkeley-Los Angeles, University of California Press, 1975 ; réimpression, 1984, p. 155.

1. Gaston Tissandier, *Les Récréations scientifiques*, 5e éd., Paris, Masson, 1888, p. 280 et 281.

technique simple. Trois images découpées en bandes verticales sont assemblées et plissées de telle manière que la première apparaisse sur le fond, la seconde sur la face droite d'un dièdre et la troisième sur la face gauche. Lorsque nous nous tenons juste devant le tableau, nous identifions l'image du fond, et si nous nous déplaçons celle-ci disparaît au profit de l'image de droite ou de celle de gauche. C'est précisément à ce procédé que recourt Agam, substituant aux images des formes colorées abstraites.

Vasarely, le plus célèbre des zélateurs d'un cinétisme fondé sur les illusions d'optique, insistait sur l'importance des stimulations rétiniennes :

> L'enjeu n'est plus le cœur mais la rétine, le bel esprit devient sujet de la psychologie expérimentale. Les contrastes aigus noir-blanc, l'insoutenable vibration des couleurs complémentaires, le papillotement des réseaux rythmés et des structures permutées, le cinétisme optique des composants plastiques, autant de phénomènes physiques présents dans nos œuvres, dont le rôle n'est plus d'émerveiller ou de nous plonger dans une douce mélancolie, mais de nous stimuler et de nous procurer des joies sauvages. Allons-nous contester le phénomène humain ? Point ! Mais l'esprit immatériel, en tant qu'immanence divine, a vécu. L'homme se définit désormais comme un sommet hautement complexifié d'un univers matériel, où tout événement, lui aussi, procède de la dualité onde-corpuscule[1].

Les œuvres de Vasarely, variations sérielles souvent exécutées par des assistants, possèdent le charme immédiat des ambiguïtés optiques. Leur séduction opère en dehors de toute préoccupation de contenu,

1. Victor Vasarely, *Plasti-cité, l'œuvre plastique dans votre vie quotidienne*, Paris, Casterman, 1970, p. 62.

mais elle n'est pas sans finalité sociale, car, selon l'artiste, « les "œuvres cinétiques" engendrent un concept humaniste et philosophique des arts plastiques qui intéresse à la fois leurs aspects esthétiques, éthiques, sociologiques et économiques[1] ».

Héritier du Bauhaus, Vasarely militait pour une intégration des arts dans la cité. Il rêvait d'un « art social » capable de satisfaire « les aspirations naturelles de l'homme aux joies sensorielles[2] » par une intégration au cadre bâti. Mais Vasarely contribua aussi à développer une expérience plus novatrice : celle des « multiples ». Il s'agit d'œuvres originales, bi ou tridimensionnelles, dont le principe de fabrication, artisanal ou industriel, autorise la multiplication d'exemplaires équivalents. Ici, la « patte », la main de l'artiste et les variations circonstancielles qu'elle engendre, ne compte pour rien. Aussi ces œuvres peuvent-elles être exécutées par des spécialistes et non par l'artiste lui-même, mais toujours sous sa direction ou du moins dans le respect de ses intentions. L'idée n'est pas nouvelle. En 1925, déjà, Moholy-Nagy s'appuyait sur les techniques modernes pour promouvoir un mode de diffusion de l'art qui prenne en compte les possibilités industrielles de l'époque :

> La technique actuelle nous permet d'assurer aux « originaux » eux-mêmes une ample diffusion. La production mécanique, ses instruments et procédés techniques exacts (aérographe, fer-blanc émaillé, pochoir), nous offre la possibilité de nous libérer de la prééminence de l'exemplaire unique, produit manuellement, et de sa valeur marchande[3].

1. *Ibid.*, p. 93.
2. *Ibid.*, p. 100.
3. László Moholy-Nagy, *Peinture, Photographie, Film* (1925), repris dans *Peinture, Photographie, Film et autres écrits sur la*

Les multiples *stricto sensu* apparaissent au moment où l'utopie d'une démocratisation de l'art bat son plein. Assez bon marché pour être accessibles à tous, ils sapent les assises d'une conception de l'authenticité fondée sur le caractère unique et irremplaçable du contact direct entre l'artiste et son œuvre. Aux reproductions d'œuvres uniques, dotées d'une aura irremplaçable, les multiples opposent les « re-créations ». Bien qu'ils soient produits en grand nombre chacun des exemplaires, réalisé sous la direction de l'artiste ou avec son aval, demeure « authentique ». Vasarely se réjouit de cette prolifération :

> L'œuvre d'art ne se définira plus comme l'unique source complexe de délectation pour de rares privilégiés, dotés de sensibilité spécifique, mais comme omniprésence des stimuli plastiques renouvelables, quotidiennement nécessaires à l'équilibre de tous[1].

Lucide, cependant, Vasarely n'ignore pas les limites de cette « nouvelle mutation en art » quand il constate : « Il s'agit toujours des “beaux-arts”, de “l'art pour l'art” dans le circuit élargi de la fonction poétique. Simplement, à la place d'un unique tableau sur le mur d'un unique amateur, nous voyons maintenant cent tableaux semblables sur cent murs de cent amateurs différents[2]. » Denise René, qui commercialisa les multiples de Vasarely et ceux d'autres artistes de sa galerie, dressa un bilan mitigé de l'entreprise. Les amateurs n'appréciaient guère que les tirages d'œuvres signées et numérotées, comme de traditionnelles estampes,

---

photographie, trad. par Catherine Wermester, Nîmes, Jacqueline Chambon, 1993, p. 89.

1. Victor Vasarely, *Plasti-cité*, *op. cit.*, p. 107.
2. *Ibid.*, p. 108.

fussent trop importants et le grand public boudait les réalisations bradées, mais non signées[1]. En revanche, l'Op Art, diffusé par maints canaux — objets de grande consommation, publicité, tissus, posters, etc. —, suscita un vif engouement. Cet effet de mode contribua, non sans injustice, à son discrédit.

Plusieurs artistes américains qui participèrent à l'exposition *The Responsive Eye* empruntaient des voies plus traditionnelles, en apparence. Frank Stella ou Ellsworth Kelly, notamment, ne remettaient nullement en question le statut de l'œuvre unique, mais ils attaquaient de front l'expressionnisme abstrait conçu comme l'actualisation moderne d'une idée séculaire : la forme a pour fonction de conférer un apparaître à une réalité cachée, à un invisible plus substantiel que les apparences. Les peintures de Stella présentées au MoMA en 1959 firent grand bruit. Elles évitent la monochromie en recouvrant entièrement la surface de bandes noires contiguës, mais séparées, agencées selon des schémas simples en compositions *all-over*. Dans le catalogue de l'exposition, un autres artiste, Carl Andre, en affirme les intentions :

> L'art exclut ce qui n'est pas nécessaire. Frank Stella a trouvé nécessaire de peindre des bandes. Il n'y a rien d'autre dans sa peinture. Frank Stella ne s'intéresse pas à l'expression ou à la sensibilité. Il s'intéresse aux nécessités de la peinture. Les symboles sont des jetons que les gens se passent. La peinture de Frank Stella n'est pas symbolique. Ses bandes sont les chemins de son pinceau sur la toile. Ces chemins ne mènent qu'à la peinture[2].

1. Catherine Millet, *Conversations avec Denise René*, Paris, Adam Biro, 1991, p. 109 et 110.
2. Carl Andre, « Preface to Stripe Painting », cat. de l'exposition

Frank Stella affirmait vouloir garder sur la toile la peinture « aussi bonne » qu'elle l'était dans le pot. Il souhaitait peindre des œuvres sur lesquelles « on ne pourrait rien écrire », rien au moins qui relève d'interprétations fondées sur un au-delà du visible. Stella préconisait le recours à une visibilité intransitive qui ne conduirait à rien d'autre, ne relèverait d'aucun symbolisme, n'ouvrirait sur aucune transcendance car, « si la peinture était assez incisive, assez précise, assez exacte, il vous suffirait simplement de la regarder[1] ». Appréciant les peintures de Kandinsky, Mondrian et Malévitch, il répudiait leurs arguments en faveur de l'abstraction, « étayages théoriques marqués de théosophie et d'antimatérialisme ». C'est pourquoi il souhaitait, pour sa part, éradiquer toute présence d'un quelconque symbolisme. Au cours d'un entretien avec Bruce Glaser, il confirmait ce choix :

> J'ai toujours été en désaccord avec les gens qui veulent conserver les valeurs traditionnelles de la peinture : ces valeurs humanistes qu'ils découvrent toujours sur la toile. Si vous les poussez dans leurs retranchements, ils finissent tous par déclarer qu'il y a quelque chose, en dehors de la peinture, là sur la toile. Ma peinture est basée sur le fait que seul s'y trouve ce qui peut y être vu[2].

Bien différent à maints égards, Kelly partage avec Stella une même défiance pour l'invisibilité qui hante

---

Sixteen Americans, New York, The Museum of Modern Art, 1959, p. 76.

1. Frank Stella, « Questions à Stella et Judd », entretien par Bruce Glaser (1964), trad. par Claude Gintz dans *Regards américains sur l'art des années soixante*, anthologie critique, Paris, Éditions Territoires, 1979, p. 58.

2. *Ibid.*

l'art abstrait dès lors qu'il manifeste des aspirations spirituelles ou religieuses. Mobilisé durant la guerre, il bénéficia d'une bourse *G.I. Bill* qui lui permit de séjourner en France à partir de 1948. Sans contact direct avec la scène new-yorkaise jusqu'en 1954, année de son retour aux États-Unis, il élabora ses conceptions de l'art en dehors de toute polémique avec les expressionnistes abstraits, mais il se situait cependant aux antipodes de leur style, de leurs méthodes comme de leurs valeurs, en particulier sur la question du sens. Il n'a jamais « adhéré à cette approche selon laquelle l'idée du contenu est plus importante que l'aspect visuel ». Estimant que « le visuel doit dominer », il n'avait nullement l'« intention d'expliquer le monde ». Kelly souhaite alors « simplement essayer d'organiser ce qui est visuellement à [sa] portée[1] ». Souvent, il s'inspire de ce qu'il a vu pour élaborer des compositions qui paraissent strictement abstraites. Mais voir n'est pas interpréter, peut-être pas même identifier, encore moins chercher un sens au visible, pur spectacle muet, comme il le rappelle en ces termes :

> Ma première leçon fut de voir objectivement, d'effacer toute « signification » de la chose vue. Alors seulement peut-on comprendre et sentir sa signification véritable[2].

Les œuvres de Kelly demeurent emblématiques du style *hard-edge*, même s'il n'apprécie guère ce label Les grands formats, la facture impersonnelle, l'intensité des contrastes, la liberté d'invention formelle, la

1. Cf. Ann Hindry, « Conversation avec Ellsworth Kelly », *Artstudio*, n° 24 consacré à l'artiste, printemps 1992, p. 16.

2. Ellsworth Kelly, « Notes de 1969 », reprises dans le cat. de l'exposition *Ellsworth Kelly, peintures et sculptures 1960-1979*, Paris, Centre Georges Pompidou, 1980, p. 34.

simplicité donnent à ses tableaux un impact visuel qui allie les vertus de l'ascétisme et les plaisirs immédiats de la séduction : la clarté du style *hard-edge* radicalise l'enseignement de Matisse. La locution *hard-edge* (littéralement « bord net ») apparut aux États-Unis à la fin des années cinquante[1]. Il va de soi que nous sommes loin de l'esthétique du *color-field*, qui laisse toujours place aux pulsions de la main et du corps, parfois il est vrai avec une immense retenue, et qui surtout développe une dramaturgie tragique totalement absente ici. Mais l'abstraction géométrique des années vingt et trente recourait déjà aux aplats parfaitement délimités. S'il fallut néanmoins inventer une nouvelle catégorie pour les peintures de Leon Polk Smith, Myron Stout, Al Held ou Ellsworth Kelly, c'est que le style de leurs œuvres présentait des caractéristiques différentes. Les plans de couleur unis aux formes simples, mais souvent non géométriques, de leurs tableaux ne s'inscrivent pas dans la tradition initiée par Mondrian ou Van Doesburg. Le critique Irving Sandler le nota :

> Kelly et Smith ne se différenciaient pas seulement de Mondrian par leur attitude fondamentale. Leurs conceptions de la peinture étaient, elles aussi, antagonistes. [...] Ils simplifiaient la structure de leurs toiles, se limitant souvent à deux plans de couleurs différentes, ou noir et blanc, juxtaposés avec netteté, plutôt que de construire des compositions complexes. Comme le dit Kelly, leur objectif était de diviser l'espace du tableau, non d'agencer des formes. Le point focal de l'abstrac-

1. Le critique Jules Langsner l'emploie, sans doute pour la première fois, dans un article du catalogue *Four Abstract Classicists* (Los Angeles County Museum, 1959), publié l'année même où Stella exposait ses peintures de bandes noires au MoMA.

tion *hard-edge* n'était pas la relation entre les formes, mais la forme colorée en tant que forme-couleur[1].

Contrairement, là encore, à ce que pourraient suggérer des analogies superficielles, les œuvres de Kelly ne relèvent nullement d'une « réduction moderniste ». La planéité préoccupait les artistes de la génération précédente. Au début des années soixante, c'est plutôt la concrétude du tableau, sa qualité d'objet, qui intéresse les artistes et la critique. Kelly déploie d'ailleurs ses tableaux dans l'espace réel : leurs « formes-couleurs », au lieu d'être juxtaposées sur le plan du tableau, sont articulées dans l'espace, manière élégante d'« amener la peinture à la troisième dimension[2] ». Ces objets ont un statut hybride, au regard des catégories instituées. Ainsi, la sculpture se distingue de la peinture par son caractère tactile. Visible, évidemment, elle appelle le contact de la main, et elle peut être découverte par le toucher seul. Les théories de l'âge classique tenaient ce point pour acquis. Roger de Piles, par exemple, évoquait l'histoire d'un sculpteur aveugle doté d'un incontestable talent. L'un de ses admirateurs désirant en conserver le portrait, l'artiste chargé de le peindre « lui avait mis un œil à chaque bout de doigt pour faire voir que ceux qu'il avait ailleurs lui étaient tout à fait inutiles[3] ». Brancusi ignorait sans doute ce récit, mais il réalisa une *Sculpture pour aveugle* (1925), enfermée dans un sac et que l'on pouvait palper en passant les

1. Irving Sandler, *Le Triomphe de l'art américain*, t. 2 de l'éd. originale, t. 3 dans l'éd. française, *L'École de New York* (1978), trad. par Frank Straschitz, Paris, Éditions Carré, 1991, p. 186.

2. Cf. Ann Hindry, « Conversation avec Ellsworth Kelly », *op. cit.*, p. 18.

3. Roger de Piles, *Cours de peinture par principes* (1708), rééd. Paris, Gallimard, 1989, p. 162.

mains dans deux « manches-trous ». Elle confortait la distinction entre la sculpture, art tactile, et la peinture, art visuel, distinction sur laquelle se fonde l'ensemble des débats relatifs à la spécificité des arts depuis le XVIIe siècle jusqu'aux analyses « modernistes ». Ludiques, les plans colorés articulés dans l'espace tridimensionnel sont aussi des propositions théoriques qui conduisent à s'interroger sur la validité des lignes de démarcation tracées entre les arts et, au-delà, sur le bien-fondé d'une « réduction moderniste » érigée en loi intangible d'une évolution inéluctable.

Une confrontation directe avec les œuvres de Kelly est indispensable pour en percevoir l'impact. Vivre l'expérience de la forme réelle s'impose, car elle est dotée de caractéristiques d'autant plus irremplaçables qu'elle ne renvoie à rien d'autre, ne véhicule aucun contenu extrinsèque. Bien entendu, les reproductions de quelque tableau que ce soit ne procurent jamais qu'une information tronquée. Mais ici tout particulièrement, l'appréciation esthétique s'appuie sur une pragmatique. L'artiste se situe dans une logique strictement formaliste quand il écrit : « La forme de ma peinture est le contenu[1]. » Cette assertion, fondée sur la pratique artistique, rejoint les conclusions des théoriciens de la « pure visibilité », en particulier celles de Clive Bell qui s'interrogea, dans un essai publié en 1914, sur « la qualité qui distingue les œuvres d'art de toute autre catégorie d'objets ». Il faut en effet qu'elles possèdent en commun quelque trait distinctif pour légitimer leur appartenance à une même catégorie. La méthode inductive employée par le théoricien le conduit à formuler ce verdict :

1. Ellsworth Kelly, « Notes de 1969 », *op. cit.*, p. 33.

> Une seule réponse paraît possible : la forme signifiante. Dans chacune de ces œuvres, une combinaison particulière de lignes et de couleurs, certaines formes et certains rapports de formes éveillent nos émotions esthétiques. Ces rapports et ces combinaisons de lignes et de couleurs, ces formes esthétiquement émouvantes, je les nomme « formes signifiantes » ; et c'est cette forme signifiante qui est la qualité commune à toutes les œuvres d'art visuel[1].

Certes, cela vaut, selon l'auteur, pour toute œuvre, figurative ou non, mais la représentation, ou à défaut la collusion des formes avec l'univers des signes, parasitait l'avènement d'émotions exclusivement liées à l'ordre du visuel.

Une parenthèse : l'art sur *l'art*

Les prises de position en faveur de « l'art pour l'art » trouvèrent la possibilité de s'accomplir pleinement quand tout rapport avec une réalité extérieure à l'existence de l'œuvre fut répudié. L'abstraction avait autorisé le développement d'une autarcie des formes, préoccupées d'elles seules. Privé de sujets puisés dans le monde, privé d'utilité sociale, coupé des relations avec une quelconque transcendance, l'art pouvait concentrer son intérêt sur lui-même. Depuis que Reinhardt avait dressé ce constat, « l'art-en-tant-qu'art » avait aussi rompu avec les mortifications d'une ascèse pour s'adonner aux jubilations du visible. Sans cher-

1. Clive Bell, « L'hypothèse esthétique » (extrait de *Art*, Londres, 1914), trad. dans Roberto Salvini, *Pure visibilité et formalisme dans la critique d'art au début du XXe siècle* (1949), Paris, Klincksieck, 1988, p. 212.

cher à les abandonner, des artistes ont adopté une attitude plus distante, analytique ou critique. Les modalités instauratrices concrètes ne sont plus seulement un ensemble de moyens mis au service de la création. Exhibées, elles deviennent le sujet même de l'œuvre.

Robert Ryman fut l'un des premiers peintres importants à suggérer, au début des années soixante-dix, ce mode de compréhension. Naomi Spector constatait, en 1978, qu'un « changement radical » est intervenu dans le dessein de l'artiste, à partir de 1965 :

> Désormais son travail concerne la nature de la peinture : celle-ci est tout ensemble la forme et le contenu des tableaux. Ils ne tirent plus sens que de la peinture, de son support, de l'histoire de son procès d'application. Il s'agit de peindre la peinture[1].

Ses tableaux, généralement blancs, étaient souvent considérés comme des monochromes. Ryman s'insurgeait devant cette interprétation. Elle trahit un regard hâtif sur des œuvres qui exploraient les possibilités des pigments, des outils, des supports, des modes d'accrochage, et qui donnaient à voir la *fabrique* des tableaux. Il était admis que, pour leur rendre justice, il fallait « identifier le “faire” ». Contrairement à ses aînés, Ryman rejetait toute interrogation sur le sujet, affirmant :

> La question n'est jamais : quoi peindre, mais seulement : comment peindre[2].

Le spectateur doit comprendre le procès instaurateur de l'œuvre, autoréférentielle, pour en jouir. La critique d'art l'y aide : elle se transforme souvent

1. Naomi Spector, « Robert Ryman : une chronologie », trad. dans le « Dossier Ryman », *Macula*, n° 3/4, 1978, p. 120 et 121.
2. Robert Ryman, cat. de l'exposition *Art in Process IV*, New York, Finch College Museum of Art, 1969, *ibid.*, p. 165.

en ethnographie des pratiques d'atelier. Les artistes, experts en la matière, encouragent volontiers cette approche descriptive qui suspend le jugement de goût. Mais surtout, ils facilitent la tâche des regardeurs. Répudiant les deux injonctions opposées autour desquelles les débats s'étaient longtemps organisés — effacer l'art par l'art et inscrire la singularité de l'artiste dans la matière —, ils souscrivent à un nouvel impératif : faire apparaître les manipulations auxquelles furent soumis les matériaux. Le *sujet* de l'œuvre, c'est alors l'ensemble des procédures utilisées. C'est ainsi que Richard Serra publia, en 1972, une liste de « choses à faire » — « Rouler, plisser, plier, accumuler, courber, raccourcir, tordre, tacheter, froisser, ébarber, déchirer », etc. En France, le groupe Supports/Surfaces, fondé en 1971, adjoint aux recherches sur l'agir une dimension politique. La praxis est analysée à partir du marxisme-léninisme. Dans ce contexte, la notion de création cède la place à celle de travail.

Le terme *travail* désigne à la fois l'activité de l'artiste et le résultat obtenu. Les connotations polémiques du débat sont évidentes : substituer *travail* à *œuvre* opère une désacralisation de la création artistique. L'un des membres du groupe Supports/Surfaces, Marc Devade, situe la *pratique* — terme de la même mouvance idéologique, dont la vogue ne semble pas, aujourd'hui encore, se démentir — des peintres dans le cadre de la lutte des classes :

> La subversion formelle introduite dans le marché par le seul fait de l'insistance du travail des peintres sur la « peinture », et non son rejet avant-gardiste/académique (subversion dont nous avons déjà subi les effets), doit s'étendre aux problèmes théoriques, philo-

> sophiques et politiques : sur le trajet de l'un à l'autre se place la reconnaissance (et non la méconnaissance idéologique) de la classe ouvrière comme force motrice de l'histoire, et de sa théorie : le matérialisme historique et le matérialisme dialectique. Ce qui démontre pratiquement le fait que toute pratique picturale historiquement juste amène nécessairement à une politique juste, celle de la classe ouvrière[1].

Les justifications politiques évanouies, avec le temps, demeurent l'intention critique et l'autarcie de l'œuvre, telles que l'exprime Claude Viallat, l'un des membres du groupe :

> L'objet de la peinture, c'est la peinture elle-même, et les tableaux exposés ne se rapportent qu'à eux-mêmes. Ils ne font point appel à un « ailleurs » (la personnalité de l'artiste, sa biographie, l'histoire de l'art, par exemple). Ils n'offrent point d'échappatoire, car la surface, par les ruptures de formes qui y sont opérées, interdit les projections mentales ou les divagations oniriques du spectateur. La peinture est un fait en soi et c'est sur son terrain qu'on doit poser ses problèmes[2].

Les artistes du groupe Supports/Surfaces œuvrent parfois avec les matériaux traditionnels des beaux-arts. Ils opèrent alors une déconstruction du tableau, dont ils dissocient les constituants. Pierre Buraglio travaille sur des châssis (de fenêtre) sans toile, Noël Dolla présente des toiles libres (sans châssis) et Daniel Dezeuze cloue sur un châssis une feuille de plastique transparent afin de révéler sa structure cachée ou, comme il le

1. Marc Devade, « Pourquoi une revue ? » (1975), texte repris dans Jean-Marc Poinsot, *Supports-Surfaces*, Paris, Limage 2, 1983, p. 87.

2. Claude Viallat, cité par Didier Semin, « Le chaudron », cat. de l'exposition *Les Années Supports Surfaces dans les collections du Centre Georges Pompidou*, Paris, Galerie nationale du Jeu de Paume, 1998, p. 18.

dit lui-même, de poser « la question du tableau dans sa dimension historique ». Il leur arrive de brouiller les catégories. André-Pierre Arnal encolle et teinte cinq cents carrés de toile qu'il plie et dispose en tas sur le sol, comme une accumulation de petites sculptures. Dans d'autres cas, enfin, ces artistes emploient des matériaux tout-venant, fils de fer, ficelles, cordes, briques, branches d'arbre, qu'ils scient, fendent, ligaturent, etc. Ces collections d'objets, qui ont souvent le charme des documents anthropologiques, échappent à la tradition de l'abstraction dans la mesure où ils ne relèvent d'aucune classe des beaux-arts.

La constitution de séries est l'une des conséquences de l'usage d'un ensemble de règles procédurières. Des artistes, tel Martin Barré, érigent cette conséquence en poétique :

> La sérialité n'a pas pour but de produire des toiles presque semblables mais de produire des tableaux qui sont le plus possible différents les uns des autres et ce qui compte c'est le tableau. La sérialité est le moyen pour les produire. Ce n'est pas tant les tableaux qui font la série que la série qui produit les tableaux[1].

La série, et les idées qu'elle suppose, est l'un des traits spécifiques de la modernité. On admet généralement que Claude Monet fut l'initiateur de cette rupture avec les conceptions antérieures de la création artistique. Les *Meules* (1890), les *Peupliers* (1891) ou les *Cathédrales* (1894) atomisent en effet les résultats d'un projet par essence inachevable dans une suite d'œuvres dont le nombre est, en droit, sans limite. La

1. Martin Barré, entretien avec Catherine Millet, *Art Press*, octobre 1985, cit. par Yve-Alain Bois, « L'inachèvement », cat. de l'exposition *Martin Barré*, Tourcoing, musée des Beaux-Arts, Nantes, musée des Beaux-Arts, 1989, p. 78 et 79.

logique du chef-d'œuvre implique que tous les travaux préparatoires trouvent leur accomplissement définitif dans une réalisation qui est alors un véritable « microcosme », reflet à la fois complet et unique d'un monde conçu comme totalité. La série, au contraire, entérine l'impossibilité d'une maîtrise. Fragment d'un tout hypothétique, éclaté et à jamais perdu, chaque œuvre singulière renvoie à tous les autres membres de la même suite. Aussi, comme le remarque Yve-Alain Bois dans un texte sur Martin Barré, la série modifie en profondeur l'attitude esthétique : « La série fait nécessairement de chaque tableau une interrogation sur le fonctionnement métonymique de toute peinture, convoque toute notre mémoire, prévient l'attitude purement contemplative[1]. »

Depuis Monet, de très nombreux artistes (et notamment Picasso) ont travaillé, épisodiquement ou systématiquement, à des séries. D'autres ont adopté très consciemment une méthodologie sérielle, mais contrairement à Monet ou Picasso, ils se fondent sur les systèmes fermés qui donnent lieu à une déclinaison parfaitement rigoureuse d'un nombre limité de solutions. Un programme tel que *All Combinations of Arcs from Corners and Sides, Straight Lines, Not-Straight Lines and Broken Lines* (Sol LeWitt, 1973) peut être actualisé sans reste. Sol LeWitt cerne ainsi l'« artiste sériel », tel qu'il l'entend lui-même :

> On poursuivra un présupposé jusqu'à sa conclusion, en évitant toute subjectivité. La chance, ni le goût, ni le souvenir inconscient de formes quelconques, ne joueront un rôle quant au résultat. L'artiste sériel n'essaie pas de produire un objet beau ou mystérieux ; il fonc-

1 *Ibid.*, p. 74.

tionne comme un employé aux écritures consignant les résultats du postulat préalable[1].

La disparition du sujet et du contenu conduit au retrait de l'artiste en tant qu'opérateur singulier et irremplaçable. Ou, plus précisément, le rôle du créateur se décale d'un cran : il élabore des systèmes de contraintes dont l'application « aveugle » engendre l'œuvre. Sol LeWitt conçoit ses programmes sous forme de textes prescriptifs qui peuvent être actualisés par lui-même ou par d'autres. Ainsi, l'œuvre ne se confond nullement avec telle ou telle réalisation donnée à voir ici ou là. Claude Rutault a sans doute franchi l'ultime pas quand il conçut, en 1973, sa première « Définition/méthode », texte qui stipule les conditions précises d'une « actualisation » légitime de l'œuvre par un tiers, collectionneur privé ou institutionnel. Chaque œuvre répond à des règles qui lui sont propres, mais toutes requièrent, pour exister pleinement — accéder au visible —, la complicité active de leurs acquéreurs qui ont le choix entre trois solutions, affirmées par *Un coup de peinture, un coup de jeunesse* :

1. Repeindre la toile de la couleur du mur.
2. Repeindre le mur de la couleur de la toile.
3. Repeindre les deux d'une même couleur.

Une suite de « Définitions/méthodes », sans cesse complétée, édicte les règles qui président à chacune des « actualisations », accrochages de toiles peintes de la même couleur que celle du mur, dont l'infinie variété convertit la monochromie, naguère ultime étape d'une décantation, en point de départ.

1. Sol LeWitt, « Serial Project n° 1 (ABCD) », trad. dans le cat. de l'exposition *L'Art conceptuel, une perspective*, Paris, musée d'Art moderne de la Ville de Paris, 1989, p. 204.

Le procès de production a perdu, dans les années quatre-vingt, un peu du pouvoir d'attraction hypnotique qu'il exerçait naguère sur une partie de la critique. Depuis qu'elle se délecte moins de son investigation, il est devenu plus facile de prêter attention aux réserves que Ryman a toujours exprimées devant un intérêt trop exclusif pour le processus. S'il reste intéressant de le connaître, disait-il en 1971, regarder le « travail », simplement le voir, « c'est cela l'important[1] ». Par la suite, l'artiste fera maintes fois l'éloge d'une expérience sensible et émotionnelle de son œuvre :

> Je dirais que la poésie de la peinture est de l'ordre de l'émotion. Ce doit être une sorte de révélation, une expérience quasi sacrée. On en sort avec une impression de joie, de ravissement. [...] On est fortifié, et cela peut durer plusieurs jours, parfois davantage. C'est un sentiment de bien-être[2].

La sévérité de bon aloi de ses œuvres fut peut-être le tribut payé à leur insertion historique pour pouvoir répondre au vœu de Matisse, qui rêvait d'« un art d'équilibre, de pureté, de tranquillité, sans sujet inquiétant ou préoccupant, qui soit, pour tout travailleur cérébral, pour l'homme d'affaires aussi bien que pour l'artiste des lettres, par exemple, un lénifiant, un calmant cérébral, quelque chose d'analogue à un bon fauteuil qui le délasse de ses fatigues physiques[3] ». La *peinture picturante* ouvre ici l'esprit au pur plaisir de voir.

1. Entretien avec Phyllis Tuchman, trad. dans le « Dossier Ryman », *op. cit.*, p. 141.
2. Robert Ryman, « Statements », *Art America*, octobre 1983, trad. dans le cat. de l'exposition *Art Minimal II*, Bordeaux, capc-Musée d'art contemporain, 1986, p. 95.
3. Henri Matisse, « Notes d'un peintre », *op. cit.*, p. 50. Agnes

La grille, le carré et la prison

Lorsque les utopies qui sous-tendaient l'abstraction furent tombées en désuétude, il fallut bien renoncer à toute confiance dans un progrès spirituel et abandonner l'espoir de construire un monde neuf pour un homme nouveau. Quant au « sentiment de bien-être » et au plaisir de voir, bien des artistes ne pouvaient l'éprouver sereinement dans un monde qui leur paraissait désenchanté. Les modèles formels ou herméneutiques accompagnant le développement d'une modernité triomphante cessèrent alors de jouer un rôle stimulant. De nombreux artistes ont délaissé l'abstraction pour renouer avec les charmes de l'image, de la narration. D'autres résistent. Ils cherchent, par exemple, à « injecter dans le monde idéal de l'art géométrique » une trace du paysage social (Peter Halley), passent sans cesse « d'une chose à l'autre » (Gerhard Richter), ou encore introduisent l'humour dans la rigueur du géométrisme froid (François Morellet).

Par leur simplicité, leur lisibilité, la grille et le carré — ou le cube, son équivalent tridimensionnel — occupaient une place de choix parmi les figures emblématiques d'une abstraction radicale. La grille n'est pas un motif ou un style, mais une structure qui possède les caractéristiques du mythe : elle a une valeur heuris-

---

Martin exprime des préoccupations comparables quand elle déclare : « Le but de la vie est le bonheur, et réagir à la vie comme si elle était parfaite c'est le chemin du bonheur. C'est aussi celui du travail artistique positif », « La Beauté et le mystère de la vie » (texte d'une conférence prononcée au Musée de Santa Fe, 1989, trad. dans le cat. de l'exposition *Agnes Martin*, Paris, musée d'Art moderne de la Ville de Paris, 1992, p. 137).

tique et elle s'accommode de variations infinies. Son succès est à la fois quantitatif (de nombreux artistes y ont eu recours), qualitatif (certaines des meilleures œuvres de ce siècle l'utilisent) et idéologique (l'usage de la grille confère un label de modernité). Selon Rosalind Krauss, la grille « annonce, entre autres choses, la volonté de silence de l'art moderne, son hostilité envers la littérature, le récit et le discours[1] ». La barrière qu'elle dressa entre les arts visuels et ceux du langage « a presque totalement réussi à emmurer les premiers dans le domaine de la seule visualité et à les défendre contre l'intrusion de la parole ». Réellement présente dans la structure de l'œuvre, la grille « bidimensionnelle, géométrique, ordonnée », affirme l'autonomie de l'art parce qu'elle est « antinaturelle, antimimétique ». C'est ce à quoi l'art ressemble, affirme le critique, « lorsqu'il tourne le dos à la nature ». La grille qui résulte d'un « décret esthétique » apparaît comme un véritable « emblème de la modernité ». Ainsi conçue, elle relève d'une saga héroïsée qui impose le respect, implique une certaine gravité de ton. Rosalind Krauss ne manque pas d'y déférer :

> Les arts ont bien sûr chèrement payé ce succès, car la forteresse qu'ils ont construite sur les fondations de la grille a de plus en plus pris l'allure d'un ghetto. De moins en moins de voix provenant de l'*establishment* critique se sont élevées pour soutenir, apprécier ou analyser les arts plastiques contemporains. On peut même avancer que, dans toute la production esthétique

1. Rosalind Krauss, « Grilles » (1979), trad. par Josiane Micner, *Communications*, n° 34, 1981, p. 167 (une autre trad. de ce texte, due à Jean-Pierre Criqui, a paru dans Rosalind Krauss, *L'Originalité de l'avant-garde et autres mythes modernistes* [1985], Paris, Macula, 1993).

moderne, aucune forme ne s'est maintenue avec autant d'acharnement, tout en restant aussi imperméable au changement. Ce n'est pas seulement le nombre de carrières vouées à l'exploration de la grille qui est impressionnant, mais le fait qu'une exploration n'aurait jamais pu choisir terrain moins fertile[1].

Le carré et ses dérivés participent d'une même valorisation des signes auxquels la modernité artistique se reconnaît. En effet, du *Carré noir* (1915) de Malévitch à la longue suite des *Hommage au carré* peints par Albers ou aux *Ultimate Paintings* de Reinhardt, la liste des œuvres majeures qui confèrent au carré un rôle essentiel serait imposante. Plusieurs expositions — par exemple *The Square in Painting*, manifestation organisée par l'American Federation of Arts en 1968 — furent consacrées au carré, promu ainsi « thématique » picturale à part entière. Au XIXe siècle, après l'invention du tube de couleur, les formats et les dimensions des châssis furent codifiés : ces nouvelles normes industrielles ignoraient le carré, jadis fort rarement utilisé par les peintres. François Morellet, grand utilisateur de carrés, note :

> Dans le cadre de ma recherche inexorable et systématique qui peut se résumer à : « Comment en faire le moins possible » [...], j'avais, dès 1952, opté pour des toiles de format carré. Le carré, on le sait, n'a besoin pour être défini que d'une décision arbitraire, alors que le rectangle en nécessite deux fois plus. J'ai ainsi, pendant plus de trente ans, utilisé presque exclusivement des toiles carrées. Ces châssis carrés devaient toujours être commandés spécialement. Enfin, depuis plusieurs années, le carré est rentré dans les formats standard (ne serait-ce d'ailleurs pas pour cela que je lui fais mainte-

1. *Ibid.*, p. 169.

nant des infidélités ?). Il reste cependant toujours un parent pauvre à côté des « Figures », « Paysages » et « Marines » qu'il est loin d'avoir supplanté[1].

Le carré s'est donc banalisé. Nul ne se risquerait à tenir aujourd'hui les propos de Théo Van Doesburg qui déclara, non sans emphase : « Le carré est pour nous ce que la croix fut pour les premiers chrétiens[2] ».

François Morellet pratique depuis les années cinquante un art résolument abstrait, mais il ne croit guère aux lendemains qui chantent. Se définissant comme un « rigoureux-rigolard », il sème le doute sur la validité des interprétations canoniques, depuis longtemps admises, des œuvres d'art, toujours muettes. À l'en croire, elles ne sont que des « coins à pique-nique, des auberges espagnoles où l'on consomme ce que l'on apporte soi-même[3] ». Morellet se souvient avoir aimé les peintures de Mondrian, avant de connaître ses textes, « pour le vide » qu'il y discernait. Après avoir lu divers écrits relatifs au néoplasticisme, il comprit que Mondrian avait d'autres desseins, par exemple celui de « condenser le monde entier » dans ses tableaux. Le rôle dévolu aux textes pose en effet des problèmes particulièrement épineux quand aucune *image* ne vient

1. François Morellet, « Figuration et Défigurations » (1988), texte repris dans François Morellet, *Mais comment taire mes commentaires*, Paris, École nationale supérieure des beaux-arts, 1999, p. 155.

2. Théo Van Doesburg cité par Suzi Gablik, *Has Modernism Failed ?* (1984), Londres, Thames and Hudson, 1987, p. 21. Cf. la trad. française de cet ouvrage, par Michèle Hechter, sous un titre moins combatif, *Le Modernisme et son ombre*, Paris, Thames & Hudson, 1997, p. 25.

3. François Morellet, « Du spectateur au spectateur ou l'art de déballer son pique-nique » (1971), texte repris dans *Mais comment taire mes commentaires*, *op. cit.*, p. 47.

conforter la validité des interprétations proposées. Morellet joua parfois de ces méprises. En 1983, il présentait des agencements de tableaux blancs dont l'austérité apparente était démentie par leurs titres, *Par-derrière (à 2)*, *En levrette* ou encore *À la missionnaire*. L'abstraction servait à « camoufler (momentanément) » la figuration pour mieux la défigurer. Les explications de l'artiste ne laissent planer aucun doute : « Dans *La Géométrie dans les spasmes*, ce sont les figures géométriques qui se trouvent défigurées par la figuration anthropomorphe, tendance pornographique[1]. »

Les œuvres de Peter Halley entretiennent, sur un registre plus grave, une confusion du même ordre. Ses tableaux carrés, aplats nets de couleurs contrastées, passent pour abstraits, tendance géométrique dure. Un détail de l'un d'eux, *Yellow Prison with Underground Conduit* (1985), illustre d'ailleurs la couverture d'un ouvrage consacré à l'art abstrait[2]. Bien entendu, comme l'indique clairement le titre, il s'agit d'une *image* épurée de prison. En dépit des apparences, elle ne relève nullement de l'abstraction, de l'art non figuratif. Dans ses « Notes sur les peintures », Halley l'affirme sans ambiguïté : « 1. Ces tableaux représentent des prisons, des cellules et des murs. 2. Ici, le carré idéal devient une prison. La géométrie est révélée comme enfermement[3]. » L'artiste est revenu à plu-

1. François Morellet, « Au secours, la droite revient » (1987), *ibid.*, p. 129 et 130.

2. Anna Moszynska, *L'Art abstrait* (1990), trad. par Mona de Pracontal, Paris, Thames and Hudson, 1998 (la couverture de l'édition originale, anglaise, est identique, à l'exception du titre, *Abstract Art*).

3. Peter Halley, « Notes sur les peintures » (1982), repris dans

sieurs reprises sur ses œuvres « apparemment géométriques » dont la signification se veut l'« antithèse de l'art géométrique antérieur ». S'il utilise « les codes du minimalisme, de la *color-field painting* et du constructivisme », c'est pour « révéler la base sociologique de leurs origines ». L'art abstrait, retourné comme un gant contre ses origines idéalistes, s'évanouit.

La critique, pinceau à la main, de l'abstraction et des espérances qui fortifiaient sa vitalité s'applique à l'art tout entier. Elle s'appuie sur un ensemble d'idées issues de la philosophie et des sciences humaines. Dans un premier temps, Halley feint de penser que « la mort de Dieu a entraîné celle de l'art[1] ». Il est en effet devenu difficile de croire que l'art participe de cet ordre symbolique qui sert « à relier la matière d'ici-bas au sens caché et à l'unité du cosmos » et permet ainsi à l'homme de « s'approcher de l'infini ». Plus subtilement, cependant, l'artiste avance une hypothèse beaucoup plus mélancolique et autrement subversive : Dieu n'est pas tout à fait mort, il est « entré dans une agonie interminable qui se poursuit encore de nos jours ». Cette fin toujours différée autorise « les tentatives de retour au transcendantal », elle ouvre sur un désenchantement :

> L'art est dans la même situation : toujours mourant, jamais mort, ressuscité par les préraphaélites, les post-impressionnistes, les expressionnistes abstraits et les postminimalistes, sans mentionner les historiens d'art et les aquarellistes. Mais la magie n'opère plus[2].

Peter Halley, *La Crise de la géométrie et autres essais, 1981-1987* (1988), Paris, École nationale supérieure des beaux-arts, 1992, p. 15.

1. Peter Halley, « Après l'art », *ibid.*, p. 73.
2. *Ibid.*, p. 74.

La prison, même repeinte au *Day-Glo* — marque de peintures fluorescentes en vogue dans les années soixante, utilisée par Halley —, exemplifie cet état. Le cul-de-basse-fosse est le lieu par excellence où se déroule une interminable attente, manière de non-vie.

Depuis que l'abstraction a pris place dans l'histoire de l'art, elle ne peut plus faire l'objet d'une conquête militante. Des artistes entérinent cet état de fait. Afin de préserver leur liberté, ils recourent aux images ou s'en privent, indifféremment. Signe d'une réconciliation, cet éclectisme ne relève pas du picorage inoffensif. Il ne trahit pas davantage quelque incohérence mais il manifeste au contraire la claire conscience d'une évolution : l'abstraction est devenue, au fil des décennies, une possibilité offerte, un terrain d'investigation parmi d'autres. L'œuvre de Gerhard Richter incarne les conséquences de cette disponibilité nouvelle. Sa manière de « passer d'une chose à une autre » est presque devenue, de propre aveu, son « signe distinctif ». Richter peint, d'après photographies, des paysages, des personnes connues ou anonymes, des nus, des bougies allumées, des crânes ou des fleurs. Parfois, il reproduit, en peinture, le flou des clichés pris à la hâte par des amateurs. Mais il réalise aussi des chartes de couleurs enserrées dans la géométrie d'une grille rigoureuse, exécute de grands monochromes gris, ou triture à même la surface de la toile des pans de couleur fraîche sans aucune intention de représenter ou d'exprimer quoi que ce soit.

Richter assigne aux œuvres figuratives et aux œuvres abstraites une finalité similaire. Les unes et les autres concourent à une connaissance du monde en créant « des modèles sans lesquels nous ignorerions tout de la réalité et serions au stade animal[1] ». C'est pourquoi l'abstraction n'est nullement une rivale de la représentation, destinée à la supplanter définitivement, comme l'avait suggéré un historicisme naïf longtemps triomphant. L'art abstrait offre à l'artiste la possibilité de rendre perceptibles « des réalités que nous ne pouvons ni voir ni décrire, mais dont nous pouvons déduire l'existence ». Nous désignons souvent la peinture abstraite par « des notions négatives : l'in-connu, l'in-compréhensible, l'in-fini que pendant des millénaires nous avons appréhendés à l'aide d'images de substitution telles que le ciel, l'enfer, les dieux et le diable », constate l'artiste. S'il a raison — ce qui paraît probable —, l'abstraction, ultime refuge d'une aspiration à la spiritualité en des temps où le diable et les dieux eux-mêmes tendent à devenir de simples images d'Épinal, n'est pas un jeu pour esthètes frivoles. Elle n'est pas davantage le symptôme d'une décadence. En dépit des apparences, l'abstraction n'a pas répudié la mimèsis pour satisfaire un désir de rupture : elle résulte bien davantage d'une tentative — confiante et enthousiaste, nostalgique, sceptique ou goguenarde, qu'importe — pour sauvegarder les ambitions, elles-mêmes bigarrées, de l'art du passé.

1. Gerhard Richter, texte pour le cat. de l'exposition *Documenta VII* (1982), repris dans l'édition de ses *Textes* (1993), trad. par Catherine Métais-Bürhendt, Dijon, Les Presses du Réel, 1995, p. 113.

L'ATTRAIT DU RÉEL

L'abstraction rompit, nous l'avons vu, avec l'antique obligation faite aux arts visuels de recourir, quelles que soient leurs finalités ultimes, à l'imitation du réel. Des querelles langagières ont rapidement surgi : comment nommer ces tableaux ou ces sculptures qui ne représentent rien ? « Abstraction » parut ne pas mettre suffisamment l'accent sur l'autonomie des œuvres. On lui préféra alors d'autres formulations, tel « non figuratif » qui insistait sur la négation, la coupure, ou « inobjectif », etc. Étienne Gilson remarquait :

> D'un certain point de vue, « art abstrait » est une dénomination absurde, car il n'y a rien de plus « concret » qu'un tableau. Mondrian a même fait observer avec raison qu'un tableau dit abstrait est plus concret qu'un tableau naturaliste : le premier est une chose, le second n'est qu'une image. — « Art non figuratif » est également équivoque, car il n'y a pas de tableau qui ne consiste en figures, que celles-ci soient ou non des images. — « Art non objectif » se heurte au fait que cet art vise au contraire des objets comme tels, non comme simples moyens d'expression[1].

1. Étienne Gilson, *Peinture et réalité*, Paris, Vrin, 2e éd., 1972, p. 154, note 62.

Théo Van Doesburg et plusieurs de ses amis optèrent, à la fin des années vingt, pour « art concret ». Ils cosignèrent un manifeste qui proclamait : « Le tableau doit être entièrement construit avec des éléments purement plastiques, c'est-à-dire plans et couleurs. Un élément pictural n'a pas d'autre signification que "lui-même", en conséquence le tableau n'a pas d'autre signification que "lui-même"[1]. » Par la suite, Max Bill plaça l'ensemble de son œuvre sous les auspices de l'« art concret ». Cette locution ne s'est pas substituée à celle d'« art abstrait » : elle désigne désormais un territoire circonscrit au sein de son empire.

Une tout autre manière d'envisager, en art, la question du concret avait, par ailleurs, commencé à se développer. Picasso affirmait : « Moyens plastiques ? Connais pas[2]. » Il pouvait en effet s'emparer de l'« objet le plus quotidien » pour en faire un « véhicule de [sa] pensée[3] ». Beaucoup d'analystes des papiers collés cubistes ont insisté sur la planéité effective des éléments hétérogènes importés dans l'espace du dessin ou de la peinture. S'ils tendent à détruire l'illusionnisme spatial, ils affichent surtout une concrétude physique qui apporte une réponse ironique au problème de la représentation. Avec les papiers collés, des fragments de réalité brute investissent les œuvres : présentation et représentation se mêlent, s'affrontent. Van Doesburg, qui avait développé une activité dadaïste sous un pseudonyme, I. K. Bonset, ne l'ignorait certes

1. Carlsund, Van Doesburg, Hélion, Shwab, Tutundjian, « Manifeste de l'art concret » (1929), repris dans *Théo Van Doesburg*, sous la dir. de Serge Lemoine, Paris, Philippe Sers, 1990, p. 207.
2. Pablo Picasso, *Propos sur l'art*, *op. cit.*, p. 57.
3. *Ibid.*, p. 122.

pas. Après les papiers collés, le readymade confirma la possibilité pour l'art d'entretenir avec le « réel » des rapports substantiels sans recourir à l'imitation. En suivant des voies diamétralement opposées mais souvent intriquées, l'abstraction et les diverses formes de l'art « concret » parvenaient à un résultat fondamentalement similaire : répudier la représentation.

I

Représenter, présenter

Dans les années cinquante, devant l'un de ses anciens « collages », Pablo Picasso confiait à Henri Laurens : « Faut-il que nous ayons été assez fous — ou lâches — pour abandonner ça. Nous avions des moyens magnifiques. Voyez comme c'est beau — pas parce que c'est de moi, bien entendu — nous avions ça, et je suis revenu à l'huile, vous au marbre. C'est fou[1] ! » L'artiste n'explicita jamais les raisons de son enthousiasme pour les « moyens magnifiques » que Braque et lui-même avaient inventés, au début des années dix. Mais bien des commentateurs s'y sont essayés et la postérité de cette rupture avec les médiums traditionnels atteste, tout au long du siècle, sa fécondité. Avant d'en explorer les manifestations essentielles, il faut revenir sur l'histoire complexe de l'émergence du collage et des papiers collés, moyens nouveaux issus d'une même technique, mais qui demeurent fort dissemblables au regard des perspectives esthétiques qu'ils initiaient.

1. Pablo Picasso, *Propos sur l'art*, *op. cit.*, p. 80.

Braque et Picasso : « la bataille s'est engagée »

Au centre d'un dessin réalisé en 1908, Picasso colle un morceau de papier peut-être emprunté à une réclame pour le Louvre, grand magasin bien connu, sur lequel il dessine une barque qui apparaît ainsi, dans le lointain, entre les deux baigneuses du premier plan. L'inscription typographique « Au Louvre », placée à l'envers, demeure lisible. L'artiste joue évidemment sur le double sens de cette dénomination, mais le recours au collage, isolé dans son œuvre à cette date, ne diffère guère des artifices parfois employés par les peintres, tel Turner introduisant sur l'une de ses toiles un petit personnage préalablement découpé dans une feuille de papier.

La procédure utilisée est alors tout à fait atypique et l'amusant dessin au Louvre rapporté reste relativement méconnu, contrairement à la *Nature morte à la chaise cannée*, réalisée par Picasso en 1912. Généralement considérée comme le premier véritable collage, elle doit sa célébrité à cette réputation. Deux éléments retiennent l'attention. La composition, de forme ovale, est ceinte d'une corde qui évoque un cadre traditionnel. Le cannage illusionniste inclus dans une nature morte au style typiquement cubiste n'est pas peint. Il s'agit d'un morceau de toile cirée dont le motif imite un cannage, rapporté sur le tableau. Ce morceau de toile, trivial et illusionniste, focalisa l'attention du public et des exégètes. Les uns relevaient l'hétérogénéité des matériaux employés — peinture à l'huile et toile cirée — tandis que les autres ont insisté sur le contraste entre l'image du cannage — une manière de trompe-l'œil — et la transposition cubiste des autres objets représentés par l'artiste. Dans son étude des relations entre Picasso et Braque, William Rubin montre combien ce collage, « œuvre unique restée sans prolongement direct », diffère des papiers collés cubistes, invention de Braque aussitôt reprise par Picasso et dont l'usage s'est rapidement répandu, diversifié.

À Sorgues, au cours de l'été 1912, Braque réalisait des sculptures en papier et il peignait volontiers du faux bois pour ses compositions quand il trouva dans une boutique d'Avignon un rouleau de papier peint imitant une moulure de chêne. L'idée lui vint de substituer à l'élaboration picturale l'usage direct de la représentation trouvée. Ainsi, la cohérence de la composition cubiste n'est pas mise à mal par le collage, ici simple artifice technique. La différence avec la *Nature morte à la chaise cannée*, si elle ne saute pas aux yeux, reste fondamentale et William Rubin a raison d'opposer, au sein même du cubisme, une logique du collage à celle des papiers collés. Peu après, à Sorgues, Picasso confronté aux créations récentes de son ami, notamment *Compotier et verre* (septembre 1912), fut vivement impressionné. Dès son retour à Paris, Picasso écrit à Braque : « J'emploie tes derniers procédés papiristiques et poussiéreux[1] », puis il réalise *Guitare, partition et verre* (novembre 1912). Il y introduit un fragment de journal sur lequel on peut lire ce titre consacré à la guerre des Balkans, mais qui sonne aussi

1. Lettre du 9 octobre 1912, transcrite dans William Rubin, *Picasso et Braque. L'Invention du cubisme* (1989), trad. par Jeanne Bouniort, Paris, Flammarion, 1990, p. 385.

comme un amical défi lancé à Braque et, plus encore, comme la confirmation d'une volonté d'affrontement avec l'art du passé et ses moyens d'expression traditionnels obligés : « La bataille s'est engagé[e][1]. »

Encouragés par une émulation mutuelle, les deux artistes ont jeté les bases d'une révolution artistique qui doit davantage à la qualité primesautière de leurs œuvres, à leur éblouissante réussite, qu'à l'invention strictement technique. Dans les papiers collés, les constituants rapportés appartiennent à trois catégories distinctes : les matériaux bruts, les imprimés considérés en tant que tels et enfin les images. Les matériaux bruts apportent à la composition leur texture, leur couleur. Ils se marient ainsi aisément aux notations peintes ou dessinées qui les accompagnent, les complètent. Les papiers collés les plus caractéristiques du cubisme sont imprimés : papiers peints, faux bois, partitions musicales, journaux. Tous rompent avec la représentation : dans l'espace de l'œuvre, ils se présentent pour ce qu'ils sont. C'est l'évidence pour les journaux et les partitions, mais c'est vrai aussi pour le faux bois et le papier peint qui, avant de passer pour des représentations, apparaissent comme ce qu'ils sont en effet, des éléments de décoration. André Salmon rapporte que Picasso et Braque s'interrogeaient : « Faut-il, si l'on peint une gazette aux mains d'un personnage, s'appliquer à reproduire les mots PETIT JOURNAL ou réduire l'entreprise à coller proprement la gazette sur la toile ? » Cette stratégie de la captation

1. Cf. Douglas Cooper, cit. dans le cat. de l'exposition *Picasso & les choses*, Paris, Réunion des musées nationaux, 1992, p. 114.

n'est nullement un artifice ou une facilité technique. Elle manifeste un changement de cap considérable : au lieu de représenter des éléments du monde, l'œuvre plastique s'élabore à partir de fragments prélevés dans la trame du réel.

Il faudra attendre plusieurs décennies pour qu'apparaissent clairement les caractéristiques les plus révolutionnaires des papiers collés cubistes. Apollinaire, soucieux de défendre des artistes qu'il admirait, banalisait quelque peu leur invention quand il écrivait :

> Les mosaïstes peignent avec des marbres ou des bois de couleur. On a mentionné un peintre italien qui peignait avec des matières fécales; sous la Révolution française, quelqu'un peignit avec du sang. On peut peindre avec ce qu'on voudra, avec des pipes, des timbres-poste, des cartes postales ou à jouer, des candélabres, des morceaux de toile cirée, des faux cols, du papier peint, des journaux[1].

L'emploi de journaux, qui semblent jouer le rôle auxiliaire d'une simple trame de fond dans plusieurs œuvres de Picasso, donne raison au critique. Leur statut est parfois plus ambigu, cependant, quand leur lecture importe. Sa *Bouteille sur une table* (1912) associe un dessin au fusain et une page de journal, *La Semaine économique & financière*. Des commentateurs estiment que l'artiste aurait pu exprimer là, « de manière très indirecte, certaines de ses inquiétudes sur la sécurité financière et politique de l'Europe[2] ». Il paraît plus sage d'y voir une ironie relative aux collusions entre l'art et l'argent. Les exemples d'humour

1. Guillaume Apollinaire, *Méditations esthétiques. Les Peintres cubistes*, *op. cit.*, p. 80.
2. Cf. *Picasso & les choses*, *op. cit.*, p. 119.

dans le choix des fragments de journaux découpés abondent mais, pour les percevoir, il faut lire les textes imprimés au lieu de les considérer comme de simples matériaux au service d'une pure organisation plastique[1]. L'esprit du collage — improbable réunion de composants hétérogènes — s'immisce, en sous-main, dans des papiers collés qui mélangent les genres, mêlent les moyens d'expression. La présence de textes dans la peinture n'est certes pas une nouveauté, mais leur intrusion massive au sein de divers papiers collés cubistes vivifia une tradition appelée à prendre une importance considérable dans l'art du XXe siècle.

Parallèlement aux matériaux bruts et aux divers imprimés considérés comme tels, Picasso recourt parfois à des images — celles de fruits, par exemple, dans la *Nature morte avec fruits et violon* (1913). Contrairement à un bouquet de fleurs répété sur un papier peint, simple motif devant lequel le spectateur pense moins « bouquet de fleurs » que « papier peint », ces images ont un double statut. Elles ne cachent en rien leur origine — ce sont bien des images, découpées — et dans le même temps, elles représentent des fruits, à leur place dans une coupe figurée par un collage de papier journal. Ce jeu labyrinthique sur la représentation, ses modalités d'existence et les divers niveaux de réception qu'elle suscite, manifeste l'humour de Picasso, une ironie qui ressortit pleinement à la maïeutique socratique bien qu'elle se présente souvent sous la forme d'un espièglerie provocatrice. Pro-

1. Cf. Jeffrey Weiss, *The Popular Culture of Modern Art. Picasso, Duchamp, and Avant-Gardism*, New Haven et Londres, Yale University Press, 1994.

cédure nouvelle, le recours à l'image trouvée, toute faite, ici complexe, plus simple dans la *Nature morte à la chaise cannée*, connut un succès fulgurant.

Les collages, le surréalisme

L'usage imposa une spécialisation de la locution *papiers collés*, employée exclusivement pour les œuvres cubistes, tandis que le terme *collage*, plus générique, restait doté d'une large extension. Il désigne évidemment une technique mais aussi un état d'esprit devant la création artistique : des éléments préexistants, puisés dans le monde de l'art ou dans l'univers du quotidien, sont considérés comme susceptibles d'être directement intégrés à l'œuvre en cours, parfois exclusivement construite à partir d'eux. Non sans entretenir une certaine confusion conceptuelle, les critiques et les historiens parlent de « collage » pour des créations qui utilisent les deux modalités inventées par le cubisme, le recours aux matériaux bruts et aux imprimés considérés pour eux-mêmes, dès lors qu'elles ne sont pas mises en œuvre par des cubistes. Ainsi certaines illustrations conçues par Olga Rozanova pour *La Guerre universelle* (Kroutchonykh, 1916) — des compositions de formes découpées dans des papiers colorés — ou des dessins réalisés par Gaston Chaissac à partir d'agencements de papiers peints déchirés sont-ils indistinctement dénommés *collages*. Le critère retenu est alors essentiellement technique.

Cependant, le terme « collage » revêt un sens plus proprement esthétique lorsqu'il sert à opposer le réalisme cubiste aux finalités oniriques des surréalistes.

Louis Aragon, dans un texte consacré à « Max Ernst, peintre des illusions », pointe la fonction des éléments le plus souvent collés par les cubistes — ils ont « la valeur d'un test, d'un instrument de contrôle de la *réalité* même du tableau » quand ils ne remplacent pas purement et simplement « la couleur et la couleur seulement[1] ». Max Ernst emploie une technique similaire, mais il lui assigne des finalités radicalement différentes :

> Les éléments qu'il emprunte sont surtout des éléments dessinés, et c'est au dessin que le collage supplée le plus souvent. Le collage devient ici un procédé poétique, parfaitement opposable dans ses fins au collage cubiste dont l'intention est purement réaliste. Max Ernst emprunte ses éléments surtout aux dessins imprimés, dessins de réclame, images de dictionnaire, images populaires, images de journaux. Il les incorpore si bien au tableau qu'on ne les soupçonne pas parfois, et que parfois au contraire, tout semble collage, tant avec un art minutieux le peintre s'est appliqué à établir la continuité entre l'élément étranger et son œuvre[2].

Max Ernst avait exposé une série de collages à la librairie Au sans pareil (Paris, 1921). L'événement, orchestré par le groupe des dadaïstes parisiens, sous la houlette de Tzara, Soupault, Breton et Aragon, laissa le souvenir d'une fête divertissante et provocatrice. Si les œuvres elles-mêmes n'eurent guère de succès sur le moment, leur retentissement fut considérable lorsque s'élabora, quelques années plus tard, le mouvement surréaliste. Leur aspiration au merveilleux corroborait, dans le domaine visuel, le bien-fondé d'une

1. Louis Aragon, « Max Ernst, peintre des illusions » (1923), repris dans *Les Collages*, Paris, Hermann, 1993, p. 25.
2. *Ibid.*

poétique de l'« automatisme psychique », notion cardinale du surréalisme. André Breton, auteur avec Philippe Soupault des *Champs magnétiques* (1919), célèbre expérience d'écriture automatique, donne à l'automatisme une place de choix dans son *Manifeste du surréalisme* (1924). La même année, il écrivait :

> On sait, jusqu'à un certain point, ce que, mes amis et moi, nous entendons par *surréalisme*. Ce mot, qui n'est pas de notre invention et que nous aurions si bien pu abandonner au vocabulaire critique le plus vague, est employé par nous dans un sens précis. Par lui nous avons convenu de désigner un certain automatisme psychique qui correspond assez bien à l'état de rêve, état qu'il est aujourd'hui fort difficile de délimiter[1].

La levée, au moins partielle, des censures et autocensures qui accompagnent l'état de veille, donne accès à des forces psychiques jusqu'alors inconnues du sujet. Si l'on admet ces prémisses, se pose la question de savoir dans quelle mesure les arts plastiques peuvent bénéficier des apports d'un automatisme libérateur. Sur ce point, les réponses ont varié. Dans le troisième numéro de *La Révolution surréaliste* (avril 1925), Pierre Naville écrivait : « Plus personne n'ignore qu'il n'y a pas de *peinture surréaliste*. Ni les traits du crayon livré au hasard des gestes, ni l'image retraçant les figures de rêve, ni les fantaisies imaginatives, c'est bien entendu, ne peuvent être ainsi qualifiés. » Plus nuancé, Max Morice estimait qu'« un tableau de Chirico ne peut passer pour typique du surréalisme : les images sont surréalistes, leur expression ne l'est pas ». Morice pointait ici une distinction capitale : les uns, tel

1. André Breton, « Entrée des médiums », *Les Pas perdus* (1924), Paris, Gallimard, coll. L'Imaginaire, 1969, p. 117 et 118.

Dalí, armé de la méthode paranoïaque-critique, prônent le recours aux techniques illusionnistes pour traduire des images oniriques ; les autres, au contraire, inventent de nouveaux moyens pour obtenir les bénéfices mis au jour par l'écriture automatique. André Masson fut sans doute le premier à adapter aux arts graphiques les préceptes de l'écriture automatique. Sa main court trop vite pour qu'il puisse contrôler les tracés qu'elle exécute.

Les collages et les empreintes que Max Ernst obtient par frottage correspondent à une autre logique : la réalisation de l'image, en grande partie indépendante de la main, n'est guère tributaire du savoir-faire de l'artiste et du contrôle qu'il implique. De nombreuses autres techniques inventées par les surréalistes remplissent une fonction similaire. Elles facilitent ou suscitent l'apparition de rapprochements incongrus. L'artiste lui-même s'est expliqué sur le « mécanisme du collage ». Il s'appuie sur l'aphorisme, tant de fois convoqué, de Lautréamont — « Beau comme la rencontre fortuite sur une table de dissection d'une machine à coudre et d'un parapluie » — pour exposer sa pensée :

> Une réalité toute faite, dont la naïve destination a l'air d'avoir été fixée une fois pour toutes (un parapluie), se trouvant subitement en présence d'une autre réalité très distante et non moins absurde (une machine à coudre) en un lieu où toutes deux doivent se sentir *dépaysées* (sur une table de dissection), échappera par ce fait même à sa naïve destination et à son identité ; elle passera de son faux absolu, par le détour d'un relatif, à un absolu nouveau, vrai et poétique : parapluie et machine à coudre feront l'amour. Le mécanisme du procédé me semble dévoilé par ce très simple exemple. La trans-

mutation complète, suivie d'un acte pur comme celui de l'amour, se produira forcément toutes les fois que les conditions seront rendues favorables par les faits donnés : *accouplement de deux réalités en apparence inaccouplables sur un plan qui en apparence ne leur convient pas*[1].

Des peintures-collages

Max Ernst réalisa trois « romans-collages », *La Femme 100 têtes* (1929), *Rêve d'une petite fille qui voulut entrer au Carmel* (1930) et *Une semaine de bonté* (1934). Les planches, réalisées à partir d'images puisées dans des catalogues, des ouvrages scientifiques ou des récits illustrées, occultent d'autant mieux les artifices du montage que leur reproduction typographique confère à la surface l'apparence d'une unité, recherchée par l'artiste. Cette disparition des ruptures, propice au déploiement du contenu onirique des œuvres, les situe aux antipodes des papiers collés cubistes. Une déclaration célèbre de Max Ernst attire d'ailleurs l'attention sur le fait que le collage, tel qu'il l'envisage, est moins une technique spécifique qu'une poétique générale : « Si ce sont les plumes qui font le plumage, ce n'est pas la colle qui fait le collage[2]. » L'artiste en fit un usage massif, dans l'ensemble de son œuvre. Maints tableaux, peints, empruntent au collage ses caractéristiques formelles

1. Max Ernst, « Au-delà de la peinture » (1936), publié dans *Max Ernst, Œuvres de 1919 à 1936*, Paris, Éditions « Cahiers d'Art », 1937, p. 30.
2. *Ibid.*, p. 31.

ou esthétiques : ils affichent une hétérogénéité et revendiquent l'incongru des rapprochements soumis aux lois du hasard. Nous pourrions prendre des exemples dans des registres fort différents, tout au long du siècle. Magritte associe souvent des images sans lien apparent dans un même espace, Picasso distribue des plans indépendants dans ses natures mortes ou, plus récemment, Erró présente des conglomérats d'images. Il peint d'ailleurs d'après des collages, dont l'image agrandie est projetée sur la toile.

Ces peintures-collages sont d'autant plus intéressantes qu'elles mettent en lumière une différence fondamentale entre les collages et les papiers collés canoniques, tel *Verre et bouteille de Suze* (Picasso, 1912). La bouteille, évoquée plus que représentée par quelques surfaces colorées, porte une véritable étiquette de « Suze Apéritif à la gentiane ». Prélevée sur une bouteille non moins « vraie », elle occupe la place et joue le rôle d'une image sans en être une. En d'autres termes, elle remplace la représentation par la chose même, présentée au sein de l'œuvre sous les auspices de l'art. Braque confirmait, à sa manière, cette compréhension :

> Les papiers collés, le faux bois — et d'autres éléments de même nature — dont je me suis servi dans certains dessins, s'imposent aussi par la simplicité des *faits* et c'est ce qui les a fait confondre avec le trompe-l'œil, dont ils sont précisément le contraire[1].

Ainsi, au moment où naissait l'abstraction, les papiers collés proposaient une autre manière de se débarrasser

1. Georges Braque, « Pensées et réflexions sur la peinture » (1917), cit. dans Edward Fry, *Le Cubisme*, Bruxelles, La Connaissance, s. d. [1966], p. 146-147 (je souligne).

de la figuration et de ses ruses. Les collages ne sauraient être exécutés sans matériaux individualisés, fragments puisés dans la masse des « choses » dont nous sommes entourés. C'est là une contrainte fort différente de celles qui prévalent en peinture. Si l'artiste veut un morceau de journal, il doit l'accepter avec ses caractéristiques, notamment son texte dont Picasso joue souvent quand il semble laisser Braque plus indifférent. Art d'occasions, le collage présuppose la rencontre, requiert la cueillette, implique le hasard. L'assujettissement au monde des artefacts est, pour les adeptes du collage, un préalable nécessaire, accepté. Cette contrainte ouvre sur une liberté qui a métamorphosé la création artistique : aux matériaux nobles, en nombre limité, s'adjoignent tous les objets, univers inépuisable, que le bon plaisir de l'artiste déclare aptes à l'usage. Le collage fut à l'avant-garde d'un mouvement de grande ampleur.

Collages en tout genre

L'usage du collage s'est rapidement répandu et diversifié. De très nombreux artistes ont exploité les virtualités de cette innovation, originairement propre à mettre, selon l'heureuse formulation d'Aragon, « la peinture au défi ». Les futuristes s'emparent du procédé inventé par les cubistes, et ils donnent volontiers une place importante aux mots et aux lettres typographiées, comme l'attestent la *Manifestation interventionniste* (Carrà, 1914) ou maints « mots en liberté » de Marinetti. En Russie, alors qu'apparaissent les premières compositions abstraites réalisées en papiers colorés collés, Kazimir Malévitch intègre dans l'une de ses peintures — *Composition avec Mona Lisa* (1914) — une reproduction de la *Joconde*, le visage barré d'une croix, façon de dire qu'une page est tournée. La même année, ses œuvres « alogiques », peintes mais élaborées comme des collages, des superpositions de représentations hétérogènes, comportent parfois des objets. Le thermomètre du *Guerrier de 1er rang* est resté en place, mais *Un Anglais à Moscou* a perdu, aujourd'hui, la cuillère en bois qui l'agrémentait.

Autres grands pourvoyeurs de collages, dans ces années dix, les dadaïstes adoptèrent ce nouveau moyen d'expression qui leur offrait la possibilité de manifester un désir de rupture, d'exprimer leur rejet des valeurs admises, et notamment leur mépris pour la logique du bon sens. Hans Arp découpa les formes de certains collages au massicot, afin d'éliminer tout contact manuel par lequel l'intériorité de l'artiste pourrait se faufiler. Si ces collages de Arp sont résolument abstraits, la plupart des dadaïstes ont employé cette technique pour réaliser des œuvres d'une rare alacrité, où les images découpées semblent parfois « amputées ». Ainsi, Raoul Hausmann conçoit un *Critique d'art* (1919) dont les yeux sont remplacés par d'autres, trop petits pour la taille du visage — une image photographique — tandis que sa bouche est dessinée sur un trou béant. Trop grande, hargneuse, elle montre les dents derrière une lippe désobligeante. Dans la main, ce personnage peu recommandable tient un crayon, de marque Vénus. Sur son front, là où réside le siège de la pensée, un fragment de chaussure, métonymie du pied, complète la charge. Les collages dadaïstes, souvent parsemés de mots ou de phrases, utilisent volontiers des photographies, procédé sur lequel nous reviendrons.

Lié à la diversité des artistes et de leurs intentions, le foisonnement des variations auxquelles le collage donne lieu est le corollaire des matériaux disponibles. Papiers de toutes sortes, mais aussi ailes de papillon ou épluchures métamorphosées en paysages par Jean Dubuffet, boutons, cure-dents et autres menus objets dont Picabia affuble des portraits de femmes ou qu'il mêle à des bouquets, tout est bon. Arthur G. Dove profite de la charge symbolique des objets pour dresser un portrait de sa grand-mère (*Grandmother*, 1925) sous forme de nature morte mémoriale où prennent place une tapisserie au petit point, une feuille imprimée, des fleurs séchées. Œuvres achevées, esquisses ou maquettes, associés à la peinture ou seuls, les collages abondent. Certains artistes s'y consacrent exclusivement, tel Jiri Kolar, inlassable inventeur de procédures nouvelles.

L'une des raisons de ce succès fulgurant réside dans la simplicité technique du procédé, accessible à chacun. Nul besoin d'avoir effectué un laborieux apprentissage pour s'y adonner. Un peu de matériel, souvent disponible à portée de main, et un désir assez puissant pour conduire au passage à l'acte suffisent. Aux savoir-faire traditionnels, le collage oppose les vertus du bricolage auquel Claude Lévi-Strauss — par ailleurs fort critique sur la « perte du métier » — contribua à donner ses lettres de noblesse lorsqu'il compara ses caractéristiques à celles de la rationalité scientifique dont l'ingénieur fait usage :

> Le bricoleur est apte à exécuter un grand nombre de tâches diversifiées ; mais, à la différence de l'ingé-

> nieur, il ne subordonne pas chacune d'elles à l'obtention de matières premières et d'outils, conçus et procurés à la mesure de son projet : son univers instrumental est clos, et la règle de son jeu est toujours de s'arranger avec les « moyens du bord », c'est-à-dire un ensemble à chaque instant fini d'outils et de matériaux, hétéroclites au surplus, parce que la composition de l'ensemble n'est pas en rapport avec le projet du moment, ni d'ailleurs avec aucun projet particulier, mais le résultat contingent de toutes les occasions qui se sont présentées de renouveler ou d'enrichir le stock, ou de l'entretenir avec les résidus de constructions et de destructions antérieures[1].

Les analyses de l'anthropologue s'appliquent parfaitement à la pratique du collage, aventure créatrice menée au gré des disponibilités et des rencontres. Mais un autre aspect de son explication retient également l'attention : la « science du concret » s'insère dans un ensemble structurel autonome et cohérent. La pensée mythique qui s'exprime « à l'aide d'un répertoire dont la composition est hétéroclite », de surcroît limité, fonctionne sur le mode du bricolage. On comprend mieux, dès lors, que bien des artistes du XXe siècle aient éprouvé un vif attrait pour le collage, ce bricolage artistique. Il est d'ailleurs symptomatique que l'invention du collage fût le fait d'artistes fascinés par le primitivisme.

D'autres arts, notamment la littérature et la musique, ont adopté la technique du collage ou l'état d'esprit qu'elle manifeste. Aragon raconta comment il rêva, après avoir fortuitement entendu une conversation téléphonique, d'introduire dans la trame du roman en

1. Claude Lévi-Strauss, « La pensée sauvage », *La Pensée sauvage, op. cit.*, p. 27.

cours ce fragment de réalité, « *collage*, comme un titre de journal ou une page de musique dans la peinture de Picasso[1] ». Tzara prescrivit une méthode directement issue des procédures du collage plastique pour composer des poèmes. Cette recette simple met la poésie à portée de tous :

> Prenez un journal. Prenez des ciseaux. Choisissez dans ce journal un article ayant la longueur que vous comptez donner à ce poème. Découpez l'article. Découpez ensuite avec soin chacun des mots qui forment cet article et mettez-les dans un sac. Agitez doucement. Sortez ensuite chaque coupure l'une après l'autre. Copiez consciencieusement dans l'ordre où elles ont quitté le sac. Le poème vous ressemblera. Et vous voilà un écrivain infiniment original et d'une sensibilité charmante, encore qu'incomprise du vulgaire[2].

Ces deux exemples posent une même question : comment, pour le lecteur non averti, identifier le collage — et de surcroît, comment acquérir la certitude qu'il s'agit bien d'un collage et non d'une manière de trompe-l'œil ? Alors que les arts visuels présentent généralement le collage lui-même, directement accessible dans sa concrétude, marqué du sceau visible de la disparate qui atteste la réalité des emprunts, la littérature nous parvient sous la forme d'une élaboration seconde, reproduite par les procédés d'imprimerie qui, comme dans les « romans-collages » de Max Ernst, homogénéise les apports extrinsèques, dissimule — ou feint, c'est selon — la mosaïque d'une écriture poly-

1. Louis Aragon, « Collages dans le roman et dans le film », *Les Collages*, *op. cit.*, p. 95.

2. Tristan Tzara, « Manifeste sur l'amour faible et l'amour amer », *Sept manifestes Dada* (1924), rééd. Paris, Jean-Jacques Pauvert, 1963, p. 64.

phonique. La musique pose des problèmes voisins, sinon similaires : quel statut donner, par exemple, à l'insertion d'un air populaire, « Elle avait une jambe de bois », dans le *Pétrouchka* (1911) de Stravinsky : collage au sens strict, citation, montage ? D'innombrables études débattent de ces problèmes, preuve si besoin en est, que le collage apparaît désormais comme un modèle épistémologique général, capable même de s'appliquer rétroactivement à des œuvres ou des genres antérieurs à la naissance du collage proprement dit, telle la forme littéraire du centon.

Variantes : papiers découpés et photomontages

Dans les années quarante, Matisse utilisa massivement une variante toute personnelle des papiers collés, les *papiers découpés*. Contrairement aux papiers collés cubistes comme aux collages surréalistes ou autres, qui emploient un matériel tout fait, les papiers que découpe Matisse ont été au préalable gouachés selon ses instructions. Au lieu de dessiner les formes, puis de les colorier en aplat, l'artiste taille directement dans la couleur — « Découper à vif dans la couleur me rappelle la taille directe des sculpteurs[1]. » Cette solution technique résout un problème esthétique ancien que Matisse nomme joliment « l'éternel conflit du dessin et de la couleur ». Il a parfaitement expliqué sa position :

> Le papier découpé me permet de dessiner dans la couleur. Il s'agit pour moi d'une simplification. Au lieu de

1. Henri Matisse, *Jazz* (1947), *Écrits*, *op. cit.*, p. 237.

> dessiner le contour et d'y installer la couleur — l'un modifiant l'autre — je dessine directement dans la couleur, qui est d'autant plus mesurée qu'elle n'est pas transposée. Cette simplification garantit une précision dans la réunion des deux moyens qui n'en font plus qu'un[1].

Synthèse d'une expérience accumulée au cours de toute une vie de création, les papiers découpés requièrent l'efficace simplicité du geste, imposent l'accord sans faille d'une forme et d'une couleur. On comprend que l'artiste ne recommande pas aux débutants l'usage de cette technique, aussi aisée que périlleuse à mettre en œuvre. Il s'agit en effet d'un « aboutissement » qui exige « infiniment de subtilité et un long acquis ». Matisse ne se souciait ni de faire entrer la réalité brute dans le champ pictural ni de stimuler les plaisirs d'un imaginaire onirique par des rapprochements incongrus. Il souhaitait aller « des objets au signes ». Une floraison de chefs-d'œuvre — l'album *Jazz* (1943-1946), la suite des *Nus bleus* (1952) ou les grandes compositions telle *La Tristesse du roi* (1952), par exemple — atteste sa réussite.

Autre variante des collages, les photomontages utilisent un matériau qui entretient un rapport singulier avec la réalité et avec le monde de l'art. Obtenu par collage de photographies ou de fragments de photographies, le photomontage peut être présenté tel, ou faire l'objet d'une prise de vue et d'un tirage. Certains auteurs proposent de réserver le terme photomontage aux manipulations photographiques effectuées en chambre noire, et d'appeler *photocollage* les simples assemblages effectués à partir d'épreuves photogra-

1. « Propos de Henri Matisse » (1951), *ibid.*, p. 243.

phiques. Cette distinction, quoique fondée, ne s'est pas imposée dans les usages. Dès les années 1860, les portraitistes avaient mis en œuvre un montage judicieux de plusieurs prises de vue pour donner à voir leur modèle sous des angles différents. En tant que technique, le photomontage apparaît donc peu après la mise au point du développement d'épreuves sur papier à partir d'un négatif. Cependant, les procédures photographiques n'appartenaient pas encore de plein droit, à cette époque, au domaine de l'art proprement dit. C'est pourquoi le photomontage fit irruption dans le champ artistique après que le collage, dont il dérive, eut conféré une légitimité aux matériaux et techniques jusqu'alors exclus.

Raoul Hausmann expliqua pourquoi les dadaïstes, et notamment lui-même, eurent recours au « matériau photographique » pour élaborer des images entièrement neuves. Les premiers « photomonteurs » estimaient que tous les mouvements artistiques antérieurs avaient échoué. Le désastre humain et les incertitudes politiques résultant du conflit mondial imposaient aux artistes de développer des ambitions nouvelles. Aussi, la peinture, comme les autres arts, devait être soumise à un bouleversement total pour être « en prise sur la vie ». Les dadaïstes ne songeaient nullement à remplacer les anciennes normes esthétiques par d'autres. Ils souhaitaient la destruction de toute valeur. Le photomontage dadaïste, subversif dans sa forme et révolutionnaire par son contenu, proposait un « pouvoir de propagande[1] ».

1. Raoul Hausmann, *Courrier Dada* (1948), cité par Dawn Ades, *Photomontage*, trad. par Didier Permele, Paris, Chêne, 1976, p. 11.

Ce pouvoir repose sur l'« effet de réel », la crédibilité qui s'attache à l'image photographie. Les photomontages antinazis de John Heartfield utilisaient la charge émotionnelle et l'immédiate efficacité visuelle des éléments photographiques à des fins militantes sans négliger ce que Louis Aragon nomme la « beauté révolutionnaire » :

> En face de la décomposition des apparences dans l'art moderne, renaissait ainsi sous les aspects d'un simple jeu un goût nouveau, vivant, de la réalité. Ce qui faisait la force et l'attrait des nouveaux collages, c'était cette espèce de vraisemblance qu'elle empruntait à la figuration d'objets réels, jusqu'à leur photographie. L'artiste jouait avec le feu de la réalité. Il redevenait le maître de ces apparences où la technique de l'huile l'avait fait peu à peu se perdre et se noyer[1].

L'usage du photomontage s'est répandu également en Russie, où Alexandre Rodtchenko et El Lissitzky ont conçu des images dont la puissance plastique soutient la visée militante. Les surréalistes ont largement usé de ce procédé d'*association*, mais les artistes de bien d'autres tendances ne l'ont pas dédaigné. Moholy-Nagy exprimait en 1925 sa confiance dans l'avenir des *photoplastiques* (c'est le terme qu'il souhaitait promouvoir pour désigner les développements issus du photomontage) :

> Résultats de la combinaison de différentes photographies, celles-ci constituent une méthode expérimentale de représentation simultanée. L'humour visuel et les jeux de mots y cohabitent dans une image condensée ; les signes mimétiques les plus réalistes s'y trouvent réunis pour former des configurations étrangement

1. Louis Aragon, « John Heartfield et la beauté révolutionnaire » (1935), *Les Collages*, *op. cit.*, p. 67.

> inquiétantes et puisant aux sources de l'imaginaire. Ceci, toutefois, ne les empêche pas d'être simultanément narratives, de faire appel au sens commun, et, enfin, d'être plus vraies « que la vie elle-même ». Ce travail manuel encore primitif de nos jours pourra bientôt être réalisé mécaniquement grâce aux projections et aux nouveaux procédés de reproduction[1].

Aujourd'hui, le développement des techniques ouvre — notamment avec l'infographie, manipulation d'images assistée par ordinateur — des perspectives fécondes à l'esthétique du photomontage, souvent utilisée pour arracher l'art à son autonomie et lui conférer des finalités sociales ou politiques immédiatement compréhensibles par tous.

Readymades et objets

Picasso et Braque n'exposaient pas dans les Salons où les cubistes se sont manifestés, à partir de 1911. L'innovation des collages a néanmoins connu une diffusion presque instantanée. Juan Gris, peintre de la galerie Kahnweiler, fréquentait Picasso. Il recourut rapidement à cette technique. Maurice Raynal en rendit compte dans un article publié en octobre 1912 :

> La toile [de Juan Gris] qui représente une table de toilette garnie de ses ustensiles attirera l'attention. Pour bien indiquer que dans sa conception de la peinture pure il existe des objets absolument antipicturaux, il n'a pas hésité à en coller plusieurs véritables sur la toile[2].

1. László Moholy-Nagy, *Peinture, Photographie, Film* (1925), traduit dans *Peinture, Photographie, Film et autres écrits sur la photographie*, *op. cit.*, p. 101 et 102.
2. Maurice Raynal, « Conception et vision », *La Section d'or*,

Raynal se range à l'opinion qu'il est inutile de copier ce qui peut être directement posé sur la surface du tableau — un miroir par exemple (*Le Lavabo*, 1912). Quelques mois plus tard, parut l'ouvrage de Guillaume Apollinaire, *Méditations esthétiques. Les Peintres cubistes* (mars 1913). Il consacre des développements importants, nous l'avons vu, aux « papiers collés » de Picasso et il réserve un chapitre à l'œuvre de Marcel Duchamp qui exposait à la Section d'or en 1912. Duchamp ne pouvait donc pas ignorer l'existence du collage lorsqu'il entreprit de monter une roue de bicyclette sur un tabouret de cuisine. Véritable collage tridimensionnel, cette *Roue de bicyclette* (1913) n'était pas destinée à être exposée. « C'était simplement une distraction », affirma Duchamp qui prétendait aimer regarder le scintillement de la lumière sur les rayons de la roue en mouvement. En 1914, toujours pour son atelier, l'artiste achète un porte-bouteilles au Bazar de l'Hôtel de Ville, et il y inscrit une courte phrase, autre forme de collage (texte sur objet). Après la déclaration de guerre, Duchamp, réformé, partit pour les États-Unis. Là s'est produit une double évolution, décisive. Non seulement il réalisa d'« autres objets à inscription », tel *In Advance of the Broken Arm* (« En prévision du bras cassé », phrase notée sur le manche d'une pelle à neige, 1915), mais le terme anglais *ready-made* (« tout fait », et aussi, pour un costume, « de confection », par opposition à « sur mesure ») s'imposa à lui pour désigner

---

9 octobre 1912. De larges extraits de cet article sont repris par Edward Fry dans la partie anthologique de son ouvrage, *Le Cubisme*, *op. cit.* (citation, p. 99).

« ces choses qui n'étaient pas des œuvres d'art, qui n'étaient pas des esquisses », et qui ne correspondaient à « aucun des termes acceptés dans le monde artistique[1] ».

Le *Dictionnaire abrégé du surréalisme* (1938) donne une définition lapidaire du « Ready-made » (*ready-made* s'écrit avec ou sans trait d'union, ou encore en un seul mot) : « Objet usuel promu à la dignité d'objet d'art par le simple choix de l'artiste. » Entre 1915 et 1938, les readymades duchampiens ont donc changé de statut : ils peuvent désormais être considérés comme des œuvres d'art à part entière. Duchamp lui-même fut le principal opérateur de cette conversion ou, pour employer la belle formulation d'Arthur Danto, de cette « transfiguration du banal[2] » réussie malgré l'absence de toute intervention fabricatrice.

En 1915, Duchamp expose sa pelle à neige dans une galerie new-yorkaise, mais l'événement passe inaperçu. En revanche, quand il soumet sous un pseudonyme (R. Mutt) au comité d'organisation des Indépendants (New York, 1917), dont il fait lui-même partie, un urinal retourné intitulé *Fountain* (1917), l'artefact jugé scandaleux est refusé. La longue épopée du readymade, véritablement inaugurée par ce « scandale », commence. Afin de « prendre date »,

1. Les citations de Duchamp sur la naissance du readymade sont extraites de Pierre Cabanne, *Entretiens avec Marcel Duchamp*, Paris, Pierre Belfond, 1967, p. 82 et 83. Coïncidence piquante, la même année Malévitch présentait son *Carré noir*, emblème d'un art « sans objet », autrement dit d'une abstraction radicale.

2. Cf. Arthur Danto, *La Transfiguration du banal. Une philosophie de l'art* (1981), trad. par Claude Hary-Schaeffer, Paris, Éditions du Seuil, 1989.

l'artiste fait photographier son œuvre par Alfred Stieglitz, photographe réputé et galeriste acquis à la modernité. Ce document paraît dans une revue éditée pour la circonstance. Son titre évoque avec humour les convictions antirétiniennes de Duchamp : *The Blind Man*. Dans le même numéro, Louise Norton apporte une réponse inattendue à l'« angoissante question » de savoir si l'artiste est ou n'est pas sérieux : « Peut-être l'un et l'autre ! N'est-ce pas possible ? » Elle nous suggère ainsi d'abandonner nos repères et d'accepter la troublante réconciliation des contraires, tandis qu'un article intitulé « Le cas Richard Mutt » affirme :

> Que M. Mutt ait ou non fait cette fontaine de ses propres mains est sans importance. Il l'a CHOISIE. Il a pris un objet de la vie courante, l'a placé de telle manière que sa signification utilitaire disparaisse sous l'effet de son nouveau titre, de sa nouvelle présentation — créant une nouvelle signification pour cet objet.

Tous les readymades évoqués ci-dessus ont disparu. La *Roue de bicyclette* et le *Porte-bouteilles* parisiens ont été jetés aux ordures par la sœur et la belle-sœur de l'artiste, venues nettoyer l'atelier. La pelle à neige et l'urinal « original » ont été égarés. En revanche, il existe diverses répliques de tous ces objets, aujourd'hui disséminées dans quelques grandes collections et dans les musées d'art moderne du monde entier. Ainsi que Duchamp l'avait lui-même noté, « la réplique d'un readymade transmet le même message[1] ». Autrement dit, l'œuvre ne peut être

1. Marcel Duchamp, « À propos des "Ready-mades" » (1961), trad. dans *Duchamp du signe*, *Écrits*, réunis et présentés par Michel Sanouillet, Paris, Flammarion, 1975, p. 192. L'artiste précise aussi que « presque tous les *ready-mades* existant aujourd'hui ne sont pas des originaux au sens reçu du terme ».

confondue avec l'objet, et nous devons réviser notre compréhension de l'authenticité. Parmi les caractéristiques du readymade que l'artiste tenait à souligner, il faut relever la volonté d'en finir non seulement avec le Beau, mais aussi avec la notion de goût :

> Il est un point que je veux établir très clairement, c'est que le choix de ces *ready-mades* ne me fut jamais dicté par quelque délectation esthétique. Ce choix était fondé sur une réaction d'indifférence *visuelle*, assortie au même moment à une absence totale de bon ou de mauvais goût… en fait à une anesthésie complète[1].

Objet banal, voué à l'indifférence esthétique, en rupture radicale avec la tradition du savoir-faire artistique, le readymade mise sur l'efficace de l'intentionnalité. Il n'en finit pas de susciter des commentaires esthétiques et des variations artistiques. Thierry de Duve a dégagé l'une des conséquences majeures de cette stratégie instauratrice : alors que les arts, peinture, sculpture, etc., se caractérisaient par une spécificité — les œuvres s'enracinent dans des objets tout particuliers — le readymade promeut un art générique, non spécifié au préalable dans une classe déterminée d'artefacts[2]. Si l'on voulait considérer tel ou tel readymade comme une sculpture, par exemple, il faudrait en effet accepter que l'objet de notre attention relève de l'univers artistique. Au lieu de soumettre l'œuvre au jugement de goût, balayé par la revendication d'une « indifférence esthétique », le readymade pose diverses questions : *Qu'est-ce que l'art ? À quels critères un artefact doit-il répondre pour appar-*

1. *Ibid.*, p. 191.
2. Cf. notamment Thierry de Duve, *Résonances du readymade*, Nîmes, Jacqueline Chambon, 1989.

tenir à cette catégorie ? Ces interrogations, qui restent au cœur des débats sur l'art contemporain, étaient déjà présentes, en germe, dans les collages, ni tout à fait *dessins* ni exactement *peintures* et pas davantage *sculptures*.

Parfois Duchamp, comme les cubistes mais avec une infinie discrétion, ajoutait à l'objet choisi quelques signes graphiques, par exemple une moustache et une barbiche sur une reproduction de la *Joconde* (L.H.O.O.Q., 1919). Ce « readymade aidé » (« *Ready-made aided* ») attire l'attention sur l'un des ressorts essentiels de ces œuvres, révolutionnaires non pas bien qu'elles soient facétieuses, mais parce qu'elles le sont. Duchamp, comme d'autres artistes du XXe siècle, aurait pu souscrire à la remarque de Valéry :

> Les sots croient que plaisanter, c'est ne pas être sérieux, et qu'un jeu de mots n'est pas une réponse. Pourquoi cette conviction chez eux ? C'est qu'il est de leur intérêt qu'il en soit ainsi. C'est raison d'État, il y va de leur existence[1].

Le « penchant » de Duchamp pour les allitérations et autres jeux verbaux va de pair avec l'importance qu'il accordait aux phrases brèves et souvent énigmatiques inscrites sur les readymades. Elles ne décrivent pas l'objet, elles ne précisent pas davantage son sujet, comme le font habituellement les titres. L'artiste souhaite qu'elles emportent « l'esprit du spectateur vers d'autres régions plus verbales ». Avec lui, ces contrées paraissent souvent riantes.

Son ami Picabia use d'un procédé similaire dans ses « dessins mécanomorphes ». Il emploie, dès 1915,

1. Paul Valéry, « Choses tues » (1941), repris dans *Tel Quel*, Paris, Gallimard, coll. Folio/Essais 1996, p. 41.

les ressources du readymade iconique avoué, mais il y adjoint la pratique, en sous-main, du readymade textuel. Des dessins industriels, parfois directement empruntés, parfois redessinés, ou encore des planches de catalogues sont associés à de courts textes pour créer des conflagrations signifiantes. Picabia donne par exemple à lire cette « légende » inscrite au-dessus d'une bougie de moteur à explosion qui porte la mention « For-ever » : « Portrait d'une jeune fille américaine dans l'état de nudité ». En outre, les historiens de l'art ont montré que ses textes sont puisés parmi les locutions latines, traduites et expliquées dans les pages roses du *Petit Larousse*. Picabia les rectifie souvent, ou il les tronque, ce qui rend la référence obscure mais détonante. Le portrait de De Zayas (1915), étrange machinerie, comprend un petit croquis de la mer surmonté de l'inscription « De Zayas ! De Zayas ! » et sous laquelle nous lisons : « Je suis venu sur les rivages du Pont-Euxin. » Cet ensemble s'explique mieux lorsque nous le relions à l'« exclamation de joie que firent entendre les dix mille Grecs conduits par Xénophon (*Anabase*, IV, 8), quand, accablés de fatigue après une retraite de seize mois, ils aperçurent enfin les rivages du Pont-Euxin : "*Thalassa ! Thalassa !*" » Si « Un critique, objet ridicule » (*Portrait de Louis Vauxelles*, 1917) se comprend sans difficulté, la satire provient pourtant de la même source, exploitée sans vergogne : « *Parturiumt montes : nascetur ridiculus mus* », pensée d'Horace (*Art poétique*, 139) traduite ainsi : « Les montagnes sont en travail : il en naîtra un rat ridicule. »

Le readymade textuel, prolongement du collage infléchi par une visée sarcastique, participe d'une mise en cause des fondements de l'activité artistique qui trouva, sous les auspices du dadaïsme, sa formulation avec le terme *anti-art*, appelé à un retentissement durable. Le *Bulletin Dada* parisien annonçait ainsi une association ponctuelle qui ne fut finalement pas conclue, les artistes de la Section d'or redoutant le scandale : « Le 2 mars 1920, 2e manifestation de la Section d'or. *Anti-littérature Dada — Anti-musique Dada — Anti-peinture Dada*. On exposera pour la première fois des tableaux Dada à Paris. » Picabia utilise la locution *anti-art* d'une manière plus abrupte qu'argumentative, mais qui paraît très significative car il s'agit moins d'un concept que d'un slogan provocateur :

> Tous nos ennemis parlent de l'Art, de la littérature ou de l'anti-littérature, vous inquiétez-vous de savoir si vos œuvres sont de l'art ou de l'anti-art ? Les seules choses vraiment laides, n'est-ce pas, sont l'Art et l'anti-art[1] !

À propos de l'agressivité « anti-art » qui caractérisait les manifestations Dada en Amérique, Duchamp précise : « Il s'agissait surtout de remettre en question le comportement de l'artiste tel que l'envisageaient les gens. L'absurdité de la technique, des choses traditionnelles[2]... » La notion d'anti-art connut un regain d'actualité quand le néodadaïsme, apparu aux États-Unis à la fin des années cinquante, s'imposa sur la scène internationale, notamment grâce au mouvement Fluxus. L'anti-art remet en cause les définitions

1. Funny Guy (l'un des nombreux pseudonymes de Francis Picabia), « Chef=d'œuvre », *Le Pilhaou-Thibaou*, 1921, réédition dans *391*, Paris, Pierre Belfond, 1975, p. 101.

2. Pierre Cabanne, *Entretiens avec Marcel Duchamp*, *op. cit.*, p. 100.

admises de l'œuvre d'art et les modalités institutionnelles de leur circulation. Néanmoins, pour en comprendre la portée réelle, il faut garder à l'esprit que l'anti-art, et les discussions qui s'y rapportent, reste tout entier immergé dans le monde de l'art, et qu'il s'y cantonne, fût-ce avec la volonté affichée d'en changer radicalement la nature. L'anti-art appartient donc de plein droit à l'art, suffisamment accueillant pour faire place aux propositions qui manifestent la volonté de le subvertir. L'attitude anti-art est globale. Elle ne se limite nullement aux beaux-arts — l'un de ses buts est précisément de faire tomber les frontières entre les arts, comme entre l'art et la vie. George Maciunas, l'un des principaux protagonistes de Fluxus, en a défini clairement les intentions :

> Les formes « anti-art » s'attaquent au premier chef à l'art en tant que profession, à la séparation artificielle de l'artiste et du public, ou du créateur et du spectateur, ou de la vie et de l'art ; elles sont contre les formes artificielles, les modèles et les méthodes de l'art lui-même ; contre la recherche du but, de la forme et du sens de l'art. L'anti-art est la vie, la nature, la réalité vraie — il est un, et tout. La pluie qui tombe est anti-art, la rumeur de la foule est anti-art, un éternuement est anti-art, un vol de papillon, les mouvements des microbes sont anti-art. Ces choses sont aussi belles et méritent autant de considération que l'art. Si l'homme pouvait, de la même façon qu'il ressent l'art, faire l'expérience du monde, du monde concret qui l'entoure (depuis les concepts mathématiques jusqu'à la matière physique) il n'y aurait nul besoin d'art, d'artistes et autres éléments « non productifs »[1].

1. George Maciunas, « Néo-Dada en musique, théâtre, poésie et beaux-arts » (1962), trad. dans le cat. de l'exposition *L'Esprit Fluxus*, Marseille, musées de Marseille, 1995, p. 157.

La vitalité de l'anti-art prend sa source dans l'exubérante inventivité des artistes désireux de rompre avec les formes canoniques. Au début du siècle, les dadaïstes ont multiplié les confrontations de l'art avec l'univers concret, celui des objets ordinaires. Raoul Hausmann, adepte du photomontage, réalisa un véritable collage en relief : *L'Esprit de notre temps (Tête mécanique*, 1919). Sur une marotte en bois sont fixés un gobelet pliable, un porte-monnaie, un morceau de mètre de couturière, un carton portant le chiffre 22, etc. Emblématique de l'esprit dadaïste, de l'incohérence du temps, cette tête n'est pas une sculpture, bien qu'elle soit souvent reproduite présentée sur un socle, ajouté par des mains conservatrices. Elle témoigne aussi de la difficulté de ranger des œuvres rétives aux taxinomies rassurantes dans des catégories héritées du passé, difficulté stimulante mais qui ne facilite guère la tâche des intercesseurs désireux d'expliquer simplement l'art moderne. Non seulement *L'Esprit de notre temps* ne ressortit pas à la sculpture, mais elle participe du readymade aidé et elle relève du collage tridimensionnel ou encore du pur montage d'éléments hétéroclites.

Maints objets de Man Ray sont assortis de titres qui concourent pleinement à l'existence de l'œuvre. Ils possèdent les traits distinctifs du readymade (aidé). Visuel, cet art — ou cet anti-art — du montage poétique est aussi langagier. Au *Trébuchet* (1917) de Marcel Duchamp — un portemanteau fixé au plancher — répond *Obstruction* (1920) de Man Ray — soixante-trois cintres en bois suspendus les uns aux autres pendent, depuis le plafond. L'artiste raconte dans ses souvenirs comment, le soir du vernissage de son exposition à la librairie Six (Paris, décembre 1921), sortant d'un café en compagnie d'Erik Satie, il remarque dans une vitrine un fer à repasser, l'achète, se procure des clous de tapissier. Il en fixe une rangée sous le plat du fer, pointes en bas et, de retour à la galerie, il intègre l'objet aux œuvres présentées dans son exposition. Le titre donné cette œuvre, *Cadeau*, fut pris au pied de la lettre : le lendemain, l'objet avait disparu, sans doute dérobé ou plutôt « accepté » par le propriétaire des lieux, Philippe Soupault[1]. Bien des années plus tard, H. de Vries prolongea le jeu : *Le Cadeau renvoyé* (1970), fer à repasser semblable à celui qu'utilisa Man Ray, porte les clous sur la poignée. L'un des objets qui manifestent le mieux l'importance du titre donné est sans doute le siphon de plomberie monté sur une boîte à onglets, double hommage au bricolage, intitulé *God* (Morton Schamberg, fin des années dix).

Les surréalistes ont cultivé les sortilèges de la rencontre fortuite et la puissance d'envoûtement des rapprochements organisés. Comme les images du rêve, la « trouvaille » impose sa magie. Parmi les multiples « objets surréalistes », les « objets à fonctionnement symbolique » occupent une place de choix. Les éléments qui les composent sont choisis pour leur capacité à révéler la puissance des affects ou des fantasmes qui nous habitent, et leur organisation répudie les impératifs formels. Selon Salvador Dalí, « ils ne dépendent que de l'imagination amoureuse de chacun et sont

1. C'est du moins ce que soupçonne amicalement Man Ray : cf. sa relation de cette anecdote dans *Autoportrait* (1962), trad. par Anne Guérin, Arles, Actes Sud, 1998, p. 160 et 161.

extraplastiques[1] ». De nombreuses créations issues de la mouvance surréaliste cultivent l'insolite des associations, l'incongru des mises en scène d'objets. Les mannequins (Exposition internationale du surréalisme, Paris, galerie des Beaux-Arts, 1938), la *Poupée* (1932-1945) malmenée et photographiée par Hans Bellmer, *Le Déjeuner en fourrure* (1936), tasse, soucoupe et petite cuillère recouverts de fourrure par Meret Oppenheim, les multiples *Shadow Boxes* de Joseph Cornell témoignent de la fertilité de cette veine qui met la logique du collage au service d'une expression de l'inconscient.

1. Salvador Dalí, « Objets surréalistes », *Le Surréalisme au service de la Révolution*, nº 3, décembre 1931, p. 16.

II

Le propre et le sale

Peinture à l'huile ou à l'eau, fusain, pointe d'argent, mine de plomb, pastel ou plâtre, pierre, bronze, bois, etc. : l'art occidental fit longtemps appel à un nombre limité de matériaux que leur emploi récurrent, au fil du temps, légitimait. De nombreux artistes du XXe siècle demeurent fidèles à cette tradition, mais bien des créateurs ont manifesté leur désir d'émancipation par l'usage de toutes sortes de matières, certaines nouvelles, d'autres, fort nombreuses, jusque-là ignorées par les pratiques artistiques. Au moment même où Braque et Picasso inventaient le collage, un sculpteur futuriste, Boccioni, plaidait pour une extension indéfinie des possibilités de choix et pour le droit aux collusions inattendues :

> Il faut détruire la prétendue noblesse, toute littéraire et traditionnelle, du marbre et du bronze et nier carrément que l'on doive se servir exclusivement d'une seule matière pour un ensemble sculptural. Le sculpteur peut se servir de vingt matières différentes, ou davantage, dans une seule œuvre, pourvu que l'émotion plastique l'exige. Voici une petite partie de ce choix de matières : verre, bois, carton, ciment,

béton, crin, cuir, étoffe, miroirs, lumière électrique, etc.[1]

Boccioni ne mit guère en pratique ses propres recommandations, mais celles-ci furent entendues au-delà de ses espérances. Depuis 1912, l'art moderne et contemporain recourt aux matériaux les plus variés : l'acier, l'aluminium, le Plexiglas ou les plastiques, la lumière, mais aussi le caoutchouc, la cire, le miel, le feutre, voire le chocolat, la graisse et même le sperme ou les matières fécales. Il semble qu'aucune matière, solide ou molle, durable ou périssable, noble ou repoussante ne puisse aujourd'hui participer à l'élaboration d'une œuvre. Les unes, « propres », offrent une place aux technologies modernes. Les autres, « sales », tendent à mêler l'art et la vie. Toutes agissent fortement sur la création des formes et sur la réception des œuvres. L'extension *ad libitum* des possibilités d'ordre matériel ou technique contribue au vaste mouvement de décloisonnement qui est l'une des caractéristiques de l'évolution artistique du XXe siècle. Les papiers collés, les collages et les readymades avaient ouvert une brèche. Initié par les arts visuels, ce changement de cap eut des répercussions dans d'autres domaines. La musique, par exemple, s'ouvrit à l'« art des bruits », prôné par Russolo qui écrivait en 1913 :

> Chaque manifestation de notre vie est accompagnée par le bruit. Le bruit nous est familier. Le bruit a le pouvoir de nous rappeler à la vie. Le son, au contraire, étranger à la vie, toujours musical, chose à part, élément occasionnel, est devenu pour notre oreille ce

1. Umberto Boccioni, « Manifeste technique de la sculpture futuriste » (1912), trad. dans Giovanni Lista, *Futurisme. Manifestes — Proclamations — Documents*, Lausanne, L'Âge d'Homme, 1973, p. 177.

> qu'un visage trop connu est pour notre œil. Le bruit, jaillissant confus et irrégulier hors de la confusion irrégulière de la vie, ne se révèle jamais entièrement à nous et nous réserve d'innombrables surprises. Nous sommes sûrs qu'en choisissant et coordonnant tous les bruits nous enrichirons les hommes d'une volupté insoupçonnée[1].

Le premier concert de musique bruitiste fut donné à Modène la même année. Ne pouvant alors enregistrer des bruits réels pour ses compositions, Russolo avait construit avec Ugo Piatti une série d'appareils bruiteurs. Dans les années quarante, les progrès techniques permirent à Pierre Schaeffer et Pierre Henry de promouvoir une « musique concrète » — dénomination qui indique clairement l'ambition d'abandonner les moyens spécifiquement artistiques pour brasser la concrétude de matériaux tout-venant.

Assemblages et constructions

Les papiers collés cubistes sont nés, nous l'avons rappelé, des « sculptures en papier » élaborées par Braque avant qu'il ne fasse « entrer la sculpture dans la toile[2] ». Aucune de ces sculptures n'est parvenue jusqu'à nous. Seule une photographie, prise en 1914, et quelques mentions dans des échanges épistolaires témoignent aujourd'hui de leur existence. Picasso, en revanche, a conservé une grande partie de ses œuvres tridimensionnelles qui prolongeaient les investigations

1. Luigi Russolo, « L'art des bruits » (1913), *ibid.*, p. 315.
2. Georges Braque cité par Jean Paulhan, *Braque le patron*, Paris, Gallimard, 1952, p. 47.

menées sur le plan de la toile ou de la feuille de papier. La plus ancienne est sans doute une *Guitare* (fin 1912) construite en carton, ficelle et fil de fer, maquette pour une version où le carton, fragile, est remplacé par de la tôle, plus solide mais pas davantage volumétrique. Tout se passe en effet ici comme si l'artiste déployait ses découpages de matériaux plans dans notre espace. La guitare en carton fut d'ailleurs utilisée par Picasso comme élément d'un assemblage agencé sur le mur de son atelier, début 1913, sorte de grand « papier collé » éphémère, mi-plan, mi-relief mais absolument frontal. Une autre expérimentation plus spectaculaire encore mêle l'esquisse — cubiste — d'un grand personnage dont les bras en papier journal sortent littéralement de la surface pour tenir une vraie guitare, tandis qu'au premier plan, sur un guéridon reposent une bouteille et quelques autres objets réels, sujets habituels des natures mortes peintes à l'époque par l'artiste.

Picasso multiplia ces réalisations à mi-chemin entre la peinture et la sculpture proprement dite. La guitare, le violon, la clarinette ou encore des verres, des bouteilles, un dé, etc. servent de motifs pour des variations en carton, tôle, bois, corde, fil de fer et autres matériaux dont la banalité bon enfant met en valeur la virtuosité de leur mise en œuvre. L'artiste y adjoint souvent de la couleur, peinte, parfois des objets « readymade » — ici un galon autour d'une table (*Le Casse-croûte*, 1914), ailleurs une véritable cuillère (*Le Verre d'absinthe*, 1914). Une autre modalité opératoire s'ajoute à ce mixage d'éléments variés, l'hybridation de la peinture et du volume. Tout cela demeurait jusqu'alors parfaitement étranger à notre tradition de la sculpture, taillée dans la pierre, ou modelée, moulée et tirée en bronze, représentation monochrome de sujets plus « nobles » que de simples natures mortes. Picasso découpe, scie, cloue, colle, peint des matériaux qui revendiquent leur identité, affichent leur hétérogénéité. C'est pourquoi les termes *construction* et *assemblage* s'imposent. Ils ne dénotent pas seulement l'emploi de techniques qui ne sont d'ailleurs nullement nouvelles, en soi, mais dont l'emploi en sculpture est si déroutant, pour le monde occidental, qu'il devient impératif de trouver une autre dénomination : les constructions et les assemblages relèvent d'une esthétique de la bigarrure qui n'est pas sans rapport avec l'*art nègre* — et l'on peut voir là l'un des aspects notables du primitivisme. Marcel Janco a d'ailleurs fabriqué pour les soirées dada du cabaret Voltaire des masques qui, comme les constructions cubistes et les sculptures africaines, font appel à des matériaux hétéroclites.

Picasso brouille les frontières entre les genres. Le volume lui permet de poursuivre des investigations dont la peinture demeure le sujet central, comme il le nota plus tard : « La sculpture est le meilleur commentaire qu'un peintre puisse adresser à la peinture[1]. » D'autres artistes, peintres ou sculpteurs reprennent ces spéculations sur l'abolition des frontières entre les arts. Laurens agence et peint des formes en bois ou en tôle (*Bouteille et verre*, 1917). Magnelli structure des plans en plâtre, mais il leur intègre parfois des objets directement puisés dans la réalité, tels le compotier en faïence et la bouteille de verre qui trônent dans une *Nature morte* (1914). Pougny assemble une planche à laver,

1. Pablo Picasso, *Propos sur l'art*, *op. cit.*, p. 129.

des tenailles et une boule rouge (*La Tenaille,* 1915). Il peint un globe en blanc et le fixe dans un tiroir (*La Boule blanche*, 1915) ou il colle une assiette sur une table (1915). En Russie, les tentatives de décloisonnement entre les arts ont suggéré de multiples appellations, significatives d'une volonté partagée d'en finir avec des spécificités étouffantes : Archipenko conçoit des « sculpto-peintures », Baranov-Rossiné présente des « sculptures peintes », Pougny des « sculptures picturales », Mitouritch des « peintures spatiales » et Tatline réalise des « reliefs picturaux ». Toutes ces œuvres ont en commun une intrication de la peinture et du relief ou de la sculpture proprement dite.

La culture des matériaux

Tatline avait rencontré[1] Picasso à Paris en 1914. De retour en Russie, il expose des « assemblages de matériaux ». L'un d'eux, *Bouteille* (1914), est encore figuratif, mais la plupart tournent le dos à la représentation pour privilégier la confrontation des formes, des matières et des couleurs. Il va de soi que si cet art se soucie moins d'abstraction — et notamment d'abstraction spiritualiste — que de concrétude physique, il tire profit des ruptures introduites par Kandinsky et quelques autres[2]. Tatline adopte alors une autre déno-

1. Sur cette rencontre et sur la date, controversée, de cette rencontre, cf. l'article particulièrement bien informé d'Anatoli Strigalev, « Berlin-Paris-Moscou. Le voyage à l'étranger de Vladimir Tatline (1914) », *Les Cahiers du musée national d'Art moderne*, n° 47, printemps 1994, p. 7 *sq*.

2. C'est pourquoi nous avons tenu à présenter la naissance de

mination, « contre-relief », et il conçoit des constructions dégagées du plan : ses « contre-reliefs d'angle » s'épanouissent dans l'espace, retenus aux murs par des cordes ou des tiges. Les matériaux qui entrent dans leur fabrication, fer-blanc, aluminium, cuivre, zinc, bois, évoquent l'univers de l'usine plus que l'atelier traditionnel de l'artiste. Nets, éclatants, ils magnifient l'énergie native de la matière, glorifient la « culture des matériaux[1] » que les théoriciens russes commencent à promouvoir.

Nous avons vu que la facture (*faktura*) pouvait être considérée comme un élément plastique à part entière. Au sein de la culture révolutionnaire soviétique, elle devint une notion clef. En 1922, Alexis Gan refuse que l'on aborde la facture « du point de vue professionnel du peintre ». Il souhaite qu'en soit donnée une nouvelle définition et qu'on dégage son essence à partir « du matériau en général[2] ». L'étude conjointe du matériau et de la facture ouvre des perspectives nouvelles. Le matériau et la forme étaient considérés comme des entités relativement indépendantes : la notion de facture crée un lien dynamique entre elles. Elle invite aussi à reconsidérer le processus de création. Résolument matérialiste, Taraboukine inverse le modèle aristotélicien de la « cause formelle » quand il affirme :

---

l'abstraction et ses conséquences dans notre première partie, et à la dissocier de l'histoire d'un art « concret », lié aux collages et aux papiers collés, bien qu'elle entretienne avec la non-figuration des rapports substantiels et évidents.

1. L'expression est due à Tatline, qui avait ouvert dans le cadre de l'*Inkhouk* un atelier appelé : « Section pour la culture des matériaux ».

2. Alexis Gan, *Le Constructivisme* (1922), trad. dans Gérard Conio, *Le Constructivisme russe*, t. 1, *op. cit.*, p. 440.

> C'est le matériau qui dicte à l'artiste la forme et non l'inverse. Le bois, le fer, le verre, etc., déterminent des constructions différentes. Par conséquent, le matériau détermine l'organisation constructive de l'objet[1].

Les approches de la facture (*faktura*) paraissent souvent confuses, mais le sens des discussions qu'elle suscita s'éclaire quand nous regardons les œuvres. Elles affichent une confiance sans limite dans le progrès, et notamment dans le progrès scientifique et industriel. L'état d'esprit qui anime l'avant-gardisme futuriste, dont l'impact fut considérable en Russie, s'associe aux espoirs nés de la Révolution. Ils s'incarnent dans des « matériaux véritables » qui permettent peut-être à des artistes comme Tatline d'aller « plus loin » que Picasso et Braque[2], mais surtout d'assigner d'autres buts à l'activité artistique. L'édification d'une société communiste réputée pouvoir donner naissance à un homme nouveau incitait les artistes et les théoriciens à participer à l'élaboration d'une culture entièrement neuve, à poser, une fois encore, la question des fonctions sociales de l'art.

Pour imposer une modernité révolutionnaire, il fallait batailler sur tous les fronts. Taraboukine opposait les artistes russes aux peintres d'Europe occidentale. Picasso, disait-il, nomme ces créations « tableaux » quand Tatline les appelle « assortiments de matériaux ».

1. Nicolas Taraboukine, *Pour une théorie de la peinture* (1923), *ibid.*, p. 191.
2. C'est du moins l'opinion de Taraboukine : « Braque et Picasso avaient été les premiers à utiliser la technique des collages de papier, de lettres et aussi de copeaux, de plâtre, etc., pour diversifier la facture et en augmenter l'effet, mais Tatline alla plus loin en créant ses contre-reliefs à partir de matériaux authentiques » (*Du chevalet à la machine* (1923), *ibid.*, p. 457).

Aussi, estime-t-il, « l'œuvre de Picasso n'a sa place que dans un musée, alors que Tatline a toute raison d'apporter sa construction à l'usine et de la considérer au moins comme un problème technique résolu avec des matériaux[1] ». Les « artistes-ingénieurs » ne s'intéressent guère à l'opposition du *quoi* et du *comment* (peindre) soulevée par Kandinsky. L'attention portée à la signification de l'œuvre ou l'expression, à travers elle, du créateur cède la place à une réflexion sur la finalité de l'art. Tandis que les uns prônent l'utilitarisme pour en finir avec l'esthétisme de l'art pour l'art, d'autres, tels les rédacteurs de la revue *L'Objet* (1920), Ilya Ehrenbourg et El Lissitzky, refusent de limiter « la production des artistes aux objets utilitaires » : ils se situent « loin des poètes qui proposent en vers de cesser de faire des vers ou des peintres qui prêchent à l'aide de tableaux le renoncement à la peinture ».

La finalité des œuvres d'art occupe une place centrale dans les discussions menées par les adeptes ou les propagandistes du constructivisme. Le terme apparaît au cours des discussions menées au sein de l'*Inkhouk* (« Institut de culture artistique ») par Rodtchenko avec des jeunes gens opposés aux thèses de son premier directeur, Kandinsky. Le Premier Groupe de travail des constructivistes expose ses œuvres lors d'une manifestation organisée par l'*Obmokhou* (« Société des jeunes artistes ») à Moscou en mai 1921. Rodtchenko y présentait des *Constructions spatiales*, ingénieuses réalisations en bois, peintes en argent, pliables et ici suspendues au plafond. En 1922, trois artistes qui avaient participé à cette manifesta-

1. *Ibid.*, p. 463.

tion initiale, Medounetky et les deux frères Stenberg, exposent à nouveau et publient à cette occasion un catalogue. Leur texte, intitulé « Les constructivistes s'adressent au monde », adopte la véhémence de ton des manifestes. Plus incantatoire que démonstratif, il clame ainsi leurs convictions :

> À la fabrique ! où s'élabore le tremplin inouï qui permettra à l'homme d'effectuer le saut dans la culture universelle. Ce chemin se nomme CONSTRUCTIVISME. Les grands corrupteurs de la nature humaine — esthètes et artistes — ont détruit les sévères ponts de ce chemin en le remplaçant par une narcose douceâtre : l'art et la beauté[1].

Le constructivisme rejette l'autonomie de l'art. En conséquence il stigmatise le tableau de chevalet, toujours muséal et issu, selon Taraboukine, d'une époque où le champ social était divisé en classes. Alexis Gan souhaite, dans le contexte communiste qui est le sien et où il place tous ses espoirs, relier l'ensemble des activités sociales à l'« élan général des tâches humaines ». Pour l'art, l'orientation à prendre va de soi :

> S'arracher à l'activité spéculative et trouver les voies menant à une action concrète, en appliquant connaissances et savoir-faire à un vrai travail vivant et concret[2].

Le rapprochement de l'art et de la vie quotidienne (le *byt*) fut porté à son comble par Tatline quand il décida de se détourner des « contre-reliefs inutiles » pour élaborer des « casseroles utiles ». En 1924, il conçoit un four pour les logements ouvriers, réalise des vêtements et en publie les patrons. Animés d'une volonté similaire, Rodtchenko présente l'aménage-

1. Cité par Gérard Conio, « La genèse et le sens du constructivisme russe », *ibid.*, p. 15.
2. Alexis Gan, *Le Contructivisme*, *op. cit.*, p. 434.

ment d'un *Club ouvrier* à Paris (Exposition internationale des arts décoratifs et industriels modernes, 1925). El Lissitzky, qui avait reçu une formation d'ingénieur, situe à mi-chemin de la peinture et de l'architecture ses *Prouns* — ce sigle, nom générique de ses œuvres, signifie: «Projet pour la fondation de nouvelles œuvres artistiques». Il imagine une tribune pour Lénine (1924). À Berlin, il présente un *Espace Proun* dans lequel les spectateurs peuvent pénétrer (Exposition d'art, 1923), bientôt transformé en un *Espace des abstraits* (Hanovre, 1928), destiné à une présentation de l'art contemporain non figuratif. Les constructivistes apportent en outre une importante contribution au théâtre, autre manière de rompre avec l'art de musée et de tisser des liens immédiatement perceptibles avec la vie, sous toutes ses formes. Rodtchenko pouvait ainsi s'exclamer:

> La peinture non figurative a quitté les musées; la peinture non figurative est *la rue* elle-même, *la ville* et *le monde entier*[1].

La «culture des matériaux» semblait conduire à la mort de l'art. Il n'en fut évidemment rien, mais au prix d'une modification importante, sans doute irréversible, de ce que la notion d'*art* recouvrait. À côté de la peinture et de la sculpture, toutes sortes d'objets, de collages ou de constructions ont pris place et bien qu'ils ne fussent pas toujours destinés au musée — certains, nous l'avons vu, s'en défendaient vigoureusement — ils y ont souvent trouvé asile. Les moyens potentiellement utilisables par les artistes s'étendent désormais à l'en-

1. Cette déclaration figurait sur un écriteau accroché par l'artiste lors de la XIXe Exposition d'État, Moscou, 1920 (cit. par Gérard Conio, *ibid.*, p. 44).

semble des techniques disponibles. Encore faut-il qu'ils soient réellement mis en œuvre par des artistes : une part de l'histoire de l'art du XXe siècle se confond avec celle de leurs conquêtes, de leur capacité d'intégration.

Le mouvement réel

Naum Gabo et Antoine Pevsner ont placardé dans les rues de Moscou, en 1920, un « Manifeste réaliste » souvent considéré comme la première proclamation constructiviste, bien que le terme n'y figure pas. Le « réalisme » pour lequel plaident les deux artistes n'a rien à voir avec une quelconque représentation. Gabo et Pevsner veulent ouvrir l'art à la réalité, car, écrivent-ils, « la Réalité est la beauté la plus élevée ». Or la réalité vivante s'incarne dans le mouvement.

Les artistes s'intéressent depuis fort longtemps à la représentation du mouvement, dont les futuristes firent l'un de leurs chevaux de bataille. Marinetti souhaite, en 1909, « exalter le mouvement agressif ». Son apologie des possibilités nouvelles offertes par les machines modernes ouvre des perspectives séduisantes pour les peintres et les sculpteurs futuristes :

> Nous déclarons que la splendeur du monde s'est enrichie d'une beauté nouvelle : la beauté de la vitesse. Une automobile de course avec son coffre orné de gros tuyaux tels des serpents à l'haleine explosive… une automobile rugissante, qui a l'air de courir sur de la mitraille, est plus belle que la *Victoire de Samothrace*[1].

1. Filippo Tommaso Marinetti, « Manifeste du futurisme », *Le Figaro*, 20 février 1909 ; repris notamment dans Giovanni Lista, *Futurisme*, *op. cit.*, p. 87.

Les artistes futuristes, ou encore Marcel Duchamp dans son célèbre *Nu descendant un escalier* (1912), se sont inspirés des chronophotographies réalisées à la fin du XIXe siècle par Étienne Jules Marey ou Eadweard Muybridge pour représenter le mouvement, la vitesse, à l'aide de formes statiques. En dépit de la puissance d'évocation et de la plénitude plastique d'œuvres dues à Balla, Boccioni ou Russolo, par exemple, la conception qui présidait à leur élaboration suscita une critique cinglante de Gabo et Pevsner :

> Il est clair pour tous que le simple enregistrement graphique d'une suite d'instantanés d'un mouvement *figé* ne peut recréer le mouvement lui-même. En fin de compte, l'absence totale d'un rythme linéaire fait d'un tableau futuriste quelque chose comme la circulation sanguine d'un cadavre.

En lieu et place des représentations, leur manifeste apporte une solution radicale :

> Nous proclamons dans les arts plastiques un élément neuf : les *rythmes cinétiques*, formes essentielles de notre perception du temps réel[1].

Gabo montre la voie. Il utilise un moteur pour animer d'un mouvement circulaire sa *Construction cinétique* — une simple tige de métal incurvée, posée sur un socle qui dissimule le mécanisme. Paradoxalement, les historiens de l'art ont souvent préféré souligner l'apparition d'un volume virtuel, engendré par la rotation rapide de la tige. Le « cinétisme réel » introduit pourtant dans les arts plastiques la réalité du mouvement. Cette innovation était promise à un bel avenir.

1. Naum Gabo et Noton Pevsner, « Manifeste réaliste » (1920), trad. par Édith Combe dans le cat. de l'exposition *Naum Gabo*, Grenoble, musée de Peinture et de Sculpture, Paris, musée national d'Art moderne, 1971, n. p.

En 1930, Alexander Calder suggère à Mondrian de « faire osciller » les rectangles de ses tableaux. Il va de soi que Mondrian n'a pas donné suite, mais Calder, lui, commença bientôt à réaliser des œuvres pourvues de moteurs. Il utilisa ensuite la simple force de l'air pour animer de subtils équilibres de formes colorées, découpées dans des plaques de tôle et montées sur des tiges métalliques. Ces œuvres sont connues sous le nom générique de *Mobiles*. On doit cette désignation à Marcel Duchamp qui la proposa en 1932, lors de l'exposition de Calder à la galerie Vignon (Paris).

De nombreux artistes ont exploré les virtualités du mouvement. Entre les constructions cocasses de Tinguely, l'inquiétante lenteur des déplacements presque insaisissables programmés par Pol Bury ou la violente étrangeté des machines de Rebecca Horn, aucune unité esthétique n'apparaît : le mouvement réel fascina des artistes aussi différents que Duchamp, amusé, on s'en souvient, par les éclats lumineux de sa *Roue de bicyclette* (1913) et qui utilisa lui aussi les moteurs (*Rotative plaque verre (optique de précision)*, 1920), ou Nicolas Schöffer, dont le projet — non réalisé — d'une *Tour lumière cybernétique* pour la Défense manifestait un désir d'intégration de l'art d'avant-garde dans l'espace social. Denise René organisa en 1955, dans sa galerie parisienne, une exposition qui fit date : *Le Mouvement*. Pontus Hulten remarquait alors :

> L'une des grandes innovations de notre siècle, c'est que l'art a fait sien et utilise le facteur temps (nommément la quatrième dimension). [...] Une œuvre d'art douée d'un rythme cinétique qui ne se répète jamais est un des êtres les plus libres que l'on puisse imaginer,

une création qui, échappant à tous les systèmes, vit de beauté[1].

L'intégration d'un paramètre temporel au sein des beaux-arts est en effet d'autant plus importante qu'elle contrevient aux théories du *modernisme* prônant une stricte séparation entre les arts du temps et les arts de l'espace. En outre, le cinétisme connut auprès d'un large public un rapide succès, évidemment suspect dans la logique avant-gardiste. Son caractère ludique séduisait mais ne contribuait pas à inspirer l'attention qu'il méritait. Amusette ou utopie, l'« art en mouvement » (c'est là le titre d'une importante exposition qui s'est tenue à la Fondation Maeght en 1992), largement répandu, tardait à s'imposer vraiment. La diversité des options esthétiques en relation avec la problématique du mouvement, leur intérêt théorique et la puissance plastique, la nouveauté des solutions proposées ou le charme de nombreuses œuvres ont fini par emporter l'adhésion autour des thématiques liées au mouvement.

La question du temps, dans les arts plastiques, se pose désormais en des termes moins tributaires des analyses développées par Lessing dans son *Laocoon* (1766). De nombreux artistes, notamment ceux qui répugnent à distinguer trop nettement l'art et la vie, ne recherchent plus une spécificité de chacun des beaux-arts. Au moment où Gabo et Pevsner apposaient leur manifeste en faveur du mouvement réel, Paul Klee développait une argumentation qui plaidait pour la présence du temps dans les arts plastiques :

1. Pontus Hulten, « Mouvement-Temps ou les quatre dimensions de la plastique cinétique », *Le Mouvement*, dépliant édité par la galerie Denise René à l'occasion de l'exposition éponyme, Paris, 1955.

> Tout devenir repose sur le mouvement. Dans le *Laocoon* (nous y gaspillâmes naguère pas mal de juvéniles réflexions), Lessing fait grand cas de la différence entre art du temps et art de l'espace. Mais à y bien regarder, ce n'est là qu'illusion savante. Car l'espace est aussi une notion temporelle. [...] Seul le point mort est intemporel. Dans l'univers aussi le mouvement est donné préalablement à tout. (Où donc prenez-vous de telles forces ? Vaine question d'un homme abusé.) La « paix sur la terre » est un arrêt accidentel du mouvement de la matière. Tenir cette fixation pour une réalité première, une illusion. Le récit biblique de la Genèse offre une très bonne parabole du mouvement, la Création recevant ainsi une dimension *historique*. L'œuvre d'art également est au premier chef genèse ; on ne la saisit jamais simplement comme produit[1].

Le son

Parmi les matériaux jusqu'alors exclus des arts visuels, le son et la lumière occupent une place importante. L'intrusion de l'un et l'autre conforte un processus de dissolution des spécificités disciplinaires au profit d'œuvres d'art sinon « totales », du moins ouvertes aux synesthésies, prêtes à proposer des plaisirs impurs pour jouer des rencontres jubilatoires. Marcel Duchamp écrivait, dans une notice consacrée, en 1949, aux mobiles de Calder : « La symphonie est complète quand la couleur et le son entrent en jeu et font appel à tous nos sens pour qu'ils suivent la partition non écrite[2]. »

1. Paul Klee, « Credo du créateur », 1920, *op. cit.*, p. 37 et 38.
2. Marcel Duchamp, « Catalogue de la Société Anonyme », *Duchamp du signe*, *op. cit.*, p. 196.

Calder fut peut-être l'inventeur des « sculptures sonores ». Dans certaines de ses œuvres, le son est en effet une composante essentielle. *The White Frame* (1934), par exemple, comprend un fil tendu, périodiquement mis en vibration par un moteur. *Une boule noire, une boule blanche* (vers 1932, œuvre perdue, reconstituée en 1969) donne au son une importance considérable : lorsque les boules suspendues aux extrémités d'un fléau sont mises en mouvement, la plus petite, blanche, vient frapper de manière aléatoire l'une ou l'autre des neufs coupelles de métal aux diamètres différents, peintes en rouge. Sous le choc, elles produisent un son plus ou moins grave.

Duchamp lui-même donna une place au son dans son œuvre. Outre son célèbre *Erratum musical*, composition dont les notes sont tirées au sort, il envisageait, dans une note de sa *Boîte verte* : « Faire un readymade avec une boîte enfermant quelque chose irreconnaissable au son et souder la boîte[1]. » Le hasard lui permit de concrétiser cette intention. Arensberg glissa un objet inidentifié au centre d'une pelote de ficelle enserrée entre deux plaques métalliques, avant qu'elles ne fussent définitivement vissées. Ce readymade aidé est nommé *À bruit secret* (1916).

Les multiples discussions menées au XIXe siècle autour de la correspondance des arts et de l'« œuvre d'art totale » (*Gesamtkunstwerk*) ont favorisé les rapprochements ou les collaborations entre les arts visuels et la musique (ou le son). Scriabine compose *Prométhée* (1910-1911), poème symphonique dont l'exécution devait être accompagnée de projections

1. Marcel Duchamp, « La boîte verte », *ibid.*, p. 49.

lumineuses, et Kandinsky publie dans *L'Almanach du Blaue Reiter* (1912) « Sonorité jaune », description d'une composition scénique où les couleurs et les sons confortent leurs effets. Le *Piano optophonique* (1924) de Vladimir Baranov-Rossiné donne forme aux espoirs du père Castel qui, au XVIIIe siècle, rêvait d'une « musique pour les yeux ».

Après la Seconde Guerre mondiale, une nouvelle catégorie d'œuvres s'est progressivement imposée : les « sculptures sonores ». Elles s'adressent autant aux yeux qu'aux oreilles. Les unes furent conçues par des musiciens, les autres par des sculpteurs. En ce qui concerne les premières, on cite généralement Harry Partch comme l'un des pionniers. Il regrettait que la musique occidentale fût « *uncorporal* » (incorporelle) et il la voulait attrayante aussi pour les yeux. Il inventa et construisit des instruments qui répondaient aux exigences de ce double impératif (musical et plastique) pour l'exécution de ses partitions composées dans la gamme des quarante-trois tons. Bernard et François Baschet, pionniers eux aussi, ont une démarche différente. Ils construisent, depuis les années cinquante, de véritables « sculptures sonores », tentatives pour parvenir à une « synthèse entre la sculpture et les sons ».

D'autres artistes s'intéressent aux sons. Tinguely exposa en 1958 *Mes Étoiles — Concert pour sept peintures* (Paris, galerie Iris Clert). Des interrupteurs permettaient aux visiteurs de mettre en route les mécanismes qui déclenchaient des effets sonores. Des stations de radio sont venues *enregistrer* cette exposition. Deux ans plus tard, il intégrait à son œuvre autodestructrice *Hommage à New York* (MoMA, 1960) un piano frappé par quelque dix bras mécaniques ainsi qu'un poste de radio en bois qui devait être progressivement scié en deux. Takis présenta sa première œuvre musicale, réalisée avec la collaboration d'Earl Brown, *Sound of Void* (1963), dans l'exposition *For Eyes and Ears* (New York, galerie Cordier-Ekstrom, janvier 1964). Alfred Pacquement estime qu'il ne cesse de se comporter « autant en sculpteur archaïque qu'en dramaturge et musicien contemporain, tout à la fois constructeur de formes et façonneur de sons[1] ». De nombreuses œuvres, souvent spectaculaires, intègrent le son comme un matériau essentiel. *Attempt to Raise Hell* (Dennis Oppenheim, 1974), par exemple, met en scène un mannequin. Sa tête métallique, animée d'un mouvement qui paraît aléatoire, vient parfois frapper une cloche suspendue, produisant alors « un boucan du diable ». Plusieurs expositions ont rendu compte de cette thématique. Le titre de l'une d'elles, *Écouter par les yeux, objets et environnements sonores* (Paris, musée d'Art moderne de la Ville de Paris, 1980), se réfère sans doute à l'ouvrage fameux de Paul Claudel, *L'œil écoute*, mais il prolonge surtout une remarque de László Moholy-Nagy, confiant dans l'avenir de ses recherches protéiformes :

> Nous obtiendrons […] un jour (et toutes nos recherches ainsi que l'œuvre de l'ancien dadaïste Raoul Hausmann vont, semble-t-il, dans ce sens) un art optophonétique qui nous permettra de *voir la musique* et simultanément d'*entendre les images*[2].

1. Alfred Pacquement, « Un Socrate musicien », cat. de l'exposition *Takis*, Paris, Galerie nationale du Jeu de Paume, 1993, p. 10.
2. László Moholy-Nagy, « Peindre avec la lumière. Un nouveau moyen d'expression » (1939), *Peinture, Photographie, Film*, *op. cit.*, p. 209.

De nouvelles formes d'art sur lesquelles nous reviendrons — environnements, installations, happenings — et le recours des techniques telles que la vidéo ont également favorisé l'intrusion du son dans le domaine des arts plastiques. Discret ou tonitruant, il ne se contente pas toujours de participer à un ensemble dans lequel les éléments visuels conservent toute leur place : il s'est parfois autonomisé. Max Neuhaus, ancien percussionniste virtuose, est sans doute le plus connu des artistes qui ont ouvert cette voie, au milieu des années soixante. Inventeur du terme *Sound Installation*, il réalise de véritables sculptures sonores dématérialisées, invisibles, mais supposées agir sur la perception des lieux pour lesquels elles sont conçues.

La lumière

Les enseignes et les réclames lumineuses commençaient à proliférer dans les grandes villes quand László Moholy-Nagy promut l'emploi artistique de la lumière réelle. Ses réalisations et ses réflexions à ce sujet sont multiples, mais l'une de ses œuvres les plus notables, à cet égard, demeure le *Modulateur espace-lumière*. En 1922, il imagine le principe de cette machinerie complexe capable de produire un véritable spectacle lumineux. Construit avec la collaboration d'un ingénieur et d'un technicien, l'appareil est en état de fonctionner en 1930. Le spectacle l'étonna d'autant plus qu'il croyait connaître toutes les possibilités de son œuvre avant de la mettre en marche : « L'appareil était tellement surprenant par l'aspect coordonné de ses mouvements et de ses jeux de lumières et d'ombres que je crus presque à de la magie[1]. »

La machine se compose d'un plateau mobile sur lequel sont montés des tiges, des cadres, des plaques et des grilles métalliques aux formes variées, tous éléments animés de mouvements grâce à des roues dentées. La lumière des projecteurs qui illuminent l'appareil se réfléchit sur le métal poli et elle projette une animation d'ombres mouvantes sur les murs de la salle où il est installé. C'est pourquoi la construction cinétique, en dépit de son indéniable charme, ne doit pas être considérée comme une sculpture. L'œuvre associe le spectacle des ombres et des lumières à celui de l'objet qui les module, les renouvelle sans cesse. Moholy-Nagy avait d'ailleurs songé à une présentation dans laquelle la machine aurait été dérobée à la vue[2]. C'est en quelque sorte ce qu'il réalisa, avec le film *Lichtspiel : Schwartz-Weiss-Grau* (1930), enregistrement cinématographique du jeu des lumières produit par le *Modulateur espace-lumière*.

La lumière, longtemps objet de représentation, condition impérative de sa visibilité, devient ici un élément concret mis en œuvre par l'artiste. Les photogrammes participent de cette conquête : s'ils ressemblent à des « images », ils sont en fait des concrétions de lumière fixées sur un papier photographique. Cette technique fut utilisée aux tout débuts de la photogra-

1. László Moholy-Nagy, *The New Vision and Abstract of an Artist* (1947), extrait traduit dans le cat. de l'exposition *L'Art en mouvement*, Saint-Paul, Fondation Maeght, 1992, p. 142.

2. Cf. Krisztina Passuth, « Les jeux de lumière », cat. de l'exposition *Electra. L'électricité et l'électronique dans l'art du XXe siècle*, Paris, musée d'Art moderne de la Ville de Paris, 1984, p. 186.

phie. Pour réaliser ses dessins photogéniques, Fox Talbot posait directement l'objet — généralement plat : une graminée, une feuille d'arbre, etc. — sur le papier photosensible, l'exposait à la lumière et procédait au développement de l'épreuve unique ainsi obtenue. Le dadaïste Christian Schad reprit en 1918 ce procédé de photographie sans appareil pour ses *schadographies*, enregistrement des silhouettes opaques et des altérations lumineuses engendrées par des objets divers, caches improvisés.

Man Ray a raconté comment, en 1921, un hasard heureux lui fit inventer les *rayographies*, terme construit sur son nom propre mais qui évoque aussi le dessin d'une lumière dont il sait varier les effets par maintes trouvailles ingénieuses. Alors qu'il développe des photographies, une feuille non exposée s'est glissée parmi les autres : attendant en vain, agacé, il pose machinalement « un petit entonnoir de verre, le verre gradué et le thermomètre dans la cuvette, sur le papier mouillé », et il allume la lumière. Une image se forme : « Ce n'était pas tout à fait une simple silhouette des objets : ceux-ci étaient déformés et réfractés par les verres qui avaient été plus ou moins en contact avec le papier, et la partie directement exposée à la lumière ressortait, comme en relief, sur le fond noir[1]. » Man Ray renouvela l'expérience ce jour-là, jusqu'à épuisement de son stock de papier, et il reprit souvent le procédé. Il baptisa « rayogrammes » ses œuvres obtenues ainsi.

Dans une note de *La Peinture au défi* (1930), Louis Aragon affirme qu'il faut rattacher les rayogrammes

1. Man Ray, *Autoportrait* (1963), *op. cit.*, p. 176.

aux collages, car « c'est une opération philosophique de même caractère, au-delà de la peinture, et sans rapport réel avec la photographie ». Moholy-Nagy nommait « photogrammes » les photographies obtenues sans appareil par une « mise en forme *d'une matière récemment conquise*, la lumière, recelant un fort potentiel créatif ». Il observe que les photogrammes de Man Ray s'attachent plus à « sonder le caractère énigmatique, étrangement inquiétant et exceptionnel du quotidien » qu'à « mettre explicitement en évidence l'essence du médium photographique ». En revanche, Moholy-Nagy cherche à exploiter, à travers cette technique, les potentialités pleinement artistiques de la lumière :

> Le photogramme semble être le moyen d'accéder à un nouveau type de création qui ne sera plus réalisée à l'aide de toile de lin, de pinceaux, de substances colorées, mais grâce à des jeux de projections, des « fresques lumineuses ». Le photogramme abolit l'ancienne mise en forme matérielle et grossière de la lumière, sa matérialisation médiate. La lumière est pratiquement saisie dans son rayonnement immédiat, fluctuant et oscillant[1].

Moholy-Nagy entrevoyait la possibilité de « transformer le procédé photographique d'enregistrement en une activité artistique délibérée ». On peut discerner là les prémices d'un changement d'attitude des artistes, longtemps méprisants pour la photographie, devant ce nouveau médium dont ils feront, plus tard, grand usage.

Confiant, Moholy-Nagy espérait que le « peintre de

1. László Moholy-Nagy, « Le photogramme et les techniques voisines » (1929), *Peinture, Photographie, Film*, *op. cit.*, p. 176.

progrès» parvienne à troquer les pigments pour la lumière. Les pigments n'ont pas été abandonnés, mais la lumière réelle s'est ajoutée à l'arsenal des matériaux dont disposent les artistes. Certains développent leur œuvre exclusivement à partir des possibilités qu'elle offre. Dan Flavin utilisait les tubes fluorescents. L'une de ses réalisations les plus célèbres, *Untitled (Monument for Vladimir Tatline)*, 1975, hommage au *Monument à la III*^e *Internationale*, atteste des liens qui unissent les conquêtes techniques d'une modernité récente à la «culture des matériaux» prônée, en son temps, par l'artiste russe. Michel Verjux déplace le centre d'intérêt de la lumière vers l'éclairage. Il en fait un usage aussi ascétique que séduisant : ses projecteurs, toujours visibles, engendrent sur les murs des formes simples, cercles, carrés ou rectangles de lumière, qui jouent avec l'espace architectural. Beaucoup d'artistes recourent épisodiquement à la lumière depuis que Lucio Fontana installa une immense arabesque de néon à la IXe Triennale de Milan (1951). Les tubes fluorescents, façonnables à volonté, aux couleurs variées, abondent depuis que François Morellet, Martial Raysse, Mario Merz, Joseph Kosuth, Bruce Nauman, James Turrell et tant d'autres les ont adoptés. Leurs œuvres sont fort diverses, signe que ces lumières ne relèvent pas d'une esthétique : elles constituent bel et bien un matériau.

L'art des décombres

Tandis que les artistes que nous venons d'évoquer emploient des matériaux ou des objets neufs, d'autres suivent l'exemple de Picasso. Comme lui, ils préfèrent « les objets sans valeur, le rebut, ce qui ne coûte pas cher[1] ». Son ami Aragon rapporte une anecdote amusante. Le peintre venait de clouer un morceau de chemise, une baguette et une corde sur un panneau de bois peint pour le transformer en *Guitare* (1926). Peu après, des visiteurs bien intentionnés lui apportaient « des coupons d'étoffes magnifiques *pour en faire des tableaux* ». Cela le mettait en rage, car il voulait travailler avec « les vrais déchets de la vie humaine, quelque chose de pauvre, de sali, de méprisé[2] ». L'usage à des fins artistiques d'objets et de matières jetés à la poubelle par la société urbaine s'inscrit dans le cadre d'une poétique toute moderne. Baudelaire décrivait ainsi le chiffonnier et son travail :

> Voici un homme chargé de ramasser les débris d'une journée de la capitale. Tout ce que la grande cité a rejeté, tout ce qu'elle a perdu, tout ce qu'elle a dédaigné, tout ce qu'elle a brisé, il le catalogue, il le collectionne. Il compulse les archives de la débauche, le capharnaüm des rebuts. Il fait un triage, un choix intelligent ; il ramasse, comme un avare son trésor, les ordures qui, remâchées par la divinité de l'Industrie, deviendront des objets d'utilité ou de jouissance[3].

« Objets de jouissance » : voilà qui n'est pas sans rapport avec les œuvres d'art. Walter Benjamin a mis au jour le caractère métaphorique de cette description

1. « Et si ce qui ne coûte rien coûtait cher, je me serais ruiné depuis longtemps », ajoute-t-il (cf. *Propos sur l'art*, *op. cit.*, p. 163).
2. Louis Aragon, « La peinture au défi » (1930), *Les Collages*, *op. cit.*, p. 57.
3. Charles Baudelaire, « Du vin et du hachisch, comparés comme moyens de multiplication de l'individualité » (1851), *Œuvres complètes*, texte établi, présenté et annoté par Claude Pichois, Paris, Gallimard, Bibliothèque de la Pléiade, vol. 1, 1975, p. 381.

du chiffonnier derrière laquelle transparaît la figure du poète qui se penche ici sur le « rebut de la société » afin d'y trouver son « sujet héroïque[1] ». Cette allégorie baudelairienne dessine les traits saillants de nombreux artistes modernes, chiffonniers qui recyclent des déchets bien réels et concrets, récupérés dans les villes et sur leurs décharges publiques.

Après Picasso, mais plus systématiquement que lui, Kurt Schwitters fut l'un des premiers adeptes notables de cette poétique. La nécessité de créer pour son art une appellation personnelle s'imposa à lui après le rejet par Richard Huelsenbeck, en 1918, de sa demande d'intégration au « Club Dada » de Berlin. En 1919, il choisit le terme *Merz* pour désigner l'ensemble de ses propres travaux. Trouvaille fortuite, ce mot apparaît sur un collage intitulé *Merzbild* (*Tableau Merz*, 1919, œuvre aujourd'hui perdue). Deuxième syllabe d'une publicité pour une banque — la *Kommerz und Privatbank* — il provient d'une coupure tant littérale qu'esthétique, car il avait compris qu'il créait « en dehors des notions génériques habituelles[2] ». Schwitters dérive ensuite divers substantifs du label Merz. Il propose aussi le verbe *merzer*. La peinture, le dessin, les pièces de théâtre, les poèmes, la revue créée en 1923, l'œuvre qu'il construit sans relâche dans son atelier reçoivent des noms génériques formés à partir du radical *merz* : *Merzbild*, *Merzzeich-*

1. Cf. Walter Benjamin, *Charles Baudelaire, un poète lyrique à l'apogée du capitalisme*, trad. par Jean Lacoste, Paris, Petite Bibliothèque Payot, 1982, p. 115 et 116.

2. Kurt Schwitters, « Watch youi step » (1923), traduit dans Kurt Schwitters, *Merz, Écrits, suivi de Schwitters par ses amis*, éd. établie, présentée et annotée par Marc Dachy, Paris, Éditions Gérard Lebovici, 1990, p. 119.

nung, *Merzbühne*, *Merzdichtung*, *Merzbau*. L'usage récurrent du terme conforte la revendication d'une stratégie instauratrice toute personnelle :

> En substance, le mot Merz signifie l'assemblage à des fins artistiques de tous les matériaux imaginables et, par principe, l'égalité de chacun de ces matériaux sur le plan technique. La peinture Merz se sert donc non seulement de la couleur et de la toile, du pinceau et de la palette mais de tous les matériaux que l'œil peut voir et de tous les outils qui peuvent s'avérer utiles. De ce point de vue, il importe peu qu'à l'origine les matériaux utilisés aient ou n'aient pas été conçus à d'autres fins. La roue d'une voiture d'enfant, un treillis métallique, de la ficelle ou de la ouate sont des éléments de valeur égale à la couleur. L'artiste crée par le choix, la disposition et la déformation des matériaux[1].

Après la guerre, libre de crier sa joie dans un monde « détruit et où il fallait construire du neuf avec des décombres », Schwitters utilisa ce qui lui tombait sous la main, car, dit-il : « On peut aussi crier avec des ordures, et c'est ce que je fis, en les collant et les clouant ensemble[2]. » Par la suite, l'artiste n'a pas cessé de recueillir, entasser et agencer les objets les plus variés. Ses amis étaient frappés par son insatiable boulimie qui « lui faisait ramasser toutes sortes d'objets dans la rue, ainsi que dans les cendriers et les corbeilles à papier, même s'ils ne sentaient pas particulièrement bon[3] ». Hans Richter a raconté un trajet en tramway, au cours duquel il vit son ami s'affairer, les mains derrière le dos, puis sauter du wagon : Schwitters venait de démonter une plaque émaillée, « Défense

1. Kurt Schwitters, « La peinture Merz » (1919), *ibid.*, p. 45.
2. Texte autobiographique de Kurt Schwitters (1930), *ibid.*, p. 169.
3. Hans Richter, « Kurt Schwitters » (1958), *ibid.*, p. 338.

de fumer», à l'aide d'un petit tournevis qu'il gardait toujours sur lui, au cas où. Les témoignages de ses amis soulignent volontiers, non sans excès et sans complaisance, le caractère repoussant des détritus qu'il récupérait. Paul Bowles évoque une expédition de l'artiste dans une décharge municipale, d'autres parlent d'immondices et Tzara note que Schwitters ramassait dans la rue «des objets hétéroclites et absurdes que même les boueux auraient dédaignés». Le ton de ces récits confirme le caractère atypique de cette fascination pour les déchets. Schwitters encourageait d'ailleurs le lyrisme du pire par des proclamations comme celle-ci : «Savez-vous ce que c'est que l'art ? Un pavillon de merde, c'est ça, l'art[1].»

L'artiste intégrait à ses œuvres tout ce qu'il amassait — véritables immondices ou simples déchets, peu importe. Il professait que «le matériau est insignifiant» car «l'essentiel est de donner forme[2]». Pour construire un nouveau monde avec les débris de l'ancien, Schwitters jouait avec les textures, les couleurs, les volumes, mais aussi avec les traces de la vie laissées sur des matériaux qui sont moins «sales» que chargés d'histoire humble et dérisoire, authentique. L'art et la vie, une fois encore, convergeaient. Comme les révolutionnaires russes ou comme Mondrian, Léger et d'autres, Schwitters était convaincu que «la raison d'être et le but de l'art sont la création des hommes nouveaux qui formeront la société nouvelle[3]».

1. Kurt Schwitters, «Banalités» (1923), *ibid.*, p. 114.
2. Kurt Schwitters, «Merz» (1920), *ibid.*, p. 56.
3. Kurt Schwitters et d'autres artistes de Hanovre, «Front contre Fronta» (1927), *ibid.*, p. 163.

Schwitters ne se contenta pas de concevoir des œuvres de toute nature. Il modifia son cadre de vie par l'élaboration du *Merzbau*, réalisation la plus caractéristique de tous ses assemblages. Le premier *Merzbau* (« Construction Merz »), commencé en 1923, abandonné lorsque l'artiste dut quitter l'Allemagne, et détruit en 1943, a donné lieu à une reconstitution (Hanovre, Sprengel Museum, 1988) qui s'apparente à une trahison pour de multiples raisons. La plus fondamentale réside dans la logique créative requise par cette œuvre intime. Construite à partir d'un noyau primitif, une *Colonne Merz*, le *Merzbau* proliféra comme « une végétation qui ne cesserait de croître ». Les parties les plus anciennes disparaissaient au fil du temps, enfouies sous les ajouts successifs. En 1927, l'atelier devint inutilisable, et le *Merzbau* finit par envahir l'ensemble de la maison. Le développement de la *Kathedrale des erotischen Elends* (« Cathédrale de la misère érotique ») — c'est ainsi que l'artiste nommait cette œuvre — suivait le cours de la vie. Les formes se chargeaient de souvenirs. Des « grottes » étaient consacrées aux amis de Schwitters, Arp, Van Doesburg, El Lissitzsky, Gabo, Mondrian, Richter, etc. Chacune contenait une sorte de relique — morceau de crayon, bout de lacet, mégot ou rognure d'ongle appartenant au dédicataire. Schwitters faisait volontiers les honneurs de son *Merzbau* à ses amis. Selon l'un d'eux, cette « œuvre non transportable » devait être « plutôt vécue[1] » que visitée. Certains croient y avoir senti une odeur fécale. Plusieurs se

1. Friedel Vordemberge-Gildewart, « Kurt Schwitters », *ibid.*, p. 349.

souviennent de l'« urine du maître », flacon dévoilé, non sans malice, aux visiteurs de marque. Durant son exil, l'artiste entreprit une nouvelle construction dans ses logements successifs.

On l'aura compris, « par principe[1] » le *Merzbau* devait rester inachevé. Il relève du *Work in Progress*, notion empruntée à James Joyce. Après la publication d'*Ulysse* (1922), alors que Schwitters commence son *Merzbau*, Joyce entreprend la rédaction d'un ouvrage qu'il nomme *Work in Progress*. Il en publie divers fragments au cours des années 1920 et 1930. Le livre parut en 1939 sous son titre définitif, *Finnegans Wake*, mais la notion de *Work in Progress* s'était imposée. Elle s'applique à merveille à la construction proliférante, en constante évolution, de Schwitters : l'artiste ne visait nullement une forme définitive, pérenne. La pratique de l'inachevable ne doit pas être comprise sous les auspices de l'esthétique du *non finito*, modalité parmi d'autres de l'achèvement. L'œuvre perpétuellement *en cours* bouleverse les idées admises sur la création. Loin de mettre l'accent sur le résultat de procédures instauratrices tendues vers la réalisation définitive d'un objet sensible, elle déplace l'attention vers le processus lui-même. C'était là le but explicite de l'exposition *Work in Progress* organisée à l'American Center (Paris, 1969) par Christian Boltanski et Jean Le Gac[2].

Aucun contemporain de Schwitters n'a pratiqué

1. Cette remarque est de Schwitters lui-même (cf. Dietmar Elger, « L'œuvre d'une vie : les *Merzbau* », cat. de l'exposition *Kurt Schwitters*, Paris, Centre Georges Pompidou, 1994, p. 140).

2. Le *Process Art* qui se développe alors aux États-Unis a retenu, lui aussi, cette option.

avec tant de constance l'art d'accommoder les restes. La présentation de la *Première Messe-Dada internationale* (Berlin, 1920) tient sans doute du capharnaüm, mais même le *Grand Plasto-dio-dada-drame* de Johannes Baader, accumulation pyramidale de composants sagement empilés, utilise essentiellement des objets, des journaux ou des affiches que l'artiste s'est procurés directement : sur les documents photographiques, seules traces de cette réalisation éphémère, ils semblent « neufs ». Après la Seconde Guerre mondiale, en revanche, les rebuts connurent auprès des artistes un vif regain d'intérêt, au point que, dans les années cinquante, est apparu aux États-Unis un nouveau terme générique pour qualifier les œuvres élaborées à partir de matériaux de récupération : la *Junk Sculpture* (*Junk* signifie bric-à-brac, rebut). Richard Stankiewicz élaborait des sculptures rouillées en métaux récupérés, John Chamberlain utilisait des morceaux de voitures mises à la casse et Mark Di Suvero employait alors de vieilles poutres, des chaînes ou des cordages et divers autres matériels hors d'usage. Cette « esthétique du déchet » s'insère dans un mouvement culturel plus vaste, la *Junk Culture*, pétrie de connotations idéologiques explicitement critiques envers la « société de consommation », alors vilipendée. La culture *junk* n'en est pas moins l'héritière des papiers collés et, plus encore, du « merzage » schwittersien.

III

L'assemblage : l'art et la vie

En 1961 s'ouvrait au Museum of Modern Art de New York une exposition qui fit date : *The Art of Assemblage*. William C. Seitz, son commissaire, y présentait un large bilan des nouvelles tendances artistiques qui, en Amérique et en Europe, puisaient dans les objets du quotidien. Arman, César, Spoerri, Tinguely, ou Baj, Burri, Dubuffet, et Chamberlain, Cornell, Johns, Keinholz, Nevelson, Rauschenberg, Stankiewicz participaient à ce panorama qui réunissait près de cent cinquante artistes. Tous auraient sans doute pu souscrire à ces réflexions de Man Ray, l'un des inventeurs du genre :

> La peinture, pendant les cinquante premières années du XXe siècle, a élargi les frontières de son objet. Elle a même commencé à s'en libérer. Maintenant, elle est en train de se révolter contre elle-même non seulement en devenant « abstraite » mais en violant toutes les considérations esthétiques que ce moyen d'expression entraîne. Ceci nous amènera peut-être inévitablement à renoncer à peindre, à abandonner la peinture elle-même. Avec l'introduction de matériaux diffé-

rents, les œuvres auront de moins en moins l'aspect d'œuvres d'art[1].

Mais William C. Seitz avait également tenu à explorer les racines du phénomène. Le catalogue de *The Art of Assemblage* présente en frontispice la reproduction d'une œuvre de Picasso, *Bouteille de Suze* (1913). Cet hommage situe à juste titre l'assemblage dans la postérité des papiers collés. À la suite du cubisme, d'autres artistes ont exploré les potentialités d'une trouvaille technique capable de servir des visées esthétiques multiples.

Allan Kaprow estime que l'assemblage appartient à un territoire « rendu familier par Dada et le surréalisme : la corbeille à papier urbaine et le rêve œdipien[2] ». L'exposition du MoMA avait notablement contribué à accréditer cette idée, n'omettant dans sa généalogie ni la *Roue de bicyclette* ni les œuvres de Schwitters, auxquelles une large place était réservée, alors qu'en revanche seul Malévitch représentait les artistes russes. Aujourd'hui, le terme *assemblage* s'est imposé pour nommer la catégorie des œuvres tridimensionnelles élaborées à partir de matériaux et d'objets divers. Les éléments empruntés, identifiables, y conservent une part de leur intégrité.

1. « Pensées tirées d'un carnet secret de Man Ray » (s. d.), publiées dans Man Ray, *Objets de mon affection*, Paris, Philippe Sers, 1983, p. 174.

2. Allan Kaprow, « L'art expérimental » (1966), repris dans *L'Art et la vie confondus*, textes réunis par Jeff Kelley, trad. par Jacques Donguy, Paris, Centre Georges Pompidou, 1996, p. 97.

Néodadaïsme et Pop Art

La publication de l'anthologie que Robert Motherwell consacra à Dada en 1951 (*The Dada Painters and Poets : An Anthology*) avait contribué au regain d'actualité du mouvement. Bientôt, de jeunes artistes souhaitant rompre avec l'expressionnisme abstrait déjà moribond trouvaient en Marcel Duchamp et John Cage de nouvelles figures tutélaires. Cette mouvance diffuse fut considérée comme un avatar de Dada : en janvier 1958, la couverture du magazine *Art News* reproduit une œuvre de Jasper Johns, *Target with Four Faces* (« Cible, avec quatre visages », 1955), commentée en page intérieure par un petit texte : « Jasper Johns, qui peignit *Target* à l'encaustique sur un fond de journaux, et qui y ajouta une étagère de boîtes comportant des visages en plâtre, est l'adepte le plus récent d'un mouvement de jeunes artistes américains qui gravitent autour d'une sorte de néo-dada — pétillant ou lyrique, sérieux mais roué, sans agressivité idéologique, mais pourvu de piquants, pour l'esthétique. » Ce fut sans doute la première apparition du terme *néo-dada*. Quel que soit par ailleurs son bien-fondé, il caractérise bien l'état d'esprit, les méthodes et les intentions explicites de ces jeunes artistes.

Enrôler Jasper Johns sous cette bannière peut surprendre. En dépit d'une figuration apparemment sage, ses œuvres développent un humour corrosif, dardé contre l'esthétique dominante dans les années cinquante. Il fabrique lui-même les éléments en volume adjoints à ses peintures, mais ce sont des moulages, modalité de la représentation qui ne releve pas de l'imitation. La matière de ses peintures, triturée à la spatule, occulte à demi seulement le collage de journaux qui fait office de fond, révérence voilée au cubisme. Et surtout ses sujets, d'une apparente platitude, s'en prennent insidieusement aux théories du *modernism* pictural qui commencent à s'imposer. L'artiste s'ingénie à leur apporter, en peinture, des réponses ironiques.

Le modernisme condamne toute forme de représentation ; Johns adopte pour *motif* de ses œuvres des objets ordinaires, des objets caractérisés par une planéité évidente. C'est ainsi qu'il peint frontalement, sans reste, des drapeaux américains posés à plat, des cibles ou des chiffres au pochoir, réalisant ainsi des œuvres figuratives mais néanmoins parfaitement planes. Lors d'une réunion d'amis, on lui demanda ce qu'il aurait fait s'il n'avait pas été peintre ; il répondit : « J'organiserais une exposition volante de tableaux qui ferait le tour des États-Unis. L'avion s'appellerait "The Picture Plane"[1]. » Les expressionnistes abstraits utilisaient volontiers des boîtes de café pour faire tremper leurs brosses dans la térébenthine. Johns fait tirer en bronze un moulage d'un tel ensemble, puis il peint le tout. Ce trompe-l'œil désinvolte, à mi-chemin de la sculpture et de la peinture, reproduit les coulures et autres salissures caractéristiques de l'esthétique expressionniste, ici soigneusement feintes (*Painted Bronze (Savarin Can)*, 1960).

L'œuvre de jeunesse de Robert Rauschenberg, plus

1. Jeu de mots sur *Plane*, qui signifie à la fois « plan » et « avion » (cf. Leo Steinberg, *Other Criteria*, New York, Oxford University Press, 1972, p. 52).

directement héritière de l'esprit dada, comporte elle aussi des critiques explicites de l'esthétique expressionniste devenue mortifère. En 1953, il demande un dessin à Willem de Kooning, afin, le prévient-il, de l'effacer. De Kooning se prête au jeu : bien que Rauschenberg prétendît qu'il voulait simplement montrer que l'autre extrémité du crayon est aussi bonne — les crayons américains sont généralement munis d'une gomme. *Erased de Kooning Drawing* (1953) fait table rase du passé récent. *Factum I* et *Factum II* (1957) confirment cette interprétation : sur deux tableaux identiques, les mêmes collages mais aussi les mêmes taches, les mêmes coulures de peinture battent en brèche la croyance dans une relation consubstantielle entre authenticité et véhémence (supposée) du geste. Il montre ici que l'expressionnisme, réifié en style, loin de traduire les bouillonnements d'une intériorité inquiète, peut être tranquillement fabriqué.

Rauschenberg avait opté d'emblée pour un foisonnement de techniques et d'esthétiques. Il réalise des empreintes photographiques et il peint des tableaux en blanc, d'autres en noir, parfois sur fond de journaux. Parallèlement, Rauschenberg élabore de nombreux assemblages avec des matériaux de récupération, des objets trouvés. La boue, les déchets se couvrent de feuilles d'or, fripées. Des moisissures du plus bel effet pictural envahissent la célèbre *Dirt Painting* (1953) dédiée à John Cage. Des bouchons de papier — Cy Twombly indique qu'ils proviennent de boîtes à chaussures — sont accumulés dans un parallélépipède en verre (*Untitled* (*Paper Painting*), 1953). Rauschenberg plante de vieux clous dans des morceaux de poutre usagés, ou il dispose des cailloux sur des planches. Le son l'intéresse aussi : une petite caisse est munie de clous pointés vers l'intérieur, entre lesquels s'agite une pierre, lorsqu'on la remue (*Music Box*, 1953).

Cette profusion d'idées et d'expériences conduit Rauschenberg à inventer la notion de *Combine-painting* pour qualifier des œuvres mixtes qui recourent à la fois aux techniques picturales traditionnelles et à l'assemblage d'objets réels. L'artiste veut échapper aux routines pour insuffler à l'art une vitalité retrouvée car, dit-il, « lorsqu'une technique est reconnue, l'art est mort ». À l'occasion de sa première exposition à Paris (galerie Daniel Cordier, mai 1961), Rauschenberg répond à André Parinaud qui l'interroge sur ses *Combine-paintings* :

> Ce n'est ni de l'Art pour l'Art, ni de l'Art contre l'Art. Je suis pour l'Art mais pour l'Art qui n'a rien à voir avec l'Art. L'Art a tout à voir avec la vie, mais il n'a rien à voir avec l'Art[1].

Lucide, l'artiste n'ignore pas pour autant que la peinture reste « liée à la fois à l'art et à la vie ». Les avant-gardes historiques ont souvent voulu tisser des liens entre l'art et la vie. Il s'agissait alors, pour l'art, de changer le monde. Ainsi, Mondrian ou, fort différemment, les constructivistes russes appelaient de leurs vœux une dissolution de l'art dans la vie — nous l'avons souligné à plusieurs reprises. Rauschenberg suit le chemin inverse : il veut introduire la vie dans l'art, afin d'en modifier la physionomie. Le monde entier semble pouvoir s'y déverser pour s'associer à la peinture. Journaux, images de presse, reproductions imprimées, graffiti, tissus, oiseaux et autres animaux

1. Robert Rauschenberg, entretien avec André Parinaud (1961), repris dans le cat. de l'exposition *Paris/New York*, *op. cit.*, p. 726.

empaillés, chaises, tabourets, portes, fenêtres, lits, oreillers, valises, godillots, horloges, bidons, caisses, bouteilles de Coca, parapluies, balais, ressorts, horloges, pneus, plaques d'immatriculation, panneaux de signalisation, ampoules électriques, etc. proposent un kaléidoscope cocasse où scintille le fatras des rebuts qui portent les stigmates de l'usage.

Parfois présentées à même le sol, mais le plus souvent accrochées au mur, les *Combine-paintings* conservent des attaches avec l'horizontalité, avec la pesanteur du monde concret où les objets ont une propension à choir. Leo Steinberg analysa cette nouvelle topique, manifeste dans les œuvres de Rauschenberg, mais présente aussi dans celles de Dubuffet, notamment dans ses *Texturologies* (1958), « célébration du sol », reconstitutions de sa peau, de sa matérialité et de ses accidents, où s'abîme l'opposition entre le haut et le bas. *Bed* (Rauschenberg, 1955) paraît être un véritable lit : la couverture en patchwork de l'artiste et son oreiller maculé de traces de peinture « expressionnistes », griffé de crayonnages, sont montés sur une planche de bois. L'ensemble, entouré d'un bâti qui fait office de cadre, est accroché au mur. L'œuvre est saisissante. Ce lit retint l'attention de Steinberg :

> Là, placé dans la station verticale traditionnelle à l'« art », il continue à évoquer l'éternel compagnon de notre horizontalité — cette autre manière d'être — à évoquer le lit — plan où nous procréons, concevons, rêvons. L'horizontalité du lit se rapporte au « faire », tandis que la verticalité du plan du tableau de la Renaissance se rapportait au fait de regarder[1].

1. Leo Steinberg, « Other Criteria », repris dans *Other Criteria*, *op. cit.*, trad. d'un extrait par Claude Gintz dans son anthologie cri-

À la pure visualité du tableau, « fenêtre » ouverte dans le mur, s'oppose la corporéité du « faire ». Toute une conception de l'art bascule, littéralement, avec ce que Steinberg nomma le plan *flatbed*. Ce terme permet d'entendre « lit », mais il fut forgé à partir du vocabulaire de l'imprimerie : *horizontal bed*, tel est le nom donné au plateau de la presse traditionnelle, un plateau horizontal sur lequel sont déposées la matrice d'impression et la feuille à imprimer, belle métaphore des procédures que les *Combine-paintings* et aussi, selon Steinberg, de nombreuses œuvres contemporaines nous invitent à percevoir malgré leur présentation verticalisée :

> Le plan *flatbed* du tableau fait symboliquement allusion à des surfaces solides — dessus de table, sols d'atelier, diagrammes, tableaux d'affichage — toutes surfaces réceptrices sur lesquelles on peut répandre des objets, faire entrer des données, recevoir, imprimer, reporter des informations, dans la cohérence ou la confusion[1].

Des *Nymphéas* de Claude Monet aux *drip paintings* de Jackson Pollock, puis au plan *flatbed* de Rauschenberg, c'est en effet toute une tradition qui vacille. Les artistes ne se contentent pas de regarder vers le bas, ils ramassent les rebuts qui jonchent le sol des décharges publiques et des ferrailleurs pour les intégrer à leurs œuvres, au risque de sublimer le banal, d'esthétiser le sordide. L'entreprise de trivialisation qu'ils font subir à l'art ouvre alors de nouveaux chantiers. Les uns se tournent vers les formes méprisées de la culture populaire, les autres vers le monde décrié de la marchan-

---

tique, *Regards sur l'art américain des années soixante*, *op. cit.*, p. 48 et 49.

1. *Ibid.*, p. 46 et 47.

dise, non pour la représenter, disposée en superbes natures mortes actualisées, mais pour jouer de (avec) ses mécanismes.

Claes Oldenburg est de ceux-là. En 1961, il loue un local, le baptise *The Store* et l'ouvre au public. Dans ce véritable magasin, il met en vente ses œuvres, répliques grossièrement façonnées en tissu plâtré, des objets de grande consommation que proposent les boutiques de quartier, tranches de gâteau, ice-creams, sucettes géantes, hamburgers, côtelettes, saucisses ou encore casquettes, vestes, cravates, combinaisons, montres-bracelets, etc. Le tout est hâtivement peint, non sans coulures — allusion, une fois encore, à l'expressionnisme d'hier —, avec des couleurs vives, d'un « mauvais goût » parfait. Oldenburg estime qu'une « décharge publique dans une ville vaut tous les magasins de fournitures artistiques du monde[1] », mais il préfère cependant fabriquer lui-même ces objets qu'il remplace sur-le-champ sur leurs présentoirs quand un client les acquiert. Oldenburg désacralise les œuvres — objets vite faits par un artiste-artisan qui travaille dans son échoppe, sans mystère, au vu de chacun. Mieux encore, il saborde la valorisation entretenue par les galeries d'art ou les musées autour des œuvres, soumises ici aux lois et aux habitudes d'un échange marchand tout à fait ordinaire — ou presque, car ni l'artiste ni les acheteurs n'ignorent le caractère fictionnel de cette entreprise directement liée au monde de l'art. Olden-

1. Claes Oldenburg, cité par Yve-Alain Bois dans le catalogue de l'exposition *L'Informe*, Paris, Centre Georges Pompidou, 1996, p. 168.

burg veut en secouer les habitudes, y introduire la vie, le rire :

> L'art pictural qui a si longtemps sommeillé dans des cryptes dorées, enfermé dans des cercueils de verre, est invité à sortir nager, à prendre une cigarette, une bouteille de bière, à s'ébouriffer : il faut qu'il se secoue et prenne le large, il doit rire, se déshabiller sans manière, faire des promenades à bicyclette, retrouver une fille dans un taxi et la peloter[1]…

Parallèlement aux activités de sa boutique, Oldenburg accumulait des *Ray Guns*, figures de pistolets d'abord construites à l'aide de matériaux trouvés, d'objets détournés, puis simples formes évocatrices, ramassées au fil des promenades ou fournies par des amis. Sa collection s'accroissait inexorablement. Il conçoit donc en 1965 un musée parodique destiné à conserver et à présenter cette masse d'objets : le *Mouse Museum*, bâtiment dont la façade aux grandes oreilles et le plan au sol sont dessinés d'après la tête de Mickey, autre collusion avec un univers longtemps rejeté par l'art, par la culture savante.

Les artistes regroupés sous l'égide du Pop Art ont systématiquement emprunté à l'univers de la marchandise et du commerce de masse ou des loisirs populaires. Les évoquer dans un chapitre consacré au « réel » risque d'entraîner des confusions car leurs œuvres sont généralement des représentations, souvent picturales : elles font rarement appel à des objets concrets ou aux matériaux bruts. Cependant, Tom Wesselmann associe à ses peintures, natures mortes

1. Déclaration de Claes Oldenburg (1965), citée par Lucy R. Lippard, *Pop Art* (1966), Londres, Thames and Hudson, éd. révisée, 1996, p. 108.

ou images simplifiées et provocantes de femmes, des éléments bien réels, un rideau de douche, une serviette-éponge et un tapis de bain posé sur le sol, devant l'image d'une femme dans sa baignoire, se séchant (*Bathtub n° 3*, 1963) ou encore un radiateur, un téléphone mural, des rideaux en tissu ouvrant sur une fenêtre par laquelle on voit un paysage riant — une affiche touristique. George Segal ne procède pas autrement, à ceci près que les personnages peints cèdent la place à des moulages sur nature, en plâtre blanc.

Andy Warhol mit souvent en place des stratégies plus complexes ou plus perverses. En 1962, par exemple, il pose des toiles sur le trottoir afin de recueillir des traces de pas : le « vrai » n'est pas simplement trouvé, tout fait. Son apparition, provoquée, résulte d'un enregistrement. La même année, Warhol effectue ses premiers essais de « peintures d'oxydation ». Cette fois, il s'agit d'uriner vraiment sur des toiles recouvertes de peinture métallisée, oxydable, posées à même le sol. Ces œuvres sont peu connues : l'artiste doit son immense succès à celles qui exhibent des objets de grande consommation ou des images puisées dans le maelström que charrie la presse. Il ne s'empare pas directement des objets ou des images qu'il retient. Elles sont reproduites par un procédé emprunté à l'industrie publicitaire, la sérigraphie. Au lieu d'un objet concret, c'est une technique « trouvée » qui entre discrètement, presque en sous-main, dans l'œuvre. Le nom de son atelier, devenu en 1963 la *Factory* (l'« usine »), attire l'attention sur ce déplacement. Ces jeux culminent avec les caisses, répliques d'emballages, véritables « vrais-faux » readymades :

de loin, les visiteurs de la Stable Gallery (New York, 1964) étaient confrontés à ce qu'ils croyaient être des cartons pour la livraison de jus de tomate *Campbell's*, de tampons à récurer *Brillo* ou de ketchup *Heinz*. De près, l'amateur un tant soit peu attentif constatait qu'il n'en était rien. Et en effet, Warhol, après s'être procuré divers modèles de cartons sur des parkings de supermarché, avait commandé dans une fabrique des caisses en contre-plaqué. Peintes dans la couleur du carton, elles pouvaient accueillir une copie du graphisme originel, imprimé en sérigraphie : l'illusion est excellente et ces œuvres, malgré leur ressemblance avec des readymades, sont entièrement fabriquées pour le monde de l'art.

Appropriation : un nouveau réalisme

La référence à Dada, explicitement présente aux États-Unis, s'imposait aussi en Europe et le titre d'une exposition parisienne *À 40° au-dessus de Dada* (1961) en est un signe parmi d'autres. Son organisateur, Pierre Restany, avait fédéré l'année précédente un groupe d'artistes — Arman, François Dufrêne, Raymond Hains, Yves Klein, Martial Raysse, Daniel Spoerri, Jean Tinguely, Jacques Mahé de La Villeglé. Tous avaient signé cette déclaration : « Le jeudi 27 octobre 1960, les nouveaux réalistes ont pris conscience de leur singularité collective. Nouveau Réalisme = nouvelles approches perceptives du réel. » César, Gérard Deschamps, Mimmo Rotella, Niki de Saint-Phalle et, en 1963, Christo participèrent aux manifestations du groupe. Hormis Klein, l'ensemble de ces artistes satisfaisait pleinement au critère essentiel avancé par leur mentor pour les réunir : ils procédaient par appropriation. Lointaine conséquence du readymade, cette stratégie s'en distingue par une intention d'expressivité comme par la fascination avouée pour l'univers urbain, pris dans son ensemble :

> Les nouveaux réalistes considèrent le Monde comme un Tableau, le Grand Œuvre fondamental dont ils s'approprient des fragments dotés d'universelle signifiance. Ils nous donnent à voir le réel dans les aspects divers de sa totalité expressive. Et par le truchement de ces images spécifiques, c'est la réalité sociologique tout entière, le bien commun de l'activité des hommes, la grande république de nos échanges sociaux, de notre commerce en société qui est assignée à comparaître[1].

Comme leurs homologues américains, de jeunes artistes réagissaient, à la fin des années cinquante, contre les débordements d'une expressivité gestuelle. Ils recouraient à la concrétude et à l'anonymat des objets pour tourner la page. Dada ou Merz, références majeures, montraient l'exemple à ceux qui refusaient tout épanchement mais ne dédaignaient nullement les joies d'un humour mêlé de provocation. Arman récupère « des détritus, des rebuts, des objets manufacturés réformés, en un mot : les inutilisés ». Il réalise des *Poubelles*, entassements dans une boîte de déchets donnés à voir derrière une vitre, puis il invente les *Accumulations*. Les premières sont exposées en 1959. Contrairement aux *Poubelles*, les *Accumulations* rassemblent des objets utilitaires de même nature : une collection

1. Pierre Restany, « À 40° au-dessus de Dada » (1961), texte reproduit dans le cat. de l'exposition *1960 Les Nouveaux Réalistes*, Paris, musée d'Art moderne de la Ville de Paris, 1986, p. 266 et 267.

de vieux dentiers (*La Vie à pleines dents*, 1960), des masques à gaz (*Homme, Sweet Home*, 1960) ou des suppositoires (*En direct de la lune*, 1960). Arman remplit la galerie Iris Clert de détritus (Paris, 1960), puis il utilise la technique de l'inclusion qui lui permet de travailler avec des déchets organiques. L'artiste reconnut lui-même que le « déclic » lui fut donné par Schwitters, dont il découvrit les œuvres dans des revues avant de les voir, mais il a tenu à s'en distinguer :

> Chez Kurt Schwitters nous assistons à une recherche délibérée d'harmonies et d'assemblages esthétiques ; pour lui, plus importante que le matériau, se trouve d'abord la possibilité de la valeur plastique des objets et celle de leur conjugaison ; de plus, Kurt Schwitters fut toujours sensible au sens littéraire des éléments choisis. J'affirme que l'expression des détritus, des objets, possède sa valeur en soi, directement, sans volonté d'agencement esthétique les oblitérant et les rendant pareils aux couleurs d'une palette[1].

Daniel Spoerri, danseur, traducteur de Tzara[2], imagine en 1960 un geste plus radical encore : coller sur leur support les objets qui s'y trouvent, sans se permettre le moindre choix, la plus petite modification. Après séchage, l'ensemble est accroché sur le mur où il devient un « tableau-piège ». Les titres achèvent la transformation en œuvres d'art de « situations qui se sont produites accidentellement ». Souvent redondants — *Le Petit Déjeuner de Kichka* (1960) s'étale sur une

1. Arman, « Réalisme des accumulations », *Zero*, nº 3, juillet 1961. Cf. la réédition des trois numéros de *Zero*, trad. anglaise par Howard Beckman, introduction de Lawrence Alloway, Cambridge, Massachusetts, The MIT Press, 1973, p. 208.

2. Cf. « Daniel Spoerri, interview conducted by Susan Hapgood » dans le cat. de l'exposition *Neo-Dada : Redefining Art, 1958-62*, New York, The American Federation of Art, 1994, p. 131.

planche posée sur une chaise — ils ajoutent parfois un grain d'humour ou de dérision — les restes d'un repas, pain compris, s'intitulent *Le Croûtisme*, (1960). Daniel Spoerri avait créé les éditions MAT — Multiplication d'Art Transformable[1] (1959), auxquelles Marcel Duchamp collabora. « Montreur de réalité », il actualise le geste du readymade et il poursuit une réflexion amusée sur ses activités comme sur l'art en général :

> Ne voyez pas ces tableaux-pièges comme de l'art. Ils sont plutôt une sorte d'information, de provocation, ils dirigent le regard vers des régions auxquelles généralement il ne prête pas attention, c'est tout. Et l'art, qu'est-ce que c'est ? Serait-ce peut-être une forme de vie ? Peut-être dans ce cas[2] ?

Spoerri accepte les aléas du hasard, heureux ou non. Le temps peut dénaturer ses œuvres, qu'importe. Des rats s'étaient attaqués à deux d'entre elles, stockées dans une cave. L'artiste se contenta d'ajouter à la mention de son nom : « Avec la collaboration des rats. » Bien entendu, et comme il le dit lui-même, « n'importe qui peut choisir un arrangement fortuit et en faire un tableau ». C'est pourquoi il fait imprimer des « certificats de garantie » qui autorisent quiconque à fabriquer, sous licence, ses tableaux-pièges. Cette procédure particulièrement retorse lui permet d'exprimer son « doute envers l'acte créateur », doute qui prend une forme spectaculaire lors de son exposition à la galerie Köpcke (Copenhague, 1961), intitulée *L'Épicerie*. Là, il ne piège rien, ne fixe rien. Spoerri se contente de déplacer des produits de consommation

1. Il s'agit là d'un jalon important dans l'histoire des « multiples ».
2. Daniel Spoerri, « Tableaux-pièges », *Zero*, n° 3, *op. cit.*, p. 217.

courante achetés dans une épicerie voisine. Seule modification, la mention portée au tampon « Attention œuvre d'art » et la signature de l'artiste. Mais ils restent vendus au même prix que dans le magasin d'où ils proviennent. La logique du readymade est mise à mal, dans la mesure où elle se conjugue avec une dérision des manipulations financières qui accompagnent les opérations artistiques.

Spoerri réalisa aussi quelques « tableaux-pièges aidés », autre clin d'œil à Duchamp. Il est possible de considérer sous cette rubrique la catégorie des *détrompe-l'œil*, avatar du tableau-piège qui s'en distingue par le choix intentionnel des objets mis en relation. Le détrompe-l'œil est l'exact opposé du trompe-l'œil, prouesse technique qui porte l'imitation à son comble. L'artiste propose comme exemple de détrompe-l'œil « une vue romantique des Alpes — une vallée avec un ruisseau dévalant vers le spectateur » modifiée par l'« adjonction de robinets et d'une douche ». Autre exemple : une peinture niaise, image d'un nu féminin, sur lequel a été collé un vrai petit pansement, devient le *Nu blessé* (1962). La blague de potache, telle qu'elle s'affiche dans ces œuvres volontairement dérisoires, a lentement conquis un droit de cité au sein d'un univers artistique longtemps épris de noblesse, soucieux d'élévation morale, marqué durant des siècles par une gravité de ton à laquelle peu d'artistes dérogeaient. L'art avait rejeté le rire, notamment celui de la caricature, à ses marges. Depuis Manet, peut-être, Picasso, sans doute, Dada, à coup sûr, il s'est solidement installé dans l'art moderne, y introduisant un trouble dont il a le plus grand mal à se remettre.

Autre forme d'appropriation, le décollage fut mis en

œuvre par Raymond Hains. En 1949, au gré de ses promenades dans les rues, il s'empare d'affiches lacérées en les décollant de leur support. Plus tard, il récupère aussi des panneaux d'affichage et des palissades stockés dans un entrepôt (1957). Avec son ami Jacques Mahé de La Villeglé, il confère au décollage la dimension d'un geste artistique qui ravit Pierre Restany : « Ce que Hains et Villeglé m'ont donné à voir, c'est le monde comme un tableau[1]. » Indépendamment de ces deux artistes, Mimmo Rotella, au milieu des années cinquante, expose des affiches lacérées. Dans le *Dictionnaire abrégé du surréalisme* (1938), Léo Malet proposait déjà, sous la rubrique *décollage*, de susciter la « rencontre fortuite » d'affiches superposées et plus ou moins arrachées. Villeglé avance la notion de *Lacéré anonyme* pour regrouper les « lacérateurs, ravisseurs, voyeurs et collectionneurs » dont l'œuvre anonyme trahit un inconscient collectif. L'artiste situe le geste du lacérateur et celui du décollagiste dans une lignée duchampienne qui commençait alors à donner la mesure de ses vertus proprement révolutionnaires — ce qui ne préjuge évidemment en rien de sa valeur intrinsèque :

> La lacération implique le refus de toute échelle de valeur entre l'objet créé et le readymade, mais nous tenons le choix en grande estime[2].

Hains, Villeglé et Dufrêne avaient présenté à la première Biennale des jeunes (Paris, 1959) une salle

1. « La prise en compte réaliste d'une situation nouvelle », un entretien avec Pierre Restany, cat. de l'exposition *1960 Les Nouveaux Réalistes*, *op. cit.*, p. 18.
2. Jacques Mahé de La Villeglé, « Des réalités collectives » (1958), *ibid.*, p. 259.

« décollagiste » qui fit scandale. La participation de César au Salon de mai (Paris, 1960) connut un sort comparable. Le sculpteur, qui commençait à jouir d'une bonne réputation pour ses œuvres figuratives élaborées à partir de déchets industriels métalliques soudés à l'arc, y exposa ses premières *Compressions*, des automobiles réduites à l'état de parallélogrammes compacts. Ces sculptures colorées toutes faites, directement issues de la puissante presse américaine d'un ferrailleur, se distinguent de la logique duchampienne par une volonté de choix esthétique : à partir de 1961, César sélectionne les matériaux et leurs couleurs pour réaliser maintes *Compressions dirigées*, de formats divers.

Les autres artistes réunis par Restany en 1960 n'ont jamais réduit leur art à un simple geste d'appropriation. Ils assemblent des objets ou des matériaux. Tous ont alors une prédilection pour tels ou tels d'entre eux : Gérard Deschamps, les tissus et les dessous féminins ; Martial Raysse, les produits de la société de consommation et la publicité qui les accompagne ; Jean Tinguely et Niki de Saint-Phalle, le bric-à-brac des ferrailleurs ou des brocantes. Christo empaquette de petits objets avant d'entreprendre des travaux de grande ampleur. Yves Klein regimbe, à juste titre, contre son enrôlement dans le Nouveau Réalisme. Piero Manzoni ne fut pas invité à se joindre au groupe. Plusieurs de ses œuvres relèvent pourtant de l'appropriation. Le *Socle magique* (1961) métamorphose toute personne ou objet qui s'y trouve placé en œuvre d'art. La même année, l'artiste transforme les personnes sur lesquelles il appose sa signature en *Sculptures vivantes*. Il leur délivre des « cartes d'authenticité » ainsi rédigées : « On certifie que X a été signé(e) par ma main et pour autant est considéré(e) à partir de la date ci-dessous œuvre d'art authentique et véritable. » Cette captation des choses et des êtres au profit de l'art culmine avec le *Socle du monde*, simple parallélépipède dont l'inscription, renversée, stipule la fonction : « SOCLE DU MONDE, socle magique n° 3 de Piero Manzoni — 1961 — hommage à Galileo ». Quelles que soient leurs différences, tous ces artistes partagent une même volonté de redéfinir leurs rapports à l'univers de l'art, d'y introduire, par un contact plus direct, plus concret avec la vie, une énergie que la peinture ou la sculpture ne leur apportaient plus.

Sarcastiques, drôles ou provocants, toujours pétulants, les assemblages exposés aux États-Unis ou en Europe au début des années soixante n'ont pas cette dimension d'utopie, et notamment d'utopie sociale, qui caractérisait ceux de leurs aînés des années dix et vingt. Leurs créateurs croient contribuer à rapprocher l'art et la vie, mais ils n'expliquent pas en quoi ce mot d'ordre est préférable. De plus, avec le recul du temps, il apparaît que leurs tentatives relèvent essentiellement d'une réflexion sur l'art, sa nature, ses limites, rarement sur ses fonctions. Dans un climat historique, idéologique et politique tout autre, ces œuvres renouent avec les techniques initiées par les avant-gardes qui les ont précédées. En cela, elles contribuent à créer une tradition : elles prolongent des innovations qui auraient pu rester lettres mortes et, ce faisant, elles les transforment en antécédents. C'est ainsi que naissent les généalogies, par filiation rétroactives. L'assemblage devient une catégorie générique qui, si elle ne sonne pas le glas de la peinture, focalise l'attention sur d'autres formes d'expression. La frénésie de labellisation et l'introduction de nombreuses notions nouvelles dans le vocabulaire critique montrent combien il parut alors nécessaire d'élargir, dans le domaine de l'art, le champ des possibles.

IV

L'art du réel

Quelques années après avoir organisé *L'Art de l'assemblage*, le Museum of Modern Art monta une autre exposition importante, présentée en France : *L'Art du réel* (Paris, Galeries nationales d'exposition du Grand Palais, 1968). Le visiteur attiré par ce titre était sans doute surpris. Il n'y trouvait rien qui ressemblât de près ou de loin au « réel » dont nous venons de retracer la promotion artistique. Le commissaire de l'exposition avait suffisamment conscience d'un possible désappointement du public pour écrire dans le catalogue :

> Poser comme principe que tel art est plus « réel » que tel autre peut sembler téméraire. Tel est pourtant le postulat même sur lequel repose l'œuvre de nombre d'artistes américains de ces dernières années qui ont adopté une position ne laissant guère de doute quant à leur désir de confronter les expériences et les objets quotidiens avec leur équivalence exacte dans le domaine de l'art. […] Le « réel » d'aujourd'hui ne fait pas directement appel aux émotions, non plus qu'il n'est censé les provoquer. À vrai dire il ne semble pas avoir le moindre désir de se justifier, mais en échange

il s'offre dans toute son unicité — sous la forme d'un objet simple, irréductible, irréfutable[1].

L'art du réel ainsi compris ne reproduit pas les objets du monde, ne les intègre pas davantage en son sein. Il construit des artefacts simples qui nous proposent de vivre l'expérience empirique d'une confrontation avec leur réalité physique inscrite dans l'espace réel où nous évoluons. Ces artefacts n'ont aucune signification extrinsèque et pas davantage d'usage pratique. Ils sont, voilà tout. Insistons : tangibles, ils sont là, réellement. Lointains héritiers de l'art concret, ils procèdent en quelque sorte d'une *épochée* : s'ils ne relèvent d'aucune herméneutique, d'aucune pragmatique, ils revendiquent leurs liens avec la phénoménologie.

Objets spécifiques, œuvres littérales

Nous avons noté dans notre partie consacrée à l'art abstrait que Frank Stella répudiait tout symbolisme : il souhaitait que ses peintures noires de 1958-1959 fussent seulement des objets donnés à voir. Pour renforcer leur caractère objectal, il fit construire des châssis à encoches symétriques. Leur configuration définit le dessin interne des bandes qu'il y peint. Cette méthode permet d'éliminer le caractère « relationnel » des compositions fondées sur l'équilibre entre des formes

1. E. C. Goossen, [sans titre], cat. de l'exposition *L'Art du réel USA 1948-1968*, Paris, Centre national d'Art contemporain, 1968, p. 11. Précisons que l'art du réel proprement dit apparaît au début des années soixante : l'exposition saisissait l'occasion pour présenter un panorama de l'art américain des vingt dernières années.

diverses, et elle introduit une plus grande neutralité de la surface. L'implacable corrélation entre forme externe et dessin interne affiche la planéité du support. Michael Fried admirait les *Black Paintings* présentées lors de l'exposition *16 Américains en 1960*, parce qu'elles mettent en évidence « l'importance du caractère littéral du support pour la détermination de la structure picturale ». Dans un article célèbre, il salue les progrès accomplis par l'artiste et il qualifie de « structure déductive » les nouveaux rapports instaurés par Stella entre le dessin et la forme du cadre :

> Dans les séries qui ont succédé : tableaux exécutés en aluminium, cuivre et peinture métallique respectivement en 1960, 1961 et 1963, Stella affronte la structure déductive d'une façon de plus en plus ferme : jusqu'à ce que les tableaux en viennent à être engendrés dans leur totalité par les différentes formes du cadre et qu'alors la variation ne se manifeste qu'à l'intérieur de la série totale plutôt que dans une forme particulière du cadre [1].

Stella avait en effet poursuivi ses investigations en adoptant pour ses châssis les formes les plus variées. Le *shaped canvas*, littéralement « toile en forme », possède aussi une autre caractéristique importante : son épaisseur inhabituelle. Ainsi, la peinture se présente comme un objet, une œuvre en trois dimensions. Donald Judd constate qu'une telle collusion entre peinture et sculpture n'est pas isolée. Une constellation d'œuvres disparates — dues notamment à Rauschenberg, Oldenburg, Flavin, Stella ou Judd lui-même — cherche une issue à la crise du tableau auquel

1. Michael Fried, « Trois peintres américains », trad. par Françoise Stoullig-Marin, *Peindre*, *Revue d'esthétique*, 1976/1, p. 321 et 322.

le dogme moderniste, alors tout-puissant, imposait une rigoureuse planéité. Or, estime Judd, « peut-être ne peut-on pas faire grand-chose avec, à la fois, une surface rectangulaire verticale et l'absence d'espace[1] ».

C'est dans le contexte américain où prévaut l'impératif d'une « réduction moderniste » que la notion d'« objet spécifique » proposée par Judd dans un article paru en 1965 prend tout son sens. Depuis longtemps sont apparues des œuvres qui échappent aux catégories canoniques, mais les « objets spécifiques », bien qu'ils « ressemblent davantage à la sculpture qu'à la peinture[2] », tentent de résoudre des problèmes posés par le tableau dès lors qu'il refuse de proposer un espace imaginaire, et ne se contente pas de la stricte monochromie. L'ensemble de ses « objets spécifiques » ne constitue « ni un mouvement, ni une école, ni un style ». Tous ont cependant un point commun. Ils refusent la tension qui naît de l'opposition entre l'illusion d'un espace feint et la réalité de l'espace dans lequel l'œuvre prend place :

> Les trois dimensions sont l'espace réel. Cela élimine le problème de l'illusionnisme et de l'espace littéral, de l'espace qui entoure ou est contenu dans les signes et les couleurs — ce qui veut dire qu'on est débarrassé de l'un des vestiges les plus marquants, les plus critiquables, légués par l'art européen. Les nombreuses limitations de la peinture n'existent plus. Une œuvre peut être aussi forte qu'on veut qu'elle soit. L'espace réel est intrinsèquement plus puissant, plus spécifique que du pigment sur une surface plane[3].

1. Donald Judd, « Specific Objects » (1965), repris dans *Écrits 1963-1990*, *op. cit.*, p. 11.
2. *Ibid.*, p. 13.
3. *Ibid.*, p. 16.

De telles œuvres peuvent adopter n'importe quelle forme et recourir à tous les matériaux, elles se déploient toujours dans le même espace que celui du spectateur, contrairement aux tableaux traditionnels, « fenêtres » ouvertes sur des espaces imaginaires. La simplification des formes dénuées de mystère, délibérément privées d'intériorité, exemptes de pathos, facilite la perception de leurs caractéristiques. Une exposition de Robert Morris à la Green Gallery (New York, 1964) jouait de la diversité des situations possibles. L'artiste avait disposé dans la galerie sept volumes géométriques, les uns sur le sol (*Floor Beam*), d'autres entre deux murs (*Corner Piece*), ou encore suspendus au-dessus de nos yeux (*Cloud*, « Nuage » parallélépipédique). Ses œuvres, construites en contre-plaqué, peintes en gris neutre, devaient être détruites à la fin de l'exposition, mais elles pouvaient être refaites pour de nouvelles présentations.

Comme Morris, d'autres artistes ont tenu à faire savoir qu'ils ne construisaient pas eux-mêmes les artefacts qu'ils nous présentent. Judd les faisait réaliser en usine, et Tony Smith précise qu'il commanda par téléphone *Die* (1962), un cube en acier à l'échelle humaine (183 × 183 × 183 cm). Le créateur n'a nullement besoin d'avoir une compétence technique spécialisée. Cette procédure dissocie la conception de la réalisation et elle permet de couper toute relation directe entre l'artiste et l'objet. Elle éradique la possibilité d'une expressivité par contact qui conduit à fétichiser l'œuvre, irremplaçable relique.

L'idée n'est pas nouvelle. Les *Telefonbilder* (1922) de Moholy-Nagy n'ont sans doute pas été commandés par téléphone à l'usine de plaque émaillée qui les fabriqua, mais ils auraient pu l'être, ainsi que l'artiste ne manqua pas de le constater. La géométrisation des formes facilitait la dictée du dessin, et l'usage d'un nuancier permettait d'indiquer à distance les couleurs à employer pour chaque forme. Reproductions originaires, de telles réalisations plastiques renoncent par principe à l'un des attributs majeurs des œuvres originales, l'aura, dont Walter Benjamin avait donné une célèbre analyse. Cette « trame singulière d'espace et de temps : unique apparition d'un lointain, si proche soit-il[1] », est organiquement liée à la notion d'authenticité, longtemps réputée attribut essentiel des œuvres, préalable indispensable à une délectation esthétique légitime et sereine, insidieusement ébranlée par les copies, bafouée par les faux. Quand la valeur de l'art ne repose plus sur des qualités mystérieusement insufflées à l'œuvre par son créateur au fil d'une élaboration qui mobilise son corps autant que sa réflexion, il faut trouver d'autres critères. Donald Judd avança celui-ci :

> Il suffit qu'une œuvre soit intéressante[2].

Le retrait de l'artiste devenu concepteur est déjà présent, en germe, dans la pratique du collage. Alexander Partens, commentant cette technique dans l'*Almanach Dada* publié à Berlin en 1920, louait Hans Arp pour avoir considéré « le métier lui-même comme un problème ». En outre, Partens affirmait :

> On ne faisait plus de différence de principe entre peindre et repasser des mouchoirs. Le fait de peindre

1. Walter Benjamin, « Petite histoire de la photographie » (1931), repris dans *L'Homme, le langage et la culture*, trad. par Maurice de Gandillac, Paris, Denoël/Gonthier, 1971, p. 70.
2. Donald Judd, « Specific Objects », *op. cit.*, p. 16.

était traité comme toute autre fonction et on reconnaissait le bon peintre par exemple au fait qu'il commandait ses tableaux chez le menuisier selon des indications qu'il lui donnait par téléphone. Il ne s'agissait plus de choses que l'on puisse voir mais de savoir comment les mettre en relation directe avec les gens[1].

Robert Morris ou Donald Judd s'inscrivent dans cette tradition, bien que leurs œuvres ne ressemblent absolument pas à celles des dadaïstes. En revanche, elles sont proches des réalisations constructivistes. Les trois *L-Beams* (« Poutres en L », 1965) de Morris, fort didactiques, exemplifient les ambitions d'un art « littéral » — l'œuvre n'est rien d'autre que ce qu'elle est. Morris prônait l'usage de « formes unitaires », suffisamment simples pour que leur *Gestalt* puisse être perçue, capables de se livrer au spectateur dans l'évidence de leur essence : contrairement à un polyèdre complexe, un cube est immédiatement saisi comme tel, nommable. L'artiste ne niait pas que « la forme, les proportions, les dimensions et les surfaces spécifiques d'un objet donné continuent d'avoir une influence cruciale sur les qualités particulières de l'œuvre ». Il mettait l'accent sur les modalités de sa présence physique, tout aussi importante que ses qualités intrinsèques, afin d'attirer l'attention sur la dialectique de cette articulation :

> Ainsi, pour beaucoup d'œuvres nouvelles dont les formes sont unitaires, la mise en place a acquis une importance qu'elle n'avait jamais eue auparavant, dans la détermination des qualités particulières de l'œuvre. Une poutre posée sur son extrémité n'est pas

1. Alexander Partens, « L'art dada », dans *Almanach Dada* (1920), édité par Richard Huelsenbeck, trad. par Sabine Wolf, Paris, Champ Libre, 1980, p. 244.

la même que cette même poutre posée sur un de ses côtés[1].

Les trois *L-Beams*, identiques, furent présentées ensemble, chacune dans une position différente. L'une était posée à plat, une autre sur l'une des branches du L, et la troisième reposait en équilibre sur ses deux extrémités. La plupart des observateurs pourraient souscrire à ce constat de Rosalind Krauss : « Aussi certains que nous soyons de *comprendre* que ces trois L sont identiques (par leur structure, par leurs dimensions), il nous est impossible de les *voir* comme tels[2]. » La critique donnait ainsi raison à Robert Morris quand il affirmait :

> La simplicité de la forme ne se traduit pas nécessairement par une égale simplicité dans l'expériencc. Les formes unitaires ne réduisent pas les relations. Elles les ordonnent[3].

Les œuvres de ce type se multiplièrent. Barbara Rose remarquait qu'en dépit de leurs structures géométriques, elles ne ressemblaient guère à celles des abstractions antérieures. Les jeunes artistes ont, dit-elle, « tendance à faire des peintures et des sculptures qui ressemblent tellement à des plaques ou à des boîtes, qu'il est toujours loisible de les prendre pour autre chose que de l'art[4] ». Cette ambiguïté stimula l'attention : plusieurs expositions ont proposé à chaud

1. Robert Morris, « Notes on Sculpture » (1966), trad. dans *Regards sur l'art américain des années soixante*, *op. cit.*, p. 90.
2. Rosalind Krauss, « Sense and Sensibility : reflection on post'60s sculpture » (1973), trad. par Claire Brunet dans R. Krauss, *Passages. Une histoire de la sculpture de Rodin à Smithson*, Paris, Macula, 1997, p. 275.
3. Robert Morris, « Notes on Sculpture », *op. cit.*, p. 88.
4. Barbara Rose, « ABC Art » (1965), trad. dans *Regards sur l'art américain des années soixante*, *op. cit.*, p. 78.

des panoramas de la nouvelle tendance qui se dessinait. Les titres de ces manifestations new-yorkaises pointent les préoccupations, les centres d'intérêt ou les méthodes de cette mouvance : *Shape and Structure* (Tibor de Nagy Gallery, 1965), *Primary Structures : Younger American and British Sculptors* (Jewish Museum, 1966), *Art in Process : the Visual Development of a Structure* (Finch College, 1966) ou encore *Systemic Painting* (Solomon R. Guggenheim Museum, 1966).

Le philosophe Richard Wolheim publia en janvier 1965 un texte intitulé « Minimal Art » (*Arts Magazine*). Il s'appuyait notamment sur les readymades de Duchamp et les *Peintures noires* de Reinhardt pour pointer un processus de destruction de l'art qui conduit au presque-rien, à un art doté d'un « minimum de contenu artistique ». Le terme retenu pour le titre de l'article, ici clairement négatif, connut un succès rapide fondé sur un malentendu : *Minimal Art* s'imposa. Des formes simples propices à une expérience esthétique à la fois évidente et raffinée, l'inscription dans l'espace réel, une totale absence de symbolisme, la lisibilité des procédures instauratrices, une exécution froide (souvent réalisée avec des moyens industriels) qui ne doit rien aux « prestesses de la main » caractérisent les œuvres dites *minimales*.

Littéralité, ou théâtralité ?

Le succès de ces manifestations était dû à la nouveauté des œuvres présentées et à la capacité des artistes de théoriser leurs pratiques. Elles ont retenu l'attention et ont provoqué des joutes critiques. Les attaques de Michael Fried ont conforté le prestige du Minimal Art. En 1967, dans un article qui acquit rapidement une rare célébrité, « Art and Objecthood », il se livrait à une analyse féroce de l'art minimal qu'il nomme « littéral ». Le critique ne souscrivait nullement aux argumentations de Donald Judd quand il prônait les « objets spécifiques » comme une réponse aux impasses du modernisme ou encore aux explications de Robert Morris sur les « nouvelles œuvres » qui sollicitent la présence active du spectateur. Fried s'inscrivait dans le droit fil du formalisme greenbergien pour condamner sans appel les œuvres minimalistes. Pourquoi sont-elles « antithétiques à l'art » ? se demande-t-il :

> La réponse que je voudrais proposer est la suivante : l'adhésion littéraliste à l'objectivité n'est en fait qu'un prétexte à un nouveau genre de théâtre et le théâtre est maintenant la négation de l'art.
>
> La sensibilité littéraliste est théâtrale, tout d'abord parce qu'elle tient compte des circonstances réelles de la rencontre entre l'œuvre d'art littéraliste et son spectateur : sur ce point, Morris est explicite : tandis qu'auparavant en art « ce qu'on pouvait retirer d'une œuvre s'y trouvait strictement contenu, l'expérience de l'art littéraliste est celle d'un objet placé dans une *situation* qui presque par définition *inclut le spectateur* »[1].

Ce que Michael Fried reproche à ces œuvres, ce n'est pas seulement d'inclure le spectateur, mais d'en être tributaire, de rester « incomplètes sans lui ». L'œuvre d'art digne de ce nom serait au contraire autosuffisante. Face à nous, elle se constitue en objet autonome,

1. Michael Fried, « Art and Objecthood » (1967), trad. par Nathalie Brunet et Catherine Ferbos dans *Artstudio*, n° 6, automne 1987, p. 14.

un objet singulier qui affirme par son « être-présent » une plénitude capable de ravir le spectateur, de l'arracher au flux temporel pour le projeter dans un « présent continu et perpétuel ». À l'inverse, l'« adhésion littéraliste » requiert la durée. L'article de Michael Fried s'achève d'ailleurs sur cette profession de foi : « *Presentness is Grace* » (« L'être-présent est une grâce »). Tout un pan de notre modernité suivit l'opinion de Lessing selon laquelle « la peinture, en raison des caractères ou des moyens d'imitation qui lui sont propres et qu'elle ne peut combiner que dans l'espace, doit complètement renoncer au temps[1] ». L'exclusion du temps fut l'un des dogmes du modernisme.

En quoi la temporalité est-elle condamnable ? Sommes-nous fondés à penser que « les expressions artistiques dégénèrent à mesure qu'elles deviennent théâtre[2] » ? Aucune argumentation ne vient étayer cette pétition de principe. Dans un ouvrage ultérieur, *Absorption and Theatricality* (1980), Michael Fried est revenu sur cette question. Il s'appuie sur Diderot, fervent ennemi de la théâtralité en peinture, qui commente ainsi Gérard de Lairesse :

> Lairesse prétend qu'il est permis à l'artiste de faire entrer le spectateur dans la scène de son tableau. Je n'en crois rien ; et il y a si peu d'exceptions, que je ferais volontiers une règle générale du contraire. Cela me semblerait d'aussi mauvais goût que le jeu d'un acteur qui s'adresserait au parterre. La toile renferme tout l'espace, et il n'y a personne au-delà. Lorsque Suzanne s'expose nue à mes regards, en opposant aux regards des vieillards tous les voiles qui l'envelop-

1. Gotthold Ephraim Lessing, *Laocoon* (1766), trad. par A. Courtin (1866), Paris, Hermann, 1990, p. 119.
2. Michael Fried, « Art and Objecthood », *op. cit.*, p. 24.

paient, Suzanne est chaste et le peintre aussi ; ni l'un ni l'autre ne me savaient là[1].

Ce détour par Diderot permet peut-être de mieux saisir pourquoi Michael Fried condamne les œuvres qui incluent le spectateur. Les esthétiques qui prônent l'autonomie de l'œuvre excluent toute possibilité de connivence directe entre le temps et l'espace du spectateur et ceux du tableau, ou de la sculpture. Michael Fried souscrit à cette opinion et il verse deux autres constats au dossier d'une théâtralité minimaliste. Ces œuvres ont souvent des dimensions proches de celles du corps humain et, autre trait anthropomorphique, elles donnent généralement l'apparence du creux, semblent « avoir un intérieur ». Robert Morris avait eu, en effet, une activité de danseur. En 1961, il participait aux spectacles du Living Theater avec *Column* : une boîte verticale dans laquelle il se tenait debout s'animait soudain, mue par le corps de l'artiste, et tombait brutalement sur la scène.

Michael Fried revendique l'exercice du jugement de goût. La question de la valeur ou du niveau est, dit-il à juste titre, « capitale ». Or il n'apprécie ni la musique de John Cage ni les *Combine-paintings* de Robert Rauschenberg : l'ensemble de ses observations sur les œuvres littéralistes est parfaitement pertinent, mais les conclusions qu'il en tire reposent sur une détestation que rien ne nous oblige à partager. Une réponse véhémente à l'article de Michael Fried, « Art and

1. Denis Diderot, *Pensées détachées sur la peinture, la sculpture, l'architecture et la poésie pour servir de suite aux Salons* (1777), cit. par Michael Fried, *Absorption and Theatricality* (1980), trad. par Claire Brunet sous le titre *La Place du spectateur*, Paris, Gallimard, 1990, p. 100.

Objecthood», parut dans le numéro d'octobre 1967 de la même revue, *Artforum*. L'auteur, Robert Smithson, reprochait notamment au «gardien des évangiles de Clement Greenberg» d'être contaminé par le «virus d'éternité». Smithson souhaitait réhabiliter le temps, l'entropie, ainsi qu'il le dit en d'autres occasions :

> Beaucoup voudraient tout simplement oublier le temps, parce qu'il recèle le «principe de mort» (tous les vrais artistes savent cela). Flottant dans cette rivière temporelle, se trouvent les restes de l'histoire de l'art, mais le «présent» ne peut défendre les cultures d'Europe, ni même les civilisations primitives ou archaïques; il lui faut, en revanche, explorer l'esprit pré- et post-historique; il doit aller là où les futurs lointains rencontrent les passés lointains[1].

À l'époque où Fried écrivait son article, des artistes fort divers tissaient des liens entre plasticité et temporalité. Les «happenings» faisaient grand bruit, et les artistes du groupe Fluxus multipliaient les «actions[2]». Ces pratiques contemporaines tournaient le dos aux théories du modernisme qui commençaient à s'enfoncer dans le passé. Ce grand récit unilinéaire reposait sur une distinction toujours plus nettement affirmée entre les arts. Ainsi, le modernisme confortait l'édifice ancien des beaux-arts et la séparation entre les disciplines qu'il abrite. L'abstraction constituait un jalon capital du procès d'autonomisation de la peinture ou de la sculpture en quête de spécificité. Apparu simultanément, le collage cubiste, qui renonçait, au moins par-

1. Robert Smithson, «Une sédimentation de l'esprit : *Earth Projects*» (1968), trad. dans le cat. de l'exposition *Robert Smithson*, musées de Marseille — Réunion des musées nationaux, 1994, p. 197.
2. Cf. *infra*, p. 469-470.

tiellement, à la représentation sans suivre la voie d'une non-figuration, jetait les bases d'une histoire parallèle, concurrente à bien des égards. Le readymade, l'intrusion des objets dans l'univers artistique, provoqua l'éclatement des beaux-arts : aucune des disciplines qu'ils regroupaient ne pouvait en effet accueillir ces œuvres hybrides qui requièrent d'autres catégories conceptuelles.

Au début des années cinquante, Tony Smith roulait sur une autoroute en construction. La nuit était sombre et la chaussée ne comportait ni lignes blanches ni glissières de sécurité. L'asphalte nu traversait « un paysage de plaines entourées de collines au loin, mais ponctué par des cheminées d'usines, des pylônes, des fumées et des lumières colorées ». Ce parcours fut pour lui une « expérience révélatrice » qui l'invitait à s'interroger sur la nature et les limites de l'art :

> La route et la plus grande partie du paysage étaient artificiels, et pourtant on ne pouvait pas appeler ça une œuvre d'art. D'autre part, je ressentais quelque chose que l'art ne m'avait jamais fait ressentir. Tout d'abord, je ne sus pas ce que c'était, mais cela me libéra de la plupart des opinions que j'avais sur l'art. Il y avait là, semblait-il, une réalité qui n'avait aucune expression dans l'art. L'expérience de la route constituait bien quelque chose de défini, mais ce n'était pas socialement reconnu. Je pensais en moi-même : il est clair que c'est la fin de l'art[1].

Bien entendu, ce n'était pas la fin de l'art, même si la quasi-totalité de la peinture lui paraissait « bien

1. Tony Smith, propos rapporté par Samuel Wagstaff, « Talking to Tony Smith », *Artforum*, décembre 1966 (j'utilise ici une traduction due à Jean-Pierre Criqui, « Trictrac pour Tony Smith », *Artstudio*, n° 6, automne 1987).

"picturale" et conventionnelle», après une telle expérience. Ainsi que le disait déjà Taraboukine en 1923, «la mort de la peinture, la mort de l'art de chevalet, ne signifie pas pour autant la mort de l'art en général». Il fut bientôt clair que la notion de beaux-arts était devenue trop étroite: celle d'«arts plastiques» allait bientôt s'y substituer. La peinture, la sculpture poursuivirent leurs cours, mais apparurent aussi de nombreuses pratiques *autres* que les arts plastiques, largement ouverts, ont hébergées.

RÉFÉRENCES ET MODÈLES

L'invention de formes nouvelles, l'utilisation de matériaux laissés pour compte par la tradition et l'annexion de moyens d'expression inusités se sont accompagnées d'une recherche de références. Comme André Malraux l'a noté avec sagacité, « à Chartres comme en Égypte, à Florence comme à Babylone, l'art ne naît de la vie qu'à travers un art antérieur[1] ». La création ne se fait pas *ex nihilo*. Elle requiert l'échange, le partage, les stimulations d'une rivalité. C'est pourquoi les artistes ont toujours cherché des points d'appui dans l'art du passé. Les peintres, les sculpteurs, les architectes de la Renaissance se tournaient vers l'Antiquité grecque et romaine. Le Brun et une part de l'Académie, au XVIIe siècle, prônaient Poussin contre Rubens. Delacroix vantait la couleur des Vénitiens. Ingres plaçait Raphaël au pinacle quand les préraphaélites cherchaient à renouer avec les « primitifs » de la Renaissance.

1. André Malraux, *Les Voix du silence*, Paris, Gallimard, 1951, p. 309.

Lorsqu'ils innovèrent trop radicalement pour nouer des liens au sein de leur propre culture, les artistes se tournèrent vers d'autres civilisations. Les impressionnistes s'autorisaient des estampes japonaises, de la fraîcheur de leurs couleurs, de leurs cadrages, voire de leurs motifs. Ils ne songeaient nullement à les imiter. Ces estampes leur apportaient une confirmation, et elles leur permettaient ainsi d'échapper à la solitude, au doute. Gauguin, les fauves, les expressionnistes allemands, les cubistes ont tourné leurs regards vers des régions plus « sauvages ». Kandinsky, Klee, Marc et bien d'autres appréciaient les gravures populaires ou les peintures naïves et les dessins d'enfants, alors méprisés. D'autres observent avec intérêt les productions des aliénés, les rassemblent et les présentent au public. Les graffiti, décriés et pourchassés, retiennent l'attention de Grosz, de Picasso ou de Jorn.

Ce grand chambardement des références s'accompagne d'un bouleversement des valeurs. Les vertus du hasard sont recherchées. L'éphémère ou le ratage paraissent acceptés. Des années dix aux années cinquante, le paysage artistique s'est considérablement modifié, diversifié et élargi. La « reproductibilité technique » analysée par Benjamin avant la Seconde Guerre mondiale triomphait avec l'essor du musée imaginaire. Il devait permettre la diffusion des œuvres consacrées ou connues des seuls spécialistes, mais il contribua aussi, en retour, à transformer une part de la création elle-même.

I

Une histoire de l'art élargie

L'histoire de l'art, née en Occident, ne s'intéressa longtemps qu'aux œuvres produites dans cette ère de civilisation. Le reste du monde restait *terra incognita*. Cette situation, qui correspondait à une hégémonie européenne dans les domaines scientifique et économique, se modifia quand l'essor du colonialisme facilita les contacts, en dépit d'un assujettissement politique. Une curiosité ou un intérêt culturel se développèrent. Mais les chinoiseries du XVIIIe siècle ou l'orientalisme du XIXe intégraient les apports extérieurs dans des cadres façonnés par une vision européocentrique du monde et de l'art. C'est pourquoi l'intérêt véritablement esthétique pour les peintures, les dessins ou les sculptures exclus de l'histoire de l'art s'est développé corrélativement à une crise des valeurs qui se manifestait dans la création artistique et dans d'autres univers de pensée — politiques et idéologiques, notamment.

Des primitivismes

Au XIXe siècle, quand des artistes se tournent vers les «primitifs», ils songent, nous l'avons rappelé, à leurs prédécesseurs du tout début de la Renaissance. Avec Gauguin, les qualificatifs «primitif» ou «sauvage» changent de référents : ils désignent les arts non occidentaux. Depuis le cubisme, le primitivisme renvoie à l'ensemble des arts des sociétés dites «primitives». Le mot, marqué au coin d'une condescendance néocolonialiste, doit être employé avec circonspection car il suscite de nombreuses et légitimes réticences. Il conserve néanmoins une valeur historique, et le phénomène qu'il dénote est avéré. Une exposition organisée au MoMA (New York, 1984), *Le Primitivisme dans l'art du XXe siècle. Les artistes modernes devant l'art tribal*, en explorait divers aspects. William Rubin, qui dirigeait l'organisation de ce bilan, définit et délimite son objet :

> Le primitivisme, c'est-à-dire l'intérêt marqué par les artistes modernes pour l'art et la culture des sociétés tribales, tel qu'il se révèle dans leurs œuvres et leurs propos, constitue la seule thématique fondamentale de l'art du XXe siècle à avoir été aussi peu approfondie. Les premières décennies du XXe siècle ont vu à la fois un déplacement et un rétrécissement du domaine de l'art primitif. Avec la «découverte» des statues et masques africains et océaniens par Matisse, Derain, Vlaminck et Picasso, en 1906-1907, une interprétation moderniste de ce terme s'est fait jour. Son champ sémantique s'est recentré autour de l'art tribal, mais ses emplois plus anciens n'ont pas disparu tout de suite. Tout simplement, l'«art primitif» s'est confondu de plus en plus avec les objets tribaux au cours des vingt-cinq années suivantes. Pour l'avant-garde artis-

tique du début du siècle, il s'agissait avant tout de l'art océanien et africain auquel s'ajoutait, en Allemagne, un échantillonnage de l'art des Indiens d'Amérique et des Esquimaux (très mal connu des artistes parisiens) avant les années vingt ou trente[1].

Un tel «recentrage» du primitivisme — faute de mieux, j'utiliserai ce terme, «historique» — pose deux problèmes : il fait éclore le phénomène dans les années 1906-1907, et il écarte un primitivisme de l'intérieur, celui qui se penche sur les formes méprisées de l'art populaire, ignorées par les historiens de l'art et rarement présentes dans les réflexions esthétiques, alors qu'elles passionnaient aussi des artistes intéressés par les arts non européens.

L'intérêt esthétique pour les œuvres venues d'autres horizons paraît antérieur aux rencontres des fauves avec la sculpture africaine, et il n'est pas le fait des seuls artistes. Philippe Dagen rappelle, dans un ouvrage récent, combien l'essor de la préhistoire, de l'archéologie et de l'ethnographie, à partir des années 1880, avait favorisé une approche plus compréhensive des arts étrangers à la culture européenne. Il cite notamment ce jugement du sociologue Ernst Grosse, dans un livre consacré aux *Débuts de l'art* (1894) : «Dans ses motifs, buts et moyens essentiels, l'art des temps primitifs ne fait qu'un avec celui de toutes les époques[2].»

1. William Rubin, «Le primitivisme moderne, une introduction», *Le Primitivisme dans l'art du XXe siècle. Les artistes modernes devant l'art tribal* (1984), sous la dir. de William Rubin, éd. française réalisée sous la dir. de Jean-Louis Paudrat, Paris, Flammarion, 1987, p. 1 et 2.

2. Ernst Grosse, *Les Débuts de l'art* (1894, trad. française, 1902), cité par Philippe Dagen, *Le Peintre, le poète, le sauvage*, Paris, Flammarion, 1998, p. 37.

Le thème d'une universalité des formes artistiques est fréquemment requis par les défenseurs d'une culture élargie. Au titre des sources anciennes de cette attitude nouvelle, nous pouvons aussi évoquer Rodolphe Töpffer. Il écrivit dans les années 1840 un plaidoyer pour l'art des « sauvages ». Les statues de l'île de Pâques avaient attiré son attention et il souligne « l'antithèse qui éclate au sujet de ces idoles, selon qu'on les considère au point de vue de l'imitation, ou selon qu'on les considère au point de vue de la conception[1] ». Au premier égard, c'est entendu, ces « magots tronqués » semblent frustes et difformes. Mais, au second, il en va bien autrement :

> Ce sont des êtres tout à la fois cruels, durs et supérieurs, de brutes divinités, mais divinités enfin, en qui se devine la grandeur et se pressent la beauté : en tant donc que signes d'une conception, ces signes ont déjà la clarté à la fois et la vigueur du sens ; ils vivent, ils parlent, ils proclament qu'une pensée créatrice s'y est infusée pour se manifester par leur moyen[2].

Les idées soutenues dans ce texte sont mises en pratique par Gauguin quand il décide de fonder l'« atelier des Tropiques ». En Bretagne, déjà, il espérait trouver « le sauvage, le primitif ». Il peint là des *Enfants luttant*, tableau qu'il décrit, dans une lettre à son ami Schuffenecker, comme « une lutte de deux gamins près de la rivière, tout à fait japonais, par un sauvage du

1. Rodolphe Töpffer, *Réflexions et menus propos d'un peintre genevois*, Paris, École nationale supérieure des beaux-arts, 1998 (cette publication reprend l'édition de 1865), p. 260. On peut se demander si Guillaume Apollinaire et les autres défenseurs du cubisme qui opposent « un art de conception » à « un art d'imitation » avaient lu Töpffer dont le texte connut de nombreuses éditions, et fut notamment publié par Hachette en 1901.

2. *Ibid.*

Pérou[1] ». En France, Gauguin se vit comme un « étranger, un Indien en exil ». Le japonisme s'efface, remplacé par des références multiples. Quand il part pour le Pacifique, l'artiste emporte des reproductions de tableaux et de sculptures — musée imaginaire avant la lettre dans lequel il puise sans vergogne. À Tahiti où il trouve un monde dont l'identité ancestrale fut ruinée par les effets conjugués de l'administration et des missionnaires, Gauguin s'inspire des paysages et des habitants, mais il procède aussi par greffes ou hybridations à partir de sa documentation — fresques égyptiennes, frises du temple de Borobudur, tatouages de Marquisiens, sculptures assyriennes, etc.

L'art africain restait pourtant à découvrir. Lorsque Maurice de Vlaminck accrocha au-dessus de son lit un masque africain, il se souvient d'avoir été « à la fois ravi et troublé ». L'art nègre[2] lui apparut dans « tout son primitivisme et toute sa grandeur ». Invité à voir l'œuvre, Derain « resta interdit ». Picasso visita en compagnie de Derain le musée ethnographique du Trocadéro, sans doute durant l'hiver 1906-1907. En dépit d'une insupportable « odeur de moisi et d'abandon » qui le saisit à la gorge, Picasso n'a pas pris la fuite, ainsi qu'il l'a raconté :

> Je me suis forcé à rester, à examiner ces masques, tous ces objets que les hommes avaient exécutés dans un dessein sacré, magique, pour qu'ils servent d'intermé-

1. Paul Gauguin, lettre du 8 juillet 1888, partiellement reprise dans *Oviri. Écrits d'un sauvage*, Paris, Gallimard, coll. Folio/Essais, 1974, p. 40.

2. Je me conforme ici à l'usage établi, tel que Jean Laude le rappelle quand il distingue les arts de l'Afrique noire et l'« art nègre », ensemble des masques et des statues connus des artistes dans les premières décennies du XXe siècle.

> diaires entre eux et les forces inconnues, hostiles, qui les entouraient, tâchant ainsi de surmonter leur frayeur en leur donnant couleur et forme. Et alors j'ai compris que c'était le sens même de la peinture. Ce n'est pas un processus esthétique, c'est une forme de magie qui s'interpose entre l'univers hostile et nous, une façon de saisir le pouvoir, en imposant une forme à nos terreurs comme à nos désirs. Le jour où j'ai compris cela, je sus que j'avais trouvé mon chemin[1].

Cette déclaration de Picasso est capitale. Elle permet de comprendre la nature du rapport qu'il entretient avec l'art nègre et de saisir sa conception de l'art en général. Quand, dit-il, les masques sont pour Derain, Matisse ou Braque « des sculptures comme les autres », ils revêtent une importance autrement décisive à ses yeux. *Les Demoiselles d'Avignon* fut sa « première toile d'exorcisme », et il s'est toujours défendu d'avoir trouvé pour ce tableau des solutions formelles dans les sculptures africaines. Certes des figures ressemblent à certaines d'entre elles, mais elles ne furent connues en Occident que bien plus tard, semble-t-il. Picasso voyait dans les fétiches « des armes » capables d'aider « à ne plus être le sujet des esprits, à devenir indépendant ». En revanche l'artiste fit part d'un emprunt formel auquel nul n'avait songé avant qu'il ne le révèle. Un masque grebo de Côte d'Ivoire présente des yeux peints sur des cylindres saillants, posés sur le visage. Cette formule plastique — transposer un creux en relief — servit à Picasso dans son élaboration d'une *Guitare* en tôle (1912) : un cylindre prend la place occupée par l'orifice circulaire de l'instrument.

1. Pablo Picasso, déclaration reprise dans *Propos sur l'art*, *op. cit.*, p. 116.

En Allemagne, les membres du groupe Die Brücke visitent aussi les musées ethnographiques. À cette époque, tous ceux qui voulaient comme Picasso s'opposer « à ce qu'on appelait "beauté" dans les musées » cherchaient une confirmation et un soutien dans des formes que les musées des Beaux-Arts ignoraient ou considéraient, au mieux, comme des curiosités. Ainsi, Ernst Ludwig Kirchner « trouva au Musée d'ethnographie [de Dresde] dans les sculptures nègres et les poutres sculptées des mers du Sud un parallèle avec sa propre création[1] ». Picasso utilisa une autre formulation, dans un entretien avec Florent Fels : « Les statues africaines qui traînent un peu partout chez moi sont *plus des témoins que des exemples*[2]. » Ainsi, loin d'avoir été la cause première d'une influence à venir, les arts africains et océaniens ont retenu l'attention des artistes et des critiques parce qu'ils étaient préparés à en goûter les beautés ou à en apprécier l'inquiétante puissance, et qu'ils cherchaient des alliés hors des chemins battus.

Le contact de l'art vivant, et une familiarité toujours plus grande avec les arts primitifs, facilita une évolution des jugements critiques. Guillaume Apollinaire, par exemple, écrivait en 1912 :

> Toujours à l'affût de curiosités esthétiques, de Vlaminck avait acheté chez les brocanteurs, durant ses randonnées à travers les villages du bord de la Seine,

1. Ernst Ludwig Kirchner, « Chronique de la Brücke » (1913), trad. dans le cat. de l'exposition *Figures du moderne. L'expressionnisme en Allemagne 1905-1914*, Paris, musée d'Art moderne de la Ville de Paris, 1992, p. 354.

2. Pablo Picasso, « Entretien » avec Florent Fels (1923), cité par William Rubin, « Le primitivisme moderne, une introduction », *Le Primitivisme dans l'art du XXe siècle*, *op. cit.*, p. 17.

des sculptures, des masques, fétiches taillés dans le bois par des artistes nègres de l'Afrique française et rapportés par des marins ou des explorateurs. Sans doute trouvait-il dans ses œuvres grotesques et grossièrement mystiques des analogies avec les peintures, les gravures et les sculptures que Gauguin avait exécutées en s'inspirant soit des calvaires bretons, soit des sculptures sauvages de l'Océanie où il s'était retiré pour fuir la civilisation européenne[1].

Quelques années plus tard, il ne restait du fauvisme qu'un lointain souvenir. L'association Die Brücke avait été dissoute et le cubisme devenait une école parmi d'autres quand parut l'étude de Carl Einstein, *Negerplastik* (1915). L'ouvrage manifestait avec éclat une compréhension véritablement esthétique de l'art nègre. Sa connaissance progressait. Les attitudes et les discours évoluaient : symptôme parmi d'autres, le ton employé par Guillaume Apollinaire pour l'évoquer avait changé. Certaines des « curiosités esthétiques » autrefois jugées « grotesques et grossièrement mystiques » étaient désormais considérées comme des pièces majeures de la culture universelle. Ces sculptures pouvaient donc supporter la comparaison avec les chefs-d'œuvre occidentaux :

> Il ne s'agit pas de rivaliser avec les modèles de l'Antiquité classique, il s'agit de renouveler les sujets et les formes en ramenant l'observation artistique aux principes mêmes du grand art. [...] En s'intéressant à l'art des fétiches, les amateurs et les peintres se passionnent pour les principes mêmes de nos arts, ils y retrempent leur goût. D'ailleurs, certains chefs-d'œuvre de la sculpture nègre peuvent parfaitement être mis auprès de

1. Guillaume Apollinaire, « Art et curiosité : les commencements du cubisme » (*Le Temps*, 14 octobre 1912), *Chroniques d'art*, *op. cit.*, p. 341.

belles œuvres de sculptures européennes de bonne époque[1].

Par la suite, les connaissances se sont considérablement affinées, mais le débat n'a guère progressé. De grands musées des Beaux-Arts ont intégré dans leurs collections les arts d'Afrique ou d'ailleurs, quand d'autres, tel le musée du Louvre, renâclent[2]. L'exposition du MoMA, *Le Primitivisme dans l'art du XXe siècle*, explorait les multiples apports extra-européens aux arts occidentaux. Chacun reconnut la qualité scientifique de l'entreprise, mais elle fut cependant très critiquée, en raison du néocolonialisme culturel que certains discernaient dans son projet. Lorsqu'il organisa *Les Magiciens de la terre* (Paris, musée national d'Art moderne, 1989), Jean-Hubert Martin prit le parti inverse : il présenta ensemble les uns et les autres comme des objets de délectation esthétique. Le débat ne fut pas moins vif entre ceux qui acceptaient au nom de l'universalité de l'art l'absence d'explications contextualisant des objets aux origines et aux fonctions fort différentes et ceux qui estimaient qu'une approche plus anthropologique respecte davantage la spécificité des sensibilités — l'« innocence de l'œil » était une fois encore au centre des discussions.

1. Guillaume Apollinaire, « Sculptures d'Afrique et d'Océanie » (*Les Arts à Paris*, 15 juillet 1918), *ibid.*, p. 553.

2. Le Louvre, qui a toujours ignoré les « arts primitifs », expose depuis avril 2000 une sélection de chefs-d'œuvre de ces « arts premiers ». Cette présentation avait été conçue comme une préfiguration de l'établissement public créé en 1998 pour donner aux « arts premiers » une « juste place dans les institutions muséologiques de la France ». Cet établissement construit à Paris, le « musée du quai Branly », a ouvert ses portes en juin 2006. Depuis lors, nul ne sait si « l'antenne du Louvre » sera pérennisée ou si elle est appelée à disparaître.

Depuis que Gauguin, les fauves, Die Brücke, les cubistes, le Blaue Reiter avaient massivement introduit les arts océaniens et africains au sein des préoccupations artistiques, trois attitudes ou positions prévalaient. Elles prônaient :

1. un formalisme : les œuvres considérées apportaient un répertoire de formes où l'on pouvait puiser et qui confortait les artistes modernes dans leur effort créateur ;

2. une éthique artistique : les œuvres sont des armes destinées à maîtriser nos terreurs et nos désirs, elles ont une fonction apotropaïque ;

3. une révolte existentielle : Gauguin ne veut pas seulement communier, à distance, avec les sauvages. Il a la « sublime naïveté[1] » de consommer la rupture, de partir en quête d'un Éden introuvable.

Tout au long du siècle, ces trois registres vont affirmer leur présence, s'opposer ou s'entrecroiser pour innerver des pans entiers de la création. Constantin Brancusi, Jacob Epstein, Alberto Giacometti ou Henry Moore se souviennent des formes primitives, de leur beauté plastique comme de leur charge émotionnelle. Marcel Janco, Jean Arp et Sophie Taeuber-Arp fabriquent des masques ou des costumes de « sauvages » pour les soirées dada. André Breton collectionne les objets d'art primitif. Comme lui, tous les surréalistes sont fascinés par ces formes d'expression qui échappent aux canons et aux conventions occidentaux. Nous avons rappelé l'intérêt des expressionnistes abstraits pour les mythes. Barnett Newman, qui avait organisé et préfacé une exposition d'art indien

1. J'emprunte cette formulation à Françoise Cachin, *Gauguin*, Paris, Hachette, coll. Pluriel, 1989, p. 148.

(1946), affirma qu'une « image de Dieu, et non une poterie, fut le premier acte manuel[1] » de l'homme. Plus généralement, il est frappant de constater combien sa conception de l'art, exempte d'influences formelles issues du primitivisme, est en concordance avec celle de Picasso quand, confronté aux sculptures nègres, il découvre un au-delà des fonctions esthétiques où l'art devient un intercesseur qui impose « une forme à nos terreurs » : à propos de ses *Stations de la croix*, Newman invoquait — nous l'avons noté — le « cri sans réponse », monde sans fin que le tableau doit pourtant contenir « à l'intérieur de ses propres limites ». Son éloge du sublime va évidemment dans le même sens, puisque cette province du beau est soumise à l'épouvante. Le travail de l'artiste est alors précisément de maîtriser cet effroi, de « donner forme à l'informe[2] » et aux angoisses qu'il inspire.

Les rapports des artistes avec les arts primitifs se sont poursuivis. Dans les années soixante et soixante-dix, les objets plus strictement ethnographiques les intéressent aussi. Les travaux sur les nœuds et les ligatures, les pièges, voire de simples boulettes de terre se multiplient. Le mode de présentation en vigueur dans les musées ethnographiques sert parfois de modèle. En revanche, peu d'artistes ont tenté d'incarner une figure originaire d'un ailleurs, généralement mythique. Joseph Beuys fut un temps de ceux-là, avant d'adopter la posture plus familière du maître à penser, agitateur politique. Dans les années soixante, Beuys inventa

1. Barnett Newman, « The First Man Was an Artist » (1947), *Selected Writings and Interviews, op. cit.*, p. 159.
2. Barnett Newman, « The Sublime is Now » (1948), *ibid.*, p. 171.

des rituels aux consonances chamaniques qui ont pour but de restaurer l'harmonie du monde en régénérant la pensée. Pour y parvenir, il opérait des liaisons inattendues entre des forces antagonistes.

Pour son action *I Like America and America Likes Me* (1974, Beuys part en ambulance de son domicile, enroulé dans une couverture de feutre. La civière sur laquelle il est allongé est chargée dans un avion sanitaire qui traverse l'Atlantique. L'artiste rejoint alors la galerie René Block, toujours sur sa civière installée dans une autre ambulance. Là, il rencontre un coyote capturé depuis peu dans le désert. L'action consiste à cohabiter avec l'animal sauvage. Contrairement à ce que l'on dit parfois, l'artiste ne vit pas en permanence dans l'espace clos qu'il doit partager avec le coyote — un film le prouve amplement. L'histoire ne dit pas ce qu'il fait quand il quitte cet enclos. Beuys parvint à instaurer des relations avec l'animal, symbole d'une Amérique antérieure à la conquête par les Blancs. De cette confrontation entre diverses strates de la culture et de la nature, Beuys quitte New York et retourne à Düsseldorf, toujours sur une civière, enroulé dans sa couverture. Des photographies superbes témoignent des moments forts de l'action.

Les rituels organisés par Beuys sont plus complexes que cette description rapide ne le suggère. Mais, pour l'essentiel, sous des modalités inventives, ils visent toujours à pointer une blessure et à restaurer des liens rompus pour faciliter les échanges d'énergie. En d'autres termes, et l'image s'est imposée, l'artiste promu thérapeute fait office de « chaman ». Autrefois blessé ou malade, le chaman des sociétés traditionnelles est celui qui survécut et acquit à cette occasion, tragique, des pouvoirs considérables. Il les met au service de la communauté, certes, mais il occupe tout de même au sein du groupe social une position de maîtrise. C'est à peu près l'inverse que chercha Gérard Gasiorowski quand il devint Kiga, l'Indienne. La régression primitiviste à laquelle il se soumit tendait à faire de lui un *border line*.

Après des débuts prometteurs, Gasiorowski fonde en 1976 une école d'art (fictive), l'Académie Worosis-Kiga, l'AWK. Seuls des artistes connus y sont admis. Tous doivent peindre un chapeau sous la férule du professeur Hammer, monstre de bêtise autoritaire. Kiga, l'Indienne, occupe avec sa tribu un territoire voisin de celui où est implantée l'académie. Elle fomente des révoltes et finit par assassiner Hammer (1981). Gérard Gasiorowski a pris le parti de Kiga. En 1977, à un visiteur de passage chez lui, il dit « qu'il avait arrêté de travailler, qu'il y avait cette étrange Indienne qui utilisait son atelier pour faire des choses bizarres[1] ». Il/elle réalise des constructions éphémères, des assemblages fragiles, des objets dérisoires ou étranges. D'autres témoins rapportent qu'il s'est vraiment identifié à l'Indienne, réserve féminine de sauvagerie et d'innocence mêlées. L'Occident phallocratique est rejeté au loin. L'aventure dura plusieurs années, avant que l'artiste ne se réconcilie avec notre monde. Auparavant, Gasiorowski-Kiga avait puisé en elle-même les ressources de son art, cuisinant ses excréments, recueillant le jus de cuisson pour faire des dessins, les modelant en tourtes arrangées parfois

1. Témoignage de Mickaël Nickell, repris dans le cat. de l'exposition *Gérard Gasiorowski*, Paris, Centre Georges Pompidou, 1995, p. 249.

comme des natures mortes, hommage à Cézanne qui avait un jour déclaré à Manet vouloir envoyer au Salon un « pot de merde » — célèbre anecdote[1].

Après ses expériences limites, Gérard Gasiorowski, soutenu par la galerie Maeght, renoua avec la peinture. Il déclara alors « vivre dans l'intimité la plus achevée de "PEINTURE" ». L'isolement, avec Kiga, l'avait tenu « hors les convenances sociales et ses fosses communes ». Cette forme de primitivisme, vécu, le conduisit bien au-delà des querelles esthétiques comme il le suggère à Suzanne Pagé, en 1983 :

> Après avoir fait TOUT ÇA et touché de ses doigts l'ordre sauvage de Kiga, pensez-vous que pour lui, les mots : classique, modernité, avant-gardisme aient une quelconque nécessité[2] ?

La situation s'est considérablement modifiée depuis que des œuvres d'artistes vivants du monde entier — africains ou océaniens, bien sûr, et aussi indiens ou aborigènes d'Australie — sont confrontées avec celles de leurs contemporains du monde occidentalisé — l'Occident est ici une aire économique. Elles font l'objet d'expositions, de critiques dans la presse spécialisée. Des jeunes artistes se rendent en Europe ou aux États-Unis pour y étudier, mais ils n'ont générale-

1. Maurice Denis relate cette conversation dans une lettre à André Gide (11 juin 1919). L'artiste l'a publiée dans son *Journal*, Paris, La Colombe, 1957, t. 2, p. 212 ; il porte d'ailleurs un jugement sévère non seulement sur cette boutade, mais sur l'art du jeune Cézanne : « Vers 1870, à Manet qui lui demandait ce qu'il comptait envoyer au Salon, il répondait : un pot de merde. C'est navrant de stupidité. Et il faut bien avouer que sa peinture de cette époque (esquisses sombres, natures mortes à la truelle, faux Ingres du Jas de Bouffan) rend parfois le même son, grossier et niais. »

2. Gérard Gasiorowski, « Entretien Gasiorowski, Suzanne Pagé », cat. de l'exposition *Gasiorowski Peinture*, Paris, ARC, musée d'Art moderne de la Ville de Paris, 1983, respectivement p. 94, 96 et 98.

ment aucune intention d'abandonner leurs racines, leur culture : le « primitivisme » se vit ainsi dans le présent d'un coude à coude.

Mais il existe, nous l'avons suggéré, d'autres primitivismes, plus irréductibles aux échanges avec le monde de l'art. Dans son étude pionnière, *Primitivism in Modern Painting* (1938), Robert Goldwater avait pris en compte l'art populaire, les dessins d'enfants, les œuvres des aliénés[1]. Il suivait ainsi la voie ouverte par les artistes eux-mêmes. Wassily Kandinsky, par exemple, avait exprimé sa « sympathie » pour les Primitifs dans un passage de son ouvrage, *Du spirituel dans l'art*. Il soulignait alors ses « affinités spirituelles » avec « ces artistes purs [qui] ont essayé de ne représenter dans leurs œuvres que l'Essentiel intérieur, par élimination de toute contingence extérieure[2] ». De quels Primitifs s'agit-il ici ? La réponse est donnée par l'*Almanach du Blaue Reiter* qu'il préparait avec Franz Marc et qui fut publié également en 1912. Non seulement Kandinsky s'appuie sur la parole évangélique — « Laissez venir à moi les petits enfants, car le Royaume des Cieux leur appartient » — pour louer les dessins d'enfants, mais il vante aussi les mérites des peintures réalisées par des personnes dépourvues de « connaissances artistiques objectives[3] ». August

1. Après l'édition de 1938, deux versions de *Primitivism in Modern Painting*, complétées, ont paru (1966 et 1986) ; trad. française par Denise Paulme, *Le Primitivisme dans l'art moderne*, Paris, PUF, 1988.

2. Wassily Kandinsky, *Du spirituel dans l'art*, *op. cit.*, p. 52.

3. Kandinsky écrit : « Quand un individu sans formation artistique, donc dépourvu de connaissances artistiques objectives, peint n'importe quoi, le résultat n'est jamais un faux-semblant » (« Sur la question de la forme », *Almanach du Blaue Reiter* [1912], trad.

Macke publia dans cet *Almanach* un texte enthousiaste sur « Les masques ». Il brasse les références :

> Les formes artistiques des paysans, des primitifs italiens, des Hollandais, des Japonais et des Tahitiens sont devenues des stimulants tout comme les formes de la nature elles-mêmes[1].

L'*Almanach du Blaue Reiter*, ouvert aux arts visuels, à la musique comme au théâtre, est une création d'artistes convaincus que « le principe d'internationalité est le seul possible » pour leur projet. En 1911, Kandinsky et Marc justifiaient cette option par l'universalité de l'art : « L'œuvre tout entière, celle que l'on nomme art, ne connaît ni peuple ni frontière, mais seulement l'humanité[2]. » L'internationalisme artistique prend corps dans les quelque cent quarante illustrations de l'*Almanach*. L'ensemble constitue un véritable manifeste artistique. On a souvent remarqué qu'elles reproduisent des œuvres de Kandinsky, Marc, Macke, Klee, Gontcharova, Picasso, Matisse, Arp, Kirchner, Nolde, Pechstein, Kokoschka, Delaunay, Gauguin, Van Gogh ou Cézanne, mais aussi celles du Douanier Rousseau et surtout bien d'autres objets jusque-là rarement mis en parallèle avec les peintures occidentales, fussent-elles d'avant-garde. Le lecteur croise au fil des pages, agencées en un savant pêle-mêle, des œuvres d'art populaire — peintures sous verre, peintures votives, illustrations et gravures —, des dessins japonais, un « Poncho de chef » (Alaska),

---

française présentée et annotée par Klaus Lankheit, Paris, Klincksieck, 1981, p. 228 — la référence au Royaume des Cieux y figure également).

1. August Macke, « Les masques », *ibid.*, p. 114.
2. Wassily Kandinsky et Franz Marc, projet de préface pour l'*Almanach du Blaue Reiter*, *ibid.*, p. 63.

des figures de théâtre d'ombres (Égypte), des sculptures du Bénin, du Cameroun, de Bornéo, de l'île de Pâques, de Nouvelle-Calédonie, du Mexique, de Malaisie, etc. Les dessins d'enfants, à vrai dire fort sages, occupent une place non négligeable et quelques « dessins d'amateurs » complètent un ensemble déjà fort bigarré. Il faut pourtant souligner ce qu'il exclut.

La tradition occidentale est représentée par des sculptures antiques, mais il s'agit d'une Gorgone archaïque (étrusque), une peinture « grecque », sans doute romaine, mais c'est une ménade, des sculptures du Moyen Âge, une mosaïque byzantino-vénitienne. Bref, on l'aura compris, rien, absolument rien n'est puisé dans l'art classique : pas d'Apollon ou d'Aphrodite, aucune peinture de la Renaissance italienne, ni Raphaël ni Poussin, pas davantage Rubens, Chardin ou David. Le panthéon de l'*Almanach du Blaue Reiter* jette entre l'art moderne et ses sources éclectiques un pont qui ignore l'art porté au pinacle dans les écoles des Beaux-Arts, un art qui sert alors d'étalon du goût à maints critiques ou historiens d'art. Les deux exceptions notables à cette cécité volontaire confirment le choix implicitement polémique de Kandinsky et Marc : la reproduction d'une gravure sur bois due à Hans Baldung Grien, un enchevêtrement de chevaux, n'a rien de « classique », et le Greco — ici représenté par un *Saint Jean* — venait d'être redécouvert, après une longue période d'oubli[1].

1. La redécouverte du Greco, dont nombre de peintures ont toujours étaient visibles, s'est faite au cours de la deuxième moitié du XIXe siècle, mais elle fut confortée avec éclat par la publication du livre de Maurice Barrès, *Greco, ou Le secret de Tolède*, Paris, Émile-Paul, 1912.

L'art populaire avait fait l'objet d'études attentives au XIXe siècle. Meyer Schapiro a par ailleurs montré son importance pour Courbet[1]. Mais il servait encore de source souterraine. Champfleury, l'un des propagandistes du réalisme, écrivain, critique d'art, et aussi historien de la caricature, consacra une étude importante à l'*Histoire de l'imagerie populaire* (1869). Contre l'argument habituel — les colorations bruyantes des images populaires paraissent bien « barbares » aux yeux délicats des personnes cultivées —, l'ami de Courbet répliquait :

> Moins barbare que l'art médiocre de nos expositions, où une habileté de main universelle fait que deux mille tableaux semblent sortis d'un même moule. Telle maladresse artistique est plus rapprochée de l'œuvre des hommes de génie que ces compositions entre-deux, produits des écoles et des fausses traditions. J'entends qu'une idole taillée dans un tronc d'arbre par les sauvages est plus près du *Moïse* de Michel-Ange que la plupart des statues des Salons annuels. Chez le sauvage et l'homme de génie se remarquent des audaces, une ignorance, des ruptures avec toutes les règles qui font qu'ils s'assortissent; mais il faut pénétrer profondément dans ces embryons rudimentaires, et laisser de côté les *adresses* et les *habiletés* de tant d'ouvriers à la journée qui s'intitulent *artistes*[2].

L'association de l'art populaire et de celui des sauvages, suggérée par leur commune aptitude à fournir

1. Meyer Schapiro, « Courbet et l'imagerie populaire. Étude sur le réalisme et la naïveté » (1940), repris dans *Style, artiste et société*, Paris, Gallimard, coll. Tel, 1982, p. 273 *sq*.

2. Champfleury, « L'imagerie populaire », introduction à son *Histoire de l'imagerie populaire* (1869), partiellement reprise dans le choix de textes présentés par Geneviève et Jean Lacambre, *Champfleury. Son regard et celui de Baudelaire*, Paris, Hermann, 1990, p. 215.

des armes contre l'académisme, contre tous les conformismes, apparaît avec la modernité.

Rimbaud proclame, lui aussi, aimer « les peintures idiotes, dessus de portes, décors, toiles de saltimbanques, enseignes, enluminures populaires ». Néanmoins, ce paragraphe d'*Une saison en enfer* (1873) reste ambigu. Rimbaud proteste contre le goût « bourgeois », certes, mais il concède que ces peintures sont « idiotes ». Rien de tel dans l'*Almanach du Blaue Reiter*. Le texte de Kandinsky « Sur la question de la forme » met en évidence l'importance de ces œuvres et prouve combien il les prend au sérieux. Il souligne la fraîcheur du sentiment de ces gens simples mus par une « nécessité intérieure », capables de communiquer à leurs créations, si malhabiles qu'elles puissent paraître, une « résonance intérieure » qui en fait tout le prix. Les artistes russes ont admiré les *loubki*, gravures populaires proches de nos images d'Épinal, et ils importaient volontiers dans leurs œuvres l'expressivité, souvent humoristique, qui les caractérise. Nathalie Gontcharova et Mikhaïl Larionov les confrontaient dans une exposition qu'ils avaient organisée à Moscou en 1913.

Comme l'art populaire, et pour des raisons similaires, les dessins d'enfants retiennent l'attention de Kandinsky. Il loue leur aptitude à mépriser la ressemblance extérieure, à éliminer l'accessoire pour aller à l'essentiel. L'artiste, dit-il, « ressemble beaucoup à l'enfant durant toute sa vie ». Baudelaire usait d'une formulation plus tranchante, dans son étude consacrée au *Peintre de la vie moderne* (1863) : « Le génie n'est que l'*enfance retrouvée* à volonté. » Pour le meilleur et pour le pire, cette intuition transformée rapidement en poncif traversa le siècle : tandis que maints artistes déclaraient vouloir renouer avec les vertus enfantines, le public leur faisait grief de peindre, ou plutôt de barbouiller, de gribouiller, comme des enfants en bas âge. L'intérêt pour ces dessins se développe à partir des années 1880, bien qu'ils aient auparavant retenu l'attention de Töpffer — une cohérence conceptuelle et sensible le porte à vanter les mérites des « sauvages », des enfants et des graffitistes.

L'association des valeurs de la « sauvagerie » et des enfants qui n'ont encore subi aucune acculturation va de soi. Lorsque Maurice Denis évoque les années 1890, celles qui virent le développement du néo-impressionnisme, le départ de Gauguin, l'essor de la légende dorée construite autour de Van Gogh, mort, et la fondation par les « révoltés de l'atelier Julian » du groupe des Nabis (des « Prophètes »), il décrit ainsi leur ligne de conduite : « Les critiques nous reprochaient à cette époque de vouloir rebalbutier. En effet, nous retournions à l'enfance, nous faisions la bête, et c'est alors sans doute ce qu'il y avait de plus intelligent à faire. Notre art était un art de sauvages, de primitifs[1]. » Paul Klee suit la même logique quand il commente l'exposition du Blaue Reiter à la galerie Thannhauser (Munich, 1911). Il profite aussi de l'occasion pour retourner préventivement l'argument des philistins :

> N'oublions pas que l'art a ses origines comme nous pouvons le vérifier dans les musées ethnographiques ou chez nous dans la chambre d'enfants (ne ris pas, lecteur) ; les enfants aussi peuvent en faire et la valeur

1. Maurice Denis, « De Gauguin et de Van Gogh au classicisme » (1909), *Le Ciel et l'Arcadie*, *op. cit.*, p. 157.

> des tendances artistiques les plus récentes n'est en rien amoindrie par ce constat. Au contraire. Cet état de chose comporte une sagesse positive : plus les enfants sont laissés à eux-mêmes, plus l'art qu'ils produisent est riche d'enseignements ; car ici aussi il y a déjà une corruption : lorsque les enfants se mettent à assimiler les œuvres d'art accomplies, ou même à les imiter[1].

Beaucoup d'artistes ont observé avec tendresse la fantaisie primesautière des dessins d'enfants afin d'en capter l'esprit. Les illustrations de l'*Almanach du Blaue Reiter* attestent cette fraternité. Klee, Miró, Picasso, Dubuffet ou Baj, pour citer quelques-uns des plus fréquemment mentionnés, ne dessinent nullement comme des enfants. Ils nous ont au contraire appris à voir et à apprécier ce qu'ils font quand on les laissent libres[2]. Picasso avait, malgré lui, contribué à propager des interprétations hâtives qui l'irritaient. Visitant une exposition de dessins d'enfants, il déclara par exemple : « Quand j'avais leur âge, je dessinais comme Raphaël, mais il m'a fallu toute une vie pour apprendre à dessiner comme eux[3]. » Pour prendre la mesure de cette remarque, il faut oublier les caractéristiques extérieures de ses œuvres et se pencher sur l'état d'esprit qui l'anime. Enfant doué, Picasso pouvait dessiner comme les maîtres de la Renaissance. C'est pré-

1. Ce passage du compte rendu de Paul Klee est cité dans l'article de Jessica Boissel, « Quand les enfants se mirent à dessiner 1880-1914 : un fragment de l'histoire des idées », *Les Cahiers du musée national d'Art moderne*, n° 31, printemps 1990, p. 16.

2. Klee avait déjà pointé la « corruption » dont peuvent être victimes les dessins d'enfants. Bien des années plus tard, Picasso remarquait : « On nous explique qu'il faut laisser la liberté aux enfants. En réalité on leur impose de faire des dessins d'enfants. On leur apprend à en faire. On leur a même appris à faire des dessins d'enfants qui sont abstraits... » (*Propos sur l'art*, *op. cit.*, p. 149).

3. *Ibid.*, p. 160.

cisément ce qu'il lui fallut désapprendre lorsqu'il résolut de devenir lui-même. Pas plus que l'art nègre, les dessins d'enfants ne lui ont servi, pour l'essentiel, de modèle formel. En revanche, comme l'art nègre, ils lui montraient la voie. Elle est, sans nul doute, autrement subversive car les enfants, eux, ne luttent pas contre Raphaël.

Les graffiti

Contrairement aux dessins d'enfants, valorisés, les graffiti, inscriptions ou dessins tracés sans autorisation dans l'espace public, font l'objet d'une réprobation sociale non dénuée de fondement et que la loi enregistre : elle les interdit. Leur pittoresque, ou, plus encore, leur charge subversive, intéresse des artistes depuis longtemps. Angélique et Médor, les deux héros de l'*Arioste*, gravent leurs initiales entrelacées sur des troncs d'arbre ou des cabanes. Souvent interprété aux XVIIe et XVIIIe siècles, ce motif permit d'introduire, sous le couvert de la fable, les graffiti dans l'espace de la représentation picturale. Ils ne devaient plus le quitter. Les graffiti enfantins figurés sur des piliers d'église dans certaines vues de Pieter Saenredam (*La Bunrkerk à Utrecht*, 1644) ou de Gerard Houckgeest (*Le Mausolée de Guillaume d'Orange à Delft*, 1651) ont peut-être une fonction polémique : ils feraient allusion à la relative absence d'image dans les temples protestants. Un tableau de David Allan confronte, sur un mode ironique, l'art de l'enfance aux virtuosités du métier : *The Uncultivated Genius* (1775) présente un peintre médiocre au travail, tandis qu'un enfant dessine un « bonhomme » à même le sol. On peut y voir une opposition entre le métier mal acquis au fil d'un long apprentissage et l'innocence enfantine, mais aussi constater le triomphe de l'artiste, maître ès mimèsis, qui peint la scène.

Au XIXe siècle, Rodolphe Töpffer se livre sans ambiguïté à une apologie des figures charbonnées sur les murs. Il oppose l'expressivité naturelle des « petits bonshommes » graffités sans souci artistique à la fade fidélité d'une représentation gouvernée par des codes appris. À la même époque l'image de graffiti, associée à des portraits, des scènes de genre ou à des paysages, fait également office de marqueur social. Redondante, elle confirme le caractère populaire du lieu, ou encore elle manifeste une volonté de rupture avec l'ordre établi, avec les conventions sociales dominantes. Le *Déjeuner sur l'herbe* (1865-1866) de Claude Monet comporte un cœur surmonté de la lettre *P*, gravé dans le tronc d'un arbre de la forêt qui accueille cette festivité. Hans Speckter, lorsqu'il peint le *Passage de l'ancien amphithéâtre d'anatomie à Weimar* (1882), n'omet pas de reproduire les graffiti tracés sur le mur par des étudiants. Plus agressif, le *Pisseur* (1887) de James Ensor urine devant un mur qui supporte aussi des dessins sauvages et cette inscription : « Ensor est un fou. » Giacomo Balla reste dans une lignée protestataire quand il trivialise, en image, un symbole de la société capitaliste. Sa représentation d'une *Porte de banque* (1902) attire doublement notre attention vers le bas. Non seulement Balla ne montre que la partie inférieure de cette porte, mais il la présente couverte de graffiti. Mikhaïl Larionov opère différemment. Ses représentations de femmes du peuple, de soldats ou de coiffeurs, présentées à l'exposition *La Queue d'âne* (Moscou, 1912), sont bariolées d'inscriptions, parfois scatologiques, « comme celles que l'on voit sur les murs[1] ».

D'autres artistes opèrent, dans les premières décennies du XXe siècle, une véritable mutation de pensée : les graffiti cessent d'apparaître comme d'éventuels objets à reproduire pour devenir un modèle opératoire, un exemple à méditer et à suivre pour accéder à une expression plus authentique. Ils n'essayent pas de recopier les traces illicites, mais veulent renouer avec l'esprit qui permit leur apparition. George Grosz écrit en 1924 :

> Pour parvenir à un style qui reproduirait la dureté frappante et crue, l'inhumanité de mes objets, j'étudiais les manifestations brutes de l'instinct artistique. J'allais dans les urinoirs pour recopier les dessins folkloriques, qui m'apparaissaient comme l'expression la plus immédiate et la traduction la plus directe de sentiments forts. Les dessins d'enfants m'attiraient aussi, par la limpidité de leur signification. Ainsi arrivais-je peu à peu à ce style de dessin dur comme de l'acier, qui me permettait d'exprimer les observations dictées par ma haine absolue pour les êtres humains[2].

L'observation des graffiti, incomparable source d'information sur la face cachée des pensées et des pulsions humaines, remplace avantageusement l'étude des statues antiques. Picasso, à qui Brassaï montre ses

1. Elie Eganbury, « Nathalie Gontcharova et Michel Larionov » (1913), trad. dans Michel Larionov, *Une avant-garde explosive*, *op. cit.*, p. 109.

2. George Grosz, *Devidage* (1924), cité par Uwe M. Schneede, Georg Bussmann, Marina Schneede-Sczesny, dans *George Grosz, vie et œuvre* (1975), trad. par Olivier Mannoni, Paris, François Maspero, 1979, p. 44.

photographies de murs graffités, s'émerveille : « Ils sont vraiment étonnants, vos graffiti ! Quelle invention prodigieuse dans chacun d'eux[1] ! » Il reconnaît d'ailleurs à la fois avoir copié des graffiti et en avoir lui-même tracé, dans sa jeunesse. L'urgence du geste, l'authenticité du propos et l'invention qui préside à sa traduction graphique deviennent des qualités quand la violence et la provocation accèdent au rang de valeur esthétique.

Jean Dubuffet adopte en 1944 un style en partie inspiré des graffiti. « Chasseur d'occasions », il porte « une haute estime aux valeurs de la sauvagerie : instinct, passion, caprice, violence, délire ». Il aime « l'embryonnaire, le mal façonné, l'imparfait, le mêlé », et il préfère « les diamants bruts, dans leur gangue, et avec crapauds ». Détestant l'art en tenue d'apparat, l'art guindé, il veut « se nourrir des inscriptions, des tracés instinctifs » afin de « respecter les impulsions, les spontanéités ancestrales de la main humaine quand elle trace ses signes[2] ». Dans les années cinquante, Asger Jorn, membre du groupe Cobra, fonde l'Institut scandinave de vandalisme comparé. Il répond ainsi à tous ceux qui considèrent la « graffitomanie » comme une des formes les plus nuisibles du « vandalisme imbécile » dénoncé par Louis Réau dans son *Histoire du vandalisme*. Ainsi, après la Seconde Guerre mondiale, les graffiti, toujours réprimés, trouvent une forme de légitimation. Toutes sortes de rapports entre art et graffiti surgissent dans les travaux d'Antoni

1. Brassaï, *Graffiti* (1960), Paris, Flammarion, 1993, p. 137.
2. Jean Dubuffet, *L'Homme du commun à l'ouvrage*, Paris, Gallimard, coll. Idées, 1973, respectivement p. 32, 67, 65 et 36.

Tàpies, Joan Miró et bien d'autres. Cy Twombly magnifie les potentialités esthétiques du geste graffitique, et il arrache à l'un de ses meilleurs commentateurs, Roland Barthes, cet aveu : « Le malheur de l'écrivain, sa différence (par rapport au peintre, et spécialement au peintre d'écriture, comme l'est TW), c'est que le graffiti lui est interdit[1]. »

Le dernier épisode de l'aventure conjointe de l'art et des graffiti vit des peintres réaliser des œuvres illicites dans les rues, et des graffitistes exposer dans des galeries, devenir artistes. Gérard Zlotykamien fut l'un des tout premiers à opérer cette jonction longtemps tenue pour inconcevable. Ses *Éphémères* surgissent à l'improviste sur les murs des villes d'Europe. « Ombres » légères, mais insistantes, ces personnages témoignent pour la vie. La fantaisie de leur tracé invite au sourire, suggère une connivence. Zlotykamien jette un pont entre l'univers de la rue et le monde de l'art. Il ne se contente pas de livrer ses *Éphémères* aux intempéries : il les présente aussi dans les galeries. Néanmoins, les autorités dramatisent, transforment l'artiste en « prévenu », le citent à comparaître. En 1984, la 17e chambre du tribunal correctionnel de Paris le condamnait à une amende symbolique pour avoir inscrit ses *Éphémères* sur les murs extérieurs de la Fondation nationale des arts plastiques, institution qui lui avait acheté quelques années auparavant une œuvre similaire, mais exécutée sur panneau, en atelier.

Les travaux des rues, artistiques et délictueux,

1. Roland Barthes, « Cy Twombly ou *Non multa sed multum* » (1979), repris dans *L'Obvie et l'Obtus. Essais critiques III*, Paris, Éditions du Seuil, 1982, p. 154.

1

1. Wassily Kandinsky, *Avec l'arc noir*, 1912, huile sur toile, 189 x 198 cm. Collections du Centre Georges-Pompidou/MNAM, Paris.

2

3

2. Kazimir Malévitch, le *Carré noir* et autres œuvres suprématistes, exposition 0,10, Petrograd, 1915.

3. Vue de l'atelier parisien de Piet Mondrian en 1929.

4

4. Willem de Kooning, *Black Friday*, 1948, huile et émail sur panneau, 125 x 99 cm. Art Museum, Princeton University, don H. Gates Lloyd, Princeton.

5. François Morellet, *Par derrière (à 3)*, 1986, 400 x 400 cm.

5

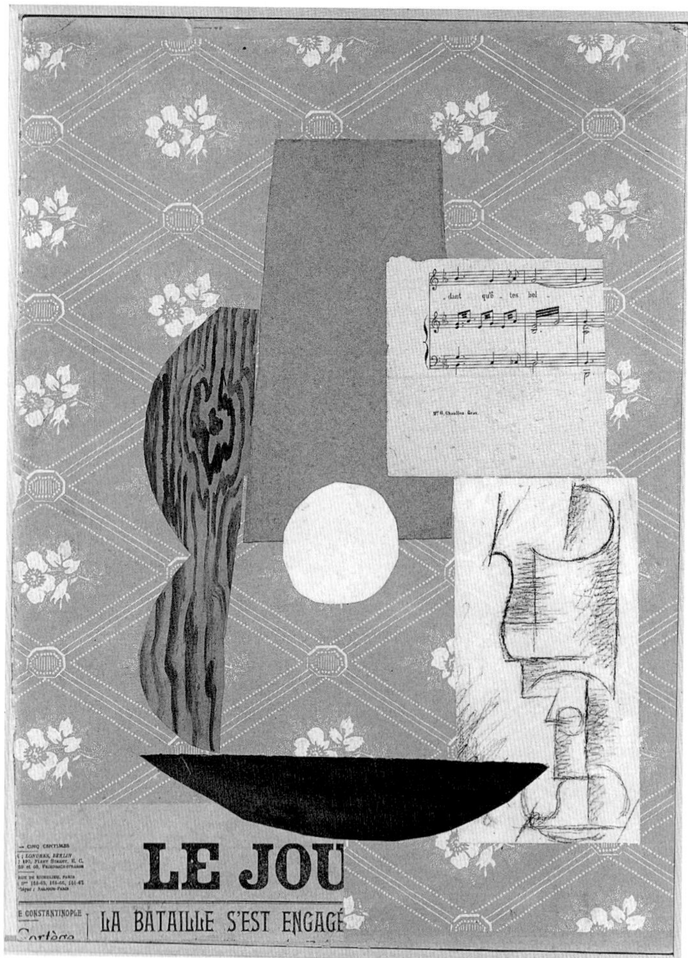

6

6. Pablo Picasso, *Guitare, partition et verre*, 1912, papier collé, gouache et fusain sur papier, 48 x 36,5 cm. Marion Koogler McNay Art Museum, San Antonio, Texas, legs Marion Koogler McNay.

7. Max Ernst, *La préparation de la colle d'os*, 1921, collage, 7 x 11 cm.

8. Marcel Duchamp, *Fountain*, 1917, photographie de Stieglitz publiée dans la revue *The Blind Man*, n°2, mai 1917. Philadelphia Museum of Art, collection Louise et Walter Arensberg, Philadelphie.

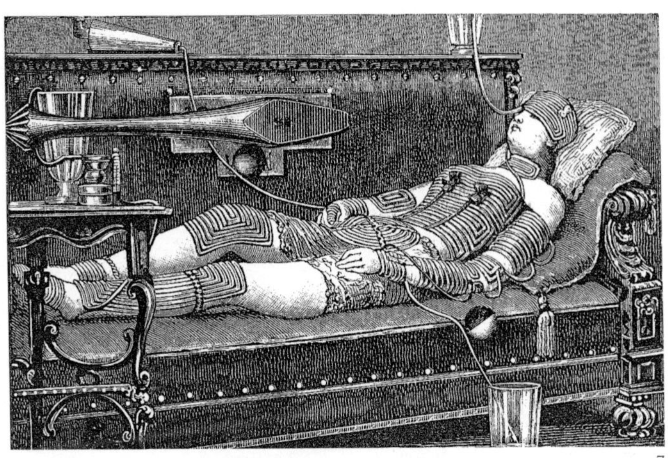

7

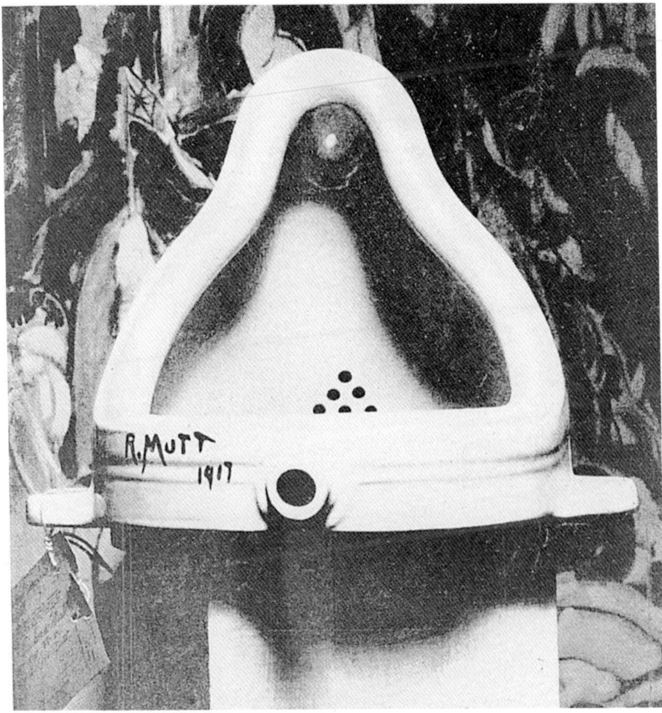

8

9

10

11

9. Vladimir Tatline, maquette pour le *Monument à la IIIe Internationale*, Moscou, novembre 1920, document photographique.

10. László Moholy-Nagy, *Modulateur espace-lumière*, 1922-1930, 151 x 70 x 70 cm. Van Abbemuseum, Eindhoven.

11. Francis Picabia, *Tableau rastadada*, 1920, collage sur papier, 19 x 17 cm. Collection Paul Destribats, Paris.

12

13

12. Jean Dubuffet, *Fautrier araignée au front*, 1947, huile sur toile, 116 x 89 cm. Collection particulière, U.S.A.

13. Robert Rauschenberg, *Satellite*, 1955, huile, tissu, papier et bois sur toile avec faisan empaillé, 201,6 x 109,9 x 14,3 cm. Whitney Museum of American Art, don Claire B. Zeisler, New York.

14. Jean Tinguely, *Hommage à New York*, 17 mars 1960, jardin du Museum of Modern Art, New York.

15. Robert Morris, *Sans titre* (*L-Beams*), 1965, acier inoxydable en trois parties. Whitney Museum of American Art, don Howard et Jean Lipman, New York.

14

15

16

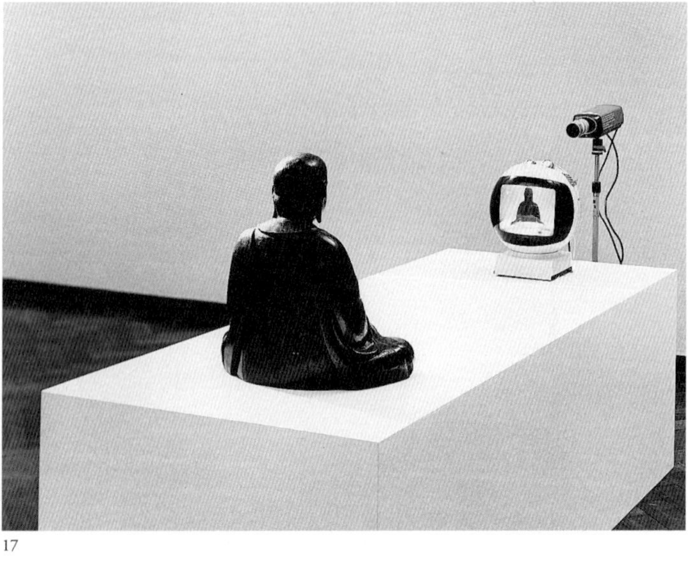

17

16. Claudio Parmiggiani, mise en terre de *Terra*, 25 septembre 1990, cloître du Palais Saint-Pierre, Lyon. Musée d'art contemporain, Lyon.

17. Nam June Paik, *TV Buddha*, 1974, moniteur, caméra, statue. Stedelijk Museum, Amsterdam.

18

18. Gilbert et George, *The Singing Sculpture*, Londres, 1970.

19

20

19. Robert Smithson, *Spiral Jetty*, 1970. Rochers, sel, cristaux, terre, algues et eau ; longueur : 475 m, largeur : 4,5 m. Salt Lake, Utah.

20. Joseph Kosuth, *One and Three Chairs*, 1965, une chaise et deux photographies noir et blanc. Collections du Centre Georges-Pompidou/MNAM, Paris.

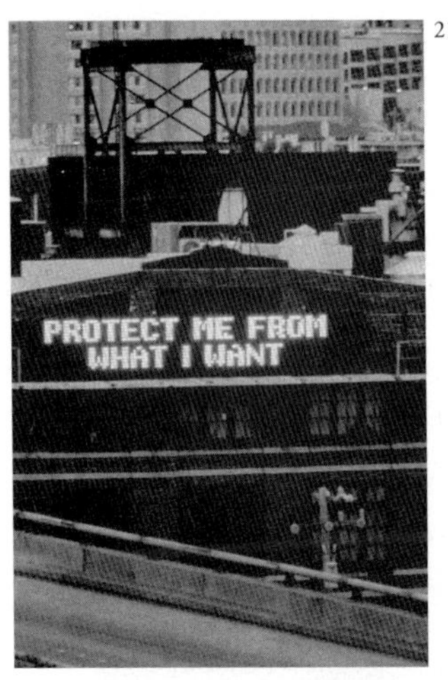

21

21. Jenny Holzer, *Protect me from what I want*, extrait de la série « The Survival », 1987, installation, San Francisco. Courtesy Barbara Gladstone Gallery, New York.

22. Jean-Michel Basquiat, *A Panel of Experts*, 1982, acrylique, crayon gras et collage de papier sur toile montée sur des supports en croix, 152,5 x 152,5 cm. Collection particulière.

22

23

24

23. Jeff Koons, *Bear and Policeman*, 1988, bois polychrome, 215 x 109,2 x 91,4 cm. Courtesy Sonnabend Gallery, New York.

24. Bernd et Hilla Becher, *Chevalement de mine*, 1982, photographie.

25

26

25. Orlan, *Le visage du XXIe siècle*, 1990 (opération de chirurgie esthétique).

26. Braco Dimitrijevic, *Triptychos post historicus*, 1985, installation. Wilhelm-Hack-Museum, Ludwigshafen.

seraient peut-être restés sporadiques si le grand mouvement graffitique qui secoua les États-Unis au début des années soixante-dix n'avait pas pris une ampleur inattendue. Dans tout New York, des jeunes venus des ghettos inscrivent leurs signatures pseudonymiques, souvent associées aux numéros de leurs rues : le tag est né. Il envahit le métro et parcourt ainsi la ville. Les bandes rivalisent d'énergie. La police les réprime, mais des intellectuels s'enthousiasment. Norman Mailer écrit :

> On aurait pu croire à un certain moment que les graffiti se répandraient dans le monde entier, lorsque ce mouvement, qui débuta comme l'expression de ces exilés des tropiques condamnés à vivre dans un environnement de briques brunes et ternes, une monotonie de grisaille et de fer, noyés dans l'asphalte, le ciment et les sons métalliques, avait soudain jailli avec la force d'une éruption biologique comme pour sauvegarder la chair sensuelle de leur héritage du risque de la macadamisation de la psyché, sauver leurs cerveaux mal nourris par les murs vides de la ville en couvrant ces murs des arbres géants et des petites plantes d'une forêt tropicale[1].

Depuis lors, les tags n'en finissent pas de se propager. Ils se sont diversifiés. Certains ont acquis une monumentalité qui leur permet de s'imposer à l'attention. Ils se transformèrent ainsi en *graph*, travail élaboré dont les dimensions impressionnantes signalent l'ambition. Aujourd'hui encore, le nom de leur auteur reste souvent l'unique motif de ces peintures qui recourent également à des sources iconographiques populaires, images de *comics* ou de la publicité. Par-

1. Norman Mailer, « La religion des graffiti », *Graffiti de New York*, éd. française, Paris, Chêne, 1974, n. p.

fois, ils reprennent des peintures célèbres ou inventent leurs propres motifs. Des galeries avaient rapidement saisi l'intérêt du phénomène. Elles conviaient les meilleurs graffitistes à travailler aussi sur toile ou sur papier. Chaque tagueur portait alors dans sa gibecière, outre des feutres et des bombes, l'espoir d'une possible ascension sociale, sous les auspices de l'art, de son marché, de son système de valorisation des déviances en tout genre.

Sur le wagon du métro new-yorkais, un graffitiste qui signe Freedom avait reproduit le geste de la création de l'homme imaginé par Michel-Ange pour la chapelle Sixtine. Il inscrivit sous les deux mains tendues l'une vers l'autre cette interrogation : « *What Is Art ? Why Is Art ?* » Cette double question est en effet centrale. Il va de soi que, sauf à être tracé en toute illégalité sur la cimaise, un graffiti accepté au musée n'est plus un intrus. Il perd ainsi une part essentielle de son identité. Divers traits pertinents, fonctionnels ou structurels, caractérisent les graffiti. L'un de ces traits les oppose directement aux tableaux, pour lequels le musée fut conçu : les graffiti ignorent la loi du cadre, ils « ne tiennent pas compte du champ dont ils se sont emparés[1] ». La perception du graffiti, point de focalisation du regard, s'accompagne toujours, au moins virtuellement, d'un zoom arrière, qui conduit l'œil du tracé au mur, du mur à l'immeuble, de l'immeuble à la rue, de la rue à la ville tout entière. Cette vision en extension encourage la dérive des associa-

1. Meyer Schapiro, « Sur quelques problèmes de sémiotique de l'art visuel : champ et véhicule dans les signes iconiques » (1969), *Style, artiste et société*, *op. cit.*, p. 10.

tions et elle stimule la rêverie du flâneur. Cadré par la photographie, le graffiti gagne en concentration ce qu'il perd en extension : métamorphosé par la reproduction en « art fictif », il ressemble au tableau, champ iconique clos. Les graffiti, dès lors qu'ils sont peints sur toile, subissent les inconvénients et acceptent les avantages de cette métamorphose. Iouri Lotman décrit la structure fondamentale de l'œuvre d'art traditionnelle lorsqu'il souligne l'importance des frontières :

> Le cadre du tableau, la rampe au théâtre, le début et la fin d'une œuvre littéraire ou musicale, les surfaces qui délimitent une sculpture ou un édifice architectural d'avec l'espace qui en est artistiquement exclu — ce sont différentes formes d'une loi générale de l'art : l'œuvre d'art représente un modèle fini d'un monde infini[1].

Le musée rassemble et conserve de telles œuvres, spatialement délimitées. Lorsque des réalisations plastiques contestataires mettent en péril la loi du cadre, la clôture muséale leur assure malgré tout une protection qui conforte leur identité artistique. Entre les graffiti, *stricto sensu*, et l'art, la différence n'est pas seulement relative à la qualité — passible du jugement de goût, et donc toujours révisable. Intransportables sans dénaturation, les graffiti relèvent d'un art *in situ* : le développement de telles pratiques artistiques, à partir des années soixante, a facilité les rapprochements.

En 1980, des jeunes gens organisent à New York le *Times Square Show*, rassemblement dans une salle désaffectée d'artistes en rupture avec l'*establishment*. Un engouement pour des solutions alternatives favo-

1. Iouri Lotman, *La Structure du texte artistique* (1970), trad. sous la dir. d'Henri Meschonnic, Paris, Gallimard, 1973, p. 300.

rise le développement du *Street Art*. Un ouvrage paru en 1985 sous ce titre[1] enregistre l'effervescence et la diversité de ces pratiques de rue. Des artistes, reconnus comme tels, œuvrent indifféremment dans leurs ateliers et dans l'espace public, sans commande, à leurs risques et périls. Ils offrent alors leur travail aux passants, sans intermédiaire, sans rétribution. Richard Ambleton parcourt les villes et il trace ses personnages noirs sur les murs les plus sordides. D'autres gravent dans le béton frais des trottoirs ou disposent des sculptures sur des réverbères, des murs pignons, aux fenêtres d'immeubles abandonnés. Les affiches ou les pochoirs prennent parfois un tour plus politique et le mur de Berlin fut un des hauts lieux, avant son démantèlement, des témoignages sauvages d'une liberté qui ne s'exprimait qu'à l'Ouest. Des travaux de rue dus à Jenny Holzer, Barbara Kruger ou Charles Simonds, artistes aujourd'hui intégrés et reconnus, sont reproduits dans *Street Art*. On y trouve aussi Keith Haring et Jean-Michel Basquiat. Le premier, ancien élève d'une école d'art, s'est fait connaître par des dessins à la craie exécutés sur les panneaux recouverts d'affiches monochromes, en attente de publicité, du métro new-yorkais, avant de devenir célèbre pour sa virtuosité et sa verve. Le second, d'origine portoricaine par sa mère et haïtienne par son père, commença directement dans la rue.

Jean-Michel Basquiat avait fondé avec des amis, en 1978, un groupe informel qui répandait dans Manhattan des inscriptions signées SAMO©. Les messages,

1. Allan Schwartzman, *Street Art*, New York, The Dial Press, 1985.

juvéniles, adoptaient un ton rebelle : « SAMO©… pour en finir avec / le stupide / le neuf à cinq / à gâcher sa vie / à joindre les deux bouts / à rentrer chez soi / le soir devant sa télé couleur… » ou « SAMO© pour en finir / avec le fantasme / qu'on appelle "vie". » Un autre proclame ce qui était en passe de devenir vrai : « SAMO©… Omniprésent. » En 1979, un graffiti signale : *SAMO© is dead*. Jean-Michel Basquiat continua seul à inscrire les réflexions de SAMO© sur les murs. Elles concernent souvent l'art et elles ironisent sur les habitudes en vogue dans ce milieu. Mais Basquiat ne se contente plus de graffiter. Il peint, écrit, réalise des collages sur des supports indépendants. En 1982, devenu artiste à part entière, il connaît le début d'une ascension vraiment fulgurante. Sa collaboration avec Andy Warhol — ils réalisent de concert une série de peintures en 1984 — conforte sa légende.

L'exposition *High & Low* (New York, MoMA, 1990) comportait une section consacrée aux rapports entre l'art et les graffiti. Le visiteur pouvait y voir des œuvres de Balla, Pollock, Dubuffet, Hains, Miró, Jorn, Rauschenberg ou Twombly, mais aucune de Keith Haring ou de Jean-Michel Basquiat, mort en 1988. En revanche, le catalogue adjoint à l'exposition proprement dite un chapitre, « Contemporary reflections », où leurs travaux sont reproduits, aux côtés de nombreuses images de graffiti et de tags récents. Le sujet reste polémique, notamment à New York, mais aussi à Paris ou ailleurs. Aujourd'hui, les œuvres de Basquiat figurent dans les collections prestigieuses de grands musées et, par ailleurs, les tags ont conquis le monde.

L'art brut

Des collections ont recueilli, dès la fin du XIXe siècle, les productions plastiques et littéraires d'aliénés. La psychiatrie était encore une discipline jeune, et l'« art des fous » intéressait les médecins. Deux attitudes prévalaient. Marcel Réja, par exemple, publia en 1907 *L'Art chez les fous*. Le projet du livre, comme son introduction l'indique clairement, est bien d'étudier l'art, ou plus précisément une enfance de l'art, afin d'éclairer les mécanismes du génie. C'est pourquoi l'auteur examine aussi les « dessins d'enfants et de sauvages ». Il dégage leurs différences et constate qu'ils ont en commun un certain « mépris » de la réalité : ils ne s'attachent pas à « évoquer les formes mêmes, mais seulement leur *idée*[1] ». L'opposition entre deux types de représentation est récurrente. Marcel Réja se range à l'opinion commune, quand quelques-uns tiennent l'inverse pour vrai. Clive Bell est de ceux-là. Il apprécie l'art primitif, « dépourvu de qualité descriptive », parce qu'on n'y trouve « aucune exactitude de représentation », mais seulement la « forme signifiante[2] ».

Hans Prinzhorn partageait les convictions de Clive Bell. En poste à la clinique psychiatrique universitaire de Heidelberg, il contribua à un accroissement considérable des collections qu'il étudiait. En 1922 paraît son ouvrage, devenu une référence en la matière,

1. Marcel Réja, *L'Art chez les fous* (1907), Nice, Z'éditions, 1994, p. 31.
2. Clive Bell, « L'hypothèse esthétique », *op. cit.*, p. 217.

Expressions de la folie. Prinzhorn appréciait l'art de son temps et il incitait les malades internés à s'exprimer par les moyens plastiques. Cependant, il ne confond jamais les deux registres et il refuse les analogies de surface :

> Il est beaucoup plus fructueux, semble-t-il, de remarquer les traits apparentés de la sensibilité artistique contemporaine. En effet, nous constatons que l'aversion pour une compréhension simple du monde, un avilissement systématique des apparences extérieures auxquelles tout l'art occidental était attaché jusque-là, enfin un retour décidé sur le moi en sont les traits fondamentaux. Or ces termes nous ont été rendus familiers par nos efforts pour décrire le sentiment du monde du schizophrène[1].

Le livre et les travaux de Prinzhorn témoignaient d'une approche de la création, sous toutes ses formes, qui devait favoriser une compréhension de l'art moderne et un changement d'attitude devant la « folie[2] ». Des expositions furent organisées. Des artistes les ont visitées. Comme les expressionnistes allemands, Paul Klee était attentif à l'art des malades mentaux. Il écrivait dans son compte rendu de l'exposition du Blaue Reiter (1911), à la suite de son apologie des dessins d'enfants : « Des phénomènes parallèles se retrouvent chez les aliénés et l'on ne saurait user avec malveillance des termes de puérilité ou de folie pour déterminer exactement ce qui cherche à s'exprimer ici[3]. »

1. Hans Prinzhorn, *Expressions de la folie* (1922), trad. par Alain Brousse et Marielène Weber, Paris, Gallimard, 1984, p. 365.

2. L'une et l'autre furent associées dans l'exposition *Entartete Kunst*, où figuraient des œuvres issues de la collection psychiatrique constituée à Heidelberg.

3. Paul Klee, *Journal*, s. d., trad. Pierre Klossowski, Paris, Grasset, 1959, rééd. 1992, p. 253.

Des fous aux marginaux, aux « fadas », aux obstinés réputés un peu « fêlés » qui s'entêtent à produire des dessins, des peintures, des mosaïques, des objets ou des constructions plus ou moins étranges, le pas est vite franchi.

La réputation du Palais idéal construit de 1879 à 1912 par le Facteur Cheval avait rapidement dépassé les frontières de la Drôme, bien qu'on ait longtemps considéré, dans son pays, Ferdinand Cheval comme « un pauvre fou qui remplit son jardin de pierres ». Des artistes, des poètes manifestaient un intérêt pour les œuvres issues d'une créativité hors norme, mais nul ne semblait se soucier de leur conservation. Nous pouvons encore voir les dessins spirites de Victor Hugo, pour des raisons évidentes, ou les figures sculptées par l'abbé Adolphe-Julien Fouré dans le granit, sur la grève de Rothéneuf, parce qu'elles sont fort solides, mais la plupart des œuvres marginales ont disparu. Aussi, les collections psychiatriques ont-elles joué un rôle déterminant. Jean Dubuffet en visita plusieurs quand il songeait à écrire un ouvrage sur les créations des « irréguliers ». Son projet initial se transforma. L'artiste résolut de constituer une collection qui permettrait la préservation et l'étude de l'*art brut*, qu'il définit ainsi :

> Nous entendons par là des ouvrages exécutés par des personnes indemnes de culture artistique, dans lesquels donc le mimétisme, contrairement à ce qui se passe chez les intellectuels, ait peu ou pas de part, de sorte que leurs auteurs y tirent tout (sujets, choix des matériaux mis en œuvre, moyens de transposition, rythmes, façons d'écritures, etc.) de leur propre fond et non pas des poncifs de l'art classique ou de l'art à la mode. Nous y assistons à l'opération artistique toute pure,

> brute, réinventée dans l'entier de toutes ses phases par son auteur, à partir seulement de ses propres impulsions. De l'art donc où se manifeste la seule fonction de l'invention, et non celles, constantes dans l'art culturel, du caméléon et du singe[1].

Afin de prévenir une confusion fréquente, il faut insister sur le fait que l'art de Dubuffet lui-même — homme de culture s'il en est — ne peut en aucun cas ressortir à l'art brut, bien que son intérêt pour ce domaine artistique n'ait pas été sans conséquences sur ses propres options esthétiques : « Une œuvre n'a d'intérêt, à mon sens, qu'à la condition qu'elle soit une projection très immédiate et directe de ce qui se passe dans les profondeurs d'un être ; et, naturellement, qui a pris naissance dans cet être, et qu'on y a pas fourré[2]. » Dubuffet ne s'est jamais départi de ses « positions anticulturelles » qui lui font porter « haute estime aux valeurs de la sauvagerie : instinct, passion, caprice, violence, délire[3] ». Après avoir prospecté en Suisse, Jean Dubuffet réunit sa collection naissante au Foyer de l'art brut, accueilli d'abord dans les sous-sols de la galerie Drouin (Paris, 1947), puis dans un local prêté par les éditions Gallimard. En 1948 une association — la Compagnie de l'art brut — fut constituée. Parmi ses membres fondateurs, outre Jean Dubuffet, on remarque André Breton, Jean Paulhan, Charles Ratton, Pierre-Henri Roché, Michel Tapié. Après diverses vicissitudes, la collection de l'art brut fut implantée, en 1972, à Lausanne qui acquit un hôtel

1. Jean Dubuffet, « L'art brut préféré aux arts culturels » (1949), *L'Homme du commun à l'ouvrage*, *op. cit.*, p. 91 et 92.
2. Jean Dubuffet, « Honneur aux valeurs sauvages » (1951), *ibid.*, p. 104.
3. Jean Dubuffet, « Positions anticulturelles » (1951), *ibid.*, p. 67.

particulier du XVIIIe siècle pour qu'elle soit conservée et présentée au public.

L'art brut n'est pas un mouvement : par définition, nul ne peut décider de s'y adonner. Les œuvres réalisées en dehors du champ artistique sont regroupées sous ce label par ceux qui, intégrés dans les sphères culturelles, y voient la marque d'une créativité se manifestant en dépit de l'exclusion sociale qui frappe leurs auteurs, aliénés, médiums, marginaux ou simplement personnes modestes animées par la passion ou le besoin de créer. La notion d'art brut se fonde donc sur le statut personnel du créateur et non sur les critères stylistiques de ses œuvres — comme c'est le cas pour l'art naïf, par exemple. Elle s'applique aux arts plastiques, mais également à d'autres domaines, notamment celui de l'écriture, et elle mêle fréquemment les genres. Diverses appellations ont été avancées pour cerner ce sous-continent de la création.

Une exposition présentée au musée d'Art moderne de la Ville de Paris (1978) s'intitulait *Les Singuliers de l'art*. Suzanne Pagé se défendait, dans le catalogue, d'avoir voulu proposer là une « alternative à l'"Art des Artistes" ». Il s'agissait de contribuer à renouveler le regard afin de « retrouver ce qu'il y a de sauvage dans l'art culturel ». Au demeurant, les frontières restent poreuses. Des tableaux de Gaston Chaissac, par exemple, figurent dans la collection de l'art brut qui comportait en 1971 — précise Michel Thévoz —, outre plus de quatre mille numéros, un millier d'œuvres « à mi-chemin entre l'art brut et l'art culturel », classées dans les collections annexes. Michel Thévoz, conservateur du musée de l'Art brut à Lausanne, ravive cependant l'opposition fondamentale entre ces deux registres de la création. Il s'appuie sur les écrits de Dubuffet pour suggérer la possibilité d'une « libération » qui abolirait les habitudes de pensée forgées, en Occident, au fil de plusieurs millénaires :

> Il se peut que, sur les ruines de la culture, une création d'art renaisse, orpheline, populaire, étrangère à tout circuit institué et à toute définition sociale, foncièrement anarchiste, intense, éphémère, dégrevée de toute idée de génie personnel, de prestige, de spécialisation, d'appartenance ou d'exclusion, de clivage entre la production et la consommation. Ce serait la ruine de toute valeur et l'avènement de l'« homme du commun », d'un homme sans modèles, radicalement irrespectueux et par conséquent créateur, réalisant l'utopie du *Prospectus aux amateurs de tout genre* [de Jean Dubuffet] : « Il n'y a plus de grands hommes, plus de génies. Nous voici débarrassés de ces mannequins au mauvais œil : c'était une invention des Grecs, comme les Centaures et les Hippogriffes. Pas plus de génies que de licornes. Nous avons eu si peur pendant trois mille ans[1] ! »

Le musée imaginaire

La reproduction des œuvres d'art n'est pas récente et les artistes comme les amateurs possédaient, depuis la Renaissance, des cartons dans lesquels étaient rassemblés les éléments visuels d'une culture artistique « universelle ». Les gravures qu'ils contenaient pouvaient offrir un panorama de ce qu'on avait, à un moment ou à un autre, considéré digne d'attention.

1. Michel Thévoz, *L'Art brut* (1975), Genève, Skira-Flammarion, 1980, p. 210.

Elles formaient en quelque sorte un musée portatif. L'invention et les développements de la photographie ont contribué à bouleverser les hiérarchies. Celle-ci permit une notable démocratisation de l'accès au patrimoine artistique qu'elle présentait avec une fidélité encore jamais atteinte et elle contribua à diversifier les connaissances. Avec les progrès techniques, les reproductions photographiques imprimées ont proliféré. André Malraux mit au jour les changements intervenus :

> Un musée imaginaire s'est ouvert, qui va pousser à l'extrême l'incomplète confrontation imposée par les vrais musées : répondant à l'appel de ceux-ci, les arts plastiques ont inventé leur imprimerie[1].

La notion de « musée imaginaire » proposée par Malraux s'est imposée. À côté du musée réel, où les œuvres sont présentes, un musée *imaginaire* a donc pris place. Il a modifié en profondeur les rapports que nous entretenions avec l'art. Les œuvres semblent avoir acquis un véritable don d'ubiquité. Imprimées ou stockées sur CD-Rom, leurs images sont disponibles à tout moment. La musique, avec le disque, bénéficie également de ce don, et Paul Valéry s'en réjouissait : « Pouvoir choisir le moment d'une jouissance, la pouvoir goûter quand elle est non seulement désirable par l'esprit, mais exigée et comme déjà ébauchée par l'âme et par l'être, c'est offrir les plus grandes chances aux intentions du compositeur[2]. »

La reproductibilité des œuvres a de multiples conséquences. Walter Benjamin avait analysé, dans un article

1. André Malraux, *Les Voix du silence*, *op. cit.*, p. 14.
2. Paul Valéry, « La conquête de l'ubiquité » (1929), repris dans *Pièces sur l'art*, Paris, Gallimard, 1934, p. 87.

célèbre publié en 1936, les effets du cinéma, art conçu dès l'origine pour être reproduit, ce qui n'est nullement le cas pour les tableaux — le problème est différent pour les sculptures qui peuvent donner lieu à des moulages dont le nombre reste limité par l'usage. Reproduites, les peintures perdent notamment une authenticité qui provient de « l'unicité de sa présence au lieu où elle se trouve », ou encore leur *aura*. Au sens propre, l'aura est une exhalaison subtile censée émaner d'un corps. Son sens figuré — atmosphère immatérielle qui entoure les êtres d'exception — devient un concept esthétique sous la plume de Walter Benjamin. L'aura d'une œuvre, c'est cet élément qui lui appartient en propre et qui n'appartient qu'à elle, en tant qu'objet singulier porteur d'une histoire sédimentée dans sa complexion matérielle au fil du temps. L'aura — « unique apparition d'un lointain » — fait irrémédiablement défaut aux reproductions :

> On pourrait dire, de façon générale, que les techniques de reproduction détachent l'objet reproduit du domaine de la tradition. En multipliant les exemplaires, elles substituent un phénomène de masse à un événement qui ne s'est produit qu'une fois. En permettant à l'objet reproduit de s'offrir à la vision ou à l'audition dans n'importe quelle circonstance, elles lui confèrent une actualité. Ces deux processus aboutissent à un considérable ébranlement de la réalité transmise — à un ébranlement de la tradition, qui est la contrepartie de la crise que traverse actuellement l'humanité et de son actuelle rénovation[1].

À la fin des années quarante, le phénomène avait pris une importance telle que Malraux affirmait :

1. Walter Benjamin, « L'œuvre d'art à l'ère de sa reproductibilité technique » (1936), repris dans *L'Homme, le langage et la culture*, *op. cit.*, p. 143 et 144.

« L'histoire de l'art depuis cent ans, dès qu'elle échappe aux spécialistes, est l'histoire *de ce qui est photographiable*[1]. » Il prolonge les réflexions de Valéry et de Benjamin lorsqu'il décrit les transformations subies par les œuvres au sein du musée imaginaire. Les formats des reproductions, similaires, nous convient à comparer des sculptures monumentales à une Tanagra, des miniatures avec des tapisseries ou des fresques, une médaille et des bas-reliefs architecturaux. La photographie isole l'œuvre de son contexte et elle rapproche les décors de plafond, les vitraux parfois situés à des hauteurs inaccessibles au regard, ou presque. Mieux encore : les détails inventent des tableaux qui n'existent pas — Pol Bury remarquait qu'il suffit de s'approcher suffisamment de n'importe quelle peinture pour en faire un monochrome[2]. Pour les sculptures, le cadrage, l'éclairage, l'angle de prise de vue restent déterminants. De surcroît, quand la gravure de reproduction, lente à exécuter, onéreuse, « semblait devoir confirmer les valeurs acquises », la photographie étend toujours davantage son champ de prospection, « elle substitue souvent l'œuvre significative au chef-d'œuvre, et le plaisir de connaître à celui d'admirer ; on gravait Michel-Ange, on photographie les petits-maîtres, la peinture naïve et les arts inconnus — on photographie tout ce qui peut s'ordonner selon un style[3] ». Fort de ces observations, André Malraux constate que les photographies du musée imaginaire ne se contentent nullement de reproduire les œuvres :

1. André Malraux, *Les Voix du silence*, *op. cit.*, p. 28.
2. Pol Bury, *Le Monochrome bariolé*, Paris, L'Échoppe, 1991, p. 13.
3. André Malraux, *Les Voix du silence*, *op. cit.*, p. 15.

> La reproduction a créé des arts fictifs (ainsi le roman met-il la réalité au service de l'imagination), en faussant systématiquement l'échelle des objets, en présentant des empreintes de sceaux orientaux et de monnaies comme des estampages de colonnes, des amulettes comme des statues ; l'inachevé de l'exécution, dû aux petites dimensions de l'objet, devient par l'agrandissement un style large, moderne d'accent. L'orfèvrerie romane rejoint la sculpture, trouve enfin sa signification dans les séries de photos où châsses et statues prennent la même importance. Expériences de revues spécialisées ? Sans doute, mais faites par des artistes, pour des artistes, et non sans conséquences. Parfois, les reproductions nées d'œuvres mineures suggèrent de grands styles disparus ou « possibles »[1].

Peu après la parution du livre d'André Malraux, Jean Bazaine stigmatisait « le profil squelettique d'un musée imaginaire qui consacrerait la confusion mortelle entre image et tableau : tant de bonnes intentions menacent la peinture dans son essence même ». Le peintre vitupère contre le « foisonnement des images mortes » qui met en péril l'intégrité de l'art :

> Elles ne tendent à rien moins qu'à faire de cette image multipliée la seule réalité, le tableau n'étant plus que le prototype, comme le manuscrit de l'auteur est l'original du livre. Si c'est là, pour les grandes œuvres de l'art, un massacre soigneusement organisé, la plus mauvaise peinture, par contre, a tout à y gagner, c'est dire les chances de succès de cette entreprise. Jamais la fascination, la dictature de la chose imprimée n'auront risqué de rendre plus d'hommes aveugles[2].

1. *Ibid.*, p. 22.
2. Jean Bazaine, *Notes sur la peinture d'aujourd'hui* (1953), Paris, Éditions du Seuil, nouvelle éd. revue et augmentée, s. d., préface de 1959, p. VII.

À défaut de pouvoir cerner l'« essence » de la peinture, force est de constater que le musée imaginaire contribue à transformer les pratiques artistiques. Non que les artistes œuvrent pour ce musée-là — encore que ça puisse arriver — mais ils travaillent avec lui. Marcel Duchamp, qui s'intéressait à la photographie, utilisa les vertus du « musée imaginaire » (avant la lettre) quand il fit photographier par Stieglitz *Fountain* (1917) et le reproduisit dans la revue créée pour l'occasion, *The Blind Man*. La trace imprimée de l'objet égaré a fait son chemin. Un autre readymade, la *Joconde* à moustache et barbiche, fut aussi diffusé par la reproduction, bien avant que l'original, si tant est qu'il existât encore, ait été exposé. Les readymades « originaux » perdus — presque tous — ont donné lieu à des répliques dont le nombre reste limité pour des raisons mercantiles. Duchamp a poussé plus loin le jeu avec les reproductions. Sa *Boîte en valise* (1938-1948) est une sorte d'ouvrage de luxe, tiré à trois cents exemplaires, où l'essentiel de ses œuvres achevées en 1938 est reproduit sous forme de modèles réduits. Loin d'être considérées comme une tentative de diffusion relevant d'un musée imaginaire, ces valises, semblables dans leur principe à celles des voyageurs de commerce, furent intégrées au corpus duchampien. Elles sont exposées dans des musées, bien réels, réussite d'autant plus remarquable que l'expérience des multiples, autre essai tendant à abolir la distinction entre l'œuvre, sacralisée, et sa reproduction, dévaluée, fit long feu.

Yves Klein fut sans doute l'un des premiers artistes à jouer consciemment avec le musée imaginaire. Peu après la parution de l'ouvrage d'André Malraux, Klein fit imprimer en Espagne, où il enseignait le judo, un livre sommaire intitulé *Yves Peintures* (1954). Sous la couverture, outre la préface muette de Claude Pascal, dix planches libres. Chacune supporte, retenu par un seul trait de colle, un rectangle de papier mince, uniment coloré, sous lequel une sobre typographie indique le nom de l'auteur, *Yves*, et précise le lieu, la date et les dimensions de l'œuvre, par exemple : « À Tokyo 1953 (100 × 65). » Des formats différents, des noms de villes où Klein a effectivement séjourné — Tokyo, Madrid, Londres, Paris, Nice — ainsi qu'un mode de présentation alors en vigueur dans les livres d'art, tout concourt à confirmer que ces surfaces unies sont bien des reproductions de tableaux. Or il ne s'agit pas de clichés photogravés et imprimés, mais de papiers encrés industriellement, sans doute achetés en grandes feuilles puis découpés de manière tout artisanale. Aucune peinture correspondant aux dimensions indiquées dans son recueil n'a jamais été retrouvée. Fin 1954, Klein n'avait encore jamais exposé dans les circuits de l'art. La consécration du musée imaginaire constituait une intronisation utile pour accréditer le sérieux de son entreprise monochromatique. Cette publication anticipatrice lui servit de ballon d'essai grâce auquel il pouvait tester les réactions d'un public. Klein s'était emparé de la notion de musée imaginaire, non sans retourner l'ordre temporel convenu : après avoir montré ses « reproductions », il peignit des œuvres similaires à celles qu'elles étaient censées reproduire.

Quelques années plus tard, des artistes organisent des happenings, éphémères ; d'autres inscrivent leurs travaux, intransportables, loin des villes et de leurs musées ; certains, conceptuels, substituent à l'objet d'art une documentation, par exemple une déclaration imprimée dans le catalogue. Si différentes qu'elles soient, de telles pratiques artistiques ont en commun d'interdire l'exposition dans une galerie ou un musée de l'œuvre même, quand elle existe : ce n'est évidemment pas un hasard si elles se sont développées à l'ombre du musée imaginaire. Elles en retournent la logique. Les arts plastiques, à l'ère de la photographie, peuvent se dispenser d'exhiber un objet tangible, visible, mais pas de présenter des traces de son absence : le musée imaginaire ne procède pas autrement[1], à ceci près qu'il conforte l'espoir d'un accès à la présence réelle, d'une confrontation directe avec l'œuvre auratique, là où elle se trouve.

Les photographies de Louise Lawler jouent de ces rencontres entre plusieurs niveaux de réalité. Ses clichés montrent des œuvres en situation, dans leur contexte, notamment chez des collectionneurs. Un tableau monochrome est parasité par des plantes vertes, une sculpture de Donald Judd fait office de dessus de porte ou les fleurs délicates d'une précieuse porcelaine posée sur un meuble devant un Pollock rivalisent avec ses *drippings*. Chacun peut alors constater que la fonction ornementale des œuvres n'a pas disparu. Les uns accrochent sur leurs murs des images ou des tableaux sans grand rapport, croit-on, avec l'art, quand d'autres font exactement la même chose,

1. Le musée imaginaire intègre aussi des œuvres définitivement absentes mais reproduites par la photographie. *Les Casseurs de pierre* (1849), peinture détruite au cours des bombardements de Dresde, ou encore *Le Retour de la conférence* (1862), charge anticléricale, tableau également disparu, font absolument partie du corpus des œuvres de Courbet.

mais avec des « œuvres de musée ». Louise Lawler porte ses collusions à leur comble quand elle expose à l'intérieur d'un musée des photographies d'œuvres chez des particuliers au moment même où elles sont accrochées sur les cimaises, dans une salle voisine. Considérons *Home/Museum — Arranged for Living and Viewing* (Hartford, Connecticut, Wadsworth Atheneum, 1984). Une part de la collection Tremaine était présentée par l'institution. Parallèlement, Louise Lawler y exposait des vues qui montraient l'agencement muséal de cette collection — c'est-à-dire ce que l'on pouvait voir tout à côté — et d'autres clichés, où l'on reconnaissait les mêmes œuvres, installées cette fois chez les collectionneurs. Un *Disque* de Robert Delaunay, magnifié par son isolement sur un mur, pouvait ainsi se retrouver à demi caché par un abat-jour et par l'écran d'une télévision allumée. Le travail de cette artiste nous suggère que, imaginaire ou non, le musée participe toujours d'une fiction.

II

Du hasard au ratage

Les artistes de la première moitié du siècle, à la recherche d'autres références, attentifs aux rencontres qui confortaient leurs propres conceptions, ont contribué à imposer la nécessité de bâtir une autre histoire de l'art, considérablement élargie. « Délivrez-nous des Grecs et des Romains ! » : ce cri de guerre lancé sans relâche contre l'Académie, au XIXe siècle, n'impliquait pas une négation de leur valeur. Picasso fut vivement touché par l'art nègre et il admirait Delacroix. Cela ne l'empêche pas de peindre à la fin de la Première Guerre mondiale des portraits qui furent qualifiés, non sans raison, d'« ingresques ». Les conquêtes ont modifié le paysage artistique sans faire disparaître ses composantes plus anciennes. Il en va de même pour des notions relatives à la création : l'importance sans précédent accordée au hasard ou l'acceptation du ratage ne constituent pas des dogmes nouveaux, mais des possibilités offertes.

Le hasard

Introduire le hasard dans la création, c'est s'opposer à l'idée d'une parfaite maîtrise du savoir-faire et, plus gravement encore, à celle d'un absolu contrôle de l'artiste sur son œuvre, contrôle qui met en jeu une responsabilité et sur lequel se fonde en partie l'admiration des amateurs. Le hasard revendiqué a fait une entrée provocatrice dans le champ artistique au début du xxe siècle. Les artistes dada prônent ses vertus. Jean Arp, alors dadaïste, en tire profit. En 1916, insatisfait d'un dessin déjà longuement travaillé, il déchire la feuille, jette les morceaux sur le sol. Séduit devant l'effet inattendu produit par leur disposition, Arp les colle sur un support afin de conserver la trace de l'« ordre dicté par le hasard ». Cette anecdote, rapportée par Hans Richter[1], ressemble trop à un *récit exemplaire* pour qu'on puisse totalement lui accorder foi. Elle traduit pourtant un fait notable : le hasard, loin d'être réduit à la portion congrue dans le processus créateur, s'affiche comme tel. Arp confirma, dans ses souvenirs, l'importance qu'il lui accordait :

> Je poursuivis le développement de la technique des papiers collés en bannissant la volonté dans la composition, et en m'en remettant à une exécution automatique. J'appelais cela « travailler selon la loi du hasard », la loi qui contient toutes les autres, et qui nous échappe, aussi bien que la cause première qui fait jaillir toute vie et qui ne peut être éprouvée que par un

1. Hans Richter, *Dada-art et anti-art*, Bruxelles, Éditions de la Connaissance, 1965, p. 48.

> total abandon à l'inconscient. J'affirmais que celui qui suivait cette loi créait la vie à l'état pur[1].

Marcel Duchamp occupe dans l'histoire de la promotion du hasard une place centrale. Il fut au XXe siècle l'un des premiers et des plus importants zélateurs du hasard et, surtout, il contribua largement à en imposer le succès, notamment aux États-Unis où son ami John Cage, lui-même grand utilisateur du hasard, fut un relais décisif. En 1913, Duchamp conçoit son *Erratum musical*, texte à chanter trois fois, par trois personnes différentes, à partir de trois partitions dont les notes ont été tirées dans un chapeau. La même année, il réalise *3 Stoppages Étalons*, qu'il définit comme « du hasard en conserve ». Trois fils d'un mètre de longueur, horizontaux et tendus, tenus à mètre de hauteur, sont lâchés sur un plan horizontal. Se déformant « à leur gré », ils donnent une autre image de l'unité de longueur et jettent un « doute pataphysique ». Ils sont fixés tels quels sur le support, et trois règles en bois aux bords incurvés, fabriquées d'après ces modèles, enregistrent les formes du nouvel étalon, aléatoire. Duchamp retient le hasard pur comme « moyen d'aller contre la réalité logique ». Par ailleurs, il trouvait « amusant de conserver le hasard[2] ».

La notion de jeu se glisse en maintes occasions dans la création moderne, et elle s'affiche alors qu'elle restait autrefois marginale. Le hasard et le jeu entretiennent des rapports privilégiés. Les surréalistes, grands

1. Jean Arp, « On my way » (1948), repris dans *Jours effeuillés, poèmes, essais, souvenirs, 1920-1965*, Paris, Gallimard, 1966, p. 328.
2. Pierre Cabanne, *Entretiens avec Marcel Duchamp*, *op. cit.*, p. 82.

amateurs de « hasard objectif », avaient mis au point un amusement significatif, le « cadavre exquis ». Le *Dictionnaire abrégé du surréalisme* (1938) en donne cette définition : « Jeu de papier plié qui consiste à faire composer une phrase ou un dessin par plusieurs personnes sans qu'aucune d'elles puissent tenir compte de la collaboration ou des collaborations précédentes. L'exemple devenu classique qui a donné son nom au jeu tient dans la première phrase qui a été obtenue de cette manière : *Le cadavre — exquis — boira — le vin — nouveau.* » Pratique collective, le cadavre exquis n'est qu'une distraction, bien qu'il fût fort prisé des surréalistes à partir de 1925.

Beaucoup plus sérieux, l'automatisme psychique auquel Breton donne une place centrale dans le surréalisme n'est pas le hasard mais, comme lui, il concourt à un changement d'attitude devant la maîtrise du créateur au travail. La phrase de Lautréamont, transformée en slogan, pointe le rôle du hasard dans « la rencontre *fortuite* d'une machine à coudre et d'un parapluie sur une table de dissection », et bien des artistes affiliés ou associés au mouvement ont développé des techniques qui lui réservent un grand rôle. Même ceux qui, comme Salvador Dalí, peignaient avec une virtuosité tout « académique » lui accordaient de l'importance.

Dalí dissociait l'invention de l'exécution, parfaitement contrôlée et « scrupuleusement réaliste », de ses œuvres picturales, qu'il définissait ainsi :

> Photographie instantanée en couleurs et à la main des images superfines, extravagantes, extra-plastiques, extra-picturales, inexplorées, super-picturales, super-plastiques, décevantes, hypernormales, débiles, de

> l'irrationalité concrète — images de l'irrationalité concrète : images qui provisoirement ne sont pas explicables ni réductibles par les systèmes de l'intuition logique ni par les mécanismes rationnels[1].

Comme de nombreux artistes dans le passé, Dalí aurait pu souscrire sans réserve à ce précepte énoncé par Ingres : « Ayez tout entière dans les yeux, dans l'esprit, la figure que vous voulez représenter, et que l'exécution ne soit que l'accomplissement de cette image possédée déjà et préconçue[2]. » Cependant, la méthode créative de Dalí, la « paranoïa-critique », était fondée sur « le pouvoir subit des associations systématiques propres à la paranoïa ». Cette méthode, telle qu'il l'a décrite, incluait le hasard, en amont de l'exécution :

> L'activité critique intervient uniquement comme liquide révélateur des images, associations, cohérences et finesses systématiques, graves et déjà existantes au moment où se produit l'instantanéité délirante, et que seule pour le moment à ce degré de réalité tangible, l'activité paranoïaque-critique permet de rendre à la lumière objective. L'activité paranoïaque-critique est une force organisatrice et productrice de hasard objectif[3].

Le hasard prôné et mis en œuvre des dadaïstes et des surréalistes bannit, outre le désir de contrôle, une certaine rationalité. Le hasard substitue l'anomie généralisée aux rigueurs de la nécessité. Lié au jeu, il est aussi

1. Salvador Dalí, *La Conquête de l'irrationnel*, Paris, Éditions Surréalistes, 1935, repris dans *Oui. Méthode paranoïaque-critique et autres textes*, Paris, Denoël/Gonthier, coll. Médiations, 1971, p. 16 et 17.

2. Jean-Auguste-Dominique Ingres, cité par Henri Delaborde, *Ingres, sa vie, ses travaux, sa doctrine* (1870), rééd. Brionne, Gérard Monfort, 1984, p. 124. Ingres reprend là des conceptions formulées par l'esthétique classique, depuis Zuccaro.

3. Salvador Dalí, *La Conquête de l'irrationnel, op. cit.*, p. 19.

chance et, dans le passé, les artistes n'ont pas dédaigné de s'en saisir. Aussi, son exclusion ne fut jamais totale. Les récits canoniques de ses heureuses interventions remontent à l'Antiquité. Pline l'Ancien raconte comment Protogène, mécontent de la bave d'un chien, trop « peinte » pour paraître vraie, jeta son éponge sur le tableau avec un geste rageur. Imbibée de couleurs, elle réalisa « l'effet tant cherché, et ainsi, dans cette peinture, c'est le hasard qui reproduisit la nature[1] ». Ce *topos* fut épisodiquement repris. Botticelli utilise encore l'éponge pour inscrire un paysage sur la toile, mais Hokusai trempe les pattes d'un coq dans la peinture rouge avant de le lâcher sur une grande feuille de papier teintée en bleu où ses empreintes figurent de superbes feuilles d'érable charriées, à l'automne, par la rivière Tatsouta[2].

Le hasard demeurait encore ancillaire ou marginal quand August Strindberg lui consacra un article intitulé « Du hasard dans la production artistique » (1894). Écrivain, photographe, peintre, il imagine le charme renouvelé d'une sonate de Beethoven jouée sur un piano accordé « au petit bonheur », il préconise aux fabricants d'orgues de Barbarie d'obtenir un « kaléidoscope musical » en perçant les matrices « pêle-mêle, au hasard », et, plus traditionnellement, il loue les mérites des « raclures de palette ». Sa « théorie de l'"art automatique" » se termine par ces mots :

1. Pline l'Ancien, *Histoire naturelle*, livre XXXV, 101, trad. dans Adolphe Reinach, *Textes grecs et latins relatifs à l'histoire de la peinture ancienne* (recueil Milliet, 1921), rééd. Paris, Macula, 1985, p. 365.

2. Cette anecdote est reprise par Henri Focillon dans son « Éloge de la main ». Cf. *La Vie des formes* (1943), Paris, PUF, 6e éd., 1970, p. 121 et 122.

> La formule de l'art à venir (et comme tout le reste, à s'en aller !) : c'est d'imiter la nature à peu près : et surtout d'imiter la manière dont crée la nature[1].

Au XXe siècle, après les provocations dadaïstes, le hasard se vit attribué le rôle d'allié et sa présence dans le procès de création semble, en effet, « naturelle ». Il ne se contente plus d'enrichir ou de parfaire un projet très largement préconçu. L'intensification revendiquée de son rôle l'avait promu au rang d'acteur de premier plan, disponible. Bien des créateurs espèrent bénéficier des trouvailles dues à son intervention. Jean Dubuffet, par exemple, décrit le saut dans l'inconnu du peintre qui commence son tableau, heureux d'ignorer où l'aventure le conduira, car « l'intérêt pour l'artiste serait faible s'il le savait par avance précisément, s'il devait exécuter un tableau qui au préalable serait entièrement fait dans son esprit ». Le voici donc « attelé avec le hasard ». Dubuffet résume pourtant une attitude largement partagée quand il écrit :

> Mais il ne faut pas parler ici à proprement parler de hasard. Ni ici ni ailleurs. Il n'y a pas de hasard. L'homme nomme hasard tout ce qui vient de ce grand trou noir des causes mal connues. Ce n'est pas exactement avec n'importe quel hasard que l'artiste est aux prises, mais bien avec un hasard particulier, propre à la nature du matériau employé. Le terme de hasard est inexact ; il faut parler plutôt des velléités et des aspirations du matériau qui regimbe[2].

Beaucoup d'artistes se méfient du hasard. On se

1. August Strindberg, « Du hasard dans la production artistique » (1894). Cet article, publié à Paris en français dans *La Revue des revues*, a récemment été republié dans *Du hasard*, Paris, L'Échoppe, 1990.

2. Jean Dubuffet, « Notes pour les fins-lettrés », *L'Homme du commun à l'ouvrage*, *op. cit.*, p. 28 et 29.

souvient que Jackson Pollock déclarait maîtriser les épanchements de peintures de ses *drippings*. Les possibilités de choix se sont ainsi enrichies, comme le notait, en 1972, François Morellet. Ils peuvent opter, écrit-il, pour le « choix réfléchi et conscient » — c'est l'attitude traditionnelle. D'autres, tels les surréalistes, lui préféreront le « choix inconscient et intuitif ». La modernité technologique, enfin, nous propose une dernière option, le « choix de la cybernétique » qui aurait sans doute séduit Tristan Tzara dont la méthode « pour faire un poème dadaïste » restait bien artisanale au regard des possibilités de brassage des mots envisageables avec un programme d'ordinateur. Quoi qu'il en soit, l'artiste conserve toujours un rôle déterminant : il prend ou non des dispositions susceptibles de laisser le hasard se manifester, il accepte ou rejette les résultats obtenus, et il assume sa responsabilité en les signant de son nom.

L'éphémère

Les artistes ont sans doute toujours souhaité que leurs œuvres défient le temps. Les sculpteurs travaillaient des matériaux résistants ; les peintres soignaient la préparation des supports et la fabrication des couleurs : les civilisations ont longtemps ignoré qu'elles sont mortelles. Elles périssaient pourtant, et les suivantes n'hésitaient jamais à détruire un édifice pour en bâtir un nouveau. Les sculptures étaient cassées ou abandonnées. Les fresques et les tableaux sur panneaux mobiles disparaissaient irrémédiablement — il ne restait rien de la peinture grecque, érigée en modèle depuis la Renaissance. Il faut donc distinguer le désir de pérennité et le culte de la conservation. Aloïs Riegl étudia *Le Culte moderne des monuments* (1903) : le titre de l'ouvrage résume son constat. La notion de patrimoine artistique est en effet récente. Comme celle de monument historique, elle s'inscrit dans la droite ligne de la philosophie des Lumières et elle ne trouve son plein épanouissement qu'au XIXe siècle. Les musées sont à la fois les médiateurs ou les propagandistes de ce culte moderne, et sa conséquence.

À l'âge du musée, la préservation des œuvres apparaît comme un dogme intangible auquel chacun souscrit. La stratégie avant-gardiste élaborée au XIXe siècle implique que les créations incomprises résistent assez longtemps à la dégradation pour qu'une réévaluation puisse s'opérer. Les artistes plus académiques souhaitent que leur réussite serve d'exemple. Tous aspirent à voir l'état originel des artefacts artistiques maintenu dans un éternel présent. Ce rêve d'immortalité — l'art n'est-il pas intemporel ? — fut vilipendé. Les musées, « cimetières » ou « catacombes », ont été l'objet de critiques acerbes, reprises par les premières avant-gardes qui, fort logiquement, commencent à prôner l'éphémère. Marinetti attaque vivement ses prédécesseurs symbolistes. Il trouve ridicule leur « passion des choses éternelles », leur « désir du chef-d'œuvre immortel et impérissable ». Le futurisme condamne le passé, « nécessairement inférieur au futur ». Cet enthousiasme conduit Marinetti à militer pour une création toujours renouvelée, au présent, éphémère :

> Il faut simplement créer, parce que créer est inutile, sans récompense, ignoré, méprisé, héroïque en un mot.

> À la poésie du souvenir nostalgique nous opposons la poésie de l'attente fiévreuse. Aux larmes de la beauté qui se penche tendrement sur les tombes, nous opposons le profil tranchant, aiguisé, du pilote, du chauffeur et de l'aviateur. À la conception de l'impérissable et de l'immortel, nous opposons, en art, celle du devenir, du périssable, du transitoire et de l'éphémère. Nous transformons ainsi en une joie aiguë le *nevermore* d'Edgar Poe, et nous enseignerons à aimer la beauté d'une émotion ou d'une sensation, parce qu'elle est *unique et destinée à s'évanouir irréparablement*[1].

Les dadaïstes parviennent aux mêmes conclusions, mais pour des raisons symétriques puisque, Tristan Tzara le proclame, « Dada est contre le futur ». Dans un monde chancelant, le poète s'exclame : « Abolition de la mémoire : DADA ; abolition de l'archéologie : DADA ; abolition des prophètes : DADA ; abolition du futur : DADA[2]. » Les soirées du cabaret Voltaire étaient évidemment éphémères, et le hasard seul permit que soient conservés quelques-uns des masques conçus par Marcel Janco pour les spectacles qui s'y donnaient. Il peignit un tableau — unique témoignage visuel de ces manifestations festives — aujourd'hui perdu. Seule une photographie en noir et blanc nous en livre l'image. Lors d'une matinée dada organisée au Palais des fêtes de la rue Saint-Martin (23 janvier 1920), on apporta sur la scène le *Tableau à effacer* de Francis Picabia. Couverts d'inscriptions telles que « Riz au nez », ce tableau noir fut prestement lavé à l'éponge par André Breton devant le public médusé.

1. Filippo Tomaso Marinetti, *Le Futurisme* (1911), rééd., Lausanne, L'Âge d'Homme, 1980, p. 118.

2. Tristan Tzara, *Manifeste Dada* (1918), repris dans *Sept manifestes Dada*, *op. cit.*, p. 34.

Man Ray élabora un célèbre *Objet à détruire* (1923) qui fut dérobé plus tard.

Ainsi, dès les premières décennies du siècle, l'éphémère s'affichait comme une revendication, une arme contre le musée et le type d'attentes qu'il façonne. Par la suite, de multiples formes artistiques s'inscrivent en faux contre la nécessité d'une pérennité. Les happenings, les performances ou les actions, comme les manifestations publiques dadaïstes, disparaissent dans le temps même de leur déroulement. Maintes installations temporaires, en principe reproductibles, voient leurs constituants jetés aux poubelles dès la fin de l'exposition. Des traces, photographiques ou autres, conservaient pourtant leur souvenir. Cette contradiction fut relevée, évidemment. Dominique Laporte, par exemple, comprenait que l'on puisse ricaner « devant ces idéologies de l'éphémère qui, au désir réactionnaire de faire œuvre, opposent l'instantanéité de l'action, soi-disant perdue mais photographiée, enregistrée, filmée, inventoriée à l'adresse des mémoires à venir[1] ». Peut-être n'y a-t-il pas de solution. Cependant, l'apologie de l'éphémère, introduite dans l'univers artistique, n'a pas peu contribué à en bouleverser la configuration.

La peinture, art naguère résistant aux atteintes du temps, n'échappe pas toujours à cette fascination pour l'instant présent. Jean Dubuffet se disait « présentiste, éphémériste ». Selon lui, seuls les contemporains du peintre peuvent « déchiffrer tout le grouillement d'allusions et d'ellipses » contenu dans ses ouvrages. Au fil du temps, le sens des signes deviendrait donc « impé-

1. Dominique G. Laporte, *Christo*, Paris, ArtPress-Flammarion, 1985, p. 69.

nétrable». Vaste débat, qui voit s'affronter les tenants d'une universalité immanente des œuvres dignes de ce nom, les aficionados de la polysémie — l'œuvre est alors la source toujours jaillissante d'un foisonnement de significations, inépuisable richesse — et les thuriféraires d'une esthétique de la réception, pour lesquels — je caricature, empruntant à Duchamp — ce sont les regardeurs qui font le tableau. Michael Baxandall avait certes montré, dans une étude magistrale, la nécessité mais aussi les difficultés et les limites d'une archéologie du regard, quand il tenta de retrouver l'œil du Quattrocento[1].

Les tableaux, comme le reste, sont mortels, n'a cessé de dire Dubuffet. Il vitupérait, avec une verve qui réjouit, contre les musées qui ont la mission de conserver et de présenter les œuvres d'un passé à jamais révolu. Au-delà des contradictions, par ailleurs bien réelles, les œuvres qu'il vendit ou légua à des musées témoignent de sa conception du «présentisme», telle qu'il l'exprimait dans ses textes, quand il écrivait par exemple :

> Hors du champ tous ces tableaux refroidis dans les tristes musées pendus comme les femmes du cabinet de Barbe-Bleue ! Ce furent des tableaux : ce n'en sont plus. Quelle est la durée de vie d'une production d'art ? Dix ans. Vingt, trente ? Pas plus en tout cas. Je suis pour les tables rases. À chaque repas balayer les miettes et remettre le couvert. Allez-vous accrocher dans la salle à manger des vieux biftecks et vieux gigots tricentenaires ? Bon appétit[2] !

1. Michael Baxandall, *L'Œil du Quattrocento* (1972), trad. par Yvette Delsaut, Paris, Gallimard, 1985.
2. Jean Dubuffet, «Mise en garde de l'auteur» (1963), *L'Homme du commun à l'ouvrage*, *op. cit.*, p. 19.

Depuis la fin de la Seconde Guerre mondiale, beaucoup d'artistes travaillent avec des matériaux périssables, notamment des matières organiques dont la dégradation, inéluctable, est rapide. Cela pose des problèmes considérables aux musées dont les services de restauration doivent inventer des solutions pour conserver les œuvres menacées de destruction. Les positions des artistes ou des collectionneurs divergent en fonction de leur sensibilité ou de leur idéologie. Dieter Roth se réjouit de la disparition prochaine de ses œuvres : elles « se désagrégeront d'ici vingt ans et je sais dès aujourd'hui qu'il n'en restera rien ».

Beuys adopta une attitude plus ambiguë. Michel Durand-Dessert fit part d'une expérience éclairante. En 1982, l'artiste agença dans sa galerie un environnement complexe. Pendant dix jours, son épouse et lui-même travaillèrent avec Beuys et son assistant. Ils modelèrent des kilos de beurre charentais, coulèrent de la cire d'abeille dans des moules, disposèrent des objets, souvent fragiles, du feutre malléable. L'ensemble se modifiait sans cesse, au gré des difficultés matérielles rencontrées et des idées nouvelles de l'artiste. Un matin, il déclara à son galeriste : « Ça y est, c'est terminé, l'œuvre est achevée. Maintenant, il faut téléphoner à votre assureur, et faire assurer la pièce pour deux millions de francs. » Michel Durand-Dessert commente ainsi ce changement de statut : « En une seconde, l'œuvre s'est complètement figée, tout ce qui, pendant dix jours, avait été possible, les mutations, les transformations, l'incorporation du hasard, les accidents, tout s'est soudain figé et l'œuvre est devenue telle qu'elle est ; elle était à ce moment précis du déroulement temporel devenue éternelle[1]. » Beuys manifestait là une conception de la création tout à fait traditionnelle. Cette œuvre, *Dernier Espace avec introspecteur*, fut vendue à la Stadt Galerie de Stuttgart, et les transporteurs ont procédé à « des repérages dignes de fouilles archéologiques » pour pouvoir reconstituer la pièce en l'état. Il va de soi que chacun des éléments fut emballé avec le plus grand soin. Il n'est pas certain, cependant, que les monceaux de beurre, les plaques de chocolat fondues sur papier journal ou les dessins au sang de lapin résistent éternellement.

C'est pourquoi d'autres artistes ont un regard plus désinvolte sur la conservation des éléments matériels qui constituent leurs travaux. Ils demandent qu'ils soient reconstitués, en cas de besoin, l'essentiel étant de respecter les données fondamentales de l'œuvre. François Morellet proposa de refaire une peinture sur contre-plaqué dont le châssis était voilé. Elle fut restaurée par les services du musée acquéreur, mais la pâte picturale a un peu souffert au cours de l'opération. Si une nouvelle couche de peinture est appliquée, seul le support sera vraiment authentique. Dans le même ordre d'idées, il paraît étrange de concevoir, comme le fit un musée canadien, une « copie de voyage », afin de préserver l'original, un agencement de briques conçu par Carl Andre : il serait plus simple d'acheter sur place le matériau *ad hoc* que de faire voyager les briques de substitution. Néanmoins, et notamment pour le matériel technologique dont l'obsolescence est

1. Témoignage de Michel Durand-Dessert, publié dans les actes du colloque *Conservation et restauration des œuvres d'art contemporain*, Paris, La Documentation française, 1994, p. 241.

rapide, il devient souvent impossible de trouver les constituants utilisés par les artistes. La tension entre le caractère éphémère des objets, voulu et assumé ou subi, et le désir ou le besoin de les conserver invite à réfléchir sur la nature même des œuvres d'art et sur la diversité des liens qu'elles entretiennent avec leur créateur. Jean Arp avait tiré pour lui-même l'enseignement non de l'éphémère recherché comme tel, mais de la durée de vie nécessairement limitée de tout artefact :

> La décomposition qui commence son œuvre dès qu'un travail vient d'être achevé fut saluée comme la bienvenue. Un homme sale désigne, en l'effleurant de son doigt sale, un fin détail de l'image. La place est alors marquée d'un signe de sueur ou de graisse. Excité par la vue d'une image, il éclate d'enthousiasme devant elle et l'éclabousse de salive. Et c'en est fait d'une délicate image de papier ou d'une aquarelle. La poussière et les insectes ne sont pas des destructeurs moins zélés. La lumière fane les couleurs. Le soleil, la chaleur provoquent des boursouflures, décollent le papier, craquellent la couleur, la décomposent. L'humidité engendre la moisissure. L'œuvre se désagrège, périt. La mort de l'image ne me mettait plus au désespoir. En créant l'image, je tentais alors d'y incorporer sa disparition et sa mort, de composer avec elles. La mort se propageait et dévorait l'image et la vie. Cette décomposition aurait dû suivre la négation de toute action. La forme devenait l'informe, le fini, l'infini, le particulier devenait le tout[1].

Le kitsch

Parmi les valeurs autrefois rejetées et qui ont obtenu droit de cité dans l'univers de l'art, le kitsch est sans

1. Jean Arp, « On my way », *op. cit.*, p. 329.

doute l'une des plus insidieusement conflictuelles. Bien des spectacles sont éphémères, alors pourquoi pas les œuvres plastiques ? La promotion des graffiti, des dessins d'enfants ou de l'art brut tendait à réhabiliter des productions décriées. L'art populaire et l'art primitif possèdent une dignité que seul l'aveuglement lié à un comportement de classe ou à une idéologie ethnocentrique empêchait de reconnaître. Avec le kitsch, il en va tout autrement car il ne s'agit pas d'une autre culture ou d'une contre-culture, mais d'une négation des exigences culturelles, d'où qu'elles viennent et quelles qu'elles soient, au profit d'une satisfaction immédiate des goûts, réputés vils, du plus grand nombre. C'est du moins ce qu'affirment ces ennemis. Ils sont légion.

Les sous-titres de deux ouvrages consacrés au sujet indiquent pourquoi le kitsch séduit et pourquoi les tenants de la haute culture le jugent sévèrement : c'est à la fois un *art du bonheur* et une *expression du mauvais goût*[1]. Nous ne traiterions pas ici du kitsch s'il ne concernait que des objets de grande consommation diffusés auprès des « couches moyennes » et conçus à leur seule intention : des artistes s'en emparent, ils en jouent. Qu'est-ce que le kitsch ? Albert Kohn précisait, dans une note de l'introduction qu'il rédigea pour sa traduction française du livre d'Hermann Broch, *Dichten und Erkennen* (1955) :

> Le mot allemand *Kitsch* n'a pas d'équivalent en français. Il désigne tous genres d'objets de mauvais goût,

1. Cf. Abraham Moles, *Le Kitsch, l'art du bonheur*, Paris, Mame, 1971, et Gillo Dorfles, *Le Kitsch, un catalogue raisonné du mauvais goût* (1968), trad. par Paul Alexandre, Bruxelles, Éditions Complexe, 1978.

> la pacotille à prétention artistique, qui vulgarise en grande série un poncif, mais s'applique également à des œuvres littéraires, plastiques ou musicales qui recherchent les effets faciles (le mélo), la grandiloquence, et cultivent une sentimentalité ou un conformisme niais. Faute de pouvoir introduire le mot allemand, nous l'avons traduit selon les cas par: «art de pacotille» ou «art tape-à-l'œil». En réalité, ces deux sens s'additionnent[1].

La notion de *kitsch* apparut au XIXe siècle. Sur le mode de la vulgarisation dégradante, il offre un modèle dépravé d'autant plus alléchant qu'il est toujours facile d'accès — disent ses détracteurs. Hermann Broch, l'un des premiers analystes du kitsch, y décèle une forme du «mal radical», destructeur du système des valeurs, car son essence, «c'est la confusion de la catégorie éthique et de la catégorie esthétique[2]». À la recherche du «bel effet», celui qui séduit à moindre frais, l'art kitsch ne vise nullement le bon travail, mais exclusivement la belle réalisation. Pour parvenir à ses fins, le kitsch use de moyens «éprouvés» qui tournent le dos à la création. Clement Greenberg a repris cet argument dans un article où il oppose l'avant-garde, seule capable de «continuer à faire évoluer la culture au milieu des confusions et de la violence idéologiques», et le kitsch, art commercial destiné aux masses:

> La condition préalable à l'avènement du kitsch, condition sans laquelle il ne pourrait exister, c'est la pré-

1. Albert Kohn, «Introduction» du livre d'Hermann Broch, *Création littéraire et connaissance*, Paris, Gallimard, 1966, coll. Tel, p. 17.
2. Hermann Broch, «Le mal dans les valeurs de l'art» (1933), *ibid.*, p. 360.

> sence d'une longue et riche tradition culturelle dont il peut détourner les découvertes, les connaissances et la conscience historique d'elle-même à son profit. Le kitsch lui emprunte des procédés, des trucs, des stratagèmes, des démarches empiriques, des thèmes qu'il érige en système tout en rejetant le reste. Il tire sa sève, pour ainsi dire, de ce réservoir d'expérience accumulée. C'est ce qu'on veut dire quand on dit que l'art et la littérature populaires d'aujourd'hui sont l'art et la littérature audacieux et ésotériques d'hier. Bien évidemment il n'en est rien. Ce qu'on veut dire en réalité, c'est que, lorsque assez de temps a passé, le kitsch pille dans la nouveauté un butin sans cesse renouvelé qu'il édulcore et sert ensuite comme kitsch[1].

Ainsi, selon le critique, il ne s'agit pas de choisir « entre Picasso et Michel-Ange, mais entre Picasso et le kitsch ». À la continuité culturelle, il opposait sa négation. Après la guerre, Hannah Arendt analysa les liens structurels entre le goût et les opinions politiques. Tous deux requièrent la persuasion. Plus généralement, la culture et la politique s'entr'appartiennent « parce que ce n'est pas le savoir ou la vérité qui est en jeu, mais plutôt le jugement et la décision, l'échange judicieux d'opinions portant sur la sphère de la vie publique et le monde commun, et la décision sur la sorte d'action à y entreprendre, ainsi que la façon de voir le monde à l'avenir, et les choses qui doivent y apparaître[2] ». Saisi dans cette perspective, le kitsch devient d'autant plus inquiétant que, Hermann Broch l'avait noté, « dans aucun art on ne peut opérer sans

1. Clement Greenberg, « Avant-garde et kitsch » (1939), *Art et culture*, *op. cit.*, p. 17.

2. Hannah Arendt, « La crise de la culture. Sa portée sociale et politique », trad. par Barbara Cassin dans *La Crise de la culture*, Paris, Gallimard, 1972, p. 285.

une goutte d'effet», c'est-à-dire sans une goutte de kitsch.

À l'époque où le Pop Art brouillait l'ordonnancement des valeurs avant-gardistes, apparut une forme revendiquée du kitsch, le *Camp*. Ce terme américain sert à qualifier «quelque chose d'outrageant, d'inapproprié ou de tellement mauvais goût que ça en devient amusant». Dans ses «Notes sur le Camp», Susan Sontag reconnaît que «beaucoup d'exemples de Camp sont, d'un point de vue "sérieux", des œuvres d'art déplorables ou kitsch». Mais elles peuvent pourtant, dit-elle, mériter «la plus sérieuse admiration». En Europe comme aux États-Unis, depuis les années quatre-vingt, des artistes non négligeables s'en donnent à cœur joie. Ils manient à la fois le premier degré — leurs œuvres sont ineptes — et le second degré — ils le font *exprès*. Il est sans doute encore un peu tôt pour juger sereinement ces pratiques où joliesse et niaiserie se mêlent gaiement. Le plus souvent, on ne sait trop si le kitsch est seulement réjouissant — un *homme-kitsch*, pour reprendre une notion avancée par Hermann Broch, sommeille peut-être en chaque amateur d'art — ou s'il doit être considéré, au-delà de la drôlerie, comme critique. À moins qu'il demeure plus simplement navrant.

Jeff Koons est sans doute l'un des artistes du kitsch les plus célèbres. Devant l'entrée d'un château, il fit construire une énorme structure en forme de chien, assis. Elle est entièrement recouverte de plantes fleuries (*Puppy*, 1992). Les visiteurs semblent perplexes, mais amusés. S'il y a critique des valeurs par le recours au kitsch, elle est ici bien masquée. Il en va de même pour les saynètes enfantines reconstituées en volumes, peints de couleurs éclatantes, par Martin Honert. Les fusées revêtues de fourrure synthétique — un matériau particulièrement kitsch — par Sylvie Fleury (*First Space-Ship on Venus*, 1996) font partie d'une œuvre plus nettement sarcastique. Sur ce registre, Wim Delvoye est passé maître. Il présente une bétonnière en bois sculptée comme un buffet ouvragé, un but de handball en vitrail ou une *Peau de porc tatouée* (1995). Elle arbore une croix ornée de roses, de motifs floraux et d'inscriptions : « One life. One love. One God. » La postmodernité, envers répulsif du modernisme greenbergien, cultive souvent le mauvais goût, vecteur d'un rire longtemps exclu des arts visuels, ou marginalisé. Maints critiques ou amateurs, nostalgiques d'un art plus grave, s'en offusquent. Jean-François Lyotard, quand il expliquait le postmoderne aux enfants, les mettait en garde :

> En se faisant kitsch, l'art flatte le désordre qui règne dans le « goût » de l'amateur. L'artiste, le galeriste, le critique et le public se complaisent ensemble dans le n'importe quoi, et l'heure est au relâchement[1].

Tout l'art postmoderne n'est pas de mauvais goût, et pas davantage comique. Mais il fallait sans doute que les exigences formelles, philosophiques ou éthiques du modernisme s'estompent pour que le kitsch, dans sa version critique ou doué d'une candeur naïve, acquière droit de cité dans l'univers des arts visuels.

1. Jean-François Lyotard, *Le Postmoderne expliqué aux enfants*, Paris, Éditions Galilée, 1986, p. 22 et 23.

Ratage

Le recours délibéré au kitsch participe d'une carnavalisation des valeurs esthétiques élaborées à des époques où l'art était, sans conteste, affaire sérieuse. L'attrait exercé par l'échec, le ratage, relève pour partie d'un tel renversement. Mais il présente aussi un versant noble. Alberto Giacometti était fort convaincant dans les entretiens qu'il accordait lorsque, au faîte de sa gloire, il insistait sur son incapacité à réaliser une sculpture. Non, non, je n'y arrive pas, disait-il en substance ; d'ailleurs, si j'y arrivais, alors il faudrait que j'arrête. Je continue justement parce que j'échoue. J'essaye encore, j'échoue à nouveau, et je reprends sans cesse, sans fin. Comme Bram Van Velde, autre grand spécialiste en la matière, Giacometti est sincère. Ses échecs supposés témoignent d'une ambition qui fut celle du romantisme — parvenir à faire coïncider l'image et l'être, autrement dit donner la vie. Le modèle indépassable de cette tension entre l'idéal et sa formulation plastique est celui de Balzac. Son héros, Frenhofer, n'avait pas la lucidité de Giacometti. Lorsqu'il montre le chef-d'œuvre pour lequel il a tout sacrifié à ses visiteurs, Porbus et Poussin, leur dialogue prend acte d'une faillite :

> — Mais elle a respiré, je crois !... Ce sein, voyez ? Ah ! qui ne voudrait l'adorer à genoux ? Les chairs palpitent. Elle va se lever, attendez.
>
> — Apercevez-vous quelque chose ? demanda Poussin à Porbus.
>
> — Non. Et vous ?
>
> — Rien.

Samuel Beckett, auteur de *Pour finir encore et autres foirades*, a tenté de « Dire un corps ». Le titre de cet essai, *Cap au pire*, indique les difficultés de l'entreprise. Le texte est ponctué de constats lapidaires et d'encouragements désolants : « Essayer encore. Rater encore. Rater mieux encore. Ou mieux plus mal. Rater plus mal encore. Encore plus mal encore. Jusqu'à être dégoûté pour de bon. Vomir pour de bon[1]. » Le désastre annoncé se retourne pourtant en victoire. L'œuvre est tout sauf ratée. À cette aune, les maladresses feintes de maints artistes apparaissent comme une rhétorique élégante. Cy Twombly la maîtrise parfaitement. Roland Barthes a montré comment il « feint d'avoir "raté" quelque morceau de sa toile et de vouloir l'effacer[2] ». Or, « ce gommage, il le rate à son tour », produisant ainsi « une sorte de palimpseste » qui suscite l'admiration.

Depuis les mésaventures de Manet au Salon et le scandale du Salon des refusés, les connaisseurs et les artistes ont compris combien il fallait se méfier des échecs apparents, toujours susceptibles de se retourner en gages de valeur. Échaudés, devenus plus véloces avec le temps, les uns et les autres se montrent facilement prêts à accepter de réviser leurs critères de jugement dès qu'une innovation apparaît. Ainsi, la maladresse, handicap naguère difficilement surmontable, a pu s'ériger en style. En toile de fond, la figure culpabilisante de l'artiste maudit contribue à maintenir vivante une conception héroïque de la création. Francis Picabia ridiculise cette figure quand il concocte un « Tableau rastadada », photomontage où

1. Samuel Beckett, *Cap au pire* (1983), trad. par Édith Fournier, Paris, Éditions de Minuit, 1991, p. 8 et 9.
2. Roland Barthes, « Sagesse de l'art » (1979), *L'Obvie et l'Obtus*, *op. cit.*, p. 165.

il apparaît, le visage barré de cette inscription : « Vive ~~papa~~ Francis le raté. » Il reprit cette idée pour un autoportrait photographique plus sobre, publié dans sa revue *391* (nº 14, 1920). *Picabia le loustic* — l'expression est de lui — prit un malin plaisir à faire croire, au fil de ses revirements esthétiques successifs, qu'il sombrait dans la nullité artistique. Il peint des espagnolades quand l'art abstrait triomphe et il trivialise volontiers les thèmes favoris du « grand art » (*Les Trois Grâces*, 1927). Parfois, il s'inspire des affiches de cinéma. Durant l'occupation, il produit des nus affriolants. Longtemps, un voile pudique fut jeté sur ces activités jugées indignes.

Il ne s'agit pas ici de ratage, à proprement parler. Mais Picabia, « artiste en tous genres » qui affirmait être un idiot, un clown, un imbécile[1], revendiqua l'absence de sérieux :

> Si je prends une chose au sérieux, c'est de ne rien prendre au sérieux. [...] Par sérieux, j'entends la suggestion et la convention établies par des hommes et qui deviennent un uniforme semblable à celui des chasseurs alpins[2].

Picabia se dit toujours « prêt à l'extrême pour la fête ». Confronté à une modernité vécue sur le mode tragique, il prend le parti d'en rire. Généralisée, une pareille dérision conduit à rechercher le ratage.

Robert Filliou promeut en 1968 un *Principe d'équivalence* qu'il a lui-même mis en pratique : « Bien

1. Cf. Francis Picabia, *Écrits*, t. 2 (1921-1953 et posthumes), textes réunis et présentés par Olivier Revault d'Allonnes et Dominique Bouissou, Paris, Pierre Belfond, 1978, respectivement p. 124 (1923) et 41 (1921).
2. Francis Picabia, « Réponses à Georges Herbiet » (1926), *ibid.*, p. 188.

fait = Mal fait = Pas fait. » Ses nombreux bricolages attestent une certaine faillite, mais une faillite revendiquée. Gérard Gasiorowski peignit une série de *Croûtes* (1970-1971). Leurs sujets, des paysages pittoresques agrémentés de couchers de soleil, et la lourdeur de la pâte picturale en font de vraies « croûtes », à ceci près qu'elles sont assumées comme telles par l'artiste. Peu après, il peint une suite d'autoportraits (*Autocritique du bouffon*, 1974). Les légendes qui les accompagnent indiquent : « En fait, c'était un classique » ; ou encore : « Avec quelque part un je-ne-sais-quoi de profondément idiot. » Erik Dietman développe une position ambiguë. « Poète raté », il part d'un poème « toujours assez nul, insuffisant » et il se donne pour tâche de poursuivre « dans un autre matériel, avec des lambeaux, des restes, des diverticules, des appendices ». Par ailleurs, il prétend ne jamais rien rater, par définition, car « l'artiste, tout ce qu'il fait est juste : c'est ça, l'artisterie[1] ! ». Plus direct, Allan Kaprow verse au crédit du happening « l'éphémère, le changeant, le naturel, et même l'acceptation du ratage[2] ».

Le bâclé, le mauvais goût, le sale, l'inepte, le ridicule, le ratage programmé attirent nombre d'artistes, depuis quelques décennies. Joachim Mogarra photographie des objets dérisoires, hommages satiriques à des œuvres ou des paysages : une pelure de pomme devient *Spiral Jetty* (1985) — allusion à l'œuvre de

1. Erik Dietman, cité par Nicolas Bouriaud et par Irmeline Lebeer, cat. de l'exposition *Erik Dietman*, Paris, Centre Georges Pompidou, 1994, respectivement p. 41 et 167.

2. Allan Kaprow, « Les happenings sur la scène new-yorkaise » (1961), repris dans *L'Art et la vie confondus*, *op. cit.*, p. 52.

Robert Smithson — et des gobelets posés sur le sol figurent *Les Quatorze Sommets de plus de 8 000 mètres* (1995). Michel Blazy préfère utiliser le « matériau le moins adapté », en l'occurrence du papier d'argent, pour construire, sans colle, un grand parallélépipède qui menace de s'effondrer à tout moment, parodie du minimalisme. Biefer et Zgraggen s'exhibent dans des positions ridicules. Un critique, Jean-Yves Jouannais, a entrepris de se faire le héraut de ces pratiques navrantes. Il s'appuie sur l'étymologie italienne du terme *fiasco*, « importé d'outre-Alpes par Stendhal et désignant l'éjaculation précoce », pour explorer les voies d'une esthétique de la débandade :

> L'expérience du fiasco, volontariste et perfectionniste, se résumerait ainsi en une inadéquation des moyens en vue de fins faussement assignées. Tout autre chose qu'un art masochiste du « presque » ; plutôt un chantier où se déconstruisent le héros et son héroïsme[1].

Le ratage assumé, inscrit dans l'œuvre même, n'est pas exactement superposable à l'échec, toujours circonstanciel, parfois temporaire. Jacques Lizène occupe une place de tout premier plan dans cette catégorie bouffonne. Autoproclamé « petit-maître liégeois de la seconde moitié du XXe siècle », il s'affirme « artiste de la médiocrité et de la sans-importance ». Jacques Lizène prit position en 1966 pour un « art sans talent » et il aime assortir ses propres œuvres d'appréciations dévalorisantes. En surimpression des images d'une création vidéo, on peut lire : « mauvais », « très mauvais ». Sa « Rapide autobiographie » précise, à l'occasion : « d'un certain inintérêt… bien ! », « facétie

1. Jean-Yves Jouannais, « Insuccès, mauvais goût et autres victoires », *Infamie*, Paris, Hazan, 1995, p. 28.

médiocre… bien ! », « démarche de l'inefficacité… n'a intéressé personne… même pas l'auteur… très bien ! », ou encore « vraiment stupide… bien ! ». Il prône la facétie car, même quand elle semble manquer d'intérêt, elle a comme « qualité principale et c'est son mérite, d'être justement facétie… elle se suffit à elle-même ». En 1970, Lizène a créé un Institut de l'art stupide. Il croyait en rester longtemps l'unique représentant, mais « l'avenir lui apprendra qu'il était loin d'en être le seul membre ».

Lizène exerce son talent dans bien des domaines : vidéo « agaçantes ou bêtement drôles », dessins « minables », chansons « médiocres », peintures « mauvaises », performances « quelconques », sculptures « nulles ». La parodie, évidemment présente dans son œuvre, n'est pas le centre d'intérêt principal de son travail. Luttant avec constance contre l'« impérialisme du talent » et l'« exclusion du "minable" en art », il définit ainsi son attitude, ses ambitions :

> La démarche artistique de Jacques Lizène, bien que non dépourvue d'humeur (ah, ah, ah, ah, ah), n'est pas la dérision des différentes formes d'art actuel ou du milieu artistique à la mode, mais une attitude (Art d'Attitude) qui consiste à vouloir introduire la « Médiocrité » dans l'histoire de l'art, en insistant sur la consécration de celle-ci[1].

Les œuvres qui cultivent la sottise, le dérisoire et le mauvais goût — Lizène a souhaité devenir « son propre tube de couleur » et il n'a pas hésité à peindre avec sa matière fécale — sollicitent une approche

1. Jacques Lizène, « L'artiste de la médiocrité », texte dactylographié reproduit dans l'ouvrage édité à l'occasion de son exposition, *J. Lizène*, Bruxelles, Atelier 340, 1990, p. 12.

esthétique sophistiquée. Jeu pour initiés, le ratage accepté comme modalité d'existence de l'œuvre d'art est peut-être le symptôme d'un sentiment de faillite plus général qui hante la modernité dans son ensemble. On se souvient que Baudelaire écrivit à Manet, après son échec au Salon de 1865, où il présentait *Olympia* : « Vous n'êtes que le premier dans la décrépitude de votre art. » En 1886, le mouvement de la Décadence se dotait d'un journal, *Le Décadent*, et d'une revue, *La Décadence.* Au terme d'une étude consacrée à ce moment de l'histoire littéraire, Noël Richard notait que la décadence esthétique « doit s'entendre par antiphrase ; elle est synonyme de jeunesse fringante, de raffinement et de renouvellement[1] ». L'école décadente est tombée dans l'oubli, en dépit des travaux de spécialistes, mais la mémoire collective a retenu *Les Poètes maudits*, publiés par Verlaine exactement à la même époque. Comme hier les décadents, les adeptes du ratage courent le risque d'un naufrage. Ils deviendraient alors la proie des érudits du futur : belle revanche de la dérision.

1. Noël Richard, *Le Mouvement décadent. Dandys, esthètes et quintessents*, Paris, Nizet, 1968, p. 259.

DES BEAUX-ARTS AUX ARTS PLASTIQUES

« Tout ce qu'un artiste crache, c'est de l'art », affirmait Schwitters. Cette déclaration, publiée en 1925, autorise l'artiste à présenter ce que bon lui semble sous le couvert de l'art, mais elle reste encore tributaire de conceptions anciennes. La métaphore du crachat est expressionniste : l'œuvre entretient avec la personne de son créateur un rapport d'intimité. Schwitters privilégie les liens de l'objet avec l'artiste. Dans cette perspective, ses décisions sont souveraines. Elles suffisent à déclarer « œuvre » ce qu'il décide de qualifier ainsi. Peu importe ce qu'en pense le public — il finira par s'accoutumer. Cela restait vrai tant que l'artiste « crachait » des tableaux ou des sculptures, fussent-ils abstraits ou même mauvais. Quand Diderot vilipendait François Boucher pour ses peintures aux sujets trop lestes, il les considérait comme des tableaux et il les jugeait en tant qu'œuvres d'art. Devant un urinal, une pelle à neige ou un alignement de briques, en revanche, la question préalable du statut, cruciale, impose de considérer et de prendre en compte les réactions du public ou de ses représentants qualifiés, collectionneurs, critiques, conservateurs de musée, etc.

Schwitters avait participé au mouvement de déstabilisation qui aboutit au délitement des beaux-arts et des taxinomies sur lesquelles était fondé ce bel édifice. L'irruption des objets avait brouillé les catégories. Restait à savoir si l'art survivrait à la fin du système des beaux-arts. Les années soixante furent, à cet égard, cruciales. Harold Rosenberg nota en 1972 l'étendue et l'importance de la crise. Il discernait alors un « processus de dé-définition » qui affecte tous les arts, la peinture, la sculpture mais aussi la musique ou le théâtre :

> La nature de l'art est devenue incertaine. Ou du moins, elle est ambiguë. Nul ne peut dire avec certitude ce qu'est une œuvre d'art — ou, plus important, ce qui n'est pas une œuvre d'art. Lorsqu'un objet d'art reste présent, comme dans la peinture, c'est ce que j'ai appelé un « objet anxieux » : il ignore s'il est un chef-d'œuvre ou un déchet (*junk*). Il peut, comme c'est le cas dans un collage de Schwitters, être littéralement les deux[1].

Ad Petersen constatait la « grande diversité » des moyens auxquels les artistes recourent depuis qu'ils ont commencé à transgresser les limites assignées par le cadre étroit des beaux-arts. Dans l'introduction qu'il rédigea pour le catalogue d'une exposition qui dressait un bilan de la situation nouvelle, *'60-'80 Attitudes/Concepts/Images*, il affirme :

> Si quelque chose est caractéristique de l'art de ces vingt-cinq dernières années, c'est qu'il a brisé ses

1. Harold Rosenberg, *La Dé-définition de l'art*, *op. cit.*, p. 10 (sur les « objets anxieux », cf. Harold Rosenberg, *The Anxious Object. Art Today and its Audience*, Londres, Thames and Hudson, 1965).

limites traditionnelles et qu'il n'a cessé d'élargir ses frontières. Un artiste peut choisir, en fonction de ce qu'il veut dire, la forme d'expression, le médium et le style qui conviennent le mieux à son idée. Photographie, film, vidéo, musique, performance, théâtre et danse sont des possibilités désormais intégrées aux médias utilisés par les artistes « visuels »[1].

Tout semble possible, à cette époque. Avec les environnements puis les happenings et les actions, des artistes instaurent de nouveaux rapports entre l'art et le public. D'autres accroissent le territoire de l'art. Ils recourent à de nouveaux supports — le sol des grands espaces désertiques ou leur propre corps —, ils étendent toujours davantage la gamme des « matériaux » susceptibles de tomber sous leur juridiction — les mots, le son ou les animaux vivants — et ils annexent des techniques qui relevaient alors exclusivement de domaines séparés, telles que la télévision, la vidéo ou la photographie.

Ce processus d'extension et d'annexions en tout genre ne naît pas à ce moment, mais il revêt alors une ampleur sans précédent. Le monde de l'art était autrefois régi par une prudente lenteur. Désormais, il intègre et diffuse toujours plus rapidement les innovations. Elles affectent à la fois les lieux de création, les manières de travailler et les relations avec les publics. Les arts plastiques s'imposent. Ils offrent un cadre conceptuel ouvert, mais le consensus dont ils bénéficient se restreint. Les amateurs, en effet, restent souvent perplexes, ou hostiles, devant les formes et les

1. Ad Petersen, « Introduction », cat. de l'exposition *'60-'80 Attitudes/Concepts/Images*, Amsterdam, Stedelijk Museum, 1982, p. 2.

manifestations qu'ils accueillent. La logique d'un expansionnisme sans frein suscite en retour bien des audaces : au cadre relativement contraignant des anciennes limites semble s'être substituée la loi du bon plaisir.

Beaucoup d'artistes passent d'un médium à l'autre, vagabondent entre des options esthétiques divergentes ou travaillent simultanément à partir de préoccupations multiples. Aussi est-il difficile de pointer, par exemple, leurs usages du langage, du corps ou du paysage sans évoquer la photographie et la vidéo, ou encore de dissocier le retrait d'une œuvre dans un désert lointain d'un désir de créer une relation toute particulière avec les amateurs, etc. L'ordre que nous avons choisi n'est qu'un artifice d'*exposition* pour donner un aperçu de la bigarrure qui caractérise l'effervescence artistique de cette période d'interrogations enthousiastes.

I

Des artistes, sans atelier

L'artiste fut souvent représenté aux prises avec l'œuvre à faire, dans son atelier. Parfois les obligations liées à une commande le contraignaient pourtant à exécuter l'œuvre directement sur les lieux de son implantation. Giotto dans la basilique d'Assise ou Michel-Ange grimpé sur un échafaudage à l'intérieur de la chapelle Sixtine ne contredisent pas la vision canonique : outre qu'il ne s'agissait pas d'expositions à proprement parler, l'avènement des musées imposa le modèle conceptuel d'une œuvre autonome, incarnée dans un objet indépendant, transportable. Cette conception fut âprement discutée après l'ouverture du Louvre (1793) mais, comme on sait, la logique du musée triompha. Des fresques ont été dissociées de leurs supports pour rejoindre les cimaises et l'on a vu des monuments entiers démontés, pierre à pierre, pour être exposés dans des lieux *ad hoc* (The Cloisters, New York).

Cette autonomie, naguère considérée comme un signe d'émancipation qui permettait à l'objet cultuel ou au monument commémoratif d'accéder à une dignité proprement esthétique, fondait en droit l'existence du musée, lieu de rassemblement d'objets hétéroclites arrachés à leur contexte d'origine. L'œuvre élaborée dans le secret d'un lieu privé achevait, dans le meilleur des cas, sa vie en apothéose au sein du musée, après avoir transité dans les galeries, les appartements privés ou les collections particulières. Constantin Brancusi prenait acte de cette collusion lorsqu'il légua son atelier au musée national d'Art moderne, à la condition expresse qu'il y soit présenté dans son intégralité, que soit préservée son intégrité. Il manifestait par cette ellipse saisissante l'accord structurel entre le lieu de la création d'objets transportables et leur destination finale.

Daniel Buren revendique l'absence d'atelier. Cette décision, fruit du hasard mais conforme à la nature de son travail, lui permit en outre d'affirmer sa volonté de rupture avec l'ancien système des beaux-arts :

> Toutes mises en question du système de l'art passeront donc inéluctablement par une remise en question de l'atelier comme lieu unique où le travail se fait tout comme du musée comme lieu unique où le travail se voit[1].

C'est pourquoi, pour rendre compte du processus qui conduisit à promouvoir la notion d'arts plastiques, nous examinerons d'abord quelques occurrences notoires de pratiques artistiques menées hors atelier, et en partie contre l'atelier et ce qu'il représentait.

1. Daniel Buren, « Fonction de l'atelier » (1970-1971), *October*, nº 13, 1980, texte partiellement repris dans le cat. de l'exposition *Points de vue*, Paris, ARC, musée d'Art moderne de la Ville de Paris, 1983, n. p.

Loin des musées

Les liens entre les artistes minimalistes et les *Land-artists* sont patents. Les uns et les autres inventent, à la fin des années soixante, un art qui ne relève pas de la peinture ou du dessin, pas davantage de l'architecture, mais face auquel il est devenu relativement « embarrassant de prononcer le mot "sculpture"[1] ». L'exposition fondatrice de cette nouvelle mouvance réunissait notamment Carl Andre, Robert Morris, Sol LeWitt et Walter De Maria, Michael Heizer, Dennis Oppenheim, Robert Smithson. Intitulée *Earthworks* (Dwan Gallery, New York, 1968), elle présentait des œuvres élaborées à partir de terre, de cailloux et autres matériaux naturels, ou des documents sur les réalisations directement effectuées dans le paysage. Heizer, par exemple, exposait une grande photographie de *Dissipate* (1968), cinq entailles rectangulaires creusées sur le fond craquelé d'un lac asséché perdu dans le Black Rock Desert (Nevada) et consolidées avec des planches. L'œuvre, soumise aux aléas du climat, était promise à une lente désintégration.

Seule la reproduction de *Dissipate* pouvait être exposée dans la galerie. Pour la voir vraiment, il aurait fallu se rendre tout exprès dans le désert — et arriver avant qu'elle n'ait totalement disparu. À la différence des sculptures monumentales, les œuvres de ce type occupent des lieux retirés et elles sont absolument

1. Rosalind Krauss, « La sculpture dans un champ élargi » (1979), *L'Originalité de l'avant-garde et autres mythes modernistes*, *op. cit.*, p. 113.

intransportables, car elles ont été réalisées directement dans et avec un espace spécifique. De surcroît, ce lieu n'est pas un simple site destiné à les accueillir : l'œuvre l'incorpore, si bien qu'il devient une part d'elle-même[1]. Mieux encore, selon Lawrence Alloway, le trajet qu'il faut effectuer pour y accéder ne peut être séparé de l'expérience esthétique proprement dite :

> Les sculptures de Walter De Maria, Michael Heizer et Smithson que j'ai visitées sont toutes spécifiques à leur propre site, en ce sens qu'elles ont été placées par les artistes dans des lieux qui sont uniques pour chaque œuvre. La forme de la sculpture ne peut être séparée du terrain qu'elle occupe (elle a une mobilité nulle) et les distances qui doivent être parcourues pour y parvenir font également partie du contenu[2].

Ces *Earthworks* forment un ensemble disparate. Les procédures utilisées et les intentions affichées diffèrent considérablement d'un artiste à l'autre, voire d'une œuvre à l'autre. Détruire à demi un bâtiment, déplacer des rochers ou des tonnes de terre, construire des labyrinthes, des observatoires, des rampes d'accès qui ne mènent nulle part, creuser des tranchées, tailler les montagnes, aménager des volcans, dessiner sur le sol d'un désert, inscrire des marques dans la neige, tracer des spirales dans le ciel ou sur un lac salé, en appeler à la foudre, déverser de l'asphalte dans une décharge publique, barrer une vallée à l'aide d'un immense rideau : ces activités « pulvérisent », comme l'a remarqué Heizer, le concept de sculpture. Or, pour

1. Cf. Jean-Marc Poinsot, *Quand l'œuvre a lieu. L'art exposé et ses récits autorisés*, Genève, musée d'Art moderne et contemporain et Villeurbanne, Institut d'art contemporain & Art édition, 1999, p. 97.

2. Lawrence Alloway, « Site Inspection » (1976), cité par Jean-Marc Poinsot, *ibid.*, p. 80.

être reconnues comme œuvres, des réalisations de ce type doivent s'intégrer, d'une manière ou d'une autre, au monde de l'art, y prendre place, en dépit d'un éloignement géographique autrement irréductible que leurs écarts conceptuels.

Exposer dans des galeries puis des musées paraît indispensable aussi pour pouvoir lever les capitaux nécessaires à la réalisation de projets dispendieux bien que totalement « gratuits » et qui ne trouveraient sans doute aucun soutien financier hors des circuits artistiques. Peu de temps après la manifestation de la Dwan Gallery, le White Museum of Art (New York) organisait une nouvelle exposition regroupant des artistes de l'*Earth Art* (1969). Comme le titre l'indique, un mouvement se constituait autour d'un « Art de la terre » — la locution *Land Art* s'est finalement imposée — alors même que les œuvres les plus marquantes n'avaient pas encore vu le jour.

William Rubin, conservateur au MoMA, trouvait « surprenant, quoique compréhensible, que des artistes, dont les créations n'ont vraiment pas besoin d'être exposées dans un musée — voire y sont par nature opposées — insistent néanmoins pour qu'elles le soient », et il s'interrogeait :

> Pourquoi un musée serait-il le bon, voire le meilleur environnement pour tout objet d'art ? Je trouve que les questions posées par certaines œuvres postminimales transcendent la notion même de musée[1].

1. William Rubin, entretien avec Lawrence Alloway et John Coplans (1974), partiellement traduit par Anne Lacoste, « Le concept de musée n'est pas infiniment extensible », cat. de l'exposition *L'Art, la mode, la morale, la passion*, Paris, Centre Georges Pompidou, 1987, p. 406.

Les artistes ont adopté plusieurs stratégies pour gérer les contradictions inhérentes à leurs pratiques. Lorsque l'œuvre est aussi éphémère qu'un dessin de tornade tracé dans le ciel grâce à la fumée lâchée d'un avion dont le pilote est guidé depuis le sol (Dennis Oppenheim, *Whirlpool Eye of the Storm*, 1973), seule la photographie peut pérenniser l'événement, mais elle ne se contente pas de cela. Elle participe pleinement à la transformation de l'objet en œuvre. Tous les artistes du Land Art ont utilisé très consciemment les possibilités du médium photographique. Ils étudient les cadrages afin de restituer le sentiment de l'espace, de son immensité. Ils choisissent les points de vue — les vues d'avion permettent une bonne lisibilité des graphismes tracés sur le sol avec les pneus de motos reliées par une corde à un piquet (Michael Heizer, *Circular Surface Planar Displacement Drawing*, 1970) — tandis que les photographies du travail en cours de réalisation donnent une idée des moyens requis — des photographies d'*Asphalt Rundow* (Smithson, 1970) présentent à la fois la coulée de matière et le camion-benne d'où elle provient. Parfois, ils saisissent l'instant propice, tel Walter De Maria : des clichés de son *Lightning Field* (1977) offrent l'image de la foudre s'abattant sur l'un des quatre cents mâts d'acier disposés pour la recevoir[1].

Ces photographies ont des fonctions diverses : simples documents à diffuser dans les revues, les livres, éléments de montages didactiques chargés de

1. Sur ces stratégies photographiques, cf. les analyses de Gilles A. Tiberghien, à qui j'emprunte beaucoup, dans son ouvrage *Land Art*, Paris, Éditions Carré, 1993, chap. 7, « Les limites de la représentation ».

faire comprendre l'œuvre et son processus, substituts à exposer, ou encore incitations à visiter le site lorsqu'il s'agit d'une installation permanente ou d'une réalisation durable. Heizer insistait à juste titre sur la possibilité d'aller sur place, même dans des endroits reculés. Après tout, répondait-il à ceux qui rechignaient devant les difficultés d'accès à ces *Earthworks*, « vous ne vous plaignez pas de ce que vous n'irez pas voir les pyramides de Gizeh parce qu'elles sont de l'autre côté de la terre au milieu de l'Égypte ; vous y allez et vous les voyez[1] ».

L'exemple de la *Spiral Jetty* (1970) établie dans l'eau peu profonde du Grand Lac Salé (Utah), illustre les ambiguïtés liées au rapport que ces œuvres entretiennent avec leurs reproductions. La spirale existe bel et bien, mais il n'est pas simple de se rendre sur les lieux. Des photographies et un film furent réalisés. Le MoMA acquit ce film. C'était pour le musée, selon William Rubin, « une façon active de participer à ce projet », d'en permettre l'accès au public, mais c'était aussi, ajoute-t-il, « bien peu de chose par rapport à la véritable *Spiral Jetty*[2] ». Le film révèle une dimension corporelle de l'œuvre, sur laquelle l'artiste court, poursuivi par la caméra d'un hélicoptère. On imagine volontiers que parcourir la spirale, ce n'est pas la même chose que la regarder ou, moins encore, d'en voir une image. Cependant, l'œuvre a disparu, engloutie par une légère montée des eaux. Elle n'était alors plus visible que du ciel, rendue au statut d'image loin-

1. Michael Heizer, « Interview, Julia Brown and Michael Heizer », extrait cité par Gilles A. Tiberghien, *ibid.*, p. 235.
2. William Rubin, entretien avec Lawrence Alloway et John Coplans, *op. cit.*, p. 406.

taine aperçue sous la surface du lac, jusqu'à ce que le niveau de l'eau baisse et qu'elle réapparaisse, couverte de cristaux. Cela nous incite à penser que l'œuvre ne réside pas seulement dans l'amas de terre et de roches disposé dans le paysage. Le film, les photographies avant, pendant et après sa disparition, ou encore les récits de l'événement, forment un tout indissociable. L'œuvre est alors un dispositif complexe, une concrétion d'objets, d'images et de textes saisis par la temporalité.

« L'isolement est l'essence du Land Art », affirmait Walter De Maria. Il faut cependant briser cet isolement, au moins partiellement, pour le faire connaître. La photographie fut un médium majeur dans cette entreprise, mais non exclusif. De Maria dessina deux lignes parallèles sur le sol d'un désert californien (*Mile Long Drawing*, 1968) et il disposa 50 m^3 de terre nivelée à une hauteur de 75 cm dans les trois salles de la galerie Heiner Friedrich (Munich, 1968) : ces œuvres se complétaient. Robert Smithson mit au point la procédure plus clairement dialectique du *Site* et du *Nonsite*. Les termes anglais choisis jouent sur l'opposition *Sight/Nonsight* (vision/non-vision). L'artiste avait prélevé des roches dans des carrières. Pour sa participation à l'exposition *Earthworks*, il les entassa dans des caisses aux allures minimalistes et il accrocha sur le mur des cartes qui précisaient les lieux d'où ces schistes ou ces ardoises provenaient. Ces *Nonsites* articulaient la présence des prélèvements avec l'absence du *Site*, lui-même privé à jamais des *Nonsites*.

L'art, la nature

Nous avons privilégié jusqu'ici le rapport des *Earthworks* avec les galeries et les musées — les lieux où le public rencontre l'art contemporain. Dans les années soixante-dix, marquées par une contestation généralisée, cette question focalisa l'attention avant de s'effacer progressivement au profit d'une autre corrélation : l'art et la nature.

Spiral Jetty, Lightning Field ou *Double Negative*, trois œuvres majeures établies dans l'isolement de zones semi-désertiques, relevaient exclusivement de l'esthétique, ou d'une dé-définition de l'esthétique, ce qui revient au même. Néanmoins, Smithson s'intéressait aux lieux ravagés par l'industrie :

> D'après ma propre expérience, les meilleurs sites pour l'« art tellurien » (*Earth Art*) sont ceux qui ont été bouleversés par l'industrie, par une urbanisation sauvage ou par des catastrophes naturelles. Par exemple, la *Spiral Jetty* se trouve sur une mer morte, le *Broken Circle* et la *Spiral Hill* sur une ancienne sablière. Le terrain y est mis en valeur, ou recyclé, en tant qu'art[1].

L'idée d'utiliser le Land Art à des fins sociales chemina. Un amendement proposé au Sénat américain, le *Land Reclamation*, souhaitait une réhabilitation des espaces dégradés par l'activité industrielle. En 1979, un programme d'action vit le jour : *Earthworks : Land Reclamation as Sculpture*. Quelques projets furent réalisés, notamment *Mill Creek Canyon* (Herbert Bayer, 1979-1982). Robert Morris et Michael Heizer, bien

1. Robert Smithson, « Frederick Law Olmsted et le paysage dialectique » (1973), *Robert Smithson*, *op. cit.*, p. 213.

que sceptiques sur les vertus d'un engagement social, ont imaginé aussi des œuvres « écologiques »[1]. Loin des musées, le cadre de vie est ici au centre des préoccupations.

Parallèlement, les instances muséales s'adaptaient. Des parcs de sculptures implantés dans la campagne accueillent aujourd'hui des œuvres éphémères ou permanentes d'artistes qui se sont fait une spécialité de travailler directement dans la nature et avec les matériaux qu'elle offre. Nils-Udo ou Andy Goldsworthy ramassent des feuilles, des fleurs, des brindilles, et les disposent en compositions nichées sur le lieu. D'autres conçoivent des œuvres qui requièrent la présence ou l'action de la nature. Ainsi, Giuseppe Penone utilisa des moules pour donner à des pommes de terre la forme d'un fragment de son visage (*Patates*, 1977). La nature, longtemps sujet de la représentation, est alors promue collaboratrice. L'artiste devenu jardinier ne crée plus directement, il agence des dispositifs susceptibles de façonner des œuvres qu'il n'aura plus qu'à récolter. Moulées en bronze, elles sont toujours exposées parmi des pommes de terre ordinaires, en tas disposés à même le sol ou dans des cageots de maraîcher.

La nature offre aussi l'attrait de la promenade. Richard Long entreprend des marches au cours desquelles il agence des traces de son passage. Sa première œuvre, *A Line Made by Walking* (1967), correspond exactement à ce qu'annonce le titre : dans l'herbe d'un pré, les allées et venues de l'artiste ont imprimé la trace d'une ligne droite. Depuis lors, Long

1. Heizer jugeait « frivole » l'idée de *Reclamation Art* (cf. Gilles A. Tiberghien, *Land Art*, *op. cit.*, p. 122).

parcourt le monde. Avec les matériaux trouvés sur place, il bâtit des figures géométriques simples, cercles de branches mortes, carrés de pierres, etc. Ces indices d'une présence active ne sont pas destinés à être vus directement. L'artiste nous en livre des photographies aux cadrages soigneusement étudiés, souvent accompagnées de cartes géographiques ou d'autres documents écrits qui fournissent des précisions sur la marche accomplie. Ainsi, l'œuvre est dès l'origine destinée à prendre véritablement forme en photographie. Cette procédure arrache le médium photographique à la condamnation baudelairienne qui la confinait dans un rôle de « servante des sciences et des arts » et traçait une frontière infranchissable entre elle et l'art :

> Qu'elle sauve de l'oubli les ruines pendantes, les livres, les estampes et les manuscrits que le temps dévore, les choses précieuses dont la forme va disparaître et qui demandent une place dans les archives de notre mémoire, elle sera remerciée et applaudie. Mais s'il lui est permis d'empiéter sur le domaine de l'impalpable et de l'imaginaire, sur tout ce qui ne vaut que parce que l'homme y ajoute de son âme, alors malheur à nous[1] !

Richard Long livre par ailleurs des œuvres plus conformes aux attentes des collectionneurs. Les rectangles et les cercles de pierres ou d'autres matériaux homogènes évoquent ses constructions dans la nature, même s'il s'agit d'un travail indépendant, parallèle aux agencements effectués au cours des marches. Long n'en rapporte aucune roche : il s'approvisionne

1. Charles Baudelaire, « Le public moderne et la photographie », *Salon de 1859*, *Œuvres complètes*, *op. cit.*, vol. 2, 1976, p. 618 et 619.

dans les carrières. Il publie aussi des ouvrages, organisés comme une exposition, sans texte explicatif : le lecteur y voit des photographies, des cartes, des diagrammes. Dans tous ces travaux artistiques, la nature, source primitive, s'est éloignée. Mais demeure la sensation, attestée par le document photographique, d'un contact réel entre la nature et l'artiste.

Installations in situ

De tout temps, les œuvres d'art ont été disposées avec soin. Pour la conscience esthétique traditionnelle, l'œuvre, dans son idéalité ontologique, pur objet de délectation, s'impose au regard qui la contemple dans la plénitude d'une clôture sur soi. Le cadre servait ainsi à isoler le tableau et à éviter toute interférence avec le monde extérieur. Poussin insistait sur la nécessité de cette séparation lorsqu'il adressa son tableau *La Manne* à Chantelou : « Je vous supplie, si vous le trouvez bon, de l'orner d'un peu de corniche, car il en a besoin, afin que, en le considérant en toutes ses parties, les rayons de l'œil soient retenus et non point épars au dehors, en recevant les espèces des autres objets voisins qui, venant pêle-mêle avec les choses dépeintes, confondent le jour[1]. »

Le caractère précaire des réalisations dans la nature, l'évidence d'une interaction entre le lieu et l'œuvre ont contribué à imposer l'idée que cette inter-

1. Nicolas Poussin, lettre à Chantelou, 28 avril 1639, publiée dans *Lettres et propos sur l'art*, textes réunis et présentés par Anthony Blunt, Paris, Hermann, 1989, p. 45.

dépendance n'était pas seulement un fait inéluctable, mais qu'elle offrait au travail des artistes un nouveau champ d'investigation. Ils prennent en compte les conditions d'exposition de leurs œuvres. Certains d'entre eux conçoivent des réalisations qui adhèrent à leur contexte. Ces œuvres qui renoncent à toute autonomie sont littéralement intransportables : si elles étaient déplacées, leur sens s'évanouirait.

Un très grand nombre d'artistes utilisent pour leur biographie dans les catalogues d'exposition la formule consacrée : « Vit et travaille à Paris, ou Londres, New York, Berlin, Rosny-sous-Bois. » Daniel Buren l'a transformée à son usage personnel en : « Daniel Buren vit et travaille *in situ.* » Nomade à sa manière, il met en situation, partout où il le peut, son « outil visuel » : des bandes verticales blanches et de couleur alternées, larges de 8,7 cm (± 2 mm). Ces tissus ou papiers rayés ne constituent jamais l'œuvre elle-même. En dérober un échantillon n'aurait aucun sens, et Buren prend grand soin de faire signer aux acquéreurs de ses créations un contrat qui stipule par le menu les conditions de leur mise en place.

La locution latine *in situ* met l'accent sur la relation de l'outil visuel et du lieu, comme sur les modalités de son insertion. Buren l'a empruntée aux archéologues : un objet est dit *in situ* lorsqu'il est découvert à l'endroit supposé de son usage initial. Dans ce cas, sa *situation*, notamment par rapport aux autres traces du passé qui l'accompagnent, est capitale pour l'élucidation de ses fonctions, de son sens. *In situ* désigne aussi un mode de présentation des vestiges du passé à l'endroit où ils furent mis au jour, organisation muséographique qui facilite la compréhension des visiteurs. L'*in situ* de Daniel Buren condense ces deux significations. En effet, l'œuvre *in situ*, élaborée en fonction du site, doit être vue sur place pour qu'apparaisse sa signification. Quand Jérôme Sans lui demanda si ses travaux bousculaient l'« autonomie traditionnelle des œuvres », l'artiste acquiesça :

> Totalement dépendants des lieux pour lesquels ils ont été conçus, mes travaux renversent en effet l'autonomie traditionnelle et présumée de l'œuvre… Une autonomie (ou croyance en l'autonomie, ce qui n'est pas tout à fait pareil) qui marque toujours lourdement l'histoire de l'art occidental et qui est la clef de voûte de l'idéologie de l'art. Cette autonomie de l'œuvre signifie que la personne qui l'a en main peut en faire ce qu'elle veut, la montrer dans n'importe quel contexte, même dans des environnements complètement contradictoires avec l'œuvre elle-même. Cette autonomie est très critiquable parce qu'elle influe sur une série de paramètres, notamment sur la spéculation marchande laissée entre les mains de n'importe qui, et à l'infini. L'autonomie de l'œuvre conforte donc d'une manière extraordinaire la société capitaliste[1].

Daniel Buren travaille rarement dans la nature, mais souvent dans les paysages urbains. En outre, il expose fréquemment dans des galeries ou des musées. Au sein de ces institutions spécialisées dont l'existence repose sur l'autonomie de l'œuvre, de nombreux artistes introduisent, depuis la fin des années soixante, des objets sans valeur artistique intrinsèque. Il faut impérativement agencer convenablement ces éléments hétéroclites pour qu'ils deviennent les constituants matériels d'une création. Tony Cragg, par exemple, accroche au

1. Daniel Buren, *Au sujet de...*, entretien avec Jérôme Sans, Paris, Flammarion, 1998, p. 134 et 135.

mur une bouteille en plastique vert, modèle pour une « nouvelle figuration » : une centaine d'objets fort divers, mais tous verts, sont disposés sur le sol ou le mur de telle manière que leur configuration générale reproduise la silhouette de la bouteille (*Sans titre*, 1980). À la différence des œuvres réalisées à partir de déchets divers par Schwitters ou Arman, celle-ci exhibe la précarité de l'agencement, réversible. Lorsque l'œuvre de Cragg retourne dans une réserve, les manutentionnaires rangent une collection d'objets qu'il faudra à nouveau organiser pour une présentation ultérieure. Bien entendu, en dépit des indications parfois fort précises données par les artistes pour le montage de leurs œuvres, aucun des éléments indépendants qui les constituent ne retrouve exactement la place qu'il occupait lors d'une présentation antérieure. Il serait plus exact de dire que l'œuvre n'est pas à proprement parler présentée, mais actualisée.

Il s'agit là d'une modification importante de nos conceptions séculaires. Le readymade nous conviait à être attentif aux procédures de contextualisation, mais l'intégrité physique de l'objet déplacé — c'est-à-dire de l'œuvre — restait intacte. Les installations, au contraire, dissocient l'œuvre de ses constituants matériels. Contrairement aux tableaux et aux sculptures qui peuvent délivrer l'essentiel de leurs significations en toutes circonstances, ou presque, les installations exigent une mise en scène des éléments qui les constituent : ces protagonistes sont à la fois autonomes et interdépendants. La force d'attraction de ce nouveau modèle fut telle que même la peinture fut touchée. En 1971, lorsque Phyllis Tuchman demandait à Robert Ryman : « Les murs sur lesquels les peintures sont accrochées ont-ils un rapport avec les œuvres ? », l'artiste répondait :

> Quand on voit le mur, le décor, l'environnement, il y a un rapport très étroit avec la façon dont les œuvres fonctionnent. La plupart de mes peintures, je ne dirai pas toutes, mais la plupart ne peuvent pas être montrées de la manière habituelle : sortir une toile d'un placard ou d'une réserve, et dire : « Voici une toile. » Mes tableaux ne fonctionnent pas ainsi. De même, on ne peut pas sortir un Flavin d'un placard et dire : « Voici un Flavin. » Vous n'y verriez que deux tubes de néon. Il a besoin d'être en situation, sur un mur, pour être complet[1].

Ainsi, les créations relevant des catégories traditionnelles des beaux-arts peuvent subir l'attrait de l'installation. Plus encore que les peintures de Robert Ryman liées au mur, une sculpture en briques de Carl Andre n'est pas réductible à la somme de ses constituants. Il faut convenablement les disposer pour qu'elles deviennent *Équivalents I-VIII* (1966) — huit parallélogrammes différents de 120 briques posées en deux couches superposées, chacun jouant sur plusieurs combinaisons possibles — ou bien *Eight Cuts* (1967), le négatif de l'œuvre précédente, un tapis de briques sur le sol dans lequel sont ménagés huit vides rectangulaires de trente briques chacun, aux proportions variées. Les œuvres de Carl Andre ne sont pas toujours conçues pour un site spécifique, mais elles doivent impérativement être installées en fonction du lieu. Aussi Carl Andre est-il, comme il l'affirmait en 1970, un « artiste post-studio », c'est-à-dire « post-atelier ».

1. Phyllis Tuchman, « Entretiens avec Robert Ryman » (1971), « Dossier Ryman », *op. cit.*, p. 134.

Robert Ryman et Carl Andre participèrent, avec une soixantaine d'autres artistes, à une exposition organisée par Harald Szeemann, « Quand les attitudes deviennent forme. Œuvres — Concepts — Processus — Situations — Information » (Berne, 1969). Parmi les œuvres qui y figuraient, beaucoup n'avaient pas été transportées dans la Kunsthalle. Elles furent réalisées sur place. Joseph Beuys disposa divers objets et il façonna dans l'angle d'une pièce un tas de graisse qui fit jaser. Michael Heizer requit les services d'un engin de démolition pour défoncer une portion du trottoir, devant le bâtiment (*Depression*, 1969). Daniel Buren fut arrêté le soir du vernissage, parce qu'il procédait à un affichage « sauvage » de son outil visuel dans la ville. Richard Serra actualisait *Splash Piece* (1968), une projection de plomb à la jonction d'un mur avec le sol. Lawrence Weiner reprenait lui aussi une œuvre de 1968 : *A 36" × 36" Removal to the Lathing or Support Wall of Plaster or Wallboard from a Wall* : un carré découpé dans le revêtement du mur.

Beuys réalisait bien une installation, Buren, un travail *in situ*, mais les œuvres de Heizer, Serra ou Weiner relèvent davantage de l'intervention programmée, autre manière d'éviter que soient confondus l'œuvre et l'objet grâce auquel elle prend corps. Le titre de l'exposition bernoise est explicite et Harald Szeemann insistait dans le catalogue sur le changement de statut qui affectait l'activité artistique, autrefois moyen pour une fin :

> Les artistes de cette exposition ne sont pas des faiseurs d'objets, ils cherchent, au contraire, à leur échapper et élargissent ainsi ses niveaux signifiants afin d'atteindre l'essentiel en deçà de l'objet, d'être la situation.

> Ils veulent que le processus artistique soit encore visible dans le produit final et dans l'« exposition »[1].

Une œuvre de Giovanni Anselmo, *Torsione* (1967-1968), exposée à Berne, exemplifie cette volonté de rendre visible la procédure dans la forme induite. Lorsqu'on la regarde, on comprend immédiatement comment elle fut faite : la barre métallique glissée dans le pli inférieur d'une pièce de tissu pliée en deux, suspendue au mur par un crochet, a permis de lui faire subir maintes torsions et, appuyée contre le mur, elle empêche que le tissu, bandé comme un ressort, ne se déroule. La violence du geste ainsi enregistré demeure saisissante, mais aujourd'hui, aucun déroulement n'est à craindre. Le tissu a intégré au fil du temps sa propre tension : lorsqu'on décroche l'œuvre, il reste tel.

Des œuvres sans forme fixe

Beaucoup d'installations ont une forme définie et de nombreux artistes veillent, nous l'avons dit, au respect des conditions qui transforment en œuvre, lors d'une nouvelle actualisation, les matériaux ou les objets qui entrent dans sa composition. D'autres ont au contraire privilégié le processus d'exécution ou les modifications et les altérations dues au temps. L'exposition *Art in Process : the Visual Development of a Structure* (Finch College, 1966) avait attiré l'attention sur le *process* (processus, procédure). Les œuvres les

1. Harald Szeemann, « Sur l'exposition », cat. de l'exposition *When Attitudes Become Form, Live in Your Head*, Berne, Kunsthalle, 1969, repris dans Harald Szeemann, *Écrire les expositions*, Bruxelles, La Lettre volée, 1996, p. 25.

plus radicales du *Process Art*, mouvance polymorphe, ne s'incarnent plus dans une forme définie, plus ou moins stable et durable.

En 1969, Robert Morris réalisait *Continuous Project Altered Daily*. L'artiste intervenait en effet chaque jour sur la terre, les bidons, ampoules électriques et autres matériaux installés dans un entrepôt de la galerie Leo Castelli (New York) et il enregistrait les changements d'aspect de l'œuvre, chantier perpétuel. Robert Morris mettait ainsi en pratique les principes qu'il avait formulés dans un article intitulé « Anti Form » (1968). Il attaquait les fondements traditionnels de l'esthétique occidentale :

> La forme n'est pas perpétuée par les moyens mais par la conservation de buts idéalisés et séparables. C'est une entreprise anti-entropique et conservatrice. Elle explique l'architecture grecque évoluant du bois vers le marbre et apparaissant identique, ou l'apparence des bronzes cubistes avec leurs plans fragmentés, à facettes. La préservation de la forme est de l'idéalisme fonctionnant[1].

Jusqu'alors, il est vrai, l'artiste *informait* la matière, il lui conférait une forme durable chargée de sens. Cette conception de l'activité artistique remonte à l'Antiquité et elle a des conséquences majeures dans le domaine des arts plastiques. Tant que la forme et la pensée paraissent indissolublement liées dans l'œuvre d'art, il semble indispensable de conserver dans toute leur intégrité les caractéristiques spécifiques de son apparence. La forme de l'objet artistique ne pouvait

1. Robert Morris, « L'antiforme » (1968), trad. dans le cat. de l'exposition *Attitudes/Sculptures*, Bordeaux, capcMusée d'art contemporain, 1995, p. 51.

donc être ni aléatoire ni précaire, car elle seule garantissait à l'œuvre une possibilité d'existence.

L'intérêt accordé au processus permit de déplacer l'attention de la « forme bien construite » vers les plaisirs procurés par une indétermination positive qui marque un refus de « continuer à esthétiser la forme en la traitant comme un but imposé[1] ». La notion d'Action Painting, les nombreuses techniques inventées par les surréalistes ou encore l'art de l'assemblage avaient ouvert la voie à une valoration des procédures. Le *Work in Progress* de Kurt Schwitters, œuvre mythique que nul ne pouvait plus voir, initiait une autre manière d'envisager les rapports de l'art avec les formes. Par ailleurs, au moment où Robert Morris prônait l'« Antiforme », les happenings, les actions et les performances proposaient des œuvres éphémères, soumises aux caprices du hasard et qui ne s'incarnaient nullement dans un objet.

À la fin des années soixante, des pans entiers de l'art étaient en proie à une « dématérialisation ». Lucy R. Lippard, qui proposa cette formulation, entreprit une recension des œuvres témoignant de ce phénomène. Son ouvrage *Six Years : The Dematerialization of the Art Object from 1966 to 1972* réunit une somme d'informations, classées par années, sur ces œuvres, ces expositions, ces manifestations multiples qui imposaient d'abandonner, pour en saisir le sens, les conceptions de l'art inscrites sous la houlette des beaux-arts, fussent-ils d'avant-garde. Le lecteur y croise quelques tentatives de dématérialisation particulièrement éclatante : des œuvres définitivement soustraites au regard.

1. *Ibid.*, p. 52.

L'invisible est réel

L'œuvre plastique, figurative ou abstraite, semble devoir, à l'évidence, s'adresser aux yeux. Les beaux-arts sont, par excellence, les arts de la vue : « L'art est quelque chose qu'on regarde[1] », affirmait Donald Judd. Pourtant, les artistes du XXe siècle qui ont projeté certaines de leurs créations dans l'invisible s'inscrivent peut-être davantage dans la tradition qu'il n'y paraît de prime abord. La dialectique du visible et de l'invisible occupa longtemps une place éminente dans les discussions relatives à la nature de l'art et aux vertus des œuvres. Ainsi, lorsqu'au milieu du VIIIe siècle Jean Damascène s'oppose au courant iconoclaste qui triomphe à Byzance, il soutient que « la matière conduit à l'immatériel ». Puisque l'âme est enclose dans un corps, il est « impossible de parvenir aux choses intellectuelles en dehors des choses corporelles ». Les sens, par lesquels il faut passer, ne constituent pas un handicap insurmontable. L'Incarnation est venue le rappeler aux croyants. Elle adjoint le visible au Verbe qui fut longtemps, pour les monothéistes, le seul moyen d'accès au divin. Jean Damascène en conclut que, « si nous pouvons, à travers des paroles sensibles et avec les oreilles du corps, comprendre les choses spirituelles, nous pouvons aussi par la contemplation corporelle parvenir à la contemplation spirituelle[2] ».

1. « Questions à Stella et Judd », interview de Bruce Glaser (1964), *op. cit.*, p. 62.
2. Jean Damascène, *Le Visage de l'invisible*, recueil de textes traduits par Anne-Lise Darras-Worms, Paris, Migne, 1994, p. 74 et 75.

La pensée de Hegel relève d'un cadre différent, mais elle déploie une argumentation comparable pour situer la valeur de l'art dans le contexte d'une activité spirituelle. La forme créée par l'artiste en raison de nos limitations ne trouve pas sa finalité en elle-même car elle pourvoit, selon le philosophe, à la « satisfaction d'intérêts spirituels supérieurs ». Les œuvres d'art, « ombres sensibles[1] », s'adressent à la vue pour atteindre une réalité qui ne saurait être directement visualisée. Dans un langage différent, Kandinsky ne disait pas autre chose quand il souhaitait que la délimitation extérieure manifestât « de la manière la plus expressive le contenu intérieur de la forme[2] ». La logique symboliste impose à l'œuvre d'incarner un fond d'invisibilité qui la transcende et la justifie. Nous l'avons vu, une part importante de l'abstraction prolonge la tradition idéaliste, tournée vers le monde spirituel. Mondrian, tout comme Jean Damascène, invoque l'« immatériel », dans une lettre adressée à Arnold Saalborn :

> Je pense que l'être humain ordinaire recherche la beauté dans la vie matérielle mais selon moi l'artiste ne devrait pas le faire. [...] Sa création doit se situer à un niveau immatériel : celui de l'intellect[3].

L'articulation du visible et de l'invisible est un *topos* ancien qui apparaît, sous maints aspects, dans de nombreux textes sur l'art. Mais avant le xxe siècle,

1. G.W.F. Hegel, *Introduction à l'esthétique*, Paris, Aubier-Montaigne, 1964, respectivement p. 93 et 92.
2. Wassily Kandinsky, *Du spirituel dans l'art*, *op. cit.*, p. 118 et 119.
3. Piet Mondrian, cité par Herbert Henkels, « Portrait de l'artiste par lui-même : éléments pour une biographie intellectuelle », *L'Atelier de Mondrian*, ouvrage collectif, Paris, Macula, p. 114.

il n'était sans doute jamais venu à l'esprit d'aucun artiste de projeter *vraiment* l'œuvre dans l'invisible, de se passer des « yeux du corps » pour s'adresser aux « yeux de l'âme ».

Yves Klein s'appuie sur une remarque de Delacroix — « malheur au tableau qui ne montre rien au-delà du fini, le mérite du tableau est l'indéfinissable » — pour envisager la peinture comme « une sorte de réalisme mystique ». Il souhaite manifester la présence d'une sensibilité picturale sans recourir au visible, par imprégnation directe. L'exposition qu'il imagina devait pouvoir transmettre la qualité substantielle du tableau, située « au-delà du visible, dans la sensibilité picturale à l'état matière première[1] ». Il parvint à convaincre Iris Clert (Paris) : il peignit les murs de sa galerie en blanc afin de faire disparaître le rayonnement rémanent des œuvres antérieurement exposées dans la même salle, et il convia le public à honorer « de toute sa présence affective », le jour du vernissage (28 avril 1958), « l'avènement lucide et positif d'un certain règne du sensible ». Cette « manifestation de synthèse perceptive[2] » est passée à la postérité sous l'appellation d'« exposition du vide ». En réalité, il ne s'agissait pas d'exalter le vide. Klein proposait là une « immatérialisation » de ses tableaux monochromatiques, bleus :

> Invisible et intangible, cette immatérialisation du tableau doit agir [...] avec beaucoup plus d'efficacité que les tableaux physiques ordinaires ou représentatifs

1. Yves Klein, *Le Dépassement de la problématique de l'art, op. cit.*, p. 3 (*Écrits*, p. 83).
2. Ces formulations sont celles de Pierre Restany (texte du carton d'invitation à l'exposition).

> habituels qui, dans le cas où ils sont évidemment de bons tableaux, sont aussi dotés de cette essence picturale particulière, de cette présence affective, en un mot, de sensibilité, mais transmise par la suggestion de toute l'apparence physique et psychologique du tableau, lignes, contours, formes, composition, opposition de couleurs, etc. Il n'y a, à présent, plus d'intermédiaire : on se trouve littéralement imprégné par l'état sensible pictural spécialisé et stabilisé au préalable par le peintre dans l'espace donné, et c'est une perception-assimilation directe et immédiate sans plus aucun effet, ni truc, ni supercherie[1].

En 1959, Klein prolonge et affirme la logique de l'immatérialisation du tableau. Invité à une exposition collective, *Vision in Motion* (Anvers), il n'envoie aucune œuvre tangible, mais il assiste au vernissage et, devant l'emplacement qui lui est réservé, il prononce ces mots, empruntés à Gaston Bachelard : « D'abord il n'y a *rien*, ensuite, il y a un rien *profond*, puis une *profondeur* bleue. » Quand les organisateurs lui demandent le prix de son œuvre, l'artiste répond : « Un kilo d'or, un lingot pur d'un kilo me suffira[2]. » Peu après, Klein crée les « Zones de sensibilité picturale immatérielle », dont la cession est réglée par un protocole précis. Elles sont payables en or. L'artiste en conserve la moitié et il jette l'autre dans un endroit où nul ne pourra récupérer le métal précieux, ainsi restitué à la nature. Un reçu remis à l'acheteur stipule « le poids d'or fin, valeur matérielle de l'immatériel acquis ». Cependant, pour posséder vraiment l'imma-

1. Yves Klein, *Le Dépassement de la problématique de l'art, op. cit.*, p. 4 (*Écrits*, p. 84).
2. Yves Klein, conférence prononcée en Sorbonne le 3 juin 1959 (enregistrement discographique — *Écrits*, p. 121).

tériel, il lui faut brûler son reçu. Seul le carnet à souche de l'artiste conserve une trace de la transaction, effectuée devant témoins. Un conservateur de musée ou un critique d'art doivent assister à la scène régie par des « règles rituelles ». Yves Klein a vendu plusieurs Zones de sensibilité picturale immatérielle et le cérémonial fut photographié.

D'autres artistes ont été tentés par l'invisible. Claes Oldenburg fit don à la ville de New York du *Placid Civic Monument* (1967), un trou creusé puis rebouché dans Central Park, derrière le Metropolitan Museum of Art. Andy Warhol a créé dans une boîte de nuit new-yorkaise, l'Area, une *Sculpture invisible* en restant un moment immobile sur un socle. Seul un cartel en indique, depuis lors, la présence. Il stipule, non sans humour : « Andy Warhol, USA, *Invisible Sculpture*, mixed media, 1985. » Ces réalisations demeurent excentriques dans l'œuvre de ces deux artistes. Tel n'est pas le cas du projet de monument imaginé en 1970 par Walter De Maria pour Munich. La ville, qui devait accueillir les jeux Olympiques en 1972, avait organisé un concours. L'artiste proposa une sculpture composée de deux parties. Au sommet d'une colline dominant la ville, serait placé un disque en bronze de cinq mètres de diamètre, épais de trente centimètres, sur lequel les visiteurs pourraient monter, admirer le paysage… et méditer. Car, sous le disque, invisible, un puits de trois mètres de diamètre s'enfoncerait dans le sol, à une profondeur de cent vingt mètres. La colline, qui s'élève à soixante mètres au-dessus du sol naturel, est artificielle. Elle résulte de l'amoncellement des gravats de la ville détruite par les bombardements. Le puits plongerait ainsi dans cette mémoire pour atteindre et traverser, sur une longueur égale, le sol initial. À l'appui de son projet, De Maria le commentait ainsi :

> Cette colonne s'enfonce profondément dans la terre, où on ne peut pas la voir. Mais on ne devrait pas rire de l'invisible. L'invisible est partout autour de nous. L'atome est invisible. Les ondes de radio et de télévision sont invisibles. L'invisibilité est partout dans le monde moderne. Dans toutes les civilisations, l'idée de l'esprit humain comme chose invisible est reconnue. Le monde de l'invisible est réel. On ne devrait l'exclure ni de la sculpture ni du monde de l'art[1].

La ville de Munich ne retint pas l'*Olympic Mountain Project*, mais Walter De Maria eut l'occasion de réaliser en Allemagne une autre œuvre à visibilité réduite : le *Vertical Earth Kilometer*. Lors de la *Documenta VI* (Cassel, 1977), il fit forer devant le Fridericianum, musée qui accueille la manifestation, un trou d'un kilomètre de profondeur. Une barre de laiton de même longueur y fut ensuite placée. Sur le sol, une plaque de grès obture l'orifice. L'extrémité de la barre métallique affleure en son centre. C'est tout ce qu'on voit de l'œuvre aujourd'hui. Aucune indication n'en signale la présence, fort discrète. Le contraste entre les moyens déployés — creuser un tel trou n'est pas une mince affaire — et ce qui est donné à voir est saisissant : l'invisible est bien au cœur de cette œuvre, et il agit sur les amateurs pour autant qu'ils sachent, devant la plaque muette, ce qu'il en est.

Une autre réalisation d'envergure, en Allemagne, recourt à l'invisible et le met au service de la mémoire,

1. Walter De Maria, « Proposal for a Major Earth Sculpture. Munich — Site of the Olympic Games », document polycopié, 1970.

de l'oubli. Avec les étudiants de l'école des beaux-arts de Sarrebruck, Jochen Gerz entreprit clandestinement de desceller des pavés de la place du Château pour y graver le nom des cimetières juifs présents sur le sol allemand avant la guerre et disparus depuis. À la place de chaque pavé retiré, ils plaçaient un autre pavé, afin de ne pas attirer l'attention, puis, une fois le nom gravé, ils réinséraient l'original, la face gravée enfoncée dans le sol. L'affaire s'ébruita et, à l'issue d'une discussion publique, le Parlement de la Sarre officialisa le projet. Sur les huit mille pavés que comporte la place, deux mille cent quarante-six pierres, autant que de cimetières disparus, ont été gravées puis remises en terre. Ainsi, rien n'est visible. Seules deux plaques, posées lors de l'inauguration, en 1993, signalent le changement : la place du Château est devenue place du Monument invisible. L'invisibilité de ce « portrait négatif du génocide » adopte la « forme » même de son sujet. Alors qu'un mausolée ou un mémorial ravive la mémoire, ce monument ne désigne pas seulement l'absence, et notamment l'absence de sépultures de ceux dont on a voulu faire disparaître le souvenir. Il traite de l'oubli, et il en dresse un portrait ressemblant[1].

La défection du visible, que nous venons de rencontrer, empreinte d'une lourde charge émotionnelle, a parfois pour but d'attirer l'attention sur des réalités plastiques négligées. Brancusi avait proposé une *Sculpture pour aveugle* (1916). Marinetti publia en

1. Cf. Jochen Gerz *et alii*, *2146 Steine. Mahnmal gegen Rassismus, Saarbrücken*, Stuttgart, Verlag Gerd Hatje, 1993, ainsi que l'analyse de Gérard Wajcman dans « La ressemblance et le moderne », *Barca !*, n° 7, 1996.

1921 un manifeste consacré au «tactilisme» qui déclencha une polémique relative à l'antériorité de cette invention. On se souvient aussi que la revue créée par Duchamp pour promouvoir son readymade *Fountain* s'intitulait *The Blind Man*. L'invisible contamine aussi d'autres arts. Walter Ruttmann réalisa en 1930 *Wochenende*, un film noir, entièrement noir, d'une dizaine de minutes. La bande-son, alors particulièrement importante, fait entendre des bruits urbains. Au théâtre, les spectateurs qui assistèrent aux représentations de *Bonbon acidulé* (Ricardo Sued, 1991) vécurent une expérience singulière: «La pièce se déroule dans une obscurité totale[1]», stipule l'auteur. Se priver de la vue pour dessiner est aussi une tentation à laquelle plus d'un a succombé. Willem de Kooning affirma que ce procédé lui était «très utile».

Bien d'autres exemples pourraient être convoqués ici. Le discrédit du visible s'épanouit au sein de l'art conceptuel. Robert Barry utilisa des phénomènes concrets dont la réalité échappe à une perception directe des sens. Les ondes électromagnétiques de la série *Carrier Wave Pieces* (1968), ou encore les microradiations d'un minuscule fragment de baryum habitent effectivement l'espace, mais il faudrait disposer d'un appareillage adapté pour s'en assurer. Barry élimine cette ultime forme de présence réelle avec *Telepathic Piece* (1969). Un texte du catalogue signale la participation de l'artiste à la manifestation de groupe présentée par la Simon Fraser University

1. Ricardo Sued, *Bonbon acidulé*, trad. par Dominique Poulange, Arles, Actes Sud, 1996.

(Canada). Il indique son intention : « Durant l'exposition, j'essaierai de communiquer télépathiquement une œuvre d'art dont la nature est une série de pensées qui ne peuvent être transmises ni par le langage, ni par l'image. » Robert Barry invoquait la logique d'un dépouillement graduel pour expliquer l'évolution de son travail et de ses conceptions :

> Je me suis mis à utiliser un mince fil de Nylon transparent. Le fil est finalement devenu si fin qu'il était quasiment invisible. Cela m'a amené à utiliser un matériau invisible ou, du moins, non perceptible de manière traditionnelle. Bien que cela pose des problèmes, cela ouvre aussi des possibilités infinies. C'est à ce moment que j'ai rejeté l'idée que l'art doive obligatoirement être quelque chose qu'il faut regarder[1].

En dépit de leur caractère provocateur, toutes ces propositions se fondent, fût-ce sur le mode de la dérision, sur la tradition qui privilégie les « yeux de l'âme » au détriment des « yeux du corps ». Claudio Parmiggiani s'est demandé, lui aussi, s'il était nécessaire d'offrir l'art à la vue. Pour le musée d'Art contemporain de Lyon, il créa une sculpture, *Terra*, « destinée à être ensevelie sous terre et ainsi retirée du regard à tout jamais ». Il s'agit d'une grosse sphère en terre tout autour de laquelle l'artiste avait appliqué l'empreinte de ses mains. Elle fut exposée au public du 30 mars au 18 avril 1989. Plus tard, un carton d'invitation annonçait son ensevelissement, dans le cloître du palais Saint-Pierre où le musée d'Art contemporain était alors hébergé. Des photographies montrent

1. Interview de Robert Barry par Arthur Rose (alias Joseph Kosuth), *Arts Magazine*, février 1969, trad. dans *Art conceptuel 1*, Bordeaux, capcMusée d'art contemporain, 1988, p. 127.

comment elle fut portée, le 25 septembre 1990, jusqu'au trou dans lequel Parmiggiani et ses aides la déposèrent.

Lors d'une Biennale de Venise, Parmiggiani avait déjà retiré, peu après le vernissage, l'œuvre qu'il y présentait, afin de marquer son refus de l'exposer dans un contexte qu'il jugeait inacceptable. C'est là l'origine de *Terra*, « une sculpture qui refuse son destin public et qui se confie uniquement à son destin spirituel ». Cette « sculpture-suicide » est aussi une réponse douce-amère de l'artiste confronté à la frivolité :

> Personne n'observe plus les œuvres exposées. Alors, peut-être que voiler, occulter équivaut à redonner au regard la perception de ce mystère sans lequel les choses sont absolument sans vie. J'ai pensé que le corps de la terre était le musée le plus juste et le plus sensible pour abriter une sculpture[1].

Depuis, le musée d'Art contemporain a déménagé. La plaque gravée qui signalait à l'attention des visiteurs la présence de l'œuvre n'a pas été réinstallée. Dans le cloître Saint-Pierre, rien n'est visible. Seuls quelques gardiens bienveillants peuvent indiquer le lieu exact où repose *Terra*. Mais, pour songer à les interroger, il faut savoir qu'elle est là. Les œuvres de ce type nécessitent une information complémentaire, une « documentation ». Elle est de nature photographique quand c'est possible, et textuelle, dans tous les cas.

Harold Rosenberg regrettait les conséquences induites par des œuvres que nous rencontrons le plus

1. Texte de l'artiste publié dans *Claudio Parmiggiani*, Milan, Giancarlo Politi Editore, ouvrage édité à l'occasion de l'exposition de l'artiste au Centre d'art contemporain de Saint-Priest, 1990, p. 68.

souvent par l'intermédiaire d'une documentation, car elles ne sont pas exposables dans les galeries ou les musées, telles les *Earthworks* :

> L'art communiqué par le truchement d'une documentation est un développement à l'extrême de l'idée de l'*Action Painting* selon laquelle une peinture doit être considérée comme un enregistrement des processus créatifs de l'artiste, plutôt que comme un objet physique. C'est le « faire » et non la chose faite qui constitue l'« œuvre ». C'est pourquoi, logiquement, l'œuvre peut être invisible — commentée mais pas vue. [...] Deux jeunes artistes d'Amérique latine ont conçu un happening dont la presse rendit compte avec force détails mais qui n'eut jamais lieu : ce qui constituait leur « œuvre d'art », c'étaient les nouvelles qu'ils faisaient circuler, ainsi que les interviews, les comptes rendus et les commentaires qui en résultaient. Étant donné le statut mythique de l'art, l'art non créé est le mythe d'un mythe[1].

Rien n'interdit d'adopter une opinion opposée et de jouer avec les possibilités offertes par un déni du visible. Hans Peter Feldmann avait ainsi affiché plusieurs feuillets dactylographiés sur les murs de la galerie Liliane et Michel Durand-Dessert, lors d'une exposition de groupe (Paris, 1995). Le premier avertit les amateurs : « Pour diverses raisons, les installations ne sont pas exécutées réellement, mais seulement décrites. Des problèmes financiers, des difficultés pratiques, l'absence d'espaces parfaitement appropriés et d'autres complications font partie des raisons pour lesquelles ces œuvres ne sont pas réalisées. Mais c'est aussi la possibilité de parvenir à une meilleure

1. Harold Rosenberg, « L'art et les mots », *La Dé-définition de l'art*, *op. cit.*, p. 63 et 64.

compréhension — sous réserve d'un bienveillant intérêt — qui amène à ce type de présentation. » Les autres textes décrivent les quatre installations. Ces *ekphraseis* pouvaient être acquises pour une somme modique.

II

L'art, les mots

Les beaux-arts ont longtemps entretenu un rapport privilégié avec les textes. Le « grand goût » implique que l'œuvre adopte comme sujet des récits édifiants, susceptibles de satisfaire l'esprit — et pas seulement les yeux — des amateurs, voire de combler les plus nobles aspirations de leur âme : la beauté formelle était au service de l'Idéal — beau, bon et vrai confondus. La théorie de l'*ut pictura poesis* formalisa les rapports entre la peinture, « poésie muette », et la poésie, « peinture parlante ». Mais cette parenté n'impliquait pas la présence de mots dans l'espace pictural, bien au contraire. L'artiste élaborait son œuvre à partir de textes supposés connus de tous. Cet implicite qui faisait l'objet d'un consensus permet de comprendre pourquoi Delacroix pouvait attribuer à Poussin cette définition de la peinture : « Un art faisant profession des choses muettes », alors que toutes ses peintures s'appuient sur des sujets souvent obscurs pour un public dont la culture religieuse et mythologique est lacunaire.

Il faut pourtant donner raison à Michel Butor quand

il affirme: «Des mots dans la peinture occidentale? Dès qu'on a posé la question, on s'aperçoit qu'ils y sont innombrables, mais qu'on ne les a pour ainsi dire pas étudiés[1].» Légendes, noms, signatures, étiquettes, cartels, lettres, journaux, écritures inventées, etc., abondent dans l'espace pictural, sous forme de textes extrinsèques à l'image et ou de textes imités parce qu'ils étaient (ou étaient supposés être) l'une des composantes des objets représentés. Mais ils restent discrets et ils sont subordonnés à l'image. Lessing puis le modernisme accréditèrent cependant l'idée d'une stricte séparation entre le lisible et le visible. Dans ce contexte, le conseil donné par Matisse à de jeunes étudiants semblait aller de soi:

> Vous voulez faire de la peinture? Avant tout il vous faut vous couper la langue, parce que votre décision vous enlève le droit de vous exprimer autrement qu'avec vos pinceaux[2].

Or, tout au long du xxe siècle, des artistes ont mêlé peinture et textes. Maintes publications poétiques, depuis le *Coup de dés* par lequel Mallarmé «élève la page à la puissance du ciel étoilé» (Valéry), attestent aussi d'une volonté de procéder à une contamination réciproque. On n'en finirait pas de dresser la liste des artistes qui répudient le processus d'autopurification moderniste par lequel chacun des arts se retranche dans son domaine de compétence propre. Les arts plastiques ont réhabilité la légitimité d'un métissage que Raoul Hausmann et Kurt Schwitters appelaient de

1. Michel Butor, *Les Mots dans la peinture*, Genève, Albert Skira, 1969, p. 7.
2. Henri Matisse, extrait d'un entretien radiophonique (1942), *Écrits et propos sur l'art*, *op. cit.*, p. 190.

leurs vœux, à l'époque où Matisse conseillait aux peintres de s'en tenir au silence des formes muettes :

> Le monde a besoin de tendances nouvelles en poésure et peintrie. [...] Nous voulons farfader le sprit, parce que nous voyons avec nos oreilles et entendons avec nos yeux. Le langage n'est qu'un moyen de comprendre et de ne pas comprendre. Vous préférez le langage pour comprendre des platitudes que déjà chacun connaît par cœur. Nous préférons le langage qui vous procure un sentiment nouveau pour des temps nouveaux[1].

Qu'ils servent à expliquer ou qu'ils apportent un trouble supplémentaire, les mots et les textes ont proliféré dans l'art du XXe siècle, et leurs fonctions se sont diversifiées.

Des régions plus verbales

Le besoin d'explication, lié à la difficulté d'accès des œuvres modernes et contemporaines, donne aux intercesseurs un rôle considérable. L'université forme aujourd'hui des étudiants à la « médiation culturelle ». Ils sont chargés d'initier un public désappointé devant des œuvres qui ne se livrent pas d'emblée. Cependant, depuis trois décennies, des critiques maugréent. Harold Rosenberg estime qu'on « sacrifie l'avantage d'une pensée concrète » au profit du verbe, devenu « l'élément actif et vital, capable, entre autres, de transformer n'importe quel matériau (résine époxyde, rayons de

1. Raoul Hausmann et Kurt Schwitters, préface-manifeste pour le projet de la revue *Pin*, 1946, repris dans le cat. de l'exposition *Poésure et peintrie, d'un art l'autre*, Marseille, musées de Marseille, 1993, p. 1.

lumière, ficelle, rochers, terre) en matériau d'art». Ainsi, une peinture ou une sculpture contemporaine serait «une espèce de centaure — moitié matériaux artistiques, moitié mots». Beaucoup admettent, et regrettent, que les gloses interposent «un voile d'interprétation[1]» entre l'œuvre et l'œil. Tom Wolfe, sur le mode plaisant, s'en irritait également :

> Je prédirais volontiers qu'en l'an 2000, lorsque le Metropolitan Museum ou le Museum of Modern Art entreprendront la grande exposition rétrospective de l'Art américain de 1945 à 1975, les trois artistes les plus représentatifs, les trois figures essentielles de l'époque ne seront pas Pollock, de Kooning et Johns, mais Greenberg, Rosenberg et Steinberg. Il y aura sur les murs d'immenses agrandissements, de 2,60 × 3,35 m, chacun présentant les phrases protéennes de l'époque… un peu de «peinture à plat fuligineuse» ici… un peu de «peinture-action» là… et un peu de ce «tout grand art traite de l'art» un peu plus loin. À côté d'eux, il y aura de petites reproductions d'œuvres d'importants illustrateurs du Mot de cette période, tels Johns, Louis, Noland, Stella et Olitski. (Pollock et de Kooning auront un statut un peu plus élevé, bien qu'en aucun cas majeur, à cause des relations plus symbiotiques dont ils eurent la chance de jouir avec les grands Artistes du Mot[2].)

En réalité, les œuvres d'art, celles du passé comme les plus récentes, ne nous parviennent jamais directement, dans l'innocente nudité d'un fait brut. Gérard Genette a élaboré pour la littérature la notion de *paratexte* — ensemble d'éléments qui gravitent autour du

1. Harold Rosenberg, «L'art et les mots», *La Dé-définition de l'art*, *op. cit.*, respectivement p. 70 et 58.
2. Tom Wolfe, *Le Mot peint* (1975), trad. par Léo Lack, Paris, Gallimard, 1978, p. 122 et 123.

texte, et dont les caractéristiques influent sur la lecture : « Titre, sous-titre, intertitres ; préfaces, postfaces, avertissements, avant-propos, etc. ; notes marginales, infrapaginales, terminales ; épigraphes ; illustrations ; prière d'insérer, bande, jaquette, et bien d'autres types de signaux accessoires, autographes ou allographes[1]. » Cette notion s'applique de plein droit aux arts visuels. Les cartels qui accompagnent les œuvres indiquent le nom de l'artiste, le titre de l'œuvre, sa date. Ils précisent parfois les matériaux utilisés. Des explications supplémentaires sont disponibles dans les catalogues. Mais tout cela reste en grande partie périphérique. Si l'œuvre est souvent signée, son titre ne figure généralement pas dans le champ iconique. C'est pourtant un embrayeur précieux, capable de réduire la polysémie propre aux images, d'éviter de prendre des fausses pistes pour se saisir de l'œuvre. Contrairement aux idées reçues, le public a donc raison, dans les musées, de lire les cartels — les initiés qui s'offusquent d'une telle attitude savent déjà ce qu'ils apprennent aux « béotiens » de bonne volonté.

L'art moderne a cependant perturbé les habitudes. Paul Klee inscrivait souvent le titre de ses dessins sur l'image ou à sa lisière, dans la marge. Pour d'autres artistes, la présence de mots adjoints aux représentations est cruciale. Lorsque Magritte peint sur une même toile six objets parfaitement reconnaissables, un œuf, une chaussure, un chapeau, une bougie allumée, un verre et un marteau, il calligraphie sous chacun

1. Gérard Genette, *Palimpsestes. La littérature au second degré*, Paris, Éditions du Seuil, 1982, p. 9.

d'eux des « titres » nullement redondants : « l'Acacia, la Lune, la Neige, le Plafond, l'Orage, le Désert » (*La Clef des songes*, 1930). L'artiste a multiplié les confrontations des mots avec les images, et Michel Foucault analysa la complexité de l'énoncé « Ceci n'est pas une pipe », inscrit sous une représentation de pipe[1]. Il est évident que le trouble engendré par l'écart entre ce que nous voyons et ce que nous lisons résulte de la simultanéité de ces deux opérations, habituellement dissociées. Cette « trahison des images[2] », dont Magritte a donné maints exemples, projette la peinture dans un espace où le pur « rétinien » ne règne pas en maître absolu.

Le terme *rétinien* appartient au vocabulaire duchampien. Il s'inscrit dans le cadre d'un débat ancien : le travail artistique relève-t-il des activités manuelles, ou est-il d'abord une activité de l'esprit ? Le partage antique entre des arts libéraux et des arts serviles associait la peinture et la sculpture aux « arts mécaniques ». Lorsque Léonard de Vinci affirme que la peinture est *cosa mentale* (« chose mentale »), son assertion participe aux luttes engagées par les peintres pour obtenir une insertion sociale valorisante, avec tous les avantages symboliques et matériels qui en découlent. La France du XIXe siècle, en dépit de l'existence d'une Académie des beaux-arts, créée au XVIIe siècle, n'admet pas toujours l'artiste parmi les « intellectuels ». Marcel Duchamp s'en offusque :

> « Bête comme un peintre. » Ce proverbe français remonte au moins au temps de la vie de bohème de

1. Cf. Michel Foucault, *Ceci n'est pas une pipe*, Fata Morgana, 1973.
2. Plusieurs œuvres de Magritte répondent à ce titre.

> Murger, autour de 1880, et s'emploie toujours comme une plaisanterie dans les discussions. Pourquoi l'artiste devrait-il être considéré comme moins intelligent que Monsieur tout-le-monde[1] ?

La condamnation du pur rétinien participait d'un désir de réhabilitation. Évoquant l'époque où il préparait (mollement) le concours des Chartes, Duchamp précise : « C'était une sorte de prise de position intellectuelle contre la servitude manuelle de l'artiste ; en même temps, je faisais mes calculs pour *Le Grand Verre*[2]. » L'inventeur du readymade n'a jamais varié sur ce point : la peinture, moyen d'expression et non but en soi, « ne doit pas être exclusivement visuelle ou rétinienne. Elle doit intéresser aussi la matière grise, notre appétit de compréhension[3] ». Duchamp plaide pour que l'art soit, au moins en partie, « conceptuel ». Cette revendication renoue avec la tradition, et notamment avec celle de l'art classique, mais elle avait alors une actualité. Le réalisme de Courbet puis l'impressionnisme prônaient l'« innocence de l'œil » et Konrad Fiedler avait donné ses lettres de noblesse à une théorie de la « pure visibilité ». Duchamp s'inscrit en faux contre cette pensée dominante devenue une véritable *doxa* pour une large part de la critique et du grand public. C'est pourquoi il tient à insister sur l'« indifférence visuelle » qui caractérise ses readymades, et sur l'importance de la « courte phrase » parfois inscrite sur ces objets : elle est destinée, nous

1. Marcel Duchamp, « L'artiste doit-il aller à l'université ? » (1960), *Duchamp du signe*, *op. cit.*, p. 236.
2. Pierre Cabanne, *Entretiens avec Marcel Duchamp*, *op. cit.*, p. 71.
3. « Entretien Marcel Duchamp-James Johnson Sweeney » (1955), *Duchamp du signe*, *op. cit.*, p. 183.

l'avons vu, à « emporter l'esprit du spectateur vers d'autres régions plus verbales[1] ».

Voir et lire

Les mots et les textes, discrets sur les readymades, ont pris une importance d'autant plus grande qu'ils ne servent pas à expliquer, mais à introduire une perturbation, à jeter le trouble. L'amateur sait désormais qu'il doit souvent lire les œuvres qu'il regarde. Tout un pan de la modernité l'a préparé à cette nouvelle approche. Bien des collages, depuis les premiers papiers collés cubistes, l'ont habitué à la présence du texte dans le champ plastique. De *M'amenez-y (Portrait à l'huile de ricin)* (Picabia, 1919) à *Cet homme est dangereux* (Raymond Hains, 1957), on pourrait dresser une liste impressionnante de réalisations icono-textuelles face auxquelles on ne peut pas feindre d'ignorer l'obligation de déchiffrer. Cependant, l'éclatement des beaux-arts a permis l'intrusion massive, depuis les années soixante, du langage au sein des arts plastiques, où il apparaît parfois comme la principale, voire l'unique composante de l'œuvre.

L'humour, la dérision ou la parodie, exceptionnels autrefois, ont pris une importance sans précédent dans les arts visuels. L'humour peut être muet, mais le langage est l'un des vecteurs privilégiés du *witz*. Erik Dietman répond au *Pain peint* (en bleu) de Man Ray par un *Pain* (1966) : des baguettes croustillantes ins-

1. Marcel Duchamp, « A propos des "Ready-mades" » (1961), *ibid.*, p. 191.

crivent le mot sur le mur. Sigmar Polke présente une peinture qui pourrait passer pour abstraite géométrique — un triangle noir occupe l'angle supérieur de la toile blanche — si le texte inscrit dans le bas du tableau ne stipulait pas : « Les pouvoirs supérieurs l'ordonnent : peignez le coin supérieur droit en noir ! » (1969).

François Morellet utilise des tubes de néon qui s'allument et s'éteignent. Ils forment trois carrés nantis de leurs diagonales. Là encore, la rigueur formelle semble de mise. Pourtant, au gré de clignotements lumineux qui ne doivent rien au hasard, nous pouvons lire : « Non », « Con », « Cul » ou encore « Nul » (1967). Ben s'est fait une spécialité des proclamations provocantes. Son *Magasin* (1958-1973) est couvert d'inscriptions. Elles proclament, pêle-mêle : « Ben doute de tout », « L'art est inutile » ou encore, inscrit sur un fond noir, « Peint pour la gloire ». En 1973, il présentait une salle vide, à l'exception d'une pancarte indiquant : « Tout doit disparaître. »

Les facéties de Roy Lichtenstein sont plus subtiles. L'une de ses œuvres les plus célèbres reprend le dispositif des *Ménines*, le roi en moins, un texte en plus. Deux personnages de bandes dessinées regardent un tableau dont nous voyons le revers. Par l'intermédiaire d'une bulle, la femme explique à son cher Brad qu'il s'agit d'un chef-d'œuvre et que la gloire ne saurait tarder. Dans une autre peinture, noire, un personnage soulève un judas, regarde dans la pièce où se trouve au moins le spectateur et s'exclame : « Je peux voir toute la pièce, mais il n'y a personne dedans ! »

De nombreux messages écrits sont poétiques, politiques ou revendicatifs. Le texte se présente parfois sous une forme discrète. De loin, un parallélépipède en plomb posé sur le sol ressemblerait à une sculpture minimale, si une inscription, à l'une de ses extrémités, ne stipulait : « FINITO ». Le titre de l'œuvre donne tout son sens à ce constat apparemment trivial : *Infinito* (Giovanni Anselmo, 1971-1973). Les jeux verbaux et les messages de Bruce Nauman adoptent au contraire des allures spectaculaires dont l'impact visuel est renforcé par l'usage du néon. Son nom inscrit sur la surface de la lune est déformé par la perspective — « bbbbbbrrrrrruuuuuucccccceeeeee » (1968) —, « Eat » apparaît quand « D/eat/h » s'éteint (« Manger/Mort », 1972), une spirale contraint l'amateur à se tordre le cou pour déchiffrer : « The true artist helps the world by revealing mystic truths », c'est-à-dire : « Le véritable artiste aide le monde en dévoilant des vérités mystiques » (*Window or Wall Sign*, 1967).

Considérons les *Proverbes* brodés par Annette Messager sur des mouchoirs — « La femme est la créature la plus subtile du règne animal » —, les textes insérés par Barbara Kruger dans des images — « Promise us anything but give us nothing » —, l'aphorisme de Giap transcrit en italien sur un igloo de sacs en plastique emplis de terre — « Se il nemico si concentra perde terreno se si disperde perde forza. » Ces trois œuvres partagent, avec beaucoup d'autres, deux caractéristiques. Elles ont un « contenu » manifeste ou, si l'on préfère, elles délivrent un message. Empruntant le canal du langage articulé, nous pouvons dire, parodiant le général Giap, que le message gagne alors en clarté ce qu'il perd en universalité. Les artistes et les théoriciens ont longtemps prétendu que l'image possède un avantage sur les paroles : elle s'adresse à tous les hommes quelle que soit leur langue. Ce n'est pas entièrement inexact, et il faut bien constater que le recours au texte introduit dans les arts plastiques un babélisme dont les beaux-arts prétendaient s'affranchir.

La présence ou l'absence d'un « contenu » est devenue l'objet d'un débat récurrent depuis que l'art pour l'art avait prôné, au XIXe siècle, une autonomie radicale. Cette question traverse depuis lors l'ensemble des pratiques artistiques, et le texte la pose à son tour quand il se mêle aux œuvres, souvent sur le mode du désenchantement, et parfois de la dérision. La série des *Secret Paintings* (1967-1968) de Mel Ramsden répond aux « ultimes » peintures, presque noires, de Reinhardt. Chacune de ces peintures à secret, carrées, noires, est accompagnée d'un photostat qui doit être placé à côté d'elle. Il explicite parfaitement le titre : « Le contenu de cette peinture est invisible ; le caractère et la dimension de ce contenu, connus de l'artiste seul, doivent être maintenus secrets. » À la même époque, John Baldessari faisait inscrire par un peintre en lettres divers énoncés sur de grandes toiles blanches, par exemple : « Pure beauté » ou « Tout a été éliminé de cette peinture, hormis l'art ; aucune idée n'est entrée dans cette œuvre. » Là encore, la référence à Reinhardt est patente, à ceci près qu'il publiait ses apophtegmes dans des revues au lieu de les présenter sous les auspices de l'art. Il écrivait en effet : « L'art est l'art, et tout le reste est tout le reste » ou « Pas de concept, de pensée, d'idée, de signification, de contenu[1] ».

1. Ad Reinhardt, *Art as Art. The Selected Writings of Ad Reinhardt*, *op. cit.*, respectivement p. 51 et 113.

Un art purgé de toute idée, tel n'est pas le souhait de Marcel Broodthaers. Mais que faut-il penser d'un journal belge, *Le Soir*, à demi recouvert d'œufs englués dans un magma noir qui laisse intact le titre d'un article, « Il faut sauver le Congo » ? (*Le Problème noir en Belgique*, 1963). L'œuvre paraît plus dérisoire que politique, mais c'est peut-être le seul moyen pour l'artiste d'évoquer un sujet qu'il juge hors d'atteinte. Broodthaers avait commencé sa carrière artistique comme poète. Sur le modèle du menteur crétois, il prétendit s'être demandé s'il ne pouvait pas, lui aussi, « vendre quelque chose et réussir dans la vie ». Il restait un « bon à rien » avant que ne lui vienne une illumination :

> L'idée enfin d'inventer quelque chose d'insincère me traversa l'esprit et je me suis mis aussitôt au travail. Au bout de trois mois je montrai ma production à Ph. Édouard Toussaint le propriétaire de la galerie Saint-Laurent. Mais, c'est de l'Art, dit-il, et j'exposerais volontiers tout ça. D'accord, lui répondis-je. Si je vends quelque chose il prendra 30 %. Ce sont, paraît-il, des conditions normales, certaines galeries prenant 75 %. Ce que c'est ? En fait, des objets[1].

Cette déclaration, imprimée avec et sur des images, doit-elle être considérée comme une œuvre ? Quoi qu'il en soit, Broodthaers agrémenta nombre de ses objets d'écrits. Une part importante de son activité reste liée à la poésie, et cette carte d'invitation à un vernissage pointe le passage d'une activité à une autre.

1. Marcel Broodthaers, texte du carton d'invitation pour son exposition, galerie Saint-Laurent (Bruxelles, 1964), repris dans *Marcel Broodthaers par lui-même*, Gand-Amsterdam, Ludion, Paris, Flammarion, 1998, p. 39.

Jenny Holzer s'est interrogée sur la nature de son travail. À la fin des années soixante-dix, elle utilise les moyens de communication employés par la publicité pour diffuser ses « truismes » destinés à provoquer la réflexion des passants. Chacune de ces affirmations est imprimée sur des affichettes collées dans les villes ou reproduite sur des tee-shirts. Certaines défilent sur des panneaux lumineux, habituellement voués au martèlement d'annonces plus convenues. Les méthodes de Jenny Holzer s'inscrivaient alors dans la mouvance du Street Art. Elle y côtoyait les artistes de la rue et les graffitistes. Le succès la conduisit dans les galeries, les musées. Elle y organise des agencements spectaculaires, toujours fondés sur le texte, qu'elle fait aussi graver sur des stèles de granit. La force visuelle de ses installations devrait mettre un terme au flottement qu'elle constatait encore en 1983, quand on lui demandait si elle se considérait comme un artiste ou un écrivain :

> C'est curieux, je ne me considère même pas foncièrement comme une artiste. Peut-être suis-je moitié artiste, moitié l'un de ces individus bizarres qui placardent çà et là leurs affiches. Ou peut-être juste une voix universelle[1]...

Les arts plastiques accueillent et transforment en spectacle à voir autant qu'à lire des œuvres dont la substantifique moelle pourrait être transmise par des revues ou des livres, si l'on considère le texte seul. Or lire une œuvre plastique est une expérience profondément différente de la lecture littéraire, au moins par le

1. Jenny Holzer interrogée par Diana Nemirof (1983), entretien partiellement traduit dans le cat. de l'exposition *L'Époque, la mode, la morale, la passion*, *op. cit.*, p. 195.

trouble qu'elle instaure, ou plus exactement qu'elle instaurait puisque l'habitude s'est prise.

Fictions et reportages

Broodthaers proposait une vision de l'artiste aux antipodes de l'attente commune quand il revendiquait l'insincérité. La sincérité n'est pas une vertu esthétique même si les liens qui unissent l'œuvre au moi profond du créateur souverain ont parfois été transformés en préalable à tout jugement de valeur. La figure du maudit y contribua. Le respect dû aux tentatives déconcertantes mais servies par l'évidence d'une honnêteté morale encourageait la confusion entre la «probité de l'art» et celle de la personne. Sincère, l'artiste qui ne se «moque pas du monde» rassure le public. Il va de soi que cette «valeur» a toujours cours, ici ou là, et qu'elle reste parfois indispensable. Deux domaines, au moins, ne requièrent aucune sincérité, au sens habituel du terme : les fictions et les propositions réflexives fondées sur la logique. Le texte sert à merveille les unes et les autres.

Certaines fictions s'offrent comme telles. Patrick Corillon invente les siennes en fonction des sollicitations du lieu où il intervient et, par ailleurs, il enrichit au fil des années sa collection d'œuvres en rapport avec la vie d'Oskar Serti. Corillon présente en intérieur ou dans la nature des portillons de métro, des caisses, des lézardes soigneusement imitées en métal, des paravents, des tables, des bancs ou des balustrades, etc. Ce matériel fait souvent allusion à des œuvres d'autres artistes, mais les ressemblances formelles, patentes, nous égarent. La présence de tel ou tel objet est éclairée par des cartels qui racontent un épisode des mésaventures du héros. Certaines de ces histoires brèves sont disponibles en livres ou enregistrées sur disques.

D'autres récits adoptent la forme reportage. Sophie Calle joue sur l'effet de réel pour proposer des situations entièrement construites, non sans perversité. Pour réaliser *Les Dormeurs* (1979), l'artiste invite des inconnus à dormir dans son lit, les photographie toutes les heures et elle enregistre les bruits de leur sommeil. En 1981, elle se fait engager comme femme de chambre dans un hôtel vénitien. Là, elle ouvre les tiroirs, fouille dans les valises, se penche sous les lits à la recherche de traces d'intimité qu'elle photographie. Ces images, assorties de notes prises durant le travail, sont ensuite exposées. Trouvant le carnet d'adresses égaré par un quidam, elle prend contact avec ses amis et ses relations afin de les interroger, de cerner sa personnalité. Cette enquête fut publiée dans *Libération* (*Le Carnet*, 1983). Accueillie dans un quotidien, l'œuvre atteint un public beaucoup plus large que celui des seuls connaisseurs. Aussi, son statut artistique ne va pas de soi. Flottant, il s'inscrit aux limites de plusieurs disciplines : c'est là une de ses caractéristiques majeures. Depuis que l'expansion des territoires de l'art opère un vacillement généralisé des catégories instituées, les œuvres peuvent apparaître dans des lieux inhabituels, comme nous le verrons.

Les récits présentés par Sophie Calle paraissent véridiques. Ils affectent la neutralité du constat afin de provoquer une adhésion sans réserve. Mais cette insistance même introduit un doute légitime. Rien ne dit, par exemple, que sa série intitulée *Les Aveugles* (1986) n'est pas une forgerie perverse. Sophie Calle dit avoir demandé à dix-huit aveugles de naissance une description de l'image qu'ils se font de la beauté, thème esthétique par excellence. L'artiste présente un portrait en gros plan de chaque personne interrogée, la transcription imprimée de sa réponse et, posée sur une étagère, une photographie, évocation arbitraire de l'objet qu'elle a décrit. L'un des aveugles aurait déclaré : « Le Beau, j'en ai fait mon deuil. » L'étagère demeure alors vide. Troublé, le spectateur, peu ou prou transformé en voyeur indélicat, veut croire que tout cela est bien vrai — sinon, ce serait trop odieux — mais il n'a aucun moyen de le vérifier.

Hans Haacke introduit dans les expositions des manières de reportages dont l'impact repose sur la véracité des faits mentionnés, et il fournit des documents susceptibles d'étayer ces investigations. Il s'intéresse au marché de l'art et aux activités des mécènes afin de rappeler que les œuvres sont aussi des objets de spéculation. Les implications plus strictement politiques ne sont pas exclues pour autant. *Shapolsky et al. Manhattan Real Estate Holdings, a Real Time Social System, as of May 1, 1971* (1971), articule des photographies d'immeubles et des textes qui indiquent dans quelles conditions chacun des immeubles représentés fut acquis par Shapolsky, un spéculateur immobilier new-yorkais. Le directeur du Solomon R. Guggenheim Museum refusa d'exposer ce reportage économique militant qui adoptait la présentation austère d'une œuvre conceptuelle, sous prétexte qu'il s'agissait là d'une activité qui ne relève en aucune façon de l'art. Des artistes se sont mobilisés pour défendre Hans Haacke et cette œuvre, censurée à New York, fut acquise par le musée national d'Art moderne de Paris en 1990. Le musée légitimait le statut artistique de *Shapolsky*, statut dont nul ne paraît douter, bien que l'interrogation s'impose : c'est peut-être ce questionnement qui lui confère le plus sûrement le statut convoité.

On Kawara ou Roman Opalka ont adopté une stratégie plus retorse encore. Parmi ses nombreuses activités autobiographiques minimales, On Kawara inclut l'exécution de *Date Paintings*. Depuis 1966, il s'applique à peindre la date du jour. Le tableau est détruit s'il n'est pas terminé avant minuit. Lorsque son format n'excède pas celui d'un journal, l'œuvre est conservée dans une boîte en carton qui contient aussi une page d'un quotidien local du jour considéré. Roman Opalka, lui, n'a besoin d'aucune preuve : son œuvre dit exactement ce qu'il fait, inscrire de toile en toile, depuis 1965, la suite des nombres, de 1 à l'infini. L'entreprise est entièrement solidaire de sa propre vie. L'un des aspects de ces deux projets contemporains, par ailleurs fort dissemblables, les unit. Tous deux remettent en cause les frontières des beaux-arts sans cesser de peindre. Au lieu de représenter ou de ne pas représenter le monde, ils importent l'écriture — non pas ancillaire, associée à d'autres éléments — au sein du tableau, espace jusqu'alors dévolu, à de très rares exceptions près[1], aux formes.

1. *L'Œil cacodylate* (1921) est l'une de ces exceptions, encore qu'elle comporte quelques images. Picabia avait demandé à ses amis d'apposer leurs signatures et leurs commentaires — remarques ou plaisanteries — sur une toile préparée à cette intention.

L'œuvre des mots

La réflexion sur la nature de l'art avait conduit à couper toute connexion potentielle entre la signification ou l'intérêt de l'œuvre et la personne privée de son créateur. Les mots peuvent opérer une rupture quand ils permettent de créer sans faire, sans réaliser soi-même l'objet porteur d'une intention artistique. L'idée d'utiliser le téléphone pour passer commande à distance fut reprise en 1969. Le Museum of Contemporary Art de Chicago s'inspirait de Moholy-Nagy — il aurait employé cette procédure pour prouver que « l'approche intellectuelle de la création d'une œuvre d'art n'est pas inférieure à l'approche émotionnelle[1] ». *Art by Telephone* réunit près de quarante artistes. Sol LeWitt, qui y participa, était l'un de ceux qui avaient le plus nettement prôné la délégation des tâches d'exécution. Dans ses « Paragraphes sur l'art conceptuel », publiés en 1967, il avait affirmé la primauté de l'idée, du concept :

> Quand un artiste utilise une forme conceptuelle d'art, cela signifie que tout ce qui concerne la programmation ou les décisions est prévu d'avance et que l'exécution est une affaire négligeable. L'idée devient la machine qui fabrique l'art. Ce genre d'art n'est pas théorique ou illustratif de théories ; il est intuitif, il engage plusieurs sortes de processus mentaux et il est dénué de finalité. Il ne dépend généralement pas des qualités d'artisan de l'artiste. L'artiste engagé dans l'art conceptuel a pour objectif de rendre son œuvre mentalement intéressante pour le spectateur, et en règle

1. Cité par Lucy R. Lippard, *Six Years : the Dematerialization of the Art Object from 1966 to 1972* (1973), Berkeley et Los Angeles, University of California Press, rééd. 1997, p. 118 et 119.

générale il aimerait que cet art devienne émotionnellement sec[1].

Les assistants — l'artiste peut être son propre assistant — doivent respecter le programme indiqué mais ils disposent d'une certaine latitude pour l'interpréter, comme les musiciens confrontés à une partition musicale. Sol LeWitt faisait réaliser des dessins muraux à partir de textes adressés aux organisateurs d'exposition : « Quatre carrés de 1 × 1 m seront dessinés sur le mur, l'un à côté de l'autre. À l'intérieur du premier carré, une ligne est tirée. Dix lignes sont tirées à l'intérieur du deuxième carré. Cent lignes sont tirées dans le troisième carré. Mille lignes sont tirées dans le quatrième carré. Aucune ligne ne devrait avoir moins de 70 cm » (Leverkusen, Städtisches Museum, 1969), ou : « Une ligne de n'importe quelle longueur est dessinée sur le mur, une deuxième ligne est dessinée à angle droit avec la première, une troisième à angle droit avec la deuxième, une quatrième à angle droit avec la troisième, jusqu'à ce que l'exécutant ait le sentiment que le mur est couvert d'un nombre suffisant de lignes » (Oberlin, Ohio, Oberlin College, 1970). Ces indications, dactylographiées sur papier, devaient accompagner le dessin, afin de signifier l'égale importance des deux modalités d'existence de l'œuvre. À l'issue de chaque exposition, les murs sont repeints en blanc. L'œuvre n'est pas détruite pour autant, car la disparition du visible n'altère en rien sa réalité textuelle, qui pourra reprendre corps, ailleurs, autrement.

Lawrence Weiner formalisa plus nettement encore

1. Sol LeWitt, « Paragraphs on Conceptual Art », *Artforum*, juin 1967.

l'équivalence entre les mots et les objets. Ses premiers *Statements*, publiés en 1968, évoquent des actions : « La peinture émail d'une bombe aérosol entièrement vaporisée sur le sol » (*Statement* 008), « Un trou dans le sol d'environ un pied par un pied par un pied. Un gallon de peinture à l'eau blanche versée dans ce trou » (010), ou encore « Traces d'explosions de pétards à chaque angle d'une salle d'exposition » (027). Chacun de ces énoncés peut donner lieu à une œuvre, parfaitement visible, mais l'artiste ne souhaite pas nécessairement que le texte engendre un objet. Afin que ce soit tout à fait clair, Weiner élabora en 1968 un mode d'emploi lapidaire de ses « pièces » :

1. L'artiste peut construire la pièce.
2. La pièce peut être fabriquée [sous-entendu : par quelqu'un d'autre].
3. La pièce n'a pas besoin d'être réalisée.

Chacune de ces possibilités a la même valeur et reste conforme à l'intention de l'artiste. Le choix reste soumis à la décision de l'éventuel acquéreur[1].

Lorsque l'art, devenu pure lisibilité, ne s'incarne plus dans un objet, par définition unique, il appartient à chacun, au moins en droit (bel exemple d'une possible démocratisation de l'art, accessible à tous : il suffirait de mémoriser un *Statement* — une déclaration — pour la posséder). Ici, la « dématérialisation » ne se conjugue pas avec l'invisible et ses attraits. Elle annexe le langage pour minorer l'importance de l'objet, voire, dans des cas extrêmes, pour lui dénier une quelconque nécessité. L'exposition *January 5-31, 1969* (New

1. Lawrence Weiner, déclaration de 1968 reprise dans le cat. de l'exposition *January 5-31, 1969* (Seth Siegelaub, New York) ; cf. Lucy R. Lippard, *Six Years : the Dematerialization of the Art Object from 1966 to 1972*, *op. cit.*, p. 72 et 73.

York, Seth Siegelaub) inversait l'ordre de préséance habituel. Le carton d'invitation était fort clair : « 0 Objet/ 0 Peintre/0 Sculpteur/4 Artistes/1 Robert Barry/1 Douglas Huebler/1 Joseph Kosuth/1 Lawrence Weiner/ 32 Œuvres [le terme anglais *Works* est plus ambigu, puisqu'il peut se traduire aussi par "Travaux"] / 1 Exposition / 2 000 Catalogues [...]. » Le communiqué de presse était plus net encore. Affirmant que l'exposition consistait dans les idées communiquées par le catalogue, il réduisait la « présence physique des œuvres » au statut de simples « suppléments[1] ».

En novembre 1969, la WBAI-FM organisait à New York un symposium intitulé « Art sans espace », et le mois suivant Robert Barry menait à son terme la critique en acte d'un art réifié. Invité par Art & Project (Amsterdam, décembre 1969), il publiait un avis : « Durant l'exposition la galerie sera fermée. » Pour *Prospect '69*, sa participation était contenue dans un entretien transcrit dans le catalogue, ainsi qu'il le déclare sans ambages :

> — Quelle est votre pièce pour *Prospect '69* ?
> — La pièce consiste dans les idées que chacun aura en lisant cette interview.
> — Cette pièce peut-elle être montrée ?
> — Non, mais le langage peut être utilisé pour préciser la situation dans laquelle l'art existe. [...] Les pièces ont une réalité qui n'est pas concrète ; elles adoptent un autre mode d'existence[2].

1. Cf. Lucy R. Lippard, *ibid.*, p. 71. Jean-Marc Poinsot a montré, dans une remarquable analyse, que des œuvres étaient en fait exposées, mais l'intention d'en minorer le rôle et l'importance demeure patente (cf. « Déni d'exposition », *Quand l'œuvre a lieu*, *op. cit.*, p. 103 *sq.*)
2. Cf. Lucy R. Lippard, *ibid.*, p. 113.

Ce mode d'existence, langagier, peut emprunter divers canaux : disques, mots peints ou encore diapositives projetées sur le mur, phrases inscrites sur les façades, textes publiés dans des revues ou des catalogues. Les artistes s'emparent aussi du livre. Leurs publications aux allures modestes se démarquent des ouvrages luxueux auxquels leurs aînés collaboraient, mais aussi de la poésie visuelle ou des « livres-objets », aussi proches de la sculpture que de la poésie.

Le livre n'est pas seulement un support commode, mais inessentiel, destiné à conserver et transmettre des textes ou des images. C'est aussi un objet. Ces deux réalités distinctes — le livre/support et le livre/objet — entretiennent des rapports potentiellement conflictuels. La lecture requiert la transparence du signe : aussitôt perçue, sa forme, définie mais fonctionnellement évanescente, s'efface au profit de la signification à laquelle il donne accès. À l'inverse, l'attention à l'objet en tant que tel caractérise traditionnellement la saisie esthétique propre aux arts plastiques. Les « livres d'artistes » attirent l'attention sur le double statut de tout livre. Les *livres-objets* radicalisent cette opposition que Marcel Broodthaers, poète devenu plasticien, illustre à merveille. En 1963, il rassemble et plâtre la pile des cinquante derniers exemplaires de son recueil, *Pense-Bête*. Le livre, objet définitivement clos, bascule dans l'univers des arts visuels. Bien d'autres artistes s'approprient de mille et une manières la structure livre, ou encore ils détournent à leur profit des ouvrages existants.

Rien de tel avec les artistes conceptuels. Leur défiance vis-à-vis de l'objet se fondait aussi sur une idée politique qui les conduisait à éviter une possible fétichisation des artefacts, si modestes fussent-ils. Leurs publications, souvent arides, n'ont pas échappé à ce processus. Collectionnés, devenus rares, ils sont pourtant devenus des objets de spéculation. Leurs pratiques introduisaient dans le domaine de l'art des ruptures avec les habitudes acquises, mais elles acceptaient les règles du jeu essentielles. Fermer une galerie ou publier un texte dans le catalogue d'une exposition, diffuser ses idées dans les revues réputées, concevoir des ouvrages destinés aux amateurs, créer un public nouveau, toutes ces activités impliquent d'admettre l'existence d'un « monde de l'art » constitué, avec ses lieux, ses médias spécialisés et son marché spéculatif. Aucun des artistes conceptuels ne l'ignorait. Leurs œuvres ont pris place dans l'histoire des arts plastiques parce qu'elles ont mis à l'épreuve la ductilité de cet univers, ensemble de réseaux qui ne s'organisent plus autour d'objets spécifiques.

Joseph Kosuth a largement contribué, lui aussi, à dissocier l'art de l'existence physique des objets. L'une de ses premières réalisations significatives était une simple plaque de verre appuyée sur le mur, et à ce titre ni tableau (accroché au mur) ni sculpture (posée sur le sol). Disposée à côté de ce verre, une étiquette faisait pleinement partie de l'œuvre dont elle précise le titre : « N'importe quelle plaque de cinq pieds adossée à n'importe quel mur » (1965). La tautologie met l'accent sur l'autarcie de l'art comme sur la possibilité d'une translation d'un système dans un autre. Par la suite, l'artiste s'est rendu célèbre avec d'autres propositions de même nature. Avec *Five Words in Blue Neon*, le déchiffrement coïncide exactement avec ce que nous voyons, cinq mots en néon bleu. *One and*

Three Chairs présente une chaise, sa photographie grandeur nature et un photostat qui reproduit la définition dans un dictionnaire du mot « chaise ». Si l'œuvre est exposée dans une autre salle, il faut prendre une nouvelle photographie afin que le sol et le mur restent conformes. N'importe quelle chaise fait l'affaire : la valeur artistique de l'idée présentée par ce montage ne réside pas dans l'objet.

Kosuth considère le langage comme un « matériau légitime », pourvu qu'il n'ait aucun rapport avec la poésie. Il éradique tout formalisme esthétique lié à l'objet et il permet de développer une activité réflexive. Celle-ci ne saurait être menée ni en peinture ni en sculpture lorsqu'on veut appréhender l'art lui-même :

> Si on questionne la nature de la peinture, on ne peut pas questionner la nature de l'art. Si un artiste accepte la peinture (ou la sculpture), il accepte la tradition qui l'accompagne ; c'est parce que le mot art est général et que le mot peinture est particulier. La peinture est une *sorte* d'art. Si vous faites des peintures, vous acceptez déjà (sans question) la nature de l'art. On accepte alors la nature de l'art selon la dichotomie (peinture/sculpture) établie par la tradition européenne[1].

L'art, selon Kosuth, fonctionne comme « un système de relations complexes irréductible au seul plaisir visuel[2] ». Il est aussi autonome : inutile, « l'art n'existe que pour lui-même ». Dans ces conditions, la seule tâche de l'artiste, c'est de « questionner la nature de

1. Arthur R. Rose (alias Joseph Kosuth), « Four Interviews » (1969), passage repris dans « L'art après la philosophie » (1969), trad. dans le cat. de l'exposition *Art conceptuel. Formes conceptuelles*, Galerie 1900∆2000, Paris, 1990, p. 454.

2. « Joseph Kosuth : Art as Idea as Idea », entretien avec Jeanne Siegel (1970), trad. dans le cat. de l'exposition *Art conceptuel 1*, Bordeaux, capcMusée d'art contemporain, 1988, p. 104.

l'art». Héritier de Marcel Duchamp qui avait déjà dissocié l'idée de l'objet singulier, irremplaçable (la réplique d'un readymade « délivre le même message » que l'hypothétique original), Kosuth se situe aussi dans le sillage de Reinhardt, auquel il emprunte le leitmotiv «Art as Art» pour construire sa proposition générique, « Art as Idea as Idea », sous-titre de tous ses travaux à partir de 1965. Le langage articulé convient parfaitement pour promouvoir un « Art en tant qu'Idée en tant qu'Idée» fondé sur des œuvres, autrement dit des «propositions analytiques», dont les composantes formelles deviennent négligeables. Ces composantes posent la question du «comment». Elles détournent l'attention vers des éléments visuels qui donnent à l'art l'« aspect d'un divertissement », qualité appréciée du public. Activité spéculative, l'art conceptuel accepte de s'adresser exclusivement aux artistes eux-mêmes pour devenir aussi «sérieux» que la science ou la philosophie, qui n'ont, affirme Kosuth, pas de public non plus[1].

Le « sérieux » n'était pas la préoccupation première de Rauschenberg quand il expédia à Iris Clert, en guise de participation à l'exposition de portraits contemporains qu'elle organisait, un télégramme ainsi rédigé : «Ceci est le portrait d'Iris Clert si je le dis.» Nul besoin de convoquer ici la philosophie analytique : Rauschenberg paraît plus proche d'Humpty Dumpty, lorsqu'il déclarait à Alice : « Lorsque *moi* j'emploie un mot, il signifie exactement ce qu'il me plaît qu'il signifie… ni plus ni moins.» L'art peut être intéressant *et*

1. Cf. Joseph Kosuth, «Note introductive» à *Art & Language*, *VH 101*, n° 3, automne 1970.

amusant. Le registre de la parodie conforte la position fondamentale de Kosuth : c'est bien de l'art qu'il nous entretient. Ainsi, John Baldessari semble vouloir répondre à Sol LeWitt qui affirmait, dans ses « Paragraphes sur l'art conceptuel » : il n'y a aucune raison « de penser que l'artiste conceptuel est là pour ennuyer le spectateur ». Empruntant la forme de la punition infligée aux enfants inattentifs, Baldessari s'applique à remplir une feuille avec ce précepte : « Je ne ferai plus jamais de l'art ennuyeux » Au *Statement* fondamental de Lawrence Weiner — la proposition verbale peut être actualisée dans un objet par l'artiste, par quelqu'un d'autre ou encore pas réalisée — s'oppose le « principe d'équivalence[1] » mis au point en 1968, dans un contexte plus ludique, par Robert Filliou. Sérieux, grave, intéressant, irritant, amusant ou provocateur, le mot ne peut plus être considéré, dans l'art du xxe siècle, comme une prothèse inopportune. Les artistes sont parvenus à imposer sa présence. Mais seul un changement de paradigme pouvait lui permettre d'échapper au statut d'élément parmi d'autres, ce qu'il a toujours été : les arts plastiques sont devenus, pour une part, lisibles. Le langage discursif y œuvre de plein droit.

1. Rappelons que ce principe stipule : « Bien fait = Mal fait = Pas fait. »

III

D'autres images

La naissance et le développement de l'art abstrait associé aux croyances avant-gardistes, longtemps dominantes, avaient permis la construction d'une histoire de l'art où chaque innovation était considérée comme un acquis définitif marquant une étape sur la longue marche du progrès. Dans un tel contexte, la figuration pouvait s'enorgueillir de réussites illustres, elle n'en était pas moins considérée comme obsolète. La *Neue Sachlichkeit* (Nouvelle Objectivité) allemande des années vingt et, à la même époque, le surréalisme, puis les œuvres de Pablo Picasso, Alberto Giacometti, Jean Dubuffet ou Francis Bacon, dans les années cinquante, posaient d'irritants problèmes. Avec l'irruption du Pop Art, il fallut se rendre à l'évidence : les images pouvaient se conjuguer avec une authentique modernité artistique.

Le regain d'intérêt pour le dadaïsme confortait également l'actualité d'une esthétique élaborée à partir de prémisses différentes. Walter Benjamin avait opposé le mode de réception propre à la peinture à celui qu'engendre le flux des images cinématographiques : « La peinture invite à la contemplation ; en sa présence, on s'abandonne à ses associations d'idées. Rien de tel au cinéma ; à peine l'œil saisit-il une image que déjà elle a cédé la place à une autre ; jamais le regard ne réussit à se fixer[1]. » Les analyses de Benjamin se fondent sur cette différence pour rapprocher les œuvres dadaïstes du cinéma. Ces œuvres répudient le spectacle « attrayant pour l'œil », choquent l'opinion publique, acquièrent un « pouvoir traumatisant ». Comme le cinéma, elles recourent à une esthétique fondée sur le choc physique. Ainsi, les images pouvaient être arrachées aux délices passéistes d'une délectation sereine, et venir s'agréger aux conquêtes d'une modernité sûre d'elle-même.

La télévision enrôlée

L'entrée de la télévision dans le monde de l'art fut préparée par l'aspiration à réaliser des œuvres d'art totales, associée à un désir de renouvellement des techniques. Les futuristes investissent tous les moyens d'expression disponibles et ils appellent de leurs vœux un décloisonnement généralisé. Ils ne délaissent pas la peinture, mais glorifient le music-hall, « creuset où bouillonnent les éléments d'une nouvelle sensibilité qui se prépare[2] ». Pamprolini souhaite que le théâtre s'oriente vers le « dynamisme plastique de la vie contemporaine[3] ». Marinetti prône un « théâtre total »

1. Walter Benjamin, « L'œuvre d'art à l'ère de sa reproductibilité technique », *op. cit.*, p. 174.
2. Filippo Tommaso Marinetti, « Le Music-hall » (1913), *Futurisme*, *op. cit.*, p. 250.
3. Enrico Pamprolini, « L'atmosphère scénique futuriste » (1924), *ibid.*, p. 281.

dans lequel les spectateurs circulent entre des scènes qui présentent des actions différentes où collaborent « le cinéma, la radio, le téléphone, la lumière électrique, le néon, l'aéropeinture, l'aéropoésie, le tactilisme, l'humour et le parfum ». La télévision naissante n'est pas oubliée : un écran retransmettrait la « rue populeuse d'une ville américaine[1] ».

Lucio Fontana estime nécessaire un dépassement de la peinture et de la sculpture pour répondre aux exigences de ses contemporains. Il rêve de villes dont l'architecture intégrerait des matériaux nouveaux, dont la télévision[2]. En 1952, il promeut la transmission par la télévision de nouvelles formes d'art qui « visent à une esthétique où le tableau n'est plus tableau, où la sculpture n'est plus sculpture, où la page écrite sort de sa forme typographique[3] ». L'idée d'utiliser la télévision paraît s'être imposée avant que ce moyen de communication fût vraiment disponible. Aussi, le vaste mouvement d'annexions en tout genre qui caractérise les arts plastiques a connu un temps fort quand des récepteurs de télévision furent intégrés à des assemblages ou à des installations : l'aventure commençait.

Wolf Vostell revendique un rôle de pionnier. Il avait forgé la notion de *dé-coll/age* au milieu des années cinquante. L'idée lui en était venue après avoir lu un titre à la une du *Figaro* : « Peu après son décol-

1. Filippo Tommaso Marinetti, « Théâtre total pour les masses » (1933), *ibid.*, p. 286.

2. Lucio Fontana, « Manifeste technique. Nous continuons l'évolution des moyens », reproduit dans le cat. de l'exposition *Lucio Fontana*, Paris, Centre Georges Pompidou, 1987, p. 291.

3. Lucio Fontana, « Manifeste du mouvement spatial pour la télévision », *ibid.*, p. 293.

lage, un Super-Constellation tombe et s'engloutit dans la rivière Shannon. » L'artiste allemand connaissait alors le terme « collage », mais il ignorait le sens de « décollage ». Après avoir consulté un dictionnaire, frappé par le paradoxe de l'énoncé — « un avion tombe en décollant » — il lui sembla avoir trouvé « une mine d'or esthétique » capable de résumer « toute la dramaturgie sociale ». La notion de dé-coll/age s'applique particulièrement bien à l'irruption de la télévision dans une œuvre visuelle, parce que l'écran n'est pas un élément parmi d'autres : il permet aux images des événements anodins, heureux ou dramatiques, de venir perturber la saisie esthétique de l'œuvre. Vostell fit allusion à ce mécanisme :

> Ma première pièce avec un téléviseur, c'était en 1958. Inclus dans un assemblage. Il y avait un programme normal, mais détraqué. Avec des fils de fer barbelés autour. Et devant le poste, un tas d'ossements. Quand ils passaient un reportage sur la guerre, cela donnait un effet de redoublement, de duplication. Ce n'était pas un collage, mais une juxtaposition. Ou plutôt un dé-coll/age[1].

La radio peut jouer un rôle similaire. Dissimulés dans les éléments qui composent *Oracle* (Rauschenberg, 1965), des récepteurs captent et diffusent les bruits du monde. Cependant, très rapidement, l'utilisation de la télévision suivit un cours différent. Nam June Paik fut l'un des premiers artistes à travailler sur le médium lui-même, et non pas seulement avec lui. En 1963, il présente dans une galerie de Wuppertal

1. Interview de Wolf Vostell par Jean-Paul Fargier, *Les Cahiers du cinéma*, n° 332, février 1982 ; cité dans Dany Bloch, *L'Art vidéo*, Paris, Limage 2, 1983, p. 118.

treize téléviseurs « préparés ». Des manipulations du tube cathodique ou, plus simplement, l'adjonction d'aimants, d'appareils électriques qui produisent des champs magnétiques, brouillent les images restituées par l'écran. La télévision n'est plus seulement un objet, certes tout à fait particulier, adjoint à un assemblage. Elle devient un outil à fabriquer des images singulières, dérangeantes.

Nam June Paik a développé son œuvre dans plusieurs directions. Musicien de formation, membre du groupe Fluxus, il organise dans les années soixante des spectacles publics. Avec *TV Bra for Living Sculpture* (1969), les récepteurs de télévision font une entrée mémorable sur la scène artistique. Charlotte Moorman les porte en guise de soutien-gorge tandis qu'elle donne un concert de violoncelle. Miniaturisés, ces récepteurs diffusent des images des premiers hommes sur la Lune, modifiées au gré de la musique. Paik réalise aussi des « vidéo-sculptures », il agence des pyramides de télévisions ou les dissémine parmi les plantes d'un jardin d'hiver. L'artiste conçoit également des œuvres cocasses et poétiques qui troublent notre familiarité avec le médium télévisuel. *Buddha's Catacombs* (1974) présente un système clos. Un Bouddha en bronze, posé sur un petit socle de terre, est placé en face d'une télévision. Un peu plus loin, sur le même axe, une caméra posée sur un trépied et reliée au récepteur TV, filme en permanence la sculpture. Ainsi, nous voyons le Bouddha regarder sa propre image, mise en scène moderne du narcissisme ordinaire, soutenu et valorisé par une technologie qui fascine. Une autre œuvre recourt aussi au paradoxe d'une image télévisuelle fixe : *Moon is the Oldest TV*

(1965-1976). Dans une pièce sombre, neuf à quinze récepteurs sont montés sur des socles identiques. Chacun présente une seule vue, fixe. L'ensemble évoque, sans la représenter, la Lune saisie dans ses diverses phases (les « images » ne sont pas enregistrées mais obtenues par déformation du flux d'électrons dans le tube cathodique). Au-delà du jeu, « La Lune est la plus ancienne télévision » invite à une réflexion sur le média, sa nature et ses pouvoirs.

Dans la plupart des cas, cependant, Nam June Paik fabrique lui-même les images qu'il fait déferler sur les écrans. Au début des années soixante-dix, il avait mis au point avec des ingénieurs un système lui permettant de les synthétiser, de les colorer ou de les déformer à loisir. L'artiste s'enthousiasmait : « De même que la technique du collage a remplacé la peinture à l'huile, le tube cathodique a remplacé la toile[1]. »

Nam June Paik travaille alors à partir de ses propres enregistrements. Au milieu des années soixante, la marque Sony avait mis à la disposition du public une caméra vidéo portable, le *Portapak.* Paik en acquit une. Légère, maniable, peu onéreuse, la caméra vidéo grand public ouvrait aux artistes des perspectives inédites. Ils furent nombreux à en explorer les potentialités.

Un nouvel outil : la caméra vidéo

L'irruption de la caméra vidéo dans les pratiques artistiques est tout autre chose que l'intrusion du poste

1. Nam June Paik, cité par Dany Bloch dans son article « Nam June Paik et ses pianos à lumière », *ArtPress*, n° 47, décembre 1978.

de télévision au sein d'un assemblage. Au lieu de s'approprier dans un même geste le support d'un médium et ses images, comme avaient pu le faire en leur temps les adeptes du collage, les artistes qui utilisent la vidéo fabriquent leurs propres images ou conçoivent des dispositifs qui les font apparaître. La caméra vidéo devient disponible au moment où les happenings, les actions et les performances font grand bruit. Ces manifestations artistiques sont, par définition, éphémères et jusqu'alors seuls les récits et les photographies pouvaient en restituer le souvenir. Le cinéma, trop onéreux, restait souvent inaccessible pour l'enregistrement de ces événements. La vidéo servit alors de bloc-notes avec lequel les artistes commencèrent à travailler directement. Elle avait un autre avantage : alors que le cinéma requiert une salle de projection, le moniteur de télévision qui restitue les images vidéo peut être installé dans n'importe quelle salle d'exposition banale. Ils y ont proliféré.

Après Nam June Paik, les artistes ont vite compris l'intérêt de mettre en scène les moniteurs eux-mêmes. Shigeko Kobota dispose sur un escalier les écrans sur lesquels défilent en continu les images d'une femme qui descend un escalier, transparente allusion au célèbre tableau de Marcel Duchamp. Sur un tout autre registre, Gary Hill sort les tubes cathodiques de leurs boîtes protectrices, joue sur leur taille, les associe dans une installation où l'appareillage, mis à nu, évoque le corps et ses réseaux. D'autres accumulent les écrans, les dispersent ou les assemblent en des configurations singulières. Ces présentations autorisent de multiples variations sur des images fragmentées, redoublées, décalées, complémentaires ou contrastantes. Toutes ces procédures permettent d'arracher la vidéo à la banalisation des télévisions domestiques, pour mieux l'ancrer dans l'univers des galeries ou des musées. En 1969, la Howard Wise Gallery (New York) avait organisé la première exposition thématique autour de la *TV as Creative Medium*. L'année suivante, les musées commençaient à présenter des manifestations consacrées à l'art vidéo et à acquérir des œuvres.

Plusieurs artistes ont également développé, au tout début des années soixante-dix, un autre mode d'utilisation de la vidéo. Les happenings ou encore les Events Fluxus avaient permis de donner corps au désir de participation généralisée qui mobilisait une part de la société. La vidéo fut bientôt mise à contribution, elle aussi. Les dispositifs de vidéo-surveillance furent détournés pour filmer le spectateur, devenu acteur au sein d'œuvres relationnelles, volontairement privées de toute autonomie. Il ne suffit pas de les regarder, il faut les vivre, accepter d'en être un élément actif. Bruce Nauman réalisa un couloir étroit à l'extrémité duquel est installé un récepteur de télévision. Lorsque le visiteur veut aller le voir de plus près, il s'avance vers l'écran sur lequel il distingue à présent une personne qui lui tourne le dos et s'éloigne à son rythme, lui-même, filmé par une caméra fixée en hauteur, à l'entrée de ce *Live-taped Video Corridor* (1970). D'autres œuvres de Bruce Nauman reposent aussi sur les paradoxes visuels, ou la surprise, telle *Around the Corner Piece* (1970), cube autour duquel nous tournons, filmé par quatre caméras, une par côté. En face de chacune d'elles, un écran est posé sur le sol, à l'autre extrémité de la paroi. Mais notre image n'apparaît jamais, comme on s'y attendait, sur le moniteur qui nous fait face : elle est diffusée dans l'angle opposé.

Bruce Nauman, dont nous avons déjà évoqué les jeux textuels, ne s'en tient ni à un registre esthétique ni à une technique ou un matériau. Son évolution personnelle est emblématique du passage des beaux-arts aux arts plastiques. Il avait commencé par la peinture. Insatisfait, il s'est dit qu'il pourrait continuer à œuvrer s'il cessait de se considérer comme un peintre. Il décida donc d'aller « chercher dans la musique, dans la danse et dans la littérature » des idées appartenant à d'autres domaines pour vivifier son propre travail. Les années soixante étaient propices aux investigations débridées, et Bruce Nauman ne s'est pas privé d'employer divers médiums. Il en mentionne plusieurs quand il se remémore l'état d'esprit des *sixties*, marqué par un décloisonnement généralisé :

> L'utilisation de différents types de matériaux ne semblait pas poser de problème — passer de la photographie à la danse, de la performance aux cassettes vidéo. Toutes ces différentes façons d'exprimer des idées ou de présenter un matériau paraissaient toutes simples. On pouvait faire des enseignes en néon, on pouvait faire des pièces avec du texte, on pouvait faire des plaisanteries sur diverses parties du corps, ou faire des moulages, et tant d'autres choses[1].

Dan Graham réalisa en 1974 une œuvre exemplaire des usages démonstratifs et ludiques permis par la caméra vidéo : *Present Continuous Past(s)*. Quand un visiteur sort du couloir d'accès et entre dans la pièce,

1. Bruce Nauman, interview par Joan Simon (*Art in America*, 1988), trad. dans le cat. de l'exposition *Et tous ils changent le monde*, Paris, Réunion des musées nationaux/Biennale d'art contemporain de Lyon, 1993, p. 204.

il se voit dans un miroir, en temps réel. Il repère alors la présence d'une caméra et d'un moniteur, d'abord vide. Son image y apparaît ensuite, en léger différé. Lorsqu'un autre visiteur fait irruption dans l'installation, il peut voir le premier bondir, sur l'écran, alors qu'il reste sagement figé devant le miroir. Ce décalage, troublant, encourage les jeux — nos attitudes, nos postures, éventuellement nos grimaces nous sont présentées avec huit secondes de retard. L'œuvre est en fait un peu plus complexe encore, car la caméra enregistre aussi l'image du moniteur dans le miroir, dédoublant ainsi la temporalité restituée.

Montrer, raconter

Les images cinématographiques intéressent depuis longtemps les peintres. Man Ray présenta un film lors d'une manifestation dadaïste (*Retour à la raison*, 1923). Marcel Duchamp, toujours adepte des jeux de mots, réalisa *Anemic Cinema* (1925-1926) et l'abstraction, nous l'avons indiqué, connut de spectaculaires prolongements filmiques. Le cinéma expérimental s'est développé au moins autant sous l'égide des arts plastiques naissants que dans les circuits dévolus au cinéma. Comme la peinture, à la même époque, il a mené une réflexion sur la nature du médium, sur les dispositifs de monstration, et il jongle avec les paradoxes. Les uns privilégient la bande-son et ne présentent aucune image. D'autres travaillent directement la pellicule, d'abord vierge, puis toujours plus rayée par les appareils de projection, ou encore griffée, partiellement brûlée, trouée. La récupération et le recyclage des chutes de films commerciaux autorisent des expériences multiples. En 1965, au moment où la vidéo devient disponible, Jonas Mekas organise un festival du « cinéma élargi » (*Expanded Cinema*).

Dick Higgins, l'un des membres du groupe Fluxus, publia en 1967 un « Statement on Intermedia » (Déclaration sur l'intermédia) écrit l'année précédente. Il postule que l'art est l'un des moyens de communication entre les hommes. L'approche intermédia se propose de « mettre l'accent sur la dialectique entre les médias » au moment où l'effritement des frontières semble définitivement consommé. Plus tard, le cinéma investit parfois la peinture, non sans ironie. Jean Le Gac installe sur une sellette un projecteur ancien devant l'une de ses fictions dessinées, *Story Art (avec fantôme des Beaux-Arts)*. Bertrand Lavier présente, la même année, une installation dans laquelle des tableaux célèbres reconstituent une brève histoire de l'art moderne. Tous sont projetés à l'aide d'appareils visibles dans lesquels passent des films montés en boucle (*Accrochage n° 1*, 1986). Une variation télévisuelle de cette œuvre recourt à des moniteurs aux formats variés qui correspondent à ceux des originaux. Leur image est restituée par un magnétoscope (*TV Painting*, 1986).

Parmi les artistes importants qui ont investi le cinéma, Andy Warhol est sans doute le plus célèbre. Ses premiers films, tournés en 1963, montrent une action élémentaire, dormir, embrasser, manger, ou ils enregistrent une durée exempte d'événements : *Empire* (1964) donne à voir, durant huit heures, la partie supérieure de l'Empire State Building. Bien que de telles réalisations se situent aux antipodes des films proposés par l'industrie hollywoodienne, Warhol ne rejette pas le cinéma commercial. Il envisageait de projeter *The Chelsea Girls* (1966) au festival de Cannes. Cette fois, le but n'est pas de mixer les médiums, mais d'abattre les cloisons entre des univers qui s'ignorent. Christian Boltanski souhaitait ainsi insérer *L'Homme qui tousse* (1969) dans les programmes de publicité des cinémas, afin de « toucher les gens ». Cela devait correspondre, dit-il, « au désir très profond d'un lien entre l'art et la vie ». On imagine que les spectateurs auraient été pour le moins surpris par cette pochade filmique cocasse mais d'une extrême violence. Le ministère des Affaires culturelles lui refusa l'indispensable visa d'exploitation en ces termes :

> La Commission [de contrôle des films cinématographiques] propose l'interdiction totale de ce court métrage qui lui semble offrir d'une manière particulièrement sordide et révoltante l'image de la misère physiologique d'un homme, présenté d'ailleurs sous les traits d'un monstre. Elle redoute les effets traumatisants pour tous de cette bande[1].

Le ministre de l'époque s'était rangé à l'avis de la commission. Interdit, le film a trouvé refuge dans les musées, qui le diffusent, à l'occasion.

La vidéo facilite l'accès aux images mobiles. Si des films sont reproduits, non sans perte, sur des bandes destinées aux magnétoscopes, des artistes travaillent d'emblée avec ce support et leurs œuvres sont ainsi directement disponibles. Elles font souvent appel à la narration. Le goût pour les histoires n'avait jamais disparu. Bien des amateurs trouvent là des possibilités

1. Cette lettre est reproduite en fac-similé dans le livre de Lynn Gumpert, *Christian Boltanski*, Paris, Flammarion, 1992, p. 17.

de satisfaire une aspiration que la modernité s'employa longtemps à décevoir. La référence au cinéma, teintée de parodie, est omniprésente. Joël Bartoloméo ravit le public avec de petites scènes de la vie familiale que tout un chacun pourrait filmer avec un caméscope si les comportements qu'elles révèlent n'étaient pas aussi décalés. Pierrick Sorin se met en scène dans des situations burlesques ou navrantes. Il renverse son bol de café, joue au football, défèque ou invente des distractions dérisoires propres à dérider les esprits les plus chagrins. Patrick Corillon narre des aventures d'Oskar Serti. Éric Duyckaerts enregistre les conférences qui parodient avec le plus grand sérieux le discours « scientifique » des experts patentés. L'effet télévisuel en est parfait.

Un grand nombre d'œuvres requièrent cependant des conditions de présentation particulières. L'apparition du vidéoprojecteur ouvrit des possibilités nouvelles à ceux qui souhaitaient monumentaliser les images du « petit écran ». Bill Viola juxtapose parfois de grandes projections simultanées, modernes polyptyques aux images animées. Leurs effets sont décuplés par des dimensions imposantes. Le vidéoprojecteur permet toutes les fantaisies. Tony Oursler projette des images sur le visage en chiffon de poupées disposées qui s'animent ainsi, étrangement. Pipilotti Rist reconstitue un salon, un bar où des bouteilles, des tiroirs, des livres sont hantés par des images, parfois fort discrètes, toujours perturbantes. Dans bien des expositions, aujourd'hui, les images vidéo frappent par leur présentation. Au fond d'un cylindre métallique, un œil nous fixe (Keun Byung Yook). Sur le sol, dans un cercle de lumière, le cœur et l'inscription « Love » qui ornent un gâteau sont dévorés par des rats surgis à nos pieds de l'obscurité. Levant les yeux vers le plafond, notre regard est attiré par les jambes d'un fildeferiste qui parcourt la galerie, dans les cintres (Antoni Abad). Le cinéma ne nous avait pas habitués à de telles visions.

L'apparition de technologies nouvelles n'a pas cessé, tout au long du siècle, de fasciner des artistes qui voyaient en elles la possibilité de créer un art entièrement nouveau. Robert Rauschenberg, Robert Whitman et un ingénieur, Billy Klüver, ont fondé en 1966 une structure — l'*Experiment in Art and Technology* — destinée à faciliter la collaboration des artistes avec les centres de recherche de grands groupes industriels. Klüver décrivait ainsi ses intentions et son mode de fonctionnement :

> Il a été décidé qu'elle fonctionnerait comme une sorte d'« agence matrimoniale » : lorsqu'un artiste se heurte à un problème technique ou veut réaliser un projet technologique très pointu, elle le met en relation avec un ingénieur correspondant à ses besoins et prêt à l'aider[1].

Le prestigieux MIT (Massachusetts Institute of Technology) accueille le Center for Advanced Visual Studies qui met à la disposition des artistes des moyens performants fondés sur des connaissances complexes. Les centres de recherche spécialisés, tel le Zentrum für Kunst und Medientechnologie de Karlsruhe, se sont multipliés.

Le traitement des images vidéo fait souvent appel à des techniques de pointe. Les images de synthèse,

1. Billy Klüver, cité par Irving Sandler, *Le Triomphe de l'art américain. Les années soixante*, *op. cit.*, p. 249.

l'ordinateur, le réseau Internet attirent. Beaucoup d'œuvres qui utilisent les technologies contemporaines sollicitent la complicité active des amateurs, misent sur l'interactivité. Des écrans remplacent les fenêtres du *Bus* (1984) réalisé par Jean-Louis Boissier. Le paysage urbain défile mais les passagers peuvent à tout moment presser sur un bouton arrêt et rendre une visite (virtuelle) aux habitants du lieu. Catherine Ikam organise la rencontre avec un visage de synthèse en trois dimensions, l'*Autre* (1992), qui réagit aux déplacements du public dans la salle.

Présentes dans nombre d'œuvres, les références à l'art du passé facilitent leur intégration au sein d'une histoire qui se poursuit en dépit du caractère inhabituel des moyens employés. Hervé Graumann utilise un ordinateur et une imprimante pour présenter *Raoul Pictor cherche son style...* (1993). Les images un peu enfantines de l'écran permettent d'assister en direct aux efforts du peintre qui cherche l'inspiration, consulte un livre ou pianote quand il ne trempe pas ses pinceaux dans des pots de peinture pour brosser une toile posée sur un chevalet, toile dont nous ne voyons que le revers. Lorsque le tableau est achevé, le peintre s'en saisit et il sort de la pièce. L'imprimante se met alors en marche. L'œuvre apparaît, nouvelle à chaque tentative : l'ordinateur peut mixer des milliers de possibilités.

Plus sophistiquée que cette saynète distrayante, la *Black Box* (1998) du Cercle Ramo Nash — un groupe d'artistes anonymes et fictifs — évoque de prime abord les cubes minimalistes. Elle est reliée (ou semble l'être) à des consoles d'ordinateurs. Chacun peut s'asseoir devant l'une d'elles, et utiliser le clavier pour poser des questions sur l'art, donner son avis, bref, s'entretenir avec « Sowana », un robot de dialogue qui utilise les ressources de l'intelligence artificielle. La grande boîte noire paraît assez grande pour qu'un interlocuteur en chair et en os s'y tienne. Le doute est d'autant plus grand que le programme de l'ordinateur s'enrichit sans cesse et se modifie au fil des conversations successives, conservées en mémoire, retraitées en permanence. Ainsi, la *Black Box* joue sur deux registres : certes, un objet est présent, mais il ne possède pas la fonction esthétique attendue, et l'art, à la fin des années quatre-vingt-dix, est souvent considéré comme un moyen de communication, un média parmi d'autres. La notice qui accompagne l'œuvre du Cercle Ramo Nash épingle ces traits de l'art contemporain :

> Sans informations une œuvre n'est qu'un objet parmi d'autres, et c'est probablement pourquoi vous êtes en train de lire cette notice. L'art est d'abord un jeu de communication, et la conversation est sans doute aujourd'hui pour l'art un média au même titre que l'exposition[1].

Les limites proprement techniques sont sans cesse repoussées. La réalité virtuelle enchante les uns quand d'autres dénoncent la contamination de l'art par la « société du spectacle ». Le cinéma et la vidéo avaient introduit dans les arts plastiques une temporalité qui n'était plus celle, librement choisie, de l'amateur de peinture. Au regard tributaire de l'œuvre, soumis à

1. Notice publiée dans le « Livret d'accompagnement » de l'exposition *Hypothèse de collection*, présentation d'œuvres acquises par le FRAC Provence-Alpes-Côte d'Azur, Paris, musée du Luxembourg, 1999, p. 26.

son déroulement inexorable, l'interactivité oppose une saisie participative. Sur le Net, des œuvres circulent. Disponibles, elles sont sans cesse retravaillées, transformées par les internautes qui le désirent. Ainsi, comme l'indique Nicolas Bourriaud, l'image contemporaine se caractérise « par son pouvoir générateur ; elle n'est plus trace (rétroactive), mais programme (actif) ». Il précise :

> C'est d'ailleurs cette propriété de l'image numérique qui « informe » l'art contemporain avec le plus de force : déjà, dans une grande part de l'art d'avant-garde des années soixante, l'œuvre se donnait moins comme une réalité autonome que comme un programme à effectuer, un modèle à reproduire (par exemple, les jeux inventés par Brecht et Filliou), une incitation à créer soi-même (Beuys) ou à agir (Franz Erhard Walter). Dans l'art des années quatre-vingt-dix, alors que les technologies interactives se développent à une vitesse exponentielle, les artistes explorent les arcanes de la sociabilité et de l'interaction, dont l'œuvre d'art fait office de déclencheur. L'horizon théorique et pratique de l'art de cette décennie est constitué en grande partie par la relation interhumaine : elle est la forme même de la production artistique contemporaine[1].

L'ordinateur offre en effet de multiples possibilités, tant pour la création et la manipulation d'images, fixes ou en mouvement, tangibles ou virtuelles, que pour leur communication. L'interactivité permise par les réseaux n'a encore donné, dans le domaine de l'art, que peu de résultats significatifs. Aussi les avis

1. Nicolas Bourriaud, « Relations écran. L'art des années quatre-vingt-dix et ses modèles technologiques », catalogue de la *Troisième Biennale d'art contemporain de Lyon (installation, cinéma, vidéo, informatique)*, Paris, Réunion des musées nationaux, 1995, p. 491.

restent-ils partagés. Les uns la boudent, tandis que ses potentialités enthousiasment les autres. Yves Michaud, qui dirigea l'École nationale supérieure des beaux-arts de Paris, affirme, non sans provocation :

> Avec l'avènement du multimédia, le musée du XXIe siècle sera un parc d'attraction, un lieu d'animation culturelle permanente et collective. On revient aux expositions universelles du siècle dernier, qui étaient des lieux de divertissement. On va construire des palais de rêve, comme la cité des Sciences, le palais de la Découverte, ou même Disneyland[1].

La photographie plasticienne

La photographie paraît proche de la peinture. Elle propose au regard une image fixe qu'il peut explorer, décrypter à son rythme. Cette technique inventée alors que naissait la modernité s'est imposée lentement dans le monde de l'art. Selon de nombreux historiens ou spécialistes[2], la photographie a fait son entrée dans les arts plastiques au cours des années soixante ou soixante-dix, d'abord comme traces documentaires de réalisations ou d'événements qui ne pouvaient pas être exposés directement — interventions dans la nature ou actions éphémères, par exemple. Très rapidement, des artistes ont introjecté la présence d'une médiatisation photographique. Vito Acconci sait que les gros plans de ses morsures (*Trademarks*, 1970)

1. Yves Michaud, « Construire des palais de rêve », propos recueillis par Stéphanie Malphettes, *Le Monde*, supplément Télévision, radio, multimédia, 2-3 juin 1996, p. 27.

2. Cf. notamment Dominique Baqué, *La Photographie plasticienne. Un art paradoxal*, Paris, Éditions du Regard, 1998, p. 49 *sq.*

seront saisissants. Georges Rousse agence ses dessins à la craie en fonction de la prise de vue. L'œuvre elle-même, si l'on peut dire, promise à la destruction, n'est pas destinée à être vue. Contrairement à Richard Long, Hamish Fulton ne change rien aux paysages qu'il traverse. De ses excursions, parfois longues, il rapporte des photographies en noir et blanc, auxquelles il ajoute des légendes imprimées.

Ultime étape, dans les années quatre-vingt, des photographies entrent directement dans les galeries, en tant qu'œuvres à part entière, et non plus en tant que traces ou éléments associés. Un clivage apparaît alors entre les artistes qui recourent à la photographie et les photographes « purs », séparés des premiers même lorsqu'ils se déclarent adeptes d'une « photographie créative ». Les uns et les autres exposent dans des lieux différents et, plus généralement, ils diffusent autrement leurs créations. Elles se trouvent donc insérées dans des circuits clairement séparés. Ces univers distincts induisent des modes d'interprétation fort dissemblables. Ainsi, l'art et la photographie conservent leur autonomie respective, étrange situation qu'éclaire mais ne justifie pas entièrement l'histoire de leurs rapports.

La photographie a longtemps entretenu avec la peinture des rapports complexes où fascination et concurrence tissaient un réseau de malentendus. L'invention d'un procédé réputé capable de saisir et de fixer l'image du réel avec une exactitude sans faille provoqua au XIXe siècle un véritable séisme. La République des arts se mobilisa pour faire face au danger. Baudelaire, Delacroix et bien d'autres ont réfléchi sur les conséquences esthétiques des revendications artistiques du « prodigieux mécanisme », surtout quand il fut en mesure de dupliquer sur papier ses enregistrements.

Les arguments récurrents en faveur de la peinture s'appuient sur l'« incomparable fidélité » des clichés photographiques qui restituaient les plus infimes détails du sujet. Cette caractéristique stupéfia littéralement les contemporains. Dans son *Journal*, Delacroix note que, devant la nature, nous ne voyons « ni les brins d'herbe dans un paysage ni les accidents de la peau dans un joli visage » (1er septembre 1859). Et quand bien même pourrions-nous les discerner, il faudrait choisir les détails utiles et éliminer tous les autres. La « théorie des sacrifices », alors très largement admise, imposait de ne pas tout montrer pour construire une synthèse efficace à partir du réel perçu. Le second volet des plaidoyers en faveur de la peinture met l'accent sur l'imagination, attribut majeur du véritable artiste, celui qui ne se contente pas de copier servilement la nature. En d'autres termes, la photographie est « un agent fidèle, ce n'est pas une intelligence ». Le « souffle de l'inspiration » comme le « feu de la pensée » lui font absolument défaut. Ces tirs de barrage étaient destinés à sauver la peinture, menacée par la photographie mais aussi par son allié objectif au sein des pratiques artistiques, le réalisme. En 1851, Francis Wey dégage ces enseignements du conflit :

> Précisons en quatre mots le résultat définitif : les artistes vraiment originaux, loin d'être atteints, devront à l'invention nouvelle des ressources imprévues, et prendront un plus large essor. Les gens de *métier*, *les mécaniques*, ainsi que l'on disait jadis, seront abattus[1].

1. Francis Wey, « De l'influence de l'héliographie sur les beaux-arts » (1851), texte partiellement repris dans l'ouvrage d'André

La photographie ne condamnait donc pas la peinture, comme l'avait pensé, dit-on, Paul Delaroche[1] : elle la libérait de ses tâches ancillaires. Quand l'abstraction rompit avec la figuration, cette antienne retrouva une vigueur nouvelle. Elle permettait de justifier l'abandon de la représentation. L'argument est peu convaincant, car la photographie avait, avant la peinture, tenté de « rendre visible »... l'invisible. À la fin du XIXe siècle, des photographes prétendent capter l'aura. Hippolyte Barraduc, psychiatre, publie en 1896 un traité consacré à *L'âme humaine, ses mouvements, ses lumières et l'iconographie de l'invisible fluidique*, illustré notamment par un portrait de l'auteur qui (re)présente sa « psychicône », une image (vaporeuse) de sa pensée « pensant à soi-même ». La découverte des rayons X ouvrait de nouvelles perspectives. Camille Flammarion consacra un article à « La photographie de l'invisible » dans le très sérieux *Bulletin de la Société astronomique de France* (1896). Sur un mode plus « artiste », August Strindberg veut savoir comment le monde se présenterait s'il était émancipé de son « œil trompeur », et il enregistre directement, sans appareil, ce que le regard ne voit pas[2]. Bien

---

Rouillé, *La Photographie en France. Textes et controverses : une anthologie 1816-1871*, Paris, Macula, 1989, p. 111.

1. « La peinture est morte à dater de ce jour » : cette célèbre boutade prêtée à Paul Delaroche est sans doute apocryphe, mais elle demeure significative d'un état d'esprit fort répandu. François Arago avait demandé au peintre une note sur l'invention de Daguerre qu'il s'apprêtait à dévoiler, devant la Chambre des députés (3 juillet 1839). Les remarques de Paul Delaroche citées à cette occasion par François Arago plaident pour le daguerréotype — « un immense service rendu aux arts ».

2. Les expériences de Strindberg sont commentées par Clément

qu'elles entretiennent des liens avec le symbolisme, contemporain, ces tentatives « scientifiques » ou encore celles d'August Strindberg ne s'inscrivent pas directement dans le champ artistique. Tel n'est pas le cas quand Anton Giulio Bragaglia promeut, sans succès, une « Fotografia dell'invisible » (1913), rejetée par ses amis futuristes.

S'il est vrai que la photographie s'est souvent appuyée sur les innovations picturales — le pictorialisme en est un exemple notoire —, la peinture profite sans vergogne de ses acquis. Delacroix fit réaliser des clichés destinés à servir de modèles. De manière plus substantielle, mais aussi plus voilée, Degas, photographe amateur, s'inspire des cadrages propres à ses images nouvelles. La photographie aérienne passionne Malévitch qui en publie plusieurs dans *Die gegenstandslose Welt* (« Le monde du "sans objet" », 1927). Il a en outre réalisé des dessins directement inspirés de tels clichés. Une part de ses compositions suprématistes est clairement tributaire de cette vision du monde. Nous avons souligné l'importance des chronophotographies, strictement scientifiques, pour Marcel Duchamp et les futuristes. Plus près de nous, de nombreux peintres ont travaillé d'après des photographies. Gerhardt Richter importe en peinture le flou photographique. Andy Warhol voulait peindre comme « une machine[1] » : il recycla les photographies de

---

Chéroux dans *L'Expérience photographique d'August Strindberg*, Arles, Actes Sud, 1994.

1. Andy Warhol déclara à G. R. Swenson : « Si je peins de cette façon, c'est parce que je veux être une machine, et je pense que tout ce que je fais comme une machine correspond à ce que je veux faire » (« What is Pop Art ? : Answers from 8 painters », *Art News*,

presse, agrandit ses propres clichés pour sérigraphier des portraits de personnalités.

Une remarque de Delacroix attire l'attention sur le retournement qui s'est opéré en un siècle. Critiquant la copie servile d'après photographie, il écrivait : « L'artiste, en un mot, devient une machine attelée à une autre machine[1]. » Cette conduite, naguère disqualifiante, est précisément celle des peintres hyperréalistes qui, dans les années soixante-dix, ont exalté la photographie dont ils donnaient en peinture « un duplicatum négentropique ». L'analyse de Jean-François Lyotard, à qui j'emprunte cette formulation, souligne combien leurs images sont saisissantes, bien plus que les documents dont elles procèdent, car « la machine-corps du peintre dérègle la machine photo-optique en lui faisant *donner* plus qu'elle n'a reçu[2] ». Ces joutes confortaient la domination de la peinture. Régnant depuis des siècles sur la production d'images nobles, elle se montrait toujours prête à inventer des ruses pour reprendre à la photographie son bien et continuer ainsi d'affirmer son primat.

Francis Bacon fut certainement l'un des peintres qui tira le plus consciemment les enseignements de la photographie pour l'exercice de la peinture. Il confiait à Michel Archimbaud qui l'interrogeait sur ce sujet :

> Vous savez, depuis l'invention de la photo, la peinture a vraiment complètement changé. Nous n'avons plus

---

novembre 1963 ; citation trad. notamment dans le cat. de l'exposition *Andy Warhol Rétrospective*, Paris, Centre Georges Pompidou, 1990, p. 457).

1. Eugène Delacroix, « Revue des arts » (1850) ; cf. André Rouillé, *La Photographie en France*, *op. cit.*, p. 406.

2. Jean-François Lyotard, « Esquisse d'une économie de l'hyperréalisme », *Des dispositifs pulsionnels*, Paris, Union générale d'éditions, coll. 10/18, 1973, p. 111 et 112.

> les mêmes raisons de peindre qu'autrefois. Le problème, c'est que chaque génération doit essayer à sa façon de travailler[1].

De nombreuses photographies jonchaient le sol de son atelier, et l'on sait qu'il fut sensible aux clichés de maladies de la bouche, rencontrés dans un livre, aux chronophotographies de Muybridge, aux documents d'actualité ou encore aux images du *Cuirassé Potemkine.* En outre, Bacon avouait volontiers utiliser des photos comme « aide-mémoire » pour peindre ses portraits : « Quand on travaille, on n'a pas envie de voir des gens, même des modèles[2]. » Mais loin de copier servilement ces « documents », il employait leurs informations pour élaborer une réalité tout autre. Ainsi, la photographie ne le conduisait nullement à renoncer à la figuration, mais au contraire à relever le défi, quitte à défigurer les apparences pour mieux « rendre la vie dans toute sa force[3] ».

La longue rivalité entre l'art et la photographie a connu bien des rebondissements. Ils ne sont pas toujours liés à la peinture et à son histoire. Les photomontages ou les photogrammes, la photographie surréaliste et bien d'autres expérimentations photographiques avaient en commun une caractéristique fondamentale : toutes se distinguaient nettement, par leurs méthodes, souvent, et par leur esthétique, toujours, des instantanés saisis sur le vif par le photojournalisme ou des images savamment composées en

1. Francis Bacon, *Entretiens avec Michel Archimbaud*, Paris, Gallimard, coll. Folio/Essais, p. 13.
2. *Ibid.*, p. 14.
3. Francis Bacon, « Entretien avec Jean Clair, Maurice Eschapasse, Peter Malchus » (1971), repris dans *Entretiens*, Paris, Éditions Carré, coll. Arts & esthétique, 1996, p. 36.

vue d'un effet « artistique ». La coupure instaurée au XIXe siècle entre les beaux-arts et la photographie était confortée par l'attitude des photographes qui acceptaient, à de rares exceptions près, l'autonomisation de leur médium qui, au fil des années, élaborait une histoire spécifique. Parallèlement, la hiérarchie entre le haut et le bas, les arts nobles et les autres, s'effritait inexorablement, préparant ainsi l'entrée triomphale de la photographie elle-même dans l'enceinte désacralisée mais toujours valorisante des arts plastiques.

Avant que des photographies soient accrochées dans des galeries d'art, d'abord à titre (ambigu) de documentation sur des œuvres absentes, puis comme éléments d'un ensemble, notamment par Joseph Kosuth, Edward Ruscha avait publié un petit livre, *Twenty-six Gasoline Stations* (1962), puis divers ouvrages élaborés sur un modèle similaire. Il souhaitait fabriquer des objets en série. La technique et la forme du livre imprimé conviennent parfaitement. Dans chaque cas, les photographies, sans texte, ne sont pas « artistiques ». Ruscha revendique cette caractéristique, et il ajoute :

> Mes photographies ne sont pas particulièrement intéressantes, pas plus que le sujet abordé. Ça n'est qu'un recueil de « faits » ; mon petit ouvrage [il s'agit ici de *Various Small Fires*, 1964] serait plutôt une espèce de collection de « readymades »[1].

La référence au readymade est d'autant plus intéressante que Marcel Duchamp avait fait appel au modèle photographique dans plusieurs notes relatives à son grand œuvre, *La Mariée mise à nu par ses céli-*

1. « Edward Ruscha discusses his perplexing publications », entretien avec John Coplans (1965) ; cf. *L'Art conceptuel, une perspective*, *op. cit.*, p. 224.

bataires, même, et qu'en outre une célèbre photographie du *Grand Verre* réalisée par Man Ray présente un *Élevage de poussière* (1920) : la lumière rasante laisse deviner les reliefs du dessin noyés sous un épais tapis de poussière. Mais la banalité du « fait brut » permet surtout à Ruscha d'introduire dans le monde de l'art des documents photographiques qui ne se distinguent nullement des photographies tout à fait ordinaires. La « photographie-en-tant-qu'art » n'affiche ici aucun trait esthétique particulier, et elle ne renvendique pas davantage une caractéristique ontologique spécifique. L'opération relève d'une décision tout à fait comparable, dans son mode opératoire, au « nominalisme pictural » de Marcel Duchamp.

Robert Smithson procède lui aussi à une appropriation quand il décrit « Une visite aux monuments de Passaic, New Jersey ». La visite mêle les registres et l'artiste étend au paysage lui-même le modèle photographique qui tente d'arracher au temps des instants d'éternité :

> L'autobus dépassa le premier monument. Je tirai le cordon de sonnette et descendis à l'angle d'Union Avenue et River Drive. Le monument, c'était un pont sur la rivière Passaic, reliant le comté de Bergen à celui de Passaic. Le soleil de midi « cinémaïsait » le site, faisant du pont et de la rivière une *image* surexposée. À le photographier avec mon Instamatic-400, c'était comme si je photographiais une photographie. Le soleil était devenu comme une espèce d'ampoule monstrueuse projetant dans mon œil une série de plans fixes à travers l'Instamatic. En marchant sur le pont, c'était comme si je marchais sur une énorme photographie faite de bois et d'acier et, dessous, la rivière se présentait comme une énorme pellicule cinématogra-

phique qui n'eût rien montré d'autre qu'un blanc continu[1].

Ainsi, la collusion entre le readymade et la photographie est portée à son comble. Smithson devenu artiste visite les lieux de son enfance comme d'autres se rendent au musée. Là, non seulement il transforme la banalité des constructions industrielles en « monuments », mais ces readymades offerts sont déjà des photographies. Quand, dans les années soixante-dix, Bernd et Hilla Becher présentent des édifices industriels ou des châteaux d'eau comme des « sculptures photographiques[2] », vues frontales d'une parfaite neutralité, les conditions sont réunies pour que ces clichés soient acceptés par le monde de l'art comme des œuvres à part entière. Une opération de cette nature n'était pas possible avant l'irruption du readymade qui porta l'un des premiers coups de boutoir à l'édifice des beaux-arts. Pour intégrer leurs œuvres à un univers où les catégories fondées sur le médium n'ont plus cours, les Becher ont rompu avec le monde de la photographie. Leur caméra, disent-ils, « ne fait pas de belles images mais des reproductions fidèles dont l'objectivité est renforcée par le renoncement aux effets photographiques[3] ».

1. Robert Smithson, « Une visite aux monuments de Passaic, New Jersey » (1967) ; cf. *Robert Smithson*, *op. cit.*, p. 180 et 181. Jean-Pierre Criqui a donné une autre traduction de ce passage et il rend « cinémaïsait » (*cinema-ized*) par « filmisait » (cf. « Bustamante photographe (Notes pour un portrait inachevé) », cat. de l'exposition *Jean-Marc Bustamante, œuvres photographiques 1978-1999*, Paris, Centre national de la photographie, 1999, p. 13).

2. En 1990, ils ont obtenu, avec leurs photographies, le Grand Prix de la sculpture à la Biennale de Venise.

3. Bernd et Hilla Becher, « Anonyme Skulpturen » (1969) ; cf. *Art conceptuel. Formes conceptuelles*, *op. cit.*, p. 150.

Peu importe le médium ! L'argument est déjà utilisé par les défenseurs de la photographie quand ils demandent, au XIXe siècle, qu'une place lui soit faite au Salon : « Au reste, le procédé dans l'art est secondaire. C'est l'idée, c'est le choix dans le mode employé pour l'exprimer qui est essentiel[1]. » Un bon siècle plus tard, Christian Boltanski dit *presque* la même chose :

> Je suis un peintre extrêmement traditionnel. Je travaille pour apporter des émotions aux spectateurs, comme tous les artistes. Je travaille pour faire rire ou pleurer le monde ; je suis un prêcheur. J'ai fait des livres, des inventaires, des photos et des films, mais c'est pareil. Je ne crois pas qu'il y ait des différences entre les médias. On a une idée et puis on cherche le meilleur moyen de l'exprimer, le moyen le plus passable à un moment donné. Je ne crois pas qu'il y ait de forme prioritaire. Je pense que les peintres ont toujours eu à peu près les mêmes choses à dire, le même désir de capter la réalité, mais ils l'expriment chaque fois d'une manière un peu différente et avec des moyens un peu différents. Ce n'est pas parce qu'on se servira de vidéo ou d'autres trucs qu'on changera quelque chose[2].

La rouerie de cette déclaration est exemplaire. Boltanski, comme bien des artistes, avait en effet commencé par la peinture, mais il s'en détourna rapidement et poursuivit son travail — de peintre, d'artiste ? — avec d'autres moyens. La photographie occupe une place considérable dans son œuvre, bien qu'elle comporte d'autres éléments, en particulier des textes et des objets : voici donc « un peintre extrêmement tradition-

1. Supplique adressée en 1863 au ministre chargé des Beaux-Arts par la Société photographique de Marseille ; cf. André Rouillé, *La Photographie en France*, *op. cit.*, p. 418.

2. « Monuments à une personne inconnue : six questions à Christian Boltanski » (1975) ; cf. *Christian Boltanski*, *op. cit.*, p. 172.

nel », à ceci près qu'il ne peint pas. La manœuvre était hardie et le plus stupéfiant, c'est qu'elle parvint à emporter l'adhésion. Boltanski et quelques autres ont réussi à imposer l'idée qu'ils n'étaient pas photographes, pas davantage artistes, au sens générique du terme qui élude la question des moyens employés, mais bel et bien peintres.

En 1980, une exposition intitulée *Ils se disent peintres, ils se disent photographes* (ARC, musée d'Art moderne de la Ville de Paris) brouillait les catégories. Jeff Wall et Jean-Marc Bustamante ont résolument contribué au déni d'une différence entre photographie et peinture. Jeff Wall présente de grandes photographies en couleurs dans des caissons lumineux. L'image acquiert ainsi une présence inhabituelle. À la croisée du cinéma et du théâtre, ses mises en scène de personnages, figurants de narrations énigmatiques, empruntent un dispositif de la publicité pour proposer une actualisation de la « peinture d'histoire » moderne, version baudelairienne d'un genre traditionnel. Parfois, cette référence à l'art pictural se double d'allusions plus précises encore : *Picture for Women* (1979) adapte la composition d'*Un bar aux Folies-Bergère* (Édouard Manet, 1881-1882).

Jean-Marc Bustamante franchit l'ultime étape d'une assimilation photographique de la peinture lorsqu'il nomme *Tableaux* une série de clichés réalisés entre 1978 et 1982. Paysages saisis dans une lumière dure qui détaille les jeux de matières, ces *Tableaux* adoptent deux caractéristiques de la peinture : un format relativement monumental, beaucoup plus important que celui des agrandissements photographiques habituels, et un tirage limité à un exemplaire. Uniques, ces paysages réalisés à la périphérie de Barcelone pourraient avoir été pris n'importe où. L'artiste propose des images banales, sans hors-champ, pour mieux déplacer l'attention du sujet vers l'auteur, ainsi qu'il l'a déclaré : « Dans la logique du tableau, je voulais sortir de l'identification d'un sujet pour que l'on dise simplement : "C'est un Bustamante !" »

Devant ces « tableaux photographiques », nous sommes donc en présence d'œuvres d'un photographe qui se sent « proche du peintre de chevalet ». Ces références et interférences ne préjugent en rien de l'intérêt, du charme ou de la profondeur des œuvres produites. En revanche, elles témoignent on ne peut plus clairement du primat de la peinture qui, en dépit de son obsolescence maintes fois postulée, au cours du siècle, demeure un modèle épistémologique de toute première importance. Ce modèle, affiché, en cache deux autres.

Un art postmoderne

Plasticienne, la photographie relève, dans de très nombreux cas, de l'installation. Lorsqu'ils sont accumulés, fragmentés, disposés en série, accrochés dans des situations inhabituelles, associés à des objets ou à des textes, les tirages adoptent un mode de présentation qui n'avait pas cours dans l'univers de la photographie. Plus insidieuse parce que moins visible, la présence du paradigme photographique au sein des arts plastiques introduit un changement dans nos comportements face aux images. Les artistes en ont beaucoup joué. La représentation picturale instaure une ressemblance tandis que l'image photographique est obtenue par contact : le flux de photons enregistré et fixé sur la plaque ou la pellicule sensible provient de l'objet lui-même. À ce titre, il n'est pas indispensable que l'objet qui réfléchit ce flux soit *visible*, comme l'attestent, par exemple, les radiographies[1]. Cette « connexion physique » entre le référent et son « image » est fondamentale. Elle explique la singularité absolue de la photographie. Roland Barthes estime à juste titre qu'elle a provoqué une « révolution anthropologique » car « le type de conscience qu'elle implique est véritablement sans précédent ; la photographie installe, en effet, non pas une conscience de l'*être-là* de la chose (que toute copie pourrait provoquer), mais une conscience de l'*avoir-été-là* ». En d'autres termes, ce médium nous procure « l'évidence toujours stupéfiante du : *cela s'est passé ainsi* : nous possédons alors, miracle précieux, une réalité dont nous sommes à l'abri[2] ».

Les deux caractéristiques de ce « miracle » en font un objet de choix pour les pratiques artistiques. Être « à l'abri », tout d'abord : c'est là, comme on sait, une condition indispensable à la transformation de réalités terrifiantes et dangereuses en spectacles esthétiques (sublimes[3]). Plus généralement, toute jouissance esthé-

1. Sur ces caractéristiques de l'image photographique, « empreinte chimique », cf. l'important essai de Jean-Marie Schaeffer, *L'Image précaire. Du dispositif photographique*, Paris, Éditions du Seuil, 1987.

2. Roland Barthes, « Rhétorique de l'image » (1964), *L'Obvie et l'Obtus*, *op. cit.*, respectivement p. 35 et 36.

3. Sur le sublime comme modalité du beau, cf. l'ouvrage d'Edmund Burke, *Recherche philosophique sur l'origine de nos idées du sublime et du beau* (1757), trad. par Baldine Saint Giron, Paris, Vrin, 1990.

tique suppose une distance. Quant à l'assurance que « cela s'est passé ainsi », elle est capitale. Fondée ou non, car la photographie est passible de bien des manipulations, cette conviction détermine un rapport à l'image radicalement différent de celui qui est instauré par la peinture. Goya indiquait, sous l'une des gravures des *Désastres de la guerre* : « Je l'ai vu. » Sous la suivante, il insistait : « Et cela aussi. » Avec la photographie, nul besoin de souligner la véracité du « vu ». Le doute n'est pas permis : issue d'une connexion directe avec son référent, l'image qu'elle présente tient toujours du reportage, de la chose vue. Alors que le pinceau fabrique de la ressemblance — il peut le faire « de chic », hors de la présence du motif — l'empreinte photochimique appartient au registre de la trace. Certes, il convient d'être infiniment prudent, mais il faut pourtant distinguer résolument la photographie des autres images, notamment des images picturales. Les analyses de Philippe Dubois le soulignent :

> La photographie définit une véritable catégorie épistémique, irréductible et singulière, une nouvelle forme non seulement de représentation mais plus fondamentalement encore de pensée, qui nous introduit à un nouveau rapport aux signes, au temps, à l'espace, au réel, au sujet, à l'être et au faire[1].

Bien des artistes ont joué du caractère « documentaire » de la photographie. Une part de sa charge émotionnelle s'applique en fait au référent. Quand Baudelaire prétendait qu'une « figure bien dessinée vous pénètre d'un plaisir tout à fait étranger au sujet »,

1. Philippe Dubois, *L'Acte photographique et autres essais*, Paris, Nathan, p. 94.

l'image photographique inverse la proposition. Annette Messager raye les yeux d'enfants, Arnulf Rainer défigure ses portraits, Saverio Lucariello exhibe des attitudes un peu ridicules que nous dissimulons d'ordinaire, Paul-Armand Gette colorie, avec les doigts, l'aréole d'un sein. Pour toutes ces images, l'impact propre à la saisie photographique d'une scène réelle est une composante esthétique déterminante. Les exemples abondent. Nous avons souligné combien la crédibilité des « reportages » construits par Sophie Calle est tributaire de la véracité photographique. Il en va de même, avec plus de malice envers les caractéristiques du médium, pour les fausses biographies de Christian Boltanski ou les *Film Stills* de Cindy Sherman.

Le retour des fictions et des narrations, qui s'observe aussi en peinture, fut stimulé par l'annexion de la photographie. Elle facilita l'apparition de multiples hybridations. Ainsi, Bertrand Lavier accroche une photographie de paysage sur le mur, il en fait repeindre à l'identique une moitié par un paysagiste professionnel qui doit en outre poursuivre la réalisation de l'image — hors-champ — sur le mur (*Landscape Painting and Beyond*, 1979). Plus tard, l'artiste renverse le processus : il emprunte le cadrage photographique pour proposer des machines ou des structures métalliques découpées, images redevenues concrètes de ce que le cliché retient quand il taille dans le vif du continuum visuel (*Photo-relief*, 1991).

Éric Rondepierre puise dans la masse des images mobiles du cinéma pour élaborer les images fixes qu'il nous offre. Il repère d'étranges photogrammes dans des films sous-titrés. Photographiés, ces « Excédents» révèlent un humour involontaire. Sur fonds noirs apparaissent des textes qui passaient inaperçus dans le défilement rapide des images filmiques: «J'éteins? Non...» (*Le Voyeur*, 1989) ou «La situation n'est pas aussi noire qu'elle n'y paraît» (*La vie est belle*, 1993). Pour une autre série, Éric Rondepierre choisit dans les bandes-annonces le moment où le texte, encore illisible, se forme et vient parasiter l'image de visages. Le photogramme sélectionné est alors photographié en diapositive, projeté sur une toile, où l'artiste le peint, à l'acrylique. Achevé, le tableau est photographié à son tour, puis détruit. Seuls les tirages Cibachrome, de grands formats, peuvent être exposés : les jeux de renvoi, de culbutes multiples entre l'image filmique, l'image photographique et l'image picturale, avec leurs touches, leurs grains, leurs trames particulières, brouillent à plaisir les spécificités.

La postmodernité, généralisée

Lorsqu'un territoire s'accroît, il ne devient pas simplement plus vaste : il change de nature. La postmodernité, à bien des égards, entérine une modification profonde du paysage artistique dans les années quatre-vingt. Le terme *postmodernisme* — nom d'un mouvement très général, qui dépasse largement le champ des arts plastiques — fut d'abord employé en architecture pour désigner des pratiques éclectiques, opposées au fonctionnalisme, avant de s'imposer dans le vocabulaire de la critique d'art. Le succès du mot et de la notion entérine la fin d'une époque, celle de l'avant-gardisme, conception devenue caduque de la modernité contemporaine. La photographie n'est pas la seule responsable de ce bouleversement des idées et des croyances. Mais, plus qu'un symptôme, elle en est l'un des acteurs. Le postmodernisme est apparu aux États-Unis, et c'est essentiellement à la vision « moderniste » des avant-gardes qu'il réplique. Dans cette perspective, le rôle de la photographie fut déterminant. Douglas Crimp l'affirme sans ambages :

> Que la photographie ait renversé les critères de l'art est un fait que le discours du modernisme a trouvé utile de réprimer, et il semble que nous puissions dire avec justesse du postmodernisme qu'il constitue précisément le retour de ce qui était réprimé. Le postmodernisme ne peut être compris que comme une rupture avec le modernisme[1].

Le postmodernisme abandonne les quêtes de spécificité. Il prône la pluralité, le mélange des genres. Ce concept flou regroupe des pratiques artistiques et des positions esthétiques dissemblables. Jeff Koons revendique le kitsch quand il offre au regard le moulage en acier inoxydable d'un lapin gonflable, une statue géante de bois polychrome — un policier en conversation avec un ours — ou des porcelaines — une femme serre une panthère rose, une autre se douche dans son bain. David Salle brasse des images disparates sur la toile et John Armleder emprunte résolument à tous les styles disponibles pour réaliser des tableaux abstraits qu'il associe à des meubles, manière de réduire la peinture à ce qu'elle est souvent,

1. Douglas Crimp, « L'activité photographique du postmodernisme » (1980) ; cf. *L'Époque, la mode, la morale, la passion*, *op. cit.*, p. 601.

un simple élément de décor. Ces artistes ne croient ni aux grands récits issus d'un darwinisme esthétique ni aux proclamations prophétiques des chantres avant-gardistes d'un monde meilleur.

Un autre pan du postmodernisme prend pour cible la valeur attachée à l'originalité, à l'innovation créatrice. Regroupés sous le label *Simulationnisme*, des artistes fondent leur pratique sur le *remake*. Ils s'appuient notamment sur les analyses de Roland Barthes pour piller sans vergogne le fonds artistique disponible. Mike Bidlo reconstitue des accrochages historiques, peint des « copies » ou rejoue sur le mode farce la cérémonie des anthropométries (*Recreating Yves Klein's Anthropometries*, 1985). Sherrie Levine, l'une des plus connues parmi les artistes de cette mouvance, est portée par une autre intention. Toutes ses œuvres s'affichent à l'enseigne de l'*after* — l'anglais permet de jouer sur le double sens du terme qui signifie à la fois *après* et *d'après*. Elle photographie des épreuves de photographes célèbres (*After Walker Evans*, 1983), fait mouler un urinal en bronze doré (*After Marcel Duchamp*, 1996) ou reproduit, à l'aquarelle, des reproductions de peintures modernes. Sherrie Levine ne reprend que les œuvres produites par des hommes. Elle justifie ainsi son geste fondateur :

> Le monde est plein à étouffer. L'homme a apposé sa marque sur chaque pierre. Chaque mot, chaque image est loué et hypothéqué. Nous savons qu'un tableau n'est qu'un espace dans lequel une variété d'images, toutes sans originalité, se fondent et s'entrechoquent. Semblables à Bouvard et Pécuchet, ces éternels copistes, nous montrons le profond ridicule qui est, précisément, la vérité de la peinture. Nous pouvons

seulement imiter un geste qui est toujours antérieur, jamais original[1].

Une lecture féministe de ce texte et des œuvres de Sherrie Levine n'a pas manqué d'être proposée. Linda Nochlin avait posé, en 1971, une excellente question : « Pourquoi n'y a-t-il pas eu de grands artistes femmes[2] ? » La réponse est évidemment culturelle et sociale. Il n'y a aucune fatalité naturelle à ce qu'une « essence baptisée Génie ou Talent » soit dévolue (presque) exclusivement aux hommes. Ainsi, Sherrie Levine, réduite au rôle mineur de copiste par la « fatalité » d'un ordre phallocratique, dénoncerait une histoire de l'art occidentale, blanche et mâle. C'est là le second volet du postmodernisme. Lorsque les minorités — si l'on ose dire, concernant les femmes, notamment — exclues de cette histoire, ou marginalisées, se saisissent de l'art pour lutter contre une culture hégémonique, elles utilisent des moyens formels qui s'éloignent des modèles canonisés par l'histoire officielle — c'est-à-dire dominante.

Il y a donc convergence entre le rejet esthète du modernisme et la rupture militante avec les structures idéologiques ou les canons formels qu'il avait imposés. Ces préoccupations ne sont certes pas frivoles. Mais ce que le concept *postmodernisme* gagne en extension, il le perd en compréhension : la postmodernité devient une « condition[3] ». En d'autres termes,

1. Sherrie Levine, « Déclaration » (1982) traduit dans *Art en théorie 1900-1990*, *op. cit.*, p. 1157.

2. Ce texte figure dans le recueil d'articles de Linda Nochlin, *Femmes, art et pouvoir* (1989), trad. par Oristelle Bonis, Nîmes, Jacqueline Chambon, 1993, p. 201 *sq*.

3. Jean-François Lyotard avait titré l'un de ses ouvrages *La Condition postmoderne*, Paris, Éditions de Minuit, 1979.

depuis la faillite des grands récits modernistes et des utopies artistiques, sociales et politiques, l'art sous toutes ses formes, les réflexions qu'il suscite et, plus largement, l'ensemble de la pensée contemporaine se déploient sous l'égide du postmodernisme. Les uns s'en réjouissent quand les autres renâclent à renoncer aux valeurs des avant-gardes révolues. Donald Judd écrivait en 1984 « Un long essai, qui ne traite pas des chefs-d'œuvre, mais des raisons qui font qu'il en existe si peu… » Il oppose l'art du passé proche à celui du présent :

> L'art s'interrogeait autrefois sur ses finalités, pour reprendre le terme de Barnett Newman. Depuis quinze ans, ces finalités se sont faites plus rares et ont perdu de leur attrait. Aujourd'hui, chacun est supposé « faire ce qui lui plaît ». L'art finira par devenir l'acte ponctuel d'un individu isolé[1].

La mauvaise réputation dont pâtit l'art postmoderne, qui serait caractérisé par le rejet des ambitions esthétiques, par le renoncement à toute finalité sérieuse, est peut-être justifiée quand les artistes prônent l'insouciance et recherchent les joies d'un plaisir immédiat. Giulio Carlo Argan, comme beaucoup d'autres, s'offusque de voir le postmoderne « à l'unisson avec son temps, autant que l'était le moderne : avec la différence que le moderne était solidaire d'une culture du progrès et que le postmoderne est solidaire d'une culture du reflux[2] ». Cette vision est absolument démentie par les artistes qui utilisent l'art pour tenir un

1. Donald Judd, « Un long essai, qui ne traite pas des chefs-d'œuvre, mais des raisons qui font qu'il en existe si peu… » (1984), *Écrits 1963-1990*, *op. cit.*, p. 118.
2. Giulio Carlo Argan, « Histoire et anti-Histoire » (1986) ; cf. *L'Époque, la mode, la morale, la passion*, *op. cit.*, p. 486.

discours social, communautaire ou ethnique contestataire, et nullement réactionnaire : à une époque où la postmodernité n'occupait pas le devant de la scène, Carolee Schneemann avait organisé une performance, *Interior Scroll* (1975). Elle tirait de son vagin une longue bande de papier imprimé dont elle lisait le texte. Sur un autre sujet, Adrian Piper procède à une démonstration plus didactique. Son installation vidéo *What It's Like, What It Is* (1991) se présente comme une sculpture minimaliste, mais sur les quatre côtés d'une colonne disposée au centre de la pièce, quatre moniteurs livrent l'image d'un homme, noir, qui dément les clichés habituels quand il dit, par exemple : « Non, je ne suis pas paresseux », « Non je ne suis pas en rut ». Jana Sterbak ne recourt pas davantage à un formalisme quand elle présente *Vanitas : robe de chair pour albinos anorexique* (1987). Si le titre fait songer à des formulations d'Alphonse Allais, l'œuvre n'est pas une facétie. Cette vraie robe de chair, portée par l'artiste, couvre son corps mais elle exhibe la viande. Nous sommes aux antipodes des photographies gentiment pornographiques composées par Jeff Koons quand il se met en scène avec la Cicciolina, sulfureuse députée italienne.

Le postmodernisme recouvre des réalités divergentes et même incompatibles, à maints égards. Hal Foster distingue deux positions antagonistes, aux États-Unis, « l'une alignée sur la politique néoconservatrice, l'autre liée à la théorie poststructuraliste ». La première « s'oppose au modernisme, réduit à sa pire image formaliste, par un retour à la narration, à l'ornement et à la figure », quand la seconde pratique une critique de la représentation. Didier Ottinger a repris cette distinction et il s'appuie sur deux œuvres emblématiques radicalement différentes pour en préciser la portée :

> Retenons que, du constat d'une situation postmoderne, émergent deux voies artistiques. La première pourrait être illustrée par le tableau d'un artiste de la trans-avant-garde italienne, par exemple par une peinture de Sandro Chia. L'œuvre est comme le « manifeste » [...] d'une nouvelle conscience historique. Elle prône la dérive, l'oubli des repères, le nomadisme sans boussole, l'éclectisme sans normes. L'autre position (post-structuraliste) pourrait être représentée par une œuvre de Hans Haacke. Son propos est de révéler les rapports complexes qui, à un moment donné, unissent l'art et la société capitaliste. D'un côté donc, l'oubli de l'histoire, de l'autre la « précipitation » de l'art dans le présent, la recherche de son efficacité *hic et nunc*. Formellement, dans un cas comme dans l'autre, se lisent l'oubli du modernisme, la négation de sa lecture orientée et téléologique de la « vie des formes »[1].

1. Didier Ottinger, « Courants, vagues, flux et reflux », *L'Art contemporain en question*, ouvrage collectif, Paris, Éditions du Jeu de Paume, 1994, p. 41 et 42.

L'ARTISTE ET SON PUBLIC

Les pratiques regroupées sous l'appellation d'arts plastiques n'ont pas seulement métamorphosé les formes proposées à l'appréciation esthétique. Les artistes, lorsqu'ils inventent de nouveaux moyens d'expression ou s'approprient des médiums exclus par la tradition des beaux-arts, requièrent du public une réelle plasticité. Il doit se montrer capable de modifier ses comportements, de s'adapter pour qu'apparaisse un minimum d'empathie avec les œuvres, si déroutantes soient-elles *a priori*, faute de quoi un rejet sommaire, sans appel, est inéluctable. Marcel Duchamp avait attiré l'attention sur l'importance dévolue à la réception, lorsqu'il affirma, en 1957 :

> Ce sont les REGARDEURS qui font les tableaux[1].

Paradoxale, cette déclaration inscrit le terme *regardeur*, alors peu usité, au cœur des débats esthétiques : l'œuvre d'art réalisée par l'artiste est-elle complète et close sur elle-même, est-elle une monade

1. Marcel Duchamp, propos recueillis par Jean Schuster (1957), *Duchamp du signe*, *op. cit.*, p. 247.

simplement reçue, comme telle, par les amateurs ? Ou bien ceux-ci jouent-ils un rôle assez décisif pour que les processus d'appropriation participent pleinement de la création ? Le public n'élabore et ne propose aucune œuvre, Duchamp ne l'ignore pas, mais il relève à juste titre que « l'artiste n'est pas seul à accomplir l'acte de création car le spectateur établit le contact de l'œuvre avec le monde extérieur en déchiffrant et en interprétant ses qualifications profondes et par là ajoute sa propre contribution au processus créatif[1] ». C'est pourquoi l'inventeur du readymade suggère un modèle de la création artistique qui intègre une vision dialectisée des deux pôles en présence :

> Je crois beaucoup au côté « médium » de l'artiste. L'artiste fait quelque chose, un jour, il est reconnu par l'intervention du public, l'intervention du spectateur ; il passe ainsi plus tard à la postérité. On ne peut pas supprimer cela puisqu'en somme c'est un produit à deux pôles ; il y a le pôle de celui qui fait une œuvre et le pôle de celui qui la regarde. Je donne à celui qui la regarde autant d'importance qu'à celui qui la fait[2].

Cette conception féconde de la réception esthétique qui n'est nullement une saisie passive, fut implicitement reprise par les artistes et les institutions. Les premiers se sont en effet souvent efforcés de créer les conditions d'une réelle participation du public. Les secondes ont suivi ce mouvement, dépassant le rôle de simples intermédiaires pour se transformer en acteurs

1. Marcel Duchamp, « Le processus créatif » (1957), *ibid.*, p. 189.
2. Réponse de Marcel Duchamp à Pierre Cabanne, *Entretiens avec Marcel Duchamp*, *op. cit.*, p. 130.

à part entière de la création artistique. Ainsi, les arts plastiques ne proposent pas simplement d'autres formes, mais encore des formes nouvelles auxquelles nous avons accès de manière différente.

I
Regarder, agir

Paul Klee opposait la forme, qui est « fin, mort », à la formation seule capable de manifester la « Vie ». Dans cette logique, l'artiste prônait « l'identité de l'ouvrage et du processus de son élaboration (l'œuvre *est* son histoire)[1] ». L'amateur attentif explore la surface du tableau « comme un animal pâture une prairie[2] » et il peut renouer avec le cours de la création si des chemins ont été ménagés dans la pâte pour guider son regard. Les explications des intercesseurs tendent à produire un effet similaire quand elles détaillent les techniques utilisées. Une part de la fortune critique de Jackson Pollock tient aux révélations apportées sur ses méthodes par les photographies publiées par Hans Namuth en 1951, et nul n'évoque son œuvre picturale sans mentionner au moins le *dripping* et son corrélat, la toile posée à plat sur le sol.

Aux secrets d'ateliers, des artistes ont opposé le dévoilement en direct de leurs procédures instaura-

1. Paul Klee, « Philosophie de la création » (s. d.), *Théorie de l'art moderne*, *op. cit.*, p. 61.
2. Paul Klee, « Credo du créateur » (1920), *ibid.*, p. 38.

trices : ils ont convié le public à les voir travailler. D'autres ont imaginé de faire participer plus directement encore les spectateurs, promus acteurs sur la scène de l'art. Le succès du terme *regardeur* et de l'idée qu'il véhicule fut conforté, non sans malentendus, par le happening et les autres formes de création artistique qui tendent à faire disparaître toute distinction tranchée entre création et réception.

Le spectacle de l'art

Les artistes se sont souvent représentés au travail, face à leur chevalet ou devant la sellette. Au XXe siècle, ils ont parfois eu la tentation de monter sur une scène afin de rencontrer directement le public. Les futuristes, puis les dadaïstes ont organisé des manifestations au cours desquelles ils provoquaient et affrontaient les spectateurs. Ces deux types d'activités — les pratiques d'atelier, destinées à produire une œuvre pérenne, et les improvisations aux allures théâtrales, toujours éphémères — ont commencé à converger dans les années cinquante.

Georges Mathieu avait déjà peint des tableaux de grandes dimensions devant des amis, mais sa première expérience de travail en public eut lieu lors d'une *Nuit de la poésie* organisée au théâtre Sarah-Bernhardt (28 mai 1956). Là, devant près de deux mille personnes, il exécuta une peinture de quatre mètres sur douze en moins de trente minutes. Les récits de l'artiste tiennent de la chronique sportive autant que du fait divers, mais relèvent aussi les conséquences de l'improvisation affichée :

> C'est toute une attitude mentale — et je dirais même morale — que la remise en question de notre façon de considérer l'œuvre picturale dans son résultat, dans son accomplissement et même dans sa genèse, allait promouvoir par l'affirmation de plus en plus concertée du droit à l'improvisation, lequel allait entraîner des rapports nouveaux entre l'art et les notions de vitesse et de risque[1].

La question de la vitesse est récurrente dans l'art moderne depuis que John Ruskin vilipenda James McNeill Whistler, un « turlupin » qui osait « réclamer deux cents guinées pour avoir jeté un pot de peinture à la tête du public ». Lors du procès qui s'ensuivit, la question du temps requis par l'exécution du tableau fut au centre des débats. Comme Whistler avouait avoir « expédié » son *Nocturne in Black and Gold : the Falling Rocket* (vers 1874) en deux jours, le procureur général s'étonna : « Oh, deux jours ! C'est donc pour l'ouvrage de deux jours que vous demandez deux cents guinées ? » L'artiste répondit : « Pas du tout ; je les demande pour le savoir acquis pendant toute une vie. » La valeur d'un geste dont la fulgurance dévoile soudain une pensée longtemps méditée commençait à s'imposer au moment du procès Whistler. Les improvisations de l'art japonais suscitaient une admiration qui réactivait un fonds d'histoires canoniques parmi lesquelles l'éponge jetée par Protogène occupe une place de choix.

Georges Mathieu se rendit au Japon en 1957. Là, vêtu d'un kimono, il travailla en public. L'une de ses toiles, *La Bataille d'Akata*, fut acquise par Jirô Yoshi-

1. Georges Mathieu, « Diffusion et contagion mondiale : 1956-1962 », *De la révolte à la renaissance*, *op. cit.*, p. 125.

hara, qui avait fondé, en 1954, le groupe Gutai bijutsu kyôkai (« Association de l art concret »). Lors de la 1re Exposition d'art Gutai (art « Concret », Tokyo, octobre 1955), deux œuvres furent réalisées devant le public. Saburô Murakami avait barré la porte d'accès à la salle avec une grande feuille de papier kraft qui fut déchirée par Jirô Yoshihara. Par ailleurs, Murakami avait préparé trois châssis tendus de kraft enduit de peinture dorée. Il les transperça dans un grand fracas, en six endroits. Le titre de l'œuvre, *Faire six trous en un instant*, indique clairement le statut de l'objet, témoin figé d'une action fugace. Au cours de la même manifestation, Kazuo Shiraga réalisa une autre action : *Lutter dans la boue*. Il avait fait déverser près d'une tonne d'argile à l'entrée du bâtiment et l'avait au préalable malaxée afin de lui donner la consistance voulue. Quand il se précipita sur cette terre humide, les personnes qui assistaient à l'événement vécurent un moment intense. Cette œuvre est d'autant plus intéressante, à cette date, qu'elle ne participe à la création d'aucun objet susceptible d'en pérenniser la mémoire. Shiraga présentait également des peintures réalisées avec les pieds, procédure régressive qui fit scandale. Lors de la 2e Exposition d'art Gutai (Tokyo, octobre 1956), Shiraga conjugua l'action corporelle et la peinture : il plongea littéralement dans son œuvre, mobilisant tout son corps pour brasser la matière picturale sur le support. Un journaliste a noté que cette exposition du groupe Gutai ressemblait à « un véritable show[1] » : on ne sau-

1. « Des problèmes de méthode : l'exposition d'art Gutai » (*Asahi Shinbun*, 14 octobre 1956), trad. dans le cat. de l'exposition *Gutai*, Paris, Galerie nationale du Jeu de Paume, 1999, p. 206.

rait dire plus clairement à quel point l'art change ici de nature.

Yves Klein était parti pour le Japon en 1952, afin d'étudier le judo à l'institut Kôdôkan. En 1958, peu après la fin de sa célèbre exposition dite « du vide », il expérimente la technique du « pinceau vivant ». Un modèle nu, enduit de peinture bleue, rampe sur une feuille de papier posée à même le sol. L'artiste affinera la méthode et son mentor, Pierre Restany, suggéra de nommer ces empreintes *Anthropométries*. Elles sont apparues sur la scène de l'art lors d'une « cérémonie » publique organisée à la Galerie internationale d'art contemporain (Paris, 9 mars 1960). Devant une assistance choisie, Klein, en smoking, dirige trois jeunes femmes qui apposent l'empreinte bleue de leurs corps sur des supports disposés sur les murs et sur le sol, tandis qu'un orchestre joue sa *Symphonie monoton* (vingt minutes d'un unique son tenu, suivies de vingt minutes de silence).

Les *Anthropométries* permettent de dissocier le corps-pinceau du corps de l'artiste, créateur dont les tableaux ne sont donc pas peints de main de maître. Klein, hostile à tout expressionnisme, tient à « maintenir une distance » avec la peinture. Afin d'éviter tout rapprochement avec l'Action Painting comme avec les pratiques de Kazuo Shiraga, Yves le Monochrome précise qu'il reste « complètement détaché de tout travail physique pendant le temps que dure la création ». Il affirme, non sans une certaine mauvaise foi :

> Personnellement, jamais je ne tenterai de me barbouiller le corps et de devenir ainsi un pinceau vivant ; mais au contraire, je me vêtirais plutôt de mon smoking et j'enfilerais des gants blancs. Il ne me viendrait

> même pas à l'idée de me salir les mains avec de la peinture. Détaché et distant c'est sous mes yeux et sous mes ordres que doit s'accomplir le travail de l'art. Alors, dès que l'œuvre commence son accomplissement, je me dresse là, présent à la cérémonie, immaculé, calme, détendu, parfaitement conscient de ce qui se passe et prêt à recevoir l'art naissant au monde tangible[1].

Les Nouveaux Réalistes ont multiplié les « actions-spectacles ». L'une des plus fracassantes se déroula au Museum of Modern Art de New York. Jean Tinguely réussit à convaincre les responsables du musée de commanditer la réalisation d'une sculpture monumentale, animée et autodestructrice. L'artiste s'assura la collaboration de Billy Klüver et celle de Robert Rauschenberg pour préparer son *Hommage à New York*. Le public massé derrière les vitres du musée assista, le 17 mars 1960, à la mise en marche de cette énorme machinerie de rouages et de poulies qui comportait aussi un piano, une voiture d'enfant, des postes de radio, un lanceur de pièces de monnaie, un gros ballon météorologique, des pétards et des fumigènes. En trente minutes, ce bric-à-brac bruyant, peint en blanc, parvint à se disloquer, à se détruire presque entièrement. Il n'en reste que le souvenir, des photographies, le récit écrit par Klüver de cette « Garden Party », et de nombreux commentaires publiés dans la presse.

Des « actions-spectacles » moins radicales donnent

1. Yves Klein, « Manifeste de l'hôtel Chelsea » (1961), *Yves Klein, op. cit.*, p. 196 (*Écrits*, p. 307). En fait, l'artiste mit bel et bien, en d'autres circonstances, la main à la pâte, et il réalisa sans doute au moins une « anthropométrie », *L'Exilé d'Ischia*, 1960 : Klein est réputé avoir tenu lui-même le rôle de « pinceau vivant » pour cette œuvre (cf. le cat. de l'exposition *L'Empreinte*, Paris, Centre Georges Pompidou, 1997, p. 254).

lieu à la réalisation d'une œuvre, d'un objet qui peut être conservé et exposé. Ainsi, lors du premier Festival du Nouveau Réalisme qui s'est tenu à Nice en 1961, Arman se livre à une « colère » : il casse une table et une chaise, puis il fixe sur une plaque de bois, à la manière des tableaux-pièges de Spoerri, les morceaux épars à l'endroit où ils sont tombés (*Colère de meubles Henri II*). Avant de réaliser cette œuvre festivalière, Arman avait enregistré une « colère » pour une chaîne de télévision américaine, NBC. La liaison des artistes avec les médias de grande diffusion est l'une des constantes d'un art saisi par une tendance irrépressible à devenir spectacle. Georges Mathieu peignit *La Saint-Barthélemy* (1959) devant des caméras de télévision et les artistes Gutai avaient préparé maintes actions pour une « exposition sans visiteur », exclusivement réservée aux journalistes du magazine *Life* — le reportage ne parut pas. Ces diverses tentatives pour spectaculariser la création appellent une complicité du public.

D'autres artistes ont créé des rapports plus agressifs avec leurs spectateurs. Ainsi, la participation du groupe formé par Buren, Mosset, Parmentier et Toroni au Salon de la jeune peinture relève de la pure manifestation. Lors du vernissage, le 3 janvier 1967, les quatre peintres ont travaillé devant le public. Buren repeignait en blanc les deux bandes blanches situées à chaque extrémité du tissu rayé qu'il commençait à utiliser ; Mosset inscrivait un cercle au milieu de la toile ; Parmentier utilisait la technique du pliage pour réaliser des bandes horizontales et Toroni disposait en quinconces, tous les trente centimètres, des empreintes de pinceau numéro cinquante. Pendant ce temps, un haut-parleur diffusait : « Buren, Mosset, Parmentier, Toroni vous conseillent de devenir intelligents. » Lorsque la soirée s'acheva, ils rangèrent les toiles réalisées et ils les emportèrent. Au-dessus de l'emplacement qui leur était réservé, une banderole indiquait que les quatre compères n'exposaient pas — l'absence affichée est une modalité de la présence. Quoi qu'il en soit, le travail en public valorise la praxis. Buren oppose le faire, le processus, à l'œuvre achevée lorsqu'il déclare :

> Voir au détour d'une rue quelqu'un en train de peindre le Sacré-Cœur, un pont, la Seine ou n'importe quoi d'autre, me fascine toujours. J'aime voir faire la peinture, même des croûtes épouvantables, surtout avant que le tableau soit fini, car, avant d'être fini, c'est souvent bien… Cela vaut aussi, à mon avis, pour la « grande peinture » : elle est plus belle quand elle se fait que lorsqu'elle est achevée : elle est surtout plus intéressante[1].

Prière de toucher

Voir la création se faisant facilite sans aucun doute une approche compréhensive du résultat. Un autre désir anime également les spectateurs : comme saint Thomas, ils veulent toucher, moyen de créer une intimité corporelle où s'abolit la distance. Mais toucher dégrade les objets sollicités. Un musée américain avait disposé près de la porte d'entrée une sculpture, reproduction pédagogique : chacun était invité à y porter la main et pouvait aussi constater les dégâts occasionnés,

1. Daniel Buren, *Entrevue. Conversations avec Anne Baldassari*, Paris, Flammarion, Union des Arts décoratifs, 1987, p. 13.

à la longue, par de multiples contacts. C'est pourquoi les gardiens doivent rappeler sans cesse l'interdit muséal : *Défense de toucher*. Les uns et les autres transgressent parfois ce tabou, à la dérobée. Des artistes les y encouragent.

Marcel Duchamp avait conçu la couverture du catalogue de l'exposition *Le Surréalisme en 1947* organisée à la galerie Maeght (Paris) : un faux sein en caoutchouc, posé sur un velours noir et accompagné de cette injonction : « Prière de toucher. » Nous avons déjà évoqué la *Sculpture pour aveugle* de Brancusi et les débats engendrés par le tactilisme. Les beaux-arts tenaient à distance le sujet convié à toucher des yeux, mais seulement des yeux. À l'inverse, les arts plastiques ont parfois tenté d'élargir à d'autres sens la perception des œuvres. Le groupe Gutai proposa des parcours, expériences à vivre avec le corps entier. Dans le numéro 4 de la revue *Gutai*, Jirô Yoshihara évoque l'*Œuvre à marcher dessus* et l'*Œuvre à traverser* présentées à Tokyo par Shimamoto :

> Il s'agit d'objets qu'il faut capter avec le corps entier. Un creux imprévu, le pied qui glisse, le corps qui chancelle et, à chaque fois, vient à l'esprit le visage de l'artiste riant sous cape. Ces pièces qui établissent un lien concret entre celui qui crée et celui qui perçoit marquent assurément un tournant dans l'art[1].

Lors de l'exposition *Dylaby*, sous-titrée « Un labyrinthe dynamique » (Amsterdam, Stedelijk Museum, 1962), Daniel Spoerri avait organisé deux salles. La première était plongée dans le noir : les visiteurs devaient la parcourir à tâtons, se guidant sur des sur-

1. Jirô Yoshihara, « Rapport de la 1re Exposition Gutai » (1956), *Gutai*, *op. cit.*, p. 198.

faces aux textures variées, parfois chaudes, ou humides, assaillis par des sons et des odeurs diverses. La référence au spectacle de foire contribuait à dérouter les amateurs. La seconde salle présentait une collection d'œuvres fin de siècle, mais tout se passait comme si la pièce entière avait subi une rotation de quatre-vingt-dix degrés. Ainsi avait-on la sensation étrange de marcher sur l'un des murs, tandis que le « sol », sur lequel étaient fixés les socles avec leurs statues, semblait redressé à la verticale. L'exposition fut montée en trois semaines par les artistes invités — Robert Rauschenberg, Martial Raysse, Niki de Saint-Phalle, Jean Tinguely et Per Olof Ultvedt — auxquels le conservateur du musée, Willem Sandberg, avait donné carte blanche. Cette réalisation labyrinthique fut moins démontée que jetée à la poubelle. À l'exception de quelques réalisations de Rauschenberg, aucune des œuvres, conçues pour le lieu, à vivre plus qu'à voir ou à collectionner, ne fut réclamée par les artistes et nul ne songea à les entreposer.

Le Groupe de recherche d'art visuel (GRAV, 1960-1968) organisa aussi des manifestations susceptibles de « faire sortir le spectateur de sa dépendance apathique qui lui fait accepter d'une façon passive, non seulement ce qu'on lui impose comme art, mais tout un système de vie ». L'une des actions les plus marquantes du groupe, à cet égard, se déroula dans les rues de Paris, en 1966. Le public était invité à jouer avec des objets et à entreprendre des parcours déstabilisants. Auparavant, ils avaient présenté, eux aussi, un labyrinthe, expérience délibérément dirigée, selon les artistes, « vers l'élimination de la distance qu'il y a entre le spectateur et l'œuvre ». Un document diffusé à l'occasion de la 3e Biennale de Paris (1963) proposait de créer un climat de « communication et d'interaction » entre le public et la création. Dans le plus pur style des manifestes avant-gardistes du début du siècle, les artistes membres du GRAV proclamaient notamment :

> Nous voulons intéresser le spectateur, le sortir des inhibitions, le décontracter.
> Nous voulons le faire participer.
> Nous voulons le placer dans une situation qu'il déclenche et transforme.
> Nous voulons qu'il soit conscient de sa participation.
> Nous voulons qu'il s'oriente vers une interaction avec d'autres spectateurs.
> Nous voulons développer chez le spectateur une forte capacité de perception et d'action.
> Un spectateur conscient de son pouvoir d'action [...] pourra faire lui-même la vraie « révolution dans l'art ».
> Il mettra en pratique les consignes :
> DÉFENSE DE NE PAS PARTICIPER
> DÉFENSE DE NE PAS TOUCHER
> DÉFENSE DE NE PAS CASSER[1].

Cet état d'esprit, exprimé ici avec une fougue datée, était partagé. De nombreux artistes cherchaient à promouvoir des rapports plus directs avec la création artistique. Au lieu d'en appeler à la seule visualité et à la distance qu'elle implique nécessairement, ils souhaitaient mobiliser toutes les facultés des spectateurs-participants. Ainsi, Jesús Rafael Soto invente une formule propre à créer une complicité active entre l'œuvre et son public quand il réalise ses premiers *Pénétrables* (1968). Leur efficacité est inversement

1. « Assez de mystifications » (1963), texte collectif du GRAV reproduit dans le cat. de l'exposition *Morellet*, Paris, Centre Georges Pompidou, 1986, p. 185.

proportionnelle à la simplicité du projet et de sa réalisation. Une pluie de fils de Nylon, blancs, jaunes ou noirs, attachés seulement à leur extrémité supérieure et laissés libres près du sol, construit un environnement dans lequel le spectateur peut se glisser. Immergé dans l'œuvre, il vit une expérience corporelle qui modifie et son regard et son rapport à l'espace. L'artiste a toujours insisté sur ces deux caractéristiques :

> Quand on rentre dans un pénétrable, on a la sensation d'être dans un tourbillon de lumière, une plénitude totale de vibrations. Le pénétrable est une sorte de concrétisation de cette plénitude dans laquelle je fais évoluer les gens, leur fais sentir le « corps » de l'espace. C'est une manière de matérialiser ce qui existe à l'état immatériel, un immatériel qui pour moi n'est pas une chose irréelle, mais une réalité. La réalité existe partout et elle remplit tout l'univers. Il n'y a pas de vide. Nulle part. C'est mon idée de base[1].

Lorsqu'ils entrent dans un « pénétrable », les spectateurs en deviennent l'une des composantes. Une œuvre de Luciano Fabro, *In Cubo* (1966), avait établi ce mode de fonctionnement. L'objet se présente comme un cube léger aux parois translucides. Il faut soulever cette frêle construction et pénétrer à l'intérieur afin d'expérimenter, selon l'artiste, son « espace strictement personnel qui, seulement en privé, garantit sa fonctionnalité ». Jacinto Lageira a commenté ce cube aux dimensions anthropomorphiques qui nous convie à éprouver la relation de l'espace et du corps, et il remarque :

1. Entretien de Jesús Rafael Soto avec Daniel Abadie (1982), repris dans le cat. de l'exposition *Jesús Rafael Soto, Rétrospective*, Meymac, Abbaye Saint-André, Centre d'art contemporain, Bayonne, Le Carré/musée Bonnat, Dunkerque, musée d'Art moderne, Porto, Fondation de Serralves, 1992, p. 129.

> L'œuvre n'est véritablement complète que lorsque la personne en fait réellement partie : l'artiste ou le spectateur sont un morceau de l'objet, une articulation indispensable de ce qui le fait exister en tant qu'objet d'expérience esthétique[1].

Hélas, exposé dans des institutions soucieuses, à juste titre, de la préservation des œuvres, il est rarement possible d'entrer dans le cube. D'autres artistes ont anticipé cette liberté surveillée. Il va de soi qu'il ne faut pas s'emparer des marteaux disposées par Michelangelo Pistoletto auprès d'un autre cube, composé de six miroirs, *Construzione, distruzione* (1966). De même, si la cible à colorier proposée par Jasper Johns est bien complétée par trois pastilles de gouache, un petit pinceau, la signature de l'artiste suivie de la mention « and... » (*Target. Do It Yourself*, 1961, éditée en multiple en 1971), nul ne songera sans doute à la peindre. Une série de tableaux fut conçue par Andy Warhol sur le même principe. Il avait trouvé un ensemble de planches préparées pour les peintres amateurs. Le motif est décomposé en surfaces numérotées qu'il suffit de remplir avec la bonne teinte pour obtenir une nature morte, un parterre de fleurs ou un superbe paysage. Warhol les a agrandies, reportées sur toile et il commença le coloriage, mais là encore nul ne s'avisera de recouvrir les parties vierges d'une belle couche de peinture pour achever le travail. Ces tableaux *À faire soi-même* (1962) n'ont pas été abandonnés par l'artiste pour que nous lui prêtions la main. Plus généralement, la mention implicite « Prière

1. Jacinto Lageira, « Luciano Fabro : le miroir des sens ou quelques *tautologies* sur l'expérience esthétique », *Artstudio*, nº 13 (*Regards sur l'Arte Povera*), été 1989, p. 96.

de toucher» reste souvent un vœu pieux, quand elle ne relève pas de la fiction.

L'autonomisation des arts impliquait leur séparation, leur retrait dans un espace privé d'où le spectateur est physiquement exclu. Le cadre autour du tableau, le socle sous la sculpture, la rampe entre la scène et la salle faisaient office à la fois de signes et d'opérateurs de cette division. L'espoir d'abolir les frontières entre l'art et la vie impliquait l'émergence de modes de présentation propres à engendrer une esthétique du fusionnel. Conscients de l'héritage dada, instruits des expériences du groupe Gutai, des artistes américains avaient imaginé, à la fin des années cinquante, des «environnements». Ainsi, Allan Kaprow exposa à la Hansa Gallery (New York, 1958) un ensemble de matériaux disparates au sein desquels les visiteurs devaient circuler. L'artiste tenait à stimuler une attitude participative :

> Dans l'exposition présente, nous ne venons pas pour *regarder* les choses. Nous entrons simplement, nous sommes entourés de façon passive ou active selon notre aptitude à nous engager, de la même façon que nous jouons un rôle lorsque nous sortons *hors* de tout l'espace de la rue ou de chez nous. Nous sommes nous-mêmes des formes (bien que, souvent, nous n'en soyons pas conscients). Nous portons des vêtements de couleurs différentes ; nous pouvons bouger, sentir, parler et observer les autres de façons différentes ; et nous changeons constamment le «sens» du travail en étant ainsi. [...] Je crois que ce genre donne une responsabilité beaucoup plus grande aux visiteurs que ce dont ils ont l'habitude. Le «succès» d'une œuvre dépend aussi bien d'eux que de l'artiste[1].

1. Allan Kaprow, «Notes sur la création d'un art total» (1958), *L'Art et la vie confondus*, *op. cit.*, p. 42.

Allan Kaprow a décrit l'évolution qui permit l'émergence de cette forme artistique nouvelle. Si l'assemblage est une extension tridimensionnelle du collage, l'environnement au sein duquel pénètrent les spectateurs est une extension de l'assemblage. L'environnement peut être « composé de n'importe quels matériaux, intéressant le toucher, l'ouïe et même l'odorat, réalisé dans une ou plusieurs pièces, ou en plein air ». Ainsi, le visiteur est littéralement immergé « *dans* l'art[1] ». À ce titre, les environnements se distinguent des installations devant lesquelles il est toujours possible de disposer des cordons destinés à en interdire l'accès. Aujourd'hui, le vocabulaire critique ne fait plus guère de différence entre ces deux modalités d'existence de l'œuvre plastique. De très nombreuses installations, répertoriées comme telles, sont en fait des environnements : elles supposent une présentation ouverte et requièrent une attitude esthétique spécifique.

Les œuvres d'Edward Kienholz illustrent la fécondité du genre. *Roxy's* (1961) nous transporte dans l'univers d'un bordel célèbre de Las Vegas. *While Vision of Sugar Plums Danced in their Heads* (« Tandis que des visions de prunes confites dansent dans leurs têtes », phrase extraite d'une comptine, 1964) transforme le visiteur en voyeur. Dans cette parodie de chambre à coucher au décor banal, une radio crachote de la musique sans charme, un miroir reflète l'image réaliste du couple affairé dans ses préparatifs sexuels. Mais l'homme et la femme sont aussi là, étendus dans

1. Allan Kaprow, déclaration de 1963 citée par Irving Sandler, *Le Triomphe de l'art américain. L'École de New York*, *op. cit.*, p. 171

un vrai lit. Caricatures monstrueuses, leurs têtes sortent des draps. Si la curiosité nous pousse à nous approcher, des petits trous percés dans ces formes attirent notre regard. Lorsque nous y collons l'œil, nous y devinons les ébats fantasmés par chacun des époux. *The Art Show* (1963-1977) utilise aussi le son pour stigmatiser l'ambiance — ici reconstituée, grandeur nature — d'un vernissage mondain, auquel le spectateur participe dès lors qu'il « visite » l'exposition, c'est-à-dire quand il déambule dans l'environnement. Bien qu'ils fassent en quelque sorte partie de l'œuvre, les visiteurs ne collaborent pas à son élaboration.

Les environnements de Kienholz sont indépendants du lieu dans lesquels ils sont montrés. *The Beanery* (1965) se présente comme un container transportable, isolé du contexte, à l'intérieur duquel les spectateurs pénètrent et découvrent un café vieillot. Les consommateurs ont une horloge en guise de tête. Beaucoup d'autres environnements peuvent être reconstitués, mais certains sont au contraire absolument tributaires du lieu de leur implantation. Ainsi Hans Haacke conçut pour la Biennale de Venise une « installation[1] » dont le titre, *Germania* (1993), est celui qui s'affiche sur le pavillon allemand construit aux *Giardini Pubblici*. Au-dessus de la porte d'entrée, une pièce d'un Deutschmark, agrandie aux dimensions d'un bas-relief. Au-delà de cette porte, une cloison de bois dissimulait l'intérieur du pavillon. Sur cette cloison, montée sur

1. C'est ainsi que l'artiste désigne cette œuvre qui a pourtant toutes les caractéristiques d'un environnement : le terme *installation* a fini par triompher, semble-t-il, pour qualifier un grand nombre d'œuvres qui ne sont ni des tableaux ni des sculptures, que les spectateurs pénètrent ou non dans leur espace.

un fond rouge, était apposée une grande photographie, reproduction d'un document historique : Adolf Hitler visitant la Biennale de Venise en 1934. Après avoir contourné la cloison, le visiteur découvrait un spectacle de désolation : le sol de la pièce, absolument vide, était entièrement défoncé. Sur le mur du fond, le mot *Germania* s'étalait en immenses lettres de plomb. Il va de soi qu'un tel environnement n'aurait guère de sens s'il était reconstitué à l'identique dans un autre lieu : il s'inscrit résolument dans la logique de l'*in situ*. Mais il faut souligner aussi que l'œuvre n'est pas exclusivement rétinienne, si frappant que fût par ailleurs son impact visuel. Déambuler sur les ruines du sol fracassé est une expérience qui engage tout entier le visiteur déstabilisé.

Au plus près du public

En 1958, deux ans après la mort de Pollock, Allan Kaprow fait partie de ceux qui constatent combien l'Action Painting, victime de son succès, s'est académisé. Ses innovations, acceptées, devenues des poncifs, « commencent à prendre place dans les manuels scolaires[1] ». Kaprow publie à ce moment une analyse des *drippings*. Elle reprend les approches opposées de Greenberg et de Rosenberg, mais elle les situe dans une perspective où leurs contradictions n'ont plus cours : Pollock, créateur de quelques magnifiques

1. Allan Kaprow, « L'héritage de Jackson Pollock » (1958), trad. dans *La Peinture*, sous la dir. de Jacqueline Lichtenstein, Paris, Larousse, coll. Textes essentiels, 1995, p. 914.

tableaux, aurait aussi « détruit la peinture ». Parmi les arguments qui étayent cette thèse, soulignons la prédilection de l'artiste pour les « toiles énormes » qui tendent à devenir des environnements : « Le choix des grandes dimensions par Pollock a pour effet de transformer notre confrontation avec ses œuvres en un assaut et un engloutissement. » Non seulement « ici la peinture se poursuit dans la salle », mais « notre besoin de nous identifier avec le processus, de faire corps avec l'aventure dans son ensemble » tend à faire de nous « des participants plus que des spectateurs ». Aussi, pour Kaprow deux voies sont désormais en concurrence : jouer sur les variations possibles à partir de l'esthétique de Pollock, ou cesser totalement de peindre. Kaprow choisit l'aventure hors de la peinture, pour mieux en prolonger la logique :

> Ainsi, Pollock, tel que je le vois, nous a laissés au point où nous devons commencer à nous préoccuper, sans nous laisser aveugler, de l'espace et des objets de notre vie quotidienne, de nos corps, de nos vêtements, de nos appartements, ou si besoin en est, de toute l'étendue de la 42e Rue. Insatisfaits de faire appel à nos autres sens par l'intermédiaire de la peinture, nous utiliserons les caractéristiques spécifiques de la vue, de l'ouïe, des mouvements, des gens, des odeurs, du toucher[1].

Un an plus tard Allan Kaprow inventait le *happening*. Le terme, construit à partir du verbe *to happen* (« advenir »), apparaît dans le titre d'une manifestation organisée par l'artiste à la Reuben Gallery, *18 Happenings in 6 Parts* (New York, 1959). Dans le catalogue édité à l'occasion de son « exposition », Kaprow a

1. *Ibid.*, p. 916

décrit le dispositif mis en place pour ces *Happenings*. Les trois espaces dans lesquels se situe l'œuvre ont chacun une atmosphère différente, avec des éclairages variés, bleue et blanche ici, rouge et blanche là, bleue ailleurs. Outre des collages et des objets, des miroirs, soixante-quinze à cent chaises sont prévues. Les invités ont reçu des cartes numérotées et ils doivent changer de siège, comme le prescrivent des règles stipulées dans le programme. Ils peuvent voir des projections de diapositives, entendre de la musique improvisée et assister à diverses actions simples : une personne brûle des allumettes, une femme nue s'effondre sur un canapé, une autre presse des oranges, des artistes peignent des toiles accrochées sur les cloisons, d'autres promènent des pancartes, disent des textes ou jouent d'un instrument de musique. Aucune de ces brèves interventions ne se reproduit une deuxième fois, et « elles ne signifieront rien d'explicite, du moins pour l'artiste ». En une heure et demie, les dix-huit happenings ont été exécutés. Ils incarnent des valeurs antithétiques de celles qui ont cours dans l'univers des beaux-arts. Ils plaident notamment pour l'éphémère, le changeant, les surprises renouvelées, un rapprochement de l'art avec la vie. Mais Kaprow, dans la droite ligne de l'expressionnisme abstrait, inscrit néanmoins ce nouveau moyen d'expression au sein de la tradition américaine :

> La signification du happening ne doit pas être trouvée simplement dans le courant de création plein de fraîcheur qui souffle actuellement. Les happenings ne sont pas juste un autre style nouveau. Mais plutôt, à l'image de l'art américain de la fin des années quarante, ils sont un acte moral, une attitude humaine fondée sur une

> grande urgence dont le statut professionnel en tant qu'art est moins un critère que la certitude qu'ils sont un engagement existentiel ultime[1].

Allan Kaprow veut créer un « art total », et il souligne que cette idée née, « paradoxalement », d'un besoin d'élargir l'une « des formes de peinture, le collage » a finalement conduit au « rejet de la peinture sous toutes ses formes[2] ». Une évolution mène par étapes successives du collage à l'assemblage, puis de l'assemblage à l'environnement et enfin de l'environnement au happening — « environnement exalté » par la participation des spectateurs devenus acteurs. C'est pourquoi Kaprow prend grand soin de distinguer les happenings du théâtre, dont ils ne s'inspirent nullement. Prolongements de la peinture d'action, tributaires du collage et de ses conséquences, les happenings s'inscrivent en toute logique[3] dans le cours d'une histoire qui conduisit les beaux-arts à se transformer en arts plastiques, ce qui supposait l'abandon des spécificités disciplinaires :

> Les jeunes artistes d'aujourd'hui n'auront pas besoin de dire plus longtemps : « Je suis un peintre », ou « un poète » ou « un danseur ». Ils sont simplement « artistes »[4].

Les happenings se sont répandus rapidement dans le monde occidental. Aux États-Unis, après Kaprow, Jim

1. Allan Kaprow, « Les happenings sur la scène new-yorkaise » (1961), *L'Art et la vie confondus*, *op. cit.*, p. 52.
2. Allan Kaprow, « Notes sur la création d'un art total », *op. cit.*, p. 41.
3. Cette construction de l'histoire emprunte évidemment son modèle structurel au modernisme qui avait décrit les conquêtes réflexives de la peinture comme un dépouillement progressif, accompli au fil d'une suite d'étapes logiquement enchaînées les unes aux autres.
4. Allan Kaprow, « L'héritage de Jackson Pollock », *op. cit.*, p. 916.

Dine, Claes Oldenburg, Robert Whitman, Red Grooms et bientôt beaucoup d'autres s'emparent de ce nouveau moyen d'expression. En France, Jean-Jacques Lebel crée à partir de 1960 maints happenings et il publie un ouvrage sur le sujet[1] ; Tadeusz Kantor organise à Varsovie le premier happening polonais ; l'Italie, l'Allemagne l'Autriche, l'Angleterre ou encore l'Argentine, le Japon, etc. ne sont pas en reste. La décennie soixante fut celle du plus grand retentissement des happenings : les « événements » de mai 1968 eux-mêmes furent qualifiés par Edgar Faure — alors ministre de l'Éducation nationale — de happening. Bref, comme chacun sait, le terme lancé par Kaprow eut un tel succès qu'il est désormais passé dans la langue courante.

La plupart des historiens[2] établissent un lien entre le happening et l'*Untitled Event* légendaire, nommé plus tard *Theater Piece # 1*, qui se déroula au Black Mountain College en 1952. Son principal instigateur, John Cage, avait distribué aux intervenants des indications relatives aux séquences de temps durant lesquelles ils devaient se livrer à des actions ou rester inactifs. Aucun d'eux ne savait ce que les autres feraient, ni quand ils devaient intervenir. Le public était réparti en quatre triangles convergeant au centre de l'espace.

1. Jean-Jacques Lebel, *Le Happening*, Paris, Les Lettres nouvelles, 1966.

2. Des voix discordantes se font néanmoins entendre, notamment chez les artistes. Ainsi, Dick Higgins déclara : « Je n'ai jamais pensé le spectacle du Black Mountain College comme un happening ou comme se rapportant à Fluxus. Même s'il incluait des médias différents, et variés, je le voyais plutôt comme un spectacle simultané et une "manifestation" dans la tradition dadaïste de Raoul Hausmann ou des poèmes simultanés, ou encore ceux d'Isidore Isou » (« Entretien » avec Charles Dreyfus, cat. de l'exposition *Hors Limites*, Paris, Centre Georges Pompidou, 1994, p. 189).

Rauschenberg projetait des diapositives ou de petits films sur ses toiles blanches suspendues au plafond. Merce Cunningham et ses danseurs parcouraient les travées. John Cage lisait une *Causerie* qui traitait des relations de la musique avec le bouddhisme zen tandis que Charles Olson et Mary Caroline Richards déclamaient des poèmes. David Tudor transvasait de l'eau d'un récipient dans un autre — il exécutait ainsi une pièce de John Cage, *Water Music*. Des enfants hurlaient et des disques crachaient par intermittence des musiques variées. Pendant ce temps, des garçons imperturbables servaient du café aux spectateurs qui pouvaient trouver leur bonheur dans cet immense collage d'actions sans liens, régi par le hasard — souci premier et constant de John Cage. Ainsi, le public n'intervenait pas dans le spectacle total auquel il assistait. Chacun restait libre de fixer son attention sur ceci plutôt que sur cela, de saisir des beautés passagères parmi ces « événements » volontairement décousus, voire d'élaborer un sens à partir de ce matériel foisonnant, aussi incohérent que la vie.

La même année, John Cage composa *4' 33"*. Cette pièce musicale « silencieuse » nous invite à écouter le bruissement des sons qui adviennent quand la musique se tait. *4'33"* et l'*event* du Black Mountain College relèvent de postulats esthétiques situés à cent lieues des intentions dérivées de l'expressionnisme abstrait qui président aux premiers happenings de Kaprow, ancien élève de Cage à la New School for Social Research (New York). Cage n'avait d'ailleurs nullement apprécié ces œuvres chargées d'un pathos contraignant, parfois proche de l'angoisse, qui ne font généralement pas davantage appel à la participation réelle du public que son propre *Event* du Black Mountain College. Il n'est pas tendre :

> Ainsi, lorsque je vais à un happening qui me semble régi par une intention, je pars en disant que cela ne m'intéresse pas. Aussi, je n'ai pas aimé que l'on me dise, dans *18 Happenings in 6 Parts*, d'aller d'une pièce à une autre. Car, malgré que je ne sois pas engagé dans la politique, j'ai, en tant qu'artiste, une certaine intuition du contenu politique de l'art et il ne contient pas la police[1].

La plupart des happenings se déroulèrent dans des lieux culturels. L'assistance, « choisie », était donc consentante et plus ou moins informée du contexte artistique. La contestation des instances et des lieux institutionnels se développa au fil des années soixante. Parallèlement, des artistes ont tenté d'atteindre directement un public tout venant. Ils descendent alors dans la rue. Michelangelo Pistoletto et ses amis créent le *Zoo* en 1968. Collaboration créative, le *Zoo* ne fait pas directement appel aux spectateurs, mais ceux-ci peuvent le rejoindre et participer aux jeux. Bien que l'artiste s'en défende, il s'agit d'une sorte de théâtre de rue. Cet activisme joyeux pouvait prendre la forme d'un défilé dans la ville (Turin) ou de joutes agonistiques sur la place d'un village, au cours desquelles chacun des participants devait inventer et mettre en scène une histoire. Mais peu importe les moyens, et Pistoletto le dit clairement :

> Pour moi, il n'y a pas de formes plus ou moins actuelles, toutes les formes sont disponibles, tous les matériaux, toutes les idées et tous les moyens[2].

1. Extrait d'un entretien de John Cage avec M. Kirby et R. Schechner, trad. par Ben Vautier et Marcel Aloco, publié sous le titre « La salive », *Le Théâtre*, 1968-1, Paris, Christian Bourgois éditeur, p. 213.
2. Michelangelo Pistoletto, « Le ultime parole famose », cite par

Pierre Restany et Guido Le Noci avaient organisé à Milan, avec les artistes, une série de festivités pour célébrer le dixième anniversaire de la fondation du groupe des Nouveaux Réalistes. Christo empaquette le monument à Victor-Emmanuel : une manifestation d'anciens combattants le contraint à changer de statue. Le choix d'empaqueter celle de Léonard de Vinci irrite d'autres couches de la population, qui mettent bientôt le feu à cette réalisation éphémère. César fabrique en public l'une de ses expansions en mousse de polyuréthane, Niki de Saint-Phalle tire à la carabine sur les poches de couleur d'un *Autel* improvisé, Arman distribue aux passants des accumulations de déchets dans des sacs en plastique et Jean Tinguely dévoile, devant la cathédrale, un immense phallus doré qui s'autodétruit dans un feu d'artifice d'explosions successives. Le repas, plus privé mais aussi joyeux, mit un point final aux manifestations du groupe. L'art prenait parfois des allures de monômes. En contact direct avec un public non préparé, il se confronte aussi à l'incompréhension et au vandalisme. Ces résistances le contraignent à fortifier sa vitalité.

Des spectateurs participants

Les happenings ont rapidement acquis deux caractéristiques majeures. Agressifs, ou au moins provocants, ludiques mais carnavalesques, ils proposent des situations limites où la présence du corps des parti-

---

Bruno Corà, « Michelangelo Pistoletto : réflexion et élaboration du problème de l'Être », *Artstudio*, n° 13, *op. cit.*, p. 75.

cipants, parfois nu ou presque, souvent violenté, met à l'épreuve les sensibilités. D'autre part, l'assistance, proche de l'action, est rarement conviée à intervenir vraiment : la distance entre participants et spectateurs s'est vite reconstituée, et peut-être même n'a-t-elle jamais été vraiment abolie. En revanche, plusieurs manifestations célèbres, qui ne relèvent pas directement de la tradition initiée par Allan Kaprow, peuvent être considérées comme des happenings si la participation du public constitue leur critère distinctif.

En 1960, par exemple, Piero Manzoni invite le public à la galerie Azimut (Milan) à une manifestation au titre très duchampien, « Consommation de l'art dynamique par ses spectateurs mêmes dévorateurs d'art ». Comme l'indique le carton d'invitation, chacun « est prié d'assister et de collaborer directement à la consommation des œuvres ». L'artiste avait apposé l'empreinte de son pouce sur des œufs durs qu'il distribua : une heure plus tard, tous ceux qui le souhaitaient avaient avalé une part de l'œuvre. Pour que la référence soit parfaitement claire, Manzoni renouvela l'expérience lors d'une exposition collective (Albisola, 1961), mais il en modifia le titre, devenu cette fois : « Comunione con l'arte ».

Daniel Spoerri a lui aussi utilisé la nourriture, pour une exposition d'une rare impertinence : *723 Ustensiles de cuisine* (Paris, galerie J., 1963). Chaque soir, il transforme la galerie en restaurant. Plusieurs menus sont proposés, dont un « menu de prison ». L'artiste est aux fourneaux, tandis que des critiques d'art — Alain Jouffroy, Jean-Clarence Lambert, Jean-Jacques Lévêque, Michel Ragon et Pierre Restany —

assurent le service. Les instruments de cuisine sont exposés, ainsi que les ingrédients pour les repas. Après avoir mangé, les clients amateurs d'art peuvent transformer, « sous licence », leur table en tableau-piège. Daniel Spoerri a résumé la situation :

> Le restaurant est pour moi un confluent de forces. L'artiste fait sa cuisine. Le critique d'art sert la soupe et approche l'œuvre du public. Le spectateur, suivant la définition de Duchamp, fait le tableau. Avec moi, non seulement il le consomme, mais il participe à l'arrangement[1].

La participation est souvent requise, d'une manière ou d'une autre, par des œuvres qui demeureraient sans vie si nous refusions de jouer le jeu, leur jeu. Il faut entrer dans les couloirs de Bruce Nauman ou éprouver les dispositifs de Dan Graham pour comprendre leurs fonctionnements et saisir leurs sens. Quelques exemples parmi des centaines possibles permettront de suggérer la diversité des situations auxquelles peuvent être confrontés les amateurs. Au centre d'un espace restreint dans lequel il faut pénétrer, une ampoule pend. Le cartel explique que la parole peut faire apparaître la lumière. Avec un peu d'attention et un minimum de perspicacité, le spectateur-participant découvre rapidement que l'intensité lumineuse est proportionnelle à celle des sons qu'il produit (Yaacov Agam, *Que la lumière soit*, 1967).

Jochen Gerz place les visiteurs devant un dilemme. Il installe un texte au fond d'une salle. Sur toute la surface du sol, répété à la craie, le mot *leben* (« vivre ») : si nous avançons pour lire le texte, nos pieds contribue-

1. Daniel Spoerri, cité dans Otto Hahn, *Daniel Spoerri*, *op. cit.*, p. 55.

ront à l'effacement de « vivre » (*Leben*, 1974). Marina Abramovic et Ulay nous placent dans une situation plus délicate encore. Nus l'un et l'autre, ils laissent un étroit passage dans l'embrasure d'une porte où ils se tiennent en vis-à-vis. Pour entrer dans la galerie, nous devons accepter de nous faufiler entre leurs corps (*Imponderabilia*, 1977). Le contact entre l'artiste et l'amateur est plus intime encore dans une œuvre demeurée célèbre. Orlan est installée derrière une forme en plastique qui représente un buste de femme nue. L'œuvre est présentée à la FIAC, foire où le public se rend en masse. Les visiteurs sont invités à introduire cinq francs dans la fente prévue à cet effet : la jeune femme leur délivre alors un vrai baiser tandis qu'une ampoule clignote à l'extrémité des seins en plastique (*Le Baiser de l'artiste*, 1977). Marie-Ange Guilleminot installe un polygone en bois sur une place devant un théâtre de Münster (*Paravent-Installation*, 1997). Des trous, ménagés dans les panneaux, comportent des manchons en tissu noir. Devant chacun d'eux, une chaise attend le chaland. S'il est informé, il se déchausse, passe les pieds dans l'embrasure et attend le massage qui ne tardera pas à venir le relaxer.

Felix Gonzalez-Torres faisait preuve, lui aussi, de sollicitude envers le public, au début des années quatre-vingt-dix. L'artiste disposait des piles de feuilles imprimées dans ses expositions, et chaque visiteur pouvait en emporter une. Il agençait aussi des tas de bonbons qui attiraient les gourmands. Des feuilles ou des bonbons étaient sans cesse replacés sur les piles ou les tas, afin que l'œuvre dispersée aux quatre vents conserve son intégrité. L'art des années soixante et soixante-dix était souvent plus brutal : une installation sonore de Bruce Nauman en témoigne. La pièce est vide, mais des haut-parleurs, dissimulés ou non, diffusent en permanence cette injonction, dite sur tous les tons : « *Get out of my mind — Get out of this room* » (« Sortez de ma tête — Sortez de cette pièce », 1968). Barbara T. Smith adoptait une position inverse avec *Feed me* (1973). Nue sur un lit dans une salle qui contenait des objets, des victuailles et des huiles pour le corps, elle recevait les visiteurs un par un, tandis qu'une bande-son leur rappelait la consigne : « Nourrissez-moi. » Nous voilà bien loin, dans tous ces cas, des rapports que nous pouvons entretenir avec une peinture, un dessin ou une sculpture.

Tout homme est un artiste

L'idée de participation comme les œuvres qui l'actualisent maintiennent encore une séparation entre ceux qui font ou qui proposent et un public de consommateurs devenus actifs. Jean Dubuffet avait contribué à un élargissement non de la notion d'art, mais de ceux qui s'y consacrent, au moins épisodiquement. L'art brut ménage une place auprès des artistes patentés à tous ceux qui trouvent l'énergie de manifester leurs capacités créatrices. Un recueil de ses textes est significativement intitulé *L'Homme du commun à l'ouvrage*. Dans l'agitation de l'année 1968, il radicalise ses positions de principe. L'artiste se demande s'il faut *regarder* les œuvres d'art ou les tenir pour choses « à vivre et à faire ». Au fil de sa réflexion, Dubuffet élabore un univers utopique :

> Il n'y aura plus de regardeurs dans ma cité ; plus rien que des acteurs. Plus de culture, donc plus de regard. Plus de théâtre — le théâtre commençant où se séparent scène et salle. Tout le monde sur la scène dans ma cité. Plus de public. Plus de regard, donc plus d'action falsifiée à sa source par une destination à des regards — s'agisse-t-il de ceux propres de l'acteur lui-même devenant, dans le moment qu'il agit, son propre spectateur[1].

Dubuffet sait que nous sommes conditionnés, que nous « ne pouvons pas nous défendre de nous regarder agir ». C'est pourquoi il nous demande de ne plus consentir « au principe du regardement » et d'essayer « de fermer un peu les yeux », de détourner la tête, « au moins par courts moments[2] ». Joseph Beuys tenta, lui aussi, de promouvoir un dépassement de l'art et de l'esthétique bâtie sur le clivage entre l'artiste qui fait et le public des regardeurs. Sa méthode se fonde sur une agitation politique développée au sein des institutions artistiques.

Une part de l'œuvre de Beuys repose sur un épisode de sa vie devenu légendaire. Lorsque l'avion de la Luftwaffe qu'il pilotait fut abattu, des Tatars l'ont recueilli et soigné en usant de méthodes chamaniques traditionnelles : le corps enduit de graisse, protégé par du feutre, ses plaies se cicatrisèrent lentement. Depuis, l'artiste utilise des matériaux isolants ou conducteurs d'énergie, toujours chargés d'un symbolisme qui leur donne sens. La graisse, le feutre, le cuivre, le soufre, le miel ou l'or, les animaux sauvages ou domestiques,

1. Jean Dubuffet, *Asphyxiante Culture*, Paris, Jean-Jacques Pauvert, 1968, p. 116.
2. *Ibid.*, p. 117.

vivants ou morts, interviennent fréquemment dans ses installations et au cours de ses nombreuses actions. Elles paraissent énigmatiques mais restent toujours compréhensibles si on possède le code des métaphores qui les sous-tendent. Se composant un personnage fascinant, le regard intense sous l'ombre d'un chapeau qu'il ne quitte jamais, ou presque, Joseph Beuys fait office d'artiste-chaman dans un contexte assujetti à la frivolité et au mercantilisme. Sa fonction, thérapeutique plus qu'esthétique, n'est pas tant de concevoir et d'offrir des objets de consolation que d'aider le corps social à guérir ses blessures, de contribuer à la restauration d'une harmonie spirituelle au sein de la nature dont l'humanité tout entière fait partie.

Joseph Beuys se montrait critique pour les happenings et les performances parce qu'ils favorisent une participation superficielle et qu'ils incitent souvent les spectateurs à développer un « activisme vide de tout contenu ». Beuys n'a pas cessé de plaider pour le déploiement d'une créativité généralisée qui implique de répudier les conditionnements sociaux pour retrouver une liberté, condition préalable à l'éveil dynamique des forces de libération. Son « concept élargi de l'art » l'a conduit à déclarer : « Tout homme est un artiste. » Cette phrase clef de son credo fut parfois mal interprétée. L'artiste en a précisé la signification sociale à plusieurs reprises. En 1985, il affirmait par exemple :

> La formule « tout homme est un artiste », qui a suscité beaucoup de colère et que l'on continue à mal comprendre, se réfère à la transformation du corps social. Tout homme peut, et même doit, prendre part à cette transformation si l'on veut réussir cette grande tâche

> Car si une seule voix manque pour travailler cette plastique sociale qui doit d'abord être exprimée, je dis si une seule voix manque, si elle ne participe pas, il faudra attendre longtemps pour arriver à la transformation, à la nouvelle construction des sociétés[1].

On l'aura compris, le travail de Beuys n'a rien de formaliste. Il renoue avec les grandes utopies des avant-gardes historiques qui confiaient à l'activité artistique, révolutionnaire, un rôle majeur dans la construction d'un monde meilleur. Ainsi l'art, en son fond, est-il politique. Beuys use évidemment de méthodes fort différentes de celles de ses prédécesseurs. Sculpteur, il réalise des installations, fabrique parfois des objets, utilise toujours des matériaux inhabituels dans le cadre d'« actions » qui confèrent une signification à ce matériel composite. Les œuvres, reliques visibles et conservables, souvent exposées, sont toujours liées à un récit, celui des circonstances de leur apparition, de leur emploi.

Beuys a participé aux activités du groupe Fluxus dès le début des années soixante. Nommé professeur à l'académie des Beaux-Arts de Düsseldorf en 1961, il développe une activité pédagogique qui tend à élargir au champ social le « concept traditionnel de l'art ». C'est ainsi que le professeur Beuys fonde en 1967 une organisation contestataire, le Parti des étudiants allemands. Ses conflits avec l'institution entraînent son éviction de l'académie, en 1972. La même

1. Joseph Beuys, « Discours sur mon pays » (1985), repris dans *Par la présente, je n'appartiens plus à l'art*, textes et entretiens choisis par Max Reithmann, trad. par O. Mannoni et P. Borassa, Paris, L'Arche, 1988, p. 24.

année, Beuys ouvre, dans le cadre de l'exposition *Documenta V*, un bureau d'information de l'Organisation pour la démocratie directe. Fondée en 1971, elle s'adresse à l'ensemble de la société. L'artiste organise des débats publics, moyen de propagande bien connu des hommes politiques. Il crée ensuite, avec Heinrich Böll, l'Université internationale libre (1974). Au début des années quatre-vingt, Beuys déclare consacrer l'essentiel de son énergie à son action politique dans le cadre du mouvement écologique. Lorsqu'on lui demande pourquoi il a intitulé *Dernier Espace* l'exposition réalisée dans la galerie Liliane et Michel Durand-Dessert (Paris, 1982), l'artiste répond qu'il a « des travaux beaucoup plus importants à faire », et que cet « espace » a toutes les chances d'être le dernier. Il s'en explique ainsi :

> Vous savez que je travaille dans des organisations, comme l'Université libre. C'est cela mon concept élargi de l'art, qui devient de plus en plus important et auquel je consacre de plus en plus de temps, de sorte que je ne peux vraiment plus m'offrir le luxe de faire des expositions dans des galeries[1].

Alors qu'il commençait à associer son travail d'artiste et l'action politique, Beuys avait forgé la notion de *sculpture sociale*. Elle condense les lignes de force de son univers conceptuel, artistique et militant. La sculpture sociale participe à la fois du mouvement d'extension du champ sculptural et d'un militantisme révolutionnaire, deux tendances typiques de l'époque. Comme le remarque Bernard Lamarche-Vadel, cette

1. Joseph Beuys, « Dernier espace avec introspecteur », propos recueillis par G. Goldcymer et M. Reithmann, *ibid.*, p. 100. Le témoignage de Michel Durand-Dessert sur cette exposition l'éclaire sous un autre jour (cf. *supra*, p. 312).

notion centrale dans la pratique de l'artiste « condense en un seul terme deux régions distinctes » :

> La sculpture sociale dénote d'abord l'activité elle-même de Beuys sculpteur au sein d'une société, et d'une histoire, dont il est le produit et qu'à son tour il influence. La sculpture sociale ensuite est la forme en procès permanent, en constant devenir, des liens multiples, affectifs, économiques, politiques, écologiques, historiques, naturels et culturels qui fondent une société en tant que telle, et la dépossession de chaque individu en faveur de la permanence des codes sociaux par ailleurs. Tel est le matériau que confie Beuys à la sculpture[1].

L'action *7 000 chênes* manifeste à merveille cette volonté d'intrication et de dépassement de l'art et du politique. Il s'agissait de planter sept mille arbres à Cassel. La réalisation du projet initié lors de la *Documenta VII* (1982) fut achevée après la mort de l'artiste, lorsque son fils Wenzel planta symboliquement le dernier chêne de la série, lors de l'inauguration de la *Documenta VIII* (1987). Les dimensions écologiques de l'opération vont de soi, mais Beuys avait aussi maintenu des liens avec la sculpture traditionnelle : auprès de chaque arbre, élément d'une œuvre disséminée dans la ville entière, il a fait ériger une stèle de basalte. En 1982, ces sept mille pierres extraites d'une carrière de la région avaient été accumulées, entassement spectaculaire, devant le Friedericianum où se tenait l'exposition *Documenta VII* et où l'artiste-agitateur animait des séminaires dans la salle de discussion réservée aux activités de l'Université libre. Depuis la

1. Bernard Lamarche-Vadel, *Joseph Beuys, is it about a bicycle ?*, Paris, Marval, galerie Beaubourg, Vérone, Sarenco-Strazzer, 1985, p. 58 et 59.

disparition de Beuys, les objets qu'il avait conçus ou utilisés sont conservés dans des collections privées ou publiques. Rendus à un statut artistique somme toute banal, ils perpétuent pourtant le souvenir d'une pensée désireuse de rompre avec les délectations strictement esthétiques.

II

L'artiste apporte son corps

Paul Valéry constatait que le peintre « apporte son corps ». Maurice Merleau-Ponty, qui cite cette remarque de Valéry, la commente en ces termes : « Et, en effet, on ne voit pas comment un Esprit pourrait peindre. C'est en prêtant son corps au monde que le peintre change le monde en peinture[1]. » L'expression personnelle — et plus largement l'ensemble des rapports d'intimité de l'artiste avec sa création — a tenté de nombreux artistes. Les courants expressionnistes manifestent avec brutalité la présence d'un corps agissant : les objets qui en reçurent les stigmates l'attestent. Cependant, au cours des années soixante, alors que la validité des philosophies du sujet était mise en doute par le structuralisme et la déconstruction, le minimalisme et l'art conceptuel rompaient la chaîne causale qui reliait le corps du créateur à son œuvre.

Au même moment, d'autres artistes choisissent d'exhiber leur personne (ou leur personnage) sur la

1. Maurice Merleau-Ponty, *L'Œil et l'Esprit*, Paris, Gallimard, 1964, p. 16.

scène de l'art. Supports ou matériaux de leurs créations éphémères, accomplies devant des spectateurs ou pour eux, mais en leur absence, le corps offert, violenté, martyrisé parfois, bouleverse les rapports qui s'établissent entre l'art et son public. En réalité, les amateurs ont presque toujours accès à ces œuvres par l'intermédiaire d'une documentation, récits, photographies, enregistrements vidéo, etc. La photographie, nous l'avons rappelé, introduit dans l'univers des images un mode de représentation qui nous donne un accès très particulier au référent puisqu'elle suppose, en principe, qu'il fut bien là, devant l'objectif. De même, lorsque l'œuvre et le corps de l'artiste sont confondus, une brèche béante s'ouvre dans l'univers de l'art où la médiation d'un artefact allait de pair avec le retrait du créateur. L'art corporel dissout les procédures ancestrales de symbolisation artistique. Il requiert donc une adaptation des habitudes esthétiques. Elles doivent être considérablement modifiées pour pouvoir répondre aux attentes engendrées par les nouveaux comportements des artistes.

Ainsi, Timothy Binkley, à partir d'autres exemples, observe que les produits de l'art, au XXe siècle, sont « parfois la mise en œuvre directe d'idées non médiatisées par des qualités esthétiques ». De surcroît, ajoute-t-il, « une œuvre d'art est une "pièce", et, en tant que telle, elle n'a pas besoin d'être un objet esthétique ni même un objet tout court ». L'une des conséquences de cet état de fait, c'est qu'il est inutile de s'attarder sur la question : « Est-ce de l'art ? », mais qu'en revanche, « la question qui importe est : "Si c'en est, qu'est-ce qui s'ensuit ?"[1] ».

1. Timothy Binkley, « "Pièce" : contre l'esthétique » (1977), trad

Aux frontières du théâtre

Au cours du XXe siècle, les stratégies développées par les artistes pour rendre plus floue la frontière entre l'art et la vie ont surtout eu pour résultat de brouiller les distinctions entre les arts pour le plus grand profit d'une nébuleuse plasticienne en constante expansion. Agir dans l'instant, exhiber le corps, faire appel à la sexualité, aux cocasseries ou aux trivialités du quotidien : ces méthodes qui détruisent l'enracinement de l'œuvre dans un objet portent des noms variés, plus tributaires des habitudes acquises que de spécificités conceptuelles clairement établies. Les happenings comme les *events* relèvent d'une tradition américaine. Les termes *performance* et *action* acquièrent des significations différentes, en fonction du contexte et de l'époque.

Le terme *event* (événement) est entré dans le vocabulaire artistique après la manifestation mythique du Black Mountain College, qui refusait dans un même élan la subjectivité de l'expressionnisme et une distinction trop tranchée entre l'art et la vie. Merce Cunningham est demeuré fidèle à cette appellation, pour ses ballets. La dénomination *event* fut reprise par George Maciunas, l'inventeur, en 1961, du nom Fluxus, comme par George Brecht et bien d'autres membres du groupe. Les Events Fluxus — des gouttes tombant dans un récipient (G. Brecht, 1961), un lâcher de

---

par Claude Hary-Schaeffer dans *Esthétique et poétique*, textes réunis et présentés par Gérard Genette, Paris, Éditions du Seuil, 1992, respectivement p. 34 et 57.

papillons (La Monte Young, 1960) ou encore l'action de fracasser un violon (Maciunas, 1962) — mettent l'accent sur la simplicité et la brièveté d'une proposition destinée à dissoudre les limites de l'art et du non-art, mais aussi celles qui existent encore entre les différents arts, notamment entre arts plastiques, musique, poésie et arts du spectacle. Les *events*, les performances ou les actions, connurent un succès fulgurant. En 1961, Robert Rauschenberg estimait que ces pratiques étaient devenues « académiques ». C'est dire si elles s'étaient banalisées :

> Les « événements » sont des espèces de pièces de théâtre pour lesquelles on compose un décor où les gens participent spontanément. Ils donnent alors l'impression de vivre un événement irrationnel organisé. À New York, on compose ainsi des tableaux vivants. Plusieurs peintres y collaborent, comme des amis, comme des couleurs arrivent sur la palette. Il n'y a pas de thème. Les gens participent à l'action et tout est également important. Par exemple, quelqu'un monte sur une chaise et fait un discours ; un autre personnage arrive avec une cloche, fait du bruit ; une jeune femme distribue des cartes postales ou des images ; des personnages dansent dans le fond. Il n'y a pas tellement de musique, il s'agit plutôt de sons. Cela dure de dix minutes à vingt minutes, selon les cas. Une telle expérience est déjà devenue académique. Le miracle du moment n'a de sens qu'aussi longtemps que le mouvement continue[1].

Le public demeurait souvent spectateur, mais il se montrait friand de ces manifestations qui heurtaient ses habitudes et renouvelaient son rapport aux arts visuels.

1. Robert Rauschenberg, entretien avec André Parinaud (1961), *op. cit.*, p. 727.

Contrairement aux intentions affichées des happenings, les performances ne postulent pas une collaboration improvisée avec les spectateurs. Le terme performance connote, en français, l'idée d'exploit, de difficulté vaincue. Mais son acception plasticienne nous vient des États-Unis. En anglais, *performance* signifie « représentation », « spectacle ». Aussi, un *event* était une forme particulière de *performance*. Enfin, pour ajouter à une confusion terminologique sans doute inévitable, car ces créations veulent rompre avec le carcan des catégories instituées, *action* fut souvent utilisé comme synonyme de *performance*. Mais Chris Burden, qui se livra à des actions violentes et réalisa des performances spectaculaires, nomme souvent ses « œuvres » *Pieces* (« pièces »). Quoi qu'il en soit, les happenings, les *events*, les performances ou les actions requièrent la présence physique de l'artiste. Ces formes d'art « vivant », apparues dans les années soixante, inscrivent l'acte dans une pure temporalité au lieu de le réifier, de le transformer en objet.

Marcel Duchamp appréciait les happenings, parce que, disait-il, « c'est quelque chose qui s'oppose carrément au tableau de chevalet ». Cette forme d'art confortait sa théorie du regardeur. Mais les performances ou les actions peuvent être réalisées en présence d'un public, ou seulement devant des appareils de prise de vue (photo, vidéo). Dans tous les cas, elles sont ensuite diffusées par l'intermédiaire des documents, traces ou reliques (tissus maculés, objets, outils ou instruments employés, assemblages réalisés, etc.). La présence ou l'absence du public, sa participation ou sa passivité offrent des facteurs de discrimination à qui voudrait classer ces pratiques extrêmement variées, aussi bien dans leurs formes que dans leurs intentions. Toutes ont cependant en commun de transformer la « scène » (métaphorique) de l'art en une scène bien réelle sur laquelle surgit l'artiste, en chair et en os, acteur d'une œuvre sans corps, délivrée des pesanteurs de l'objet : l'acte seul, magnifié, est promu art.

Violences et transgressions

L'Autriche, au début des années cinquante, fut scandalisée par le comportement d'un jeune artiste, Arnulf Rainer. Fondateur d'un groupe éphémère, le Hundsgruppe (« Groupe du chien », 1950), il proférait des discours agressifs et ne répugnait pas à aboyer. Le rapprochement avec les stratégies subversives des cyniques grecs n'a pas manqué d'être proposé. Comme ces philosophes qui se réclamaient du chien et se livraient en public à des actes que la morale ordinaire réprouve, les artistes autrichiens de cette époque ont multiplié les provocations. Cependant, Rainer peignait encore, même si l'un de ses premiers textes importants s'intitule « La peinture pour quitter la peinture ». Artiste, il proclamait « mépriser l'art », succédané dans un monde privé de liens avec les préoccupations fondamentales, métaphysiques :

> Les tableaux, les poèmes, les idées, les discours ne sont que l'écume, le levain, les déchets, les cendres, la tentative absurde de retrouver ce contact avec l'extase du vécu [...]. Ce ne sont que des tentatives impossibles de prouver quelque chose, une manière erronée pour notre race pécheresse de se réaliser en paroles et non

dans le silence. Ce ne sont que des concessions à notre monde corrompu dont nous avons honte[1].

Arnulf Rainer commence alors ses *Übermalungen* (« peintures recouvertes ») : il ensevelit lentement ses tableaux, et parfois ceux des autres, sous une couche de peinture monochrome noire. Ses « Faces-Farces », grimaces enregistrées dans des cabines de photomaton, puis ses interventions graphiques sur des photographies de visages ou de corps prolongent cette intrication de la peinture à demi refusée et de l'artiste, personne physique. À Vienne comme ailleurs, la peinture gestuelle paraît être la dernière étape avant le recours au corps. En 1952, Harold Rosenberg décrivait, on s'en souvient, la toile comme une « arène offerte » à l'action du peintre, « plutôt qu'un espace où reproduire, recréer, analyser ou "exprimer" un objet réel ou imaginaire ». Au tout début des années soixante, Günter Brus réalisait des peintures informelles et véhémentes. Il voulait « dépasser le tableau même, pour en faire un morceau du monde ». Mais ce monde doit inclure, note l'artiste dans son *Journal*, « le cri, le sommeil, la soupe aux haricots, le teckel à poils longs, le typhon, la mélodie infinie, etc. », bref la vie, sous tous ses aspects.

Cette filiation avec l'expressionnisme abstrait et plus généralement avec la peinture explique peut-être pourquoi, en dépit des glissements successifs, les actions qui se substituent au tableau restent inscrites dans l'orbite des arts plastiques[2]. Günter Brus se peint

1. Arnulf Rainer, « La peinture pour quitter la peinture » (1952), extraits trad. dans le cat. de l'exposition *Arnulf Rainer*, Paris, Centre Georges Pompidou, 1984, p. 62.

2. Selon Mike Kelley, les actionnistes viennois auraient été les

lui-même. En 1965, tableau vivant, il déambule dans les rues de Vienne recouvert de peinture blanche, le corps déchiré en deux par une ligne noire irrégulière. Le lendemain, lors du vernissage de son exposition *Peinture, Autopeinture, Automutilation*, il réalise sa première « action » devant le public. À la place d'un catalogue, l'artiste fait publier un numéro spécial de la revue *Le Marais* pour lequel il avait demandé des contributions à plusieurs amis, notamment Otto Mühl et Rudolf Schwarzkogler : pour la première fois apparaît la mention d'un Groupe d'action viennois.

Otto Mühl, le plus âgé du groupe, débordait l'Action Painting par l'introduction d'une nouvelle composante, la *Materialaktion* (« Action matérielle »), qui recourait à toutes les substances corporelles, sang et excréments compris. Il souhaitait lutter contre la répression sexuelle. Hermann Nitsch, adepte déclaré de l'œuvre totale et fondateur de l'*Orgien Mysterien Theater* (« Théâtre des orgies et des mystères »), faisait également partie du groupe. Nitsch utilisait des dépouilles d'animaux dans des actions qui ressemblaient à des rituels païens où les références chrétiennes abondaient. Il organisa avec Mühl sa première action importante, Fête du naturalisme psychophysique (Vienne, 28 juin 1963), dont le déroulement fut interrompu par la police. Le programme distribué aux invités prévoyait :

> Je vais me mettre en état d'excitation physique et psychique par des actions et pénétrer jusqu'à l'expérience de l'excès originaire. Je répands, j'asperge, je souille

---

premiers à porter l'expressionnisme abstrait dans le champ social (cité par Robert Fleck dans son article, « L'actionnisme viennois », cat. de l'exposition *Hors limites*, *op. cit.*, p. 206).

> l'espace avec du sang et je me roule dans des flaques de couleur. Je m'étends tout habillé sur un lit. On remplira et on versera sous le drap des boyaux, pis de vache lacérés, cheveux, eau chaude (sérum), etc. [...] J'accroche un agneau mort au plafond de la cave, le laisse se balancer à travers la pièce, et frappe la tête de l'animal avec un crochet. [...] Je frappe, piétine, gifle, lapide, fouette, mords, répands le corps, l'éventre, palpe ses entrailles mouillées[1].

Les actionnistes viennois se livrent alors à une escalade dont la violence devient rapidement insoutenable. Ils transgressent les tabous, recourent aux provocations pour secouer le joug d'une société jugée oppressante, mêlent à l'art les aspects les plus triviaux de la vie. Günter Brus, invité à Aix-la-Chapelle, réalise son *Action 30. Der helle Wahnsinn* (« La folie pure », 1968). Le ton est donné. L'artiste urine et défèque en public. Il s'entaille la peau avec une lame de rasoir : la réalité du geste se substitue aux métaphorisations qui. jusqu'alors, caractérisaient l'art et ses œuvres. Brus en prend acte :

> L'analyse corporelle n'a plus besoin de la symbolique, c'est désormais le corps lui-même, ses fonctions, réactions et excréments qui constituent le médium[2].

La violence corporelle culmine lors de deux manifestations qui marquent l'apogée et la fin du mouvement actionniste viennois. *Kunst & Revolution* fut organisé par Günter Brus et Otto Mühl à l'université de Vienne (7 juin 1968). Invités par un groupe d'étudiants socialistes, ils provoquent un scandale retentis-

1. Hermann Nitsch, tract distribué aux invités le 28 juin 1963, cité par Robert Fleck, *ibid.*, p. 201 et 202.
2. Günter Brus, cité dans le cat. de l'exposition *Günter Brus. Limite du visible*, Paris, Centre Georges Pompidou, 1993, p. 197.

sant. Mühl lit un pamphlet et fouette un masochiste. Un philosophe prononce une conférence. Les membres du Direct Art Group organisent un concours : qui urine le plus loin ? Brus se dévêt. Il se taillade le flanc, recueille son urine dans ses mains et la boit, défèque, se barbouille le corps avec ses excréments, puis il se couche sur le sol et se masturbe en chantant l'hymne national autrichien. Les deux artistes, condamnés à des peines de prison par les tribunaux, s'exilent en Allemagne où Harald Szeemann organise une exposition destinée à dresser un bilan, *Happening & Fluxus* (Kunstverein de Cologne, 1970). *Sang et matières fécales*, présenté par Otto Mühl et Hermann Nitsch, déclenche un nouveau tollé.

Brus réalise sa dernière action en 1970. Depuis lors il écrit et dessine. Mühl abandonne en 1971 ses activités artistiques pour se consacrer à une manière de thérapie sexuelle, dans le cadre d'une « commune » qui connut des démêlés avec la justice. Schwarzkogler, après avoir réalisé six actions, s'est suicidé (1969). Longtemps, le bruit a couru qu'il était mort à l'issue d'une automutilation, ce qui montre à quel point les agressions corporelles auxquelles se livraient ces artistes furent perçues comme *réalistes*. Seul Nitsch a poursuivi, après 1970, ses cérémonies sacrificielles avec des dépouilles d'animaux.

Pour tous, restent les documents photographiques et les films. Certaines des actions ont d'ailleurs eu lieu sans public, mais devant un objectif : c'est évidemment le moyen privilégié de pérennisation et de diffusion. Günter Brus introduit une distinction entre les images d'actions réalisées devant le photographe, œuvres à part entière, et les photographies prises durant une action publique, qui relèvent de la documentation. François Pluchart, critique d'art militant dévoué à la cause de l'art corporel, confirme cette conception d'une médiatisation où le corps, pourtant, s'éloigne :

> La photo, le film, la vidéo — comme autrefois la peinture et le dessin — ont d'abord pour fonction de conserver la trace d'un fait plastique : ils agissent en tant que constat, mais ils constituent dans la plupart des cas le travail lui-même. Gina Pane ou Michel Journiac, Urs Lüthi ou Henri Maccheroni produisent des œuvres corporelles qui sont uniquement un travail photographique. Il faut donc les considérer comme telles et comme substituts d'une peinture qui s'abîme le plus souvent dans la manipulation de recette éprouvée[1].

La présence, au moins épisodique, du public modifie cependant le rapport que nous entretenons avec ces artistes. S'ils ont tellement choqué, c'est aussi parce que des témoins peuvent attester qu'ils se sont *vraiment* livrés aux actes dont nous voyons les traces. Ainsi, lorsque Chris Burden demande à un ami de lui tirer une balle dans le bras, devant quelques personnes et un photographe (*Shoot*, 1971), il prolonge cet acte semi-privé avec *Show the Hole* (Florence, 1980). Burden invite les gens à entrer, un par un, dans une petite pièce où il leur montre la cicatrice laissée par l'impact, comme s'il voulait leur dire : « Voyez, c'est bien vrai. » À l'inverse, dans les années quatre-vingt-dix, bien des artistes utilisent la photographie ou la vidéo

1. François Pluchart, *L'Art corporel*, Paris, Limage 2, 1983, p. 46 et 47 (notons que la conception de la peinture qui s'exprime ici est fort sujette à caution : loin d'enregistrer un fait, elle le constitue bien souvent au fil de son élaboration concrète).

pour présenter une violence simulée ou réaliser des parodies qui affichent leur statut.

Après la fin de l'actionnisme viennois, l'art corporel se répand. François Pluchart crée en 1971 la revue *arTitudes*, entièrement consacrée à ce mode d'expression. Au cours de cette décennie, celle où le *Body Art* est à son zénith, François Pluchart publie trois manifestes. Dans le premier, il affirme l'importance du corps — le « donné fondamental » — et répudie les liens entre l'art corporel et la peinture ou, plus largement, l'art dans son ensemble :

> L'art corporel n'est pas le tout-à-l'égout des grands avortons picturaux du XXe siècle. Il n'est pas une nouvelle recette artistique destinée à s'inscrire tranquillement dans une histoire de l'art qui a fait faillite. Il est exclusif, arrogant, intransigeant. [...] Il renverse, refuse et nie la totalité des anciennes valeurs esthétiques et morales inhérentes, contenues ou supposées appartenir à la pratique artistique, puisque, ici, la force du discours doit remplacer tout autre présupposé de l'art[1].

Dans son troisième manifeste (1980), l'auteur est encore plus net : « L'art est, aujourd'hui, une activité périmée s'il renvoie à une pratique élitiste, mondaine et engluée dans la sublimation quand ce n'est pas dans le sordide des rivalités de personnes[2]. » En dépit de ces rodomontades, c'est bien l'art et ses institutions qui donnent asile à l'*art* corporel.

1. François Pluchart, « Manifeste de l'art corporel » (1975), repris notamment dans le cat. de l'exposition *L'Art au corps. Le corps exposé de Man Ray à nos jours*, musées de Marseille, Réunion des musées nationaux, 1996, p. 474.

2. François Pluchart, « Troisième manifeste » (1980), *ibid.*, p. 477.

Corps outil, corps support

Certains artistes semblent avoir une prédilection pour des situations où le corps est violenté, dans lesquelles la pratique artistique confine à l'exploit. Chris Burden, par exemple, affectionne les difficultés. Outre la blessure par balle qu'il s'est infligée, il concoctait des expériences éprouvantes. Ainsi, il se fit enfermer dans un casier de consigne durant cinq jours, alimenté en eau seulement par des bouteilles placées dans le casier du dessus, tandis que celui du dessous contenait des récipients vides de même contenance (*Five Days Locker Piece*, 1971). Pendant une quinzaine de jours, Vito Acconci passe ses journées à la galerie Sonnabend (*Seedbed*, « semis », « semence », 1972). Il est dissimulé sous un faux plancher incliné construit pour la circonstance. Tandis que les visiteurs marchent au-dessus de lui, il se déplace et sollicite verbalement leur concours pour construire des fantasmes sexuels qui l'aident, dit-il, à se masturber. Nous pourrions aisément multiplier les exemples de situations limites, encore que des actes aussi brutaux que ceux-ci demeurent rares. Une part du public était disposée à jouer le jeu et ces actions ont aujourd'hui leurs nostalgiques.

D'autres violences, moins directement physiques, charrient un fort potentiel symbolique. Selon Michel Journiac, « le corps ne s'atteint que par des rituels ». Dans *Messe pour un corps* (galerie Daniel Templon, Paris, 6 novembre 1969), il mime la célébration eucharistique. Aux membres de l'assistance qui veulent communier, il donne en guise d'hostie une rondelle d'un boudin élaboré à partir de son propre sang. La recette de ce mets blasphématoire figure dans plusieurs ouvrages Les récits ne disent pas combien de communiants et de communiantes ont vraiment avalé l'hostie/boudin. L'une d'elles au moins s'y résolut : Catherine Millet, « enfant de chœur improvisé » pour servir cette messe, ingurgita le repas anthropophagique qui lui était proposé : « J'en connais certains, écrit-elle, dont l'estomac se serait immédiatement révulsé[1]. »

La souffrance réelle et publique de l'artiste devient aussi un vecteur de communication. Gina Pane a entaillé chacune des parties de son corps, au fil de ses actions méticuleusement préparées. Pour accomplir l'une d'elles, *Escalade sans anesthésie*, réalisée en 1971 dans son atelier, elle utilise une échelle dont les barreaux sont hérissés de pointes acérées. Mains nues, sans chaussures, elle gravit un à un ces échelons, allusion, dit-elle, à l'escalade américaine au Vietnam — la guerre bat son plein — et à la situation des artistes — « Les artistes aussi grimpent ». Plus généralement, les performances de Gina Pane impliquent une situation existentielle et une conjoncture politique. Elle usa de la photographie pour prolonger l'émotion du moment, lui donner une forme susceptible de produire des effets similaires. L'artiste prévoyait avec sa collaboratrice les cadrages, les angles de vue, et ce travail n'était nullement annexe. Elle l'a clairement indiqué dans ses notes :

> Pendant l'action, la photographe Françoise Masson occupait la même place que moi par rapport au public ;

1. Catherine Millet évoque cette « messe » dans l'un de ses livres, *L'Art contemporain en France*, Paris, Flammarion, 1994, p. 200.

> elle constituait le média de l'action, le construisant uniquement d'après un scénario précis que je lui remettais auparavant. Que l'on comprenne enfin et définitivement qu'en aucun cas et que jamais il n'y eut un constat de mes actions sur le plan de la photo car celle-ci participait au langage de l'action[1].

Nous avons insisté à plusieurs reprises sur ce point capital, car les performances, les actions, les marches ou les constructions éphémères entrent dans l'univers des arts plastiques grâce à la médiation d'objets visuels qui ont ou qui acquièrent avec le temps un statut artistique. C'est là une différence fondamentale avec le théâtre : les arts plastiques concoctent des traces, veillent à l'efficacité de leur mise en forme. Dans le cadre des beaux-arts, le peintre et le sculpteur ne s'y prenaient pas autrement.

Une œuvre de Dennis Oppenheim demeure emblématique de cet accord profond entre l'action et la photographie. Par une belle journée d'été, il expose son torse nu, en partie recouvert par un livre ouvert, aux morsures du soleil. Quelques heures plus tard, il retire le livre : sa forme blanche apparaît sur la peau de l'artiste qui présente deux photographies, le début et la fin de l'action, narration expresse accompagnée d'un texte explicatif. *Reading Position for 2nd Degree Burn* (1970) condense deux modalités de l'empreinte laissée par un bombardement de photons — sur la peau, sur la pellicule sensible.

1. Gina Pane, « Journal », cité par Anne Tronche, *Gina Pane*, Paris, Fall éditions, 1997, p. 64.

Regardez-moi : un musée imaginaire

Ben participa au festival des *Misfits* (les « désaxés ») organisé à Londres : derrière la vitrine de la galerie One, il se présentait comme *Living Sculpture* (1962). Il vivait sur place, entouré d'objets, et il s'affairait à des tâches ordinaires, se distrayait. Quand Marcel Duchamp indexait un objet banal par une déclaration implicite — « ceci est une œuvre d'art » — Ben décide ici de se désigner lui-même. L'œuvre s'incarne dans l'artiste, devenu « sculpture vivante ». À la célèbre formule « La vie et l'œuvre de… (Van Gogh, Gauguin, Goya, Rembrandt, ou qui vous voudrez) », Ben substitue une décision souveraine : « La vie est l'œuvre. » Fort de ce postulat, il se présente plus tard assis sur une chaise, tenant une pancarte qui proclame : « Regardez-moi cela suffit » (Nice, 1964). En fait, comme nous l'avons rappelé pour le readymade, ça ne suffit jamais. Les artistes qui utilisent leur corps ne l'ignorent pas.

Le parcours de Gilbert & George exemplifie parfaitement le destin photographique des usages du corps au sein des arts plastiques. En 1969, ils décident de devenir des « sculptures vivantes ». Gentlemen froids, calmes et distants, impeccablement vêtus alors que la mode était aux jeans et aux cheveux longs, ils apparaissent dans des lieux institutionnels dévolus à l'art, mais aussi dans des night-clubs ou lors de concerts pop. La première œuvre qui leur valut un succès immédiat, *The Singing Sculpture* (1969), est une performance. Habillés de costumes identiques, juchés sur une table (un socle), le visage maquillé, couleur bronze (autre allusion à la sculpture), accompagnés par la musique diffusée par un magnétophone, ils chantent de concert « Underneath the Arches » (« Sous les ponts »), chanson populaire qui évoque les rêves d'un clochard. L'un tient une canne, l'autre un gant. Quand la chanson est finie, ils échangent ces attributs, issus de la tradition du music-hall, et ils recommencent, interminablement, automates bien réglés. Au début des années soixante-dix, les deux compères commencent à privilégier le médium photographique pour composer des montages souvent provocants, parfois scatologiques, dans lesquels ils figurent souvent, mais pas toujours.

Tous les artistes du Body Art dont la postérité a retenu le souvenir ont maîtrisé les images issues de leurs performances ou de leurs actions. Nous l'avons souligné, beaucoup ont travaillé directement *pour* l'image, anticipée dans la maîtrise de l'action, ou sciemment élaborée en tant que telle. Aussi, cet art est un fruit de l'ère nouvelle qui s'est ouverte quand les moyens modernes de reproduction ont permis la « conquête de l'ubiquité ». Dans l'article qu'il publia sous ce titre, Paul Valéry prophétisait : « Il faut s'attendre que de si grandes nouveautés transforment toute la technique des arts, agissent par là sur l'invention elle-même, aillent peut-être jusqu'à modifier merveilleusement la notion même de l'art[1]. » Le « musée imaginaire », première conséquence de l'ubiquité, ne se contente pas de reproduire le meilleur de notre patrimoine : il crée, nous l'avons vu, des « arts fictifs ». *Fictif* — comme aujourd'hui « virtuel » — ne doit pas être compris comme un synonyme d'« imaginaire », sans

1. Paul Valéry, « La conquête de l'ubiquité », *op. cit.*, p. 83 et 84.

réalité concrète. Les œuvres *fictives* existent bel et bien, mais elles ne sont pas, précisément, des reproductions. L'art corporel, contrairement à ce qu'on en dit généralement, est, ou devient, un art fictif, enfant d'un musée imaginaire où les artistes ont repris le pouvoir. Cet art possède cependant une double modalité d'existence esthétique, quand il s'accomplit devant le public : *in vivo*, dans le temps de l'événement, *in imago*, ensuite.

Les autoportraits fascinent d'autant plus que l'art, en règle générale, implique le retrait de l'artiste. Devant un tableau, le spectateur occupe la place laissée vacante par le peintre — la remarque en fut souvent faite. C'est pourquoi la visibilité de l'artiste, exposé, présent dans l'empreinte de son enregistrement photosensible, recèle une violence dont beaucoup se sont servis à des fins militantes ou revendicatives, sexuelles, identitaires ou politiques. Ils utilisent le maquillage, les travestissements vestimentaires, du matériel de sex-shop, le sang, les fluides corporels, la viande, les nourritures, pour mettre en scène des situations signifiantes. L'homosexualité est une composante importante de cet art militant. Le féminisme s'en est également emparé. Yoko Ono implique les spectateurs dans une action où ils peuvent assouvir un fantasme banal, quand elle leur demande de venir couper des morceaux de ses vêtements (*Cut Piece*, 1964) et Shigeko Kubota leur présente une version féminine de la création picturale au Perpetual Fluxus Festival (New York, 1965). Après avoir attaché un pinceau trempé dans de la peinture rouge à sa petite culotte, elle peint sur les papiers disposés à même le sol. Valie Export se fait tatouer sur le haut de la cuisse le dessin d'une jarretière, symbole d'une séduction soumise au sexisme ordinaire (*Corps Signe Action*, 1970).

La comparaison entre des réalisations de Picasso et une série de dessins d'Annette Messager prouve, s'il en est besoin, combien la conception des œuvres et leur interprétation restent tributaires des changements de contextes artistique et idéologique. En 1950, Picasso peint sur le corps de plusieurs personnes pour le tournage d'un film qu'il dirige. Des photographies montrent la tête de Frédéric Rossif affublée de deux yeux supplémentaires, ou encore un visage sur le torse du cameraman Jean Gonnet. Dans une séquence du film, le maître peint directement sur le dos et le buste d'une jeune femme. Le film ne fut pas diffusé et les ouvrages consacrés à l'art corporel ignorent cet épisode, bien que Marie-Laure Bernadac ait suggéré le rapprochement avec le Body Art[1]. Une autre généalogie prévaut. Elle passe par Duchamp et sa tonsure en forme d'étoile filante (1921), par l'Action Painting, John Cage, Robert Rauschenberg, le groupe Gutai, Antonin Artaud ou les lettristes, artistes ou mouvements jugés antinomiques de l'art picassien auquel ne semblent guère s'intéresser les thuriféraires du corps.

La femme et la sexualité occupent une large place dans l'art de Picasso, mais s'il prend à l'occasion au pied de la lettre la métaphore du papier ou de la toile comme peau, les positions féministes lui sont évidem-

1. Marie-Laure Bernadac a publié plusieurs photographies de corps peints par Picasso. Elle souligne « le caractère novateur et révolutionnaire de cette expérience cinématographique : body art, installations, objets miniatures, happening avant la lettre » (cf. son article, « Picasso et le cinéma », cat. de l'exposition *Peinture Cinéma Peinture*, musées de Marseille et Éditions Hazan, 1989, p. 192).

ment étrangères. Quand Annette Messager imagine une série de dessins sur le corps, photographiés et publiés en livres, il en va tout autrement. En 1975, l'art corporel est entré dans l'histoire de l'art et le féminisme s'y est implanté. Elle aussi dessine des visages, mais sur le ventre d'une femme : les poils pubiens font office de barbe (*La Femme et le Barbu*, 1975). Une autre série s'en prend à un fantasme inventé par un homme, Freud : le « désir du pénis ». L'un des dessins de cette série présente à nouveau le ventre d'une femme. De sa toison émerge un phallus : elle le touche avec circonspection.

Annette Messager avait épinglé le ridicule des tourments et petits supplices que s'infligent des femmes aux prises avec les stéréotypes — masculins — de la beauté. Collectionneuse, elle rassembla dans des albums les images publicitaires d'instruments ou de procédés susceptibles de retendre la peau, d'affermir les chairs, de lutter contre la cellulite, de modifier le volume des seins, etc. (*Les Tortures volontaires*, 1972). Orlan affronte, elle aussi, les images de la femme, mais elle les puise dans le musée imaginaire. En 1977, lorsqu'elle présente *Le Baiser de l'artiste*, elle expose un panneau découpé sur lequel chacun reconnaît son image en sainte Thérèse du Bernin. Depuis lors, elle a entrepris de sculpter son corps, avec la complicité de la chirurgie plastique. Au fil d'opérations successives, Orlan incarne, au sens propre, les archétypes de la beauté féminine : l'« art charnel » qu'elle a initié peut être considéré comme une apothéose de l'histoire de l'art.

III

Autres lieux

Le développement considérable du musée imaginaire contribua au succès des musées réels. Il concourut aussi aux transformations du travail artistique lui-même, dans la mesure où il facilite sa délocalisation. Lorsqu'une institution expose des documents au statut incertain — traces ou œuvres à part entière ? — elle accueille et valorise le musée imaginaire. Pour accepter une telle collusion, le public doit modifier ses comportements, ses attentes. Il est aussi nécessaire que le musée s'adapte. Il sait faire preuve d'une grande plasticité, poussé par des artistes qui s'ingénient à le mettre à l'épreuve.

Comme le musée, l'exposition est un phénomène récent. Jusqu'à la fin du XVIIe siècle, les artistes livraient directement les œuvres à leurs commanditaires. Depuis lors, les grandes manifestations collectives jouent un rôle considérable dans la vie artistique. Elles ont souvent été l'occasion de disputes célèbres – le Salon des refusés de 1863 marque à cet égard un tournant. Au XIXe siècle, le « système marchand-critique » s'est progressivement substitué à l'ancienne organisation des relations entre les artistes et les amateurs. Ce système entérinait la fonction des expositions publiques et l'importance du jugement des spécialistes. Au fil du XXe siècle, un nouveau personnage est apparu sur la scène de l'art : le commissaire d'exposition. Confrontés à ces multiples intercesseurs, des artistes ont tenté de reprendre en main la destinée de leurs œuvres. Ils ont cherché de nouveaux lieux, de nouveaux canaux. L'observation de ces conduites ne relève pas uniquement de la sociologie de l'art, car la création elle-même est affectée par ses conditions d'existence publique, introjectées à l'avance dans le travail. Une part de l'art récent est tributaire de ses confrontations avec les institutions.

L'art moderne valorisé et isolé

La nécessité d'ouvrir des musées dévolus à l'art moderne s'est imposée quand parut consommée la rupture entre des œuvres nouvelles, mais respectueuses de la tradition, et celles des avant-gardes éprises d'innovations radicales. Le premier musée d'art moderne, le Museum of Modern Art, initié par un comité d'amateurs et de collectionneurs, ouvrit à New York en 1929. La même année, un groupe d'artistes suscitait à Lodz, en Pologne, l'ouverture du Muzeum Sztuki. Ces initiatives ont rapidement fait tache d'huile dans l'ensemble du monde occidental — à cette époque, le concept d'art moderne n'a pas cours ailleurs. Dans le sillage de ces créations, toujours plus nombreuses, étatiques ou privées, divers avatars du musée d'art moderne sont apparus : musées consacrés à un seul artiste, parcs de sculptures, centres d'art, fondations, présentations permanentes de collections privées.

En France, le musée du Luxembourg accueillait un choix d'œuvres d'artistes vivants. Le meilleur de cette première sélection était destiné au Louvre. Ainsi s'affirmait une continuité. Parmi les élus ne figuraient ni les fauves, ni les cubistes, et pas davantage d'œuvres abstraites ou surréalistes. Au fil des années, le monopole des cimaises officielles accordé à l'art académique parut être un privilège inique. Dans ce contexte, la revue *L'Art vivant* lançait et publiait une enquête « Pour la création d'un musée français d'art moderne » (1925). En 1936, la création d'un musée d'art moderne fut décidée ; l'année suivante, le musée du Luxembourg fermait ses portes. Dix ans plus tard, enfin, Georges Salles, directeur des Musées de France, inaugurait le musée national d'Art moderne. Dans son discours, il prononça cette phrase mémorable : « Aujourd'hui cesse la séparation entre l'État et le Génie » (9 juin 1947).

Le musée des Beaux-Arts présente des œuvres toujours arrachées à leur contexte, le plus souvent détournées de leurs finalités initiales. En revanche, le musée d'Art moderne, lieu d'accueil potentiel, a conforté l'émergence d'une catégorie d'œuvres conçues pour lui. Cette autarcie d'un monde de l'art largement coupé des autres activités humaines engendra la contestation d'une part des artistes, tout particulièrement dans les années soixante et soixante-dix. Ils réalisèrent des œuvres trop gigantesques, trop éphémères ou définitivement trop scandaleuses pour que le musée puisse les *récupérer*. Celui-ci gagna cependant la partie. La pression du marché de l'art et, plus encore, un légitime désir de reconnaissance conduisaient les réfractaires à accepter leur intégration.

Pendant ce temps, le musée partait à la conquête de nouveaux publics. Tous les grands musées d'art moderne du monde présentent des expositions temporaires. Ils éditent des revues, des catalogues, des livres. Souvent, ils projettent des films, organisent des concerts, des colloques, développent leur cellule pédagogique, soignent leur communication. En d'autres termes, ils se transforment en véritables centres culturels. Issus d'une rébellion contre l'ordre académique triomphant, les musées d'art moderne jouent un rôle ambivalent. S'ils tendent à faire reconnaître l'intérêt des ruptures esthétiques et la valeur des créations qui les manifestent, ils érodent par là même leurs vertus contestataires. Ils participent donc amplement aux phénomènes de « récupération » qui convertissent les formes artistiques les plus insurrectionnelles en une nouvelle convention. Mais aussi, *a contrario*, leur statut d'institutions officielles tend à amplifier les réactions de rejet qui accompagnent encore la présentation d'œuvres qui ne répondent pas aux attentes d'un large public : la caution des spécialistes ou de l'État demeure souvent suspecte. Les artistes aussi ont fustigé le musée et ses fonctions, réelles ou supposées. Daniel Buren fut l'un des plus violents, des plus clairs. L'idée globale qu'il donne de son rôle, dans un langage typique de l'époque (1973), fut largement partagée :

1. *Esthétique*. Il est le cadre, support réel où s'inscrit — se compose — l'œuvre. En même temps il est le centre où se déroule l'action et point de vue unique de l'œuvre (topographique et culturel).

2. *Économique.* Il donne à ce qu'il expose une valeur marchande en le privilégiant/sélectionnant. En la conservant ou en la sortant (hors) du commun il effectue la promotion sociale de l'œuvre. Il en assure la diffusion et la consommation.

3. *Mystique.* Le musée/la galerie assure immédiatement le statut d'« Art » à tout ce qui s'y expose avec crédulité, c'est-à-dire habitude déroutant ainsi *a priori* toutes les tentatives qui essaieraient de mettre en question les fondements mêmes de l'art, sans prendre soin du lieu où la question est posée. Le musée (la galerie) est le corps mystique de l'art[1].

Les institutions dévolues à l'art moderne et contemporain — musées ou centres d'art, grandes biennales, foires diverses, etc. — se sont multipliées, après la Seconde Guerre mondiale. Parallèlement à cet essor, leur rôle se modifiait. Naguère circonspectes devant la radicalité de certaines innovations, elles accueillent aujourd'hui volontiers les œuvres les plus audacieuses. À partir des années soixante, ce changement d'orientation n'a pas cessé de s'affirmer. Les institutions, autrefois simples chambres d'enregistrement et conservatoires des valeurs établies, sont en effet devenues des acteurs notables dans l'établissement des réputations, la promotion et la reconnaissance sociale des créations « avant-gardistes ». La puissance financière des institutions importantes et, plus encore, leur capital symbolique leur confèrent une réelle efficacité. Si le musée d'art moderne conserve et présente les œuvres qu'il thésaurise, il ne se contente pas d'édifier

1. Daniel Buren, « Fonctions du Musée » (1973), repris dans *Les Écrits (1965-1990)*, textes réunis et présentés par Jean-Marc Poinsot, Bordeaux, capcMusée d'art contemporain, 1991, t. 1 (1965-1976), p. 169.

ou d'enseigner — peut-on enseigner la « tradition du nouveau » ? — il milite et promeut. Par ses choix, il façonne une image, toujours contestable, de l'art moderne et il contribue grandement, du fait de son prestige, fondé sur ses collections « historiques », à la valorisation des artistes dont il acquiert les œuvres.

Les musées des Beaux-Arts avaient une triple vocation : conserver les chefs-d'œuvre, trésor commun de l'humanité tout entière, édifier le public auquel ils sont présentés, enseigner, enfin, pour permettre la perpétuation, voire le progrès des arts et de leur connaissance. Issus de la crise des valeurs esthétiques, les musées d'art moderne entérinent la rupture, et ils l'amplifient. Contrairement aux galeries d'art moderne mises en place dans le cadre de grands musées des Beaux-Arts, ces institutions distinctes isolent les œuvres qu'elles présentent, les coupent de la tradition : ici, toute confrontation directe, ou du moins vécue dans le temps commun d'une visite unique, est exclue. Les artistes n'échappent pas à l'enfermement dû aux musées d'art moderne. Malgré les références fréquentes de leurs œuvres à celle du passé, une tentation se développe, insidieuse, celle de rivaliser exclusivement entre eux.

Picasso eut, à cet égard, l'occasion de vivre une « curieuse expérience ». Une série d'œuvres dont il avait fait don au musée national d'Art moderne transitaient par le Louvre où Georges Salles, directeur des Musées de France, devait les présenter à une commission. Il proposa à Picasso de venir comparer, un jour de fermeture du musée, plusieurs de ses tableaux aux chefs-d'œuvre accrochés au Louvre. Georges Salles relate cette confrontation, dans la galerie Mollien :

« Après un premier coup d'œil, Picasso s'écria : "Voyez, c'est la même chose !" et il avait raison. Si l'enveloppe est différente, la construction était la même et l'armature aussi solide que celle des peintures anciennes. Seuls étaient autres l'épiderme, le visage, l'anecdote. » Françoise Gilot accompagnait Picasso ce jour-là. Ses souvenirs diffèrent sensiblement : « Il ne fit aucune remarque jusqu'au départ. À la maison, il exprima seulement sa profonde satisfaction d'avoir vu ses tableaux à côté d'un Zurbarán. Je lui demandai ce qu'il pensait des Delacroix ? Ses pupilles se sont rétrécies : "Le salaud, dit-il, quel peintre[1] !" » Il n'est pas impossible que Picasso ait manifesté, par cette exclamation, une certaine inquiétude.

L art et les réseaux de communication

Au lieu de construire un objet qui finira, dans le meilleur des cas, par trouver sa place au musée, des artistes ont tenté d'inscrire leur création dans la dispersion des réseaux de communication. Ainsi, ils ont utilisé les services postaux. Le *Mail Art* n'est pas à proprement parler un mouvement artistique, mais une activité qui, comme la peinture à l'huile, le modelage de la glaise ou la sculpture en fer soudé, utilise un médium défini. Depuis fort longtemps, les œuvres voyagent, mais elles restent indépendantes des sujétions liées au mode de transport. L'art postal procède

1. Les souvenirs de Françoise Gilot et de Georges Salles ont été publiés. Les passages concernant cette confrontation, au Louvre, sont repris dans un florilège composé par Jean Galard, *Visiteurs du Louvre*, Paris, Réunion des musées nationaux, 1993, p. 154 à 156.

exactement à l'inverse. Il élabore ses formes et ses messages en fonction des possibilités offertes par les messageries postales. On Kawara envoie à des acteurs de l'art disséminés à travers le monde des télégrammes et des cartes postales laconiques qui précisent, par exemple : « *I am still alive* » (« Je suis toujours en vie »). Christian Boltanski adresse à des personnes qu'il ne connaît pas une lettre manuscrite, pathétique demande d'aide (septembre 1970). L'idée de jouer avec la poste n'est pas nouvelle. Mallarmé rédigeait des adresses rimées sur des enveloppes qui parvinrent — c'est tout à l'honneur des facteurs — à leurs destinataires :

Villa des Arts, près l'Avenue
De Clichy, peint Monsieur Renoir
Qui devant une épaule nue
Broie autre chose que du noir[1].

Les futuristes figurent parmi les premiers adeptes des enveloppes historiées. Duchamp adressa en 1921 un télégramme fameux à Jean Crotti, son beau-frère, qui lui demandait de participer à une exposition dadaïste : « PODEBAL ». Mais c'est surtout depuis les années soixante que se sont développés les réseaux artistiques d'échanges postaux, notamment après la fondation, en 1962, par Ray Johnson de la New York Correspondence School of Art. De très nombreux artistes — Ben, Beuys, Buren, Dibbets, Filliou, Gerz, Huebler, Paik, etc. — ont, au moins occasionnellement, utilisé la poste comme médium. Ils espéraient ainsi court-circuiter les galeries et le marché de l'art : on ne compte plus les expositions d'objets qui ont emprunté cette voie.

1. Stéphane Mallarmé, « Les loisirs de la poste », *Œuvres complètes*, Paris, Gallimard, Bibliothèque de la Pléiade, 1945, p. 88.

La télévision offrait évidemment la possibilité d'une communication d'une tout autre ampleur. Il ne s'agissait nullement d'employer ce médium pour montrer des réalisations déjà élaborées, mais de susciter l'apparition d'œuvres originales, dotées d'un nouveau mode d'existence. Heinz Mack voulait organiser une exposition « qui ne se déroule plus au musée, mais qui apparaît exclusivement et une seule fois à la télévision[1] ». Gerry Shum avait travaillé à ce projet qui fut diffusé par la Westdeutsche Rundfunk (1969). Il conçut un projet de plus grande envergure, la Galerie télévisuelle. Elle reposait sur un principe similaire qu'il résume ainsi :

> La Galerie télévisuelle existe uniquement dans la série des programmations télévisuelles, ce qui revient à dire que la Galerie télévisuelle est plus ou moins une institution conceptuelle qui ne vient à exister qu'à l'instant de l'émission. Il n'est montré nul objet artistique au sens traditionnel, que l'on peut acheter et emporter chez soi. L'une de nos idées est : communication au lieu de possession d'art[2]...

Deux émissions furent diffusées. La première (« Sender Freies Berlin », 15 avril 1969) présentait des œuvres relevant du Land Art, de Marinus Boezem, Walter De Maria, Jan Dibbets, Barry Flanagan, Richard Long, Dennis Oppenheim et Robert Smithson — Michael Heizer avait retiré sa contribution, la seule filmée en couleurs. Flanagan, par exemple, avait conçu

1. Heinz Mack, cité par Helmut Friedel, « Galerie télévisuelle Gerry Shum — Land Art, Berlin 1969 », *L'Art de l'exposition. Une documentation sur trente expositions exemplaires du XXe siècle* (1991), ouvrage coll. trad. par Denis Trierweiler, Paris, Éditions du Regard, 1998, p. 358.
2. Gerry Shum, lettre du 29 juin 1969, *ibid.*, p. 355.

pour la circonstance *A Hole in the Sea*, qui montrait effectivement un trou dans la mer. Un cylindre de Plexiglas est calé dans le sable ; quand la mer remonte, un vide se forme, bientôt comblé par l'eau qui s'engouffre dans le trou. Cette émission fut regardée par cent mille personnes[1], audience considérable car ces œuvres attirent difficilement les foules, aujourd'hui encore. En dépit de ce succès, les parts de marché acquises ce soir-là (3 %) n'ont sans doute pas satisfait la direction de la chaîne. Elle ne commanda aucune autre émission à Gerry Shum. Grâce à des subventions, il en réalisa cependant une autre, pour la Südwestfunk Baden-Baden. Plusieurs artistes italiens regroupés par Germano Celant sous le label *Arte Povera* figuraient au générique aux côtés d'autres artistes européens et américains. Tous auraient sans doute souscrit, à l'époque, à ce souhait de Gerry Shum : « L'art ne devrait plus être destiné à l'usage privé ou à l'exclusivité des marchands et des collectionneurs. »

Chris Burden employa aussi la télévision. En 1975, il acheta du temps d'antenne pour diffuser une sorte de clip. Il durait dix secondes, pendant lesquelles l'artiste prononçait trois phrases : « La science a échoué », « La chaleur c'est la vie » et « Le temps tue ». Après chacune des déclarations proférées, le texte apparaissait en caractère gras sur l'écran. Burden indique qu'il a diffusé cette réalisation soixante-douze fois, sur deux chaînes de Los Angeles[2]. Burden a réalisé aussi un véritable spot publicitaire, *Chris Burden Promo*

1. Ce chiffre est donné par Helmut Friedel, *ibid.*, p. 367.
2. Chris Burden, « Poems for L. A. », commentaire de l'artiste dans *Chris Burden*, Paris, Éditions Blocnotes, 1995, p. 56.

(1976). La technologie moderne est ici au service d'une promotion sans doute ironique de la signature, gage de qualité et signe de la valeur — peu importe l'œuvre qu'elle paraphe. Le nom de l'artiste apparaissait sur l'écran après ceux de Léonard de Vinci, Michel-Ange, Rembrandt, Van Gogh et Picasso. La distinction entre l'œuvre et les procédures susceptibles d'assurer sa réputation est ici abolie.

Tandis que Burden jouait avec son ego, Fred Forest, l'un des fondateurs du collectif d'art sociologique, affirmait :

> Le problème [...] ne sera plus désormais de savoir que représenter pour l'artiste, et comment représenter, mais bien comment proposer des modèles vitaux d'expérience, comment favoriser la réflexion, comment activer la communication, comment provoquer une prise de conscience. [...] Le but ne sera plus la confection plus ou moins réussie d'un message individuel donné à consommer sous une forme sacralisée mais l'élaboration d'un système ouvert par lequel transiteront une série d'échanges interactifs[1].

Fred Forest utilise tous les médiums disponibles. En 1972, il réserve des encarts blancs dans la presse. Ces surfaces vides sont à la fois données à voir comme intervention, œuvre à part entière, et comme espace d'échange ludique : les lecteurs étaient invités à investir cet espace et à retourner leur réponse à l'artiste. Forest créa aussi des interstices de vacuité à la radio et à la télévision. « Est-ce encore de l'"art" ? » se demande-t-on souvent. La réponse contemporaine la plus usitée employait ce type d'argument : « Sans

1. Fred Forest, « Réflexions sur l'art sociologique », *Art sociologique*, Paris, Union générale d'éditions, coll. 10/18, 1977, p. 32.

doute, puisque cette action sur les *mass media* et avec eux se constitue comme réflexion sur certaines limites du "domaine de l'art", ou plus exactement sur les limites externes de l'œuvre d'art comme objet, support ou média dont la variation historique cautionne cinq siècles d'histoire de l'art[1]. »

Fred Forest a multiplié les interventions dans lesquelles les moyens de communication occupent une large place. Le réseau Internet offre aujourd'hui des possibilités plus souples, plus immédiates et plus globales d'entrer en relation avec autrui, et nous avons indiqué que des artistes n'ont pas manqué d'imaginer des œuvres interactives avec ce réseau. La télévision conserve pourtant un grand potentiel de séduction. Ainsi, Fabrice Hybert, représentant officiel de la France à la Biennale de Venise en 1997, installa dans le pavillon national un studio TV complet dans lequel il menait des entretiens et concoctait des publicités : les institutions se montrent généralement disposées à valoriser les innovations qui ont fait leurs preuves.

Parmi les nombreuses petites conflagrations organisées sous l'égide de l'art, deux initiatives de Fred Forest mettent en évidence le contraste entre la ductilité de l'univers artistique, prêt à accepter bien des déplacements, et la société civile, plus rétive. À l'occasion d'une manifestation à laquelle le collectif d'art sociologique avait été invité, Fred Forest proposa d'exposer Madame Soleil, voyante célèbre et médiatique, véritable « mythe-objet vivant » de la culture populaire. Elle accepta d'officier au musée Galliera,

1. Yann Pavie, « Une expérience de création par les "mass media" » (1972), article reproduit dans Fred Forest, *ibid.*, p. 146.

enceinte réservée à la culture élitaire qui n'émit aucune objection (Paris, 1975). En revanche, quand l'artiste voulut organiser une vente aux enchères d'un « m^2 artistique », il dut renoncer. Fred Forest avait acquis un terrain de vingt mètres carrés près de la frontière suisse et il se disposait à faire vendre les parcelles, « investissement de standing ». Les enchères devaient se dérouler dans le cadre d'une vente d'art contemporain. La chambre des notaires parvint à faire interdire l'opération, car les commissaires-priseurs ne sont pas habilités par la loi à vendre des terrains[1]. Peu après, les parcelles furent nanties d'un « certificat d'authenticité » signé par Pierre Restany : « Je soussigné Pierre Restany, critique d'art international et expert international, certifie que le mètre carré artistique Fred Forest constitue sur le double plan du geste et de l'objet une œuvre d'art authentique conçue, présentée et vendue comme telle. »

Aux limites du musée

La délocalisation des créations artistiques ne conduit pas toujours les amateurs à entreprendre de grands voyages, comme ceux que nécessite une part du Land Art. Beaucoup d'œuvres éphémères ont été réalisées en ville, c'est-à-dire à proximité d'un musée, d'un centre d'art ou d'une galerie. D'autres occupent, à

1. À la place du « mètre carré artistique prévu », Fred Forest mit en vente un « mètre carré non artistique » : le tissu acheté le matin, disposé à l'entrée de la salle et piétiné par les personnes qui y pénétrèrent, atteignit aux enchères publiques cent trente fois le prix de sa valeur initiale en magasin.

l'intérieur des institutions dévolues à la « mise en vue[1] » des travaux, des espaces inhabituels, excentriques. Les premiers partagent une caractéristique importante dans un contexte idéologique marqué par l'utopique rapprochement de l'art et de la vie : ils s'adressent à deux publics dont les attentes sont façonnées par un savoir préalable et des intérêts différents. Phénomènes de société pour les uns, artefacts relevant de l'esthétique pour les autres, ces œuvres proposent un kaléidoscope qui offre à tous un accès aux préoccupations bigarrées des artistes.

La rue, les murs urbains ne sont pas le domaine exclusif des graffitistes et des picturo-graffitistes. L'affichage, sauvage ou non, demeure un vecteur privilégié pour s'adresser aux passants. En 1969, quand Daniel Buren alors connu d'un cercle restreint apposa des papiers rayés sur des panneaux publicitaires, l'impact auprès des passants fut certainement limité. Peu de personnes non informées les ont sans doute remarqués. Il en va de même pour ses affichettes collées en 1970 dans l'enceinte du métro, sur les emplacements réservés aux spectacles et aux expositions.

En revanche, les « gisants » sérigraphiés par Ernest Pignon-Ernest ont attiré l'attention de tous ceux qui les ont rencontrés. Les voyageurs qui sortaient à la station Charonne durent les piétiner : ils étaient collés sur les marches des escaliers d'accès au métro. Disséminés dans Paris, ses figures grandeur nature commémoraient à leur manière le centenaire de la Commune.

1. J'emprunte cette locution à Jean-Marc Poinsot (cf. *Quand l'œuvre a lieu. L'art exposé et ses récits autorisés*, *op. cit.*, p. 89 *sq.*).

Au métro Charonne, ceux qui avaient une conscience plus politique, ou des souvenirs personnels, pouvaient discerner aussi une allusion aux manifestants contre la guerre d'Algérie qui avaient trouvé ici la mort, le 8 février 1962, lors d'un affrontement avec la police. Les amateurs d'art avaient tout loisir d'admirer la vigueur et l'efficacité du geste. Ils pouvaient aussi se remémorer l'histoire du militantisme artistique, et par exemple évoquer les Fenêtres-Rosta auxquelles Maïakovski avait donné leurs lettres de noblesse. Marginale et épisodique, la tradition de l'affichage s'est maintenue. Pierre Huyghe est certainement l'un des rares artistes qui parvient à ne laisser personne indifférent. Ses affiches peuvent intriguer les uns et intéresser les autres : chacune, issue d'une photographie de l'espace urbain, est installée sur le lieu même de la prise de vue. Dans cette mise en abyme, l'image d'un passé récent est confrontée avec la réalité présente. L'ensemble de la situation ainsi créée est photographié à nouveau, pour être exposé dans des lieux plus conformes aux habitudes artistiques.

Des sculptures ont pris naissance dans la rue. Charles Simonds avait imaginé un *Little People*, peuplade de lutins des villes pour lesquels il bâtissait des campements provisoires, constructions de briques miniatures établies sur les rebords des fenêtres, dans les anfractuosités des murs ou dans les caniveaux. Les enfants des quartiers pauvres où il travaillait volontiers s'en réjouissaient. Dans les années soixante-dix, il réalisa à New York près de deux cents habitats éphémères. Gordon Matta-Clark usait de procédés plus violents quand il s'attaquait à l'architecture de la même ville. Il découpait le seuil des appartements dans des immeubles désaffectés (*Treshole*, 1973). Pour que ses interventions soient visibles depuis la rue, il dut solliciter les autorisations nécessaires. L'une de ses œuvres les plus spectaculaires fut réalisée à Paris. Dans un immeuble du plateau Beaubourg promis à la démolition, il fit découper les murs pour obtenir une sorte de lunette pointée en direction du Centre Pompidou, alors en construction (*Conical Intersect*, 1975). Cette béance géométrique paraissait d'autant plus troublante qu'elle n'était manifestement pas due au hasard. Bien des passants qui n'ont jamais entendu le nom de Gordon Matta-Clark en ont conservé le souvenir, sans savoir s'il s'agissait vraiment d'une œuvre, peut-être même sans se poser cette question.

Il en va tout autrement pour la manifestation organisée par Krzysztof Wodiczko à Cracovie en 1996. La population avait été conviée à se rendre devant la tour de la mairie. La nuit venue, la façade de cette tour fit office d'écran pour des images de mains occupées à jouer avec un objet banal pendant que des voix anonymes confessaient des misères privées, racontaient simplement des vies gâchées. L'artiste a commencé ses projections au début des années quatre-vingt. Wodiczko s'approprie la technique du son et lumière et il la détourne à des fins artistiques et militantes. C'est ainsi qu'il fit apparaître l'image de deux missiles enchaînés, l'un soviétique, l'autre américain, sur le mémorial aux soldats et marins de Brooklyn (New York, 1984), un cadenas sur l'Astor Building qui accueillait le New Museum, un immeuble dont les étages supérieurs restaient inoccupés quand tant de personnes sans abri restaient dans les rues (*The New*

Museum of Contemporary Art Projection, New York, 1984), ou encore une croix gammée sur le fronton d'une ambassade de l'Afrique du Sud (Londres, 1985 – cette manifestation fut interrompue par la police après deux heures de projection). L'artiste revendique la possibilité d'une communication démocratique dans l'espace public :

> La démocratie signifie le devoir de communiquer dans l'espace public et de prendre la parole. Pour moi, l'art comme parole et comme message est une partie très importante de la démocratie et de l'espace public. L'art actif et critique aide la démocratie à survivre[1].

Une exposition rétrospective des photographies de Robert Mapplethorpe fut organisée aux États-Unis en 1989. Elle fit scandale et, devant la menace de réduction des crédits alloués par l'État fédéral, l'institution qui devait accueillir l'exposition à Washington se désista. Au cours d'une manifestation de protestation, les photographies litigieuses ont été projetées sur la façade du bâtiment. La procédure qui permet à peu de frais de faire surgir une image dans l'espace public fut employée par d'autres artistes. Ange Leccia, par exemple, transférait ainsi les visages de sculptures disséminées dans le parc de la Villa Médicis (Rome, 1984) sur les murs du bâtiment. Plus tard, il imagina aussi des projections visibles par intermittence, effectuées sur l'écume blanche des vagues qui se fracassent contre une digue, un jour de tempête.

1. Krzysztof Wodiczko, « L'instrument personnel » (1992), entretien avec Maria Morzuch, repris dans K. Wodiczko, *Art public, art critique. Textes, propos et documents*, textes réunis par Marie-Anne Sichère, trad. par Michelle Herpe-Voslinsky et Wojciech Kolecki, Paris, École nationale supérieure des beaux-arts, 1995, p. 304.

Des actions se sont également déroulées dans la rue. L'une d'elles jouait sur les seuils, articulait l'espace public et l'espace privé : à Bruges, debout sur le parapet d'une fenêtre située au deuxième étage d'un immeuble de la place aux Œufs, Gina Pane éclairée par des projecteurs observait la vie des habitants à l'intérieur de l'appartement. Des haut-parleurs diffusaient l'atmosphère sonore de cette vie familiale que le public ne voyait pas. Il pouvait cependant s'en faire une idée grâce aux photographies Polaroid prises par l'artiste et distribuées régulièrement. L'action était intitulée *Je*, et les commentaires n'ont pas manqué de souligner combien Je renvoie ici à l'Autre. La présence d'un double public, celui des invités, initiés, et celui des badauds présents par hasard, n'a guère été l'objet de gloses. Elle paraît pourtant constituer un élément important pour la compréhension même de l'œuvre, passible d'un double point de vue — de la rue, depuis le musée. Car même quand elles ne sont livrées qu'à la rue, les créations plastiques se situent toujours, au moins potentiellement, dans le musée.

Daniel Buren en donna une démonstration éclatante lorsqu'il conçut *Les Formes : peintures* (1977) en réponse à une commande du musée national d'Art moderne. Au lieu d'être donnés à voir, cinq tissus rayés sont ici dissimulés par cinq tableaux. Seuls les cinq cartels en indiquent la présence. Avec *Les Couleurs : sculptures* (1977), l'artiste renverse la proposition. La première œuvre, présente dans le musée, reste invisible quand la seconde, dispersée dans la ville tout autour du Centre Pompidou, visible par tous, ne peut être comprise qu'à partir du monde de l'art. Quinze drapeaux de deux mètres sur trois, eux aussi rayés de bandes alternées blanches et colorées, sont accrochés sur des mâts au-dessus des toits. Des longues-vues étaient mises à la disposition du public sur les terrasses du Centre. Discret, ludique, cet accrochage inhabituel, à regarder « de préférence un jour de grand vent », ne passa pas inaperçu. Des centaines de milliers de personnes ont pu le voir sans disposer des clefs leur permettant de le comprendre. Des spectateurs involontaires, intrigués, ont écrit des lettres demandant à la direction du Louvre l'origine de l'emblème blanc et jaune qui flottait sur le pavillon de Flore. Un conseiller municipal questionna le maire de Paris lors de la séance du 13 décembre 1977, au cours de laquelle il affirma notamment :

> La population ne comprend pas pour quelle raison et en l'honneur de qui flotte sur les monuments prestigieux de la capitale ce qui, du sol, n'apparaît que comme un vulgaire « torchon ». Quelle dérision en particulier de voir flotter ce qui n'est même pas une oriflamme au-dessus du fronton du palais de Chaillot portant en lettres d'or : « Choses rares ou choses belles / Ici savamment assemblées / Instruisent l'œil à regarder / Comme jamais encore vues / Toutes choses qui sont au monde[1]

Ce qui paraissait au conseiller et à ses électeurs n'être qu'un vulgaire « torchon » se trouvait doté d'un tout autre statut dès lors qu'on le regardait depuis les terrasses du musée, mais surtout depuis l'univers esthétique dont il est l'un des agents privilégiés. Situés hors de toute enceinte sacralisante, ces drapeaux dépourvus de qualités esthétiques particulières appartiennent

1. Cité par Jean-Hubert Martin, « Flottant et caché », *Les Couleurs : sculptures. Les Formes : peintures*, ouvrage coll., Paris, Centre Georges Pompidou, 1981, p. 42 et 44.

pourtant de plein droit au monde de l'art. Répartis autour du Centre Georges-Pompidou, ils prennent sens à partir de lui.

Les musées suscitent chez certains artistes un mélange de fascination et de répulsion. Ils investissent volontiers leurs lisières, protectrices. Braco Dimitrijevic retourne symboliquement l'ordre établi — des visiteurs anonymes viennent voir les œuvres d'artistes célèbres ou reconnus — quand il présente sur la façade du Centre Pompidou le portrait monumental d'un passant rencontré par hasard dans la rue (*The Casual Passer-by Met at 11.09 AM in Paris*). L'œuvre avait déjà été installée à Paris, sur un immeuble du boulevard Saint-Germain, lors de la Biennale de 1970. Après quelques jours, elle fut retirée par les pompiers, sur ordre de la préfecture de police, sous prétexte qu'elle attentait à l'ordre public.

Invité à Münster pour une exposition de sculptures dans la ville (1977), Michael Asher choisit de prendre à revers l'idée commune — les sculptures urbaines, monuments, sont enracinées dans un site. Il présenta donc une caravane, mobile par définition. Il n'est pas illégitime de s'interroger sur la validité d'un tel coup de force, quant à la *sculpture*. Claude Gintz apporte une réponse circonstanciée à cette question. Inscrite dans la postérité duchampienne, elle aurait le mérite, contrairement aux readymades, de conserver « sa valeur d'usage durant l'exposition », et notamment sa mobilité : « C'est donc un segment de la réalité sociale qui vient s'insérer dans la réalité esthétique, sans succomber pour autant à la fonction idéalisante que les institutions, la “société”, c'est-à-dire le système dominant, peuvent attendre de l'art[1].» Mais le plus intéressant dans la perspective qui est ici la nôtre, c'est le dessin du trajet qu'elle accomplit durant les quelques mois pendant lesquels se déroulait la manifestation. Dans un premier temps, elle s'éloigna progressivement du musée de Münster, puis s'en rapprocha, afin, précise Claude Gintz, «de marquer le lien organique mais temporaire qu'elle entretient avec lui». Quelle que soit la manière dont elles prennent forme, les œuvres destinées à critiquer l'institution muséale ou ses multiples dérivés doivent impérativement y avoir accès pour «exister», grâce à sa caution et à son pouvoir de diffusion.

Pierre Gaudibert, conservateur au musée d'Art moderne de la Ville de Paris où il créa en 1967 l'ARC (Animation-Recherche-Confrontation), une structure dévolue aux expériences contemporaines, avait observé les joutes auxquelles se livrent les artistes et les institutions. Dans les années soixante et soixante-dix, la possibilité d'une *récupération* hantait les esprits. Pierre Gaudibert l'a définie ainsi :

> La récupération, c'est ce mouvement social par lequel une agressivité qui se veut subversive se trouve apprivoisée, édulcorée, émasculée, assimilée, digérée par l'idéologie et la culture dominantes. L'œuvre d'art voit ses griffes émoussées, ses dents élimées : elle devient spectacle, marchandise, décor, gadget culturel, icône inoffensive, foyer éteint; elle cesse d'être active, de dégager sa charge de déflagration[2].

1. Claude Gintz, «Michael Asher, une autre logique de la sculpture» (1983), article repris dans *Ailleurs et autrement*, Nîmes, Jacqueline Chambon, 1993, p. 65.
2. Pierre Gaudibert, *Action culturelle : intégration et/ou subversion*, Paris, Casterman/Poche, coll. Mutations, Orientations, 1972, p. 116.

Dans une note, l'auteur mentionne «un exemple extrême» de récupération au nom de l'universalité de la culture. Le directeur du musée d'Art moderne de Madrid avait fait part d'un désir exprimé par le général Franco, toujours au pouvoir à cette époque, «de voir en Espagne des œuvres de Picasso, notamment le tableau évoquant le bombardement du village basque de Guernica par l'aviation allemande pendant la guerre civile». Le directeur admettait que *Guernica* fut une protestation, et il justifiait ainsi sa demande: «Mais c'est aussi un chef-d'œuvre.» L'œuvre quitta New York — la République espagnole l'avait déposée au MoMA — après la mort du Caudillo, lorsqu'un régime démocratique a été mis en place dans le pays.

La lutte larvée et généralement fort policée qui oppose les artistes aux institutions se poursuit aussi à l'intérieur des musées. Paul-Armand Gette s'est aperçu qu'ils recèlent des lisières internes. En 1985, il adressa une lettre à plusieurs directeurs de musée pour leur suggérer de présenter certaines de ses œuvres dans les toilettes publiques de leur établissement. Cet endroit lui semblait doté de l'«atmosphère nécessaire[1]» à ces travaux. Il reçut des refus courtois. Seul le musée national d'Art moderne (Paris, Centre Georges Pompidou) accepta l'offre: l'artiste réalisa dans les lavabos une installation éphémère dont la photographie fut exposée sur place. Gette en profita pour élaborer, dans ces lieux, d'autres images. L'une

1. Bernard Marcadé cite de larges extraits de cette lettre dans l'ouvrage qu'il a consacré à l'artiste, *Paul-Armand Gette*, Paris, Fall éditions, 1999, p. 65; le texte complet en est publié dans Paul-Armand Gette, *Textes très peu choisis*, Dijon, Art & art, 1989, p. 126.

d'elles présente une jeune femme, vue de dos tandis qu'elle rajuste sa petite culotte coincée entre les fesses. Le cliché a été pris dans les toilettes pour hommes, où le modèle se tient près d'un vrai urinal, mais tout de même un urinal de musée — à ne pas confondre avec une œuvre de Marcel Duchamp.

André Cadéré s'était fait une spécialité des jeux de contrebande. Pèlerin culturel, il se promenait toujours avec l'un de ses bâtons, *Barre de bois rond* « composée de segments assemblés et peints ». Il se rendait à de nombreux vernissages et les gardiens de musée lui refusaient parfois le droit d'entrer, arguant d'un règlement qui interdit d'introduire des parapluies ou des objets similaires dans les salles. Son œuvre, le bâton, squattait néanmoins de nombreuses expositions, d'autant qu'il l'abandonnait souvent sur les lieux, posé contre un mur.

La guérilla des artistes avec les institutions peut être convertie en une complicité productive. Les commissaires d'exposition entrent alors dans la logique de perturbation des habitudes, et ils le font parfois avec grand talent. À ce titre, une initiative de délocalisation a fait date. Elle était organisée par le conservateur du musée d'Art moderne de Gand, Jan Hoet. Sa conception de l'exposition, « forme d'expression, non seulement de l'artiste, mais aussi de l'organisateur », fait appel à une collaboration mutuelle tournée vers une « compréhension profonde de ce qu'est l'art ». Jan Hoet avait aussi une claire conscience du pouvoir anesthésiant du musée et des effets pervers qu'il peut engendrer :

> On sait où il s'agit de percevoir de l'art et où il n'en est pas question. On s'est adapté à un système normatif

> qui fonctionne, avant même que le contact avec l'œuvre ne soit noué. Dès lors que le musée est accepté en tant qu'institution, ce que l'on y voit est accepté comme étant de l'art. L'inverse est vrai également : nous avions de nombreux problèmes pour nous établir, parce que l'art que nous présentions n'était pas établi. *Chambres d'amis* avait pour but de dérégler quelque peu ce système si bien huilé[1].

Chambres d'amis, exposition organisée par le musée de Gand, présentait donc les œuvres d'une cinquantaine d'artistes — Daniel Buren, Dan Graham, Joseph Kosuth, Sol LeWitt, Mario Merz, Bruce Nauman, Niele Toroni, etc. — chez autant de particuliers. La visite tenait de la promenade urbaine, et elle impliquait une intrusion momentanée au domicile de personnes privées assez disponibles et passionnées par l'art contemporain pour accueillir et l'œuvre, conçue en fonction du lieu, et les visiteurs. La capacité d'adaptation et d'abnégation du musée trouvait sans doute ici son point limite.

Fictions et musées personnels

Les artistes ont souvent pris en main l'organisation de leurs expositions. En 1874, un groupe de peintres fondait une coopérative et louait à Nadar son ancien atelier pour montrer dans des conditions satisfaisantes leurs tableaux, le plus souvent refusés au Salon, ou relégués sur les murs à des hauteurs inaccessibles au

1. Jan Hoet (avec la collaboration de Rainer Metzger), « *Chambres d'amis*, Gand, 1986 », *L'Art de l'exposition*, *op. cit.*, p. 414

regard. La critique épingla ces « impressionnistes ». Leur méthode a fait école et de nombreuses expositions importantes se sont tenues dans des ateliers, des lofts ou des squats, des boutiques désaffectées, des églises ou des usines provisoirement abandonnées, voire des lieux plus insolites encore. La *Galerie légitime* de Robert Filliou trouvait asile dans son chapeau. En 1968, Daniel Buren louait les services d'hommes-sandwichs pour promener dans la ville son « outil visuel ». Braco Dimitrijevic installa une peinture de son père dans la cage aux lions du zoo de Sarajevo (1983). Comme les impressionnistes en leur temps, les artistes organisateurs d'expositions étaient poussés par la nécessité. Parallèlement, leurs œuvres requéraient des modes de présentation fort différents de ceux qui avaient été prévus pour des tableaux, éventuellement des sculptures. Or les modalités d'exposition ne sont pas séparables de l'œuvre, surtout quand son existence déborde celle d'un objet clos sur lui-même.

Les installations, les environnements, les vidéos impliquent une adaptation des structures de présentation des musées, cela va de soi. D'autres œuvres demandent un soin attentif qui n'a rien de commun avec celui que nécessite une peinture. Il serait certainement difficile d'intégrer dans les collections permanentes l'installation conçue pour la galerie l'Attico par Jannis Kounellis (*Sans Titre*, Rome, 1969) : douze chevaux vivants attachés aux murs. Mais l'œuvre de Giovanni Anselmo (*Sans Titre*, 1968) est entrée au musée national d'Art moderne de Paris : sur une stèle de granit, un petit bloc de pierre tient en équilibre, coincé par une salade, le tout retenu à la stèle par un fil de cuivre. Quand la salade pourrit, la pierre tombe. Il faut donc la changer régulièrement. Les œuvres sonores perturbent la quiétude des salles, bien au-delà du lieu où elles prennent place. Certains agencements de matériaux sont dangereux et il faut prévenir les gestes inconsidérés du public. Pendant ce temps, des artistes peignent des tableaux et les musées doivent prévoir la possibilité d'un accrochage traditionnel. La question n'est plus seulement de savoir que montrer, mais comment le faire dans les conditions optimales pour chacune des acquisitions, quand règne une disparate sans précédent. Les expositions temporaires ont l'avantage de permettre une souplesse difficilement conciliable avec les structures muséales.

L'organisation des musées et l'ordonnancement des œuvres présentées a toujours été l'objet de débats. Ainsi, avant que le Louvre n'ouvre ses portes, les uns plaidaient pour un accrochage par école, didactisme destiné à visualiser une histoire chronologique de l'art, les autres souhaitaient un entremêlement fondé sur des affinités électives entres les œuvres, afin de constituer un parterre de couleurs susceptible d'intéresser les amateurs « sans cesser d'amuser les curieux[1] ». La question ne fut jamais définitivement tranchée. En revanche, la plupart des musées ont progressivement mis fin à l'entassement des tableaux sur les cimaises qui, elles-mêmes, devenaient toujours plus neutres, jusqu'à ce qu'elles composent le fameux

1. Cette formulation est empruntée à Jean-Marie Roland (lettre du 25 décembre 1792 à la Commision du Muséum, publiée par Édouard Pommier dans Jean-Baptiste-Pierre Le Brun, *Réflexions sur le Muséum national*, 14 janvier 1793, Paris, Réunion des musées nationaux, 1992, p. 31).

cube blanc[1] destiné à respecter l'autonomie des œuvres d'art, ainsi protégées de tout parasitage extérieur. La critique de ce modèle, qui représentait par ailleurs un progrès considérable, ne s'est pas fait attendre. En 1972, par exemple, Robert Smithson attaque la « prison culturelle » qui assujettit les productions des artistes sommés de s'adapter à « des catégories frauduleuses » :

> Il y a dans les musées, comme dans les asiles et les prisons, des cellules et des quartiers, en d'autres termes, des salles neutres nommées « galeries ». Une fois placée dans un tel lieu, l'œuvre perd sa fonction pour ne plus être qu'un simple objet transportable ou une surface déconnectée du monde extérieur. Une pièce vide et blanche est en elle-même un espace soumis à la neutralité. Les œuvres semblent y subir une sorte de convalescence esthétique. On les y regarde comme autant d'invalides inanimés attendant le verdict du critique qui les prononcera curables ou non[2].

La critique du musée, « asile » ou « cimetière », est aussi ancienne que ces institutions. Aussi, les arts plastiques s'inscrivent là dans le droit fil d'une tradition séculaire. Cependant, l'attitude de bien des artistes, surtout à partir des années soixante, mérite attention car elle se traduit aussi par des œuvres et des stratégies d'exposition destinées à perturber l'ordre établi.

Christian Boltanski brouille les cartes quand il souhaite exposer dans des musées d'histoire naturelle ou des musées des sciences. Il s'agit de présenter sous

1. Sur la notion de *cube blanc*, proposée par Brian O'Doherty, cf. son livre *Inside the White Cube : the Ideology of the Gallery Space* Santa Monica (Californie), Lapis Press, 1976.

2. Robert Smithson, « L'emprisonnement culturel » (1972), partiellement repris dans *Art en théorie*, *op. cit.*, p 1032.

vitrine, soigneusement étiquetés, « les éléments qui ont entouré une personne durant sa vie et qui restent après sa mort le témoignage de son existence ». L'artiste écrivit à cette fin aux directeurs de soixante-deux institutions mais la première réalisation du projet vit évidemment le jour dans un lieu dévolu à l'art contemporain, la Staatliche Kunsthalle de Baden-Baden (*Les Inventaires*, 1973). Le modèle ethnographique — vitrines-présentoirs, étiquetage, accumulation d'objets — connut un réel succès. Boltanski s'en inspire explicitement. Au musée de l'Homme, il ne part pas à la recherche des sculptures « nègres », mais d'une possibilité de jouer avec les codes. À Delphine Renard, il confiait lors d'un entretien :

> Le musée de l'Homme a eu pour moi une très grande importance ; j'y voyais de grandes vitrines métalliques dans lesquelles se trouvaient de petits objets fragiles et sans signification. Dans un coin de la vitrine prenait souvent place une photographie jaunie représentant un « sauvage » en train de manier ses petits objets. Chaque vitrine présentait un monde disparu : le sauvage de la photographie était sans doute mort, les objets étaient devenus inutiles et, de toute façon, plus personne ne savait s'en servir. Le musée de l'Homme m'apparaissait comme une grande morgue. De nombreux artistes ont découvert alors les sciences humaines (linguistique, sociologie et archéologie) ; là encore il s'agit du « poids du temps » qui s'impose aux artistes[1]...

Les musées n'ont pas seulement fait l'objet de tentatives de parasitage ou de contamination d'un modèle archétypal par un autre. Des artistes se sont emparés de

1. « Entretien avec Christian Boltanski », par Delphine Renard, cat. de l'exposition *Boltanski*, Paris, Centre Georges Pompidou, 1984, p. 71.

ses traits saillants pour les inclure dans leur œuvre. Fleurissent alors des fictions auxquelles la *Documenta V* (Cassel, 1972) avait réservé une place centrale, au titre de ce que Harald Szeemann, son commissaire, avait nommé des « mythologies personnelles ». Une section de la manifestation était intitulée « Le musée des artistes ». Une fiction élaborée et développée durant plusieurs années par Marcel Broodthaers paraît à cet égard exemplaire. Au cours de l'été 1968, Broodthaers avait participé avec d'autres artistes à l'occupation du palais des Beaux-Arts de Bruxelles. Il décida de poursuivre la réflexion pour analyser « ce qui n'allait pas dans le monde artistique belge, pour analyser les rapports Art-Société ». C'est ainsi qu'il transforma son domicile en musée fictif. Après avoir loué des caisses à un transporteur spécialisé, « "signes" qui font référence au fait d'emballer l'art », et les avoir installées comme des œuvres d'art, Broodthaers agence des reproductions de tableaux, des cartes postales et des projections, puis il écrit sur les fenêtres « Musée », sur une porte « Section du XIXe siècle » et sur un mur « Département des Aigles ». Ainsi qu'il le dit lui-même, Broodthaers poursuit et transforme le geste duchampien :

> Comme Marcel Duchamp disait : « Ceci est un objet d'art », au fond, j'ai dit : « Ceci est un musée. » Il y a une différence : après un an, j'ai remballé tout ce matériel, et le musée s'est développé[1].

Fiction au regard des institutions patentées, le musée broodthaersien n'est nullement irréel. C'est pourquoi il réunit de nombreux objets, stimula l'élaboration

1. Marcel Broodthaers, entretien avec Freddy De Vree (1969), *Marcel Broodthaers par lui-même*, *op. cit.*, p. 72

d'œuvres nouvelles et suscita des expositions. L'une des plus fameuses, *L'Aigle de l'oligocène à nos jours*, fut organisée à la Kunsthalle de Düsseldorf en 1972. Alors qu'habituellement les artistes produisent des œuvres et que les commissaires d'exposition les rassemblent et les assemblent, Broodthaers charge ici les conservateurs de se procurer pour lui les objets qu'il intègre à son exposition. Près de trois cents aigles de toute nature seront retenus. Ils proviennent de muséums d'histoire naturelle ou de musées archéologiques, ethnographiques, d'arts décoratifs, militaires aussi, bien sûr. Chacun des objets était accompagné d'un cartel portant son numéro dans le catalogue et l'inscription : « Ceci n'est pas une œuvre d'art. » Cette assertion énigmatique décale la création d'un cran. Quand les artistes fabriquaient des artefacts, ils espéraient créer des œuvres d'art. Duchamp se contente de prétendre élever à cette dignité de simples objets trouvés. Broodthaers, artiste-commissaire, nous invite à comprendre que l'œuvre, c'est l'exposition elle-même. En d'autres termes, l'art serait alors moins une collection d'objets particuliers unis par une caractéristique commune — à définir — qu'un type de relation spécifique — et alors peu importe la nature des objets.

La réification ne saurait pourtant être évitée. Fictionnel, le musée de Broodthaers produit ses propres objets, auxquels l'artiste ajoute maintes variations. Empruntant une technique de gaufrage employée par la publicité, il fit ainsi réaliser des plaques en plastique thermoformé. Sur l'une d'elles, nous pouvons lire : « Une forme une surface un volume, serviles. Un angle ouvert. Des arêtes dures, un directeur une secrétaire et un caissier. MUSEUM enfants non admis..

toute la journée, jusqu'à la fin des temps. » Mais l'une des retombées les plus spectaculaires reste la *Salle blanche* (1975). Pour son exposition *L'Angélus de Daumier* (*sic*), présentée au Centre national d'Art contemporain qui occupait alors l'hôtel Rothschild, il annexe un salon et son mobilier d'origine, et il reconstitue son premier *Musée d'art moderne*, installé en 1968 dans son domicile bruxellois. Cette *Salle blanche*, construite en bois, offre une image tridimensionnelle de deux pièces. Le public n'est pas invité à y pénétrer et la reconstitution est en partie fictive. En lieu et place des caisses de transport initiales et des cartes postales ou des reproductions d'œuvres, les murs portent ici des inscriptions calligraphiées en noir, toutes relatives à la peinture : « Chevalet, toile, clous, apprêt, huile, perspective, marine, copie, œil, valeur, cote, badaud, galerie, musée », etc. Il existe une seconde version de cette œuvre, copie de voyage destinée au prêt. En vertu d'un accord avec les héritiers de l'artiste, son propriétaire, le musée national d'Art moderne de Paris, ne doit pas présenter l'« original » quand la copie est visible. Sans doute, précise Catherine Millet, « pour préserver la notion d'œuvre unique[1] ». Cet ironique retournement montre la puissance des mythes auxquels le musée apporte ici sa caution.

La salle de Broodthaers forme un lieu indépendant, niché au cœur de l'institution. Elle peut être présentée ou non, mais elle paraît difficilement manipulable. Quand il la regarde, le visiteur oublie l'édifice qui

1. Catherine Millet, *L'Art contemporain*, Paris, Flammarion, 1997, p. 44.

l'abrite : cette niche préfabriquée isole l'artiste, elle préserve son autonomie. L'idée d'installer un musée personnel ou de bâtir une architecture individuelle dans le bâtiment collectif participe d'une lutte pour le pouvoir, généralement feutrée, entre les artistes et les conservateurs ou les commissaires, même quand d'autres raisons motivent ce repli autarcique. Elle exprime aussi une nostalgie, celle de l'époque où les peintres et les sculpteurs concevaient l'architecture des lieux auxquels leurs œuvres étaient destinées. Sur un mode mineur et comme en se jouant, Marcel Duchamp avait fabriqué une manière de musée miniaturisé et portatif : la *Boîte en valise* (1938-1942). De nombreuses installations et bien des environnements sont clos sur eux-mêmes. Lorsqu'il entre dans *Jardin d'hiver* (1968-1970) de Jean Dubuffet, le spectateur happé par les lignes noires de cette grotte au sol irrégulier oublie le contexte muséal. Beuys l'en soustrait également avec *Plight* (1958-1985). L'œuvre fut conçue pour une exposition londonienne et elle se proposait d'offrir un refuge contre les bruits du chantier qui devait ouvrir devant la galerie. Le chantier fut différé mais le projet est resté et les grands rouleaux de feutre qui tapissent l'espace coupent résolument tout contact avec l'extérieur. Ainsi, des espaces privés en résidence dans l'enceinte des musées proposent l'association de l'œuvre et de sa coquille.

Les artistes ont raison de se montrer circonspects devant les présentations qui peuvent être faites de leurs travaux. Ils savent mieux que quiconque combien la contextualisation est déterminante pour toute compréhension esthétique, car certains d'entre eux jouent parfois avec les œuvres de leurs confrères. Bertrand Lavier, parmi d'autres, est un expert en la matière. Il transforme en véritables « tableaux » les images de peintures qui apparaissent dans une bande dessinée où l'on peut voir Mickey visiter un musée d'art moderne potentiel (*Walt Disney Production*, 1947-1984). Mais l'opération de recouvrement partiel de tableaux existants relève du détournement. Lavier fait repeindre à l'identique la moitié du tableau choisi, sur la toile même, par un restaurateur professionnel. Les trois noms, ceux de l'artiste originel, André Lhote ou Caruelle d'Aligny, celui de Lavier lui-même et le patronyme du spécialiste, apparaissent sur le cartel. La restauration est réversible. Quand Bertrand Lavier organise un rassemblement de peintures réalisées par des artistes qui ont en commun de se nommer Martin (*La Peinture des Martin de 1603 à 1984*, Kunsthalle de Berne, 1984), leur approche est obérée par la mise en perspective artistique qu'ils ont subie. Mais il est absolument impossible de voir, vraiment voir, le tableau de Jongkind sur lequel est projetée une diapositive de cette œuvre, en grandeur réelle (*Slide Painting*, 1978). Dans un entretien, Bertrand Lavier revient sur la *Slide Painting* élaborée avec la collaboration involontaire de Jongkind : « J'ai répété plus tard ce procédé en Allemagne avec un Rothko, ce qui a valu au directeur du musée d'être viré. Ça a été un scandale. Évidemment, le tableau ne risquait pas d'être abîmé mais pourtant aucun tableau ne résiste à ce traitement[1]. »

La confrontation du musée imaginaire et du musée

1. « Bertrand Lavier », propos de l'artiste recueillis par Hervé Gauville, *Libération*, 16 juin 2000, p. IX.

réel produit une amusante bouillie, mais rien ne dit que l'artiste victime de l'expérience aurait apprécié et donné son aval, s'il avait pu être consulté. De tels coups de force ne sont pas aussi rares qu'on l'imagine peut-être. Les *Triptyques posthistoriques* initiés en 1971 par Braco Dimitrijevic en offrent un exemple. Chacun de ces triptyques associe un objet manufacturé ordinaire, un produit naturel, fruit ou légume, et une peinture originale, prêtée par un musée ou un collectionneur : un tableau de Derain, *Nu au rideau vert*, est posé sur une armoire à côté de quatre noix de coco, *La Blouse roumaine* de Matisse voisine avec une guitare électrique et une pomme, ou bien le *Carré noir et carré rouge* de Malévitch, accroché de guingois sur une bicyclette, est accompagné d'un melon. L'association du banal, du périssable et d'une œuvre réputée intemporelle, sans doute riche de sens, a aussi pour effet de court-circuiter notablement la perception des tableaux manipulés. La modernité artistique retrouve ici une pratique ancienne fort répandue, le réemploi. Elle renoue de la sorte avec une époque où la notion de patrimoine et son corollaire récent, la protection juridique des droits moraux de l'artiste sur son œuvre, n'avaient pas encore vu le jour.

La question de l'auteur — de son importance, de sa valorisation ou de sa disparition — se pose de manière récurrente au XXe siècle. Tandis que la modernité avait érigé l'originalité en vertu, des artistes tentaient d'établir des rapports plus directs entre l'œuvre et son public, des rapports qui ne seraient pas garantis par un nom, transformé en gage de qualité lorsqu'il devient prestigieux. Christian Boltanski constate, sur un mode badin mais désenchanté, l'attrait qu'exercent les « vies exemplaires» des artistes quand celles des saints n'inspirent plus une dévotion unanime :

> Les musées qui, aujourd'hui, veulent avoir des Mondrian, c'est tout à fait semblable aux villes du Moyen Âge qui voulaient avoir leurs reliques de saint. Quand elles ne parvenaient pas à posséder les os d'un grand saint, elles trouvaient un saint local, ou elles en inventaient un. J'ai été très touché quand les Japonais ont acheté le Van Gogh [*Les Tournesols*] : penser que ces gens qui fabriquent des ordinateurs avaient besoin de ce vieux bout de tissu comme d'un objet magique, parce que Van Gogh est un des grands saints occidentaux[1] !

Comment faire pour que nous regardions un tableau, et non pas un Van Gogh, un Picasso, un Matisse ou un Wrouters, un Steigerland ? Pour des raisons souvent idéologiques, parfois aussi par goût du jeu, divers artistes ou mouvements ont plaidé pour une disparition, au moins partielle, de l'auteur et de ses prérogatives. Marcel Duchamp signe des objets qu'il n'a ni conçus ni fabriqués, László Moholy-Nagy délègue l'exécution à une usine. Les peintres réunis autour de Larionov lors des expositions *La Queue d'âne* (1912) et *La Cible* (1913) postulent : «Ne considérer que l'œuvre d'art sans tenir compte de l'auteur[2]. » François Morellet regrette d'avoir été seul, au sein du Groupe de recherche d'art visuel, à nourrir «le grand rêve [...] l'idée utopique d'abandonner toute signature et tout signe distinctif de personnalité

1. Ces propos de Christian Boltanski sont rapportés par Alain Fleischer et Didier Semin, «Christian Boltanski : la revanche de la maladresse», *ArtPress*, n° 128, septembre 1988, p. 6.

2. Cf. Varsanophie Parkine, «Les expositions *La Queue d'âne* et *La Cible*» (1913), trad. dans Michel Larionov, *Une avant-garde explosive*, *op. cit.*, p. 57.

— œuvres seulement collectives et caisse commune[1] ». Buren, Mosset, Toroni décidèrent d'échanger leurs signes picturaux respectifs — chacun réalisa la peinture des deux autres, sous son nom, mais Parmentier se désolidarisa de ses amis et refusa de participer à cette entreprise de démystification. En 1967, Buren et Toroni tirent les conséquences ultimes du clivage entre conception et réalisation. Ils organisent à Locarno une exposition, *Buren, Toroni ou n'importe qui* : l'éventuel acquéreur d'une œuvre devait lui-même la réaliser et la signer[2].

Lorsque l'engouement pour les conséquences extrêmes d'un structuralisme radical s'affaiblit, le spectre de la mort de l'auteur s'éloigna. C'est alors que des artistes choisirent de partager leur responsabilité de créateur avec leurs acheteurs, d'élaborer des œuvres interactives, relationnelles et conviviales ou, plus subtilement encore, de s'effacer. À l'artiste-conservateur de musée incarné par Marcel Broodthaers, Yoon Ja et Paul Devautour ont substitué une nouvelle figure, celle de l'artiste-collectionneur-prêteur. Ils partent d'une réflexion récurrente dans les années soixante-dix : les artistes inventent, dans le meilleur des cas, quelques mots, et ils doivent « laisser aux organisateurs d'exposition le soin de produire un texte ». Pierre Ménard, qui commente ainsi l'abandon de la pratique artistique au profit d'une activité de collectionneur, poursuit :

1. François Morellet, « Le Groupe de recherche d'art visuel » (1972), *Mais comment taire mes commentaires*, *op. cit.*, p. 56.

2. Pour un commentaire « autorisé » de ces réalisations, cf. par exemple Daniel Buren, *Au sujet de...*, *op. cit.*, p. 44 *sq.* et p. 50.

> L'art a déserté les œuvres. Il s'est réfugié entre les œuvres, là où seul l'organisateur de l'exposition peut le saisir. Il n'est donc plus possible de le mettre en scène ailleurs que dans l'exposition elle-même. L'organisateur est devenu réalisateur, les artistes acteurs ou simples figurants[1].

Yoon Ja et Paul Devautour sont devenus « opérateurs en art » en 1985. À ce titre, ils s'occupent de la promotion des artistes qu'ils représentent et pour lesquels ils suscitent ou organisent des expositions. Les opérateurs associés consacrent également une part de leur énergie au développement et à la gestion d'une collection privée. Bien entendu, ils prêtent volontiers les œuvres qu'ils possèdent. Elles circulent dans des galeries, des centres d'art ou des musées. Yoon Ja et Paul Devautour font preuve d'un réel éclectisme. Leurs choix permettent d'avoir une vision assez large, sans être exhaustive, des tendances qui écartèlent la création contemporaine. Richard Alibert reste adepte du readymade, mais il sait lui donner un souffle nouveau ; Buchal et Clavel exposent ensemble des posters et des sculptures construites autour d'un vide ; le Cercle Ramo Nash réunit des artistes qui demeurent anonymes ; Gladys Clover joue sur son nom, exhibe sa signature ; J. Duplo fabrique des tableaux et des sculptures à partir des quatre couleurs de base du système Lego ; Manuel Ismora recourt à la photographie ; Art Keller détourne des bandes dessinées ; Siegwart Kromekote élabore des variations autour du tableau monochrome. Au fil des expositions, on relève aussi

1. Pierre Ménard, « La collection comme méta-œuvre », cat. de l'exposition *Générique. Vers une solidarité opérationnelle*, Meymac, abbaye Saint-André, Centre d'art contemporain, 1992, p. 100.

les noms de Florian Faelbel, Richard Kongrosian, Claude Lantier, Alexandre Lenoir, Kit Rangeta, Oscar Scheelbach, Martin Tupper, David Vincent et quelques autres. La collection semble être en expansion continuelle et le succès des artistes qui y figurent croît d'année en année. Depuis que Yoon Ja et Paul Devautour assurent leur promotion, de nombreux autres amateurs ont acquis leurs œuvres. Certaines sont entrées dans des collections publiques. Quelques artistes semblent néanmoins avoir davantage de succès que les autres. On l'aura compris, il s'agit là d'un jeu, mais un jeu réellement productif. Mené de main de maître, il donne un éclairage sur la scène de l'art contemporain. Le bien nommé Pierre Ménard, critique d'art inventé par les artistes qui ont emprunté son nom à un héros borgésien — « Pierre Ménard, auteur du *Quichotte* » —, explique la position des deux opérateurs associés, mais il livre peut-être ainsi une analyse lucide de la situation :

> Yoon Ja & Paul Devautour considèrent l'art comme un jeu dont le but serait simplement d'en modifier les règles. Ce n'est évidemment pas simple dans la mesure où l'opération de redéfinition des règles ne peut se jouer que dans le plus strict respect de ces mêmes règles. D'autre part aucun joueur ne peut l'emporter s'il oublie que l'impératif d'une remise en cause des règles n'est peut-être en soi qu'une règle provisoire parmi d'autres. En cessant toute production artistique personnelle Yoon Ja & Paul Devautour n'en ont pas pour autant renoncé à gagner à ce jeu difficile. Ils estiment au contraire que si les vainqueurs ont jusqu'à présent toujours joué en proposant de nouveaux objets qui en s'imposant comme art en transformaient la définition, il est devenu aujourd'hui dérisoire de proposer son propre petit objet breveté sur un terrain définitive-

> ment encombré : l'élasticité formidable du concept d'art n'est plus à démontrer[1].

Qu'elle soit ou non à démontrer, l'« élasticité formidable du concept d'art » fut mise à l'épreuve, sans relâche, par la modernité et la postmodernité. Aucun signe ne conduit à penser que cette aventure s'est achevée avec le siècle.

1. Pierre Ménard, « La guerre des définitions », *ibid.*, p. 102.

REMERCIEMENTS

C'est avec un vif plaisir que je saisis l'occasion de dire ma dette envers Jacinto Lageira : sans son amitié et son exceptionnelle générosité intellectuelle, ce livre n'aurait pas vu le jour. Il eut en outre la patience d'en lire le premier manuscrit et ses remarques, comme les discussions que nous avons eues à ce sujet, m'ont été d'un grand secours.

Mon épouse, Christine Regouby, prit également le temps de lire les feuillets qui s'accumulaient au fil de jours que j'ai rarement su lui rendre paisibles et agréables — les affres de l'écriture ne sont certes pas une excuse suffisante. Je crains de ne jamais savoir lui témoigner à quel point ses fines observations, ses questions toujours judicieuses de non-spécialiste m'ont aidé à préciser et à clarifier mon propos.

Par ailleurs, je souhaite rendre hommage à Agnès Tricoire, aux artistes que j'interroge souvent, notamment Marthe Wéry, Daniel Walravens, et aux étudiants de Paris I dont la bienveillante attention, l'intérêt pour les œuvres que je tente de leur expliquer ont toujours constitué un réconfort dans les moments de doute.

Enfin, je tiens à saluer le soutien indéfectible que m'a apporté Éric Vigne et à exprimer ma gratitude pour la confiance qu'il m'a témoignée : à vrai dire, je reste éberlué qu'il m'ait fait crédit au point de me commander ce livre pour la collection qu'il dirige.

INDEX DES NOMS ET ŒUVRES*

ABAD, Antoni : 402.
ABADIE, Daniel :
Entretien avec Jesús Rafael Soto : 444 n 1.
ABRAMOVIC, Marina : 459
Imponderabilia : 459 (avec Ulay).
ACCONCI, Vito : 406, 479
Seedbed : 479
Trademarks : 406.
ADES, Dawn :
Photomontage : 172 n 1.
AGAM, Yaacov : 123-124, 457
Que la lumière soit : 458.
ALBERS, Joseph : 73
Hommage au carré : 143.
ALIBERT, Richard : 523.
ALIGNY, Théodore Caruelle d' : 519.
ALLAIS, Alphonse : 118, 427
Première communion de jeunes filles chlorotiques par un temps de neige : 118
ALLAN, David : 276
Uncultivated Genius (The) 276.
ALLOWAY, Lawrence : 334
Entretien avec William Rubin : 335 n 1, 337 n 2
« Site Inspection » : 334 n 2.
ANDRE, Carl : 127, 313, 333, 346-347
Eight Cuts : 346
Équivalents I-VIII : 346
« Preface to Stripe Painting » : 127 n 2.
ANSELMO, Giovanni :
Infinito : 372
Sans Titre : 511
Torsione : 348.
APOLLINAIRE, Wilhelm Apollinaris de Kostrowitzky, dit

* Etabli par Isabelle SOULET-WINOCK.

Guillaume : 38-39, 67, 157, 258, 258 n 1, 261-262
«Art et curiosité : les commencements du cubisme» · 262 n 1
Méditations esthétiques. Les peintres cubistes 38, 38 n 1, 157 n 1, 175
«Le rythme coloré» . 67 n 1
«Sculptures d'Afrique et d'Océanie» : 263 n 1.
ARAGO, François : 409 n 1.
ARAGON, Louis : 160, 165, 168, 173, 210
«Collages dans le roman et dans le film» : 169 n 1
«John Heartfield et la beauté révolutionnaire» : 173 n 1
«Max Ernst, peintre des illusions» : 160 n 1
Peinture au défi (La) : 207, 210 n 2.
ARCHIMBAUD, Michel : 411
Entretiens avec Francis Bacon : 412 n 1.
ARCHIPENKO, Alexandre : 191
ARENDT, Hannah : 317
«La crise de la culture Sa portée sociale et politique» : 317 n 2.
ARENSBERG, Walter .
À bruit secret : 202 (avec Marcel Duchamp).
ARGAN, Giulio Carlo . 426
«Histoire et anti-Histoire» 426 n 2.
ARISTOTE : 29
ARMAN (Armand Fernandez) : 217, 228-229, 345, 439, 456
Accumulations : 229
Colère de meubles Henri II : 439
En direct de la Lune : 230
Homme, Sweet Home : 230
Poubelles : 229
«Réalisme des accumulations» : 230 n 1
Vie à pleines dents (La) : 230.
ARMLEDER, John : 423.
ARNAL, André-Pierre : 137.
ARP, Hans ou Jean : 72, 166, 214, 242, 264, 270, 301, 314
«On my way» : 302 n 1 314 n 1.
ARTAUD, Antonin : 485.
ASHER, Michael : 506.
ASHTON, Dore : 88.
École de New York (L') 88 n 1.
AURIER, Albert : 59
Textes critiques 1889-1892. De l'impressionnisme au symbolisme : 59 n 1.

BAADER, Johannes : 216
Grand Plasto - dio - dada - drame : 216.
BACHELARD, Gaston : 354.
BACON, Francis : 24, 389, 411-412
«Entretien avec Jean Clair, Maurice Eschapasse, Peter Malchus» · 412 n 3

Entretiens avec Michel Archimbaud : 412 n 1.
BAJ, Enrico : 217, 275.
BALDESSARI, John : 373, 388.
BALDUNG, Hans, dit Baldung Grien : 271.
BALL, Hugo : 57, 66
Fuite hors du temps. Journal 1913-1921 (La) : 57 n 1, 66 n 1.
BALLA, Giacomo : 198, 277, 285
Porte de banque : 277.
BALTHUS, Balthasar Klossowski de Rola, dit : 24.
BALZAC, Honoré de : 320.
BAQUÉ, Dominique : 406
Photographie plasticienne. Un art paradoxal (La) : 406 n 2.
BARANOV-ROSSINÉ, Vladimir : 191
Piano optophonique (Le) : 203.
BARR, Alfred H. Jr : 89, 101, 101 n 1.
BARRADUC, Hippolyte ,
Âme humaine, ses mouvements, ses lumières et l'iconographie de l'invisible fluidique (L') : 409.
BARRÉ, Martin : 137-138, 137 n 1.
BARRÈS, Maurice ·
Greco, ou Le secret de Tolède : 271 n 1.
BARRY, Robert : 358-359, 383
Carrier Wave Pieces · 358
Interview par Arthur Rose (alias Joseph Kosuth) : 359 n 1
Telepathic Piece : 358.
BARTHES, Roland : 280, 321, 419, 434
« Cy Twombly ou *Non multa sed multum* » : 280 n 1
« Rhétorique de l'image » : 419 n 2
« Sagesse de l'art » : 321 n 2.
BARTOLOMÉO, Joël : 401.
BASCHET, Bernard et François : 203.
BASQUIAT, Jean-Michel : 284-285.
BATAILLE, Georges : 109-110
« Informe » : 110 n 1
BAUDELAIRE, Charles : 51, 210-211, 273, 326, 407, 420
« Du vin et du hachisch, comparés comme moyen de multiplication de l'individualité » : 210 n 3
Peintre de la vie moderne (Le) : 273
« Le public moderne et la photographie » : 341 n 1
BAXANDALL, Michael : 311
Œil du Quattrocento (L') : 311 n 1.
BAYER, Herbert : 339
Mill Creek Canyon : 339.
BAZAINE, Jean : 36, 295
Notes sur la peinture d'aujourd'hui : 37 n 1, 295 n 2.
BAZIOTES, William : 104.

BECHER, Bernd et Hilla : 415, 415 n 2
«Anonyme Skulpturen» : 415 n 3.
BECKETT, Samuel : 320
Cap au pire : 321, 321 n 1
Pour finir encore et autres foirades : 320.
BEETHOVEN, Ludwig van : 305.
BELL, Clive : 132, 286
«L'hypothèse esthétique» : 133 n 1, 286 n 2.
BELLMER, Hans :
Poupée : 185.
BEN, Benjamin Vautier dit : 371, 482, 494
Living Sculpture : 482
Magasin : 371.
BENJAMIN, Walter : 210, 242, 254, 292-294, 389-390
Charles Baudelaire, un poète lyrique à l'apogée du capitalisme : 211 n 1
«L'œuvre d'art à l'ère de sa reproductibilité technique» : 293 n 1, 390 n 1
«Petite histoire de la photographie» : 242 n 1.
BENOIS, Alexandre Nikolaïevitch : 62
«La dernière exposition futuriste» : 63 n 1.
BERNADAC, Marie-Laure : 485
«Picasso et le cinéma» : 485 n 1.
BEUYS, Joseph : 265-266, 312-313, 347, 405, 461-466, 494
«Dernier Espace avec introspecteur» : 313, 464 n 1
«Discours sur mon pays» : 463 n 1
I like America and America likes Me : 266
Plight : 518
7 000 chênes : 465.
BIDLO, Mike :
Recreating Yves Klein's Anthropometries : 424.
BIEFER, Marcel : 324.
BILL, Max : 150.
BINKLEY, Timothy : 468
«"Piece" : contre l'esthétique» : 468 n 1.
BLANC, Charles :
Grammaire des arts du dessin : 45.
BLANCHARD, Louis-Gabriel : 46
«Sur le mérite de la couleur» : 46 n 2.
BLAZY, Michel : 324.
BLOCH, Dany :
Art vidéo (L') : 392 n 1
«Nam June Paik et ses pianos à lumière» : 394 n 1.
BLOCK, René : 266.
BOCCIONI, Umberto : 186-187, 198
«Manifeste technique de la sculpture futuriste» : 187 n 1.
BOEZEM, Marinus : 495.
BOIS, Yve-Alain : 109, 137 n 1, 138, 225 n 1.
BOISSEL, Jessica :

«Quand les enfants se mirent à dessiner 1880-1914 : un fragment de l'histoire des idées» : 275 n 1.

BOISSIER, Jean-Louis : 403
Bus : 403.

BÖLL, Heinrich : 464.

BOLTANSKI, Christian : 215, 400, 416-417, 421, 494, 513-514, 520, 521 n 1
Homme qui tousse (L') : 400
Inventaires (Les) : 514
«Monuments à une personne inconnue : six questions à Christian Boltanski» : 416 n 2.

BONSET, I. K. : voir Théo van Doesburg.

BOTTICELLI, Alessandro Filipepi, dit Sandro : 305.

BOUCHER, François : 327.

BOURRIAUD, Nicolas : 323 n 1, 405
«Relations écran. L'art des années quatre-vingt-dix et ses modèles technologiques» : 405 n 1.

BOWLES, Paul : 213.

BRAGAGLIA, Anton Giulio : 410
«Fotografia dell'invisibile» : 410.

BRANCUSI, Constantin : 11-13, 131, 264, 332, 357
Oiseau dans l'espace : 11-13
Sculpture pour aveugle : 131, 357, 441.

BRAQUE, Georges : 25, 38, 94, 153-156, 164-165, 174, 186, 188, 193, 193 n 2, 260
Compotier et verre : 155
«Pensées et réflexions sur la peinture» : 164 n 1.

BRASSAÏ, Gyula Halasz, dit : 278
Graffiti : 279.

BRECHT, George : 405, 469.

BRECKER, Arno : 85.

BRETON, André : 89, 160-161, 264, 289, 303, 309
Champs magnétiques : 161 (avec Philippe Soupault)
«Entrée des médiums» : 161
Manifeste du surréalisme : 90 n 1, 161.

BROCH, Hermann : 315-318
Dichten und Erkennen : 315
«Le mal dans les valeurs de l'art» : 316 n 2.

BROODTHAERS, Marcel : 374, 376, 384, 515-517, 522
Aigle de l'oligocène à nos jours (L') : 516
Angélus de Daumier (L') : 517
Marcel Broodthaers par lui-même : 374 n 1, 515 n 1
Musée d'art moderne : 517
Pense-Bête : 384
Problème noir en Belgique ? (Le) : 374
Salle blanche (La) : 517.

BROWN, Earl :
Sound of Void : 204.

BRUS, Günter : 473-475, 475 n 2, 476
Action 30. Der helle Wahnsinn : 475
Journal : 473
Kunst & Revolution : 475 (avec Otto Mühl).
BRYEN, Camille : 108.
BUCHAL : 523.
BUNIKIEWICZ, Witold :
« Un art de robots philosophants » : 82 n 1.
BURAGLIO, Picrre : 136.
BURDEN, Chris : 471, 476, 479, 496-497
Chris Burden Promo : 496
Five Days Locker Piece : 479
« Poems for L. A. » : 496 n 1
Shoot : 477
Show the Hole : 477
BUREN, Daniel : 332, 343-344, 347, 439-440, 490, 494 500, 504, 510-511, 522
Au sujet de..., entretien avec Jérôme Sans : 344 n 1, 522 n 2
Couleurs : sculptures (Les) : 504
Entrevue. Conversations avec Anne Baldassari : 440 n 1
« Fonction de l'atelier » : 332 n 1
« Fonctions du Musée » : 491 n 1
Formes : peintures (Les) : 504.
BURKE, Edmund : 419
Recherche philosophique sur l'origine de nos idées du sublime et du beau : 419 n 3.
BURRI, Alberto : 217.
BURY, Pol : 199, 294
Monochrome bariolé (Le) : 294 n 2.
BUSTAMANTE, Jean-Marc : 417-418
Tableaux : 417.
BUTOR, Michel : 363
Mots dans la peinture (Les) : 364 n 1.

CABANNE, Pierre : 176
Entretiens avec Marcel Duchamp : 176 n 1, 181 n 2, 302 n 2, 369 n 2, 430 n 2.
CACHIN, Françoise :
Gauguin : 58 n 3, 264 n 1.
CADÉRÉ, André : 509
Barre de bois rond : 509.
CAGE, John : 219, 221, 248, 302, 453-455
Causerie : 454
Water Music : 454
4' 33" : 454.
CALDER, Alexander : 199, 201-202
Une boule noire, une boule blanche : 202
White Frame (The) : 202.
CALLE, Sophie : 377-378, 421
Aveugles (Les) : 378
Dormeurs (Les) : 377.
CAPOGROSSI, Giuseppe : 108.
CARLSUND, Otto Gustaf :

« Manifeste de l'art concret » : 150 n 1.
CARRÀ, Carlo :
Manifestation interventionniste : 165
CASSOU, Jean : 112
Situation de l'art moderne : 113 n 1.
CAUDILLO : voir Franco.
CELANT, Germano : 496.
CÉSAR, César Baldaccini, dit : 217, 228, 234
Compressions : 234
Compressions dirigées : 234.
CÉZANNE, Paul : 96, 268, 268 n 1, 270.
CHAISSAC, Gaston : 159, 290.
CHAMBERLAIN, John : 216-217.
CHAMPFLEURY, Jules Husson, dit Fleury, puis : 272
« L'imagerie populaire » : 272, 272 n 2.
CHARDIN, Jean-Baptiste Siméon : 48, 271.
CHÉROUX, Clément :
Expérience photographique d'August Strindberg (L') : 409-410 n 2.
CHEVAL, Ferdinand Cheval, dit Le Facteur : 288.
CHIA, Sandro : 428.
CHRISTO (Javacheff) : 228, 234, 456.
CICCIOLINA, Ilona Staller, dite la : 427.
CLAIR, Jean : 20
Considérations sur l'état des beaux-arts : 21 n 1.
CLAUDEL, Paul :
Œil écoute (L') : 204.
CLAVEL : 523.
CLERT, Iris : 121 n 1, 353, 387.
CLOVER, Gladys : 523.
CONIO, Gérard : 74 n 1, 75 n 2
« La genèse et le sens du constructivisme russe » : 195 n 1.
COOPER, Douglas :
Picasso & les choses : 156 n 1.
COPLANS, John :
« Edward Ruscha discusses his perplexing publications » : 413 n 1
Entretien avec William Rubin : 335 n 1, 337 n 2.
CORÀ, Bruno :
« Michelangelo Pistoletto : réflexion et élaboration du problème de l'Être » : 456 n 2.
CORILLON, Patrick : 376, 401.
CORNELL, Joseph : 217
Shadow Boxes : 185.
COURBET, Gustave : 272, 298 n 1, 369
Casseurs de pierre (Les) : 298 n 1
Retour de la conférence (Le) : 298 n 1.
CRAGG, Tony : 344-345
Sans titre : 345
CRIQUI, Jean-Pierre 142 n 1, 250 n 1, 415 n 1.
CRIMP, Douglas : 423

«L'activité photographique du post modernisme» : 423 n 1.

CROCE, Benedetto : 106
Esthétique comme science de l'expression et linguistique générale : 106 n 1.

CROTTI, Jean : 494.

CUNNINGHAM, Merce : 454, 469.

DAGEN, Philippe : 257
Peintre, le poète, le sauvage (Le) : 257, 257 n 2.

DAGUERRE, Louis-Jacques : 409 n 1.

DALÍ, Salvador : 162, 184, 303-304
Conquête de l'irrationnel (La) : 304 n 1 et 3
«Objets surréalistes» : 185 n 1.

DAMISCH, Hubert : 109
«Stratégies 1950-1960» : 109 n 1.

DANTO, Arthur : 176
Art contemporain et la clôture de l'histoire (L') : 19 n 1
Transfiguration du banal. Une philosophie de l'art (La) : 176 n 2.

DAVID, Jacques-Louis : 271.

DE CHIRICO, Giorgio : 24, 161.

DEGAND, Léon : 30
Langage et signification de la peinture en figuration et en abstraction : 30 n 1
«Querelle du chaud et du froid» : 108, 108 n 1.

DEGOTTEX, Jean : 110.

DE KOONING, Willem : 98, 108, 115-116, 221, 357, 366
«Ce que l'art abstrait signifie pour moi» : 116 n 2
«Entretien avec David Silvester» : 117 n 1
Erased de Kooning Drawing : 221
Women : 116.

DELABORDE, Henri :
Ingres, sa vie, ses travaux, sa doctrine : 304 n 1.

DELACROIX, Eugène : 49, 51, 300, 353, 363, 407, 408, 410-411, 493
Journal : 408
«Réalisme et idéalisme» : 49 n 1
«Revues des arts» : 411 n 1.

DELAROCHE, Paul : 409, 409 n 1.

DELAUNAY, Robert : 30, 38-39, 115, 270, 299
Du cubisme à l'art abstrait : 39 n 1 à 5
Fenêtres : 39
Formes circulaires : 39
Un disque : 299.

DELVOYE, Wim : 319
Peau de porc tatouée : 319.

DE MARIA, Walter : 333-334, 336, 338, 355-356, 495
Lightning Field : 336, 339
Mile Long Drawing : 338

Olympic Mountain Project : 356
« Proposal for a Major Earth Sculpture. Munich – Site of the Olympic Games » : 356 n 1
Vertical Earth Kilometer : 356.
DENIS, Maurice : 51, 59, 117, 268 n 1, 274
« Définition du Néo-Traditionnisme » : 51 n 2 (sous la signature de Pierre-Louis)
« De Gauguin et de Van Gogh au classicisme » : 274 n 1.
DERAIN, André : 256, 259-260.
DESCHAMPS, Gérard : 228, 234, 245.
DEVADE, Marc : 135
« Pourquoi une revue ? » : 136 n 1.
DEVAUTOUR, Paul : 522-524.
DE VREE, Freddy : 515 n 1.
DEWASNE, Jean : 112.
DE ZAYAS, Marius : 180.
DEZEUZE, Daniel : 136.
DIBBETS, Jan : 494-495.
DIDEROT, Denis : 48, 247-248, 327
Pensées détachées sur la peinture, la sculpture, l'architecture et la poésie pour servir de suite aux Salons : 248 n 1.
DIETMAN, Erik : 323, 323 n 1, 370
Pain : 370.
DIMITRIJEVIC, Braco : 506, 511
Casual Passer-by Met at 11.09 AM in Paris (The) : 506
Triptyques posthistoriques (Les) : 520.
DI SUVERO, Mark : 216.
DOESBURG, Théo van (pseudonyme : I. K. Bonset) : 36, 62, 71, 72, 72 n 1, 73, 130, 144, 144 n 2, 150, 214
« Manifeste de l'art concret » : 150 n 1.
DOLLA, Noël : 136.
DOVE, Arthur G. : 167
Grandmother : 167.
DREIER, Katherine S. : 88.
DREYFUS, Charles :
Entretien avec Dick Higgins : 453 n 2.
DUBOIS, Philippe : 420
Acte photographique et autres essais (L') : 420 420 n 2.
DUBUFFET, Jean : 109, 167, 217, 223, 275, 279, 285, 288-289, 291, 306, 310-311, 389, 460-461
« L'art brut préféré aux arts culturels » : 289 n 1
Asphyxiante Culture : 461 n 1 et n 2
Homme du commun à l'ouvrage (L') : 279, 279 n 2, 460
« Honneur aux valeurs sauvages » : 289 n 2
Jardin d'hiver : 518

«Mise en garde de l'auteur» : 311 n 2
Notes pour les fins-lettrés : 306 n 2
«Positions anticulturelles» : 289 n 3
Prospectus aux amateurs de tout genre : 291.
Texturologies : 223

DUCHAMP, Marcel : 25, 88, 175-177, 176 n 1, 179, 181, 183, 199, 201-202, 219 231-233, 296, 302, 311, 357-358, 368-369, 387, 395, 398, 410, 413-414, 429-430, 429 n 1, 441, 457, 471, 482, 485, 494, 506, 509, 515-516, 521-522
À bruit secret : 202 (avec Walter Arensberg)
Anemic Cinema : 398
«À propos des "Readymades"» : 177 n 1, 370 n 1
«L'artiste doit-il aller à l'université ?» : 368-369, 369 n 1
«La Boîte verte» : 202, 202 n 1
Boîte en valise : 296, 518
«Catalogue de la Société anonyme» : 201 n 2
«Entretien Marcel Duchamp – James Johnson Sweeney» : 369 n 3
Entretiens avec Pierre Cabanne : 176 n 1, 181 n 2, 302 n 2, 369 n 2, 430 n 2
Erratum musical : 202, 302
Fountain : 25, 176, 296, 358 (sous le pseudonyme de Richard Mutt)
Grand Verre (Le) : 369
In Advance of the Broken Arm : 175
Joconde (*L.H.O.O.Q*) : 179, 296
Mariée mise à nu par ses célibataires, même (La) : 413-414
Nu descendant un escalier n° 2 (1912) : 198
Porte-bouteilles : 25, 177
«Le processus créatif». 430 n 1
Rotative plaque verre (optique de précision) : 199
Roue de bicyclette : 175, 177, 199
3 Stoppages Étalons : 302
Trébuchet : 183.

DUFRÊNE, François : 228, 233.

DU FRESNOY, Charles-Alphonse : 47
De arte graphica : 47 n 1.

DUPLO, J. : 523.

DURAND-DESSERT, Liliane : 361, 464.

DURAND-DESSERT, Michel : 312, 313 n 1, 464 n 1.

DURET, Théodore : 14, 49
Critique d'avant-garde : 14, 16 n 1
«Édouard Manet» · 49 n 2
«James Whistler» : 50 n 1, 50 n 2.

DUVE, Thierry de : 178
Résonances du readymade : 178 n 1.
DUVILLIER, René : 110.
DUYCKAERTS, Éric : 401.

EGANBURY, Elie :
« Nathalie Gontcharova et Michel Larionov » : 278 n 1.
EGGELING, Viking : 67
Symphonie diagonale : 67 (avec Hans Richter).
EHRENBOURG, Ilya : 194.
EINSTEIN, Carl : 262
Negerplastik : 262.
ELGER, Dietmar :
« L'œuvre d'une vie : les *Merzbau* » : 215 n 1.
ENSOR, James : 277
Pisseur : 277.
EPSTEIN, Jacob : 264.
ERNST, Max : 92, 93 n 1, 160, 162-163, 169
« Au-delà de la peinture » : 163 n 1
Femme 100 têtes (La) : 163
Homme intrigué par le vol d'une mouche non euclidienne : 92
Rêve d'une petite fille qui voulut entrer au Carmel : 163
Une semaine de bonté : 163.
ERRÓ, Gudmundur Gudmundsson, dit : 163.
ESTIENNE, Charles : 110, 113
Art abstrait est-il un académisme ? (L') : 113

EXPORT, Valie : 484-485
Corps Signe Action : 485.

FABRO, Luciano :
In Cubo : 444.
FAELBEL, Florian : 524.
FALKENBERG, Paul :
Atelier de Jackson Pollock (L') : 93 n 1 ; voir Hans Namuth.
FARGIER, Jean-Paul :
Interview de Wolf Vostell : 392 n 2.
FAURE, Edgar : 453.
FAUTRIER, Jean : 109.
FEININGER, Lyonel : 73.
FELDMANN, Hans Peter : 361.
FÉLIBIEN, André : 47-48
Préface aux *Conférences de l'Académie royale de peinture et de sculpture pendant l'année 1667* : 48 n 1.
FELS, Florent : 261
Entretien avec Pablo Picasso : 261 n 2.
FÉNÉON, Félix : 118
« Les arts incohérents » : 118 n 2
FIEDLER, Konrad : 369
FILLIOU, Robert : 322, 388, 405, 494
Galerie légitime (La) : 511
Principe d'équivalence : 322.
FLAMMARION, Camille : 409
« La photographie de l'invisible » : 409.
FLANAGAN, Barry : 495
A Hole in the Sea : 496.

FLAVIN, Dan : 209, 239, 346
Untitled (Monument for Vladimir Tatline) : 209.
FLECK, Robert :
« L'actionnisme viennois » : 474 n 1.
FLEISCHER, Alain :
« Christian Boltanski : la revanche de la maladresse » : 521 n 1 (avec Didier Semin).
FLEURY, Sylvie :
First Space-Ship on Venus : 319.
Fluxus (groupe) : 181, 182, 249, 393, 396, 399, 453 n 2, 463, 469, 476, 484.
FOCILLON, Henri : 305 n 2
« Éloge de la main » : 305 n 2.
FONTANA, Lucio : 209, 391
« Manifeste du mouvement spatial pour la télévision » : 391 n 1
« Manifeste technique. Nous continuons l'évolution des moyens » : 391 n 2.
FOREST, Fred : 497-499, 499 n 1
« Réflexions sur l'art sociologique » : 497 n 1.
FOSTER, Hal : 427.
FOUCAULT, Michel : 368
Ceci n'est pas une pipe. 368 n 1.
FOURÉ, Adolphe-Julien : 288.
FRANCO BAHAMONDE, Francisco, dit le Caudillo 508.
FREUD, Sigmund : 486.
FRIED, Michael : 239, 246-249
« Art and Objecthood » : 246, 246 n 1, 247 n 2, 248-249
Place du spectateur (La) : 248 n 1
« Trois peintres américains » : 239, 239 n 1.
FRIEDEL, Helmut : 495, 496 n 1
« Galerie télévisuelle Gerry Shum – Land Art, Berlin 1969 » : 495.
FRIEDMAN, B. H. : 115 n 1.
FRY, Edward :
Cubisme (Le) : 174-175 n 2.
FULTON, Hamish : 407.
FUNNY GUY : voir Francis Picabia.

GABLIK, Suzi :
Has Modernism failed ? : 144 n 2.
GABO, Naum : 197-198, 214
Construction cinétique : 198
« Manifeste réaliste » : 198 n 1 (avec Antoine Pevsner).
GAN, Alexis : 74, 192, 195
Constructivisme (Le) : 56, 74 n 1, 192 n 1, 195 n 2.
GASIOROWSKI, Gérard : 267-268
Autocritique du bouffon : 323
Croûtes : 323
« Entretien Gasiorowski, Suzanne Pagé » : 268 n 2.
GAUDIBERT, Pierre : 507

Action culturelle : intégration et/ou subversion : 507 n 2.
GAUGUIN, Paul : 52, 58-59, 58 n 3, 254, 256, 258-259, 262-264, 270, 274, 482
Correspondance : 52 n 1
Enfants luttant : 258
Oviri. Écrits d'un sauvage : 259 n 1.
GAUVILLE, Hervé :
« Bertrand Lavier » : 519 n 1.
GENETTE, Gérard : 366, 469 n 1
Esthétique et poétique : 469 n 1
Palimpsestes. La littérature au second degré : 367 n 1.
GERZ, Jochen : 357, 458, 494
2146 Steine, Mahnmal gegen Rassismus, Saarbrücken : 357 n 1.
GETTE, Paul-Armand : 421, 508
Textes très peu choisis : 508 n 1.
GIACOMETTI, Alberto : 264, 320, 389.
GIDE, André : 268 n 1.
GILBERT & GEORGE (Gilbert Proesch et George Passmore) : 482-483
Singing Sculpture (The) : 482.
GILOT, Françoise : 493, 493 n 1.
GILSON, Étienne : 149
Peinture et réalité : 149 n 1.
GINTZ, Claude : 506-507
« Michael Asher, une autre logique de la sculpture » : 507 n 1.
GIOTTO di Bondone : 331.
GLASER, Bruce : 128
« Questions à Stella et Judd » (interview) : 351 n 1.
GOLDCYMER, Gaya : 464 n 1.
GOLDWATER, Robert : 268
Primitivism in Modern Painting : 269, 269 n 1.
GOLDSWORTHY, Andy : 340.
GOMBRICH, Ernst H. : 21
Art et l'illusion (L') : 21 n 3.
GONNET, Jean : 485.
GONTCHAROVA, Natalia : 93 n 1, 270, 273.
GONZALES-TORRES, Felix : 459.
GOOSSEN, E. C. : 238 n 1.
GORKY, Arshile Vosdanig Manoog Adoian, dit Arshile : 88-89.
GOTTLIEB, Adolph : 89
Rape of Persephone (The) : 90.
GOYA Y LUCIENTES, Francisco de : 420, 482
Désastres de la guerre : 420.
GRAHAM, Dan : 397, 458, 510
Present Continuous Past(s) : 397.
GRAUMANN, Hervé : 403
Raoul Pictor cherche son style : 403.
GRAV (Groupe de recherche d'art visuel) : 442-443, 521

« Assez de mystifications » : 443 n 1.
GRECO, Domenikos Theotokopoulos, dit Le : 271, 271 n 1.
GREENBERG, Clement : 78, 94-100, 104, 122, 249, 316, 366, 449
« Avant-garde et kitsch » : 317 n 1
« Contribution à un symposium » : 97 n 3
« La crise du tableau de chevalet » : 96 n 1
« L'école de Paris » : 97 n 1
« Peinture à l'américaine » : 94 n 3, 96 n 2, 99 n 1, 122 n 2
« La peinture moderniste » : 100 n 1.
GRIEN, Hans Baldung : voir Baldung.
GRIS, José Victoriano Gonzales, dit Juan : 174.
GROOMS, Red : 453.
GROPIUS, Walter : 72-73
« Manifeste du Bauhaus ». 73 n 1.
GROSSE, Ernst . 257
Débuts de l'art (Les) : 257 n 2
GROSZ, George : 254, 278
Devidage : 278.
GUÉGUEN, Pierre : 110.
GUILBAUT, Serge :
Comment New York vola l'idée d'art moderne. Expressionnisme abstrait, liberté et guerre froide : 97 n 2.
GUILLEMINOT, Marie-Ange : 459
Paravent-Installation : 459.
GUMPERT, Lynn :
Christian Boltanski : 400 n 1.
Gutai bijutsu kyôkai (groupe) : 436, 436 n 1, 439, 441, 441 n 1, 446, 485.

HAACKE, Hans : 378-379, 428, 448
Germania : 448-449.
Shapolsky et al. Manhattan Real Estate Holdings, a Real Time Social System, as of May 1, 1971 : 378
HAHN, Otto :
Daniel Spoerri : 458 n 1.
HAINS, Raymond : 228, 233, 285, 370
Cet homme est dangereux 370.
HALLEY, Peter : 141, 145-147
« Notes sur les peintures » : 145 n 3
Yellow Prison with Underground Conduit : 145.
HARE, David : 104.
HARING, Keith : 284-285.
HARTUNG, Hans : 108, 112.
HAUSMANN, Raoul : 66, 172, 364, 453 n 2
Courrier Dada : 172 n 1
Critique d'art : 166

Esprit de notre temps (L') : 183
Préface-manifeste pour *Pin* : 365, 365 n 1 (avec Kurt Schwitters).
HEARTFIELD, John : 173.
HEGEL, Friedrich : 352
Introduction à l'esthétique : 352 n 1.
HEIZER, Michael : 333-334, 336-337, 339, 340 n 1, 347, 495
Circular Surface Planar Displacement Drawing : 336
Depression : *347*
Dissipate : 333
« Interview, Julia Brown and Michael Heizer » : 337 n 1.
HELD, Al : 130.
HÉLION, Jean :
« Manifeste de l'art concret » : 150 n 1.
HENKELS, Herbert : 352 n 3
« Portrait de l'artiste par lui-même : éléments pour une biographie intellectuelle » 352 n 3.
HENRY, Pierre : 188.
HERZOG, Oswald :
« Der abstrakte Expressionismus » : 101 n 1.
HIGGINS, Dick :
Entretien avec Charles Dreyfus : 453 n 2
HILL, Gary : 395
HINDRY, Ann :
« Conversation avec Ellsworth Kelly » : 129 n 1, 131 n 2.
HITLER, Adolf : 85, 86, 86 n 1, 449.
HOET, Jan : 509
« *Chambres d'amis*, Gand, 1986 » : 510 n 1 (avec Rainer Metzger).
HOKUSAI, Nakajima Tetsujirô, dit Katsushika : 305.
HOLZER, Jenny : 284, 375
Entretien avec Diana Nemirof : 375 n 1.
HONERT, Martin : 319.
HOPPER, Edward : 24.
HORACE :
Art poétique : 180.
HORN, Rebecca : 199.
HOUCKGEEST, Gerard :
Mausolée de Guillaume d'Orange à Delft (Le) : 276.
HUEBLER, Douglas : 383, 494.
HUELSENBECK, Richard : 211, 243 n 1.
HUGO, Victor : 288.
HULTEN, Pontus : 199-200
« Mouvement-Temps ou les quatre dimensions de la plastique cinétique » : 200.
HUYGHE, Pierre : 501.
HYBERT, Fabrice : 498.

IKAM, Catherine : 403
Autre : 403.
INGRES, Jean-Auguste-Dominique : 253, 300, 304, 304 n 2.
ISMORA, Manuel : 523

ISOU, Isidore : 453 n 2.
ITTEN, Johannes : 73.

JA, Yoon : 522-524.
JANCO, Marcel : 190, 264, 309.
JANIS, Sydney : 89, 116, 116 n 2.
JDANOV, Andreï : 84, 85 n 1
Sur la littérature, la philosophie et la musique : 85 n 1.
JEAN DAMASCÈNE : 351-352
Le visage de l'invisible : 351 n 2.
JEWELL, Edward Alden : 90-91.
JOHNS, Jasper : 217, 219, 220, 366
Painted Bronze (Savarin Can) : 220
Target. Do It Yourself : 445.
Target with four faces : 219
JOHNSON, Ray : 494.
JONGKIND, Johan Barthold : *Slide Painting* : 519.
JORN, Asger Oluf Jorgensen, dit Asger : 254, 280, 285.
JOUANNAIS, Jean-Yves : 324
« Insuccès, mauvais goût et autres victoires » : 324 n 1.
JOUFFROY, Alain : 457.
JOURNIAC, Michel : 477, 479
Messe pour un corps : 479.
JOYCE, James : 215
Ulysse : 215
Work in Progress (Finnegans Wake) : 215.
JUDD, Donald : 19, 19 n 2, 239-243, 246, 298, 351, 426
« Specific Objects » : 240 n 1, 242 n 2
« Un long essai, qui ne traite pas des chefs-d'œuvre, mais des raisons qui font qu'il en existe si peu... » : 426 n 1.
JULIET, Charles : 110
Rencontres avec Bram Van Velde : 110 n 2.

KANDINSKY, Wassily : 30, 33-35, 52-53, 57-61, 64, 66, 71, 73, 84, 87-88, 101, 112, 114, 128, 191, 194, 254, 269, 270-271, 273, 352.
Almanach du Blaue Reiter : 269, 269 n 3, 270, 270 n 2, 271, 273, 275
Du spirituel dans l'art et dans la peinture en particulier : 34-35, 52 n 2, 58 n 1, 61 n 1, 269, 269 n 2, 352 n 2
Première aquarelle abstraite : 34, 34 n 2
Regards sur le passé 1913-1918 : 34 n 1
« Sonorité jaune » : 203.
KANT, Emmanuel : 100.
KANTOR, Tadeusz : 453.
KAPROW, Allan : 218, 323, 446-447, 447 n 1, 449-454, 457
« L'art expérimental » : 218

18 Happenings in 6 Parts : 450-451, 455
« Les happenings sur la scène new-yorkaise » : 323 n 2, 452 n 1
« L'héritage de Jackson Pollock » : 449 n 1, 450 n 1, 452 n 3
« Notes sur la création d'un art total » : 446 n 1, 452 n 2.
KAWARA, On : 379, 494
Dates Paintings : 379.
KELLEY, Mike : 473 n 2.
KELLER, Art : 523.
KELLY, Ellsworth : 123, 127-132
« Notes de 1969 » : 129 n 2, 132 n 1.
KHLEBNIKOV, Velimir : 66.
KIENHOLZ, Edward : 217, 448
Art Show (The) : 448
Beanery (The) : 448
Roxy's : 447
While Vision of Sugar Plums Danced in their Heads : 447.
KIRBY, M. : 455 n 1.
KIRCHNER, Ernst Ludwig : 261, 270
« Chronique de la Brücke » : 261 n 1.
KLEE, Paul : 54, 60, 73, 87, 115, 200, 254, 270, 274-275, 275 n 1 et n 2, 287, 367
« Credo du créateur » : 60 n 1, 201 n 1, 433 n 2
« De l'art moderne » : 54 n 1
Journal : 287 n 2
« Philosophie de la création » : 433 n 1.
KLEIN, Yves : 117-119, 228, 234, 296-297, 353-355, 354 n 2, 437
Antropométries : 437
« L'aventure monochrome » : 117 n 2
Dépassement de la problématique de l'art et autres écrits (Le) : 117 n 2, 118 n 1, n 3, 119 n 1, 353 n 1, 354 n 1 et n 2, 438 n 1.
Exilé d'Ischia (L') : 438 n 1
Expression de l'univers de la couleur mine orange : 117
Journal : 118 n 3
« Manifeste de l'hôtel Chelsea » : 437-438, 438 n 1
Yves : 297
Yves Peintures : 297.
KLÜVER, Billy : 402, 402 n 1, 438.
KOBOTA, Shigeko : 395.
KOBRO, Katarzyna : 81
« La composition de l'espace. Les calculs du rythme spatio-temporel » : 81 n 2 (avec Wladyslaw Strzeminski)
Compositions spatiales 82
KOHN, Albert : 315-316
« Introduction » à *Dichten und Erkennen* d'Hermann Broch : 316 n 1
KOKOSCHKA, Oskar : 270.
KOLAR, Jiri : 167.

KONGROSSIAN, Richard : 524.
KOONS, Jeff : 318, 423, 427
Puppy : 318.
KOSUTH, Joseph : 209, 383, 385-388, 413
Five Words in Blue Neon : 385
« Four Interviews » : 386 n 1 (sous le pseudonyme d'Arthur R. Rose)
Interview de Robert Barry : 359 n 1 (sous le pseudonyme d'Arthur R. Rose)
« Joseph Kosuth : Art as Idea as Idea », entretien avec Jeanne Siegel : 386 n 2
« Note introductive » à *Art & Language* : 387 n 1
One and Three Chairs : 385-386.
KOUNELLIS, Jannis :
Sans Titre : 511.
KRASNER POLLOCK, Lee : 115, 115 n 1.
KRAUSS, Rosalind : 109, 142, 244,
« Grilles » : 142 n 1
« La sculpture dans un champ élargi » : 333 n 1
« Sense and Sensibility : reflection on post '60s sculpture » : 244 n 2.
KROMEKOTE, Siegwart : 523.
KROUTCHONYKH : 66.
Guerre universelle (La) : 159
KRUGER, Barbara : 284, 372.
KUBOTA, Shigeko : 484
KUBRICK, Stanley : 68
2001 : Odyssée de l'espace : 68
KUPKA, Frantisek, dit Frank : 30, 59.

LAGEIRA, Jacinto : 444
« Luciano Fabro : le miroir des sens ou quelques *tautologies* sur l'expérience esthétique » : 445 n 1
LAIRESSE, Gérard de : 247.
LAMARCHE-VADEL, Bernard : 464
Joseph Beuys, is it about a bicycle ? : 465 n 1.
LAMBERT, Jean-Clarence : 457.
LANGSNER, Jules : 130 n 1.
LANTIER, Claude : 524.
LAPORTE, Dominique G. : 310
Christo : 310 n 1.
LARIONOV, Mikhaïl : 273, 277.
LAUDE, Jean : 259 n 2.
LAURENS, Henri : 153, 190
Bouteille et verre : 190.
LAUTRÉAMONT, Isidore Ducasse, dit le comte de : 303.
LAVIER, Bertrand : 399, 421, 519
Accrochage n° 1 : 399
Landscape Painting and Beyond : 421
Peinture des Martin de 1603 à 1984 (La) : 519
Photo-relief : 421
TV Painting : 399.
LA VILLEGLÉ, Jacques Mahé de : 228, 233

«Des réalités collectives» 233 n 2.
LAWLER, Louise : 298-299.
LEEBER, Irmeline : 323 n 1.
LEBEL, Jean-Jacques : 453
Happening (Le) : 453 n 1.
LE BRUN, Charles : 45-47, 253
«Sentiments sur le discours du mérite de la couleur par M. Blanchard» : 46 n 1.
LE BRUN, Jean-Baptiste-Pierre :
Réflexions sur le Muséum national. 512 n 1.
LECIA, Ange : 503.
LE GAC, Jean. 215, 399
Story Art (avec fantôme des Beaux-Arts) : 399.
LEE, Rensselaer W. :
Ut pictura poesis. Humanisme et théorie de la peinture : XVe-XVIIIe siècle : 47 n 1.
LÉGER, Fernand : 44-45, 53, 213
«Les origines de la peinture et sa valeur représentative» : 44 n 3, 45 n 1, 53 n 2.
LEIRIS, Michel : 110.
LE NOCI, Guido : 456.
LESSING, Gotthold Ephraim : 78, 200, 247
Lacocoon : 200-201, 247 n 1.
LÉVÊQUE, Jean-Jacques : 457.
LÉVI-STRAUSS, Claude : 113, 167-168
«La pensée sauvage» : 168 n 1
«La science du concret». 114 n 1.
LEVINE, Sherry 424-425
After Marcel Duchamp : 424
After Walker Evans : 424
«Déclaration» : 425.
LEWITT, Sol : 138-139, 333, 380-381, 510
«Paragraphes sur l'art conceptuel» : 380, 381 n 1
«Serial Project nº 1 (ABCD)» : 139 n 1.
LHOTE, André : 519.
LICHTENSTEIN, Roy : 371.
LIPPARD, Lucy R. : 351, 383 n 1 et 2
Pop Art : 226 n 1
Six Years : The Dematerialization of the Art Object from 1966 to 1972 : 350, 380 n 1, 382 n 1, 383 n 1 et n 2.
LISSITZKY, Eliezer, dit El : 173, 194, 196, 214
Espace des abstraits : 196
Espace Proun : 196
LISTA, Giovanni :
Futurisme. Manifestes — Proclamations — Documents : 187 n 1, 197 n 1.
LIZÈNE, Jacques : 324-325
«L'artiste de la médiocrité» : 325 n 1.
LONG, Richard : 340-341, 406, 495
A Line Made by Walking : 340.

LOTMAN, Iouri : 283
Structure du texte artistique (La) : 283 n 1.
LOUBSCHANSY : 110.
LOUIS, Louis Bernstein, dit Morris : 366.
LUCIARELLO, Saverio : 421.
LÜTHI, Urs : 477.
LYOTARD, Jean-François : 319, 411
Condition postmoderne (La) : 425 n 3
« Esquisse d'une économie de l'hyperréalisme » : 411 n 2
Postmoderne expliqué aux enfants (Le) : 319 n 1.

MACCHERONI, Henri : 477.
MACIUNAS, George : 182, 469
« Néo-Dada en musique, théâtre, poésie et beaux-arts » : 182 n 1.
MACK, Heinz : 495, 495 n 1.
MACKE, August : 269-270
« Les masques » : 270 n 1.
MAGNELLI, Alberto : 190.
MAGRITTE, René : 164, 367-368, 368 n 2.
Clef des songes (La) : 368
MAÏAKOVSKI, Vladimir : 501.
MAILER, Norman : 281
« La religion des graffiti » : 281 n 1.
MALET, Léo :
Dictionnaire abrégé du surréalisme : 233.
MALÉVITCH, Kazimir Severinovitch : 15, 15 n 1, 25, 30, 40-43, 59, 62-64, 68, 71, 74-75, 77, 84, 112, 115, 128, 166, 218, 410
Carré noir : 25, 43-44, 62-64, 143, 176 n 1
Carré noir et carré rouge : 520
Carré noir sur fond blanc : 63-64
Composition avec Mona Lisa : 166
Die gegenstandslose Welt : 410
« Du cubisme au suprématisme. Le nouveau réalisme pictural » : 41 n 1, 42 n 1
« Du cubisme au suprématisme en art, au nouveau réalisme de la peinture en tant que création absolue » : 43 n 2
« Du cubisme et du futurisme au suprématisme. Le nouveau réalisme pictural » : 15 n 1, 42 n 2, 43 n 1, 43 n 3, 44 n 1 et 2
Femme devant une colonne d'affiches : 40, 40 n 1
Guerrier de Ier rang : 166
Lettre à Alexandre Benois : 64 n 1
« Le peintre et le cinéma » : 68
« Le Suprématisme » : 63 n 2
« Le Suprématisme, 34 dessins » 64 n 2, 74 n 1

Un Anglais à Moscou : 166.
MALLARMÉ, Étienne, dit Stéphane : 364, 494
«Les loisirs de la poste» : 494 n 1
Coup de dés : 364.
MALRAUX, André : 253, 292-296
Voix du silence (Les) : 253 n 1, 292 n 1, 294 n 1 et 3.
MANET, Édouard : 13-14, 45, 74, 100, 232, 268, 268 n 1, 321, 326, 417
Olympia : 13, 326
Un bar aux Folies-Bergère : 417.
MANZONI, Piero : 234-235, 457
Sculptures vivantes : 234
Socle du monde : 235
Socle magique : 234.
MAPPLETHORPE, Robert : 503.
MARC, Franz : 254, 269-271, 270 n 2.
MARCADÉ, Bernard : 508
Paul-Armand Gette : 508 n 1.
MAREY, Étienne Jules : 198.
MARINETTI, Filippo Tommaso : 165, 197, 308, 357, 390
Futurisme (Le) : 309 n 1
«Manifeste du futurisme» : 197 n 1
«Le Music-hall» : 390 n 2
«Théâtre total pour les masses» : 391 n 1.
MARKOV, Vladimir :
Principes de la création dans les arts plastiques. La facture : 55, 56 n 1.
MARTIN, Agnes : 140-141 n 3.
MARTIN, Jean-Hubert : 263
«Flottant et caché» : 505 n 1.
MASSON, André : 90, 162.
MASSON, Françoise : 480.
MATHIEU, Georges : 108, 111, 118, 435, 439
Bataille d'Akata (La) : 435
«Diffusion et contagion mondiale : 1956-1962» : 435 n 1
«La liberté, c'est le vide» : 111 n 2
«Note sur le poétique et le signifiant» : 111 n 3
Saint-Barthélemy (La) : 439
«Triomphe de l'abstraction lyrique : 1951-1956» : 111 n 1.
MATISSE, Henri : 55, 106-107, 140, 170-171, 256, 260, 271, 364-365, 521
Blouse romaine (La) : 520
Écrits et propos sur l'art : 364 n 2
Jazz : 170-171
«Notes d'un peintre» : 55 n 1, 107 n 1, 140 n 3
Nus bleus : 171
Tristesse du roi (La) : 171.
MATTA, Roberto Sebastian Matta Echaurren, dit Roberto : 90.
MATTA-CLARK, Gordon : 501 502

Conical Intersect : 502
Treshole : 502.
McEviley, Thomas :
«Histoire de l'art ou histoire sainte ?» : 17 n 1.
Medounetky : 195.
Mekas, Jonas : 399.
Ménard, Pierre : 522, 524
«La collection comme méta-œuvre» : 523 n 1
«La guerre des définitions» : 525 n 1.
Merleau-Ponty, Maurice : 467
Œil et l'Esprit (L') : 467 n 1.
Merz, Mario : 209, 229, 510.
Messager, Annette : 421, 485-486
Femme et le barbu (La) : 486
Proverbes : 372
Tortures volontaires (Les) : 486.
Messagier, Jean : 110.
Metzger, Rainer :
«*Chambres d'amis*, Gand, 1986» : 510 n 1 (avec Jan Hoet).
Michaud, Yves : 406
«Construire des palais de rêve» : 406 n 1.
Michel-Ange, Michelangelo Buonarroti, dit : 272, 282, 294, 317, 331, 497
Moïse : 272.
Mies Van Der Rohe, Ludwig : 73.
Millet, Catherine : 137, 480, 517
Art contemporain en France (L') : 480 n 1, 517 n 1
Conversations avec Denise René : 127 n 1.
Miró, Joan : 90, 275, 280, 285.
Mitouritch - Khlebnikova, V. : 191.
Mogarra, Joachim : 323
Quatorze Sommets de plus de 8 000 mètres (Les) : 324
Spiral Jetty : 323-324.
Moholy-Nagy, László : 73, 125, 173, 204-206, 208, 241, 380, 521
Lichtspiel : *Schwartz-Weiss-Grau* : 206
Modulateur espace-lumière : 205
New Vision and Abstract of an Artist (The) : 206 n 1
«Peindre avec la lumière. Un nouveau moyen d'expression» : 204 n 2
Peinture, Photographie, Film : 125 n 3, 174 n 1
«Le photogramme et les techniques voisines» : 208
Telefonbilder : 241.
Moles, Abraham :
Kitsch, l'art du bonheur (Le) : 315 n 1.
Mondrian, Pieter Cornelis Mondriaan, dit Piet : 30, 37, 59-62, 64-65, 68, 72, 87, 112, 114, 128, 130,

144, 149, 199, 213-214, 222, 352, 352 n 3, 521
Compositions : 62
« Dialogue sur la nouvelle plastique » : 37, 37 n 2
« La morphoplastique et la néoplastique » : 65 n 1
Néoplasticisme (Le) : 68, 68 n 2
Pommier en fleurs : 37.

MONET, Claude : 137-138, 224, 277
Cathédrales : 137
Déjeuner sur l'herbe : 277
Meules (Les) : 137
Nymphéas : 96, 224
Peupliers : 137.

MOORE, Henry : 264.

MOORMAN, Charlotte : 393.

MORELLET, François : 141, 143-145, 209, 307, 313, 371, 521
À la missionnaire : 145
« Au secours, la droite revient » : 145 n 1
« Du spectateur au spectateur ou l'art de déballer son pique-nique » : 144 n 3
En levrette : 145
« Figuration et Défigurations » : 144 n 1
Géométrie dans les spasmes (La) : 145
« Le Groupe de recherche d'art visuel » : 522 n 1
Par-derrière (à 2) : 145.

MORICE, Max : 161.

MORRIS, Robert : 241, 243-244, 246, 248, 339, 349-350, 350 n 1
« L'antiforme ». 349 n 1
Cloud : 241
Continuous Project Altered Daily : 349
Corner Piece : 241
Floor Beam : 241
L-Beams (Poutres en L) : 243-244
« Notes on sculpture » : 244 n 1 et 3.

MORZUCH, Maria .
Entretien avec Krzysztof Wodiczko : 503 n 1.

MOSSET, Olivier : 439-440, 522.

MOSZYNSKA, Anna :
Art abstrait (L') : 145 n 2.

MOTHERWELL, Robert : 89, 104, 219.

MÜHL, Otto : 474-476
Kunst & Revolution : 475 (avec Günter Brus)
Sang et matières fécales : 476 (avec Hermann Nitsch).

MURAKAMI, Saburô : 436
Faire six trous en un instant : 436.

MUTT, Richard : voir Marcel Duchamp.

MUYBRIDGE, Eadweard : 198, 412.

NADAR, Gaspard Félix Tournachon, dit : 510.

NAMUTH, Hans : 92, 93 n 1
Atelier de Jackson Pollock

(L') : 93 n 1 ; voir Paul Falkenberg.
NAUMAN, Bruce : 209, 372, 396-397, 397 n 1, 458, 460, 510
Around the Corner Piece : 396
Interview par Joan Simon : 397
Window or Wall Sign : 372.
NAVILLE, Pierre :
Révolution surréaliste (La) : 161.
NEMIROF, Diana :
Entretien avec Jenny Holzer : 375 n 1.
NEUHAUS, Max : 205.
NEVELSON, Louise : 217.
NEWMAN, Barnett : 91, 98-100, 103-104, 119, 264-265, 426
« A conversation : Barnett Newman and Thomas B. Hess » : 104 n 2
« Frontiers of Space » : 103 n 2
Stations de la croix : 104, 265
« The First Man Was an Artist » : 265 n 1
« The fourteen *Stations of the Cross*, 1958-1966 » : 104 n 1
« The Sublime is Now » : 103 n 3, 265 n 2.
NICKELL, Mickaël : 267 n 1.
NILS-UDO : 340.
NITSCH, Hermann : 474, 475 n 1, 476
Sang et matières fécales : 476 (avec Otto Mühl).
NOCHLIN, Linda : 425
Femmes, art et pouvoir : 425 n 2.
NOLAND, Kenneth : 123, 366.
NOLDE, Emil Hansen, dit Emil : 270.
NORTON, Louise : 177.

O'DOHERTY, Brian :
Inside the White Cube : the Ideology of the Gallery Space : 513 n 1.
OLDENBURG, Claes : 225-226, 226 n 1, 225 n 1, 239, 355, 453
Placid Civic Monument : 355
Ray Guns : 226
The Store : 225.
OLITSKI, Jules : 366.
OLSON, Charles : 454.
ONO, Yoko :
Cut Piece : 484.
OPALKA, Roman : 379.
OPPENHEIM, Dennis : 333, 336, 481, 495
Attempt to Raise Hell : 204
Reading Position for 2nd Degree Burn : 481
Whirlpool Eye of the Storm : 336.
OPPENHEIM, Meret :
Déjeuner en fourrure (Le) : 185.
ORLAN : 486
Baiser de l'artiste (Le) 459, 486

OTTINGER, Didier : 427-428
« Courants, vagues, flux et reflux » : 428 n 1.
OURSLER, Tony : 401.

PAALEN, Wolfang : 102, 102 n 2.
PACQUEMENT, Alfred : 204
« Un Socrate musicien » : 204.
PAGÉ, Suzanne : 268, 290.
PAIK, Nam June : 392-395, 394 n 1, 494
Buddha's Catacombs : 393
Moon is the Oldest TV : 393
TV Bra for Living Sculpture : 393.
PAMPROLINI, Enrico : 390
« L'atmosphère scénique futuriste » : 390 n 3.
PANE, Gina : 477, 480, 504
Escalade sans anesthésie : 480
« Journal » : 481 n 1.
PARINAUD, André : 222
Entretien avec Robert Rauschenberg : 222 n 1, 470 n 1.
PARKINE, Varsanophie :
« Les expositions *La Queue d'âne* et *La Cible* ». 521 n 1.
PARMENTIER, Michel 439 440, 522.
PARMIGGIANI, Claudio 359-360, 360 n 1
Terra : 359-360.
PARTCH, Harry : 203
PARTENS, Alexander : 242
« L'art dada » : 243 n 1.
PASCAL, Claude : 297.
PASSUTH, Krisztina :
« Les jeux de lumière » : 206 n 2.
PAULHAN, Jean : 289
Braque le patron : 188 n 2.
PAULME, Denise : 269 n 1.
PAVIE, Yann :
« Une expérience de création par les "mass media" » : 498 n 1.
PECHSTEIN, Max : 270.
PENONE, Giuseppe : 340
Patates : 340.
PETERSEN, Ad : 328
Introduction à *'60-'80 Attitudes/Concepts/Image* : 328-329, 329 n 1.
PEVSNER, Antoine : 197-198, 200
« Manifeste réaliste » : 198 n 1 (avec Naum Gabo).
PIATTI, Ugo : 188.
PICABIA, Francis : 30, 115, 179-181
« Chef=d'œuvre » : 181, 181 n 1 (sous le pseudonyme de Funny Guy)
Écrits : 322 n 1
M'amenez-y (Portrait à l'huile de ricin) : 370
Picabia le loustic : 322
Œil cacodylate (L') : 379 n 1
« Réponses à Georges Herbiet » : 322 n 2

Tableau à effacer : 309
« Tableau rastadada » 321-322
Trois Grâces (Les) : 322.

PICASSO, Pablo Ruiz : 22-23, 25, 38, 94, 138, 150, 153-158, 164-165, 169, 174-175, 186, 188-191, 193-194, 210-211, 232, 254, 256, 259-261, 265, 270, 275, 275 n 2, 300, 317, 389, 485, 485 n 1, 492-493, 497, 508, 521
Bouteille de Suze : 218
Bouteille sur une table : 157
Casse-croûte (Le) : 189
Demoiselles d'Avignon (Les) : 260
Entretien avec Florent Fels : 261 n 2
Guernica : 508
Guitare : 189, 210, 260
Guitare, partition et verre : 155
Nature morte à la chaise cannée : 154-155, 159
Nature morte avec fruits et violon : 158
Propos sur l'art : 22 n 1 et n 2, 38 n 2 150 n 2, 153 n 1, 190 n 1, 260 n 1
Verre d'absinthe (Le) : 189
Verre et bouteille de Suze : 164.

PIGNON-ERNEST, Ernest : 500.

PILES, Roger de : 131
Cours de peinture par principes : 131 n 3.

PILLET, Edgard : 112.

PIPER, Adrian : 427
What It's Like, What It Is : 427.

PISTOLETTO, Michelangelo : 445, 455
Construzione, distruzione : 445
« Le ultime parole famose » 455 n 2
Zoo : 455.

PLATON : 29.

PLINE L'ANCIEN : 305
Histoire naturelle : 305 n 1.

PLUCHART, François : 477-478
Art corporel (L') : 477 n 1
« Manifeste de l'art corporel » : 478 n 1
« Troisième manifeste » : 478 n 2.

POE Edgar : 309.

POINSOT, Jean-Marc : 334, 383 n 1, 500
Quand l'œuvre a lieu. L'art exposé et ses récits autorisés : 334 n 1, 383 n 1, 500 n 1.

POLIAKOFF, Serge : 112.

POLKE, Sigmar : 371.

POLLOCK, Jackson : 89, 92-93, 95-98, 100, 103, 103 n 1, 108, 115, 224, 285, 298, 307, 366, 449-450

POONS, Larry : 123.

POUGNY, Ivan Puni, dit Jean . 41, 190-191
Boule blanche (La) 191
Tenaille (La) : 191

POUNINE, Nicolas : 70, 70 n 1
«Le monument pour la IIIe Internationale» : 70 n 2.
POUSSIN, Nicolas : 36-37, 253, 271, 320, 342, 342 n 1, 363
Manne (La) : 342.
PRINZHORN, Hans : 286-287
Expressions de la folie : 287, 287 n 1.

RAGON, Michel : 457
Vingt-cinq ans d'art vivant : 110 n 1.
RAINER, Arnulf : 421, 472-473
«La peinture pour quitter la peinture» : 473 n 1
Übermalungen : 473.
Ramo Nash (Cercle) : 523
Black Box : 403-404.
RAMSDEN, Mel : 373
Secret Paintings : 373.
RAPHAËL, Rafaello Sanzio, dit : 253, 271, 275-276.
RATTON, Charles : 289.
RAUSCHENBERG, Robert : 73, 217, 220-224, 239, 248, 285, 387, 392, 402, 438, 441, 454, 470, 485
Bed : 223
Dirt Painting : 221
Entretien avec André Parinaud : 222 n 1, 470 n 1
Erased de Kooning Drawing : 221
Factum I : 221
Factum II : 221
Music Box : 222
Oracle : 392
Untitled (Paper Painting) : 221.
RAY, Man : 183-184, 207-208, 217, 310, 370, 398, 414
Autoportrait : 184 n 1, 207 n 1
Cadeau : 184
Élevage de poussière : 414
Objet à détruire : 310
Objets de mon affection : 218 n 1
Obstruction : 183
Pain peint : 370
«Pensées tirées d'un carnet secret de Man Ray» : 218 n 1
Retour à la raison : 398.
RAYNAL, Maurice : 174
«Conception et vision» : 174 n 2
Lavabo (Le) : 175.
RAYSSE, Martial : 209, 228, 234, 441.
RÉAU, Louis : 279
Histoire du vandalisme 279.
REDON, Odilon : 58.
REINHARDT, Ad : 119-121, 121 n 2, 133, 373
Art as art. The Selected Writings of Ad Reinhardt : 122 n 2, 373 n 1
Peintures noires : 245
Ultimate Paintings : 143.
REITHMANN, Max : 464 n 1.
RÉJA, Marcel : 286

Art chez les fous (L') : 286, 286 n 1.
REMBRANDT, Rembrandt Harmenszoon Van Rijn, dit : 482, 497.
RENARD, Delphine : 514
«Entretien avec Christian Boltanski» : 514 n 1.
RENÉ, Denise : 126, 199
RENOIR, Pierre Auguste : 494.
RESTANY, Pierre : 228, 233-234, 352 n 2, 437, 456-457, 499
«À 40° au-dessus de Dada» : 229 n 1
«La prise en compte réaliste d'une situation nouvelle» : 233 n 1.
REY, Robert : 112
Contre l'art abstrait : 112 n 1.
RICHARD, Noël : 326
Mouvement décadent. Dandys, esthètes et quintessents (Le) : 326 n 1.
RICHARDS, Mary Caroline · 454.
RICHTER, Gerhardt : 141, 147-148, 410
Textes : 148 n 1.
RICHTER, Hans : 67, 212, 214, 301
Dada-art et anti-art : 301 n 1
«Kurt Schwitters» : 212 n 3
Symphonie diagonale : 67 (avec Viking Eggeling).
RIEGL, Aloïs : 308
Culte moderne des monuments (Le) : 308.
RIETVELD, Gerrit : 72.
RILEY, Bridget : 123.
RIMBAUD, Arthur : 273
Une saison en enfer : 273.
RIOPELLE, Jean-Paul : 108.
RIST, Pipilotti : 401.
ROCHÉ, Pierre-Henri : 289.
RODTCHENKO, Alexandre : 69, 71, 75, 79, 84, 173, 194-196
Constructions spatiales · 194.
ROLAND, Jean-Marie : 512 n 1.
RONDEPIERRE, Éric : 421-422
Vie est belle (La) : 422
Voyeur (Le) : 422.
ROSE, Arthur R. : voir Joseph Kosuth.
ROSE, Barbara : 244
«ABC Art» : 244 n 4.
ROSENBERG, Harold : 21, 93-94, 328, 360, 365-366, 449, 473
Anxious Object. Art Today and its Audience (The) : 328 n 1
Dé-définition de l'art (La) 21 n 1, 328 n 1
«L'art et les mots» : 361 n 1, 366 n 1
Peintres d'action américains (Les) : 94 n 1.
ROSSIF, Frédéric : 485.
ROTHKO, Mark : 89-91, 98-99, 104-105, 119, 519
«The romantics were prompted» 105 n 1

Syrian Bull : 90.
Rotella, Mimmo : 228, 233.
Roth, Dieter : 312.
Rouillé, André :
Photographie en France. Textes et controverses : une anthologie 1816-1871 (La) : 408-409 n 1, 411 n 1, 416 n 1.
Rousse, Georges : 407.
Rousseau, Henri Rousseau, dit le Douanier : 270.
Rozanova, Olga : 159
Rubens, Pierre-Paul : 253.
Rubin, William : 155, 256, 335, 337
Entretien avec Lawrence Alloway et John Coplans : 335 n 1, 337 n 2
Picasso et Braque. L'Invention du cubisme : 155 n 1
« Le primitivisme moderne, une introduction » : 257 n 1, 261 n 1.
Ruscha, Edward : 413 n 1, 414
Twenty-six Gasoline Stations : 413
Various Small Fires : 413.
Ruskin, John : 435.
Russell, Morgan : 108.
Russolo, Luigi : 187-188, 198
« L'art des bruits » : 188 n 1.
Rutault, Claude : 139
« Définition / méthode » : 139.
Ruttmann, Walter : 358
Wochenende : 358.
Ryman, Robert : 134, 140, 345-347
« Statements » : 140 n 2.

Saalborn, Arnold : 352.
Saenredam, Pieter Jansz :
Bunrkerk à Utrecht (La) : 276.
Saint-Phalle, Niki de : 228, 234, 441, 456
Autel : 456.
Salle, David : 423.
Salles, Georges : 489, 492, 493 n 1.
Salmon, André : 156.
Salvini, Roberto :
Pure visibilité et formalisme dans la critique d'art du début du xxe siècle : 133 n 1.
Sandberg, Willem : 441.
Sandler, Irving : 102 n 2, 130-131, 402
Triomphe de l'art américain (Le) : 102 n 2, 131 n 1, 402 n 1, 447 n 1.
Sans, Jérôme : 344, 344 n 1.
Satie, Erik : 184.
Schad, Christian : 207.
Schaeffer, Jean-Marie : 419
Image précaire. Du dispositif photographique (L') : 419 n 1.
Schaeffer, Pierre : 188.
Schamberg, Morton Livingstone :
God : 184.

SCHAPIRO, Meyer : 272
«Courbet et l'imagerie populaire. Étude sur le réalisme et la naïveté» : 272 n 1
«Sur quelques problèmes de sémiotique de l'art visuel : champ et véhicule dans les signes iconiques» : 282 n 1.
SCHECHNER, Richard : 455 n 1.
SCHEELBACH, Oscar : 524.
SCHLEMMER, Oskar : 73.
SCHNEEMANN, Carolee : 427
Interior Scroll : 427.
SCHÖFFER, Nicolas : 199
Tour lumière cybernétique : 199.
SCHUFFENECKER, Émile : 52, 258.
SCHUSTER, Jean : 429 n 1.
SCHWARTZMAN, Allan :
Street Art : 284 n 1.
SCHWARZKLOGER, Rudolf : 474, 476.
SCHWITTERS, Kurt : 211-216, 218, 230, 327-328, 345, 350, 364, 365 n 1
«Banalités» : 213 n 1
«Front contre Fronta» : 213 n 3
Kathedrale des erotischen Elends : 214
«Merz» : 213 n 2
Merzbau : 214-215
Merzbild : 211
«La peinture Merz» : 212 n 1, 213 n 2
Préface-manifeste pour *Pin* : 365, 365 n 1 (avec Raoul Hausmann)
Ursonate : 66
«Watch your step» : 211 n 2.
SCRIABINE, Alexandre :
Prométhée : 202.
SEGAL, George : 227.
SEITZ, William C. : 217-218
Abstract Expressionist Painting in America : 101 n 1.
SEMIN, Didier :
«Christian Boltanski : la revanche de la maladresse» : 521 n 1 (avec Alain Fleischer).
SERRA, Richard : 135, 347
Splash Piece : 347.
SERTI, Oskar : 376, 401.
SEUPHOR, Michel : 108.
SHAPOLSKY : 378-379.
SHERMAN, Cindy : 421
Film Stills : 421.
SHIMANOTO : 441.
SHIRAGA, Kazuo : 436-437
Lutter dans la boue : 436.
SHUM, Gerry : 495-496, 495 n 2.
SHWAB :
«Manifeste de l'art concret» : 150 n 1.
SIEGEL, Jeanne : 386 n 2
«Joseph Kosuth : Art as Idea as Idea», entretien avec Joseph Kosuth : 386 n 2.
SIMON, Joan : 397 n 1
Interview de Bruce Nauman : 397 n 1.

SIMONDS, Charles : 284
Little people : 501.
SMITH, Barbara T. : 460
Feed me : 460.
SMITH, Leon Polk : 130.
SMITH, Tony : 241, 250, 250 n 1.
Die : 241
SMITHSON, Robert : 249, 324, 333-334, 336, 338-339, 414-415, 495, 513
Asphalt Rundow : 336
« L'emprisonnement culturel » : 513 n 2
« Frederick Law Olmsted et le paysage dialectique » : 339 n 1
Spiral Jetty : 323-324, 337, 339
« Une sédimentation de l'esprit : Earth Projects » : 249 n 1
« Une visite aux monuments de Passaic, New Jersey » : 415 n 1.
SONTAG, Susan : 318
« Notes sur le Camp » : 318.
SORIN, Pierrick : 401.
SOTO, Jesús Rafael : 443-444.
Entretien avec Daniel Abadie : 444 n 1
Pénétrables : 443.
SOULAGES, Pierre : 112, 119.
SOUPAULT, Philippe : 160, 184
Champs magnétiques : 161 (avec André Breton).
SPECKTER, Hans : 277
Passage de l'ancien amphithéâtre d'anatomie à Weimar : 277.
SPECTOR, Naomi : 134
« Robert Ryman : une chronologie » : 134 n 1.
SPOERRI, Daniel : 217, 228, 230-232, 439 441, 457-458, 458 n 1
« Daniel Spoerri, interview conducted by Susan Hapgood » : 230 n 2
Croûtisme (Le) : 231
Épicerie (L') : 231
Nu blessé : 232
Petit Déjeuner de Kichka (Le) : 230
« Tableaux-pièges » : 231 n 2.
STAËL, Nicolas de : 112.
STANKIEWICZ, Richard : 216 217.
STEICHEN, Edward : 11.
STEIGERLAND : 521.
STEINBERG, Leo : 223-224, 364
Other Criteria : 220 n 1, 223 n 1.
STENBERG, Vladimir et Georgii : 195.
STELLA, Frank : 123, 127-128, 130 n 1, 238-239, 366
« Questions à Stella et Judd » : 128 n 1.
STERBAK, Jana : 427
Vanitas : robe de chair pour albinos anorexique : 427.
STIEGLITZ, Alfred : 177.

STILL, Clyfford : 90, 98-99, 104.
STOUT, Myron : 130.
STRAVINSKY, Igor :
Pétrouchka : 170.
STRIGALEV, Anatoli :
« Berlin, Paris, Moscou. Le voyage à l'étranger de Vladimir Tatline » : 191 n 1.
STRINDBERG, August : 305, 409, 409 n 2, 410
« Du hasard dans la production artistique » : 305, 306 n 1.
STRZEMINSKI, Wladyslaw : 77-81
« B = 2 » : 79 n 1
« La composition de l'espace. Les calculs du rythme spatio-temporel » : 81 n 2 (avec Katarzyna Kobro)
Compositions architectoniques : 79
Compositions unistes : 80
« Je définis l'art… » : 78 n 1.
SUED, Ricardo :
Bonbon acidulé : 358, 358 n 1.
Supports/Surfaces (groupe) : 135-136, 136 n 1.
SURVAGE, Léopold :
Rythmes colorés : 67.
SWENSON, G. R. : 410 n 1
« What is Pop Art ? : Answers from 8 painters » : 19 n 1, 410 n 1.
SZEEMANN, Harald : 347-348, 476, 515
« Sur l'exposition » : 348 n 1.

TAKIS : 204.
TALBOT, Fox : 207.
TAPIÉ, Michel : 108-109, 289.
TÀPIES, Antoni : 279-280.
TARABOUKINE, Nicolas : 56, 74-77, 79, 122, 192-193, 195, 251
Du chevalet à la machine : 74, 193 n 2
Pour une théorie de la peinture : 56, 56 n 2, 193 n 1.
TATLINE, Vladimir : 41, 69-70, 191, 192 n 1, 193-195
Bouteille : 191
Monument à la IIIe Internationale : 69-70, 70 n 1.
TAEUBER-ARP, Sophie : 72, 264.
THÉVOZ, Michel : 290-291
Art brut (L') : 291 n 1.
TIBERGHIEN, Gilles A. :
Land Art : 336 n 1, 337 n 1, 340 n 1.
TINGUELY, Jean : 217, 228, 234, 438, 441, 456
Hommage à New York : 203, 438
Mes étoiles — Concert pour sept peintures : 203.
TISSANDIER, Gaston : 123
Récréations scientifiques (Les) : 123 n 1.
TITIEN, Tiziano Vecellio, dit le : 36.

TÖPFFER, Rodolphe : 258, 274, 277
Réflexions et menus propos d'un peintre genevois : 258 n 1.
TORONI, Niele : 439-440, 510, 522.
TRONCHE, Anne :
Gina Pane : 481 n 1.
TROOST, Paul Ludwig : 85 n 2
TUCHMAN, Phyllis : 140 n 1, 345
« Entretiens avec Robert Ryman » : 346 n 1.
TUDOR, David : 454.
TUPPER, Martin : 524.
TURRELL, James : 209.
TUTUNDJIAN :
« Manifeste de l'art concret » : 150 n 1.
TURNER, Joseph Mallord William : 98, 154.
TWOMBLY, Cy : 221, 280, 285, 321
TZARA, Tristan : 160, 169, 213, 230, 307, 309
Manifeste Dada : 309 n 2
« Manifeste sur l'amour faible et l'amour amer » : 169 n 2.

ULAY (Uwe Laysiepen) :
Imponderabilia : 459 (avec Marina Abramovic)
ULTVEDT, Olof : 442.

VALÉRY, Paul : 179, 292-294, 467, 483
« Choses tues » : 179 n 1
« La conquête de l'ubiquité » : 483 n 1.
VAN GOGH, Vincent Willem : 270, 274, 482, 497, 521
Tournesols (Les) : 521
VAN VELDE, Bram : 110, 320.
VASARELY, Victor : 123-126
Plasti-cité, l'œuvre plastique dans votre vie quotidienne : 124 n 1, 126 n 1.
VERJUX, Michel : 209.
VERLAINE, Paul : 326
Poètes maudits (Les) : 326.
VIALLAT, Claude : 136
« Le chaudron » : 136 n 2.
VIARDOT, Louis : 51 n 1
« Ut pictura musica » : 51 n 1.
VIÉVILLE, Dominique :
« Vous avez dit géométrique ? Le salon des réalités nouvelles, 1946-1957 » : 107 n 2.
VINCI, Léonard de . 368, 456, 497.
VIOLA, Bill : 401.
VLAMINCK, Maurice de : 256, 259, 261.
VOLTAIRE : 309.
VORDEMBERGE-GILDEWART, Friedrich :
« Kurt Schwitters » : 214 n 1
VOSTELL, Wolf : 391-392
Interview par Jean-Paul Fargier : 392 n 1.
VRIES, H. de : 184
Cadeau renvoyé (Le) : 184

WAGNER, Richard : 50
WAGSTAFF, Samuel :
«Talking to Tony Smith» : 250 n 1
WAJCMAN, Gérard :
«La ressemblance et le moderne» : 357 n 1.
WALL, Jeff : 417
Picture for Women : 417.
WALTER, Franz Erhard : 405.
WARHOL, Andy : 19, 227-228, 285, 355, 399-400, 410, 410 n 1, 445
À Faire soi-même : 445
Chelsea Girls (The) : 400
Empire : 399
Sculpture invisible : 355.
WEINER, Lawrence : 347, 381-383, 382 n 1, 388
A 36'' × 36'' Removal to the Lathing or Support Wall of Plaster or Wallboard from a Wall : 347
WEIS, Jeffrey :
Popular Culture of Modern Art. Picasso, Duchamp and Avant-Gardism (The) : 158 n 1.
WESSELMAN, Tom : 226
Bathtub n° 3 : 227.
WEY, Francis : 408
«De l'influence de l'héliographie sur les beaux-arts» : 408 n 1.
WHISTLER, James Abbott McNeill . 14, 49-50, 50 n 2, 435
Nocturne en bleu et or n° 1 et n° 2 : 50 n 2 et n 3
Nocturne in Black and Gold : the Falling Rocket : 435.
WHITMAN, Robert : 402, 453
WODICZKO, Krzysztof : 502
«L'instrument personnel», entretien avec Maria Morzuch : 503 n 1.
WOLFE, Tom : 366
Mot peint (Le) : 366 n 2.
WOLHEIM, Richard : 245
Minimal Art : 245.
WOLS : 108-109, 112.
WROUTERS : 521.

YAKOULOV : 69.
YOSHIHARA, Jirô : 435-436, 441
Œuvre à marcher dessus : 441
Œuvre à traverser : 441
«Rapport de la 1re Exposition Gutai» : 441 n 1.

ZGRAGGEN, Beat : 324.
ZIEGLER, Adolf : 86-87, 87 n 1.
ZLOTYKAMIEN, Gérard : 280
Éphémères : 280.
ZUCCARO ou ZUCCARI, Taddeo : 304 n 3.
ZURBARÁN, Francisco de : 493.

INDEX DES NOTIONS, DES MOUVEMENTS ET DES GROUPES ARTISTIQUES

AAA (*American Abstract Artists*) : 89, 120.
Absolu : 63 ;
peinture — : **79-80**.
Abstract Expressionism : voir expressionnisme abstrait.
Académisme/académique : 42, **91**, 110, **113-114**, 123, 253, 273, 303, 308, 470, 489, 490.
Accumulation : **229-230**, 456.
Action : 24, 249, **266**, 310, 329, 350, 395, 436, 439, 454, 462, 463, 469, 470, 471, 473, 476, 479, 480, 481, 483, 485, 504.
Action painting : **93-94**, 98, 108, 350, 361, 366, 437, 449, 452, 474, 485.
Action-spectacle : **438-439**.
Actionnisme : **474-476**, 478.
Actualisation de l'œuvre : **139**, 345, 348.
Affichage : 347, 375, **500-501**.
All-over : **94-96**, 120, 127.
Anthropométrie : 424, **437-438**.
Anti-art : 121, **181-183**.
Antiforme : **349-350**.
Appropriation : **229**, 234.
Arte Povera : 496.
Assemblage : 171, **187-191**, 214, 222, 267, 391, 392, 393, 395, 447, 452, 471 ;
art de l'— : **217-236**, 237, 350.
Aura : 242, **293**, 298.
Authenticité : 105, 126, 178, 221, 231, 235, 242, 279, 293, 313, 499.
Automatisme : 111, 162, 301, 305 ;
— psychique : **90**, **161**, 303.
Autonomie :
— de l'art : 51, 80, **121**, 133, 142, 174, 195, 373, 386, 446 ;
— de l'œuvre : 33, 52, 57,

76, **77-79**, 81, 134-136, 149, 246, 248, 249, 331, 342-343, **344**, 396, 405, 407, 413, 429, 513, 518.
Avant-garde/avant-gardisme/avant-gardiste : 12, **14-15**, 16, 17, 18 27, 42, 69, 70, 83, 88, 97, 112, 114, 119, 135, 165, 193, 199, 200, 222, 235, 256, 268, 270, 308, 316, 318, 350, 389, 405, 423, 426, 443, 463, 488, 491.

Babélisme : 373.
Bauhaus : 36, 71, **72-73**, **84**, 125 ;
New — : 73.
Beau/beauté : 15, 33-34, 62, 65, 71, 138, 153, 162, 173, 178, 182, 185, 195, 197, 200, 258, 261, 264, 265, 309, 352, 363, 373, 378, 415, 454, 486.
Blaue Reiter : 264, 274, 287 ;
almanach du — : **269-271**, 273, 275.
B.M.P.T. (Buren, Mosset, Parmentier, Toroni) : 439-440, 522.
Body Art : voir corporel.
Bricolage : **167-168**, 184.
Brücke (Die) : 261, 262, 264.
Brut (art) : 26, **288-291**, 315, 460.

Cadavre exquis : **303**.
Camp : **318**.
Carré : 120, 141, **143-144**, 145.
Charnel (art) : **486**.
Cinéma : 293, 329, 337, 338, 358, **389-390**, 391, 395, **398-400**, 402, 404, 421, 454, 476, 477, 485 ;
— abstrait : **67-68**, 206 ;
— élargi : **399** ;
— expérimental : **398**.
Cinétique : 124, 125, **198-200**, 206.
Cobra : 279.
Collage : **153-170**, 171, 172, 173, 174, 175, 179, 180, 183, 185, 186, 187, 196, 208, 242, 249, 285, 328, 370, 392, 394, 395, 447, 451, 452, 454 ;
roman — : **163**, 169.
Color-field (champ coloré) : **98-99**, 100, 105, 130, 146.
Combine-painting : **222-224**, 248.
Communication : 23, 359, 399, 404, 443, 480, 490, **493-499**, 503.
Compression : **234**.
Concept élargi de l'art : **462-464**.
Conceptuel :
art — : 297, 358, 369, 378, **380-388**, 467 ;
institution — : 495.
Concret (art) : 107, **150**, 238, 436.
Constructivisme : 18, 55, 56, 71, 74, **75-76**, 77, 146, **194-197**, 222, 243.

Contre-relief : **192**, 195.
Corporel (art) : 468, **477-478**, 483, 484, 485, 486.
Corps : 18, 130, 242, 248, 329, 330, 397, 411, 436, 437, 441, 445, 450, 456, **467-486**.
Couleur : 39, **45-51**, 54, 63, 82, 98-99, 120, 130, 131, 133, 156, 160, **170-171**, 189, 191, 201, 203, 212, 213, 234, 242, 253 ;
champ de — : voir *color-field* ;
— seule : 79 ;
sémantique des — : **60-61**.
Cubisme/cubiste : 29, 36, 38, 39, 96, 99, 100, 102, 154, 155, 158-160, 163, 165, 175, 179, 189, 190, 218, 249, 254, 256, 262, 264, 349, 489 ;
— analytique : 94 ;
— et abstraction : **38-39**, 44, 96 ;
— orphique : 39.

Dada/dadaïsme/dadaïste : 18, 87, 89, 150, 160, 166, 172, 181, 183, 190, 204, 207, 211, 218, 221, 228, 229, 243, 264 301, 304, 306, 307, 309, 389, 390, 398, 434, 446, 494 ;
néo — : 181, **219-226**.
Déchet (esthétique du) : **216**.
Dé-coll/age : **391-392**.
Décollage : **232-233**
Dégénéré (art) : **85-87**.
Dématérialisation :
— de l'art : 18, **350**, 354, 382 ;
— du tableau : **353**.
Dérision : 26, 180, 231, 232, 319, 322, **325-326**, 359, **370-371**, 373, 505.
Dessin :
— d'enfants : 254, 269, 271, **273-276**, 278, 286, 287, 315 ;
— mécanomorphe : **179-180**.
De Stijl : **71-72**.
Détrompe-l'œil : **232**.
Documentation (art et) : 298, 341, **360-362**, 413, 468 471, 477, 487.
Drip painting : 97, 224.
Dripping : **92-93**, 298, 307, 433, 449.

Earth Art : 335, 339.
Earthwork : **333-335**, 337-339, 361.
Éléments plastiques : **53-57**, 61, 79, 106, 117, 150, 192
Empreinte : 162, 221, 305, 420, 437, 481, 485
Environnement : 205, 312, 329, 444, **446-449**, 450, 452, 511, 518.
Éphémère : 26, 189, 216, 254, 267, 291, 297, **307-314**, 315, 323, 336, 340, 350, 395, 418, 434, 451, 456, 468, 481, 489, 499, 501, 508

Event : 396, **453-455**, 469-470, 471.
Expression : 91, 93, 103, **105-107**, 127, 185, 194, 229, 230, 241, 273, 277, 278, 280, 364, 416, 467 ;
— plastique : 62.
Expressionnisme/expressionniste : 86, 94, 121, 221, 223, 254, 287, 327, 437, 467, 469.
Expressionnisme abstrait (*Abstract Expressionism*) : 19, 98, 101, **102-107**, 120, 123, 127, 129, 146, 219, 220, **225, 264, 451, 454, 473**.

Facétie : 325, 371, 397, 427.
Facture : **55**, 192.
Faire (opposé à créer) : 134, **135**, 223, 224, 420, 440.
Faktura : **55-56**, **192-193**.
Fauve : 29, 36, 254, 257, 262, 264, 489.
Féminisme (art et) : 425, **484-486**.
Fiction : 225, 267, 299, **376-377**, 403, 421, 515-516.
Figuration/figuratif : 24, 30, 34, 35, 36, 37, 38, 52, 53, 55, 84, 89, 112, 133, 145, 165, 220, 234, 351, 389, 409, 412 ;
non — : 34, 37, 42, 68, 107, 113, 114, 115, 118, 145, 147, 196, 250.
Flatbed : **224**.
Fluxus : 181, 182, 249, 393, 396, 399, 463, 469, 476, 484.
Formalisme : 21, 42, 77, 80, **100-101**, 107, **132**, 141, 246, 264, 386, 427, 463.
Forme signifiante : **133**, 286.
Formel : 51, 52, 53, 54, 57, 59, 74, 80, 87, 104, 108, 129, 141, 163, 184, 192, **260**, 265, 276, 363, 376, 387, 425, 428.
Frottage : 162.
Futurisme/futuriste : 15, 41, 165, 186, 193, 198, 308, 390, 410, 434, 494.

Géométrique (art) : 141, 145-146, 147 ;
abstraction — : 88, 89, 130, 244.
Gestuelle (abstraction) : 110, 473.
Graffiti : 26, 222, 254, 274, **276-285**, 315, 375, 500.
GRAV : **442-443**, 521.
Grille : 95, **141-143**, 147.
Gutai : **436-437**, 439, 441, 446, 485.

Happening : 18, 24, 205, 249, 297, 310, 323, 329, 350, 361, 395, 396, 434, **450-455**, 456, 457, 462, 469, 471, 476.
Hard-edge : **129-131**.
Hasard : 26, 161, 164, 165, 202, 231, 254, 300, **301-**

307, 312, 350, 371, 454, 502, 504.
Hiérarchie : 72, 292 ;
— des genres : **47-48**.
Humour : 141, 157, 158, 173, 177, 219, 229, 231, 232, 273, 355, **370-371**, 391, 422.
Hyperréalisme : **411**.

Immatérialisation : voir dématérialisation.
Immatériel : 124, 293, 351, 352, **354-355**, 444.
Informe : **109-110**, 265, 314.
Informel (art) : **109**, 473
Inkhouk : **71**, 194.
Inobjective/inobjectif :
art — : 149 ;
peinture — : 39.
In situ : 283, 334, 342, **343-344**, 346, 347, 449.
Installation : 205, 310, 337, **345-347**, 348, 361, 375, 391, 395, 418, 427, 447, 448, 460, 462, 463, 508, 511, 518.
Interactivité : **403-406**, 443, 498, 522.
Intermedia : **399**.
Invisible : 30, **60**, 62, 63, 77, 127, 128, 205, **351-362**, 373, 382, **409-410**, 504.
Ironie : 120, 157, 158.

Jeu : 103, 123, 132, 158, 173, 179, **302-303**, 304, 326, 372, 394, 397, 398, 404, 405, 422, 455, 458, 479, 521, 524 ;
— et divertissements : 200, 235, 318, 319, 325, 388, 456, 497, 505, 512, 520.

Kitsch : **314-319**, 423.

Land Art : **333-338**, 339, 495.
Lettrisme/lettriste : 67, 485.
Littéral/littéralité : **239-241**, 243.
Livre :
— d'artiste : **384** ;
— objet : **384**.
Lumière réelle : 175, 201, **205-209**.
Lyrique (abstraction) : **108**.

Machine : 410-411.
Mail art (art postal) : **493-494**.
Manifeste : **15-16**, 41, 72, 83, 161, 195, 197, 198, 200, 270, 428, 487.
Matériau : 51, 55, 67, 76, 94, 105, 108, **135-137**, 154, 156, 158, 159, 165, 167, 171, 172, **186-188**, 189, 190, 194, 201, 204, 209, **212-213**, 217, 218, 221, 226, 230, 234, 241, 253, 288, 306, 307, 319, 324, 329, 340, 341, 348, 349, 365, 366, 367, 386, 391, 397, 446, 455, 461, 463, 465, 468, 512 ;
culture des — : **191-197**, 209.

Merz : **211-215**, 229.
Merzbau : **214-215**.
Minimal Art : 146, **245-246**, 324, 328, 372, 403, 427, 467.
Mobile : **199**, 201.
Modernisme/moderniste : **100**, 122, 132, 200, 220, 240, 246, 247, 249, 256, 319, 364, 423, 425, 427, 428 ; réduction — : 104, 122, 131, 132, 240.
Monde (changer le) : **64**, 74, 80.
Monochrome/monochromie : **24**, 79, 80, **117-118**, 120, 122, 127, 139, 147, 240, 294, 297, 298, 473, 523.
Mort :
— de l'art : 17, **65**, **74-75**, 146, 196, 222, **250-251**, 478 ;
— de l'auteur : 522 ;
— de la peinture : **75**, 119, 194, 195, 217, 235, 251, 394, 450, 452, 472.
Mots (l'art et les) : 18, **20-21**, 142, 158, 175, **179-180**, **183-184**, 329, 330, 359, 361-362, **363-388**, 397, 416, 418.
Mouvement :
— apparent : 123 ;
— réel : **197-201** ;
représentation du — : 48, 78, **197-198**.
Multimédia : 406.
Multiples : **125-127**, 296
Musée : 121, **194**, **195**, **196**, 225, 261, 263, 282, 283, 292, 298, 308, 310, 311, 312, 313, **331-332**, 335, 337, 339, 340, 344, 360, 367, 375, 379, 396, 400, 406, 415, 440, 487, **492**, **499-521** ;
— d'art brut : 290 ;
— d'art moderne : 24, 27, 177, **488-492** ;
— ethnographique : 261, 265, 274, **514**, 516 ;
— fictif : **515-517** ;
— imaginaire : 26, 254, 259, **291-299**, **483-484**, 486, 487, 519 ;
— parodique : 226.
Musique :
— bruitiste : **187-188** ;
— du tableau : **49** ;
— et arts visuels : **202-203**, 329, 397, 447, 451, 454, 470, 483 ;
— pour les yeux : 203, 204 ;
paradigme de la — : **50-53**, 58, 66, 381.
Mythe : 21, 33, 90-91, 103, 141, 168, 263, 361, 517 ; faiseurs de — (*Myth-makers*) : **90**.
Mythologie personnelle : **515**.

Nabis : 274.
Naïf (art) : 290, 294.
Narration/narratif : 74, 141, 174, **400-401**, 417, 421 427, 481.

Néoplasticisme : **61-62**, 65, 68, 71, 89, 144.
Non figuratif : voir figuration.
Non objective (peinture) : 80, 89.
Nonsite : **338**.
Nouveau Réalisme : **228-236**, 438-439, 456.
Nouvelle Objectivité : 389.

Objet à fonctionnement symbolique : **184-185**.
Objet spécifique (*Specific object*) : 238, **240-241**, 246.
Obmokhou : **71**, 194.
Œil innocent (théorie de l') : 21, 263, 369.
Œuvre d'art totale : 201, 202, 390, 452, 454, 474.
Op Art (*Optical art*) : **123-124**, 127.
Opérateur en art : **523-525**.
Ounovis : **71**, 77.

Papiers collés : 18, 150, 151, **153-170**, 175, 187, 188, 189, 218, 301, 370.
Papiers découpés : **170-171**.
Paranoïa-critique : 162, **304**.
Parodie : 324, 325, 370, 388, 401, 447, 478.
Pénétrable : **443-444**.
Performance : 310, 329, 350, 395, 397, 427, 462, 469, 470, **471**, 480, 481, 482, 483.
Photocollage : **171**.
Photogramme : 206, **208**, 412.
Photographie/photographique : 18, 147, 166-167, **171-173**, **206-209**, 221, 296, 298-299, 322, 329, 330, 341, 377, 378, 395, 397, **406-418**, 424, 427, 438, 449, 468, 471, 477, 480-481, 482, 483, 501, 503, 504, 508, 514, 523 ;
document — : 92, 177, 188, 266, 283, 309, 310, 333, **336-337**, 341, 342, 359, 360, 406, 414, 476, **480-481** ;
paradigme — : **418-422** ;
— à la main : **303** ;
— plasticienne : **417-418** ;
projection de — : 384, 451, 454, **502-503**, 519 ;
reproduction — : 292, 293-294 ;
tableau — : **417-418**.
Photomontage : **171-174**, 183, 412.
Photoplastique : **173**.
Pique-nique (théorie du) : **144**.
Planéité : **78**, **92**, 100, 121, 131, 150, 220, 239, 240.
Pop Art : 19, 119, **226-228** 318, 389.
Postmoderne : 18, 319, 418, **422-428**, 525.
Primitivisme : 26, 168, 190, 253, **256-269**, 274, 315.
Procédure instauratrice : **93**, **134-135**, 167, 169, 215, 241, 245, **348**, 433, 436.
Procès de création (genèse et) : **201**, 306, 435.

Process Art : **348-349**.
Processus : 100, 140, 215, 301, 337, **348-350**, 361, 380, 421, 430, 433, **440**, 450, 465.
Proun : **196**.
Pure :
peinture — : **38**, 121, 174 ;
— visibilité : 21, 132-133, 369.
Purification : auto — : **100**, 122, 364.
Purisme : 102.

Quoi peindre/comment peindre : **101-102**, **104**, **134**, 194.

Ratage : 254, 300, **320-326**.
Rayogramme : **207-208**.
Rayographie : **207**.
Ready-made : 18, 24, 25, 151, **174-179**, 181, 183, 187, 189, 202, 227, 228, 229, 231, 232, 233, 245, 250, 296, 345, 369, 370, 387, 430, 482, 506, 523 ;
photographie et — : **413-415** ;
— aidé : 179, 183, 202 ;
— textuel : **180**.
Réalisme-socialiste : **84-85**, 87.
Réemploi : **520**.
Récit (grand) : **16-17**, 18, 249, 424, 426.
Récupération : 490, **507-508**.
Regardeur : 135, 311, **429-430**, 434, 461, 471.
Rétinien : 124, **368-370**, 449 ;
anti — : 177.
Rire : 26, 226, 319, 322, 356, 416, 441.

Schadographie : **207**.
Sculpture :
junk — : **216** ;
— ouverte : **81** ;
— peinture : **191** ;
— photographique : **415**,
— sociale : **464-465** ;
— sonore : **202-205** ;
— vivante : **234**, **482** ;
vidéo — : **393**.
Série (sériel, sérialité) : 124, **137-138**.
Shaped canvas : **239**.
Simulationnisme : **424**.
Site : voir *Nonsite*.
Site spécifique : voir *in situ*.
Sociologique (art) : **497-499**.
Spectacle : 112, 205, 393, **434-440**.
Spectateur-participant : 434, 443, 450, 452, **456-460**.
Spirituel/spiritualité : 30, 35, **57-60**, 62, **63-64**, 69, 71, 72, 82, 101, 102, 129, 141, 147, 191, 269, 351, 352, 360.
Street Art : **284**, 375.
Structure déductive : **239**.
Sublime : 103, 265, 419.
Supports/surfaces : **135-137**.
Suprématisme : **40-44**, 63, 75, 77, 410.
Surréalisme/surréaliste : **89-90**, 92, 102, **159-162**, 173, **176**, **184-185**, **218**, **264**,

302-303, 307, 350, 389, 412, 441, 496 ;
collage — : **159-163**.
Symbolisme/symbolique : 57, 58, 59, 63, 64, 127-128, 238, 245, 266, 308, 352, 410, 461, 468, 475, 479, 485.

Tableau-piège : **230-231**, 439, 457 ;
— aidé : **232**.
Tachisme : **110-111**.
Tactile/tactilité : **131-132**, 441.
Tactilisme : 358.
Technologies nouvelles : **402-406**, 497.
Telefonbild (tableau téléphoné) : **241-242**, 243, 380.
Télévision : 329, **390-394**, 439, **495-498**.
Temps/temporalité : 79, 81, 198, **199-201**, 231, **247-249**, 293, 398, 404, 471, 514.
Texte explicatif : 20, 21, 83, 144, 338, 354, 363, **365-367**.
Théâtralité (critique de la) : **245-248**.
Trans-avant-garde : 428.
Travail opposé à œuvre : **135-136**, 140, 332, 383.

Ultime peinture : **120-123**, 373.
Unisme : **77-82**.

Ut pictura :
— *musica* : **51** ;
— *poesis* : **47**, 363.

Vidéo : 18, 205, 324, 325, 329, 330, **394-398**, 400, 401, 404, 416, 427, 468, 471, 477, 511
Vie :
changer la — . **76** ;
l'art et la — : 66, 71, 94, 172, **182**, 187, **195-196**, 200, 213, 222, 226, 231, 235, 253, 302, 400, 433, 446, 451, 454, 460, 469, 473, 500.
Visible : 16, 27, 29, 30, 31, 46, **60**, 62, 106, 128, 129, 131, 133, 139, 206, 209, 298, 351, 352, 354, 364, 381, 382, 419, 485, 502, 504.
Visuel/visualité : 36, **123**, 129, 130, 142, 149, 183, 224, 291, 329, 369, 372, 375, 386, 396, 443, 449, 481, 521 ;
outil — : **343**, 347, 511.
Vitesse :
beauté de la — : **197**, 198 ;
esthétique de la — : **111** ;
— d'exécution : **435**.

Work in progress : **215**, 350.

Zaoum : **66**.
Zip : **99**, 104.

AVANT-PROPOS 11
Avant-gardes et grands récits 14
Un champ élargi 17
Voir et lire les arts du XXe siècle 20
Construire un récit 23

L'ART ABSTRAIT

I. LA NAISSANCE DE L'ABSTRACTION (*Les années dix et vingt*) 33
Une abstraction par décantation 35
Apologie de la rupture 40
Généalogie de l'abstraction 44
Les éléments plastiques 53
Le sens et la fonction 57
Construire les formes nouvelles de la vie 66
Fin de la peinture, fin de l'art ? 74
Sculpture ouverte et tableau absolu 77

II. DÉVELOPPEMENTS ET MUTATIONS DE L'ABSTRACTION (*Des années trente aux années cinquante*) 83

Réalismes d'État 83
New York, nouveau départ 88
L'expressionnisme abstrait 98
En Europe : reconstruction et batailles 107
Abstraction et liberté 114

III. L'ABSTRACTION, APRÈS LES TEMPS HÉROÏQUES (*Les années soixante, et ensuite*) 119

Les « ultimes peintures » 120
Pure visualité 123
Une parenthèse : l'art *sur* l'art 133
La grille, le carré et la prison 141

L'ATTRAIT DU RÉEL

I. REPRÉSENTER, PRÉSENTER 153

Braque et Picasso : « la bataille s'est engagée » 154
Les collages, le surréalisme 159
Des peintures-collages 163
Collages en tout genre 165
Variantes : papiers découpés et photomontages 170
Readymades et objets 174

II. LE PROPRE ET LE SALE 186

Assemblages et constructions 188

La culture des matériaux 191
Le mouvement réel 197
Le son 201
La lumière 205
L'art des décombres 209

III. L'ASSEMBLAGE : L'ART ET LA VIE 217

Néodadaïsme et Pop Art 219
Appropriation : un nouveau réalisme 228

IV. L'ART DU RÉEL 237

Objets spécifiques, œuvres littérales 238
Littéralité, ou théâtralité ? 245

RÉFÉRENCES ET MODÈLES

I. UNE HISTOIRE DE L'ART ÉLARGIE 255

Des primitivismes 256
Les graffiti 276
L'art brut 286
Le musée imaginaire 291

II. DU HASARD AU RATAGE 300

Le hasard 301
L'éphémère 307
Le kitsch 314
Ratage 320

DES BEAUX-ARTS AUX ARTS PLASTIQUES

I. DES ARTISTES, SANS ATELIER 331

Loin des musées 333
L'art, la nature 339
Installations *in situ* 342
Des œuvres sans forme fixe 348
L'invisible est réel 351

II. L'ART, LES MOTS 363

Des régions plus verbales 365
Voir et lire 370
Fictions et reportages 376
L'œuvre des mots 380

III. D'AUTRES IMAGES 389

La télévision enrôlée 390
Un nouvel outil : la caméra vidéo 394
Montrer, raconter 398
La photographie plasticienne 406
Un art postmoderne 418
La postmodernité, généralisée 422

L'ARTISTE ET SON PUBLIC

I. REGARDER, AGIR 433

Le spectacle de l'art 434
Prière de toucher 440

Au plus près du public 449
Des spectateurs participants 456
Tout homme est un artiste 460

II. L'ARTISTE APPORTE SON CORPS 467

Aux frontières du théâtre 469
Violences et transgressions 472
Corps outil, corps support 479
Regardez-moi : un musée imaginaire 482

III. AUTRES LIEUX 487

L'art moderne valorisé et isolé 488
L'art et les réseaux de communication 493
Aux limites du musée 499
Fictions et musées personnels 510

INDEX DES NOMS ET ŒUVRES 529

INDEX DES NOTIONS, DES MOUVEMENTS ET DES GROUPES ARTISTIQUES 563

DU MÊME AUTEUR

LE LIVRE DE GRAFFITI, photographies de Dominique Gurdjian et Jean-Pierre Leroux, Paris, Éditions Alternatives, 1985 (réédition, 1990).

LES ÉCRIVAINS DEVANT L'IMPRESSIONNISME, anthologie, Paris, Macula, 1989 (réédition, 1995).

LA PEINTURE MONOCHROME. HISTOIRE ET ARCHÉOLOGIE D'UN GENRE, édition revue et augmentée, Paris, Gallimard, coll. « Folio Essais », n° 475, 2006.

YVES KLEIN, MANIFESTER L'IMMATÉRIEL, Paris, Gallimard, coll. « Art et artistes », 2004.

Composition Interligne.
Impression CPI Bussière
à Saint-Amand (Cher), le 25 avril 2012.
Dépôt légal : avril 2012.
1er dépôt légal dans la collection : octobre 2000.
Numéro d'imprimeur : 121385/1.
ISBN 978-2-07-041088-0./Imprimé en France.

242867

BBC PROMS 94

The BBC presents the 100th Season of Henry Wood Promenade Concerts

Royal Albert Hall

15 July – 10 September 1994

CONTENTS

Andrew Huth

34 **Personal Tributes**
David Cox

40 **Theatre of the Mind**
Tom Sutcliffe

46 **Proms Artists 94**

54 **Booking Information**

59 **Booking Form**

61 **Programmes** with commentary by Wendy Thompson

85 **Proms Guide Survey**

90 **Cultivating Novelty**
Antony Bye

95 **Proms Special Offers**

100 **Stormy Petrel**
Diana McVeagh

108 **Problem Solved?**
Stephen Walsh

114 **Virtuoso Voices**
Andrew Stewart

123 **Index of Works**

132 **Index of Advertisers**

Published by
BBC Concerts Publications
Editorial Office: Room 330,
16 Langham Street, London W1A 1AA
Distributed by BBC Books, a division of
BBC Enterprises Ltd, 80 Wood Lane,
London W12 0TT

 ISBN 0-563-37060-2
Design: John Bury
Advertising: Hugh Muirhead

Printed by BPC Paulton Books Ltd.,
near Bristol

Front cover photograph: Alex von Koettlitz
Title-page photograph: Lou Stone

Member of the British Arts Festivals Association

ROYAL ALBERT HALL

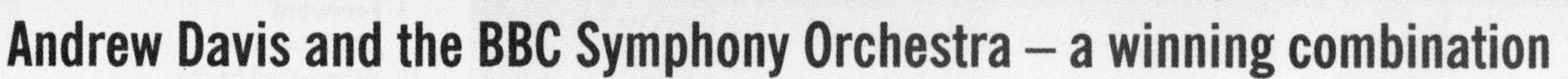

Andrew Davis and the BBC Symphony Orchestra – a winning combination

The success of Teldec/British Line continues with Delius's *Brigg Fair*:

'These are beautiful performances of five favourite pieces. Davis captures the changing mood of *Paris* – nocturnal meditation, with a sure sense of form and pacing'
OBSERVER, September 1993

'You cannot fail to be impressed by the depth, coherence and articulacy of the sound... it will bring many moments of joy and illumination to seasoned Delians'
GRAMOPHONE, January 1994

'The playing is special, rich in its refinements...'
INDEPENDENT, September 1993

JACQUELINE WYATT

BBC

FOREWORD

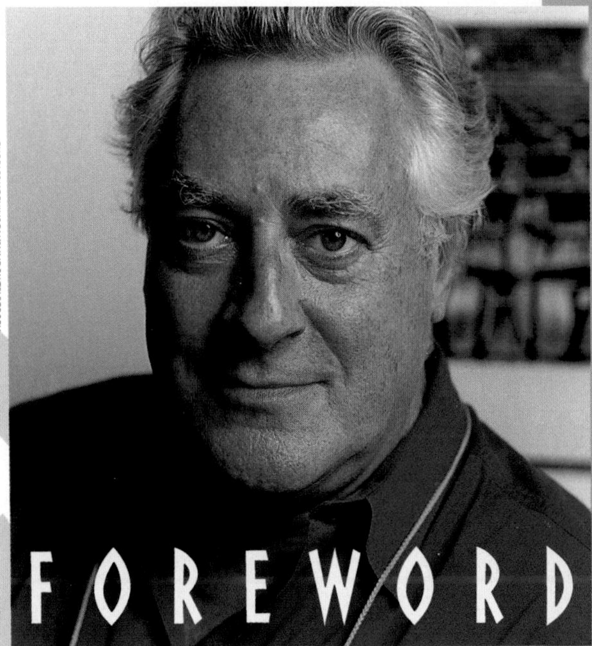

CHARLES HOPKINSON/SUNDAY TELEGRAPH

THERE IS ALWAYS a dispute about when a new century begins, and already the champions of 2000 are squaring up to those who want to wait until 2001. We have a similar problem with our centenary. Henry Wood began the Promenade Concerts in 1895, but since we advertise each year by the number of the season, 1994 is incontestably the hundredth. Rather than choose between the two, it seemed to me a good idea to have it both ways, and to celebrate the hundredth season *and* the centenary – but rather differently: so 1994 will look back at the first hundred years, in a kind of historical survey of what the Proms have contributed to music in Britain, while in 1995 we will place the emphasis on the future, with a strong commitment to new music and a series of major commissions from leading composers both from this country and abroad.

1994 is quite a year for anniversaries in British music: it is sixty years since the deaths of Delius, Holst and Elgar, fifty since the death of Ethel Smyth, a hundred since the birth of Moeran. 1994 also sees the sixtieth birthdays of both Sir Harrison Birtwistle and Sir Peter Maxwell Davies. But there is another date of even greater significance for the Proms: 19 August 1994 is the fiftieth anniversary of the death of Sir Henry Wood, to whom we owe so much – not only for establishing the concerts, but for making sure that they continued under the management of the BBC. Sir Henry also formulated the policy which has prevailed from the beginning – that of juxtaposing the old and the new, the familiar and the unfamiliar, and placing an emphasis on the involvement of young artists.

But although these policies still persist, in detail today's Proms are as different from the early years as they are from the Proms of the 1950s. In one sense the concerts have become more manageable, because they are shorter, but at the same time the musical material has become more substantial. Over the hundred years their range has expanded from popular classics and light music, first to the great European symphonic tradition of the eighteenth and nineteenth centuries, and then gradually both backwards – to the Baroque and the Renaissance – and forwards to the new music of the twentieth century, while also bringing in two elements that were notably absent in the early years – choral music and complete operas (as opposed to operatic excerpts).

It is extraordinary to recall that for the first quarter of the Proms' century Beethoven's Ninth Symphony was performed without the last movement, while for many years one or two movements from any symphony or concerto were considered quite acceptable. In order to give audiences a flavour of these concerts, we spent a long time combing the programmes of the early years to find a concert which seemed to exemplify how the Proms were at the beginning, and on the first Saturday of the season we shall perform the programme of 6 September 1900 exactly as it was: eighteen pieces of music, five soloists, a mixture of works still well-known today, and others that have dropped out of sight. (Only one piece proved impossible to find – the Grand

John Drummond CBE
Director,
BBC Promenade Concerts

Nigel Wilkinson
Senior Proms Producer

Martin Cotton
Chief Producer,
BBC Symphony Orchestra

Stephen Maddock
Anna Hutt
Planning

Nicola Goold
Ann Richards
Press and Marketing

Elizabeth Russell
Finance

George Hall
Karen Cardy
Jenny Slater
Publications

Fantasia on Themes from *La bohème*, which has had to be newly made.)

It is often claimed that Wood conducted everything at the Proms for the first fifty years until his death in 1944, but that is not quite true. The words 'conducted by the composer' also featured in the programmes, as they do today. Wood not only believed in new music, but also believed that composers had valuable insights into their own works. Take, for example, Elgar's Second Symphony, a work not much liked at its premiere and hardly performed in the twenty years that followed. Elgar conducted his symphony at the Proms both in 1931 and 1932, thereby re-establishing it as part of the mainstream of British music.

Throughout the season we shall be performing works that were first given at the Proms: either world premieres, British premieres, or in some cases London premieres. I hope this will demonstrate how skilful Wood was at finding new music. Works as various as Tchaikovsky's *Nutcracker* Suite, Mahler's Fourth Symphony, Sibelius's First Symphony and Rakhmaninov's First Piano Concerto all found their way to the Proms soon after they were written. In 1909, when two violin concertos by Haydn were rediscovered, Wood had within a month or two scheduled them both for that summer's concerts.

Some of Wood's juxtapositions look pretty odd to us today, and must have seemed daunting to listeners at the time. As early as 1912 he gave the world premiere of Schoenberg's Five Pieces for Orchestra, flanked by Gounod's *Hymn to St Cecilia* on one side and Mendelssohn's First Piano Concerto on the other. These Schoenberg pieces will find themselves in, I hope, rather more appropriate company on 19 August, when we shall mark the anniversary of Wood's death with a concert consisting of works closely associated with him. It will begin with the Funeral March from *Grania and Diarmid*, which Elgar dedicated to Wood, followed by the Schoenberg, and then Vaughan Williams's *Serenade to Music*. This was written not for the Proms but for the fiftieth anniversary of Wood's debut as a conductor, but I felt we must do it again, and, as at the first performance, with sixteen outstanding singers. The final work will be Beethoven's Seventh Symphony, which was the last piece of music Wood conducted a couple of weeks before he died.

We have also restored other traditions from the Wood years, many of which persisted long after his death. Beethoven's Ninth is back on the penultimate night. There will be a Viennese night, a Wagner night and a Tchaikovsky night, and there are also two much-loved soloists – Ida Haendel and Moura Lympany – whose careers go back to their debuts in the Proms with Sir Henry Wood during the 1930s.

After Sir Henry's death, his work was carried on notably by three conductors – Sir Adrian Boult, Basil Cameron and Constant Lambert. All three have programmes dedicated to them as tributes to their style and taste. In the case of both Cameron and Lambert, these consist almost entirely of works conducted by them at the Proms. As for Boult, it seemed suitable to link his memory with this year's concert by Günter Wand, especially as it contains Schubert's Ninth Symphony – a work that so many people still associate with Sir Adrian.

In 1947 Sir Malcolm Sargent took over, and for the next generation the concerts bore his imprint. I remember them very well, as do many other older listeners. Every year, as once again this year, there would be all the Beethoven symphonies, sometimes most of the Tchaikovsky symphonies, or all the Sibelius symphonies, and usually all the Brahms symphonies. It was a kind of catalogue of the established repertory. The programmes were still very long, with often an overture, concerto and symphony in the first half, and new music was likely to be British rather than from nasty old foreign atonalists. We have included a somewhat shorter but typical Sargent programme from 1960.

This was the period, too, when the range of orchestras that played at the Proms expanded, including the first regular visits by a non-London orchestra – the Hallé under Sir John Barbirolli, who frequently came for a week during the 1950s and 60s. We have commemorated JB's contribution with a programme of works mostly associated with him and the Hallé, including Vaughan Williams's *Sinfonia Antartica*, which he premiered and later performed at the Proms.

Authoritative as the Proms were in Sargent's time, there was a slightly deadening repetitiveness about them. Year after year, the same works would appear, played by the same orchestra, and often with the same conductor or soloist. When William Glock took over a process of rejuvenation began, and his influence is still felt today. His taste was eclectic, stretching from the Middle Ages right up to what was happening in contemporary Europe. He felt very strongly that too much of the BBC's music programming had been confined to the British Isles.

Wishing to mark Glock's influence, I found it impossible to devise one single programme that would be typical of his thinking. So we have put together a special tribute to him in Prom 28, including composers that he admired and helped, like Elisabeth Lutyens and Roberto Gerhard, a reminder of David Munrow and the new interest in early music, and works by Haydn, Mozart and Stravinsky, whom he particularly loved. The concert will be conducted by the two chief conductors he appointed to the BBC Symphony Orchestra – Colin Davis and Pierre Boulez. No tribute to Glock would be complete without some new music, and George Benjamin will give the first Prom performance of his recent *Sudden Time*.

Many of the innovations of the Glock era have been continued by Robert Ponsonby and myself over the last twenty years. Early music has found an important place, as has opera, whether semi-staged or in concert performance. This year we are once again having a late-night concert of Indian music. But contrary to tradition, there won't be a great deal of new music in 1994. For this commemorative season, it seemed to me more important to place in the programmes commissions from the past rather than from today – works such as Walton's Viola Concerto of 1929, Britten's Piano Concerto of 1938, and pieces by Alan Rawsthorne, Nicholas Maw and Malcolm Arnold, right up to James MacMillan's hugely successful *The Confession of Isobel Gowdie* from 1990.

But there is one major commission: an oratorio from John Tavener on the subject of the Apocalypse, involving an extraordinary range of musicians, from countertenors to brass choirs, a string quartet, a solo saxophone, and voices placed strategically in various parts of the Hall. It should be one of the highlights. We are also giving the world premiere of Sir Peter Maxwell Davies's Fifth Symphony, commissioned by the Philharmonia Orchestra, the first London performance of Mark-Anthony Turnage's *Drowned Out*, which had a big success in Birmingham last autumn, and the first European performance of Alexander Goehr's *Colossos or Panic*, which was a real hit at Tanglewood in 1993. But even if there is not so much entirely new British music, we will be performing works by forty-five British composers this year – sixteen of them still living.

Opera is well represented. Glyndebourne reopened this spring, and Glyndebourne Festival Opera will be visiting twice during the season – first with Andrew Davis for Tchaikovsky's *Eugene Onegin*, and then with the Orchestra of the Age of Enlightenment for Mozart's *Don Giovanni*. And to mark the fiftieth anniversary of the death of Sir Henry Wood's great friend Dame Ethel Smyth, we are mounting a concert performance of her opera *The Wreckers*. I think many people will be surprised to discover what a strong and dramatically effective piece it is.

It was as recently as 1966 that the first foreign orchestra appeared in the Proms, but since then they have played an ever-increasing role. This year we have no fewer than three major American orchestras: Cleveland, who have programmed Birtwistle's marvellous *Earth Dances*; Pittsburgh, with Beethoven's Ninth Symphony; and Los Angeles who will commemorate Lutoslawski by playing his last great work, the Fourth Symphony, which was written for them. There are also welcome returns by two of the greatest European orchestras – the Berlin Philharmonic and the Dresden

LOU STONE

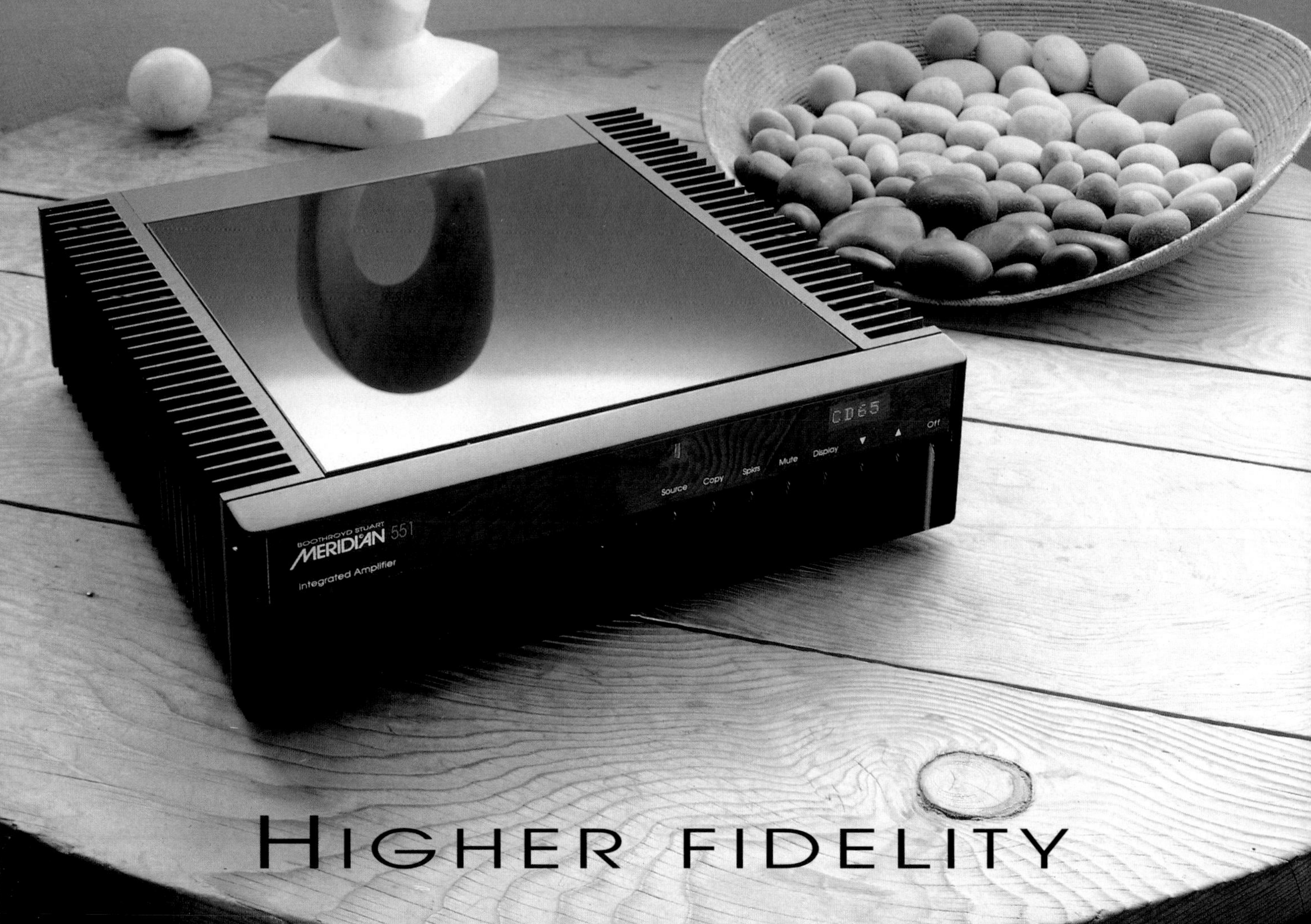
CD65
Off
Source
Copy
Spkrs
Mute
Display
BOOTHROYD STUART
MERIDIAN 551
Integrated Amplifier
HIGHER FIDELITY

Staatskapelle. The European Community Youth Orchestra is under the baton of Carlo Maria Giulini, who will be eighty this year – four times the age of most of the members of his orchestra. But Giulini won't be the oldest performer in the Proms: that honour goes to the great German baritone Hans Hotter, who is eighty-five and will be the narrator in Schoenberg's *Gurrelieder*, with which we are opening this hundredth season.

As always there are a number of important debuts for outstanding young soloists. Violinists like Christian Tetzlaff and Julian Rachlin; pianists like Andreas Haefliger; and singers like Hillevi Martinpelto, Nina Rautio and Bryn Terfel. But I think the range of soloists is epitomised by the sixteen singers who will perform the *Serenade to Music* on the anniversary of Wood's death. Not only are there outstanding young performers, but many of our greatest senior artists as well, and it is a source of real pleasure to me that we have managed to coax Heather Harper out of retirement to take part in this performance, and also to appear with Simon Rattle in Berg's Altenberg Songs.

Devising the programmes for the 1994 season has given us fascinating insights into the way this great institution has evolved. Even those of us who thought we knew the history of the Proms well have made surprising discoveries, many of them reflected in this season's programmes. Even fuller details will appear in the daily programme books, where we will indicate how often works have been performed and, in the case of concertos or vocal solos, list some of the great performers of the past with whom they were associated.

I hope you won't find that we have become prisoners of a historical game. Our aim as always is to present lively and entertaining programmes which give pleasure as well as enlightenment. Certainly the example of Henry Wood has been an encouragement and an inspiration to those of us who have followed. I hate to think what he would have made of the current fashionable idea that 'easy listening' is the standard by which we should judge music. Great music deserves an effort on the part of the audience, and cannot be served up only in bite-sized chunks.

The Proms demonstrate annually that there is a vast audience that understands this. Research tells us that a million people a week listened to the Proms on Radio 3 last summer, and audiences in the Hall showed no falling off in size, despite recession and increased seat prices. In an age where the Lowest Common Denominator is increasingly becoming the norm, the aspirations of Henry Wood should give us courage to insist on the highest standards, both in the planning and the performance. And today we can afford rather more rehearsal time!

I wish you a very warm welcome to the hundredth season.

John Drummond CBE
Director, BBC Promenade Concerts

LOU STONE

Bringing you the world's best music...

We are honoured to publish works by these composers, all of whom are featured in this year's very special season. Congratulations on 'The First Hundred Years' from Chester Music, Novello and our sister companies within The Music Sales Group... all good friends of The Proms.

Chester Music
Established 1860

Novello & Company
Established 1830

G Schirmer Inc
Established 1861

Edition Wilhelm Hansen
Established 1857

Edwin Ashdown
Established 1882

Union Musical Ediciones
Established 1900

CHESTER MUSIC

The Music Sales Group of Companies

For information about our composers, please contact...
The Promotions Department
The Music Sales Group of Companies
8-9 Frith Street, London WIV 5TZ.
Telephone: 071-434 0066.

John Tavener

Sir Edward Elgar

Jean Sibelius

Brenton Broadstock

Sir Lennox Berkeley

Giles Swayne

Ernest Bloch

Elliott Carter

Sir Arthur Bliss

Thea Musgrave

Sir Peter Maxwell Davies

Ernest Moeran

Sir Malcolm Arnold

Hugh Wood

WHERE IT ALL BEGAN

Andrew Green recalls Queen's Hall, the first home of the Henry Wood Promenade Concerts

NEXT TIME you find yourself walking down Portland Place from Regents Park, linger at a viewpoint from where, on the left, the stately prow of Broadcasting House is seen to merge into the yellow-stone portico of All Souls, Langham Place, while from the right the Langham Hotel billows out in all its massive splendour.

Then imagine the scene as it was, with the space between filled by the curved, classical frontage of Queen's Hall. It was surely one of the capital's most imposing panoramas, before the Blitz removed the finest concert hall London has yet been blessed with.

Those who remember Queen's Hall invariably recall it as an intimate friend. The sense of loss is all the more keen given the fact that the hall came so close to being saved on the night of 10 May 1941. With London experiencing the worst hours of bombardment of the war, firewatchers on the roof swiftly hosed down flames from an incendiary. Just as they decided the fire was out, the mains water supply dried up. The fire flickered back to life, and there was nothing to do but watch the building slowly surrender.

Next morning the young pianist Moura Lympany arrived at Queen's Hall for a rehearsal with the London Philharmonic. 'The building was just a shell', Dame Moura recalls. 'Flames were still glowing. I was shocked beyond words. I'd played at Queen's Hall so often, and adored the place.'

Far left: *The first concert at the new Queen's Hall, Langham Place, in the presence of the Prince of Wales, 2 December 1893*

THE ILLUSTRATED LONDON NEWS PICTURE LIBRARY

MARYLEBONE GALLERY

MARYLEBONE GALLERY

Now all that physically remains to stir the memory is a tiny portion of wall, with a trace of 'Queen's Hall' lettering, at the end of an alleyway off Great Portland Street – plus, of course, 'The George', the legendary pub in Margaret Street, dubbed 'The Glue Pot', from where players were summoned back to the hall at the end of concert intervals by a handbell.

Queen's Hall's 'cosiness' reflected the human proportions of the auditorium, even though there was accommodation for over 2,500. 'It was a thrill to perform there – I loved both the interior design and the acoustic', says violinist Ida Haendel, who made her London debut at the hall when only seven. 'It was the ideal venue for a soloist, with *just* the right amount of resonance.'

Several factors gave that acoustic its special quality – the hall's size being one. The sides of the auditorium were lined with wood (covered with canvas to check undue vibration), fixed clear of the walls on battens. 'The hollow lining', said the architect T. J. Knightley, 'may be as the body of the violin – resonant.' (Less appealing, perhaps, was Knightley's insistence that the hall interior be painted the colour of the belly of the average London mouse – a number of the deceased of the species were strung up in the decorator's workshop as a guide.) Crucially the main arena was flat. 'That's the secret', insists the baritone Roy Henderson, one of the original soloists in Vaughan Williams's *Serenade to Music*, and now aged ninety-four. 'Put up tiered seating and you kill an acoustic – you're performing straight into people. At Queen's Hall your voice would reach the back with the greatest of ease – even singing pianissimo.'

The building of Queen's Hall, on a site previously occupied by livery stables, a carriage repository and a bazaar, was the brainchild of the founder of the Birkbeck Bank, Francis Wall Mackenzie Ravenscroft. Following a glittering array of gala concerts in November and December 1893 to mark its opening, the hall became the coveted venue for all manner of London musical organisations, from Stanford's Bach Choir and the Philharmonic Society to the Stock Exchange Orchestral Society and the Royal Artillery Band.

Soon its qualities were captivating conductors such as Arthur Nikisch and Hans Richter, and soloists of the stature of Dohnányi, Paderewski and Joachim. Grieg,

TONY TWEEDALE

Two Queen's Hall veterans
Above: *Dame Moura Lympany at her debut, aged 12 (1929)*
Below: *Ida Haendel*

ROYAL COLLEGE OF MUSIC

Queen's Hall in 1937

BRITISH ARCHITECTURAL LIBRARY, RIBA, LONDON

Langham Place, 1910

HULTON DEUTSCH COLLECTION

Inside the Queen's Hall, 1894

LONDON TRANSPORT MUSEUM

London Transport poster showing Queen's Hall interior by F. Taylor (1912)

Elgar, Sibelius and Saint-Saëns conducted their own works at Queen's Hall in the early years. Equally, as a commercial concern, the venue was hired out for non-musical activities, whether Royal Geographical Society lectures, table-tennis tournaments (starting in 1901), political gatherings, or meetings of the Protestant Truth Society.

No attraction became more closely identified with the hall than Henry Wood. Robert Newman, the hall's first manager, conceived the idea of Promenade Concerts at Queen's Hall, and Wood was his inspired choice to direct the fledgling Queen's Hall Orchestra, later to receive the prefix 'New' when the music firm Chappell & Co assumed its management.

The initial underwriting for the project came from London laryngologist Dr George Cathcart, whose whim it was that a fountain should grace the arena during the Proms season to mitigate the often sultry summer atmosphere – a tradition followed at the Albert Hall Proms to this day.

Promenade concerts consisting essentially of lighter music were nothing new to London. Newman and Wood's vision was to develop them as a vehicle to subtly educate a new public for serious classical music. This philosophy extended beyond the Proms seasons. Newman and Wood soon inaugurated popular (but 'progressive') concerts on Saturdays and Sundays. No less a figure than the great violinist Joseph Szigeti described Wood's concerts as 'a classroom for me' and Queen's Hall itself as 'a great part of my musical education'.

If the Second World War proved Queen's Hall's undoing, the Great War had also provided anxious moments. As if targetting the flags of the Allies decorating the auditorium, one air raid in 1917 threatened the performance of a piece for bassoon and orchestra at a New Queen's Hall Orchestra concert. 'There was a crash, and a shower of plaster began to fall from the roof', wrote one eyewitness. 'One or two of the orchestra disappeared from their seats. Even Sir Henry Wood glanced rather anxiously up at the roof. The bassoonist, however, kept merrily on.'

It was not bombs but rather the relationship between the emerging BBC and the hall's lessee, Chappell's, that threatened the hall's association with classical music during the 1920s. Chappell's managing director, William Boosey, saw music broadcasting as a dark threat to London's concert life. The BBC, he decided, was 'bent more or less on taking the place of the ordinary concert-giver altogether'.

Performers who signed contracts to broadcast were barred from Queen's Hall. As Boosey's phobia developed, it seemed he might hand the venue over to non-musical activities – especially when he disbanded the New Queen's Hall Orchestra. There was talk of a buyer emerging to save the hall for classical music. But at the eleventh hour Boosey agreed to let the hall to the BBC for the management of the Proms and other concert series.

Until the BBC Symphony Orchestra came into being in 1930, 'Sir Henry J. Wood and his Symphony Orchestra' did the honours at the Proms. Thereafter Wood's long association with the concerts continued with the BBC orchestra.

Wood's daughter, Tania Cardew, was introduced to the Proms at the age of eight. She retains vivid memories of one pre-concert ritual. 'My father sat in his dressing room while string players processed through to have their instruments tuned to the pitch produced by a machine on the table. All the time he'd carry on some conversation or other, while putting his thumb up or down to each player!'

LONDON TRANSPORT MUSEUM

'*The Musician travels*', *Underground poster by C. Pears, 1930*

Above left: *Queuing for tickets outside Queen's Hall, 1937*

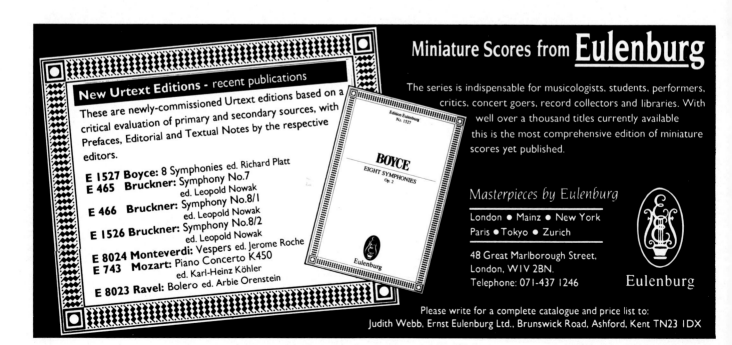

'Eventually it became my job to chauffeur him to and from concerts. Huge crowds gathered round the car afterwards – you couldn't move. On one occasion a policeman told me to drive off regardless, which somehow I did!'

Queen's Hall was also the preferred venue for a range of London and foreign orchestras. The London Symphony Orchestra, founded in 1904 (with around half of Wood's players), was soon an established draw at the hall. The New Symphony Orchestra, with Beecham as its first conductor-in-chief, followed close behind. In the post-Great War years a string of top foreign orchestras sampled the hall's delights. The Berlin Philharmonic, under Furtwängler, aroused acclaim and amazement in 1927, spurring calls for London orchestras to acquire the same standards. The message was reinforced by visits from the Vienna Philharmonic, the Concertgebouw Orchestra and the New York Philharmonic-Symphony Orchestra under Toscanini.

Music festivals of all kinds were part of the warp and weft of Queen's Hall life, but there was no more successful season than the yearly Courtauld-Sargent series, featuring the London Symphony Orchestra. Instigated in 1929 by Mrs Samuel Courtauld, it offered cut-price tickets through block bookings for workers in shops and businesses. 'Tremendously successful', recalls Felix Aprahamian. 'Soon it was necessary for concerts to be repeated to meet the demand. With audiences guaranteed, Malcolm Sargent and guest conductors like Fritz Busch and Erich Kleiber could introduce adventure into the repertoire.'

The last Courtauld-Sargent concert took place in 1940, the year in which the BBC Symphony Orchestra was evacuated from London, leaving the impresario Keith Douglas to promote the Proms, using the London Symphony Orchestra and, of course, Sir Henry. The Proms at Queen's Hall during the Blitz are remembered for the impromptu post-concert turns performed by professionals and amateurs alike. During the wait for the all-clear, spirits were sustained by quizzes, comic impersonations, community sing-songs and off-the-cuff chamber-music performances. Legend has it that one lady wouldn't buy a ticket unless she could be guaranteed an air raid.

As if in a Hollywood script, the last bars of music to be heard at Queen's Hall were the Angel's Farewell (sung by Muriel Brunskill) at the close of a performance of Elgar's *Dream of Gerontius* by the Royal Choral Society under Sargent. Hours later the hallowed hall was gutted. The Proms moved to the Albert Hall, but Sargent and Wood urged that Queen's Hall should be rebuilt. Inadvisedly, a fund was set up while hostilities were still in progress. The inadequate sum raised eventually went into the creation of Henry Wood Hall as a rehearsal and recording venue in South London – immensely valuable, but no substitute for its distinguished antecedent. Too late for the Queen's Hall reconstruction? Wealthy philanthropists apply here.

Ida Haendel returns this season to play the Britten Violin Concerto (Prom 4) and Dame Moura Lympany to perform Rakhmaninov's Second Piano Concerto (Prom 31)

For details of the Queen's Hall exhibition at St George's Hotel see advertisement on opposite page

GODFREY MACDOMNIC

Detail from Queen's Hall exterior

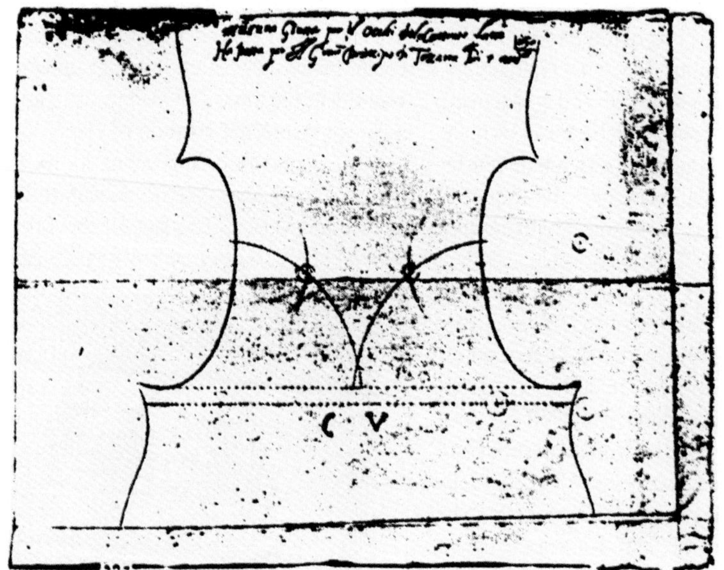

SIR HENRY AND HIS PROMS

Arthur Jacobs looks at the remarkable career of the musical father-figure of the Proms

DID HENRY WOOD make the Proms, or did the Proms make Henry Wood? The composer and critic Havergal Brian put the question in 1935 and gave the answer: both.

There had been Promenade concerts before, but none so lasting as those organised by Henry Wood at Queen's Hall, so there can be no doubt that Wood made the Promenades and incidentally found himself in the process. The Promenades are a one-man show, and at the same time an epitome of Wood's artistic outlook and character.

From their beginning in the summer of 1895, the Proms were indeed Wood's show. With his long, swishing baton and bulky frame, Wood provided the prism through which shone the new music of Tchaikovsky and Grieg – and he would be there until 'new music' meant Benjamin Britten. His fifty seasons traversed five different managements.

Robert Newman started it all. Manager of Queen's Hall since its opening in 1893, he not only picked the twenty-six-year-old Wood to conduct his Promenade Concerts, but soon put him in year-round command of the hall's regular Saturday symphony concerts and the shorter Sunday afternoon concerts, too – all with 'Robert Newman's Queen's Hall Orchestra'. Extra Saturday night Proms were tacked on to the summer season of 1896, at one of which Tchaikovsky's *Nutcracker* Suite, with the novel sound of the celesta, was heard for the first time in Britain.

Sir Henry J. Wood surveying the burnt out ruins of the Queen's Hall, July 1941

BBC

THE ILLUSTRATED LONDON NEWS PICTURE LIBRARY

'Sir H. J. Wood and the invisible pianists'. Concert review in the Illustrated London News, 11 November 1922, of a pianola concert consisting of Saint-Saëns's Concerto in G minor, accompanied by Wood and the Queen's Hall Orchestra. The pianola later accompanied Miss Carrie Tubb in vocal numbers and Mr William Murdoch in a piano duet.

Newman's and Wood's Proms built on the tastes established in earlier promenade series held at Covent Garden and other theatres. Classical works took their place alongside a hefty component of light music – including marches, ballads with piano accompaniment, and operatic fantasias in which different instruments 'impersonated' the voices. Indeed, Wood's own *Fantasia on British Sea-Songs*, now so familiar as a Last Night item, was a throwback of 1905 to these older fantasias, even down to the use of the euphonium.

'At the Proms the native composer has never been pampered', Havergal Brian went on to remark, 'and consequently we have been saved the bathos of nationality in art'. British music, in Wood's view, was there because it earned its place. He gave full scope to Delius, who dedicated *Eventyr* to him; and to Elgar, who dedicated to him the incidental music written for a play *Grania and Diarmid* by W.B. Yeats and George Moore. After the Dublin production of the play, Wood brought that music to the Proms in 1902.

In that year, however, an ill-judged theatrical venture made Newman bankrupt. The purse-strings and decision-making passed to a wealthy amateur, Sir Edgar Speyer, with Newman remaining only as concert manager. Through Speyer's lavish subsidy, celebrities such as Richard Strauss and Debussy came to conduct their works – not at the Proms, but at the more expensively-priced symphony concerts. None the less it was at the Proms, under Wood's baton, that such works as Debussy's *Prélude à l'après-midi d'un faune* and Sibelius's Symphony No. 1 were first introduced to Britain.

Then, with Speyer permitting extra rehearsal time, Wood brought off a *coup*: on 3 September 1912 the Five Orchestral Pieces of Schoenberg received not merely their first British performance, but their world premiere. The radically new music provoked hissing in the Proms audience and puzzlement among the critics. But as Schoenberg himself said, looking back on the occasion when he himself came to conduct the work (not at a Prom) two years later:

> These men [of the orchestra] were trained technically, mentally and morally to respect a composer even when his music was daring, and even if they would not like it. They were trained by this man Henry Wood, a perfect musician, a great educator, a great benefactor of music and a most charming gentleman.

'These men' was, in fact, no longer quite accurate. In 1913 Wood had opened the general ranks of the orchestra – not just the position of harpist – to women. His

PETER JOSLIN COLLECTION

Wood with his favourite musical joke, c.1912

Caricature by 'Spy' (Leslie Ward) for Vanity Fair, 1907

PETER JOSLIN COLLECTION

friend the composer Ethel Smyth hailed it as 'mixed bathing in the sea of music'.

On the outbreak of the 1914–18 War, Speyer was shamefully hounded out of Britain on account of his German birth. Luckily the publishing firm of Chappell, already leaseholders of Queen's Hall, took over the Proms and the other regular orchestral concerts, Wood's musicians being re-designated the *New* Queen's Hall Orchestra. Chappell's undisguisedly promoted their piano-accompanied ballads, but nevertheless carried the Proms through the war and after. The repertory was consolidated, and in a widely-circulating book called *The Promenade Ticket* it was noted that the Brandenburg Concerto No. 3 went *diddle-dum, diddle-dum* 'like a lot of other things by Bach'.

BBC

The British premiere of Mahler's 'Symphony of a Thousand' conducted by Wood in 1930

Wood was enjoying wider fame. He had made his first American appearance – conducting the New York Philharmonic – in 1904. In 1921 he was at the Zurich Festival, sharing the rostrum with Bruno Walter and Arthur Nikisch (the elder conductor whom he admired more than any other). He played an important role in concert series in Manchester and Liverpool. But Queen's Hall was his base, and great was the alarm when Chappell's declared that after years of losing money they would no longer maintain the Proms or the orchestra there. The BBC, a new musical power in the land, came to the rescue, taking over the Proms in 1927 and establishing the BBC Symphony Orchestra in 1930.

FOR THE HONOUR OF LONDON.

Shade of Beethoven (*Father of Modern Symphonic Music*) *to Sir* Henry Wood. "THIS IS INDEED TRAGIC, BUT I CANNOT BELIEVE THAT THIS RICH CITY, ONCE SO GENEROUS TO ME, WILL FAIL TO FIND US A PERMANENT HOME."

CARTOON STUDY CENTRE, UNIVERSITY OF KENT, CANTERBURY

Bernard Partridge's Punch *cartoon depicting Wood's plight, 16 March 1927*

The BBC was indeed Wood's rescuer, but also his diminisher. He no longer had his own orchestra, and in the allocation of the BBC's 'National' or 'Symphony' concerts (those given at the Queen's Hall or elsewhere during the autumn-to-spring season), he had to share with other conductors. As his letters reveal, in planning the Proms he chafed under the pressures of the BBC's programme-planners. Many first performances were now allocated to the symphony concerts, or to the broadcasting studio, rather than to 'his' Proms.

Nevertheless it was the BBC which gave Wood the glory of the British premiere of Mahler's 'Symphony of a Thousand' (a non-Prom occasion of 1930) and which took the lead in promoting the four-orchestra concert at the Albert Hall celebrating his fifty years as a conductor. On that occasion, 5 October 1938, Wood conducted the first performance of the *Serenade to Music* which Vaughan Williams had composed in his honour – the perfect marriage of Shakespeare and music, with each of the sixteen solo vocal lines allotted in the score to a named singer. Typically, 'Timber' (as his players called him) devoted the profits of the concert to the endowing of hospital beds for orchestral musicians.

His Proms audiences adored him – no less so for having hoaxed the critics into accepting a certain unknown 'Paul Klenovsky' as the orchestrator of Bach's best-known organ work, the Toccata and Fugue in D minor. That flamboyant arrangement, as revealed in 1934, was Wood's own.

The Proms seemed immortal. But the Second World War, during which the BBC Symphony Orchestra was removed for security's sake to Bristol and then to Bedford, disrupted them. The 1939 season was broken off by the BBC (Wood's reaction was bitter) after a few days. Then, with the BBC declining to undertake the Promenade seasons of 1940 and 1941, Wood entered an uneasy partnership with a private promoter, Keith Douglas. So it was under Douglas's management, after German bombs destroyed Queen's Hall in May 1941, that the Proms moved to the Albert Hall.

And there they remained after the BBC resumed the reins in 1942. In that year, at the height of British-Soviet collaboration, Wood also conducted in a BBC studio the first performance outside Russia of Shostakovich's 'Leningrad' Symphony. The war was still raging when Wood reached his seventy-fifth birthday on 3 March 1944. Having been knighted in 1911, he was now made a Companion of Honour. Again there was a big celebratory concert and again Wood devoted its proceeds to

BBC

Wood's music arriving at the Queen's Hall from his home, July 1935

BBC

Henry Wood Jubilee Concert, 5 October 1938, with the soloists from Vaughan Williams's Serenade to Music. *Standing from left: Walter Widdop, Harrold Williams, Heddle Nash, Isobel Baillie, Parry Jones, Norman Allin, Stiles-Allen, Roy Henderson, Robert Easton, Astra Desmond, Frank Titterton and Mary Jarred. Seated from left: Elsie Suddaby, Eva Turner, Sir Henry J. Wood, Margaret Balfour and Muriel Brunskill.*

HULTON DEUTSCH COLLECTION

Sketch of Wood from life by Oscar Berger

charity – towards the reconstruction of Queen's Hall (an ill-destined hope).

It should have been a celebration of the fiftieth season of Proms too. But newly menacing forms of air attack closed the Albert Hall midway through the 1944 series. Thereafter, the BBC Symphony Orchestra at its haven in Bedford performed only those parts of the Proms programmes that were due to be broadcast. Sir Henry Wood shared the conducting with Sir Adrian Boult and Basil Cameron. Having been intermittently ill for more than a year, Wood could not always summon the musical command he wanted. But on 28 July he delivered a performance of Beethoven's Seventh Symphony which, said Boult, sounded like 'the work of some brilliant young conductor in his early forties'.

It was his last appearance before an orchestra, and he died on 19 August 1944. Three months previously he had conferred on the BBC the right to use in future (it had never been formally used till then) the title of 'the Henry Wood Promenade Concerts'. His bust above the organ console at the Royal Albert Hall, brought each year to the Proms from the Royal Academy of Music, manifests his presence still.

Arthur Jacobs's new biography, Henry J. Wood: Maker of the Proms, *will be published in July by Methuen.*

1941. Wood conducting the first season at the Royal Albert Hall

July 1943. When he was too ill to conduct, Sir Henry would still attend the concerts in his box at the Albert Hall

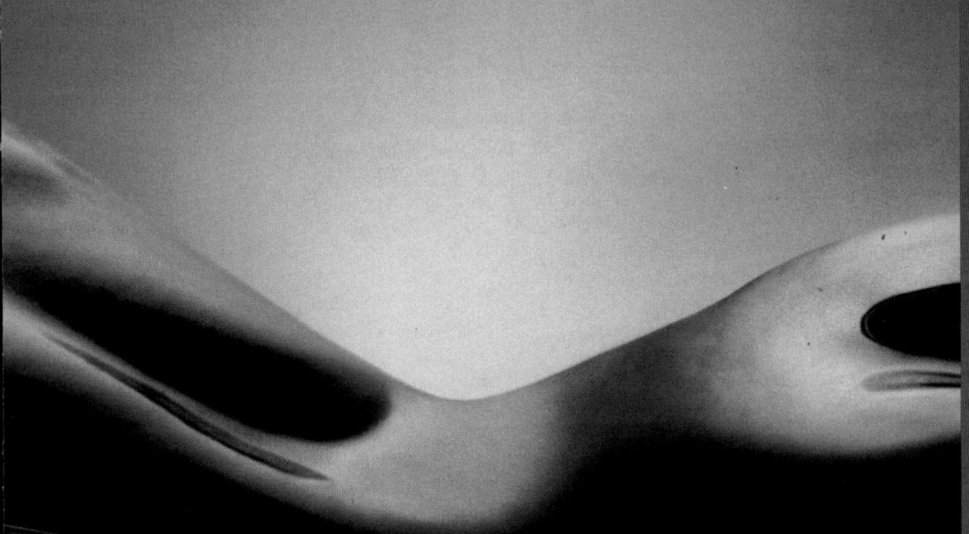

JVC's new Adagio Compact Systems look as beautiful as they sound, with stylish, softly curved contours.

Elegant, ergonomically sculpted machines, delivering awesome power and a breathtaking range of capabilities.

The shape of sounds to come.

With unique, motorised Panoramic Surround speakers which tilt and turn at your command, literally moving the sound around your room.

Enabling you to recreate everything from the close, intimate atmosphere of a late-night cabaret, to a dance club or even a stadium, where the sound will miraculously seem to extend far beyond your walls.

All this, unleashed at the touch of a button, enveloping you with true atmosphere of the recording.

Adagio is hi-fi so advanced, it's almost sci-fi, bringing the outer limits of technology into your personal space.

JVC

Benjamin Britten Hulton Deutch

Schreiber Bassoons

James MacMillan Selwyn Green

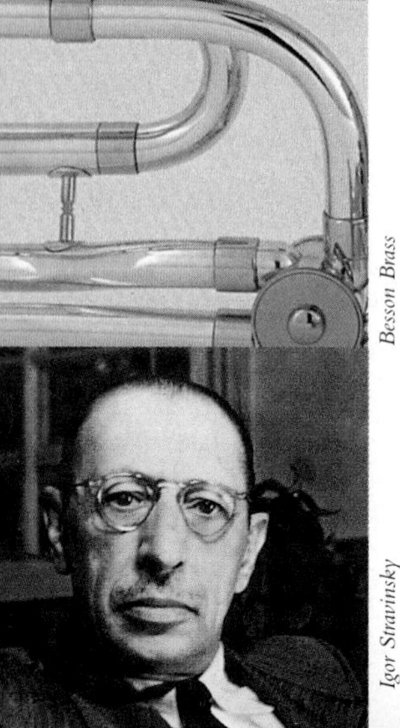
Besson Brass

Igor Stravinsky

a world of music

Founded on the great European traditions of instrument making and music publishing, the Boosey & Hawkes Group is today one of the world's foremost music companies.

Our international roster of twentieth-century composers is unrivalled and our instruments are played by performers throughout the world. In both advanced and developing countries we are exercising an important influence, as more people turn to music as a popular leisure pursuit.

In the field of music education, we are firmly committed to developing future generations of musicians by providing them with access to instruments and printed music of the highest quality.

From school concerts to the Proms, from bandrooms to opera houses, on radio and television, Boosey & Hawkes helps the world to enjoy the priceless gift of music.

BOOSEY & HAWKES

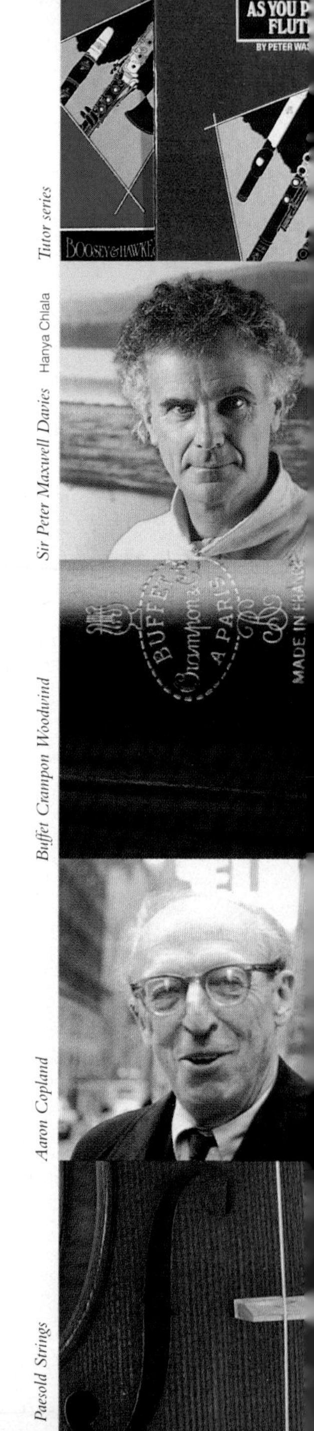

Tutor series

Sir Peter Maxwell Davies Hanya Chlala

Buffet Crampon Woodwind

Aaron Copland

Paesold Strings

GET YOUR COPY OF CLASSIC CD HERE
(It's absolutely FREE!)

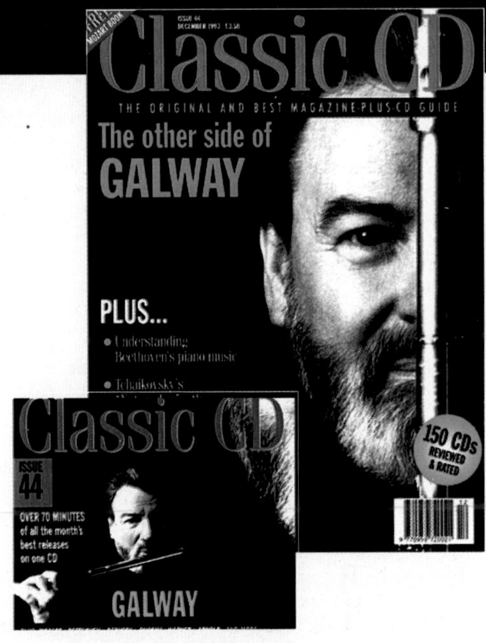

That's right. Just fill in the coupon below and we'll be delighted to send you a sample copy of Classic CD FREE.
Why? Because once you've got your hands on Classic CD we're convinced you'll be staying with us every month.

What will you get out of Classic CD ?

■ First of all you'll enjoy the very best of the month's new releases. That's because Classic CD comes complete with a 70 minute CD made up of extracts from the best new discs.

■ Each one is specially selected by our editorial team from the many hundreds of new discs released each month. That way you can be sure you'll be listening to a truly independent choice, (rather than a sampler from a single record company or just an archive recording).

■ And then, we tell you more about each release in depth inside. So you can listen, read and discover more. More about the music; more about the composer; more about the performance.

■ PLUS there's all the latest news from the world of classical music, and reviews of 200 other discs.

So when you want to get more out of classical music, try Classic CD. Remember, send off for your copy now and it won't cost you a penny!

When you get your FREE copy of Classic CD we're sure you'll want more. To make it easier, we'll send you a bill for a further 12 issues. If you decide Classic CD is not for you, just let us know. Whatever you decide, you still keep your FREE copy, so there's absolutely no risk at all!

Classic CD, FREEPOST, Future Publishing Ltd, Somerton, Somerset TA11 7BR

■ FREE ISSUE ■ FREE ISSUE ■ FREE ISSUE ■ FREE ISSUE ■ FREE ISSUE ■ FREE ISSUE ■

Don't just take our word for how much you'll get out of Classic CD. **Fill in this coupon or call 0458 273279 to get your FREE issue. Send coupon to:** Classic CD, **Future Publishing Ltd, FREEPOST, Somerton,Somerset,TA11 7BR.**

☐ Yes, please send me a FREE copy of Classic CD.

Name ____________________

Address ____________________

____

____

__________ Post Code __________

CCD/PR

QUEEN'S HALL, W.

Lessee and Manager - - ROBERT NEWMAN.

MR. ROBERT NEWMAN'S

Promenade Concerts

SIXTH SEASON, 1900.
Under the Direction of Mr. Robert Newman.

EVERY EVENING FROM 8 TILL 11.
DOORS OPEN AT 7.30.

Programme for Thursday, September 6, 1900.

ROBERT NEWMAN'S QUEEN'S HALL ORCHESTRA.
Conductor = Mr. HENRY J. WOOD.

THE POLYTECHNIC ANIMATED PICTURES in the Small Hall during the interval. Admission 6d. extra.

Promenade - - ONE SHILLING

PART I.

1. Carnival Overture - - - - *Dvorák*
2. (*a*) Mélodie & (*b*) A l'Espagnole - - - - *Frederic Cowen*
3. Songs - (*a*) "Songs my mother taught me" - - - - *Dvorák*
(*b*) "Villanelle" - - - - *Eva Dell'Acqua*
MADAME AMY SHERWIN.
4. Violin Concerto No. 2, in D minor, Op. 22 - - - - *Wieniawski*
Solo Violin = **MR. PERCY FROSTICK.**
5. Valse-Caprice - - - - *Rubinstein*
6. Song - "Young Dieterich" - - - - *George Henschel*
MR. CHARLES KNOWLES.
7. Hymne à Sainte Cécile - - - - *Gounod*
Solo Violin - **MR. ARTHUR W. PAYNE.**
Solo Harp - **MISS MIRIAM TIMOTHY.**
Grand Organ - **MR. PERCY PITT.**
8. Aria - "O mio Fernando" - - - - *Donizetti*
MADAME KIRKBY LUNN.
9. Marche du Cid - - - - *Massenet*

INTERVAL OF FIFTEEN MINUTES

PART II.

1. Grand Fantasia "La Bohème" - - - - *Puccini*
Solos by Messrs. **Arthur W. Payne** (*Violin*), **A. E. Ferir** (*Viola*), **W. H. Squire** (*'Cello*), **J. Haydn Waud** (*Contra-Bass*), **A. Fransella** (*Flute*), **J. Wilcocke** (*Piccolo*), **D. Lalande** (*Oboe*), **M. Gomez** (*Clarinet*), **E. F. James** (*Bassoon*), **A. Borsdorf** (*Horn*), **T. Colton** (*Trombone*), **Walter Reynolds** (*Euphonium*), **C. Henderson** (*Tympani*), **Miss Miriam Timothy** (*Harp*), and **Arthur Smith** (*Cornet*).
2. Song - "Ave Maria" - - - - *Bach-Gounod*
MADAME AMY SHERWIN. *Violin Obbligato* - **MR. ARTHUR W. PAYNE.**
3. Bassoon Solo - Adagio and Rondo from Concerto, Op. 75 - - - - *Weber*
MR. E. F. JAMES.
4. Song - "When the Boys come Home" - - - - *Frances Allitsen*
MR. CHARLES KNOWLES.
5. Songs - (*a*) "Serenade" & (*b*) "Fairy Fretting" - - - - *Florian Pascal*
MADAME KIRKBY LUNN.
6. March - "Washington Post" - - - - *Sousa*

A CENTURY OF THE PROMS

Andrew Huth *introduces Prom 2 and takes us on a quick tour of the first hundred Proms seasons*

IN THE SECOND of this season's Proms we have the opportunity to hear an exact reconstruction of the concert given in the Queen's Hall on Thursday 6 September 1900. It isn't at all what we are used to. A few of the items might still be heard in a modern Prom, but the remainder have the flavour of long-forgotten period pieces.

Socially, the early Proms were never aimed at London's fashionable society. They took place during the summer months when the more leisured classes would be out of London and there was little other serious music to be heard. The prices for the promenade were low – a shilling (5p) for each concert, or a guinea (£1.05) for a season ticket. A certain amount of eating, drinking and smoking accompanied the music, although patrons were asked to observe silence during the vocal numbers. Gentlemen were asked to refrain from striking matches while the music was playing (in those days ladies were not expected to smoke at all, and certainly not in public). Minorities were not forgotten: rows E and F in the gallery were set aside for non-smokers, but they would have had to pay two shillings (10p) for their smoke-free zone.

The newly-opened Queen's Hall had excellent acoustics, but visibility in the promenade was less good than now, since this was the era when all ladies wore hats. Concerts began at 8 o'clock and were designed to finish at 11. Most of the pieces were quite short, the printed programmes pointing out, however, that 'the persistent demands for encores sometimes necessitate the omission of certain items in order to finish within reasonable time'.

The more serious music in this 1900 concert – Dvořák, Wieniawski, Gounod, Massenet – was confined to the first part. During the fifteen-minute interval, members of the audience could pay an extra sixpence (2½p) and move to the Small Hall to admire the latest 'Polytechnic Animated Photographs': short films selected from a repertoire which included the razing of a factory chimney, Her Majesty entering Dublin, and scenes from the Boer War.

In the second part, generally much shorter, there was no attempt to be profound. A great attraction was the Grand Fantasia – choice morsels from popular operas. Puccini's *La bohème* was then quite a novelty: first performed in Turin in 1896, it reached Britain the following year. During the same week in 1900, the audience could enjoy Grand Fantasias on *Carmen*, *Lohengrin*, *Aida*, *Cavalleria rusticana* (twice), Gounod's *Queen of Sheba* and *Faust*, and Vincent Wallace's *Maritana*.

A patriotic theme – the Boer War was then at its height – was struck with Frances Allitsen's song *When the Boys come Home* ('But all shall see the traces/Of battle's royal graces/In the brown and bearded faces/ When the boys come home'). Solo songs with piano accompaniment – often ballads of rip-roaring patriotism or the most gruesome sentimentality – appeared regularly in the early Proms, to be followed by a rousing march or waltz to send the audience away happy.

These early programmes seem now to be an extraordinary mixture of the acceptably serious, the acceptably light, and the downright trivial. When Henry Wood and Robert Newman launched their Proms, the idea of informal, cheap concerts at which the majority of the audience stood was a well-established tradition, deriving from the music-making in the famous eighteenth-century pleasure gardens (where 'promenade' really did mean walking around). With the increasing urbanisation of London, the pleasure gardens disappeared, but

HULTON DEUTSCH COLLECTION

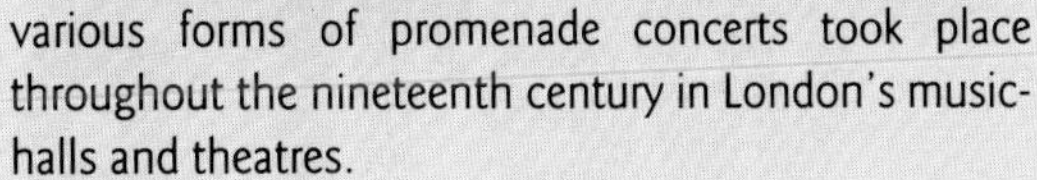

various forms of promenade concerts took place throughout the nineteenth century in London's music-halls and theatres.

The most famous were those given in the 1840s and 50s at Drury Lane by the extravagant Frenchman Louis Jullien, who aimed 'to ensure amusement as well as attempting instruction, by blending in the programmes

PETER JOSLIN COLLECTION

Robert Newman

Proms at the Queen's Hall
Left: *1908*
Below: *1922*

MANDER AND MITCHENSON THEATRE COLLECTION

HULTON DEUTSCH COLLECTION

Left: *Arena Prommers at the Queen's Hall, 1938*

the most sublime works with those of a lighter school'. Jullien's own quadrilles would thus appear side by side with music by Mozart, Mendelssohn and Beethoven (to emphasise the sublimity of the latter, Jullien affected white gloves and a jewelled baton).

Robert Newman was not interested in such showmanship, but had a fine Victorian sense of mission. As he explained to Wood in 1894, 'I am going to run nightly concerts and train the public by easy stages. Popular at first, gradually raising the standard until I have created a public for classical and modern music'.

The first decades of the Proms are the story of Wood's dedication and perseverance in achieving a high standard of performance. The conditions under which the early concerts were prepared nevertheless sound horrifying by modern standards. There were only three rehearsals a week, each lasting three hours, to cover six concerts. 'I just don't know how you do it', Sir Thomas Beecham is reported as saying. 'It would kill me.' 'Yes', answered Wood.

This was, of course, long before the days of recording and broadcasting, and to most of these audiences, a Prom might be the only opportunity they would have for hearing orchestral music. The programme from 1900 repeated this year is typical of the early Proms, but it should also be remembered that in the same season all of Beethoven's symphonies were played, and that by this time Wood had also introduced music by such 'modern' composers as Rimsky-Korsakov, Richard Strauss, Tchaikovsky, Chabrier, Glazunov, Dvořák, Saint-Saëns and Balakirev. In 1903 Wood introduced the first symphonies of Sibelius and Mahler to England, and also performed Bruckner's Seventh (although it was to be fifty-five years before Bruckner was heard again at the Proms).

Already by the second season, in 1896, a practice had been established of Wagner on Monday and Beethoven on Friday. Beethoven nights were not necessarily devoted exclusively to Beethoven. A Friday in 1900 included the Second Symphony, *Coriolan* Overture and extracts from the *Prometheus* ballet music in Part 1, with Part 2 consisting of a Grand Fantasia on *Carmen*, *The Blue Danube* and a pair of popular songs.

The Proms did indeed create their own audience; and as they kept coming, so the repertoire became more substantial. Within twenty years, the lightest items had become only a very small proportion of what was played. In the 1890s up to half of a programme might

DR DAVID ADDERLEY COLLECTION

Right: *Part of the Last Night Proms queue listening to the gramophone, 1945*

HULTON DEUTSCH COLLECTION

Below: *Attentive promenaders, 1949*

DR DAVID ADDERLEY COLLECTION

Prommers waiting patiently in the rain for the penultimate Prom of the 1945 season

consist of solo items: songs and ballads with piano accompaniment, solos for all sorts of instruments, particularly (for some reason) the cornet. Such items sugared the pill for less seriously-minded members of the audience, and from Wood's point of view were invaluable in not needing precious orchestral rehearsal time.

On the outbreak of World War I there were doubts as to whether the Proms should continue, but Robert Newman promptly squashed them: 'Why not? The war can't last three months and the public will need its music and, incidentally, our orchestra its salaries.'

DR DAVID ADDERLEY COLLECTION

Screens were used in 1946 in an early attempt to eliminate the Royal Albert Hall's echo

Wood and Newman together tactfully and firmly countered the anti-German hysteria which threatened to ban much of their repertory. Nevertheless, there was no new music by 'enemy aliens': the novelties came from Britain, France, Italy and Russia. Before every concert in 1914 and 1915 the national anthems of the allied nations were played ('untold boredom', remarked Wood).

The post-war years saw the Proms flourishing. A typical week in 1921 shows the breadth of repertory now expected. Monday 10 October was, as usual, Wagner night. Substantial extracts from *The Mastersingers* were sung in English, and the concert ended with two rather incongruous overtures: *The Wasps* by Vaughan Williams, and *Les Francs-juges* by Berlioz. On Tuesday there were Tchaikovsky's First Piano Concerto and Skryabin's *Poem of Ecstasy*, as well as *An Impression on a Windy Day*, conducted by its young composer, Mr Malcolm Sargent. On Wednesday, there was music by Mozart, Brahms, Franck and Dvořák, and Thursday had two brief Wagner pieces together with works by Liszt, Elgar, Tchaikovsky, Smetana, and *Mêlée fantasque* by Arthur Bliss, conducted by the composer. Friday – Beethoven night – featured the Violin Concerto and *Coriolan* Overture, together with music by Mozart, Handel, Schubert, Bach and Enescu. Each of the Tuesday to Friday concerts contained a couple of operatic arias.

The death of Robert Newman in 1926 brought to a head the financial problems that had been increasing since the war, and after a worrying period when it seemed that the Proms might have to stop altogether, the BBC stepped in. Wood was again in sole charge of programmes, the more trivial items found in earlier programmes had by now disappeared altogether, the orchestral players were better paid, and more generous rehearsal time (daily, rather than only three rehearsals a week) allowed much more detailed preparation.

Starting in 1927, broadcasting opened the Proms to a far wider audience than ever before. There were

S P E C I A L   O F F E R

After the last note of the Last Night, continue enjoying a rich variety of great music with *BBC Music Magazine*. It's the world's best-selling classical music monthly, featuring a full length work on CD with every issue.

Subscribe today at 10% off the newsstand price and select **your free EMI CD** normally priced at £7.99.

music
MAGAZINE

the next best thing to a box at the Proms

YES!
PLEASE SEND ME MY FREE CD AND A SUBSCRIPTION TO *BBC MUSIC MAGAZINE*

if you love music, you'll love m*u*sic

CHOOSE YOUR FREE CD

Please send me the following free introductory Classical Music collection CD:

(please tick)

1. **GIACOMO PUCCINI** Arias and Duets from *Madama Butterfly* and *Tosca*. ☐
2. **DIMITRI SHOSTAKOVICH** Piano Concerto No.2 Symphony No.5. ☐
3. **FRANZ JOSEPH HAYDN** *Military* Symphony, Trumpet Concerto, *The Creation* (highlights). ☐

Reserve choice in event of over-demand: CD No. ☐

BBC magazines reserve the right to select a suitable alternative.

AND SAVE 10%

Yes, I wish to subscribe to *BBC Music Magazine* for £39 (12 issues) and save £6.00. My subscription will start with the first issue once payment is received. Offer closes 31st October 1994.

I would like my music on: CD ☐ Cassette ☐
Allow 28 days for delivery.

For overseas rates and other enquiries call 0483 766155/727762 Fax 0483 776573.

Tick here if you do not wish to receive mailings from selected companies which may be of interest. ☐

Mr/Mrs/Miss/Ms________ Initials______

Surname______________

Address______________

____

__________ Postcode______

Daytime Tel No. __________

Please complete *all* relevant payment details:

☐ I enclose my cheque for £39 made payable to *BBC Magazines*.

☐ Please charge £39 to my Visa/Access card.

☐ Access ☐ Visa Expiry date____/____

Credit card No:

Signature__________ Date______

Please send this or a copy of this coupon together with your payment details to: **BBC Music Magazine, PO Box 425, Woking GU21 1GP.** Or for immediate attention call:

☎ 0483 766155

PG94

BBC

Above: *Arthur Bliss draws the first application in the ballot for seats for the first and last nights of the Diamond Jubilee Season, 1954*

those who feared that radio listening might kill off live concert-going, but Wood – now with a microphone suspended above his head as he conducted – was not among them. 'With the wholehearted support of the wonderful medium of broadcasting, I feel that I am at last on the threshold of realising my life-long ambition of truly democratising the message of music.'

The Proms in the 1930s were particularly favourable to British music. There was hardly any composer of significance who failed to have a piece introduced at the Proms during this decade, from the elderly Elgar (his *Nursery Suite*) to the young Britten playing the solo part of his Piano Concerto.

The 1940 season opened on 10 August, but although eight weeks were planned only four were given because of the danger of air raids. The last Queen's Hall Prom was given on Saturday 7 September, eight months before the hall was destroyed. The only remaining hall in London suitable for large-scale orchestral concerts was the Royal Albert Hall. With a capacity of 6500 it was over twice the size of the Queen's Hall, but was for many years handicapped by its sluggish acoustics, which were only improved with the installation of the 'flying saucers' in 1968.

The Albert Hall began its Prom career with a six-week season in 1941. In the following year, largely as a consequence of wartime conditions, two different orchestras took part in the Proms – the BBC Symphony Orchestra and the London Philharmonic. The menace of flying bombs caused the Jubilee season of 1944 to be curtailed after less than three weeks, although further concerts were broadcast from Bedford.

After Wood's death in 1944 the Proms were planned and run by a BBC committee. By 1947, almost every note was being broadcast, divided between the BBC Light Programme, Home Service and the new Third Programme. The First Night of the Proms was televised for the first time in 1953, and the Last Night the following year.

The BBC's Director of Music, reporting on the 1945 season, had concluded that 'the Promenade audience, though broad-minded and welcoming, is essentially a conservative one, and also that it likes its favourite composers in large doses'. This could well describe the philosophy of the Proms for the next fifteen years. There was plenty of new music (thirty-eight premieres of works by mainly British composers, and sixty-four works given their first English performance). The classics were still the backbone of the series: each season would contain the major orchestral works of Brahms and Beethoven (with the Ninth Symphony traditionally played on the last Friday night), together with the best-

1960

HULTON DEUTSCH COLLECTION

1965

GODFREY MACDOMNIC

1967

GODFREY MACDOMNIC

GODFREY MACDOMNIC

GODFREY MACDOMNIC

known symphonies of Dvořák, Sibelius and Tchaikovsky, and so on. It was a popular and successful pattern, easy to plan, but had perhaps become too rigid and predictable.

A necessary renewal came with the appointment of William Glock as the BBC's Controller of Music in 1959. Pattern and predictability disappeared, the standard overture-concerto-symphony format was challenged, and many imaginative alternatives tried out in the following years: three-part concerts, a far wider range of repertoire, juxtapositions intended to surprise and stimulate. On one memorable evening in 1970, for instance, a concert which began with Schubert's B flat piano trio continued with Act 3 of Wagner's *Tristan and Isolde*. The history of the Proms during the 1960s is essentially that of transformation from a mainly British enterprise to an international festival, and this new, wider identity of the Proms has been cultivated and developed by William Glock's successors, Robert Ponsonby and John Drummond.

Many of the innovations of the 1960s have become today's essential features. In 1961, Glyndebourne Opera brought its *Don Giovanni*, establishing a tradition of concert performances of operas. It was in 1961, too, that for the first time four British composers were commissioned to write new works. The repertory was further extended by the inclusion of music from the middle ages, and since then, performances of early music have become a regular feature. Extra late-night concerts were introduced, and there were experiments with different venues for certain Proms, including the Royal Opera House, Westminster Cathedral and the Round House in Chalk Farm. Since 1990, however, all concerts have been held in the Albert Hall – it is, after all, able to accommodate larger audiences, with no loss of intimacy if the lighting is tactfully employed.

There is no doubt about the continuing vitality of the Proms. Audiences are consistently high, and their obvious enthusiasm is more discriminating than is sometimes alleged. One particularly healthy sign is the level of public debate which the Proms can stimulate. Planning and repertory are under constant discussion; there is the perennial question of the ideal balance between old and new music, young or established artists, British and foreign, the familiar and unfamiliar.

Since 1964, all the Proms have been broadcast in stereo, around ten concerts a season are televised and about half are broadcast by the World Service. It was calculated that the total audience for the 1993 season, in the hall and on radio and television, was around forty million – a figure which no other concert series even begins to approach.

Above: *Sitting in the choir stalls, 1985*

Left: *Up in the Gallery, 1961*

Below: *Waiting in the queue, 1985*

GODFREY MACDOMNIC

PERSONAL TRIBUTES

David Cox *recalls six personalities – five conductors and a BBC Controller – who left their mark on the Proms*

FOR AS MANY AS forty-five seasons Henry Wood was almost entirely the sole conductor of the Proms. Almost entirely. Sometimes composers would conduct their own works. In 1902 Wood (as usual) was carrying out a Herculean amount of work in addition to the Proms, and his health broke down. His doctor ordered a complete change of scene and occupation (Wood went on a cruise to Morocco), and for three weeks of the season the leader of the Queen's Hall Orchestra, Arthur Payne, conducted. During the 1908 season, Wood and the orchestra performed for a few days at the Sheffield Festival, and in their place an *ad hoc* orchestra was engaged, with the French conductor Edouard Colonne. The German-born singer and conductor Dr George Henschel stood in for Wood during his visit to the Birmingham Musical Festival for a week in 1912. And the young Mr Thomas Beecham conducted one Prom in 1915. But such exceptions to the rule were very rare, and it was only after the outbreak of war, during the curtailed season of 1940, that Wood decided to have a regular 'associate' conductor.

He chose Basil Cameron, who had been a violinist in the Queen's Hall Orchestra back in 1908 and had gone on to enjoy a successful conducting career of his own in England and the USA. Wood was by now seventy-one and beset with problems about the future of the Proms in wartime. In 1940 the BBC withdrew (temporarily) from its management of the concerts, and Wood had to cope with the difficulties of private funding. Then in May 1941 came the destruction of Queen's Hall by enemy action – and the prompt decision to move the Proms to the Albert Hall.

Wood and Cameron shared the conducting more or less equally in the six-week season of 1941; and two seasons later – with the Proms once again back in the hands of the BBC – Wood was able to report to the Controller of Programmes that Cameron had established himself favourably with Proms audiences, and that he found him 'a practical professional musician with a real grip over the orchestra, and a knowledge of the repertoire and tradition, second to none'.

With sincerity and an absence of showmanship, Cameron gave carefully-prepared, perceptive performances of a wide range of works. Wood died in 1944; Cameron continued for another twenty seasons. He was prepared to tackle anything, and many of the 'novelties' during his time were entrusted to him – not only those by British composers, but some from abroad, including the 'first in England' of Schoenberg's Piano Concerto.

Cameron's eightieth birthday (after which he retired) was celebrated at a Prom in 1964: he conducted a programme which included Stravinsky's *Symphony of Psalms*. The music of his friend Sibelius had a special meaning for him, and, appropriately, that composer's Fifth Symphony is included in the Cameron commemorative concert (Prom 47), as well as another of Cameron's 'first performances in England', Shostakovich's Ninth.

After 1941, the BBC Symphony Orchestra became involved in the Proms, with its Chief Conductor Sir Adrian Boult, who enthusiastically joined forces with Wood and Cameron for the next three seasons. Boult, however, was a perfectionist, constantly unhappy about lack of proper rehearsal time (this was improved later) and the enormous strain on the orchestra night after night.

As an interpreter Boult was undoubtedly one of the finest musicians among conductors. In his method he was a follower of Arthur Nikisch: the utmost clarity, strong control, and no unnecessary display. His attitude was remarkably self-effacing: 'I have always maintained that I as an executant am not, and have no right to be,

HULTON DEUTSCH COLLECTION

Sir Henry Wood (left) and Basil Cameron outside the Queen's Hall shortly before it was blitzed

Sir Adrian Boult, 1933

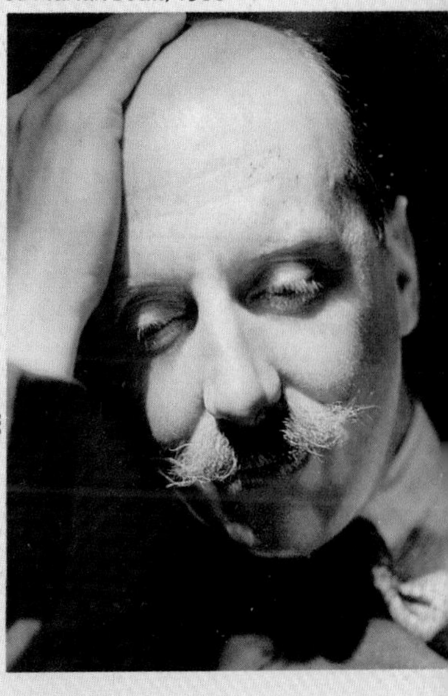

BBC

Left: *Sir Malcolm Sargent, Last Night of the Proms, 1961*

a critic of any kind, even to the extent of having preferences and favourites'.

Boult took part with Cameron and others, on a regular basis, for nine seasons, retiring in 1950 when his conductorship of the BBC Symphony Orchestra came to an end. He conducted the Proms Jubilee Concert on 10 August 1944 – from a studio in Bedford, because of Hitler's 'flying bombs' – while Henry Wood lay dying, too ill even to listen on the radio.

After his retirement, Boult continued as a distinguished guest conductor at the Proms well into his eighties, always highly respected by audiences. In 1970, aged eighty-one, he gave a memorable performance of *The Dream of Gerontius*, and the following year conducted works by Sir Arthur Bliss in the concert celebrating that composer's eightieth birthday.

BBC

Sir Adrian Boult with Pierre Boulez, 1972

Boult will probably be remembered most for his performances of music by British composers – notably Elgar, Holst and Vaughan Williams. But in 1974, when he was eighty-five, he shared a Prom with a very different musical personality, Pierre Boulez; and on that occasion he conducted Schubert's 'Great' C major Symphony, for which he always felt a very special sympathy and understanding. That work, together with Schubert's 'Unfinished', forms a fitting tribute to him in Prom 60.

Constant Lambert and feline friend

BBC

After Wood's death, Constant Lambert was appointed 'associate' conductor, to work with Cameron and Boult. With his particular enthusiasms – Liszt, Sibelius, certain French, Russian and English composers – Lambert made an important and individual contribution to the 1945 and 1946 seasons. This could have continued longer, but the then management of the BBC wanted the Proms to be lighter and more popular in character, and the job of 'associate' conductor passed to the BBC staff conductor Stanford Robinson.

Nevertheless, before those two fruitful years, Lambert had already become well known to Proms audiences as composer and conductor. They saw him as an exciting *enfant terrible*, a figure somewhere on the wilder shores of music. Performances of the very un-English, jazz-inspired *Rio Grande* had been enthusiastically received at the Proms, as had also the suite from *Horoscope* (Lambert's most successful work resulting from his association with ballet). His reputation was enhanced by his brilliant and idiosyncratic writings (*Music, Ho!* had appeared in 1934). In 1945 his contributions to the Proms included a suite from his music for the wartime film *Merchant Seamen*, and some 'novelties' – including a 'first in England' of Hindemith's ballet overture *Cupid and Psyche*. After that season, he continued to appear at the Proms from time to time, mostly in his own music.

In Prom 33 the concert in his memory will include the version for full orchestra of the *Capriol Suite* by Peter Warlock, a close friend of Lambert, Sibelius's *Karelia Suite* – a reminder of his admiration for that composer, *La Valse* and *The Sorcerer's Apprentice* (two of his French specialities), and Alan Rawsthorne's Concerto for Two Pianos (Lambert's widow became Mrs Rawsthorne).

In about 1947, the BBC was trying to get John Barbirolli as one of the regular conductors of the Proms. But, as everyone knew, his heart was with the Hallé Orchestra, which he had taken over in 1943 after being

GODFREY MACDOMNIC

Left: *Sir John Barbirolli rehearsing at the Proms, August 1967*

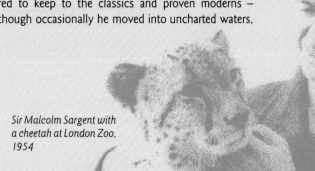

Toscanini's successor as conductor of the New York Philharmonic-Symphony Orchestra for seven years. He remained with the Hallé until his death twenty-seven years later, making it the most famous British orchestra outside London.

The BBC again wooed Barbirolli in 1950, hoping that he would accept the job of Chief Conductor of the BBC Symphony Orchestra. It was not to be. But Barbirolli did become a well-loved figure at the Proms through frequent visits with the Hallé Orchestra between 1953 and 1969, the year before his death. Their evenings of light Viennese music proved to be an especially popular attraction.

Barbirolli was of Italian and French parentage, but born in London and 'more English than the English' themselves. His fine interpretations of works by British composers were justly famous: Elgar, Delius and (especially) Vaughan Williams, who nicknamed him 'Glorious John', and dedicated his Eighth Symphony to him. Inevitably, his commemorative programme (Prom 25) includes a Vaughan Williams symphony – the 'Antartica', which Barbirolli premiered in 1953. But his repertoire was wide – from Brahms and the Classics to Elgar and Mahler (both of whom he championed) and composers such as Falla, Kabalevsky, Debussy and Hindemith.

BBC

Stanford Robinson, 1937

The first encounter that Malcolm Sargent had with the Proms was as a twenty-six-year-old composer conducting his *An Impression on a Windy Day* in 1921. By 1947, when he joined the Proms team of Boult, Cameron and Stanford Robinson, he was famous as a choral and operatic conductor and as an 'ambassador' for British music abroad. After his first Prom season, he was already popular with audiences, and the BBC's music department reported that he was 'ideal in personality, showmanship, and energy'.

He was appointed Chief Conductor of the BBC Symphony Orchestra in 1950 (after Boult), and as chief Proms conductor enjoyed great success. But the BBC found him difficult and unpredictable to work with, while orchestral players found him autocratic. He was also criticised for allowing the high jinks of Last Night audiences to get out of hand. (Wood's moderate and controlled letting-down-of-hair at the end of a season developed under Sargent into the ritual that continues in our own times. Sargent is reported to have said: 'If people can get as enthusiastic about music as they do about football, that is all to the good'.)

In repertoire his tastes were conservative: he preferred to keep to the classics and proven moderns – though occasionally he moved into uncharted waters,

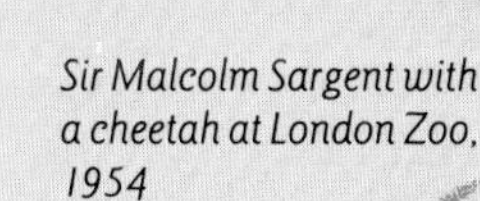

Sir Malcolm Sargent with a cheetah at London Zoo, 1954

MALCOLM SARGENT CANCER FUND

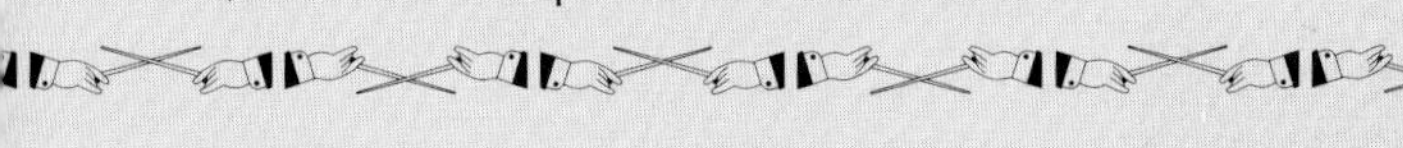

a 'novelty' by Searle, Petrassi or Milhaud. With the accepted British composers – particularly Elgar, Vaughan Williams and Walton – he felt very much at home, giving performances that were often inspired. Prom 31 reproduces an entire Sargent programme from the 1960 season, including three English favourites.

BBC

Sir William Glock, BBC Controller of Music, 1973

Sargent established a firm popular foundation on which, when William Glock became the BBC's Controller, Music, in 1959, it proved possible to build – and for seven years the two very different personalities worked together, generally harmoniously. Under Glock the pattern of the Proms changed in many ways, but it was extension rather than revolution – new ways of bringing together and seeking to contrast meaningfully the best of the old with a wider-still-and-wider view of the new.

At first there was a drop in attendance figures, but by 1962 the tide had turned. Prom audiences were found to be adventurous in a way that normal concert audiences are not. Besides the range of works new to the Proms, the number of conductors and orchestras taking part increased dramatically from year to year. Not only British: Giulini, Kempe, Kertész and others appeared; and, after 1966, foreign orchestras included that of Moscow Radio, the Amsterdam Concertgebouw, the Czech Philharmonic, the Cleveland, and so on. There was opera from Covent Garden and Glyndebourne; there was even chamber music. Composers, young and not-so-young, were commissioned to write works. From being basically an orchestral series of concerts the Proms became more and more an international music festival.

Sir Colin Davis

GODFREY MACDOMNIC

In 1967 Colin Davis was appointed Chief Conductor of the BBC Symphony Orchestra, and became a popular Proms figure, bravely taking over the Last Night, and its now obligatory speech, when Sargent was too ill to continue. Then came the bold appointment of Pierre Boulez to the BBC Symphony Orchestra, resulting in clearly-defined interpretations of a wide range of contemporary styles, including a number of his own works, and often illuminating performances of Debussy, Ravel, Stravinsky and Mahler.

It would be impossible in a short space to give an impression of the immense range of music that Glock supported; many important aspects are celebrated in Prom 28 on 7 August. Each year was very different, but perhaps 1971 may be taken as typical. The Proms ventured to other parts of London besides the Albert Hall – to Covent Garden, to Westminster Abbey. That year the opening concert was Mahler's 'Symphony of a Thousand' – and the season ranged (in Glock's words) 'from Josquin to George Newson, from Schütz to Stockhausen, from the 'Archduke' Trio to *Siegfried*'. And it also included Indian music, ten works by Stravinsky, and the *St Matthew Passion*. Glock's achievement was to enlarge and extend the scope of the Proms while maintaining their success and popularity.

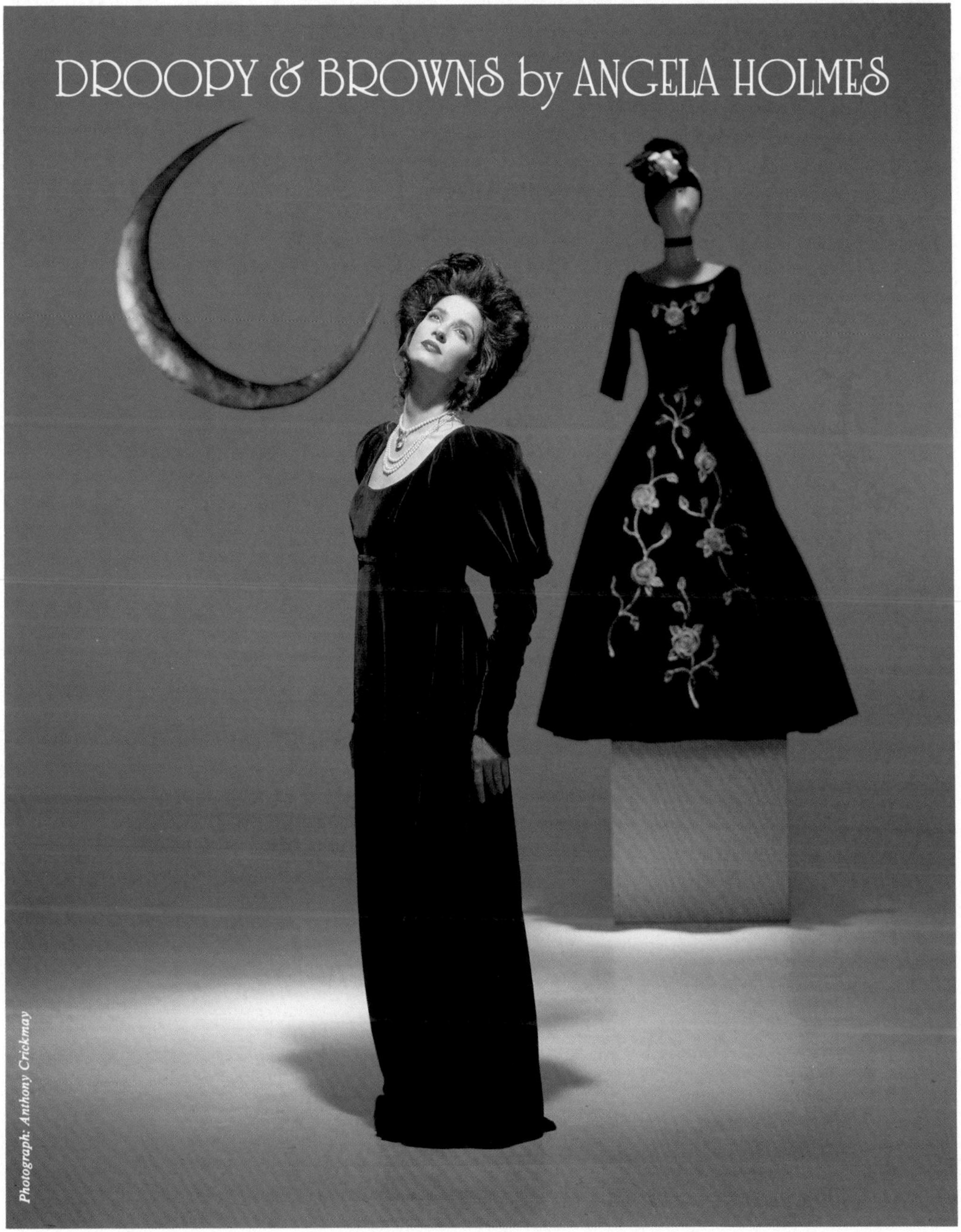

Droopy & Browns
Ltd

THEATRE OF THE MIND

CHRIS CHRISTODOULOU/ROYAL ALBERT HALL ARCHIVE

Glyndebourne's production of Tchaikovsky's The Queen of Spades (1992)

Tom Sutcliffe *describes the special qualities of opera at the Proms*

A COUSIN, who took me to the Bayreuth Festival for the first time, when I was eighteen, used to say that Wagner was a film director *manqué*. What he meant was that works like *The Flying Dutchman*, with two ships docking next to each other on stage, seemed to require the resources of a film studio – not to mention a second director in charge of location shots – for full visual realisation. The stage directions for the last act of Rossini's *William Tell* are quite impossible if interpreted literally: a storm on a mountain lake, a boat almost sinking, a house on fire, an occupying host of Swiss patriots, the end of the storm and serene sunshine. That all sounds more like the programme for a symphonic poem – certainly a lot easier to achieve in the theatre of the mind.

1961 was the first year a full familiar opera, *Don Giovanni*, was performed at the Proms – though Stravinsky's *Oedipus Rex* was given the previous year under Colin Davis, who had just introduced it at Sadler's Wells. Opera was an important part of the revolution carried through by William Glock as planner of the Proms, and, thanks to Glyndebourne's general administrator, Moran Caplat, Glyndebourne's *Giovanni* was not just a concert, but a special kind of theatrical event in its own right – what is now called 'semi-staged'.

LOU STONE

Backgrounds: *Stage set at the Royal Albert Hall for* The Queen of Spades *in 1992*

Caplat, who had been an actor before joining John Christie as administrator, designed a small stage for the Albert Hall, and produced a special version of Anthony Besch's revival of Günther Rennert's production. The cast, which included Richard Lewis and Mirella Freni, were not in costume, except that the nobs wore evening dress and dresses, and the servant class were in black tie and DJs, or, if girls, short socks and skirts. As John Pritchard came to the end of the overture's scene-setting Allegro, Geraint Evans snapped into his routines as Leporello and electrified the entire hall. They had never seen anything like it.

Of course, there had always been operatic 'bleeding chunks' in the Proms, the sort of 'opera' that Pavarotti performs in the Park. A hundred years ago one would find Mr Charles Santley inserting the odd aria here and there in mixed programmes between bits and pieces by Chabrier or Denza. Henry Wood naturally incorporated selections of orchestral operatic music in his Wagner nights. Madame Fanny Moody would sing Elsa's Dream from *Lohengrin* following the *Siegfried Idyll*, and later turn to 'Mia piccirella' from Gomes's forgotten *Salvator Rosa* after the orchestra had bashed through the Grand Fantasia from *The Gondoliers*. But before 1958, when Vilem Tausky conducted Act 3 of *Tosca* to mark the Puccini centenary (an odd choice given that Act 2 is the true heart of the matter), opera was not really taken seriously by the Proms planners.

By this time operas were becoming more widely available on LP, providing an alternative to the real thing in the opera house, with the added bonus that one could listen to the finest casts singing in the original (usually not English), with a direct translation of what they sang to hand: just like Handel's Italian operas in eighteenth-century London, which could be followed in a well-lit auditorium throughout the performance, if one were not too busy quizzing one's neighbours.

But opera is and always will be two things, and can be approached with equal validity from either end. It is theatre plus music of the highest expressive quality, without which one would not perceive the insides of the characters, or sometimes their situation. Every great operatic composer has felt himself to be the servant of theatre, and most have seen themselves as servants with vital revolutionary programmes of theatrical improvement to put into effect.

But, equally, opera is music harnessed to dramatic purpose, music in which the composer becomes a playwright – with the assistance, usually, of a librettist (or poet, as Verdi would say). The music is the means whereby the drama is realised, and, though listeners following opera in terms of just music and words are missing out on theatre, there is no denying that what they are enjoying is opera. They experience opera rather

BBC

The 1961 Glyndebourne production of Don Giovanni *was the first complete opera to be performed at the Proms*

as one may read a play on the page, peopling the stage in their mind's eye, with more or less detail according to their own imaginative fire.

So opera at the Proms is utterly authentic. It possesses one of the most crucial elements of operatic experience, which opera on television (so visually selective) only matches with difficulty – us, the mass audience. Opera shares with live theatre the neo-religious character of being a communal experience in which the reaction of others in the audience plays a vital role. The French language even defines that ideal more closely by

BBC

Right: *In 1971, the Proms left the Albert Hall for the first time. The Royal Opera production of Musorgsky's* Boris Godunov *was relayed live from Covent Garden, with Boris Christoff in the title-role*

saying that people 'assist at' a performance (as if it were a unique special birth), rather than 'attend'.

This year the first Prom opera will be a rarity on stage, *The Wreckers* (Prom 20) by Ethel Smyth (see Diana McVeagh's article on page 100). There will also be two imports from the new Glyndebourne, which is reopening on 28 May, exactly sixty years after the debut of John Christie's private opera in Sussex. *Eugene Onegin* (Prom 41) will be conducted by Andrew Davis, with a young Pole (prize-winning Wojciech Drabowicz) in the title-role, a Russian from the Kirov (Elena Prokina) as Tatyana, and Martin Thompson as Lensky. Prokina was also Natasha in the Kirov *War and Peace* on BBC2, staged by Graham Vick – the new Glyndebourne director of productions – who is staging this *Onegin*, too.

The other Glyndebourne opera is again *Don Giovanni*, accompanied by the Orchestra of the Age of Enlightenment (Prom 54), which the Royal Shakespeare Company's Deborah Warner is directing. Ivor Bolton conducts a cast handpicked by Warner, and highly interesting: Gilles Cachemaille as the Don, Swedish star Hillevi Martinpelto as Anna, Amanda Roocroft as Elvira, Juliane Banse from the Berlin Komische Oper as Zerlina, Sanford Sylvan as Leporello, Roberto Scaltriti as Masetto, Norwegian Gudjon Oskarsson as the Commendatore and John Mark Ainsley as Ottavio.

Now Prom operas come in two varieties – the straight concert performance and the semi-staged. Even the formal concert opera, with everybody stuffed into evening dress, can have its bits of reaction and acting: the lovers turn to each other at an appropriate moment; a female singer in a male role will wear trousers; there may be other touches, a hat here, a surprising substitute for evening dress there.

Semi-staged opera, as pioneered by Glyndebourne on its hugely appreciated trips to the Royal Albert Hall (when audience figures who will have seen the cast in Sussex multiply overnight, since a full hall can contain seven times as many as Glyndebourne's old theatre), is a miraculous stage further on. The performers continue to make their exits and entrances on to the small uncluttered square above the orchestra, just below the bust of Henry Wood. They sometimes wear costumes and employ minimal props from the actual stage performance in Sussex. With such fuel, the theatre of the mind needs less firing up – even if one has never been able to afford to go to Glyndebourne in one's life, or indeed to any opera house.

There are other ways that the Proms have helped opera along. When *The Trojans* was done by Rozhdestvensky in 1982, the actor Richard Pasco provided a narration to evoke a sense of the action (Berlioz's opera being one of those works which is more often exiled from the theatre than belonging comfortably inside it). Colin Davis's conducting of *Benvenuto Cellini* in 1972 perhaps did more for Berlioz's work as well-timed drama than the John Dexter production at Covent Garden. When the second act of Tippett's glorious *Midsummer Marriage* was given at the Proms in 1963, it rehabilitated a masterpiece written off by the critics at its Covent Garden premiere.

Glyndebourne has brought plenty of Mozart to the Proms, but more significantly – years before the present overwhelming craze for period performance – introduced Monteverdi and Cavalli operas to new audiences (*The Coronation of Poppea* in 1963, *L'Ormindo* in 1968, *La Calisto* in 1971 and *The Return of Ulysses* in 1972). In 1982 Janet Baker made her operatic

ZOË DOMINIC

Following a decade of neglect, Tippett's The Ice Break *(seen here in its original Royal Opera production) was performed at the Proms in 1990*

CLIVE BARDA

Rebecca Evans and John Mark Ainsley in Idomeneo *(Welsh National Opera, 1991)*

CHRIS SAMUELSON

Janet Baker and the Glyndebourne Chorus rehearsing Gluck's Orpheus and Eurydice *for the Proms in 1982*

Maria Ewing as the Composer and Donald Bell as the Music Master in the 1981 Glyndebourne production of Strauss's Ariadne auf Naxos

GUY GRAVETT/GLYNDEBOURNE FESTIVAL OPERA

Strauss's one-act opera Elektra, with Marilyn Zschau (left) and Deborah Voigt, at last year's First Night

BBC

farewell as Orfeo in Gluck's opera at the Proms. Ten years later, marking the closure of the old Glyndebourne, *The Queen of Spades*, with extraordinary Russian stars, made an indelible impression. Among favourite memories of Glyndebourne Proms is Maria Ewing as the Composer in Strauss's *Ariadne auf Naxos* filling the spaces with the richly imagined anxieties and artistic ambitions of her role. This being a work about the art of opera, and the problem of being creative, semi-staging was especially powerful. All its monologuing, much like a comedy act, was made even more gripping by the sheer scale of the hall as confessional.

The Proms have also been an envied shop window for other companies. Reginald Goodall conducting *Parsifal* Act 3 with English National Opera was a moving farewell. In 1963, to mark the 150th anniversary of Wagner's birth, Georg Solti imported *Götterdämmerung* Act 3 from his Covent Garden, as well as *Otello, Moses and Aaron* and *Fidelio* in subsequent years. Britten's *Burning Fiery Furnace* transferred easily from Orford to Kensington Gore. ENO did *Katya Kabanova* in 1974. Welsh National Opera did *The Midsummer Marriage* (complete) and *Billy Budd* in 1977 and 1979. Scottish Opera did *Falstaff* in 1976. Kent Opera gave *Poppea* in 1975, Opera North *Boris Godunov* in 1992. John Eliot Gardiner brought *Pelléas and Mélisande* from Lyons in 1988, ten years after he had given one of the first ever performances of Rameau's long-lost *Les Boréades* here. In 1986 Prommers were regaled with Roger Norrington's authentic 1984 Early Opera Project staging of Monteverdi's *Orfeo*, precisely as seen in the Salone dei Cinquecento in the Palazzo Vecchio in Florence.

Benjamin Britten rehearsing the English Opera Group in The Burning Fiery Furnace *(1967)*

BBC

John Hancorn as Apollo in the Early Opera Project's authentic staging of Monteverdi's Orfeo *(1986)*

HISTORIC ARTS LTD

When Prokofiev's *The Fiery Angel* was mounted at the Proms in 1991, it made a better case for the achievement of the work than the subsequent staging at Covent Garden. An experimental and little-known opera like this may at first be too complex for theatrical performance – and perhaps the more limited concentration on music and text that Prom performance allows can reveal the soul of the work better. The conductor, Edward Downes, could have everything at his fingertips, undisturbed by theatrical misapprehension. Sergei Leiferkus as Ruprecht and Galina Gorchakova as Renata could trace their impossible, fruitless relationship more freely than in the theatre. One day, perhaps (as with *The Wreckers*), the right balance between fantasy and musical structure and narrative will be realisable in theatrical terms. For now, listen, follow, and imagine.

Tom Sutcliffe is writing a book, Theatre Plus, *about the revolution in opera staging since Patrice Chéreau's 1976 production of* The Ring *at Bayreuth*

Carlo Rizzi
Alexander Lazarev
John Eliot Gardiner
Simon Rattle
Christoph von Dohnányi
Vladimir Ashkenazy
Claudio Abbado
David Atherton
Pierre Boulez
Sir Neville Marriner
Libor Pešek
Yakov Kreizberg
Mark Elder
Jerzy Maksymiuk
Klaus Tennstedt
Kent Nagano
Esa-Pekka Salonen
Mark Wigglesworth
Tadaaki Otaka

PROMS 94 ARTISTS

Yan Pascal Tortelier

Carlo Maria Giulini

Matthew Best

Bernard Haitink

Sir Colin Davis

Lorin Maazel

Andrew Davis

Markus Stenz

CONDUCTORS

Figures refer to Prom numbers
** First appearance at a Henry Wood Promenade Concert*

Claudio Abbado **49, 50**
Vladimir Ashkenazy **12**
David Atherton **45, 52**
Matthias Bamert **30**
George Benjamin* **28**
Matthew Best* **65**
Ivor Bolton **54**
Pierre Boulez **28**
Martyn Brabbins **15, 28**
Iona Brown **32**
Harry Christophers **16**
Sir Peter Maxwell Davies **30**
Andrew Davis **1, 4, 41, 42, 62, 68**
Sir Colin Davis **28, 63, 64**
Christoph von Dohnányi **51, 53**
Mark Elder **13**
John Eliot Gardiner **40**
Carlo Maria Giulini **43**
Fedor Glushchenko* **56**
Bernard Haitink **9**
Vernon Handley **7, 31**
Thomas Hengelbrock* **48**
Richard Hickox **36, 61**
Bo Holten **6**
Simon Joly **26**
Oliver Knussen **22**
Yakov Kreizberg **10**
Alexander Lazarev **44, 47**
Andrew Litton **19**
Lorin Maazel **66, 67**
Jerzy Maksymiuk **14**
Sir Neville Marriner **37**
Odaline de la Martinez **20**
Kent Nagano* **25**
Tadaaki Otaka **23, 24**
Libor Pešek **21**
Philip Pickett **28**
Simon Rattle **5, 17**
Joshua Rifkin* **11**
Carlo Rizzi* **59**
Esa-Pekka Salonen **55, 57**
Markus Stenz* **58**
Arturo Tamayo **18**
Klaus Tennstedt **35**
Michael Tilson Thomas **3**
Yan Pascal Tortelier **8, 29**
Günter Wand **60**
Franz Welser-Möst **38**
Mark Wigglesworth **27, 46**
Barry Wordsworth **2, 33**

Franz Welser-Möst

Iona Brown

Günter Wand

Barry Wordsworth

Richard Hickox

Ivor Bolton

CLIVE BARDA · MICHAEL WARD/P.A.L. · RCA/RICHARD HAUGHTON · GODFREY MACDOMNIC · KATIE VANDYCK · ALEX VON KOETTLITZ · SUZIE MAEDER · HANYA CHLALA

Barry Douglas

SUZIE MAEDER

Nobuko Imai

Anner Bylsma

CLIVE BARDA

Evelyn Glennie

HANYA CHLALA

Kathryn Stott

PETER MOUNTAIN

Imogen Cooper

HANYA CHLALA

SONY CLASSICAL

Andreas Haefliger

RORY CARNEGIE

Stephen Hough

HANYA CHLALA

Ralph Kirshbaum

MERCIER

Tasmin Little

JULIAN CRICHTON-DODD

Tim Hugh

MALCOLM CROWTHERS

Peter Donohoe

PROMS 94 ARTISTS

Rolf Hind

INSTRUMENTALISTS

Jean-Yves Thibaudet

Mitsuko Uchida

MALCOLM CROWTHERS

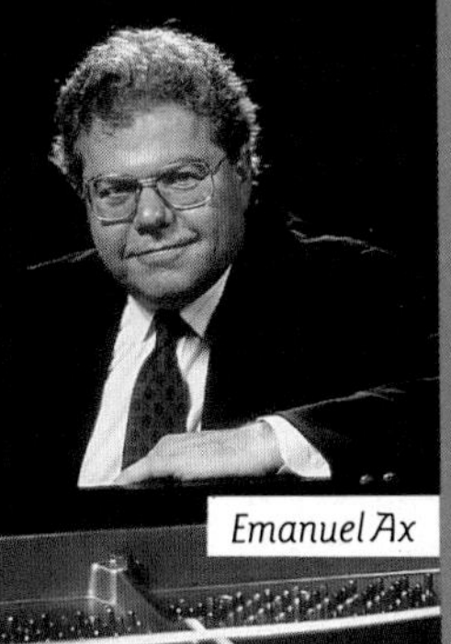
Emanuel Ax

GEORG BONGARTZ

Joshua Bell

SUZIE MAEDER

ERATO

Ida Haendel

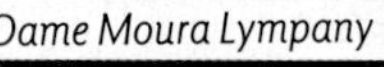

Dame Moura Lympany

John Lill

Kyoko Takezawa

BMG CLASSICS/F. MARSHALL

Christian Tetzlaff

NICK WHITE/VIRGIN CLASSICS

Tabea Zimmermann

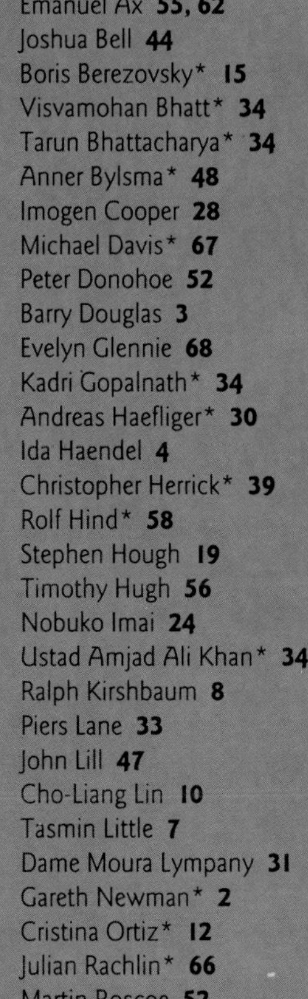

Emanuel Ax **55, 62**
Joshua Bell **44**
Boris Berezovsky* **15**
Visvamohan Bhatt* **34**
Tarun Bhattacharya* **34**
Anner Bylsma* **48**
Imogen Cooper **28**
Michael Davis* **67**
Peter Donohoe **52**
Barry Douglas **3**
Evelyn Glennie **68**
Kadri Gopalnath* **34**
Andreas Haefliger* **30**
Ida Haendel **4**
Christopher Herrick* **39**
Rolf Hind* **58**
Stephen Hough **19**
Timothy Hugh **56**
Nobuko Imai **24**
Ustad Amjad Ali Khan* **34**
Ralph Kirshbaum **8**
Piers Lane **33**
John Lill **47**
Cho-Liang Lin **10**
Tasmin Little **7**
Dame Moura Lympany **31**
Gareth Newman* **2**
Cristina Ortiz* **12**
Julian Rachlin* **66**
Martin Roscoe **52**
Mayumi Seiler* **37**
Gil Shaham* **2**
Daya Shankar* **34**
Sukhvinder Singh* **34**
Kathryn Stott **14**
Kathron Sturrock* **33**
Kyoko Takezawa* **18**
Christian Tetzlaff* **53**
Jean-Yves Thibaudet **29**
Mitsuko Uchida **13**
Thomas Zehetmair **9**
Tabea Zimmermann* **9**

Bryn Terfel

HANYA CHLALA

Solveig Kringelborn

CLIVE BARDA

Ann Murray

David Wilson-Johnson

CLIVE BARDA

Sylvia McNair

ANDRZEJ ŚWIETLIK

STEINER

MALCOLM CROWTHERS

Thomas Allen

Mark Padmore

HANYA CHLALA

ROBERT CARPENTER TURNER

Elizabeth Woollett

Wojciech Drabowicz

Yvonne Minton

KATIE VANDYCK

STEVE HICKEY/EMI

Felicity Lott

Anne Evans

FRITZ CURZON/P.A.L.

Karita Mattila

ZOË DOMINIC

Maria Ewing

HANYA CHLALA

John Mark Ainsley

HANYA CHLALA

PROMS 94 ARTISTS

KATIE VANDYCK

Amanda Roocroft

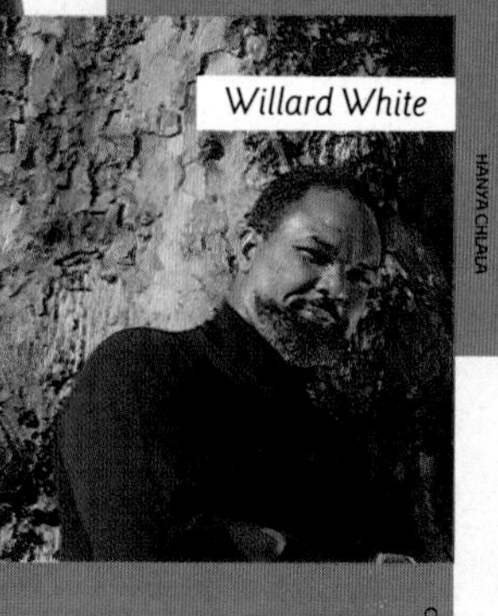

Willard White

HANYA CHLALA

CATHERINE ASHMORE

Thomas Randle

Judith Howarth

CLIVE BARDA

Heather Harper

CLIVE BARDA

ROBERT WORKMAN

John Tomlinson

MALCOLM CROWTHERS

Patricia Rozario

John Mark Ainsley **54**
Thomas Allen **42, 46**
Nancy Argenta **11, 42**
Gregg Baker* **67**
Brian Bannatyne-Scott **20**
Juliane Banse* **54**
Kim Begley **42**
Susan Bickley **13**
James Bowman **28, 61**
Neil Breeden* **1**
Gilles Cachemaille* **54**
Michael Chance **16**
John Connell **44**
Wojciech Drabowicz* **41**
John Elwes **11**
Anne Evans **23**
Maria Ewing **17**
Ludmilla Filatova* **41**
Linda Finnie **67**
John Fryatt **41**
Michael George **11, 16**
Susan Gritton **25**
Håkan Hagegård **25**
Heather Harper **5, 42**
Judith Howarth **20**
Eileen Hulse **45**
Anthony Rolfe Johnson **42**
Della Jones **2**
Yvonne Kenny **42**
Solveig Kringelborn **8**
Jozef Kundlak* **21**
Philip Langridge **1**
Justin Lavender* **20**
Felicity Lott **38**
Benjamin Luxon **2**
Sylvia McNair **40**
Bidur Mallik* **34**
Premkmar Mallik* **34**
Ramkumar Mallik* **34**
Hillevi Martinpelto* **54**
Karita Mattila **1**
Donald Maxwell **61**
Anthony Michaels-Moore* **59**
Peter Mikuláš **21**
Alastair Miles **40**
Yvonne Minton **41, 42**
Rajan Misra* **34**
Sajan Misra* **34**
John Mitchinson **42**
Ann Murray **1**
John Horton Murray* **67**
Frode Olsen* **41**
Gudjon Oskarsson* **54**
Anne Sofie von Otter **40**
Anne-Marie Owens **20, 59**
Mark Padmore* **11, 16**
Felicity Palmer **42**
Ruby Philogene* **36**
Adrianne Pieczonka* **37**
Christoph Prégardien **40**
Elena Prokina* **41**
Thomas Randle **36**
Nina Rautio* **67**
Stephen Richardson* **36**
Steven Rickards* **11**
Jean Rigby **13, 42**
Christopher Robson **36**
Anthony Roden **20**
Joan Rodgers **42**
Amanda Roocroft **54**
Patricia Rozario **36**
Lynda Russell **21**
Susanne Rydén* **11**
Annemarie Sand* **20**
Roberto Scaltriti* **54**
Michael Schade **59**
Andreas Scholl* **11**
Lucy Shelton **22**
Peter Sidhom **20**
Hilary Summers* **21**
Sanford Sylvan **54**
Robert Tear **42**
Bryn Terfel* **68**
Martin Thompson* **41**
Marie-Ange Todorovitch **44**
John Tomlinson **42**
Stephen Varcoe **11**
Janice Watson **61**
Lillian Watson **2**
Willard White **42**
David Wilson-Johnson **1, 20, 42**
Louise Winter **41**
Patricia Wise* **62**
Elizabeth Woollett* **13**
Catherine Wyn-Rogers **31, 42**

Nina Rautio

CATHERINE ASHMORE

PETER RAUTER

Benjamin Luxon

CLIVE BARDA

SUE ADLER/P.A.L.

Olga Borodina

Nancy Argenta

CLIVE BARDA

Anne Sofie von Otter

MALCOLM CROWTHERS

Yvonne Kenny

Elena Prokina

PROMS 94 ARTISTS

ORCHESTRAS & ENSEMBLES

Academy of St Martin-in-the-Fields **37**
Australian Youth Orchestra **10**
The Bach Ensemble* **11**
BBC Concert Orchestra **2, 33**
BBC National Orchestra of Wales **23, 24, 45, 46**
BBC Philharmonic **7, 8, 20, 29**
BBC Scottish Symphony Orchestra **14, 15, 56**
BBC Symphony Orchestra **1, 4, 9, 13, 18, 22, 28, 31, 42, 44, 47, 52, 60, 62, 68**
Berlin Philharmonic Orchestra **49, 50**
Bournemouth Symphony Orchestra **19, 61**
City of Birmingham Symphony Orchestra **5, 17**
City of London Sinfonia **36**
The Cleveland Orchestra **51, 53**
Corydon Orchestra* **65**
Dresden Staatskapelle **63, 64**
European Community Youth Orchestra **43**
Freiburg Baroque Orchestra* **48**
Hallé Orchestra **25**
The London Philharmonic **35, 38, 41**
London Sinfonietta **58**
London Symphony Orchestra **3**
Los Angeles Philharmonic Orchestra **55, 57**
Nash Ensemble **28**
National Youth Orchestra of Great Britain **27**
New London Consort **28**
Norwegian Chamber Orchestra **32**
Orchestra of the Age of Enlightenment **54**
Orchestra of Welsh National Opera **59**
Orchestre Révolutionnaire et Romantique* **40**
Philharmonia Orchestra **30**
Pittsburgh Symphony Orchestra **66, 67**
Royal Liverpool Philharmonic Orchestra **21**
Royal Philharmonic Orchestra **12**
St James's Baroque Players **11**
The Sixteen Orchestra **16**

CHOIRS

BBC Singers **1, 6, 26, 28, 68**
BBC Symphony Chorus **1, 4, 27, 28, 44, 68**
Bournemouth Symphony Chorus* **61**
Chester Festival Chorus **21**
City of London Sinfonia Chorus* **36**
Corydon Singers* **65**
Electric Phoenix **18**
Glyndebourne Festival Chorus **41, 54**
Hallé Choir **25**
Highcliffe Junior Choir* **61**
Huddersfield Choral Society **20**
Monteverdi Choir **40**
New London Children's Choir **36**
Philharmonia Chorus **1, 67**
Royal Liverpool Philharmonic Choir **21**
The Sixteen **16**
Trinity College of Music Chamber Choir **4**
Waynflete Singers* **61**

MISCELLANEOUS

Hans Hotter* **1**

HOW TO BOOK

Full details of this year's Proms programmes are given on page 61. There are three ways to book your concerts: either fill in the booking form, or from 1 June book by phone or in person.

By post

Postal booking for all concerts opens on **Monday 9 May**. Ticket applications cannot be dealt with before this date. Please fill in the booking form on page 59 and post to:

Promenade Concerts Ticket Shop
Royal Albert Hall
London SW7 2AP

Please allow 28 days for delivery. A fee of £1.25 per booking will be added to cover postage and administration. Forms delivered by hand during the postal booking period do not receive priority.

By phone

From **Wednesday 1 June** you can book by phone on **071–589 8212** between 9am and 9pm every day. A booking fee of £1.25 will be added to cover postage and administration.

In person

From **Wednesday 1 June** tickets will be on sale for personal bookings at the Royal Albert Hall Ticket Shop at Door 7, from 9am to 9pm daily.

Be warned! Some concerts may already be sold out by 1 June.

How to pay

Access, American Express and Visa are welcomed by the Royal Albert Hall. Just enter your credit card details in the box on the booking form.

Cheques and postal orders should be made payable to **Royal Albert Hall**. Ticket applications will be processed faster if the amount is left blank but with an upper limit stated; this avoids the need for refunds.

If the tickets you want are not available, lower-priced tickets for the same concert will be sent. Please tick the box on the booking form if this is NOT acceptable.

Tickets cannot be exchanged for other performances nor refunded except in the event of a cancelled performance.

LOUSTONE

Tickets for the Last Night

Subject to availability, one or two tickets per applicant will be allocated at the same price range to those who apply at the same time for the same number of tickets for at least five or more other concerts in the 1994 Proms season. If the Last Night is sold out, no refunds for other tickets purchased will be payable.

LOUSTONE

Car park booking

A limited number of car park spaces are available at Imperial College (entrance in Prince Consort Road) at £5.00, if you apply when booking your tickets. Just tick the column on the booking form.

Concert-goers with special needs

The Royal Albert Hall has up to 18 spaces for concert-goers in wheelchairs. Phone the Ticket Shop (071–589 3203 ext 2670) to reserve.

An infra-red sound enhancement system is available for the hard of hearing. Receivers may be obtained free of charge from the Information Desk at Door 6.

Unaccompanied visually impaired concert-goers wishing to promenade in the Arena or Gallery should phone the Stewards and Security Manager on 071–589 3203 ext 2403 in advance.

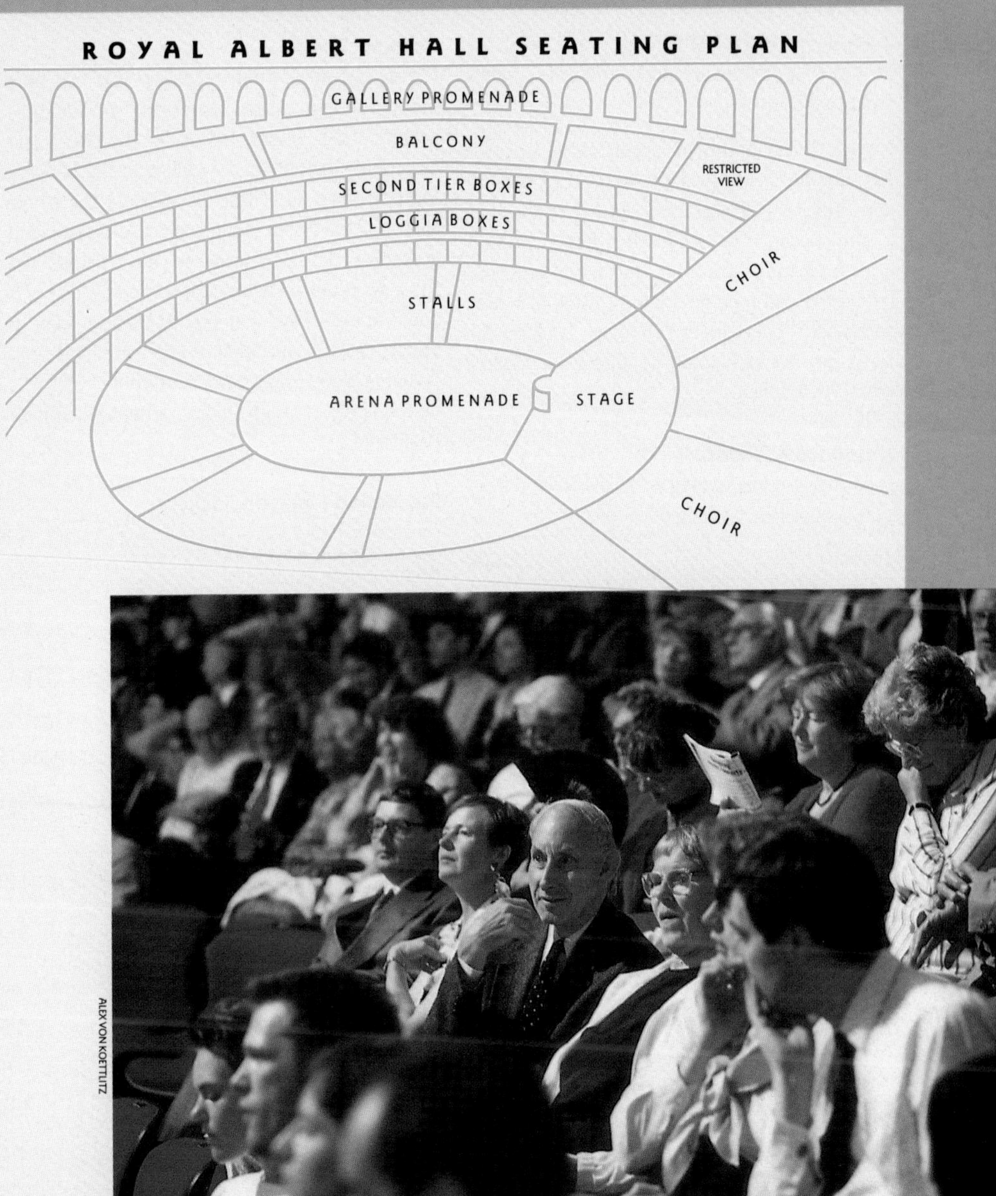

ALEX VON KOETTLITZ

Price Codes

	Stalls	Loggia Boxes 8 seats 2nd Tier Boxes 4 seats	Choir	Balcony	Balcony *Restricted view*
A	£17.00	£13.50	£11.00	£9.00	£4.00
B	£21.00	£17.00	£14.00	£9.50	£4.00
C	£30.00	£22.00	£16.00	£11.00	£5.00
D	£9.00	£9.00	£9.00	£6.50	£3.50
E	£55.00	£55.00	£34.00	£34.00	£17.00

HOW TO PROM

If you'd like to Prom this season and be at the centre of a unique musical experience, here's what to do.

Nightly tickets for the Arena and Gallery – the two standing areas – are available from Door 2 (Arena) and Door 10 (Gallery) one hour before the start of the concert. The queue often begins to form quite a bit earlier than this, and arrival one hour before the starting time will not always guarantee admission, especially to the Arena. Look for the signs for 'Arena Promenade Queue' or 'Gallery Promenade Queue'.

Promenade Tickets

(one per person, available at the door only – please have the correct money ready)

Arena	£3.00
Gallery	£2.00

If you'd like to come to the **Last Night**, tickets will be sold on a first-come, first-served basis if you've attended at least five other concerts. Please take your five ticket stubs to the Ticket Shop (Door 7) after you have been to your fifth Prom.

Season tickets

If you intend to prom regularly, you can save money and guarantee admission by buying a season ticket. Season tickets for the Arena and Gallery can be obtained by filling in the booking form on page 59. These are valid for the whole season or the first or second half of the season and guarantee admission, provided you arrive not later than 10 minutes before the concert starts. As you'll already have a ticket, there's no need to queue, unless you want to be certain of your favourite place! You'll be let in one hour before the performance, through Door 11 (Arena) or Door 3 (Gallery).

Promenade Season Tickets

(one per person)

Arena *whole season*	£120.00
Arena *half season**	£75.00
Gallery *whole season*	£70.00
Gallery *half season**	£40.00

* *1st half: 15 July – 12 August, plus Last Night*
2nd half: 13 August – 10 September

LOUSTONE

LOUSTONE

Free pre-Prom talks

There will be informal half-hour talks about aspects of the evening's music preceding the following concerts. Admission is free but cannot be guaranteed as space is limited, so please come early to avoid disappointment. Talks start at 6.15pm and there will be no admittance after the start.

16 July **Arthur Jacobs** (on Henry Wood)

28 July **Mark-Anthony Turnage**

2 August **Alexander Goehr**

9 August **Sir Peter Maxwell Davies**

14 August **John Tavener**

Given at the Royal College of Music (opposite the Royal Albert Hall steps).

27 August **Sir Harrison Birtwistle**

31 August **Hugh Wood**

5 September **Andrew Davis**

Given at the Imperial College Students Union (entrance in Bremner Road).

HOW TO GET THERE

Gloucester Road
Piccadilly, Circle & District Lines

GLOUCESTER ROAD

PALACE GATE

KENSINGTON ROAD

Bus stops:
No **9** to Charing Cross
No **10** to Euston and King's Cross
Nos **52** to Victoria

CROMWELL ROAD

QUEENS GATE

BREMNER RD

KENSINGTON GORE

ROYAL ALBERT HALL

Entrance to Imperial College Car Park
(for those with passes only)

Imperial College Union

PRINCE CONSORT ROAD

Door 9
Door 8
Door 7
Door 6
Door 5
Door 4
Door 3
Door 2
Door 1
Door 13
Door 11
Door 10

Gallery Day Queue

Arena Season Tickets

Arena Day Queue

Royal College of Music

OLD BROMPTON ROAD

South Kensington
Piccadilly, Circle & District Lines

Gallery Season Tickets

EXHIBITION ROAD

Information
An Information Desk is located in the Main Entrance Foyer (Door 6) to help you with your enquiries.

ALEX VON KOETTLITZ

Doors open
Doors open three quarters of an hour before each concert. On days when there are two concerts there may be a slight delay in the opening of doors for the second concert. Latecomers will not be admitted into the hall unless or until there is a suitable break in the music.

Refreshments
Restaurants – The Elgar Room through Door 8 and the Victoria Room through Door 5 are open from 5.30pm for dinner before each concert (reservations 071–589 8900). A wine bar is situated in the Prince Consort Restaurant through Doors 13/14. For further details see the Ring and Brymer advertisement on page 87.

Bars are available on every floor and are open before the concert and during the interval. You can order interval drinks before the concert and bar staff will place your order on shelves round the bar.

LOU STONE

Privately owned seats
A high proportion of boxes as well as 600 stalls seats are privately owned. Unless returned by owners, these seats are not available for sale by the box office.

Programmes
Nightly programmes are on sale at various locations round the hall. Promenaders may buy programmes at a reduced price in the Arena and Gallery.

Merchandise
A selection of BBC Proms merchandise will be on sale at Door 6 of the Royal Albert Hall two hours before evening concerts and one hour before afternoon concerts.

Inside the hall
Please leave your hats and coats in the cloakroom at Door 4. Hand-luggage larger than a briefcase, food and drink, and folding chairs, are not allowed into the Hall. There is no smoking inside the auditorium and cameras, tape-recorders and video cameras are not permitted. The Proms policy is that children under five are not allowed in the auditorium. The management reserves the right to refuse admission.

Broadcasting
All concerts are broadcast on BBC Radio 3 FM and some will be shown on BBC television. Please bear in mind the need for silence during the performance, and show consideration for the musicians, fellow concert-goers and listeners at home, by not coughing, and by turning off your watch and calculator alarms.

BOOKING FORM

PRICE CODES

A Stalls £17.00 Loggia Boxes (8 seats) and 2nd Tier Boxes (4 seats) £13.50 Choir £11.00 Balcony £9.00 Balcony (*restricted view*) £4.00

B Stalls £21.00 Loggia Boxes (8 seats) and 2nd Tier Boxes (4 seats) £17.00 Choir £14.00 Balcony £9.50 Balcony (*restricted view*) £4.00

C Stalls £30.00 Loggia Boxes (8 seats) and 2nd Tier Boxes (4 seats) £22.00 Choir £16.00 Balcony £11.00 Balcony (*restricted view*) £5.00

D Stalls £9.00 Loggia Boxes (8 seats) and 2nd Tier Boxes (4 seats) £9.00 Choir £9.00 Balcony £6.50 Balcony (*restricted view*) £3.50

E Stalls £55.00 Loggia Boxes (8 seats) and 2nd Tier Boxes (4 seats) £55.00 Choir £34.00 Balcony £34.00 Balcony (*restricted view*) £17.00

Car parking £5.00 per evening

Concert No.		Price code	No. of seats	Area	Car Parking	Total £	Office use
1	Friday 15 July 8.00	A					
2	Saturday 16 July 7.30	A					
3	Sunday 17 July 7.30	A					
4	Monday 18 July 7.30	A					
5	Tuesday 19 July 7.00	A					
6	Tuesday 19 July 10.00	D					
7	Wednesday 20 July 7.30	A					
8	Thursday 21 July 7.30	A					
9	Friday 22 July 7.30	A					
10	Saturday 23 July 7.30	A					
11	Sunday 24 July 11.30	A					
12	Sunday 24 July 8.00	A					
13	Monday 25 July 7.30	A					
14	Tuesday 26 July 7.30	A					
15	Wednesday 27 July 7.00	A					
16	Wednesday 27 July 10.00	D					
17	Thursday 28 July 7.30	A					
18	Friday 29 July 7.30	A		SPECIAL OFFER!			
19	Saturday 30 July 7.30	A					
20	Sunday 31 July 7.00	A					
21	Monday 1 August 7.30	A					
22	Tuesday 2 August 7.30	A		SPECIAL OFFER!			
23	Wednesday 3 August 7.30	A					
24	Thursday 4 August 7.30	A					
25	Friday 5 August 7.00	A					
26	Friday 5 August 10.15	D		SPECIAL OFFER!			
27	Saturday 6 August 7.30	A					
28	Sunday 7 August 6.00	A					
29	Monday 8 August 7.30	A					
30	Tuesday 9 August 7.30	A		SPECIAL OFFER!			
31	Wednesday 10 August 7.30	A					
32	Thursday 11 August 7.30	A					
33	Friday 12 August 7.00	A					
34	Friday 12 August 10.00	D					
35	Saturday 13 August 7.30	B					
36	Sunday 14 August 7.30	A					
37	Monday 15 August 7.30	A					
				Total carried forward			

Complete this form (PLEASE USE BLOCK CAPITALS) and send it to:

Promenade Concerts Ticket Shop, Royal Albert Hall, London SW7 2AP

Indicate method of payment below.
DO NOT enclose s.a.e.
Bookings will include a £1.25 charge to cover postage and administration.

☐ Debit my (ACCESS/AMERICAN EXPRESS/VISA) card no.

☐☐☐☐☐☐☐☐☐☐☐☐☐☐☐☐

Expiry date ____________

☐ I attach cheque/postal order made payable to **Royal Albert Hall** *(please leave cheques open, with upper limit)*.

NAME ____________

ADDRESS ____________

____

____

____

If you booked last year, please tick ☐

If you recall your Patron Number, please include it here ☐☐☐☐☐☐

TELEPHONE (day) ____________

(evening) ____________

SIGNATURE

____

☐ **Do not** send lower-priced tickets

☐ Special Offer Voucher(s) enclosed

Concert No.		Price code	No. of seats	Area	Car Parking	Total **£**	Office use
				Total brought forward			
38	Tuesday 16 August 7.30	A					
39	Wednesday 17 August 6.00	D					
40	Wednesday 17 August 8.00	B					
41	Thursday 18 August 7.00	B					
42	Friday 19 August 7.30	A					
43	Saturday 20 August 7.30	A					
44	Sunday 21 August 7.30	A					
45	Monday 22 August 7.30	A					
46	Tuesday 23 August 7.30	A					
47	Wednesday 24 August 7.00	A					
48	Wednesday 24 August 10.00	D					
49	Thursday 25 August 7.30	C					
50	Friday 26 August 7.30	C					
51	Saturday 27 August 7.30	B					
52	Sunday 28 August 2.30	A					
53	Sunday 28 August 8.00	B					
54	Monday 29 August 7.00	B					
55	Tuesday 30 August 7.30	B					
56	Wednesday 31 August 7.30	A					
57	Thursday 1 September 7.00	B					
58	Thursday 1 September 10.00	D		SPECIAL OFFER!			
59	Friday 2 September 7.30	A					
60	Saturday 3 September 7.30	A					
61	Sunday 4 September 7.30	A					
62	Monday 5 September 7.30	A		SPECIAL OFFER!			
63	Tuesday 6 September 7.30	B					
64	Wednesday 7 September 7.00	B					
65	Wednesday 7 September 10.00	D					
66	Thursday 8 September 7.30	B					
67	Friday 9 September 7.30	C					
68	Saturday 10 September 7.45	E					
	Arena Season *whole season*			£120.00			
	half season			£ 75.00 *first half* ☐ *second half* ☐			
	Gallery Season *whole season*			£ 70.00			
	half season			£ 40.00 *first half* ☐ *second half* ☐			
				Total		____	

Price code A

FRIDAY 15 JULY

8.00pm *ending at approximately 9.55pm*

1

Schoenberg
Gurrelieder 106

Tove Karita Mattila *soprano*
Waldemar Neil Breeden *tenor*
Wood-Dove Ann Murray *mezzo-soprano*
Klaus Philip Langridge *tenor*
Peasant David Wilson-Johnson *baritone*
Speaker Hans Hotter

BBC Singers
Philharmonia Chorus
BBC Symphony Chorus
BBC Symphony Orchestra
Andrew Davis *conductor*

The 100th season of Henry Wood Promenade Concerts begins in expansive mood with one of the most titanic scores ever written. *Gurrelieder* is a work of vast Wagnerian proportions, dealing with the Tristanesque themes of love and death in a richly coloured, late-Romantic musical language. Andrew Davis – now in his fifth season as Chief Conductor of the BBC Symphony Orchestra – directs an impressive line-up of soloists, including the great Wagnerian baritone Hans Hotter, making his Prom debut at the age of eighty-five.

NB There will be no interval in this performance

Commentary by Wendy Thompson

Price code A

SATURDAY 16 JULY

7.30pm *ending at approximately 10.30pm*

2

Pre-Prom talk at 6.15pm
Arthur Jacobs (on Henry Wood)

Prom Programme 6 September 1900

Dvořák
Overture 'Carnival' 9

Frederic Cowen
Mélodie and À l'espagnole 6

Dvořák
Songs my mother taught me 2

Eva Dell'Acqua
Villanelle 4

Wieniawski
Violin Concerto No. 2 in D minor 23

Anton Rubinstein
Valse-Caprice 6
London premiere, Prom 15/9/1896

George Henschel
Young Dieterich 5

Gounod
Hymn to St Cecilia 5

Donizetti
'O mio Fernando' from 'La Favorita' 8

Massenet
Marche du Cid from 'Le Cid' 3

INTERVAL

Puccini arr. Gordon Langford
Grand Fantasia on 'La bohème' 12

Bach–Gounod
Ave Maria 5

Weber
Adagio and Rondo from Bassoon Concerto in F major 8

Frances Allitsen
When the Boys come Home 5

Florian Pascal
Serenade and Fairy Fretting 5

Sousa
The Washington Post 3

Gil Shaham *violin*

Lillian Watson *soprano*
Della Jones *mezzo-soprano*
Benjamin Luxon *baritone*

Gareth Newman *bassoon*

BBC Concert Orchestra
Barry Wordsworth *conductor*

The BBC Concert Orchestra's recreation of a Prom from ninety-four years ago offers something for all tastes. American-born Gil Shaham, twenty-three this year, makes his debut in Wieniawski's scintillating Second Concerto, which he has recorded with the London Symphony Orchestra, while Gareth Newman tackles two movements from Weber's Bassoon Concerto. Star singers Lillian Watson, Della Jones and Benjamin Luxon join Barry Wordsworth and the orchestra in a selection of songs and arias by some of the most popular composers of the late-Victorian era.

Price code A

SUNDAY 17 JULY

7.30pm *ending at approximately 9.40pm*

3

Berlioz
Overture 'Roman Carnival' 9

Tchaikovsky
Piano Concerto No. 1 in B flat minor 34

INTERVAL

Ives
From the Steeples and Mountains 5

Copland
Symphony No. 3 42
UK premiere, Prom 26/7/1956

Barry Douglas *piano*

London Symphony Orchestra
Michael Tilson Thomas *conductor*

Formed in 1904, the London Symphony Orchestra made its debut at the Proms in 1940, when it temporarily took over from the BBC Symphony Orchestra as the resident ensemble. Berlioz and Tchaikovsky have been staple fare at the Proms from their inception – the *Roman Carnival* overture was among the first works to be played there, and opened the LSO's first-ever Prom on 10 August 1940. Barry Douglas, winner of the 1986 Tchaikovsky International Competition in Moscow, joins Michael Tilson Thomas in the world's most popular piano concerto. A little-known work for bells and brass by Ives and Copland's Third Symphony, incorporating the famous 'Fanfare for the Common Man', complete this fascinating programme.

Price code A

MONDAY 18 JULY

7.30pm *ending at approximately 9.45pm*

In the presence of HM The Queen and HRH The Duke of Edinburgh

4

Delius
A Song of Summer 7
world premiere, Prom 17/9/1931

Britten
Violin Concerto 32

INTERVAL

Holst
The Hymn of Jesus 22

Elgar
Enigma Variations 32

Ida Haendel *violin*

BBC Symphony Chorus
Trinity College of Music Chamber Choir
BBC Symphony Orchestra
Andrew Davis *conductor*

Andrew Davis and the BBC Symphony Orchestra continue to win critical acclaim for their recordings in the award-winning series *The British Line*. Here they tackle major works by four of its featured composers in a year that marks the sixtieth anniversary of the deaths of Delius, Holst and Elgar; while violinist Ida Haendel – who made her Prom debut at the Queen's Hall under Henry Wood in 1937 – returns in Britten's concerto, composed just before the Second World War.

Price code A

TUESDAY 19 JULY

7.00pm *ending at approximately 9.10pm*

5

Mahler
Adagio from Symphony No. 10 25

Berg
Altenberg Songs 8
UK premiere, Prom 24/8/1960

INTERVAL

Shostakovich
Symphony No. 4 in C minor 64

Heather Harper *soprano*

City of Birmingham Symphony Orchestra
Simon Rattle *conductor*

Heather Harper, another favourite of Prom audiences for many seasons, emerges from retirement to sing Berg's setting of picture-postcard messages by Peter Altenberg – one of a dozen works by members of the Second Viennese School to feature this season (see Stephen Walsh's article on page 108). Simon Rattle and the CBSO frame this cycle with the great Adagio from Mahler's final symphony, and Shostakovich's Fourth, a highly characteristic work written in 1936, shortly after official condemnation of the opera *Lady Macbeth of Mtsensk*, and hastily withdrawn from public performance.

Price code D

TUESDAY 19 JULY

10.00pm *ending at approximately 11.10pm*

6

Lassus
Madrigals from 'Lagrime di San Pietro' 12

Thea Musgrave
Rorate coeli 11

Palestrina
Mass 'Confitebor tibi' 32

BBC Singers
Bo Holten *conductor*

1994 marks the four-hundredth anniversaries of the deaths of two of the greatest Renaissance composers, the Flemish Orlande de Lassus and the Italian master of church music Giovanni Pierluigi da Palestrina. The sacred madrigal cycle *Tears of St Peter* was Lassus's last work, completed just three weeks before his death. Palestrina's mass, written in 1585, is based on his own motet of the same title. The BBC Singers – celebrating their own seventieth anniversary this year (see Andrew Stewart's article on page 114) – complete the programme with Thea Musgrave's celebration of the Christian message of Christmas and Easter, first broadcast in 1977.

Price code A

WEDNESDAY 20 JULY

7.30pm *ending at approximately 9.35pm*

7

Elgar
Violin Concerto in B minor 50

INTERVAL

Rimsky-Korsakov
Overture 'May Night' 9
London premiere, Prom 21/8/1895

Rakhmaninov
Symphonic Dances 32
UK premiere, Prom 14/8/1954

Tasmin Little *violin*

BBC Philharmonic
Vernon Handley *conductor*

Tasmin Little has returned to the Proms each year since her triumphant debut in 1990. She follows her success last season in the Walton concerto with the equally poetic Elgar, written for Fritz Kreisler. Rimsky-Korsakov's little-known overture received its British premiere during the very first Prom season. Rakhmaninov's last work, written in 1940 for Eugene Ormandy and the Philadelphia Orchestra, quotes the *Dies irae* plainchant that haunted so many of his compositions.

Price code A

THURSDAY 21 JULY

7.30pm *ending at approximately 9.45pm*

8

Bridge
The Sea 20
world premiere, Prom 24/9/1912

Bloch
Schelomo 22
UK premiere, Prom 11/10/1922

INTERVAL

Mahler
Symphony No. 4 in G major 55
UK premiere, Prom 25/10/1905

Ralph Kirshbaum *cello*

Solveig Kringelborn *soprano*

BBC Philharmonic
Yan Pascal Tortelier *conductor*

For its second Prom of the season, the BBC Philharmonic is joined by cellist Ralph Kirshbaum, director of the Manchester International Cello Festival, for a performance of Bloch's 'Hebrew rhapsody', and by Norwegian soprano Solveig Kringelborn for Mahler's radiantly lyrical symphony. Frank Bridge's orchestral suite portraying the sea in all its moods received its first performance at the Proms under Henry Wood, and became a favourite of Bridge's pupil, Benjamin Britten.

Price code A

FRIDAY 22 JULY

7.30pm *ending at approximately 9.50pm*

9

Beethoven
Overture 'Coriolan' 8

Mozart
Sinfonia Concertante in E flat major for violin and viola, K364 31

INTERVAL

Bruckner
Symphony No. 7 in E major 66

Thomas Zehetmair *violin*
Tabea Zimmermann *viola*

BBC Symphony Orchestra
Bernard Haitink *conductor*

Bernard Haitink returns to the 1994 Proms with an exact replica of the programme in which he made his debut in 1966. On this occasion he and the BBC Symphony Orchestra are joined by two fast-rising international stars – Thomas Zehetmair and Tabea Zimmermann (here making her Prom debut) in what is perhaps the most successful of all multiple concertos. Bruckner's Seventh – now one of the most popular of all his symphonies – was the first work by the Austrian symphonist to be performed at the Proms, in 1903, decades before his music became more widely appreciated.

Price code A

SATURDAY 23 JULY

7.30pm *ending at approximately 9.40pm*

10

Brenton Broadstock
Festive Overture
European premiere 9

Sibelius
Violin Concerto in D minor 32
UK premiere, Prom 1/10/1907

INTERVAL

Bartók
The Miraculous Mandarin – suite 19

Ravel
Pavane pour une infante défunte 6
London premiere, Prom 16/8/1911

Rimsky-Korsakov
Capriccio espagnol 16
UK premiere, Prom 30/9/1896

Cho-Liang Lin *violin*

Australian Youth Orchestra
Yakov Kreizberg *conductor*

Rising Russian star Yakov Kreizberg was widely praised for his *Jenůfa* at Glyndebourne in 1992 and for his *Rosenkavalier* for English National Opera earlier this year. Here he directs the Australian Youth Orchestra, who in 1982 were the first youth orchestra from outside Europe to play at the Proms, in a thoroughly international programme. Rimsky-Korsakov celebrates his 150th birthday in 1994.

Price code A

SUNDAY 24 JULY

11.30am *ending at approximately 3.20pm*

11

Bach
St Matthew Passion

Part 1 67

INTERVAL (60 minutes)

Part 2 90

Evangelist John Elwes *tenor*
Christus Stephen Varcoe *bass*

Nancy Argenta *soprano*
Susanne Rydén *soprano*
Steven Rickards *counter-tenor*
Andreas Scholl *counter-tenor*
Mark Padmore *tenor*
Michael George *baritone*

The Bach Ensemble
St James's Baroque Players
Joshua Rifkin *conductor*

It was Mendelssohn who first introduced the idea of performing Bach's Passions at secular concerts with large-scale choirs and orchestra, but many modern performances try to recapture the spirit of Bach's original, intended to frame the sermon at Vespers on Good Friday at St Thomas's Church in Leipzig. The American scholar and conductor Joshua Rifkin sheds new light on Bach's sublime creation, which will be performed here with the minimal forces for which Rifkin believes Bach conceived it.

Price code A

SUNDAY 24 JULY

8.00pm *ending at approximately 10.00pm*

12

Rimsky-Korsakov
Skazka (Fairy-tale) 17

Shostakovich
Piano Concerto No. 2 in F major 21
UK premiere, Prom 5/9/1958

INTERVAL

Prokofiev
Symphony No. 5 in B flat major 43
UK premiere, Prom 21/8/1946

Cristina Ortiz *piano*

Royal Philharmonic Orchestra
Vladimir Ashkenazy *conductor*

Vladimir Ashkenazy, Music Director of the Royal Philharmonic Orchestra, presents an all-Russian programme, opening with Rimsky-Korsakov's colourful *Fairy-Tale*, inspired by a collection of Russian folk-myths. 'My Fairy-Tale is, in the first place, Russian, and, in the second, magical', said the composer. Cristina Ortiz plays Shostakovich's ebullient concerto, written in 1957 for his talented pianist son Maxim. Prokofiev described his symphony as 'the culmination of a long period of my creative life ... a symphony of the grandeur of the human spirit'.

Price code A

MONDAY 25 JULY

7.30pm *ending at approximately 9.45pm*

13

Butterworth
A Shropshire Lad 11
London premiere, Prom 6/9/1917

Nicholas Maw
Scenes and Arias 29
world premiere, Prom 31/8/1962

INTERVAL

Beethoven
Piano Concerto No. 4 in G major 33

Elgar
In the South 20

Elizabeth Woollett *soprano*
Susan Bickley *mezzo-soprano*
Jean Rigby *mezzo-soprano*

Mitsuko Uchida *piano*

BBC Symphony Orchestra
Mark Elder *conductor*

Mitsuko Uchida, internationally renowned for her performances of the Viennese classics, plays Beethoven's demanding concerto, a work closely associated by an earlier generation with Dame Myra Hess, who performed it at the Proms on 18 occasions. Two contrasting musical landscapes complement one of the most successful works by Nicholas Maw, commissioned for the 1962 Proms. Butterworth's orchestral rhapsody, inspired by A.E. Housman's 'blue remembered hills', was premiered a year after the composer's death on the Western Front.

Price code A

TUESDAY 26 JULY

7.30pm *ending at approximately 9.45pm*

14

Beethoven
Symphony No. 2 in D major 35

James Macmillan
The Confession of Isobel Gowdie 24
world premiere, Prom 22/8/1990

INTERVAL

Rakhmaninov
Piano Concerto No. 3 in D minor 42

Kathryn Stott *piano*

BBC Scottish Symphony Orchestra
Jerzy Maksymiuk *conductor*

A highly successful commission by an outstanding young Scottish composer, *The Confession of Isobel Gowdie* won a standing ovation at its 1990 premiere. The work was inspired by tales of the persecution of as many as 4,500 Scots accused of witchcraft between 1560 and 1707, in particular the confession and execution of Isobel Gowdie in 1662. Kathryn Stott, one of the most popular British pianists, and a regular Proms visitor, plays Rakhmaninov's virtuosic Third Concerto. The restoration of the time-honoured tradition of performing all nine Beethoven symphonies during the season begins here with the delightful Second.

Price code A

WEDNESDAY 27 JULY

7.00pm *ending at approximately 9.05pm*

15

Moeran
Sinfonietta 24

Liszt
Piano Concerto No. 1 in E flat major 19

INTERVAL

Tchaikovsky
Symphony No. 1 in G minor
'Winter Daydreams' 45
London premiere, Prom 27/8/1902

Boris Berezovsky *piano*

BBC Scottish Symphony Orchestra
Martyn Brabbins *conductor*

Under its Principal Guest Conductor, the BBC Scottish Symphony Orchestra partners another youthful talent – Boris Berezovsky, winner of the 1990 Tchaikovsky International Competition. English composer E.J. Moeran was born one hundred years ago this year: his sparkling and extrovert Sinfonietta was written in 1944. Tchaikovsky's folk-influenced depiction of the countryside in winter was one of the many Russian works championed in Britain by Henry Wood.

Price code D

WEDNESDAY 27 JULY

10.00pm *ending at approximately 11.30pm*

16

Caldara
Crucifixus a 16 5

Bach
Der Geist hilft unsrer Schwachheit auf, BWV226 8

Cantata No. 131 'Aus der Tiefe' 25

Schoenberg
Friede auf Erden 8

Bach
Cantata No. 34 'O ewiges Feuer' 17

Michael Chance *counter-tenor*
Mark Padmore *tenor*
Michael George *baritone*

The Sixteen Choir and Orchestra
Harry Christophers *conductor*

This late-evening programme based round the music of Bach begins with Antonio Caldara's exquisite and moving *Crucifixus* for sixteen solo voices. Bach's double-choir motet was written in 1729 for the funeral of the Rector of St Thomas's School in Leipzig; while 'Aus der Tiefe' appears to have been written during his one-year stay as organist of St Blasius's Church in Mühlhausen in 1707, and celebrates the 'eternal fire' of Divine Love. Schoenberg's eight-part chorus, written in 1907, describes the peaceful Christmas scene of the shepherds at the manger, with angels bringing their heavenly message of goodwill to all mankind.

Price code A

THURSDAY 28 JULY

7.30pm *ending at approximately 9.40pm*

17

Pre-Prom talk at 6.15pm
Mark-Anthony Turnage

Sibelius
Tapiola 18
UK premiere, Prom 1/9/1928

Mark-Anthony Turnage
Drowned Out
first London performance 22

INTERVAL

Messiaen
Poèmes pour Mi 28
UK premiere, Prom 7/9/1971

Debussy
La Mer 24

Maria Ewing *soprano*

City of Birmingham Symphony Orchestra
Simon Rattle *conductor*

Drowned Out is the final fruit of the four-year association between Turnage and Birmingham's orchestra. Antony Bye writes about his William Golding-inspired piece on page 90. Simon Rattle also includes Debussy's miraculous seascape, completed in (of all unlikely places) Eastbourne, and Sibelius's final masterpiece of tone painting. Maria Ewing's vast concert and operatic repertoire spans Berlioz to jazz, but she has recently made a speciality of Messiaen's tender cycle of love poems written for his first wife. Originally written with piano accompaniment, the orchestral version was first heard in the UK at a 1971 Prom.

Price code A

FRIDAY 29 JULY

7.30pm *ending at approximately 9.40pm*

18

Schubert
Symphony No. 6 in C major 32

Berg
Violin Concerto 26

INTERVAL

Luciano Berio
Sinfonia 35
UK premiere, Prom 22/7/1969

Kyoko Takezawa *violin*

Electric Phoenix

BBC Symphony Orchestra
Arturo Tamayo *conductor*

At last year's Proms, the Spanish conductor Arturo Tamayo partnered the young Austrian violinist Thomas Zehetmair in a double debut. This year he returns with Kyoko Takezawa in Berg's elegiac concerto – a requiem not only for Alma Mahler's teenage daughter, but also, as it turned out, for Berg himself – whose finale quotes Bach's chorale 'Es ist genug'. Berio's *Sinfonia* – which caused a sensation at the 1969 Proms – also teems with quotations, particularly in the third of its five movements: fleeting references cover the gamut of Western music from Bach, Beethoven and Brahms to Debussy, Boulez and Stockhausen.

SPECIAL OFFER!

Price code A

SATURDAY 30 JULY

7.30pm *ending at approximately 9.40pm*

19

Bliss
Introduction and Allegro 11
world premiere, Prom 8/9/1926

Rakhmaninov
Piano Concerto No. 1 in F sharp minor 26
UK premiere, Prom 4/10/1900

INTERVAL

Elgar
Symphony No. 2 in E flat major 61

Stephen Hough *piano*

Bournemouth Symphony Orchestra
Andrew Litton *conductor*

Andrew Litton, now coming to the end of his highly successful term with the Bournemouth orchestra, joins an internationally-acclaimed British pianist in Rakhmaninov's First Concerto, a product of youthful zest and enthusiasm. Arthur Bliss's characteristically energetic and trenchant creation was premiered at the 1926 Proms. Edward Elgar's Second Symphony, completed in 1911, is a far cry from the outgoing geniality of the *Pomp and Circumstance* marches; dedicated to the memory of Edward VII, it may be seen as a farewell to the era that Elgar himself personified.

Price code A

SUNDAY 31 JULY

7.00pm *ending at approximately 10.00pm*

20

Ethel Smyth
The Wreckers

Act 1 65

INTERVAL

Acts 2 & 3 85

Thirza Anne-Marie Owens *mezzo-soprano*
Mark Justin Lavender *tenor*
Pascoe Peter Sidhom *baritone*
Lawrence David Wilson-Johnson *baritone*
Avis Judith Howarth *soprano*
Tallan Anthony Roden *tenor*
Harvey Brian Bannatyne-Scott *bass*
Jack Annemarie Sand *mezzo-soprano*

Huddersfield Choral Society
BBC Philharmonic
Odaline de la Martinez *conductor*

While Elgar was finishing his Second Symphony, Ethel Smyth was being jailed for taking part in the militant campaign for women's suffrage. Odaline de la Martinez – ten years ago the first woman to conduct an entire Prom – is herself a campaigner for a better deal for women musicians. In 1990 she founded the European Women's Orchestra, which made its South Bank debut last April in a performance of Ethel Smyth's Mass in D and champions the cause of neglected women composers. Diana McVeagh introduces *The Wreckers* on page 100.

Price code A

MONDAY 1 AUGUST

7.30pm *ending at approximately 9.40pm*

21

Dvořák
Requiem

Part 1 57

INTERVAL

Part 2 40

Lynda Russell *soprano*
Hilary Summers *mezzo-soprano*
Jozef Kundlak *tenor*
Peter Mikuláš *bass*

Royal Liverpool Philharmonic Choir
Chester Festival Chorus

Royal Liverpool Philharmonic Orchestra
Libor Pešek *conductor*

Commissioned for the 1891 Birmingham Festival, where it made a tremendous impression, Dvořák's heartfelt *Requiem* receives its first Prom performance. Libor Pešek, the Liverpool orchestra's Principal Conductor since 1987, divides his time between that city and Prague, where he conducts the Czech Philharmonic. His recordings of Dvořák's symphonies have received particular approval. Czech tenor Jozef Kundlak makes his Prom debut alongside bass Peter Mikuláš, who appeared three years ago in Dvořák's *The Spectre's Bride*.

Price code A

TUESDAY 2 AUGUST

7.30pm *ending at approximately 9.30pm*

Pre-Prom talk at 6.15pm
Alexander Goehr

22

Stravinsky
Ode 11

Debussy
Prélude à l'après-midi d'un faune 8
UK premiere, Prom 20/8/1904

Alexander Goehr
Colossos or Panic
UK premiere 26

INTERVAL

Oliver Knussen
Whitman Settings 12

Stravinsky
Symphony in Three Movements 22

Lucy Shelton *soprano*

BBC Symphony Orchestra
Oliver Knussen *conductor*

A leading composer/conductor takes the baton for this adventurous programme featuring Alexander Goehr's new work (see page 90), premiered last year at Tanglewood, where Knussen works each summer; and his own delicately elusive *Whitman Settings*, written for the American soprano Lucy Shelton. Also included are two works by Stravinsky, recycling attempts at Hollywood film music – *Ode*, an 'elegiac chant for orchestra', and the neo-classical symphony, commissioned in 1945 by the New York Philharmonic.

SPECIAL OFFER!

Price code A

WEDNESDAY 3 AUGUST

7.30pm *ending at approximately 9.45pm*

23

Wagner Night

Wagner
Overture and Venusberg Music from 'Tannhäuser' 24

Prelude to Act 3 of 'Tristan and Isolde' 9

Wesendonck Songs 22

INTERVAL

Wagner
Götterdämmerung – excerpts: 41
Dawn and Siegfried's Rhine Journey
Siegfried's Funeral Music
Brünnhilde's Immolation Scene

Anne Evans *soprano*

BBC National Orchestra of Wales
Tadaaki Otaka *conductor*

The first piece played at a Prom was Wagner's *Rienzi* overture, and soon every Monday was designated 'Wagner Night'. This recreation opens with the erotically-charged Overture and Venusberg Music, followed by the Prelude to Act 3 of *Tristan*, depicting the mortally-wounded hero's desolation as he waits anxiously for a sight of the ship that will bring Isolde to his arms once more. Welsh soprano Anne Evans – one of Britain's leading Wagnerians – joins her national orchestra in Wagner's passionate song-cycle on texts by his beloved, Mathilde Wesendonck, and the grandest of all operatic finales.

Price code A

THURSDAY 4 AUGUST

7.30pm *ending at approximately 9.40pm*

24

Daniel Jones
Dance Fantasy 7

Delius
The Walk to the Paradise Garden
from 'A Village Romeo and Juliet' 9

Walton
Viola Concerto 25
world premiere, Prom 3/10/1929

INTERVAL

Elgar
Symphony No. 1 in A flat major 52

Nobuko Imai *viola*

BBC National Orchestra of Wales
Tadaaki Otaka *conductor*

Nobuko Imai, one of the finest of solo violists, joins her fellow-countryman Tadaaki Otaka and the recently renamed BBC National Orchestra of Wales in Walton's poetic concerto, written for the legendary Lionel Tertis but first performed by Paul Hindemith. Daniel Jones was one of the most important composers Wales has produced. His *Dance Fantasy* was commissioned by the North Wales Festival in 1976 and first broadcast by the then BBC Welsh Symphony Orchestra two years later. Two Edwardian classics complete this all-British programme.

Price code A

FRIDAY 5 AUGUST

7.00pm *ending at approximately 9.20pm*

25

A Tribute to John Barbirolli

Elgar
Introduction and Allegro 14

Berg
Three Pieces for Orchestra 20

Mahler
Lieder eines fahrenden Gesellen 18

INTERVAL

Vaughan Williams
Symphony No. 7 'Sinfonia antartica' 45

Håkan Hagegård *baritone*

Susan Gritton *soprano*

Hallé Choir *women's voices*
Hallé Orchestra
Kent Nagano *conductor*

The Hallé's charismatic new conductor makes his Prom debut in a tribute to a great predecessor. John Barbirolli, conductor of the Hallé from 1943 until his death in 1970, began his career in 1916 as the youngest member of the Queen's Hall Orchestra. A great champion of British music, he was a leading interpreter of Elgar and Vaughan Williams, whose *Sinfonia antartica* he premiered with the Hallé in January 1953. Barbirolli's enthusiasm was not limited to British music: he was an early admirer of Mahler. David Cox remembers Barbirolli and other great Proms conductors on page 34.

Price code D

FRIDAY 5 AUGUST

10.15pm *ending at approximately 11.30pm*

26

Giles Swayne
CRY 73

BBC Singers
Simon Joly *conductor*

One of the biggest works ever written for unaccompanied voices, *Cry* was commissioned by the BBC Singers and first broadcast in 1980. The composer describes it as a 'song in seven movements, whose structure derives from the seven days of the Creation narrative' – but it is not a religious work in any but the broadest sense, more a celebratory hymn to life, with roots in African dance and ritual. The sounds of its twenty-eight solo singers are electronically mixed and dispersed around the hall so that, as Meredith Oakes reported, *CRY* 'envelops the listener in a dizzying continuous brightness'.

Price code A

SATURDAY 6 AUGUST

7.30pm *ending at approximately 9.35pm*

27

Ravel
Daphnis and Chloë 55

INTERVAL

Stravinsky
Petrushka (1911) 34

BBC Symphony Chorus
National Youth Orchestra of Great Britain
Mark Wigglesworth *conductor*

One of Britain's most outstanding young conductors makes his first appearance with the National Youth Orchestra in two early twentieth-century masterpieces of orchestral colour and virtuosity, ideally suited to this band of young enthusiasts. Both scores were commissioned by Dyagilev for his legendary Russian Ballet, with choreography by Fokine. *Petrushka*, a product of Stravinsky's most intensely nationalistic period, contrasts with Ravel's sensual evocation of ancient Greece.

Price code A

SUNDAY 7 AUGUST

6.00pm *ending at approximately 10.00pm*

28

A Tribute to Sir William Glock

Stravinsky
Symphony of Psalms 21

BBC Symphony Chorus

Mozart
Piano Concerto No. 15 in B flat major K450* 30

Imogen Cooper *piano*

INTERVAL

Ravel
Introduction and Allegro 10
UK premiere, Prom 4/9/1907

Lutyens
The Tears of Night 13

Renaissance dances 10

Gerhard
Libra 16

James Bowman *counter-tenor*

Nash Ensemble
Martyn Brabbins *conductor*

New London Consort
Philip Pickett *conductor*

INTERVAL

Pierre Boulez
cummings ist der dichter 12

George Benjamin
Sudden Time† 15

Haydn
Symphony No. 99 in E flat major* 28

BBC Singers

BBC Symphony Orchestra *(Parts 1 & 3)*
Pierre Boulez *conductor*
Sir Colin Davis *conductor**
George Benjamin *conductor†*

Another tribute – this time to Sir William Glock, Controller of Music at the BBC from 1959 to 1972. Glock always argued that his programmes should embrace the widest possible repertoire, from Josquin to Stockhausen, and this celebratory programme reflects his catholic approach. An enthusiastic advocate of the music of Elisabeth Lutyens and Roberto Gerhard, Glock commissioned new works from both of them. The late David Munrow was invited to the Proms on several occasions, and his contribution to the early music-revival is recalled today by Philip Pickett. Both Sir Colin Davis (in 1967) and Pierre Boulez (1971) were appointed by Glock to the post of Principal Conductor of the BBC SO.

Price code A

MONDAY 8 AUGUST

7.30pm *ending at approximately 9.40pm*

29

Fauré

Pelléas and Mélisande – suite 17

London premiere, Prom 18/9/1902

Ballade 14

UK premiere, Prom 23/10/1913

Ravel

Piano Concerto for the Left Hand 18

UK premiere, Prom 16/8/1932

INTERVAL

Sibelius

Symphony No. 1 in E minor 39

UK premiere, Prom 13/10/1903

Jean-Yves Thibaudet *piano*

BBC Philharmonic
Yan Pascal Tortelier *conductor*

Fauré's early Ballade for piano and orchestra was declared by Liszt 'too difficult to play', while his suite drawn from the incidental music written for an English version of *Pelléas and Mélisande* was an instant hit at the 1902 Proms. Ravel's dark-hued masterpiece, written for the pianist Paul Wittgenstein, was given its British premiere by its dedicatee during the 1932 season. Jean-Yves Thibaudet – who has recently released an acclaimed CD set of all Ravel's solo piano music – makes his third Prom appearance.

Price code A

TUESDAY 9 AUGUST

7.30pm *ending at approximately 9.45pm*

30

Pre-Prom talk at 6.15pm
Sir Peter Maxwell Davies

Webern

Passacaglia 10

UK premiere, Prom 22/8/1931

Beethoven

Piano Concerto No. 5 in E flat major 'Emperor' 39

INTERVAL

Sir Peter Maxwell Davies

Symphony No. 5*
world premiere 25

Sibelius

En Saga 19

London premiere, Prom 4/10/1906

Andreas Haefliger *piano*

Philharmonia Orchestra
Matthias Bamert *conductor*
Sir Peter Maxwell Davies *conductor**

Andreas Haefliger, son of the noted tenor Ernst Haefliger, makes his Prom debut in Beethoven's final concerto, whose grandeur gave renewed impetus to the genre through the whole Romantic period, and earned it its nickname in this country. Webern's post-Brahmsian *Passacaglia*, written when he was twenty-five, was first heard at the Proms in 1931. Matthias Bamert, a conductor with a highly diverse repertoire, conducts both pieces, then hands the baton over to Sir Peter Maxwell Davies, who introduces his eagerly awaited new symphony (which Antony Bye introduces on page 90).

SPECIAL OFFER!

Price code A

WEDNESDAY 10 AUGUST

7.30pm *ending at approximately 10.10pm*

31

A Tribute to Malcolm Sargent Prom Programme 25 July 1960

Ireland

A London Overture 12

world premiere, Prom 23/9/1936

Lennox Berkeley

Four Poems of St Teresa of Avila 14

Rakhmaninov

Piano Concerto No. 2 in C minor 35

INTERVAL

Strauss

Till Eulenspiegel 15

Vaughan Williams

Symphony No. 5 in D major 40

world premiere, Prom 24/6/1943

Catherine Wyn-Rogers *mezzo-soprano*

Dame Moura Lympany *piano*

BBC Symphony Orchestra
Vernon Handley *conductor*

Vernon Handley leads this centenary tribute to another great British conductor indelibly associated with the Proms, recreating the second night of the 1960 season. Moura Lympany – a Rakhmaninov specialist – has graced the British concert platform for over six decades; she made her public debut at the age of twelve and her Proms debut ten years later, in 1938. The Sargent years are remembered by David Cox on page 34.

Price code A

THURSDAY 11 AUGUST

7.30pm *ending at approximately 9.45pm*

32

Mozart

Symphony No. 25 in G minor, K183 21

Schoenberg

Verklärte Nacht 30

INTERVAL

Sir Michael Tippett

Fantasia Concertante on a Theme of Corelli 18

London premiere, Prom 3/9/1953

Beethoven

Symphony No. 1 in C major 26

Norwegian Chamber Orchestra
Iona Brown *conductor*

The Norwegian Chamber Orchestra, which made its Prom debut three years ago, returns under its director in a mixed programme encompassing two Classical works – Mozart's early G minor symphony and Beethoven's striking symphonic debut – and two from nearer our own time, Schoenberg's passionate response to Richard Dehmel's tender poem on human love and frailty, and Tippett's Fantasia, written for the 1953 Edinburgh Festival in honour of the tercentenary of Corelli's birth.

Price code A

FRIDAY 12 AUGUST

7.00pm *ending at approximately 9.10pm*

33

A Tribute to Constant Lambert

Sibelius

Karelia Suite 16

UK premiere, Prom 23/10/1906

Lambert

Four Dances from 'Horoscope' 20

world premiere, Prom 8/8/1938

Rawsthorne

Concerto for Two Pianos 18

world premiere, Prom 14/8/1968

INTERVAL

Dukas

The Sorcerer's Apprentice 11

Warlock

Capriol Suite (version for full orchestra) 10

world premiere, Prom 29/8/1929

Ravel

La Valse 12

Piers Lane & Kathron Sturrock *pianos*

BBC Concert Orchestra
Barry Wordsworth *conductor*

The multi-talented composer/conductor Constant Lambert's eclectic musical interests helped to broaden the tastes of British audiences in the 1940s and 1950s. *La Valse* was the last piece he ever conducted, at the 1951 Proms.

Price code D

FRIDAY 12 AUGUST

10.00pm *ending at approximately 2.15am*

34

Indian music

Kadri Gopalnath *saxophone* 30

Bidur Mallik *Dhrupad singer* 30
Ramkumar Mallik *Dhrupad singer*
Premkmar Mallik *Dhrupad singer*

Visvamohan Bhatt *guitar* 40
Tarun Bhattacharya *santoor*
Daya Shankar *shehnai*

INTERVAL

Rajan Misra *singer* 60
Sajan Misra *singer*

Ustad Amjad Ali Khan *sarod* 60
Sukhvinder Singh *tabla*

The tradition of late-night concerts featuring world music began at the Proms in 1971, when the great sitar player Imrat Khan played late-evening ragas at the Royal Albert Hall. This year we can experience a variety of music from different Indian traditions, beginning with classical South Indian saxophone music, continuing with courtly songs from the extreme north-eastern area of India, performed by the Mallik family, followed by a virtuoso trio of guitar, santoor and shehnai. Then come the celebrated North Indian classical singing duo, brothers Rajan and Sajan Misra; and the concert ends with one of the world's leading sarod players, a scion of one of India's most famous musical families.

Price code B

SATURDAY 13 AUGUST

7.30pm *ending at approximately 9.15pm*

35

Britten

Sinfonia da Requiem 20

European premiere, Prom 22/7/1942

INTERVAL

Beethoven

Symphony No. 3 in E flat major 'Eroica' 52

The London Philharmonic
Klaus Tennstedt *conductor*

Klaus Tennstedt, one of the leading Beethoven interpreters of our time, directs the London Philharmonic in Beethoven's mighty symphony. Its expansion of the symphonic scale of the Classical period makes it a landmark in the history of the form. Britten's *Sinfonia da Requiem*, written in memory of his parents, was completed during the summer of 1940 in Amityville, New York, and premiered by the New York Philharmonic under John Barbirolli.

Price code A

SUNDAY 14 AUGUST

7.30pm *ending at approximately 9.40pm*

Pre-Prom talk at 6.15pm
John Tavener

36

John Tavener

The Apocalypse

BBC commission: world premiere 120

St John Thomas Randle *tenor*
The Woman Patricia Rozario *soprano*
Voice of God Stephen Richardson *bass*
Whore of Babylon Ruby Philogene *mezzo-soprano*
Angel Christopher Robson *counter-tenor*
Disciple David Nickless *treble*

New London Children's Choir
City of London Sinfonia Chorus
City of London Sinfonia
Richard Hickox *conductor*

With *The Protecting Veil* recently topping the classical charts, the subtle, mystical style of John Tavener has clearly struck a chord with British audiences and record-buyers. Earlier this year the BBC celebrated his 50th birthday with its 'Ikons' Festival at the Barbican, in which Richard Hickox and several of tonight's soloists all featured prominently. The anniversary celebrations now continue with a major new work. Antony Bye introduces *The Apocalypse* on page 90.

NB There will be no interval in this performance

Price code A

MONDAY 15 AUGUST

7.30pm *ending at approximately 9.40pm*

37

Haydn

Symphony No. 96 in D major 'Miracle' 25

Violin Concerto No. 1 in C major 18

UK premiere, Prom 20/10/1909

INTERVAL

Beethoven

Ah! Perfido 12

Symphony No. 4 in B flat major 34

Mayumi Seiler *violin*

Adrianne Pieczonka *soprano*

Academy of St Martin in the Fields
Sir Neville Marriner *conductor*

This concert, a double celebration of Sir Neville Marriner's seventieth birthday and the thirty-fifth anniversary of the orchestra's foundation, brings together two of the undisputed masters of the Classical tradition, coupling Haydn's 'Miracle', one of the twelve symphonies written for performance in London, and the vivacious C major Violin Concerto. The young German/Japanese Mayumi Seiler (who has recently recorded Haydn's violin concertos with the City of London Sinfonia) makes her Prom debut in this work, originally written for the Italian leader of Haydn's Eisenstadt orchestra.

Price code A

TUESDAY 16 AUGUST

7.30pm *ending at approximately 9.50pm*

38

Viennese Night

Mozart
Symphony No. 35 in D major, K385 'Haffner' 20

Johann Strauss arr. Stalla
'Draussen in Sievering' from 'Die Tänzerin Fanny Elssler' 3

Robert Stolz
'Du sollst der Kaiser meiner Seele sein' from 'Der Favorit' 5

Suppé
Overture 'Light Cavalry' 7

INTERVAL

Johann Strauss
Kaiser Franz Joseph March 4

Josef Strauss
Music of the Spheres – waltz 9

Lehár
'Meiner Lippen sie küssen so heiss' from 'Giuditta' 5

Heuberger
'Im Chambre séparée' from 'The Opera Ball' 3

Johann Strauss
Egyptian March 4

Eljen a Magyar – polka 3

Lehár
'Liebe, du Himmel auf Erden' from 'Paganini' 3

Johann Strauss
From 'Die Fledermaus':
Czardas 5
Overture 8

Felicity Lott *soprano*

The London Philharmonic
Franz Welser-Möst *conductor*

The tradition of a 'Viennese Night' at the Proms seems to have grown out of the earlier 'Popular Nights' featuring a miscellany of short vocal and orchestral pieces. In this programme Franz Welser-Möst – conductor of a brilliant *Merry Widow* on the South Bank last year – directs a mixture of serious and popular Viennese classics: music by Lehár and the 'Waltz King' himself (whose sparkling waltzes Welser-Möst has recently recorded with the London Philharmonic) mingling with other Viennese classics – Mozart's 'Haffner' Symphony, written just after his move to Vienna, and operetta excerpts from a city where the best light music has always been taken seriously.

Price code D

WEDNESDAY 17 AUGUST

6.00pm *ending at approximately 7.10pm*

39

Elgar
Organ Sonata No. 1 in G major (1st movement) 8

Bridge
Adagio in E major 6

Britten
Prelude and Fugue on a Theme of Vittoria 4

Edwin Lemare
Concert Fantasia 9

Robin Holloway
Organ Fantasy 24

Elgar arr. Sinclair
Pomp and Circumstance March No. 4 6

Christopher Herrick *organ*

Christopher Herrick, formerly organist at St Paul's Cathedral and at Westminster Abbey, has done much to popularise his instrument with his award-winning series of recordings of 'Organ Fireworks', played on a range of famous instruments including that of the Royal Albert Hall. An expert on the music of Bach, he is also a leading interpreter of nineteenth- and twentieth-century organ music. This programme draws on the modern British tradition, beginning and ending with Elgar. At its heart lies Robin Holloway's large-scale piece in seven cyclically linked toccatas, harking back in style to the turn-of-the-century French school.

Price code B

WEDNESDAY 17 AUGUST

8.00pm *ending at approximately 9.55pm*

40

Beethoven
Symphony No. 5 in C minor 32

INTERVAL

Mozart
Mass in C minor, K427 50

Sylvia McNair *soprano*
Anne Sofie von Otter *mezzo-soprano*
Christoph Prégardien *tenor*
Alastair Miles *bass*

Monteverdi Choir
Orchestre Révolutionnaire et Romantique
John Eliot Gardiner *conductor*

Having conquered the Baroque and early Classical fields with his meticulously-researched performances and recordings, in 1990 John Eliot Gardiner turned his attention to the nineteenth century, creating a new specialist period-instrument ensemble, the Orchestre Révolutionnaire et Romantique. Since then it has performed and recorded the Requiems of Brahms and Verdi, Berlioz's *Symphonie fantastique* and his newly discovered *Messe solennelle* (unperformed since 1827), as well as a complete cycle of Beethoven symphonies. In the second half of the orchestra's Prom debut performance, an international line-up of soloists joins the Monteverdi Choir in Mozart's Mass, begun as a thanksgiving for his marriage, but never completed.

Price code B

THURSDAY 18 AUGUST

7.00pm *ending at approximately 10.30pm*

41

Tchaikovsky
Eugene Onegin *semi-staged*

Act 1 75

INTERVAL

Act 2 41

INTERVAL

Act 3 35

Madame Larina Yvonne Minton *mezzo-soprano*
Tatyana Elena Prokina *soprano*
Olga Louise Winter *mezzo-soprano*
Filipyevna Ludmilla Filatova *mezzo-soprano*
Lensky Martin Thompson *tenor*
Eugene Onegin Wojciech Drabowicz *baritone*
Prince Gremin Frode Olsen *bass*
Monsieur Triquet John Fryatt *tenor*

Glyndebourne Festival Chorus
The London Philharmonic
Andrew Davis *conductor*

Henry Wood conducted the first British performance of *Eugene Onegin* during his apprentice years at the New Olympic Theatre in 1892. During the 1970 season, the then Glyndebourne production of *Onegin*, conducted by the late John Pritchard, was brought to the Proms; now, after a year's absence, Glyndebourne Festival Opera returns once more under Andrew Davis with Tchaikovsky's tragic masterpiece.

Price code A

FRIDAY 19 AUGUST

7.30pm *ending at approximately 9.35pm*

42

A Tribute to Henry Wood (died 19 August 1944)

Elgar
Funeral March from 'Grania and Diarmid' 9

Schoenberg
Five Orchestral Pieces 18
world premiere, Prom 3/9/1912

Vaughan Williams
Serenade to Music 14

INTERVAL

Beethoven
Symphony No. 7 in A major 38

Nancy Argenta, Heather Harper, Yvonny Kenny, Joan Rodgers *sopranos*

Yvonne Minton, Felicity Palmer, Jean Rigby, Catherine Wyn-Rogers *mezzo-sopranos*

Kim Begley, John Mitchinson, Anthony Rolfe Johnson, Robert Tear *tenors*

Thomas Allen, John Tomlinson, Willard White, David Wilson-Johnson *basses*

BBC Symphony Orchestra
Andrew Davis *conductor*

Henry Wood died just nine days after the 1944 Prom season was brought to an abrupt end by the threat of flying bombs. All four pieces in this tribute have special associations with Wood, as Arthur Jacobs recounts in his article on page 18.

Price code A

SATURDAY 20 AUGUST

7.30pm *ending at approximately 9.35pm*

43

Brahms Night

Brahms
Symphony No. 2 in D major 45

INTERVAL

Brahms
Symphony No. 4 in E minor 47

European Community Youth Orchestra
Carlo Maria Giulini *conductor*

By 1900 Brahms had joined the ranks of major composers honoured with a special 'night' of his own at the Proms. In this programme the cream of Europe's young players join the great Italian maestro for two contrasting symphonies: the lyrical Second, premiered in Vienna under Hans Richter in 1877, and the Fourth, with its great passacaglia finale based on a theme from Bach's Cantata No. 150.

Price code A

SUNDAY 21 AUGUST

7.30pm *ending at approximately 9.35pm*

44

Tchaikovsky Night

Tchaikovsky
Moscow 21

Violin Concerto in D major 36

INTERVAL

Tchaikovsky
The Nutcracker – excerpts 34

Marie-Ange Todorovitch *mezzo-soprano*
John Connell *bass*

Joshua Bell *violin*

BBC Symphony Chorus
BBC Symphony Orchestra
Alexander Lazarev *conductor*

Wood was an enthusiastic devotee of the music of Tchaikovsky, who regularly had a night to himself during early Proms seasons. In this year's Tchaikovsky Night, the Bolshoy's Music Director and the BBC Symphony Orchestra are joined by two soloists for the cantata *Moscow*, written to celebrate the coronation of Tsar Alexander III in 1883. The scintillating Violin Concerto – declared unplayable by its dedicatee – is admirably suited to Joshua Bell's phenomenal virtuosity. This popular programme is rounded off by the legendary Russian conductor Evgeny Mravinsky's selection from *The Nutcracker*, incorporating some less familiar parts of the ballet.

Price code A

MONDAY 22 AUGUST

7.30pm *ending at approximately 9.45pm*

45

Walton
Overture 'Portsmouth Point' 6
London premiere, Prom 12/9/1927

John Tavener
In Alium 15
world premiere, Prom 12/8/1968

Britten
Four Sea-Interludes from 'Peter Grimes' 15
London premiere, Prom 29/8/1945

INTERVAL

Musorgsky orch. Shostakovich
Prelude to 'Khovanshchina' 7

Lyadov
Kikimora 9
UK premiere, Prom 18/9/1917

Stravinsky
The Rite of Spring 34

Eileen Hulse *soprano*

BBC National Orchestra of Wales
David Atherton *conductor*

David Atherton – in 1968 the youngest-ever conductor to have been invited to the Proms – has appeared in twenty-six consecutive seasons. Here he partners the BBC National Orchestra of Wales in a mixed programme which reflects his varied interests. Tavener's work, commissioned for the 1968 Proms (at which Atherton made his debut), was selected in a special ballot of Promenaders for an immediate repeat performance.

Price code A

TUESDAY 23 AUGUST

7.30pm *ending at approximately 9.45pm*

46

Mahler
Rückert Songs 20

INTERVAL

Shostakovich
Symphony No. 7 in C major 'Leningrad' 84
UK premiere, Prom 29/6/1942

Thomas Allen *baritone*

BBC National Orchestra of Wales
Mark Wigglesworth *conductor*

Shostakovich's Seventh Symphony, written during the terrible German siege of Leningrad in 1941, became a symbol of Russian resistance to Nazi domination, receiving more than one hundred performances in the West within a year of the score being smuggled out of Russia on a microfilm. Here Mark Wigglesworth contrasts this symphony, which Shostakovich described as 'a piece about today, about our life and our heroic people, fighting and conquering the enemy', with Mahler's delicately atmospheric songs, dating from the turn of the century, and sung here by Britain's leading international baritone.

Price code A

WEDNESDAY 24 AUGUST

7.00pm *ending at approximately 9.10pm*

47

A Tribute to Basil Cameron

Sibelius
Symphony No. 5 in E flat major 31

INTERVAL

Britten
Piano Concerto 34
world premiere, Prom 18/8/1938

Shostakovich
Symphony No. 9 in E flat major 26
UK premiere, Prom 27/7/1946

John Lill *piano*

BBC Symphony Orchestra
Alexander Lazarev *conductor*

In 1941, a former violinist in Henry Wood's Queen's Hall Orchestra became the first conductor to share with Wood the burden of conducting a Proms season. Over the next quarter of a century, Basil Cameron became loved and respected by Prom audiences. He was a friend of Sibelius, whose Fifth Symphony he conducted at the 1942 Proms: four years later he gave the British premiere of Shostakovich's Ninth. Britten's brilliant Piano Concerto received its premiere at the 1938 Proms, with the composer as soloist. David Cox profiles a great Proms conductor on page 34.

Price code D

WEDNESDAY 24 AUGUST

10.00pm *ending at approximately 11.30pm*

48

Handel
Suite from 'Oreste' 15

Zelenka
Hipocondrie 10

Haydn
Cello Concerto in C major 25

C.P.E. Bach
Symphony in F major, Wq. 183 No. 3 10

Anner Bylsma *cello*

Freiburg Baroque Orchestra
Thomas Hengelbrock *director*

Founded in 1985, the Freiburg Baroque Orchestra has established itself as one of Europe's leading period-instrument ensembles, combining style and flair with a solidly-researched feel for historical context. Under Thomas Hengelbrock's direction it appears at all the European early-music festivals, and next year plans to tour the USA. Dutch cellist Anner Bylsma joins the orchestra in Haydn's exuberant concerto, framed by a curiosity by the Czech Baroque composer Jan Dismas Zelenka, a contemporary and acquaintance of J.S. Bach, and one of the four greatly underrated symphonies by Bach's most talented son. A suite from Handel's little-known 1734 pasticcio opens this fascinating programme.

Price code C

THURSDAY 25 AUGUST

7.30pm *ending at approximately 9.00pm*

49

Mahler
Symphony No. 9 82

Berlin Philharmonic Orchestra
Claudio Abbado *conductor*

Claudio Abbado, Principal Conductor and Artistic Director of the Berlin Philharmonic Orchestra since 1989, brings this great ensemble to the Proms in two contrasting programmes. Mahler's Ninth was written during the summers of 1908 and 1909, shortly after the terrible year in which he lost his eldest daughter and his heart condition was diagnosed. Mahler attempted to avoid the psychological significance of a ninth symphony by giving *The Song of the Earth* no number, and then describing the *real* Ninth as his tenth. This rich and valedictory score was nevertheless to be his last completed symphony.

Price code C

FRIDAY 26 AUGUST

7.30pm *ending at approximately 9.40pm*

50

Tchaikovsky
The Tempest 24
London premiere, Prom 5/10/1898

Stravinsky
The Firebird – suite (1911) 25
UK premiere, Prom 4/9/1913

INTERVAL

Musorgsky orch. Ravel
Pictures at an Exhibition 33

Berlin Philharmonic Orchestra
Claudio Abbado *conductor*

In contrast to their previous programme, the Berlin Philharmonic now tackles three virtuoso masterpieces of the Russian repertoire. Tchaikovsky's symphonic fantasy, inspired by Shakespeare's play, dates from 1873, just after he had finished his Second Symphony. The first of Stravinsky's great ballets owes much to the influence of the Russian Nationalists, of whom Musorgsky was perhaps the most talented. Henry Wood's own orchestral transcription of *Pictures at an Exhibition*, performed at the 1915 Proms, was withdrawn in deference to Ravel's masterly, highly coloured version, which appeared in 1922.

Price code B

SATURDAY 27 AUGUST

7.30pm *ending at approximately 9.35pm*

51

Pre-Prom talk at 6.15pm
Sir Harrison Birtwistle

Ives
Central Park in the Dark 8

Dvořák
Symphony No. 9 in E minor
'From the New World' 42

INTERVAL

Sir Harrison Birtwistle
Earth Dances 37

The Cleveland Orchestra
Christoph von Dohnányi *conductor*

Another great international orchestra, under the baton of its Principal Conductor, gives a fascinating pair of programmes, beginning with two thoroughly American works. Charles Ives's highly original musical imagination was shaped by ordinary American culture, especially the marches, hymns and band music on which he was reared. The title of tonight's work may now conjure up images of urban violence, but in 1906 Central Park would have been an oasis of rural peace and serenity. Dvořák's most famous symphony – written in turn-of-the-century New York – drew inspiration from black and native American musics. *Earth Dances* – a 'Rite of Spring' for the 1980s – was commissioned by the BBC and tonight's performance follows one given a few days ago at the Salzburg Festival.

Price code A

SUNDAY 28 AUGUST

2.30pm *ending at approximately 4.40pm*

52

Young Persons' Concert

Rossini arr. Britten
Soirées musicales 11

Fauré
Pavane 7
London premiere, Prom 13/9/1902

Poulenc
Concerto for Two Pianos 20

INTERVAL

Sir Malcolm Arnold
Concerto for Two Pianos (three hands) 13
world premiere, Prom 16/8/1969

Saint-Saëns
The Carnival of the Animals 23
UK premiere, Prom 11/8/1923

Chabrier
España 8

Peter Donohoe & Martin Roscoe *pianos*

BBC Symphony Orchestra
David Atherton *conductor*

The Proms continue a recent tradition of lively matinées for young people. Two British pianists, both enjoying huge success in their respective careers, tackle Saint-Saëns's musical menagerie and two concertos: Poulenc's takes a light-hearted look back at the eighteenth century; Sir Malcolm Arnold's was written for the famous partnership of Phyllis Sellick and Cyril Smith, who lost the use of his right arm after a stroke.

Price code B

SUNDAY 28 AUGUST

8.00pm *ending at approximately 10.05pm*

53

Bach orch. Webern
Ricercar a 6 from 'The Musical Offering' 8

Stravinsky
Violin Concerto 21

INTERVAL

Mahler
Symphony No. 1 in D major 55
UK premiere, Prom 21/10/1903

Christian Tetzlaff *violin*

The Cleveland Orchestra
Christoph von Dohnányi *conductor*

In 1933, the year in which Poulenc and his partner Jacques Février visited the Proms to play Poulenc's Double Piano Concerto, the violinist Samuel Dushkin appeared at the Queen's Hall in the new concerto written for him by Stravinsky. Tonight's soloist with the Cleveland Orchestra is the young German who made his American debut with them in 1988 in Schoenberg's concerto. Mahler's First Symphony was introduced to British audiences by Wood at a Prom in 1903 – apparently 'the first note of his music to be played in England'.

Price code B

MONDAY 29 AUGUST

7.00pm *ending at approximately 10.10pm*

54

Mozart
Don Giovanni *semi-staged*

Act 1 82

INTERVAL

Act 2 78

Don Giovanni Gilles Cachemaille *baritone*
Leporello Sanford Sylvan *baritone*
The Commendatore Gudjon Oskarsson *bass*
Donna Anna Hillevi Martinpelto *soprano*
Donna Elvira Amanda Roocroft *soprano*
Don Ottavio John Mark Ainsley *tenor*
Zerlina Juliane Banse *soprano*
Masetto Roberto Scaltriti *bass*

Glyndebourne Festival Chorus
Orchestra of the Age of Enlightenment
Ivor Bolton *conductor*

In 1961 Mozart's dark-toned comedy was the first full-length opera to be given at the Proms. Since then, Glyndebourne performances have become an annual highlight, and this year Ivor Bolton, Music Director of Glyndebourne Touring Opera and an outstanding Mozart interpreter, conducts a leading period-instrument orchestra in a production first unveiled at this year's Glyndebourne Festival. Tom Sutcliffe describes how opera came to the Proms on page 40.

Price code B

TUESDAY 30 AUGUST

7.30pm *ending at approximately 9.50pm*

55

Lutoslawski
Symphony No. 4 21
UK premiere, Prom 27/8/1993

Mozart
Piano Concerto No. 20 in D minor, K466 31

INTERVAL

Sibelius
Symphony No. 2 in D major 44

Emanuel Ax *piano*

Los Angeles Philharmonic Orchestra
Esa-Pekka Salonen *conductor*

Esa-Pekka Salonen, Music Director of the Los Angeles Philharmonic, offers a fitting tribute to the great Polish composer who died earlier this year. His Fourth Symphony – the summation of his symphonic aesthetic – received its triumphant UK premiere, conducted by Lutoslawski himself, at last year's Proms. Sibelius first visited the Proms to hear the British premiere of his suite *King Christian II* in 1901, a year before he began work on his most overtly nationalistic symphony. New-York-based virtuoso Emanuel Ax makes the first of two appearances this season in one of Mozart's most dramatic concertos.

Price code A

WEDNESDAY 31 AUGUST

7.30pm *ending at approximately 9.40pm*

Pre-Prom talk at 6.15pm
Hugh Wood

56

Strauss
Don Juan 17

Hugh Wood
Cello Concerto 23
world premiere, Prom 26/8/1969

INTERVAL

Franck
Les Eolides 11
UK premiere, Prom 29/8/1914

Dvořák
Symphony No. 6 in D major 44

Timothy Hugh *cello*

BBC Scottish Symphony Orchestra
Fedor Glushchenko *conductor*

Tonight's conductor, here making his Prom debut, is a regular guest with the finest Russian and Eastern European orchestras and made his British debut in 1989 with the BBC Scottish Symphony Orchestra. Since winning two prizes at the 1990 Tchaikovsky Competition in Moscow, Tim Hugh's career has gone from strength to strength: last year he played at the Leipzig Gewandhaus, La Scala, and the Concertgebouw in Amsterdam. Hugh Wood's concerto was commissioned by the BBC and first performed by Zara Nelsova at the 1969 Proms.

Price code B

THURSDAY 1 SEPTEMBER

7.00pm *ending at approximately 9.05pm*

57

Hindemith
Symphony 'Mathis der Maler' 28

INTERVAL

Bruckner
Symphony No. 3 in D minor 66

Los Angeles Philharmonic Orchestra
Esa-Pekka Salonen *conductor*

The opera *Mathis der Maler*, based on the life of a German Renaissance artist, was written sixty years ago during the Nazi rise to power. At an early stage Hindemith extracted from it this symphony, which was premiered in Berlin under Wilhelm Furtwängler in March 1934, just eight months before the Nazis banned Hindemith's music. Bruckner's Third Symphony was dedicated to Wagner: it was originally peppered with Wagnerian allusions – traces of which remain in the first two movements.

Price code D

THURSDAY 1 SEPTEMBER

10.00pm *ending at approximately 11.20pm*

58

Ives
The Unanswered Question 10

Simon Holt
Icarus Lamentations 10

Iannis Xenakis
Persephassa 20

György Kurtág
The Answered Unanswered Question
(Ligatura-Message to Frances-Marie) 3

... quasi una fantasia ... 12

Rolf Hind *piano*

London Sinfonietta
Markus Stenz *conductor*

Markus Stenz, a former protégé of both Seiji Ozawa and Leonard Bernstein, has been appointed Principal Conductor of the London Sinfonietta from next season, following his highly successful debut with the orchestra in György Ligeti's seventieth-birthday concert in May last year. This programme, which includes Kurtág's response to Ives (written for the cellist Frances-Marie Uitti) and two works inspired by Greek myths, explores the concept of spatial music, contrasting the colours and timbres of different instrumental groups. A young British pianist who specialises in contemporary works and took part in the BBC's Tavener Festival last January makes his Prom debut in Kurtág's *... quasi una fantasia ...*.

Price code A

FRIDAY 2 SEPTEMBER

7.30pm *ending at approximately 9.35pm*

59

Ravel
Valses nobles et sentimentales 16
UK premiere, Prom 25/9/1913

Debussy
L'Enfant prodigue 35

INTERVAL

Mendelssohn
Symphony No. 3 in A minor 'Scottish' 38

Anne-Marie Owens *mezzo-soprano*
Michael Schade *tenor*
Anthony Michaels-Moore *baritone*

Orchestra of Welsh National Opera
Carlo Rizzi *conductor*

A native of Milan and now musical director of Welsh National Opera, Carlo Rizzi makes his debut in a varied programme. Anthony Michaels-Moore, also making his Prom debut, joins Anne-Marie Owens and Michael Schade in Debussy's early cantata on the subject of *The Prodigal Son*, which rather to his astonishment won him the coveted Prix de Rome in 1884. In order to please the examiners, Debussy deliberately adopted the musical language of Massenet and Delibes, and excerpts from the cantata were much in demand at early Proms.

Price code A

SATURDAY 3 SEPTEMBER

7.30pm *ending at approximately 9.25pm*

60

A Tribute to Adrian Boult

Schubert
Symphony No. 8 in B minor
'Unfinished' 28

INTERVAL

Schubert
Symphony No. 9 'Great C major' 53

BBC Symphony Orchestra
Günter Wand *conductor*

A tribute to one of the greatest British conductors ever to grace the Proms podium. Sir Adrian Boult, the founder-conductor of the BBC Symphony Orchestra, was associate conductor of the Proms from 1942 to 1950, when he retired from the BBC. A noted champion of new music, both from Britain and abroad, Boult was equally renowned for his performances of the classics. Here Schubert's last and greatest symphonies are directed by another fine Schubert interpreter, the octogenarian German conductor Günter Wand, whose appearances in this country are always awaited with keen anticipation.

Price code A

SUNDAY 4 SEPTEMBER

7.30pm *ending at approximately 9.45pm*

61

Bax
Overture to a Picaresque Comedy 10

Sir Malcolm Arnold
Symphony No. 2 29

INTERVAL

Orff
Carmina Burana 62

Janice Watson *soprano*
James Bowman *counter-tenor*
Donald Maxwell *baritone*

Highcliffe Junior Choir
Waynflete Singers
Bournemouth Symphony Chorus
Bournemouth Symphony Orchestra
Richard Hickox *conductor*

The Bournemouth Symphony Orchestra made its Prom debut in 1955, under its then conductor, Charles Groves, who two years earlier had given the premiere of Sir Malcolm Arnold's Second Symphony, written to celebrate the orchestra's Diamond Jubilee, at the Winter Gardens in Bournemouth. The Prom performance of *Carmina burana* during the 1974 heatwave made the headlines when baritone Thomas Allen fainted, and his place was taken by a member of the audience.

Price code A

MONDAY 5 SEPTEMBER

7.30pm *ending at approximately 9.25pm*

Pre-Prom talk at 6.15pm
Andrew Davis

62

A Tribute to Pierre Boulez

Berg
Lulu Suite 31

Schoenberg
Piano Concerto 20
UK premiere, Prom 7/9/1945

INTERVAL

Pierre Boulez
Rituel in memoriam Bruno Maderna 26

Patricia Wise *soprano*

Emanuel Ax *piano*

BBC Symphony Orchestra
Andrew Davis *conductor*

Patricia Wise makes her Prom debut, having sung the title-role in *Lulu* with the BBC Symphony Orchestra and Andrew Davis earlier this year. Emanuel Ax makes his second appearance this season in Schoenberg's demanding concerto. The Italian composer Bruno Maderna – a close personal friend of Pierre Boulez – began an association with the BBC Symphony Orchestra in 1961 when he conducted an all-Schoenberg evening at the Royal Festival Hall. Boulez's 'ceremony of remembrance' for his friend was commissioned by the BBC and first performed by the BBC SO in 1975.

SPECIAL OFFER!

Price code B

TUESDAY 6 SEPTEMBER

7.30pm *ending at approximately 9.35pm*

63

Weber
Overture 'Euryanthe' 8

Dvořák
The Wood Dove 19
London premiere, Prom 10/10/1899

INTERVAL

Berlioz
Symphonie fantastique 57

Dresden Staatskapelle
Sir Colin Davis *conductor*

Sir Colin Davis, Honorary Conductor of the renowned Dresden orchestra is regarded as the greatest Berlioz interpreter of our time, and his performance of the *Symphonie fantastique* will be a highlight of the season. Three of Dvořák's symphonic poems actually received their world premieres at the Proms, though not *The Wood Dove*, which was first performed in Brno in 1898 under the baton of Leoš Janáček. It is based on a folk-ballad about a young wife who poisons her husband to marry another man, and drowns herself in remorse after being driven mad by the insistent cooing of a wood dove from over her husband's grave.

Price code B

WEDNESDAY 7 SEPTEMBER

7.00pm *ending at approximately 9.05pm*

64

Beethoven
Symphony No. 6 in F major 'Pastoral' 43

INTERVAL

Brahms
Symphony No. 1 in C minor 46

Dresden Staatskapelle
Sir Colin Davis *conductor*

The Dresden Staatskapelle boasts a long and distinguished history. Founded in the mid-sixteenth century, its musical directors have included composers from Schütz, Hasse and Weber to Wagner and Richard Strauss, and conductors from Karl Böhm and Rudolf Kempe to Kurt Sanderling, Herbert Blomstedt and Giuseppe Sinopoli. Sir Colin Davis – currently its Honorary Conductor – has made several internationally acclaimed recordings with the orchestra. This season they complete a cycle of Beethoven symphonies together.

Price code D

WEDNESDAY 7 SEPTEMBER

10.00pm *ending at approximately 11.25pm*

65

Bruckner
Ecce sacerdos magnus 5

Rubbra
Veni, Creator Spiritus 7
world premiere, Prom 5/8/1966

Robert Simpson
Media morte in vita sumus 15

Bruckner
Mass No. 2 in E minor 41

Corydon Singers
Corydon Orchestra
Matthew Best *conductor*

Founded by Matthew Best twenty-one years ago, the Corydon Singers are one of Britain's foremost chamber choirs. Many of their recordings have been nominated for awards, including Bruckner's *Te Deum*, which Radio 3's *Record Review* selected as one of its releases of 1993. Bruckner's E minor Mass was first performed in 1869 in the open air in front of Linz New Cathedral. Rubbra's motet for mixed voices and brass was first heard at the 1966 Proms, while Robert Simpson's 1975 motet sets a text (in Latin) by the composer himself.

Price code B

THURSDAY 8 SEPTEMBER

7.30pm *ending at approximately 9.45pm*

66

Rakhmaninov
Symphony No. 3 in A minor 41

INTERVAL

Prokofiev
Violin Concerto No. 1 in D major 22

Ravel
Rapsodie espagnole 16
UK premiere, Prom 21/10/1909

Bolero 15

Julian Rachlin *violin*

Pittsburgh Symphony Orchestra
Lorin Maazel *conductor*

The young Lithuanian virtuoso, just twenty this year, is already a veteran of the international concert platform. Here he joins the last of this season's international visitors under their Music Director, with whom Rachlin has recorded the Sibelius concerto. Prokofiev's atmospheric First Concerto, written at the same time as the 'Classical' Symphony, is framed by a pair of popular showpieces by Ravel, and by Rakhmaninov's last symphony, written in Switzerland in the mid-1930s.

Price code C

FRIDAY 9 SEPTEMBER

7.30pm *ending at approximately 9.40pm*

67

Beethoven
Symphony No. 8 in F major 26

INTERVAL

Beethoven
Symphony No. 9 in D minor 'Choral' 69

Nina Rautio *soprano*
Linda Finnie *mezzo-soprano*
John Horton Murray *tenor*
Gregg Baker *bass*

Philharmonia Chorus
Pittsburgh Symphony Orchestra
Lorin Maazel *conductor*

Lorin Maazel has a lifelong association with Pittsburgh: he studied at the university there, and began his career as a violinist with the Pittsburgh Symphony Orchestra. Tonight he and the orchestra – together with an international line-up of soloists and the Philharmonia Chorus – give the traditional Prom performance of Beethoven's Ninth, this year restored to its time-honoured position on the penultimate night of the season.

Price code E

SATURDAY 10 SEPTEMBER

7.45pm *ending at approximately 10.40pm*

68

The Last Night of the Proms

Bach orch. Wood
Toccata and Fugue in D minor, BWV565 8

Vaughan Williams
Five Variants of Dives and Lazarus 12

Walton
Belshazzar's Feast 35

INTERVAL

Kabalevsky
Overture 'Colas Breugnon' 5
UK premiere, Prom 17/8/1943

Paul Creston
Marimba Concertino 8

Berlioz
Hungarian March from 'The Damnation of Faust' 5

Massenet
Meditation from 'Thaïs' 5
London premiere, Prom 21/8/1895

Grainger
Handel in the Strand 5
world premiere, Prom 26/8/1916

Elgar
Pomp and Circumstance March No. 1 6
London premiere, Prom 22/10/1901

Henry Wood
Fantasia on British Sea-Songs 12
world premiere, Prom 21/10/1905

Arne
Rule Britannia! 5

Parry orch. Elgar
Jerusalem 2

Bryn Terfel *baritone*

Evelyn Glennie *percussion*

Michael Davis *violin*

BBC Singers
BBC Symphony Chorus
BBC Symphony Orchestra
Andrew Davis *conductor*

The Last Night pays the traditional nautical tribute in the second half to the founder of the Proms and, in the first half, revives his orchestration of Bach's most famous organ work. Following critical disapproval of his previous transcriptions, Henry Wood attributed the present arrangement to one Paul Klenovsky. Only after it had been well received on several occasions did he reveal the true identity of the arranger. Rhythm plays an important part in the music of American Paul Creston, whose Marimba Concertino dates from 1940.

OUO

INT NO.	9	9	9	9	9	9
ROUND NO.	1	Q NO.				
WEEK/DATE (OUO)	9430			250794		
JOB NO.	1	6	8	3	5	25

PROMS GUIDE SURVEY

BBC Proms would be most grateful if you could take the time to fill in this short questionnaire to help with future planning.

Tick the relevant box(es) or write in your answer where appropriate. Please place questionnaire in an envelope and post it by Friday 29 July at latest to: **BBC Proms, Freepost 26, London W1E 2QZ**. There is no need to affix a stamp.

Where did you first hear of or see this guide? (X1)

- BBC TV ☐ 1
- BBC Radio 1, 2, 3, 4, 5 ☐ 2
- BBC Local Radio ☐ 3
- BBC Shop ☐ 4
- BBC Symphony Orchestra Programme ☐ 5
- BBC Music Magazine ☐ 6
- Classic FM ☐ 7
- Poster on - London Underground ☐ 8
- - in a book shop ☐ 9
- - elsewhere ☐ 10
- Radio Times ☐ 11
- Newspaper (Evening Standard, Financial Times, Guardian, Independent, Telegraph, Times) ☐ 12
- Royal Albert Hall ☐ 13
- Royal Albert Hall Mailing List ☐ 14
- Royal Festival Hall/Barbican/other venue ☐ 15
- W H Smiths ☐ 16
- Other book shop ☐ 17

Where did you buy this guide? (X2)

- W H Smiths ☐ 1
- Other book shop ☐ 2
- BBC World Shop ☐ 3
- BBC Newcastle shop ☐ 4
- Elsewhere/other ☐ 5

Have you ever bought the Proms guide before (i.e. in 1993 or previously)? (X3)

- Yes ☐ 1
- No ☐ 2

Why did you buy this guide? (X4)

- Wanted to get booking form for Prom(s) ☐ 1
- Wanted to know what was on to decide what to go and see ☐ 2
- Wanted to know what was on even though will not go to Proms ☐ 3
- Wanted to read the articles ☐ 4
- Other reason (PLEASE WRITE IN) ☐ 5

____

____

About Yourself:

Please can you give us a few details about yourself?

Are you? (X5)

- Male ☐ 1
- Female ☐ 2

How old are you? (X6)

- Under 18yrs ☐ 1
- 18-24yrs ☐ 2
- 25-34yrs ☐ 3
- 35-44yrs ☐ 4
- 45-54yrs ☐ 5
- 55-64yrs ☐ 6
- 65+yrs ☐ 7

All completed questionnaires are eligible for a prize draw to win a magnum of champagne

PROMS GUIDE SURVEY

Where do you live?

(X7)

Greater London	☐	1
Home Counties	☐	2
Elsewhere in Britain	☐	3
Overseas	☐	4

Which of the following do you read regularly?

(X8)

Daily Express	☐	1	Classical Music	☐	10
Daily Mail	☐	2	Gramophone	☐	11
Daily Telegraph	☐	3	Opera	☐	12
Evening Standard	☐	4	Opera Now	☐	13
Financial Times	☐	5	BBC Music Magazine	☐	14
Guardian	☐	6	Radio Times	☐	15
Independent	☐	7	TV Times	☐	16
The Times	☐	8	Londoner	☐	17
Today	☐	9	Time Out	☐	18

Which of the following radio stations do you listen to regularly?

(X9)

			BBC Radio 5	☐	5
BBC Radio 1	☐	1	BBC local radio	☐	6
BBC Radio 2	☐	2	Independent local radio	☐	7
BBC Radio 3	☐	3	Classic FM	☐	8
BBC Radio 4	☐	4	Virgin 1215	☐	9

Have you ever been to the Proms before (i.e. 1993 or previously)?

(X10)

Yes	☐	1
No	☐	2

Do you intend to go to the Proms this year (1994)?

(X11)

Yes	☐	1
No	☐	2
Don't know	☐	3

If so, will you

(X12)

Prom (stand in Arena/Gallery)?	☐	1
Buy a seat?	☐	2

We may wish to contact a few people to get a more detailed reaction to this Proms Guide. Would you be willing to help us with this?

(X13)

Yes	☐	1
No	☐	2

If yes, please fill in your name and home telephone number below:

Name ______________________ (X14)

Tel No. ______________________ (X15)

Prize Draw

Would you like to enter the prize draw to win a magnum of champagne?

If yes, please write your address details below:

Name ______________________

Address ______________________

____

Postcode ______________________ (X16)

The draw will take place on Friday 12 August 1994

Please return to: BBC Proms, Freepost 26, London W1E 2QZ

A real sense of achievement

Making music must be one of the most joyful experiences on earth.

Learning to play an instrument, however, can be less joyous. We all need encouragement to persevere when mastery seems beyond our reach.

That's why the graded examination system works. We have a goal to aim at: another grade, another victory.

But, for our sense of accomplishment to mean something, these grades have to be both consistent and universally recognised.

The Associated Board of the Royal Schools of Music is committed to maintaining standards. It brings a wealth of experience and resource to bear in ensuring that they are properly set and rigorously maintained.

This results in the most consistent and widely used set of music examination standards in the world.

When you pass an Associated Board graded examination you know that it's a real and measurable achievement.

Graded Music Examinations

ASSOCIATED BOARD
OF THE ROYAL SCHOOLS OF MUSIC

Setting the Standards

14 Bedford Square, London WC1B 3JG
Tel: 071-636 5400 Fax: 071-436 4520

Registered as a Charity No.292182

Antony Bye *explores the hundredth season's new music*

CULTIVATING NOVELTY

MALCOLM CROWTHERS

John Tavener

AT THE BEGINNING of Prom 36, from the highest reaches of the Albert Hall, a sepulchral bass voice will intone solemnly from the Book of Revelation, 'I am Alpha and Omega', words that in a sense encapsulate this hundredth season of Promenade Concerts. The end of an era, a hundredth anniversary is naturally an opportunity to celebrate past achievements, but it also challenges us to look to the future, to the creation of new works to stand proudly beside the masterworks of the past.

New music has always featured prominently at the Proms, and this year is no exception. There may be fewer world premieres (1995, the official 'centenary season', will see a glut of them, from composers of world stature), but there is still that usual refreshing plurality of style and intent which has come to characterise contemporary music of the past few years. New and recent British works predominate (there are two specially commissioned pieces, two London premieres, and a number of major scores receiving much-deserved second or third performances), and if this Anglo-centricity may at first glance seem insular, the works themselves are sufficiently diverse in style and content to banish any notion that British composers are oblivious to global developments.

Take the major commission this year, John Tavener's awesomely titled *The Apocalypse*, a work massive in scale and worlds away from the mainstream British tradition. Drawing on a wide range of musical styles, it promises to be something of a *summa* in this composer's increasingly prolific output. Like Tavener's previous recent Proms successes, *The Protecting Veil* and *We shall see Him as He is*, *The Apocalypse* is an affirmation of an unshakable faith in Orthodox Christianity. Indeed, divorced from the context of that very un-Western tradition, it could well be misunderstood, even trivialised.

Unlike the majority of Western composers, Tavener does not see himself as an innovator nor even, strictly speaking, as an artist. He prefers to view his function as that of a craftsman, serving the church and proclaiming its eternal message, in much the same way as a sculptor or ikon painter. Indeed he is fond of referring to his pieces as 'ikons in sound' ('Ikons' was the title of the BBC's much-acclaimed retrospective of Tavener's music, held just before his fiftieth birthday in January).

The Apocalypse itself is subtitled 'Ikons of the Revelation' and consists not of conventional 'movements' but of nine 'ikons' framed by a Prologue and an Epilogue. The words, chosen by Tavener's long-time collaborator and spiritual mentor, Mother Thekla, from the Book of Revelation, have all the force of sacred objects.

It was Tavener's intention not to clothe them in his own subjective and (to a man of his faith) highly flawed interpretations, but to allow them to resonate as clearly as possible on their own terms. For this reason, and not for the sake of cheap effect (though that's not to deny that the effect should be very thrilling), Tavener requires gargantuan forces distributed around the hall at every level. Brass, percussion, solo soprano and *basso profondo* (representing the voice of God) occupy the top gallery, while seven counter-tenors, a large boys' choir and organ in the middle gallery mediate between heaven and an earth inhabited by seven church choirs and strings.

Like Messiaen, with whom his work has many musi-

MALCOLM CROWTHERS

Ikon of the Revelation

MALCOLM CROWTHERS

Cavern of the Apocalypse, Patmos

cal and spiritual affinities, Tavener has been influenced by exotic Eastern musics, including Middle-Eastern cantillation, bell sounds and drones, preferring bold, monolithic statements to complex goal-directed discourse, directly evoking the traditions of Byzantine Christendom rather than those of Rome.

Liturgical chant, in the more familiar guise of plainsong, also features in the music of Sir Peter Maxwell Davies, whose Fifth Symphony will be premiered in Prom 30, but unlike Tavener's it is fully integrated into a musical language very much part of the Western 'classical' tradition, inviting parallels with the symphonic masterworks of Haydn, Mozart and Beethoven. This new symphony, however, makes no explicit use of plainsong. Instead, its material is derived from a short orchestral work he wrote for the pupils of St Edward's College, Liverpool, called *Chat Moss* (a derelict area near Manchester currently undergoing renovation).

Unusually for Davies, No. 5 is cast in only a single movement (his previous symphonies all followed a more-or-less traditional four-movement plan), inviting comparison with his previous large-scale one-movement orchestral works, the *Second Taverner Fantasia* and *Worldes Blis*. He chose, however, to call it a symphony for the simple reason that 'it is a symphony', even if the dozen or so smaller sections into which it is divided resist any correspondence with a four-movement design or even with perhaps the most perfectly realised single-movement symphony ever written, No. 7 by Sibelius, a composer who has affected Davies's symphonic thinking profoundly. It's been conceived very much with the sound of the Philharmonia Orchestra (whose commission it is, in fact) in mind, particularly its brass section (both principal trumpet, John Wallace, and principal horn, Richard Watkins, are old friends of Davies from the days of his ensemble The Fires of London). At this stage Davies is reticent to divulge any extra-musical stimuli (other than, perhaps, those possibly derived from its Chat Moss origins); these (if they exist at all!) may become apparent as he becomes able to distance himself from it.

Sir Peter Maxwell Davies

HANYA CHLALA

It has been fascinating over the years to observe how Davies has transformed himself from 'Max', the *enfant terrible* of British music, shocking the establishment with his *Eight Songs for a Mad King*, into 'Sir Peter', the mature symphonist, assiduously writing concertos to commission just as an eighteenth-century Kapellmeister might have done, whilst at the same time retaining his essentially Modernist musical personality and integrity. Shock and surprise still play a part in his music, but are now put to the service of a coherently argued symphonic process, as this new symphony will surely demonstrate.

Another composer of Davies's generation (indeed at one time they were both identified with the so-called 'Manchester School', also including Harrison Birtwistle and the pianist-composer John Ogdon) who has been anxious to enrich rather than subvert the Western classical tradition is Alexander Goehr, whose *Colossos or Panic* is featured in Prom 22. Even in his early years Goehr was never the radical Davies was. Currently Professor of Music at Cambridge University, he traces a direct lineage from Arnold Schoenberg through his father, the conductor Walter Goehr, placing great value on inherited wisdom, adding to the familiar by casting new perspectives on it, forging an accessible musical language without recourse to fashionable '-isms' or compromise.

Although Goehr describes *Colossos or Panic* as a 'symphonic fragment', there is nothing small-scale or provisional about the piece (it lasts about twenty-five minutes). Cast only in two movements, it is as rich in incident and argument as any full-scale, four-movement symphony, a virtuoso display ideally suited to the Boston Symphony Orchestra (who commissioned it, and gave it its first performance in April last year). Whilst in no way wedded to a specific narrative, it takes its inspiration from the famous painting by Goya, a striking image of naked power and terror (which dominates the first movement), as well as quizzical bemusement (emphasised in the second).

Goehr's orchestral writing is strikingly individual, but I suspect that few of his scores contain markings such as 'uneasy' and 'very nasty'. But what better words could one choose for conveying as directly as possible the character of parts of Mark-Anthony Turnage's substantial orchestral work, *Drowned Out*, one of the fruits of his successful four-year collaboration as Composer-in-Association with the City of Birmingham Symphony Orchestra, and receiving its London premiere in Prom 17.

As with the Goehr work, extra-musical considerations inform the title, but again Turnage's music is far from a literal translation of – in this case – words into music. The final, desperate thoughts of a drowning man, as communicated in meticulous and discomforting detail by William Golding in his novel *Pincher Martin*, are certainly mirrored in the music's candid exploration of extreme states of mind (as is also evident in Turnage's Francis Bacon-inspired *Three Screaming Popes*, and his Steven Berkoff opera, *Greek*); but *Drowned Out* in no sense charts the progress of the novel.

Although Turnage has always been anxious to dis-

MALCOLM CROWTHERS

'The Colossus' by Goya (1746–1828)

PRADO MADRID/BRIDGEMAN ART LIBRARY, LONDON

Alexander Goehr

MICHAEL WARD/SUNDAY TIMES

Mark-Anthony Turnage rehearsing with Simon Rattle and the CBSO

tance himself from what he views as the esotericism of the contemporary music establishment, preferring to draw on street culture – principally rock music and blues – as a wellspring for his creative talent, there's never a feeling that his music is an uneasy compromise between the relative simplicity of popular music and the more sophisticated discourse of 'classical' music. His wailing saxophones and raunchy rhythms may have their origins in soul and rock, but like the 'classical' sources (Mahler and Stravinsky are particularly strong) they emerge in *Drowned Out* as something distinctively Turnage's own, another convincing enrichment of tradition rather than a confrontation with it.

Composer-in-association programmes such as the one Turnage enjoyed with the CBSO are still the exception rather than the rule. One of the criticisms levelled at new-music promotion is that in a throwaway world, dedicated to cultivating novelty for its own sake and not for its lasting value, first performances – even by composers who have secured international reputations – are seldom followed by a second, yet alone a third. The performance of George Benjamin's *Sudden Time* in Prom 28, however, will be its third in London within a little over a year.

Its premiere last July was eagerly awaited, not least because it was Benjamin's first major work for over five years. Benjamin, who is never content simply to repeat himself, works slowly and fastidiously, and he regards his latest piece as something of a compositional breakthrough. A line from a Wallace Stevens poem provided the title – 'It was like sudden time in a world without time' – but it was, apparently, a dream involving a thunderclap that distorted his perception of time which provided the main idea of the piece. 'Stretching', 'splitting', 'warping' and 'buckling' are some of the words he uses to describe his manipulation of time – rather like the stretching of an elastic band that always returns to its original shape. If that already sounds formidably technical, then the composer himself would be the first to agree, admitting that the listener should approach it like any other piece of music, simply for its expressive properties: 'It's about fifteen minutes long, for very big orchestra with some unusual instruments, and there's a lot of it: the tempo's almost always fast, it keeps on moving. I want it to feel spontaneous, as if it were making itself up as it progresses.'

If George Benjamin has been relatively fortunate in securing regular performances of what is admittedly

CHESTER MUSIC

Brenton Broadstock

George Benjamin

UTE KLAPHAKE

SPECIAL OFFERS!

Save up to **£6.00** on tickets for any of the Proms listed below which contain some of the season's contemporary music:

Friday 29 July - Prom 18
Tuesday 2 August - Prom 22
Tuesday 9 August - Prom 30
Monday 5 September - Prom 62

Send this voucher with your booking form (making the appropriate deduction from the total) or present it at the Royal Albert Hall Ticket Shop (from June 1) at the time of purchase to claim your discount of **£3.00** off one ticket or **£6.00** off two tickets (not Promenade or Restricted View) for any one of the above concerts

£6

New Music Voucher

This voucher entitles the bearer to **£3.00** off one ticket or **£6.00** off two tickets for any one of the following Proms: **Prom 18** Friday 29 July, **Prom 22** Tuesday 2 August, **Prom 30** Tuesday 9 August, **Prom 62** Monday 5 September. **NB** Does not apply to Promenade or Restricted View tickets. Voucher valid at time of purchase only.

SUBJECT TO AVAILABILITY

£4

Late Night Voucher

This voucher entitles the bearer to **£2.00** off one ticket or **£4.00** off two tickets for any one of the following Proms: **Prom 26** Friday 5 August 10.15pm, **Prom 58** Thursday 1 September 10.00pm.

NB Does not apply to Promenade or Restricted View tickets. Voucher valid at time of purchase only.

£2

SUBJECT TO AVAILABILITY

Save **£2.00** or **£4.00** on tickets for either of the Late-Night Proms listed below:

Friday 5 August - Prom 26 10.15pm
Thursday 1 September - Prom 58 10.00pm

Send this voucher with your booking form (making the appropriate deduction from the total) or present it at the Royal Albert Hall Ticket Shop (from June 1) at the time of purchase to claim your discount of **£2.00** off one ticket or **£4.00** off two tickets (not Promenade or Restricted View) for any one of the above concerts

Simon Holt

MALCOLM CROWTHERS

Iannis Xenakis

MALCOLM CROWTHERS

BOOSEY & HAWKES

György Kurtág

difficult music to play, the Australian Brenton Broadstock (born in 1952) has yet to make a name for himself in this country. Although he only began serious composition studies when he was twenty-seven, just two years later he had already made his name with his prize-winning *Festive Overture* (Prom 10), a purely hedonistic celebration of the traditional symphony orchestra, a medium with which Broadstock seems to be most at home (even though composers these days have fewer and fewer opportunities to write for it).

Of course the symphony orchestra (even the indefatigable BBC Symphony Orchestra) is not the be-all and end-all of music, new or old. As if to prove that small is indeed beautiful, the Proms this year also feature a number of works for chamber forces. Oliver Knussen's intricately wrought *Whitman Settings* (actually scored for large orchestra, but with chamber-like delicacy) are performed in Prom 22, while the concert given by the London Sinfonietta (Prom 58) is bound to challenge and provoke with its thoughtful juxtaposition of a twentieth-century classic (Charles Ives's Transcendentalist meditation *The Unanswered Question*) with works which stand a good chance of becoming classics in their turn.

Simon Holt's *Icarus Lamentations* is another of his surreal, nocturnal soundscapes, as extreme in its own nervous way as Iannis Xenakis's more monumental but equally raw-edged *Persephassa* for six percussionists (the title refers to the Greek goddess Persephone): these pieces are balanced nicely by the quirky, disorienting and deeply introspective miniatures of the Hungarian György Kurtág, represented by his small-scale piano concerto, ... *quasi una fantasia* ..., and by his own response to the Ives, *The Answered Unanswered Question* – a title which betokens the deepest concern of humanity.

And even if the work itself is not the last word on life and art its title may imply, perhaps we can expect *that* from the Proms' next one hundred years.

BETTY FREEMAN/LEBRECHT COLLECTION

Oliver Knussen

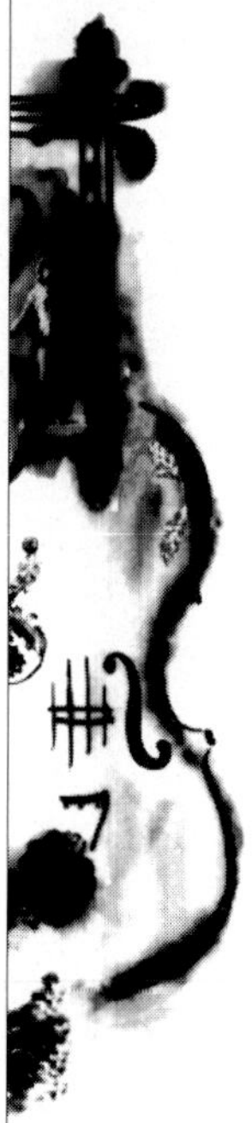

STORMY PETREL

HULTON PICTURE COMPANY

Dame Ethel Smyth, 1943

Diana McVeagh *looks at the career of Ethel Smyth, and her operatic masterpiece*

'EACH OF THESE PEOPLE is, from his point of view, *doing right*: The Wreckers in wrecking; Thirza, Pascoe's wife, in trying to save their victims and using Mark's passion to make him turn traitor to his clan; Avis, her young rival, who is willing to blast her own reputation and even risk death in a wild attempt to save Mark's life; her father in casting her off as one lost beyond hope of redemption, and so on. Real life is ever thus.'

That paragraph, written by the composer, is the clue to *The Wreckers*. The opera has many elements: a picturesque setting, a struggle of human life against nature, a conventional love story in which the young wife of an older man falls for someone her own age, opposition between a crowd of villagers and individuals; but above all it is an ethical drama with a shocking twist.

Dame Ethel Mary Smyth (1858–1944) was well accustomed to being 'in the right'. She was an absolutist: 'what counts is the only thing that ever need be counted'. Her career was achieved against all odds. She was born into a well-to-do military family, her father being a general in the Royal Artillery. All her life she continued to enjoy the traditional sports of her class. Who else would have named one of an early set of variations after 'a filly I had broken'? Who else would have set off into the Sudanese desert packing her golf clubs on to her camel, enjoying nine holes each morning at cockcrow in her pyjamas?

She was anything but a snob, but collected royalty and used it blatantly to her own ends. Her passionate friendships with women are candidly recounted; she was, as Ronald Crichton puts it in the introduction to his selection of her memoirs, of an 'on-coming disposition'. Her longest relationship, however, was with the cultivated man-of-the-world Harry Brewster. She underwent a religious crisis partly as the result of being lent *The Imitation of Christ*, though decided that religion was not for her when she suspected that Thomas à Kempis would not have approved of Shakespeare's sonnets – but not before she had composed (in 1893) a Mass in D that Donald Tovey called 'God-intoxicated' and which the *New Grove* describes as of a striking power 'quite unprecedented in a woman's composition'.

She admired spirit and temperament and was herself tempestuous, speaking of her 'violent ways that made my mother call me "the stormy petrel"'. She wrote ten racy but discursive books, in which pen-portraits of Brahms, the ex-Empress Eugénie, Beecham, Queen Victoria and Mrs Pankhurst suggest the range of her acquaintance. She herself straddles the memoirs of her period, from George Henschel's to Virginia Woolf's.

Above all she was a dedicated, committed composer. When she was twelve her life was changed by a governess who had studied music at Leipzig. Then came a period of musical instruction from 'the delightful, original and whimsical' Mr Ewing, composer of the hymn 'Jerusalem the Golden', which she described as having 'a sort of groping ecstasy confined in Ancient & Modern fetters'; she nevertheless found him 'a real musician'. Then she heard Brahms, the *Liebeslieder Waltzes*, and went home with 'resolution in my heart'.

She badgered her father into allowing her to go to Leipzig to study in 1877. After a short spell at the Conservatory, she went privately to Heinrich von Herzogenberg, who, with his wife Elisabeth, introduced her to a circle in which she met and was accepted by Brahms, Clara Schumann, Joachim, Grieg, Tchaikovsky and Dvořák. Her chamber music of this time is competent and agreeable without being distinctive, though the

HULTON PICTURE COMPANY

Programme and press photographs from the 1909 His Majesty's production of The Wreckers

THE AFTERNOON THEATRE.

THE FINAL PERFORMANCES FOR THIS SEASON WILL BE GIVEN ON

Tuesdays - - 22nd and 29th June

Friday - 25th June Thursday - 1st July

THE WRECKERS

An Opera in Three Acts,

By ETHEL SMYTH.

The Book of the Opera by H. B. BREWSTER.

Conductor - - - - - - - - - Mr. THOMAS BEECHAM, whose Orchestra has been engaged for these Performances.

Chorus specially selected and trained by Mr. ALFRED HARRISS.

The Cast will include—

Thirza	Madame de VERE SAPIO
Avis	Miss ELIZABETH AMSDEN
Jack	Miss TONI SEITER
Mark	Mr. JOHN COATES
Lawrence	Mr. LEWYS JAMES
Pascoe	Mr. A. WINCKWORTH
Harvey	Mr. RICHARD CLIFFE
Tallan	Mr. DENIS BYNDON-AYRES

Prices of Seats for THE WRECKERS.

Orchestra Stalls, 15s. Balcony Stalls, 10s. 6d. Balcony, 7s. 6d. Upper Circle, 5s. Boxes, £4 4s., £3 3s., £1 11s. 6d. Pit 3s. 6d. Gallery 2s.

BOX OFFICE (MR. WATTS) 10 TO 10. TELEPHONE GERRARD 1777.
Seats can also be secured at all the principal Libraries.

MANDER AND MITCHINSON THEATRE COLLECTION

MANDER AND MITCHINSON THEATRE COLLECTION

THE COMMAND PERFORMANCE OF "THE WRECKERS": MME. DE VERE SAPIO IN MISS ETHEL SMYTH'S OPERA.

A special performance of Miss Ethel Smyth's opera "The Wreckers" will be given at His Majesty's on the 8th, and will be attended by the King and Queen.

Above left: *Madame de Vere Sapio as Thirza*

Below (left to right): *Mr Arthur Winckworth (Pascoe), Miss Elizabeth Amsden (Avis), Mr Richard Cliffe (Harvey), Mr Denis Byndon-Ayres (Tallan) and Miss Toni Seiter (Jack)*

MANDER AND MITCHINSON THEATRE COLLECTION

slow movements of, for example, her String Quintet in E and Cello Sonata aim high. In 1890 she made her English debut with an orchestral serenade.

It was the Wagner conductor Hermann Levi who, after hearing her Mass, set her to writing opera. She made vigorous tours round the German houses, fighting not only the usual opposition to new operas, but that she was a woman and English, too. Her descriptions of these tours illumine the musical conditions of her period and also her combative spirit. To show her wares she usually performed her works herself, unaided. John Singer Sargent's famous sketch of her singing at the piano catches the alert tilt of her head, her bright eager eye, as if she might have been imitating

> Voices of sailors drinking in a tavern, rude, rough fellows, wild adventurous spirits; voices of merriment; coarse, large laughter; voices of women, foolish, fierce, merry, sad and grieving; voices of horror; voices of Death – all these enwrapt in the rude, wild blast of the storm one heard in that chorus, given by that one magic being.

In 1898 her *Fantasio* was produced at Weimar, and in 1902 *Der Wald* was given at Berlin under Carl Muck, and at Covent Garden in 'the only real blazing theatre triumph' she ever had. Four more operas were to come: *The Boatswain's Mate* in 1916, *Fête galante* in 1923, *Entente cordiale* in 1925; but it was *The Wreckers* which was, she said, 'the work by which I stand or fall'.

She remembered a holiday in Cornwall and the Isles of Scilly, when she had seen Piper's Hole, a vast cave sea-filled at high tide, on Tresco. Brewster had helped to shape her first two librettos. She now asked him to make her another, based on this image. He wrote it in French, the language he most enjoyed, as *Les Naufrageurs*. He was now an experienced theatre craftsman, and her heart was right in the story.

The Wreckers, after much haggling, was produced in Leipzig on 11 November 1906. Its first London performance – in concert and of two acts only – was in 1908. Then Beecham conducted it at His Majesty's in 1909,

THE AVICE OF "THE WRECKERS" AS PRODUCED AT COVENT GARDEN ON TUESDAY: MISS EDITH EVANS.

Far left: *Edith Evans as Avis in the 1910 Royal Opera House production*

and Bruno Walter and Beecham again at Covent Garden in 1910. It was revived at Sadler's Wells in 1939. Since then there have been amateur performances: by the Hammersmith Municipal Opera in 1968, at Bradford and Bristol, and last year a professional revival at the Hagen Stadttheater.

All three acts are set in a Cornish fishing village, at the height of John Wesley's religious revival. Beecham wrote of 'that splendid and original figure, the tragic heroine Thirza'. It was after the opera's production, and after Brewster's death, that Smyth dedicated two years of her life to the Suffragist cause. But long before she had met Mrs Pankhurst, she wrote: 'I want women to turn their minds to big and difficult jobs; not just to go on hugging the shore, afraid to put out to sea'. She scorned what she called operatic heroines 'made of timidity, purity and pounded sugar'.

Thirza is married to the preacher, Pascoe, whose twisted zeal leads his flock into believing

> 'Whatsoe'er the wild ocean brings us,
> Borne hither at the Lord's command,
> Is ours by right, as 'twas our fathers!
> Such is the custom of our land!'

The Wreckers is a gripping opera, surely constructed. Solos, ensembles, choruses, follow each other in swift

THEATRE MUSEUM

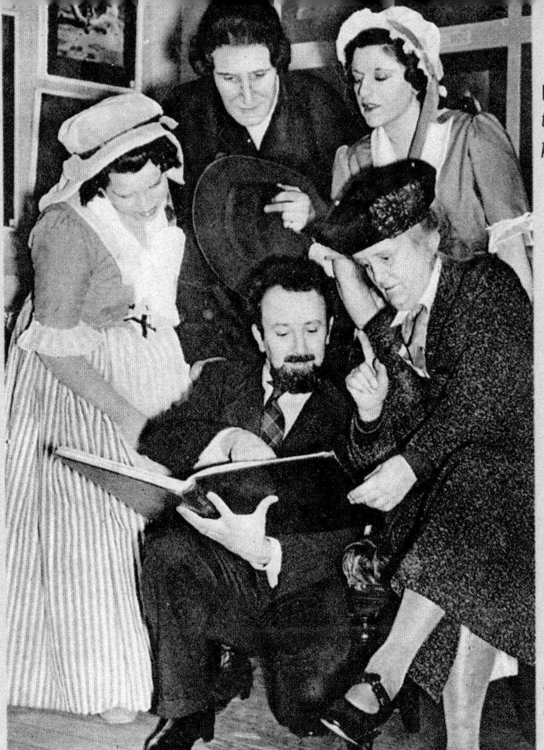

Bystander Ap 26 1939

Cornish Fisherfolk at the Wells

Last week Sadler's Wells produced for the first time "The Wreckers," opera of old Cornwall by Dame Ethel Smyth. The composer, eighty-one last Sunday, attended rehearsals, was photographed with Warwick Braithwaite (conductor), Edith Coates, Jack Wright and Nora Gruhn

Press photographs from the last professional revival of The Wreckers *at Sadler's Wells, 1939*

Left: *Ethel Smyth with conductor Warwick Braithwaite and members of the cast, April 1939*

Below: *A scene from Act I*

THEATRE MUSEUM

and dramatic sequence. There are many strong operatic devices and situations, all freshly and urgently used. It is strikingly prophetic of *Peter Grimes*. The music itself lacks nothing in thematic distinction; its energy and pace carry it along. According to Odaline de la Martinez the opera is 'full of fine, beautiful tunes. The longer one lives with this music, the more one begins to recognise Smyth's own strongly personal voice.' The characters are cleverly introduced and well differentiated, Thirza strong and noble, Avis light and spiteful. The opera is full of imagery: the beacon fire may be a Biblical pillar of fire to Pascoe, but to the lovers it is passion.

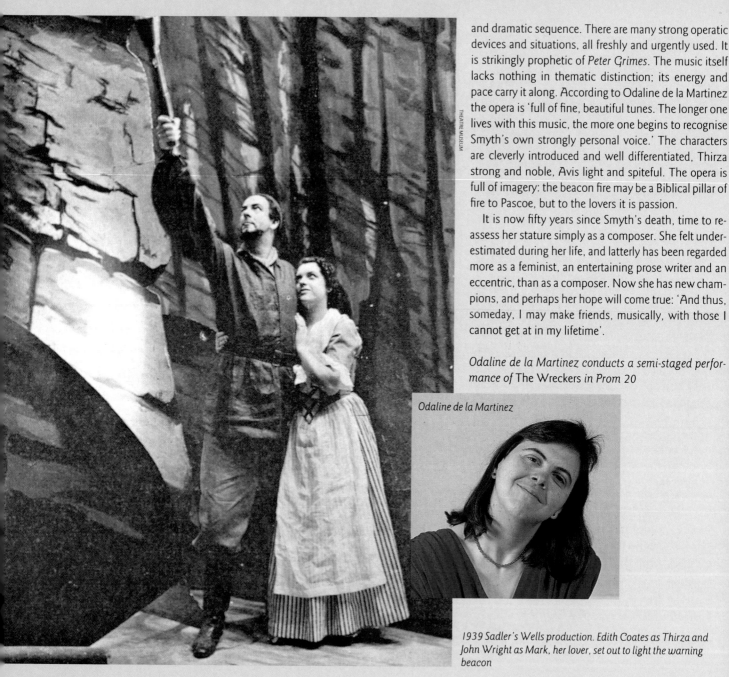

It is now fifty years since Smyth's death, time to reassess her stature simply as a composer. She felt underestimated during her life, and latterly has been regarded more as a feminist, an entertaining prose writer and an eccentric, than as a composer. Now she has new champions, and perhaps her hope will come true: 'And thus, someday, I may make friends, musically, with those I cannot get at in my lifetime'.

Odaline de la Martinez conducts a semi-staged performance of The Wreckers *in Prom 20*

Odaline de la Martinez

THEATRE MUSEUM

1939 Sadler's Wells production. Edith Coates as Thirza and John Wright as Mark, her lover, set out to light the warning beacon

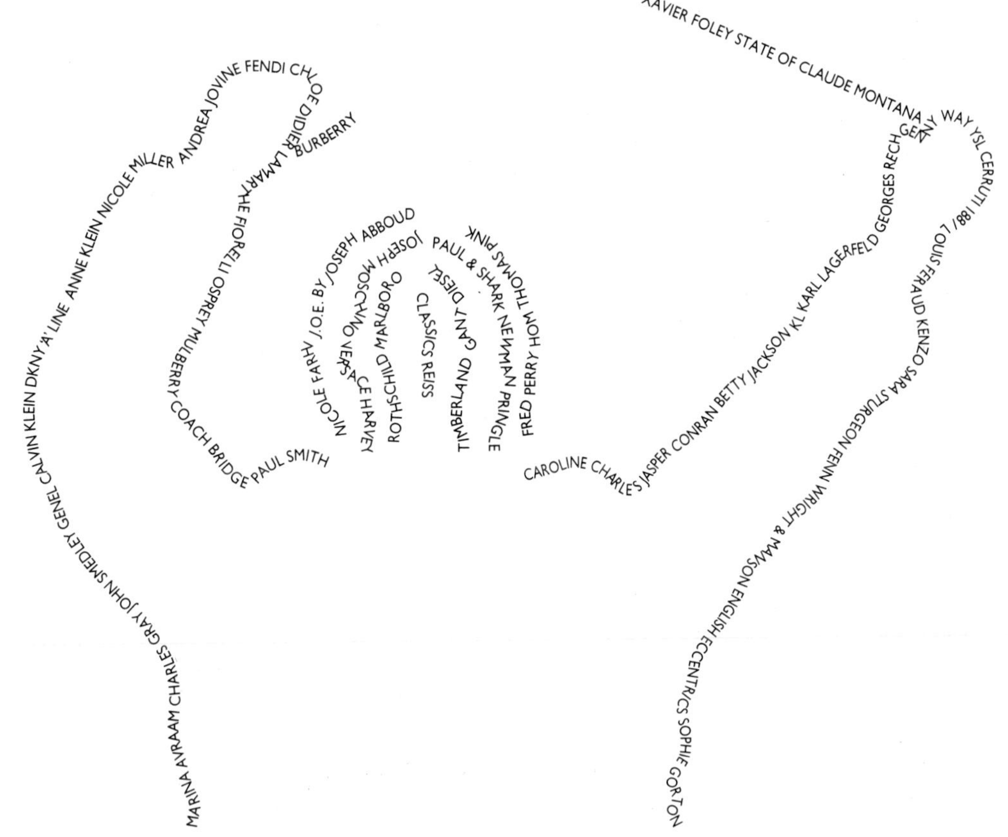

WE'VE GOT A FEW MAESTROS OF OUR OWN.

At Selfridges you'll find scores of top names that are sure to strike a chord – everything from the classic to the avant garde. Forgive us for blowing our own trumpet, but you might say it's the ideal place to conduct your shopping.

SELFRIDGES

Oxford Street London 071-629 1234

Stephen Walsh *asks whether works by Schoenberg, Berg and Webern once considered difficult have become better understood*

Background: *Kandinsky 'Composition 8', 1923*

Left to right: *Berg with Schoenberg (c.1914)*

Berg and Webern in 1923

Inset: *'The next Viennese Schönberg Concert', caricature 1913*

GUGGENHEIM COLLECTION/E.T. ARCHIVE

ELEVEN WORKS by Schoenberg, Berg and Webern in a single Prom season, without any centennial pretext, and including the seldom-performed, neo-Wagnerian *Gurrelieder* (Prom 1) as standard-bearer for the whole season, is still, it seems, a rare enough event to call for comment. Can we yet put our hands on our hearts and say that, eighty-two years after Schoenberg's Five Pieces for Orchestra (Prom 42) had their world premiere at a Queen's Hall Prom amid laughter and hissing, the Second Viennese School has at last entered the standard British repertoire? Or does the rarity show, on the contrary, that there is still something controversial going on, something that needs explaining or excusing? Is there still, in fact, a 'problem'?

My own answer to this not-so-rhetorical question is 'no longer': to paraphrase Boulez, the Schoenberg problem is dead. In practical terms, that means that we no longer have to like Schoenberg, but (more importantly) neither do we any longer have to dislike him while endowing him with some spurious authority as 'a sort of Moses dying within sight of the Promised Land'. Boulez himself warned against this Old Testament imagery – though only because he wanted instead to adopt a New Testament one for his hero Webern (the Epiphany). Moses or St Paul: what difference does it make? Why not simply get rid of this whole outmoded, palaeo-Romantic vision of Modern Music as a kind of Jews-versus-Philistines, Christians-versus-Romans crusade, and instead see how well it answers Boulez's more portable recipe for good music: 'some imagination, a certain measure of asceticism, a bit of intelligence, and finally a sensibility that will not blow away in the first breeze'?

Reviewing the second Queen's Hall Five Pieces (January 1914, conducted by the composer), Ernest Newman found it 'amazing how far we can already go with [Schoenberg], how strangely beautiful and moving much of this music is, that, judged by the eye alone, is a mere jumble of discordant parts'. Newman naturally enough identified the shimmering orchestration of the third piece (the famous *Farben*) as one of the most striking and remarkable parts of the score. But he also sensed the energy of the whole conception, even if he was unable to put his finger on its exact character or direction.

It's much easier for us today to hear how the more attenuated textures and discontinuous melodies (as compared with previous Schoenberg) served the need to decerebralise and decongest – to restore the primacy of the ear over the brain. This almost sensual property of the restrained intellect is what continues to fascinate in these early atonal works, from the Schoenberg Five Pieces and *Erwartung* to *Pierrot lunaire* and the Five Pieces for Orchestra by Webern: a certain measure of asceticism, indeed.

UNIVERSAL EDITION
UNIVERSAL EDITION

Richard Gerstl's portrait of Schoenberg, 1905

But discontinuity is not absence, and melody (or at any rate line) remains the touchstone of all these works. We don't need to endorse every aspect of Schoenberg's own historicism in order to accept that he – more purely than Mahler or Strauss – was a true heir to the central Austro-German tradition of linear structure, articulated through melody and bass, as in Bach and, more to the point, Wagner. The vast, grandly impressive *Gurrelieder* (mainly composed in 1901) is not merely Wagnerian in conception: it seems to assume that Wagnerism – endless melody and all – can be extended and embellished.

Everything about this nearly two-hour dramatic tone-poem is sumptuous and extravagant, from the Nordic apparatus of the princess in the tower and the King doomed to hunt every night from sunset to sunrise, to the massive choir and orchestra and the broad harmonic and melodic sweep. Like Wagner, Schoenberg is just as willing to indulge in orgies of unadulterated triadic harmony as he is to let the more strenuous, less picturesque, elements of the drama have their way in a vagrant, chromatic tonal language. As in the earlier *Verklärte Nacht* (Prom 32) of 1899, with its beautiful, static vision, and even to some extent the richly-textured, somewhat later chorus *Friede auf Erden* (Prom 16), the traditional imagery of tension and repose remains essentially intact. For 1900 or so it was all reasonably up-to-date, but it smashed few icons.

Schoenberg openly abandoned this kind of writing, though he later denied having done so: 'the difference is only that I do it better now [1937] than before: it is more concentrated, more mature'. But he never gave up his search for a music articulated by line, and it is at least plausible to see the serial method he started using around 1920 as above all an attempt to give long-line melody back the structural importance it had enjoyed in the Classical German tradition from Bach to Wagner.

This is candidly the effect in the Piano Concerto (Prom 62) of 1942, with its neo-Brahmsian opening tune and its almost Classical transparency of form. But the tendency is deeply embedded in all Schoenberg's serial music, possibly excepting a few late chamber works. As Edward Said recently remarked: 'the underlying and shaping compositional impulse [in such music] is, indeed must be, registered by the interpreter with much the same force as in nineteenth-century works'. The same goes for the listener.

Where does this leave the conventional view of Schoenberg as less approachable than Berg? Unchanged. But the difference can no more be explained in terms of method than the contrast between Bach and Handel can be put down to their relative enthusiasm for fugal counterpoint. The difference informs every aspect of their work. Schoenberg would surely have been a forbidding and rebarbative artist whichever century he had been born into – though it may be true that the twentieth century brought out the 'worst' in him. It was merely typical of him that the search for melody involved an esoteric technique and a melodic language that not all listeners easily recognise as such.

With Berg the situation was always different. For him the esoteric was really a side issue, sometimes a private code, sometimes a symbolic structure, sometimes even a neutral, note-generating programme. If the supposed objection to Schoenberg is that he used unmusical systems to 'help him' write his music, then the real (supposed) villain is Berg, who certainly did on occasion do that, or something like it. But then so, on occasion, did Ockeghem, Bach, Schumann, Debussy, Bartók and Stravinsky. Some demonology!

The contrast between Berg and Schoenberg is nowhere more apparent than in the first notes of Berg's Three Pieces (Prom 25) of 1913–15, or the astonishing opening pages of the Altenberg Songs (Prom 5) of 1912. The sense of unfolding drama – of the curtain rising on some as yet unknown but eagerly apprehended scene – is almost palpable, compared with the matter-of-fact thematic exposition of the first of Schoenberg's Five Pieces. The Mahlerian feel of the Berg of this period is also unmistakable, not just in specific turns of phrase but in the whole quality of the musical landscape. 'We might', according to Theodor Adorno, 'speak of or-

Background: *Kandinsky 'Composition 4', 1911*

ganised chaos in Berg, especially in his youth, when he gave his natural temperament free rein.' But also, surprisingly: 'one of the most remarkable experiences available to the listener nowadays is the discovery of the resemblance between *The Rite of Spring* and Berg's Three Pieces for Orchestra – two very different works in most respects, but they share a savagery which separates them from middle-of-the-road cultivated taste'. [from *Quasi una fantasia*, translated by Rodney Livingstone].

Savagery and chaos may seem unexpected attributes of one of the great systematisers of the Second Viennese School. It remains true, nevertheless, that, of the three, Berg was the composer to whom things drastically happened, whose urbane Viennese surface hid the most violent emotional and spiritual turmoil, the calming of which was no more than symbolised (scarcely achieved) by the intellectual paraphernalia of serialism, the number patterns and palindromes, the hidden formal stereotypes. Such devices often seem little more than talismans against disaster, the composer's equivalent of reciting the Lord's Prayer backwards, or driving a stake through the vampire's heart.

Webern by Max Oppenheimer, 1908

Berg, like Mahler, was haunted by the world outside his own emotional front door. When it bursts in – in the café scene in *Wozzeck*, for example, or the procurer's song which forms the basis of the variations in the last act of *Lulu* (also incorporated in the *Lulu* Suite, heard in Prom 62) – it is often in the form of a threat: the coarse uncaring universe overwhelming the frail individual, as in so many paintings of Bruegel. But it may also be a solace, a reassurance from some loftier superlunary plane. There is no trace of bitterness in the Bach chorale quoted at the end of the Violin Concerto (Prom 18), even if the Carinthian folk-song in the concerto's first part does have an insouciance which, in the elegiac context of the work, could be felt as an intrusion. The fact that Schoenberg also occasionally used such references is not very significant (Haydn and Beethoven did too). It is the quality of theatre – inner as well as outer – that puts Berg's usage in a different category.

For Webern, such procedures seem to have held little creative interest. In the present series, however, he is represented only (apart from his brilliant, pointillistic recomposition of Bach's six-part Ricercar in Prom 53) by the early Passacaglia for orchestra (Prom 30) which gives an as yet only partial foretaste of his subsequent obsession with the essential, the distilled and the unified. In later life Webern's emotional front door – and I make the point not as a reproach but simply for comparison – stayed firmly shut, locked and bolted. What he kept inside that house, with its four three-windowed walls, is still, and perhaps always will be, a secret. It might even tempt one to burglary, if one weren't so scared of finding just another problem.

AKG, BERLIN

Above right: *Berg painted by Schoenberg, c. 1910*

The Malcolm Sargent Cancer Fund for Children

Patron: H.R.H. THE PRINCESS OF WALES

THE MALCOLM SARGENT SUMMER CONCERT

VIENNESE EVENING

Overture: Light Cavalry	Suppé
Gems of Viennese Opera	arr. Tausky
Meine Lippen, sie kussen so heiss *(Giuditta)*	Lehár
Radetzky March	Johann Strauss
You Are My Heart's Delight *(Land of Smiles)*	Lehár
Tritsch-Tratsch Polka	Johann Strauss II
My Hero *(The Chocolate Soldier)*	Oscar Straus
Waltz: The Blue Danube	Johann Strauss II
The Marschallin's Monologue *(Der Rosenkavalier Act I)*	Richard Strauss
Waltz: Roses from the South	Johann Strauss II
Vienna, City of My Dreams	Sieczynski
Pizzicato Polka	Josef & Johann Strauss II
Introduction, Dance and Vilja *(The Merry Widow)*	Lehár
Thunder and Lightning Polka	Johann Strauss II
Act II Opening Chorus and Party Scene *(Die Fledermaus)*	Johann Strauss II

JOSEPHINE BARSTOW
soprano

BONAVENTURA BOTTONE
tenor

MALCOLM SARGENT FESTIVAL CHOIR

LONDON PHILHARMONIC ORCHESTRA

(*Leader:* Joakim Svenheden)

Conductor: DAVID COLEMAN

ROYAL ALBERT HALL

Sunday 11 September 1994 at 7.30pm

Tickets: Credit Card & Telephone Bookings 071-589 8212 and Agents from 9 May (postal applications) and 1 June (personal applications) and after 14 August, 14 Abingdon Road, London W8 6AF. Tel: 071-937 4547

Grand Tier: £20.00
Second Tier: £10.00
Balcony: £6.00

Loggia: £13.50
Front Arena: £10.00

Stalls: £15.00
Back Arena: £8.50
Balcony (restricted view): £2.00

All available in advance

PLEASE

send a stamped and addressed envelope to

The Malcolm Sargent Cancer Fund

14 Abingdon Road
London W8 6AF

for

Full colour brochure of the 1994 Christmas cards (six designs in packs of 6 cards/envelopes)

and

Details of the 1995 Calendar and Diary

Requests for further information about the Fund's work and/or Deed of Covenant forms and donations (which will be gratefully acknowledged) may be sent to the address above.

VIRTUOSO VOICES

Andrew Stewart looks at the work of Britain's premiere choir

Photos by Alex von Koettlitz

WHEN PIERRE BOULEZ requires a chamber choir to perform his *Le Visage nuptial* or *Le Soleil des eaux*, his automatic first choice is the BBC Singers. Luciano Berio refers to the group as 'a jewel in the crown' of British musical life. Hans Werner Henze says that the 'beloved' BBC Singers bring his music to life. But to avoid the impression that the Singers never perform anything written before 1970, it's worth listing a few nuggets from the group's repertoire in recent seasons. Brahms and Bruch part-songs rub shoulders with Reger and Grieg, and with masses and motets by Josquin, Marenzio, Gombert, Ockeghem and Taverner. The range of composers and musical styles covered by the Singers almost certainly exceeds that of any other chamber choir in the world, a fact reflected in the repertoire chosen for the group's two late-night Proms this year, where madrigals by Lassus and a mass by Palestrina contrast with Giles Swayne's demanding *CRY*.

But for the country's only full-time professional choir, sight-reading and perfecting complex contemporary scores is more than a speciality, it's a way of life. The knack of performing even the simplest piece of music at sight is by no means universal among singers. Coming to grips with the music of Magnus Lindberg or Christoph Delz requires more than a fine voice.

Michael Emery, the BBC Singers' Producer, points out that musicianship is high on the list of qualities sought from prospective members of the group. 'One occasionally sees expressions of disbelief on people's faces when they're asked to sing at sight pieces by Webern or Schoenberg', he says. 'People sometimes turn up to audition without the ability to work at the speed we require and the experience of the musical styles we programme. The time to start worrying about musicianship, sight-reading and the like is *not* the night before your BBC Singers audition.'

Simon Joly, Principal Conductor of the BBC Singers since 1988, is adamant that members of the group are chosen as much for their exceptional abilities as musicians as for their voices. The ideal Singer should be able to perform as a soloist and also display exemplary choral manners. 'Members of even the best amateur choirs often have little conception of what the professional choral scene involves', says Joly. 'Many people say to me, "if it weren't for this or that, I'd be a professional singer". But the skills involved in what we do are by no means common. People have to be able not just to sight-read fluently, but also to understand the style of an enormous variety of repertoire.'

The origins of today's BBC Singers extend back seventy years to the creation of the Corporation's first professional choir, the BBC Wireless Chorus, for a broadcast performance of Mendelssohn's *Elijah* on 28 September 1924. Subsequently, eight singers were placed on permanent contract, the bulk of their work comprising the BBC's mid-morning Daily Service and Sunday night Epilogues. The present BBC Singers consists of twenty-four full-time members, working each week to provide a broad variety of programmes for Radio 3. In addition, the group appears regularly on Radio 2's *Friday Night is Music Night*, makes occasional programmes for BBC Television and the World Service, and pursues an increasingly busy schedule of festival and concert appearances both at home and overseas.

'Here is a group that has been on the scene for seventy years, under one name or another', says Emery. 'One should not underestimate the contribution they have made to the musical life of this country, and also their international significance. If you look at the list of pieces that the Singers have premiered, there's a whole raft of challenging contemporary repertoire they have brought into being, from Poulenc and Britten to Birtwistle and Maxwell Davies. Many works would not exist if it were not for the BBC Singers.' Among the most notable first performances have been Britten's *A Boy was Born*, Poulenc's *Figure humaine*and Herbert Howells's *Requiem*, the British premiere of Copland's *In the Beginning*, newer works such as Giles Swayne's *CRY*, Judith Bingham's *Irish Tenebrae*, Robert Saxton's *I will Awake the Dawn* and, most recently of all, John Tavener's *Song for Athene*, which the Singers premiered at the BBC 'Ikons' festival in January.

Plaudits for the Singers' work in contemporary music are not in short supply, with Pierre Boulez acknowledging their 'impeccable technical skills' and 'wonderful integrity'. Other broadcasting choirs regularly tackle works by living composers, but few can match the Singers' expertise, and fewer still the sheer diversity of the repertoire the group performs. Most 'difficult' contemporary programmes are put together within a five-day period, with three or four days given over to rehearsal and the remaining time spent in the recording studio. 'The reason they're in the job is because they

BBC Singers (1937) conducted by Leslie Woodgate. Peter Pears can be seen in the back row, second from the left.

like the challenge of going from one style of music to another', explains the group's administrator, Stephen Ashley-King.

In an age of increasing musical specialisation, versatility remains a potent strength. Under Simon Joly as Conductor and Bo Holten as Guest Conductor, the repertoire performed by the Singers has become ever more catholic, providing a counter-balance to the group's standard diet of new music. Joly has focused on areas of the Classical and Romantic repertoire –

offering an ideal platform and performing experience for singers destined to make their marks as soloists. 'Many people – most famously, perhaps, Peter Pears – have found their professional feet in the BBC Singers. As a result, the group has had a powerful influence on vocal and choral life here and abroad.'

But Stephen Ashley-King feels that the fortunes of professional choral singing have changed dramatically in the past decade. 'Few conservatoires are preparing vocal students for careers as choral singers', he explains. 'The emphasis is now placed heavily on opera. I foresee that in the future we will face problems in recruiting people of the quality we need.' To help per-

previously under-represented in the Singers' weekly agenda – with Holten moving further backwards into unexplored Renaissance territory. 'One day', observes Michael Emery, 'we're performing Gombert in "authentic" style, and another we're tackling Birtwistle's *...agm...* or Brahms's *Liebeslieder*. Our very diversity confuses those who like to place everything in neat categories.' It would be difficult to think of more than a handful of musical organisations of any kind that cover a comparable range of repertoire.

As Britain's only full-time professional choir, the Singers have developed an important role as a training ground for young artists. Emery talks of the group's invaluable stewardship of excellence in choral music,

Bo Holten

suade students of the validity of choral singing as a profession, the BBC Singers recently held residencies at London's Royal Academy of Music and Guildhall School of Music and Drama. 'We're very mindful of our relationship with young singers coming out of the conservatories', adds Emery. 'Choral singing isn't often perceived as a particularly glamorous profession. The advantage of the Singers' education work is for us to be able to demonstrate to young singers that what we do is both challenging, stimulating and can be a rewarding full-time career.'

Whatever Ashley-King's reservations about the

possible effects of the opera boom on the future of choral singing, it remains true that Britain is blessed with an abundance of first-rate choirs, presenting particular problems of marketing and image even for such a virtuoso group as the Singers. When they appear in Paris or Brussels, for instance, large audiences are the norm; on home territory, the group's work is often taken for granted.

Tours and festival engagements undoubtedly play an important part in raising the profile of a broadcasting choir. 'We've done a considerable amount of live concert work for Music at Oxford over the past two years', says Emery. 'People turn out in droves to support our

concerts there. Last autumn, our series of Invitation Concerts proved a terrific success. It's important that people see the Singers *not* just as a group that performs "squeaky-gate" music. We broadcast an incredible variety of music right across the network. But live performance is vital for us too.'

The group's seventieth birthday is being marked with some panache. As well as two late-night Proms, including a revival of Giles Swayne's creation epic *CRY*, a substantial success for the Singers in the 1980s, concerts, tours and recordings are planned to mark the Singers' milestone year, beginning with a celebration concert on

Simon Joly

16 September which includes the premiere of a commission from Iannis Xenakis, and continuing with a series of appearances at British festivals and concert venues, at which a total of six new commissions will be unveiled. The group also appears at the Vienna Summer Music Festival in August, and is set to work with the Berlin Philharmonic and the Ensemble InterContemporain under Pierre Boulez this September, performing Webern's cantatas and Stravinsky's *The King of the Stars*, and recording the same repertoire for Deutsche Grammophon.

As Stephen Ashley-King says, 'Seventy years ago, the BBC had the foresight – and the imagination – to establish a unique choral group. I think the achievement of the BBC Singers, over the years, and their contribution to the musical life of the country has been enormous. Long may it continue.'

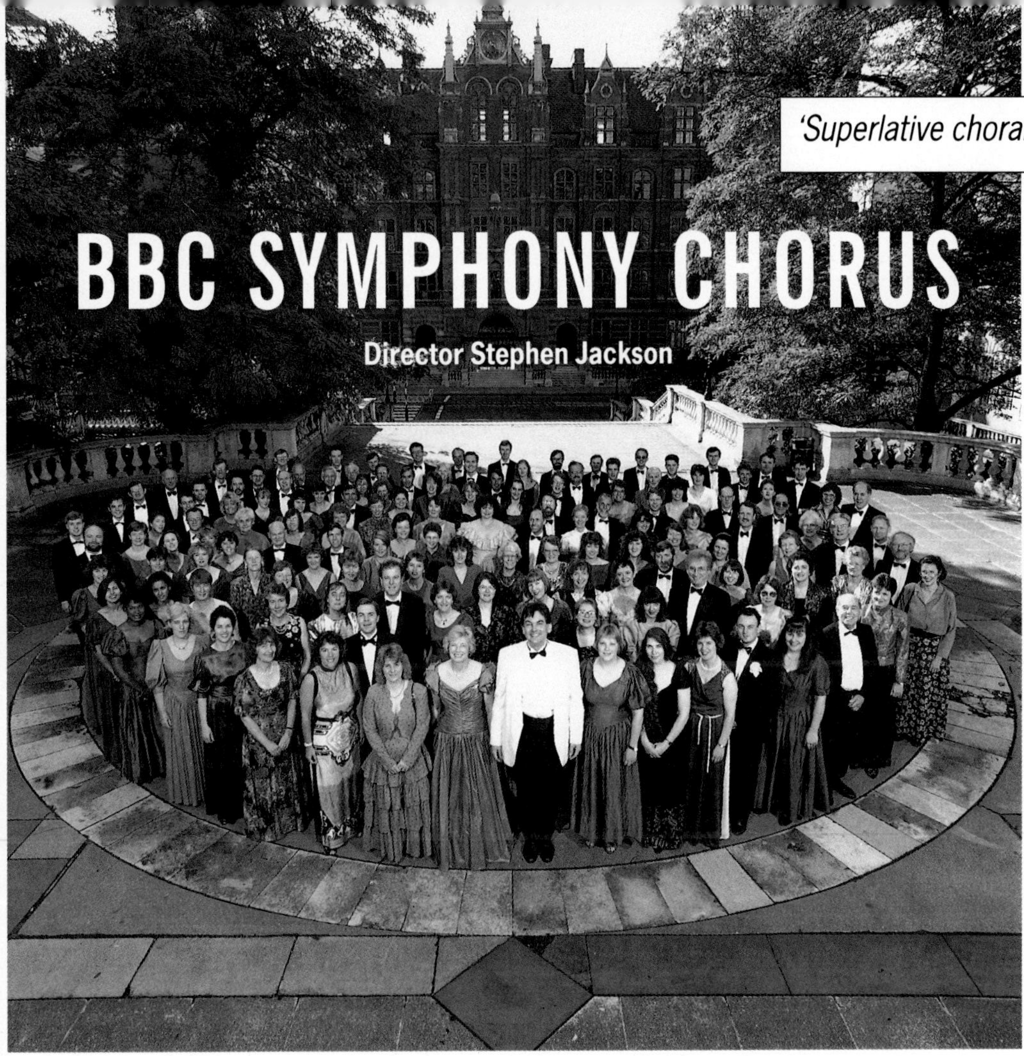

INDEX OF WORKS

* First performance at a Henry Wood Promenade Concert

A

Frances Allitsen 1848–1912
When the Boys come Home **2**
Thomas Arne 1710–78
Rule, Britannia! **68**
Sir Malcolm Arnold born 1921
Concerto for Two Pianos (three hands) **52**
Symphony No. 2 **61**

B

Carl Philipp Emanuel Bach 1714–88
*Symphony in F major, Wq. 183 No. 3** **48**
Johann Sebastian Bach 1685–1750
Cantata No. 34 'O ewiges Feuer' **16**
*Cantata No. 131 'Aus der Tiefe'** **16**
Der Geist hilft unsrer Schwachheit auf, BWV226 **16**
Ricercar a 6 from 'The Musical Offering' (orch. Webern) **53**
St Matthew Passion **11**
Toccata and Fugue in D minor, BWV565 (orch. Henry Wood) **68**
Béla Bartók 1881–1945
The Miraculous Mandarin – suite **10**
Arnold Bax 1883–1953
Overture to a Picaresque Comedy **61**
Ludwig van Beethoven 1770–1827
Ah! Perfido **37**
Overture 'Coriolan' **9**
Piano Concerto No. 4 in G major **13**
Piano Concerto No. 5 in E flat major 'Emperor' **30**
Symphony No. 1 in C major **32**
Symphony No. 2 in D major **14**
Symphony No. 3 in E flat major, 'Eroica' **35**
Symphony No. 4 in B flat major **37**
Symphony No. 5 in C minor **40**
Symphony No. 6 in F major 'Pastoral' **64**
Symphony No. 7 in A major **42**
Symphony No. 8 in F major **67**
Symphony No. 9 in D minor 'Choral' **67**
George Benjamin born 1960
*Sudden Time** **28**
Alban Berg 1885–1935
Altenberg Songs **5**
Lulu Suite **62**
Three Pieces for Orchestra **25**
Violin Concerto **18**
Luciano Berio born 1925
Sinfonia **18**
Lennox Berkeley 1903–89
Four Poems of St Teresa of Avila **31**
Hector Berlioz 1803–69
Hungarian March from 'The Damnation of Faust' **68**
Overture 'Roman Carnival' **3**
Symphonie fantastique **63**
Sir Harrison Birtwistle born 1934
Earth Dances **51**
Arthur Bliss 1891–1975
Introduction and Allegro **19**
Ernest Bloch 1880–1959
Schelomo **8**
Pierre Boulez born 1925
cummings ist der dichter **28**
Rituel in memoriam Bruno Maderna **62**
Johannes Brahms 1833–97
Symphony No. 1 in C minor **64**
Symphony No. 2 in D major **43**
Symphony No. 4 in E minor **43**

CLIVE BARDA

Malcolm Arnold

Harrison Birtwistle

MALCOLM CROWTHERS

Luciano Berio

SELWYN GREEN

Frank Bridge 1879–1941
*Adagio in E major** **39**
The Sea **8**
Benjamin Britten 1913–76
Four Sea-Interludes from 'Peter Grimes' **45**
Piano Concerto **47**
*Prelude and Fugue on a Theme of Vittoria** **39**
Sinfonia da Requiem **35**
Violin Concerto **4**
Brenton Broadstock born 1952
*Festive Overture** **10**
Anton Bruckner 1824–96
Ecce sacerdos magnus **65**
Mass No. 2 in E minor **65**
Symphony No. 3 in D minor **57**
Symphony No. 7 in E major **9**
George Butterworth 1885–1916
A Shropshire Lad – rhapsody **13**

C

Antonio Caldara c1670–1736
*Crucifixus a 16** **16**
Emmanuel Chabrier 1841–94
España **52**
Aaron Copland 1900–90
Symphony No. 3 **3**
Frederic Cowen 1852–1935
A l'espagnole **2**
Mélodie **2**
Paul Creston 1906–85
Marimba Concertino **68**

D

Sir Peter Maxwell Davies born 1934
*Symphony No. 5** **30**
Claude Debussy 1862–1918
*L'Enfant prodigue** **59**
La Mer **17**
Prélude à l'après-midi d'un faune **22**
Frederick Delius 1862–1934
A Song of Summer **4**
The Walk to the Paradise Garden from 'A Village Romeo and Juliet' **24**
Eva Dell'Acqua 1860–1930
Villanelle **2**
Gaetano Donizetti 1797–1848
'O mio Fernando' from 'La Favorita' **2**
Paul Dukas 1865–1935
The Sorcerer's Apprentice **33**
Antonín Dvořák 1841–1904
Overture 'Carnival' **2**
*Requiem** **21**
Songs my mother taught me **2**
Symphony No. 6 in D major **56**
Symphony No. 9 in E minor 'From the New World' **51**
The Wood Dove **63**

E

Edward Elgar 1857–1934
Enigma Variations **4**
Funeral March from 'Grania and Diarmid' **42**
In the South **13**
Introduction and Allegro **25**
Organ Sonata No. 1 in G major (1st movement) **39**
Pomp and Circumstance March No. 1 **68**
Pomp and Circumstance March No. 4 (arr. Sinclair)* **39**
Symphony No. 1 in A flat major **24**
Symphony No. 2 in E flat major **19**
Violin Concerto in B minor **7**

F

Gabriel Fauré 1845–1924
Ballade **29**
Pavane **52**
Pelléas and Mélisande – suite **29**
César Franck 1822–90
Les Eolides **56**

G

Roberto Gerhard 1896–1970
Libra **28**
Alexander Goehr born 1932
*Colossos or Panic** **22**
Charles Gounod 1818–93
Ave Maria (after Bach) **2**
Hymn to St Cecilia **2**
Percy Grainger 1882–1961
Handel in the Strand **68**

H

George Frideric Handel 1685–1759
*Suite from 'Oreste'** **48**
Joseph Haydn 1732–1809
Cello Concerto in C major **48**
Symphony No. 96 in D major 'Miracle' **37**
Symphony No. 99 in E flat major **28**
Violin Concerto No. 1 in C major **37**
George Henschel 1850–1934
Young Dieterich **2**
Richard Heuberger 1850–1914
'Im Chambre séparée' from 'The Opera Ball' **38**
Paul Hindemith 1895–1963
Symphony 'Mathis der Maler' **57**
Robin Holloway born 1943
*Organ Fantasy** **39**
Gustav Holst 1874–1934
The Hymn of Jesus **4**
Simon Holt born 1958
*Icarus Lamentations** **58**

I

John Ireland 1879–1962
A London Overture **31**
Charles Ives 1874–1954
Central Park in the Dark **51**
From the Steeples and Mountains **3**
The Unanswered Question **58**

J

Daniel Jones 1912–93
Dance Fantasy **24**

MALCOLM CROWTHERS

Robin Holloway

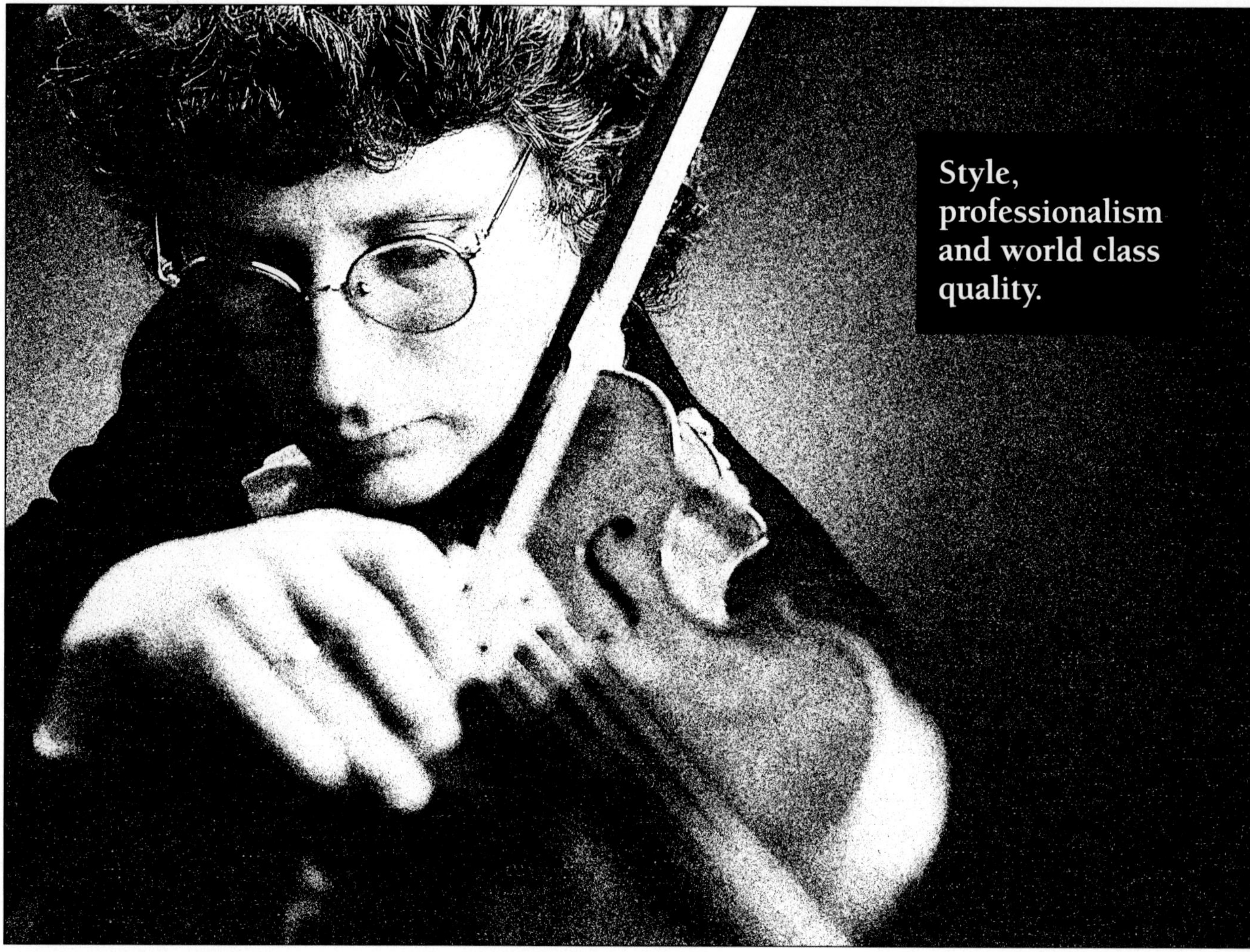

K

Dmitry Kabalevsky 1904–87
Overture 'Colas Breugnon' **68**
Oliver Knussen born 1952
*Whitman Settings** **22**
György Kurtág born 1926
*The Answered Unanswered Question** **58**
*... quasi una fantasia ...** **58**

L

Constant Lambert 1905–51
Four Dances from 'Horoscope' **33**
Orlande de Lassus 1532–94
*Lagrime di San Pietro (selection)** **6**
Franz Lehár 1870–1948
*'Liebe, du Himmel auf Erden' from 'Paganini'** **38**
*'Meine Lippen sie küssen so heiss' from 'Giuditta'** **38**
Edwin Lemare 1865–1934
*Concert Fantasia** **39**
Franz Liszt 1811–86
Piano Concerto No. 1 in E flat major **15**
Witold Lutoslawski 1913–94
Symphony No. 4 **55**
Elisabeth Lutyens 1906–83
*The Tears of Night** **28**
Anatol Lyadov 1855–1914
Kikimora **45**

M

James MacMillan born 1959
The Confession of Isobel Gowdie **14**
Gustav Mahler 1860–1911
Lieder eines fahrenden Gesellen **25**
Rückert Songs **46**
Symphony No. 1 in D major **53**
Symphony No. 4 in G major **8**
Symphony No. 9 **49**
Symphony No. 10: Adagio **5**
Jules Massenet 1842–1912
Marche du Cid from 'Le Cid' **2**
Meditation from 'Thaïs' **68**
Nicholas Maw born 1935
Scenes and Arias **13**
Felix Mendelssohn 1809–47
Symphony No. 3 in A minor 'Scottish' **59**
Olivier Messiaen 1908–92
Poèmes pour Mi **17**
E.J. Moeran 1894–1950
*Sinfonietta** **15**
Wolfgang Amadeus Mozart 1756–91
Don Giovanni **54**
Mass in C minor, K427 **40**
Piano Concerto No. 15 in B flat major, K450 **28**
Piano Concerto No. 20 in D minor, K466 **55**
Sinfonia Concertante in E flat major for violin and viola, K364 **9**
Symphony No. 25 in G minor, K183 **32**
Symphony No. 35 in D major, K385 'Haffner' **38**
Thea Musgrave born 1928
Rorate coeli **6**
Modest Musorgsky 1839–81
Pictures at an Exhibition (orch. Ravel) **50**
Prelude to 'Khovanshchina' (orch. Shostakovich) **45**

O

Carl Orff 1895–1982
Carmina Burana **61**

P

Giovanni Pierluigi da Palestrina c1525–94
*Mass 'Confitebor tibi'** **6**
Hubert Parry 1848–1918
Jerusalem (orch. Elgar) **68**
Florian Pascal 1847–1923
Fairy Fretting **2**
Serenade **2**
Francis Poulenc 1899–1963
Concerto for Two Pianos **52**
Sergey Prokofiev 1891–1953
Symphony No. 5 in B flat major **12**
Violin Concerto No. 1 in D major **66**
Giacomo Puccini 1858–1924
Grand Fantasia on 'La bohème' (arr. Gordon Langford)* **2**

R

Sergey Rakhmaninov 1873–1943
Piano Concerto No. 1 in F sharp minor **19**
Piano Concerto No. 2 in C minor **31**
Piano Concerto No. 3 in D minor **14**
Symphonic Dances **7**
Symphony No. 3 in A minor **66**
Maurice Ravel 1875–1937
Bolero **66**
Daphnis and Chloë **27**
Introduction and Allegro **28**
Pavane pour une infante défunte **10**
Piano Concerto for the Left Hand **29**
Rapsodie espagnole **66**
La Valse **33**
Valses nobles et sentimentales **59**
Alan Rawsthorne 1905–71
Concerto for Two Pianos **33**
Nikolay Rimsky-Korsakov 1844–1908
Capriccio espagnol **10**
Overture 'May Night' **7**
*Skazka (Fairy-tale)** **12**
Gioachino Rossini 1792–1868
Soirées musicales (arr. Britten) **52**
Edmund Rubbra 1901–86
Veni, Creator Spiritus **65**
Anton Rubinstein 1829–94
Valse-Caprice **2**

S

Camille Saint-Saëns 1835–1921
The Carnival of the Animals **52**
Arnold Schoenberg 1874–1951
Five Orchestral Pieces **42**

MALCOLM CROWTHERS

James MacMillan

MALCOLM CROWTHERS

Olivier Messiaen

Thea Musgrave

MALCOLM CROWTHERS

Friede auf Erden **16**
Gurrelieder **1**
Piano Concerto **62**
Verklärte Nacht **32**
Franz Schubert 1797–1828
Symphony No. 6 in C major **18**
Symphony No. 8 in B minor, 'Unfinished' **60**
Symphony No. 9 'Great C major' **60**
Dmitry Shostakovich 1906–75
Piano Concerto No. 2 in F major **12**
Symphony No. 4 in C minor **5**
Symphony No. 7 in C major 'Leningrad' **46**
Symphony No. 9 in E flat major **47**
Jean Sibelius 1865–1957
En Saga **30**
Karelia Suite **33**
Symphony No. 1 in E minor **29**
Symphony No. 2 in D major **55**
Symphony No. 5 in E flat major **47**
Tapiola **17**
Violin Concerto in D minor **10**
Robert Simpson born 1921
*Media morte in vita sumus** **65**
Ethel Smyth 1858–1944
*The Wreckers** **20**
John Philip Sousa 1854–1932
The Washington Post **2**
Robert Stolz 1880–1975
*'Du sollst der Kaiser meiner Seele sein' from 'Der Favorit'** **38**
Johann Strauss II 1825–99
*'Draussen in Sievering' from 'Die Tänzerin Fanny Elssler' (arr. Stalla)** **38**
Egyptian March **38**
*Eljen a Magyar – polka** **38**
*Kaiser Franz Joseph March** **38**
Overture and Czardas from 'Die Fledermaus' **38**
Josef Strauss 1827–70
*Music of the Spheres Waltz** **38**
Richard Strauss 1864–1949
Don Juan **56**
Till Eulenspiegel **31**
Igor Stravinsky 1882–1971
The Firebird – suite (1911) **50**
Ode **22**
Petrushka (1911) **27**
The Rite of Spring **45**
Symphony in Three Movements **22**
Symphony of Psalms **28**
Violin Concerto **53**
Franz von Suppé 1819–95
Overture 'Light Cavalry' **38**
Giles Swayne born 1946
CRY **26**

T

John Tavener born 1944
*The Apocalypse** **36**
In Alium **45**
Pyotr Ilyich Tchaikovsky 1840–93
Eugene Onegin **41**
*Moscow – cantata** **44**
The Nutcracker – excerpts **44**
Piano Concerto No. 1 in B flat minor **3**
Symphony No. 1 in G minor 'Winter Daydreams' **15**
The Tempest **50**
Violin Concerto in D major **44**
Sir Michael Tippett born 1905
Fantasia Concertante on a Theme of Corelli **32**
Mark-Anthony Turnage born 1960
*Drowned Out** **17**

V

Ralph Vaughan Williams 1872–1958
*Five Variants of Dives and Lazarus** **68**
Serenade to Music **42**
Symphony No. 5 in D major **31**
Symphony No. 7 'Sinfonia antartica' **25**

W

Richard Wagner 1813–83
Götterdämmerung – excerpts **23**
Overture and Venusberg Music from 'Tannhäuser' **23**
Prelude to Act 3 of 'Tristan and Isolde' **23**
Wesendonck Songs **23**
William Walton 1902–83
Belshazzar's Feast **68**
Overture 'Portsmouth Point' **45**
Viola Concerto **24**
Peter Warlock 1894–1930
Capriol Suite (version for full orchestra) **33**
Carl Maria von Weber 1786–1826
Adagio and Rondo from Bassoon Concerto in F major **2**
Overture 'Euryanthe' **63**
Anton Webern 1883–1945
Passacaglia **30**
Henryk Wieniawski 1835–80
Violin Concerto No. 2 in D minor **2**
Henry Wood 1869–1944
Fantasia on British Sea-Songs **68**
Hugh Wood born 1932
Cello Concerto **56**

X

Iannis Xenakis born 1922
*Persephassa** **58**

Z

Jan Dismas Zelenka 1679–1745
*Hipocondrie** **48**

Miscellaneous

Music from India **34**
Renaissance dances **28**

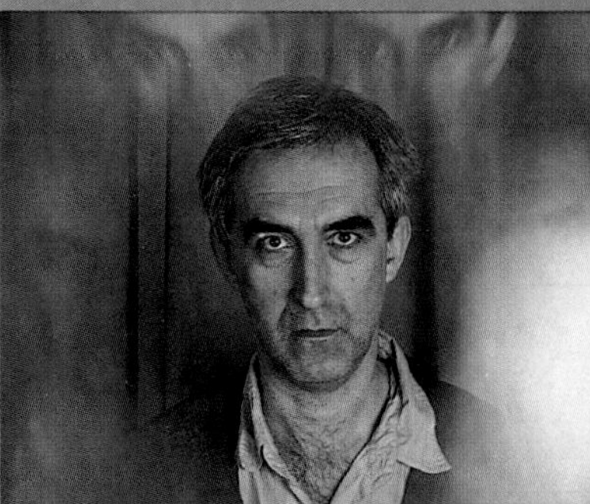

Giles Swayne

MIKE EVANS

Sir Michael Tippett

Robert Simpson

REX ROBERTS

INDEX OF ADVERTISERS

Arts Educational School **120**
Associated Board of the Royal Schools of Music **89**
Association of British Choral Directors **120**

BBC Music Magazine **31**
BBC Radio 3 *outside back cover*
BBC Scottish Symphony Orchestra **122**
BBC Symphony Chorus **119**
BBC Symphony Orchestra **2**
Bedales School **118**
Berkshire Young Musicians Trust **118**
Birmingham Symphony Hall **130**
Boosey & Hawkes **24**
BP **52**
British Library National Sound Archive **132**
Brother International **129**

C.M.M. Publications **121**
Classic CD **25**
Contemporary Music Review **112**

Dartington College of Arts **88**
Dean Close School **88**
Droopy & Browns **39**

East Sussex County Music School **128**
Edinburgh Festival **131**
Esso UK plc **99**

Faber & Faber **88**

Girls' Public Day School Trust **131**
Great Elm Music Festival **130**
Grove's Dictionary of Music **8**

Highgate School **106**
HMV **45**

Incorporated Society of Musicians **121**

JVC (UK) Ltd **23**

Malcolm Sargent Cancer Fund **113**
Marlborough College **112**
Meridian Audio Ltd **5**
Music Sales Group **9**

National Federation of Music Societies **120**

Oxford University Press **124**

Piccola Venezia Restaurant **130**
Pimlico School **122**
Purcell School **106**

Queen Anne's School **131**

Ring & Brymer **87**
Royal Albert Hall **130**
Royal College of Music **118**
Royal Marines School of Music **106**
Royal Opera House **107**

Schott & Co Ltd **14**
Sears plc **105**
Sevenoaks School **98**
Smith System Engineering Ltd **1**
Sotherby's **107**
South Bank Centre **17**
St George's Hotel **14**
St Mary's School, Calne **128**
Stately Homes Music Festival **98**

TDK (UK) Ltd *inside front cover*
Thames Valley University **124**
Thorn EMI plc *inside back cover*
Trinity College of Music **128**
Trinity School, Croydon **124**

University of Surrey **122**

Welsh College of Music and Drama **98**
W H Smith **28**

Yamaha-Kemble (UK) Ltd **131**